SIBIRIEN

Städte und Landschaften zwischen Ural und Pazifik

Bodo Thöns

TRESCHER VERLAG

6., vollständig überarbeitete und erweiterte
Auflage 2016

Trescher Verlag
Reinhardtstr. 9
10117 Berlin
www.trescher-verlag.de

ISBN 978-3-89794-332-2

Herausgegeben von Detlev von Oppeln und
Bernd Schwenkros

Reihenentwurf und Gesamtgestaltung:
Bernd Chill
Lektorat: Sabine Fach
Stadtpläne und Karten: Martin Kapp, Bernd
Schwenkros, Johann Maria Just

Gedruckt auf chlorfrei gebleichtem Papier

Printed in Germany

*Titel: Nenzen auf einem Rentierfestival
bei Salachard
Klappe vorne: Kuppel der Himmelfahrtskathedrale in Novosibirsk
Klappe hinten: Schiffe auf dem Baikalsee*

Blick vom Amur auf die Gottesmutter-Entschlafen-Kathedrale in Chabarovsk

Vorwort

»Russland ist nicht die Titanic, Russland ist der Eisberg«, Gerd Ruge

Sibirien – der Inbegriff für Frost und Tränen, Taiga und Kälte, Unwegsamkeit und Grausamkeit auf einer Fläche kaum vorstellbaren Ausmaßes. Alles andere als ein Urlaubsland, in das man freiwillig aufbricht. Doch dieses schlafende Land – so die wortwörtliche Übersetzung Sibiriens (Sib Ir) aus dem Tatarischen – ist bereits seit langem erwacht und hat viel mehr als die klassischen Klischees zu bieten.

Russland vereint geographisch wie mental Europa und Asien. Insbesondere in Sibirien wird sowohl die Weite des Landes als auch die eurasische Mischung spürbar. Einerseits gibt es hier riesige Gebiete unberührter Tundra und Taiga, die noch niemand betreten hat. Andererseits entstand eine industrielle Zivilisation mit großen Metropolen und der Ausbeutung gigantischer Rohstoffvorkommen.

Es gibt nur noch wenige touristisch weiße Flecken auf dem Globus, und Sibirien ist sicherlich der größte. Taiga und Tundra sind genau so wie der Baikalsee oder die Halbinsel Kamtschatka einzigartige Naturlandschaften. Die Transsibirische Eisenbahn ist seit über 100 Jahren Legende und dank Erderwärmung umfahren seit 2014 nun auch Kreuzfahrtschiffe Sibirien im Norden durch das Eismeer. Heute ist vieles möglich, was vor 25 Jahren noch jenseits kühnster Phantasien lag. Bislang bleibt aber bei jeder Sibirien-Reise ohne Zweifel eine gesunde Abenteuerkomponente erhalten, denn im internationalen Vergleich steckt die touristische Erschließung noch in den Kinderschuhen. Große Entfernungen und ein im Vergleich zu anderen osteuropäischen Ländern hohes Preisniveau schließen ›Billig-Reisen‹ aus. Doch die Möglichkeiten sowohl für Gruppen- als auch Einzelreisen werden besser und dank des Kurseinbruchs des Rubels auch günstiger. Man kann sich frei im Land bewegen, es entstehen neue Hotels und Restaurants, der Transport wird komfortabler.

»Auf den Scherben der russisch-deutschen Beziehung«, titelte Kerstin Holm zu Weihnachten 2015 in der FAZ und schrieb: »Das eine Land wirft dem anderen Vertrauensbruch und Missachtung vor, das andere dem einen fortwährende Unzivilisiertheit: Russland und Deutschland erinnern an ein Paar nach traumatischer Trennung.« Diese Analyse ist leider richtig, denn die Beziehungen waren schon lange nicht mehr so schlecht wie heute. Ansätze zur dringend angeratenen Deeskalation sind derzeit auf beiden Seiten kaum zu erkennen. Es ist eine Illusion, Deutschlands und Europas Perspektive in Konfrontation zu Russland gestalten zu können. Nachdem die Ängste des Kalten Krieges abgenommen hatten und die Neugier auf das Riesenreich in den letzten Jahren größer geworden war, haben Russland und Sibirien in der letzten Zeit touristisch wieder mehr Gegenwind. Die frostiger gewordene politische Großwetterlage kratzt in Europa nicht nur verbal an der Attraktivität des östlichen Nachbarn. Nichtsdestotrotz, um Russland zu verstehen, sollte man das Land und seine Menschen kennen(lernen). Die sprichwörtliche russische Gastfreundschaft ist ungebrochen und macht einem die Umsetzung nicht all zu schwer. Sibirien kommt dabei ein besonderer Stellenwert zu, denn für das Verständnis Russlands ist die Erfahrung seiner Dimension in Sibirien so einzigartig wie unverzichtbar.

Land und Leute

Hinweise zur Benutzung

Am Anfang des Buches finden sich ausführliche **allgemeine Informationen** über die Geographie, die Geschichte und die Wirtschaft Sibiriens bis hin zu Kultur und landestypischer Küche (→ S. 14). **Sibirien von A bis Z** bietet einen Überblick über russische und speziell sibirische Besonderheiten, auf die der Reisende treffen wird (→ S. 52).

Es folgen detaillierte Informationen zu den einzelnen **Regionen** (→ S.64). Da dieser Band ein derart riesiges Territorium beschreibt, erhebt er keinen Anspruch auf Vollständigkeit. Im Mittelpunkt der Aufmerksamkeit stehen die größten **Metropolen** Sibiriens. Über 40 Städte aus West- und Ostsibirien sowie dem Fernen Osten werden mit eigenen Stadtporträts, Stadtplänen und – soweit vorhanden – Ausflugsmöglichkeiten vorgestellt.

Jeweils eigene Kapitel sind dem **Altaj-Gebirge** (→ S. 204), dem **Baikalsee** (→ S. 278) und der **Halbinsel Kamčatka** (→ S. 400) sowie **Flusskreuzfahrten** auf den Flüssen Enisej (→ S. 232), Lena (→ S. 342) und Amur (→ S. 377) gewidmet.

Ein Kapitel zur **Transsibirischen Eisenbahn** legt das Hauptaugenmerk auf den durch Sibirien verlaufenden Teil der Route Moskau–Vladivostok, inklusive Beschreibung des Streckenverlaufs mit allen größeren Bahnhöfen (→ S. 426).

Die am Ende des Buches befindlichen **Reisetipps von A bis Z** erleichtern die Vorbereitung der Reise, die Orientierung vor Ort und das Verständnis fremder Gewohnheiten (→ S. 463).

Umfangreiche Informationen über **weiterführende Literatur** und insbesondere über interessante **sibirische Internet-Seiten** schließen sich an (→ S. 493).

Die Übertragung der **russischen Eigennamen** ins lateinische Alphabet folgt der **wissenschaftlichen Transliteration**, da diese keinen Zweifel über die Originalschreibweise aufkommen lässt und jeder Begriff problemlos kyrillisch ›rekonstruiert‹ werden kann. Zudem wird diese Transliteration auch in Atlanten und auf nahezu allen Landkarten verwendet. Einige Begriffe lehnen sich aber auch an die im deutschen Sprachraum übliche Schreibweise an. Dies bezieht sich beson-

Holzhaus bei Novosibirsk

Lokomotive im Bahnhof von Tajga

ders auf hinreichend bekannte Namen russischer Schriftsteller und Politiker sowie auf auch bei uns gebräuchliche geographische Bezeichnungen. So wird in diesem Buch Puschkin statt Puškin, Tschechow statt Čechov, Zarewitsch statt Carevič, Taiga statt Tajga und Baikalsee statt Bajkalsee. Dass es dabei zu Inkonsequenzen kommen, lässt sich leider nicht vermeiden.

Alle Angaben in diesem Reiseführer gehen auf aktuelle Recherchen zurück. Die Zeit ist aber bekanntlich schnelllebig, was natürlich besonders für eine so im Wandel begriffene Region wie Sibirien gilt. Der Autor und der Verlag sind deshalb für neue Informationen sowie sonstige Hinweise und Vorschläge dankbar.

Häufig vorkommende Abkürzungen und Begriffe

ul. (ул.) – úlica (Straße)
per. (пер.) – pereúlok (Gasse)
pr. (пр.) – prospékt (Prospekt)
pl. (пл.) – plóščad' (Platz)
bul. (бул.) – bul'vár (Boulevard)
nab. (наб.) – naberežnaja (Uferstraße oder -promenade)

šos. (шос.) – šosse (Chaussee)
Flughafen (Аэропорт) – Aeroport
Bahnhof (Вокзал) – Vokzal
Busbahnhof (Автовокзал) – Avtovokzal
Passagierbahnhof (Речной бокзал) – Rečnoj vokzal

Zeichenlegende

🛈 Allgemeine Informationen

🚆 Bahnhöfe und Zugverbindungen

🚌 Busbahnhöfe und Busverbindungen

✈ Flughäfen und Flugverbindungen

⛴ Flusshäfen

🛏 Hotels

🍴 Restaurants

🛒 Einkaufsmöglichkeiten

💻 Internetseiten zum Standort

Das Wichtigste in Kürze

Einreise

Es besteht Visumpflicht, die Prozedur ist kompliziert und kann nur persönlich und nicht per Post bei der Botschaft erledigt werden. Die Terminvereinbarung erfolgt seit 2013 per Internet über spezielle Visa-Zentren: www.vhs-germany.com (D). Im Vorfeld ist ein elektronischer Visumantrag zu stellen, den man unter https://visa.kdmid.ru (D/E/R u.a.) findet. Wer keine Erfahrung hat, sollte sich an eine spezielle Agentur wenden, bei Pauschalreisen erledigt dies in der Regel der Veranstalter. Benötigt wird ein noch sechs Monate gültiger Reisepass, der Nachweis einer Reisekrankenversicherung und (neu seit Herbst 2010) ein Nachweis der Rückkehrwilligkeit (Nachweis eines regelmäßigen Einkommens durch Arbeits- und Verdienstbescheinigung, Registrierung der eigenen Firma bzw. Nachweis von Wohneigentum usw.).

Die Visabedingungen können sich jederzeit ändern und sollten immer aktuell bei den russischen Botschaften oder Konsulaten erfragt werden (www.russisches-konsulat.de).

Verständigung

Ohne Russischkenntnisse ist es schwieriger, zumindest die Kenntnis des kyrillischen Alphabets hilft bei der Orientierung. Englischkenntnisse kann man außerhalb der Partnerstrukturen westlicher Reiseanbieter nicht unbedingt erwarten.

Geldwechsel

1 Euro entspricht etwa 75–80 Rubel (Stand Frühjahr 2016), wobei man in Russland günstiger tauscht als in Deutschland. Es gibt zahlreiche Wechselstuben, in den größeren Städten auch Geldautomaten, an denen man mit der ec-Karte abheben kann. Euro und US-

Am Čujsker Trakt (Altajgebirge) bei Ongudaj

Der Bahnhof von Irkutsk bei Nacht

Dollar können problemlos getauscht werden. In größeren Geschäften, Restaurants, Hotels etc. kann man meist auch mit Kreditkarte bezahlen. Es ist sinnvoll, Dollar- oder Euroscheine in kleiner Stückelung mitzunehmen.

Sicherheit

Bei Beachtung der allgemein üblichen Vorsichtsmaßnahmen besteht nicht mehr Gefahr als in westeuropäischen Ländern. Im Straßenverkehr geht es deutlich rabiater als in Mitteleuropa zu.

Telefonieren

Die großen deutschen Mobilfunkanbieter haben ihr Roaming auf Russland ausgedehnt. Die teilweise drastischen Roaminggebühren fallen aber auch zwischen einzelnen Tarifzonen innerhalb Russlands an, da es keinen einheitlichen Inlandstarif gibt. Vorwahl für Russland: 007 bzw. +7, Vorwahl für Deutschland

aus Russland 0049 bzw. +49, über das Mobiltelefon 81049 (Festnetz: 8, Freizeichen: 10, Vorwahl: 49).

Zeitzonen

Russland erstreckt sich seit Herbst 2014 wieder über elf Zeitzonen und hat seit 2012 keine Winterzeit mehr. Der Zeitunterschied zu Deutschland beträgt dann in St. Petersburg und Moskau im Sommer + 2 Std. und im Winter + 3 Std. In Vladivostok sind es + 9 Std. bzw. + 10 Std.
Die Fahrpläne der Transsib werden stets in Moskauer Zeit angegeben.

Gesundheit

Es sind keine Impfungen vorgeschrieben. Im Sommer gibt es vor allem abseits der Städte in Sibirien viele Zecken und Stechmücken.
Ausführliche Hinweise in den Reisetipps von A bis Z ab Seite 463.

»Was für ein reiches Land, was für ein mächtiges Land.
Eine große Rolle in den Weltannalen ist Sibirien vorherbestimmt.«

Aleksandr Radiščev

LAND UND LEUTE

Lenin wacht vor der Oper von Novosibirsk

Russland und Sibirien im Überblick

Die russische Flagge

Name: Sibirien gehört zu Russland/ Россия bzw. der Russischen Föderation/ Российская Федерация (gleichberechtigte Staatsbezeichnungen).

Status Russlands: Unabhängiger Staat seit Dezember 1991, Rechtsnachfolger der Sowjetunion.

Sprachen: Russisch (Amtssprache).

Alphabet: kyrillisch.

Fläche Russlands: 17075400 qkm (größtes Flächenland der Welt).

Hauptstadt Russlands: Moskau (Москва).

Millionenstädte in Sibirien: Novosibirsk, Omsk, Krasnojarsk.

Russische Staatsgrenzen in Sibirien: Kasachstan (6846 km), China (3645 km), Mongolei (2485 km), Nordkorea (19 km).

Höchste Erhebung Sibiriens: Belucha (4506 m), im Altajgebirge an der Grenze zu Kasachstan.

Längster Fluss Russlands und Sibiriens: Amur (4415 km), mündet in den Pazifik.

Klima: Ausgeprägtes Kontinentalklima.

Einwohnerzahl Russlands: 146 267 000 (2015).

Bevölkerung Russlands: Russen (80%), Tataren (4%), Ukrainer (2,2%), Armenier (1,9%), Deutsche (0,8%) und andre-re Minderheiten.

Religion: Christentum (russ.-orthodox) 51%, Atheismus 8%, Islam 7%, andere Richtungen des Christentums, Buddhismus, Schamanismus.

Bevölkerungsdichte Russlands: 9,2 Einwohner pro qkm.

Alphabetisierungsrate Russlands: 99,5%.

Verhältnis Stadt-/Landbevölkerung in Russland: 73/27 %.

Staatsform: Präsidialdemokratie mit föderativem Staatsaufbau und Zweikammerparlament.

Präsident: Dmitrij Medvedev, am 07. 10. 2008 direkt für vier Jahre gewählt (ab 2012 sechs Jahre, maximal zwei Amtszeiten).

Parlament: Zweikammerparlament, bestehend aus Duma und Föderationsrat. Die Duma wird für 4 Jahre gewählt, Verhältniswahlrecht, 450 Sitze. Letzte Wahl am 04.12.2011, nächste Wahl am 04.12.2016. Der Föderationsrat besteht aus je zwei Vertretern der 83 Föderationsmitglieder.

Mitgliedschaft in internationalen Organisationen: Vereinte Nationen, OSZE, IWF, Weltbank, UNESCO, Europarat u.a.

Landeswährung: RBL (Russischer Rubel).

Zeitzonen: von MEZ + 5 Stunden (Westsibirien) bis + 12 Stunden (Kamčatka), keine Sommerzeit, daher im Sommer eine Stunde weniger.

Nationalfeiertag: 12. Juni (Tag Russlands, zum Gedenken an die Proklamation der Russischen Sowjetrepublik als Staat innerhalb der Sowjetunion im Jahr 1990).

Autokennzeichen: RU.

Vorwahl: +7.

Internetkennung: hauptsächlich .ru, vereinzelt .su, neuerdings auch .рф.

Land ohne Grenzen

Mit einer Ost-West-Ausdehnung von über 7000 Kilometern und einer sich über 3500 Kilometer erstreckenden Nord-Süd-Achse ist Sibirien fast ein Kontinent für sich. Dieser sich in Asien erstreckende Teil Russlands ist größer als jedes andere Land der Erde. Dieses Land, fast ohne Grenzen, von ca. 10 Millionen Quadratkilometern entspricht flächenmäßig etwa einem Zusammenschluss von Europa (außer Russland) und den Vereinigten Staaten.

Die Erde birgt hier ihre größten Reichtümer an unterschiedlichsten Bodenschätzen. Die Taiga ist mit 770 Millionen Hektar neben dem tropischen Regenwald das größte Waldreservoir unseres Planeten. Die wasserreichsten Ströme der Erde durchziehen das Land, der Baikalsee ist das größte Süßwasserreservoir der Erde. Heute leben ungefähr 25 Millionen Menschen in diesem Landstrich. Mit rückläufiger Tendenz, noch stärker als in Russland überhaupt. Langsam beginnt sich aber die Region vom Image des weltweit größten Kältegefängnisses zu trennen. ›Ab nach Sibirien‹ war Jahrhunderte lang unter der Herrschaft der Zaren und ihrer roten Erben der Inbegriff für Deportation und Verbannung. Nur wenige kehrten zurück, viele kamen um oder verbrachten ihr Lebtag hinter dem Ural. Hinter dem ›Eisernen Vorhang‹ wurden insbesondere viele sibirische Städte wie Omsk, Tomsk, Krasnojarsk mit zusätzlichen ›Vorhängen‹ umgeben. Sie waren als sogenannte ›geschlossene Städte‹ generell für Ausländer tabu. Heute sind sie zwar mit wenigen Ausnahmen zugänglich, aber als Reiseziele immer noch vergleichsweise unbekannt.

Neben den unfreiwilligen Siedlern zog es über die Jahre auch viele freiwillig in diese Gefilde. Kosaken, Siedler, Abenteurer oder Komsomol-Freiwillige zogen gen Osten. Diese Extreme in der Lebenseinstellung und in den Lebensbedingungen der Russen Sibiriens und der Ureinwohner brachten diesen besonderen Menschenschlag der Sibirjaken hervor, zu dem sich dort jeder stolz bekennt.

Im Nationalpark Lena-Säulen

Deutschland und Sibirien im Flächenvergleich

Der Landstrich Sibirien hat sehr verschiedene Grenzen. Heute meint man damit zumeist alles zwischen Ural und Stillem Ozean. Ursprünglich wurde mit ›Sib Ir‹ ein tatarisches Khanat oder Fürstentum östlich des Urals im heutigen Tjumener Gebiet bezeichnet. Später entstand eine Unterteilung in West- und Ostsibirien mit dem mächtigen sibirischen Strom Enisej (Jenissei) als Trennlinie. Zu Beginn des 19. Jahrhunderts wurde diese Teilung mit zwei Generalgouvernements in der Verwaltungsreform festgeschrieben und hat auch heute ungeachtet anderer Verwaltungsstrukturen Bestand. Der an der Pazifikküste liegende Landstrich wird in Russland zumeist nicht mehr als Sibirien, sondern als Ferner Osten bezeichnet. Die häufig in nichtrussischen Quellen anzutreffende Unterteilung in West-, Mittel- und Ostsibirien findet man in Russland nicht.

Die Jahre nach der Wende waren für Russland und natürlich auch für Sibirien schwierige Jahre. Doch das Land hat in den letzten Jahren bereits unter Beweis gestellt, dass es trotz aller Probleme und Widerstände seinen Platz in der westlichen Zivilisation und seinen Weg zu einem marktwirtschaftlich orientierten Wirtschaftsmodell finden wird. Die Hoffnungen im In- und Ausland für eine konsequente Weiterführung der Reformen sowie mehr Stabilität und Berechenbarkeit in Russland haben sich erfüllt. Begünstigt durch fortdauernd hohe Preise für Russlands Exportgüter kam auch die russische Wirtschaft mit eindrucksvollen Zuwachsraten wieder in Gang. Das Putin-Modell von der ›gelenkten Demokratie‹ knüpft an die autokratischen Traditionen des einstigen Zarenreiches an und findet heute in der Bevölkerung breite Unterstützung. Dies ungeachtet durchaus begründeter Skepsis hinsichtlich diktatorischer Risiken und Nebenwirkungen in so wichtigen wie sensiblen Bereichen wie Zivilgesellschaft und Medienfreiheit.

Geographie

Im Norden bildet das Nordpolarmeer die Grenze, im Westen das Uralgebirge und im Osten der Pazifik. Im Süden ist die Grenze etwas schwerer zu definieren, denn neben natürlichen Orientierungen wie der kasachischen Steppe, dem Altajgebirge, dem Sajangebirge oder dem Fluss Amur haben hier die staatlichen Grenzen größere Bedeutung. Aber an den russischen Grenzen zu Kasachstan, der Mongolei und China gab es in der Vergangenheit von Zeit zu Zeit etwas Bewegung.

In Sibirien gibt es über 50 000 Flüsse. Hier verlaufen fünf der zwölf größten Flüsse der Welt: Irtyš (4248 Kilometer), Ob' (einschl. Katun' 4338 Kilometer), Enisej (4102 Kilometer) und Lena (4400 Kilometer). Diese vier fließen alle in Richtung Norden zum Eismeer. Da in den Mündungen das Eis erst spät taut, verwandeln sich durch den alljährlichen Rückstau größere Uferflächen in Sümpfe. Der Amur (einschließlich Argun' 4440 Kilometer) an der russisch-chinesischen Grenze fließt zum Pazifik. Unter einer Million Seen sticht vor allem der Baikalsee als der Welt größtes Süßwasserreservoir hervor.

In Westsibirien findet man zwischen dem Ural und dem Enisej die größte Tiefebene der Welt. In Ostsibirien und im Fernen Osten ist das Land zunehmend gebirgiger. Nennenswerte Höhenzüge sind im Süden der Altaj und der Sajan sowie im Osten das Jablonovgebirge und das Verchojansker Gebirge. Die höchsten Berge befinden sich auf der vulkanischen Halbinsel Kamčatka (Ključevskaja Sopka, 4750 Meter) und im legendenumwobenen Altajgebirge (Belucha, 4506 Meter).

Unterwegs in Jakutien

Klima

Das strenge Kontinentalklima bietet größtenteils Jahresdurchschnittstemperaturen unter 0 Grad. »Bei uns in Sibirien ist es neun Monate im Jahr kalt und drei Monate im Jahr saukalt«, scherzt man gern zu diesem Thema. Die Durchschnittstemperaturen im Juli schwanken zwischen 5 und 23 Grad, im Januar zwischen –12 und –48 Grad. Am Kältepol der Erde, in der jakutischen Ortschaft Ojmjakon, wurden bis zu –72 Grad gemessen. Jakutsk kann als einzige Großstadt der Welt mit Temperaturdifferenzen von 100 Grad aufwarten: im Sommer bis 40 und im Winter –60 Grad. Die kurzen Sommer sind daher überraschend oft sehr heiß. Frühling und Herbst vollziehen ihr Werk im Zeitraffer. Im Winter ist die Kälte trocken und bis etwa –25 Grad keineswegs so unangenehm, wie befürchtet. Hinzu kommt, dass aufgrund der fehlenden Klimascheiden fast überall in Sibirien im Sommer wie im Winter überdurchschnittlich oft die Sonne scheint. Während im Norden der Boden nie auftaut und im Dauerfrostboden nichts wächst und alle Bauten auf Pfählen errichtet werden müssen, kann im Süden auf den großen Feldern wie in den kleinen Schrebergärten eine überraschend reiche Ernte eingefahren werden.

Vegetation

Im ›Streifenlook‹ präsentiert sich Sibirien, wenn man die Vegetationszonen betrachtet. Nach der Eiswüste auf den dem sibirischen Festland vorgeschobenen Inseln befindet sich im äußersten Norden die Tundra. Hier wachsen nur Flechten und Gräser, wenn die Sommersonne einige Zentimeter des Dauerfrostbodens auftaut. In Richtung Süden beginnen zunächst Sträucher und später Bäume zu wachsen, bevor die Waldtundra beginnt, die sich vor allem östlich des Enisej in Richtung Jakutien ausdehnt. Westlich des Enisej beginnt bereits

Holzhäuser im kleinen Ort Tajga

Land und Leute

Landschaft an der Lena

auf der Höhe des Polarkreises die oft mit Sibirien assoziierte Taiga, die größte geschlossene Grünanlage unseres blauen Planeten. Der zwischen 1200 und 3000 Kilometer breite Waldgürtel ist als Ökosystem in seiner Bedeutung nur mit dem tropischen Regenwald vergleichbar und übertrifft diesen noch in seinen geschlossenen Ausmaßen. Westlich des Enisej zum Ural hin dominieren die dunkleren Nadelgehölze: Tannen in bis zu zehn verschiedenen Arten und acht verschiedene Kiefernarten. Besonders verbreitet ist die sibirische Zirbelkiefer (Kedr), die genauso wie die essbaren Kerne ihrer Zapfen ein sibirisches Markenzeichen geworden ist. Östlich des Enisej überwiegen bis zur Lena Lärchen. In Richtung Süden mischen sich aber mit zunehmender Wärme überall in der Taiga auch Laubbäume dazwischen.

Im durch die Transsibirische Eisenbahn beschriebenen Gürtel der großen sibirischen Metropolen erlebt man ausgedehnte Streckenabschnitte der Taiga vor allem auf dem Abschnitt zwischen Krasnojarsk und Irkutsk sowie entlang der Baikal-Amur-Magistrale (BAM). Ansonsten trifft man in diesem am stärksten besiedelten Landstrich auf Wälder, die nur noch die südlichsten Ausläufer der Taiga darstellen. Hier bewegt man sich in Landstrichen Sibiriens, in denen je etwa 100 bis 200 Kilometer links und rechts der Transsibirischen Eisenbahn die Eingriffe der Zivilisation zu spüren sind und in denen sich auch die meisten großen Metropolen Sibiriens, denen dieses Buch einen Besuch abstattet, befinden.

Flächen- und Bevölkerungsverteilung Sibiriens	Hauptstadt	Fläche (qkm)
Russland	Moskau	17075,4
Westsibirien		
Tjumener Gebiet	Tjumen'	1435,2
dar. Chanty-Mansijsker Autonomer Bezirk	Chanty-Mansijsk	523,1
dar. Jamalo-Nenecker Autonomer Bezirk	Salechard	750,3
Omsker Gebiet	Omsk	139,7
Novosibirsker Gebiet	Novosibirsk	178,2
Tomsker Gebiet	Tomsk	316,9
Gebiet Kemerovo	Kemerovo	95,5
Republik Altaj	Gorno-Altajsk	92,6
Altajer Region	Barnaul	169,1
Ostsibirien		
Krasnojarsker Region	Krasnojarsk	2339,7
Republik Tuva	Kyzyl	170,5
Republik Chakassien	Abakan	61,9
Irkutsker Gebiet	Irkutsk	767,9
Republik Burjatien	Ulan-Udė	351,3
Region Zabaikalskij	Čita	431,5
Ferner Osten		
Republik Sacha (Jakutien)	Jakutsk	3103,2
Region Primor'e	Vladivostok	165,9
Region Chabarovsk	Chabarovsk	788,6
Amur-Gebiet	Blagoveščensk	363,7
Gebiet Kamčatka	Petropavlovsk	472,3
Magadaner Gebiet	Magadan	461,4
Gebiet Sachalin	Južno-Sachalinsk	87,1
Júdischer Autonomer Bezirk	Birobidžan	36,0
Čukotsker Autonomer Bezirk	Anadyr	737,7
Gesamtsibirien		14039,3

Quellen: www.statdata.ru, www.perepis2002.ru (R)

Anteil an der Gesamtfl. (%)	Bev. 2014 (Tsd.)	Anteil an Gesamtbev. (%)
(100)	146 267	(100)
8,4	3581	2,4
3,1	1612	1,1
4,4	540	0,4
0,8	1978	1,4
1,0	2747	1,9
1,9	1074	0,7
0,6	2725	1,9
0,5	214	0,1
1,0	2385	1,6
13,7	2859	2,0
1,0	314	0,2
0,4	536	0,4
4,5	2451	1,7
2,1	978	0,7
2,6	1087	0,7
18,2	957	0,7
1,0	1933	1,3
4,6	1338	0,9
2,1	810	0,5
2,8	317	0,2
0,3	148	0,1
0,5	488	0,3
0,2	168	0,1
0,4	51	0,04
73,5	31291	21,39

Sibirjaken – zwischen Mythos und Wirklichkeit

Heute leben etwa 30 Millionen Menschen in Sibirien und im Fernen Osten Russlands. Vor 100 Jahren waren es etwa sieben Millionen. Gut 20 Prozent der Bevölkerung Russlands verteilen sich auf 75 Prozent des Territoriums. Die Sibirjaken sind eine multikulturelle Gesellschaft, denn zwischen den Ureinwohnern und den russischen Neuankömmlingen kam es – wenn auch mit großen regionalen Unterschieden – zu einer Vermischung der Gene, Sprachen und Lebensarten. Die Tabelle auf → S. 22 soll einen Eindruck von der Größe und der Bevölkerungsdichte Sibiriens auch im Vergleich zur gesamten Russischen Föderation vermitteln.

Doch auch die Russen, die hier leben, sind ein besonderer Menschenschlag, denn Sibirien war immer ein Abenteuer. Wer freiwillig herkam, suchte die große Herausforderung, das schnelle Geld, die grenzenlose Freiheit oder – aus unterschiedlichsten Gründen – einfach das Weite. Wer unfreiwillig hierher verbannt und sesshaft wurde, hatte Geschmack an oder keinen Ausweg aus diesem extremen Land gefunden. Ob Glücksritter oder Landstreicher, Kosaken oder Kriminelle, Siedler oder verbannte Intellektuelle – sie alle durchliefen die Prüfung extremer Strapazen. Hier setzte die Natur die Rahmenbedingungen: Freiheitswille, Wagemut, Unternehmungslust, Zusammenhalt und Naturverbundenheit waren die Charaktereigenschaften, die gefragt waren und dazu führten, dass sich die hiesige Bevölkerung zu allen Zeiten etwas von Ivan Normalverbraucher westlich des Ural unterschied.

Jakutische Folkloregruppe

Winter in Novosibirsk

Land und Leute

So kannte Sibirien im Gegensatz zum europäischen Russland keine Leibeigenschaft. Der lähmenden Unterdrückung stand hier von Anfang an der Geist der Freiheit gegenüber. Der Hauch vom Wilden Osten ist keine Einbildung. Das Leben ist – wie überall in der russischen Provinz – ruhig und ohne Hektik. Bis eine neue Weisung aus Moskau oder eine neue Mode aus dem Ausland Verstand und Gemüt der Menschen in Sibirien aufrüttelt, muss schon einige Zeit vergehen oder etwas Besonderes passieren. Man braucht und hat Zeit, bei diesen Entfernungen auch kein Wunder. Ob Zar, Generalsekretär oder Präsident, Geschäftsführer oder Minister – sie alle sind weit weg, und wann sie sich das nächste Mal nach Sibirien verirren…? »In all seinen Eigenschaften, den guten wie den schlechten, ist der Sibirjak ein Ergebnis dessen, wie sich der Mensch verändert, wenn ihn lange Zeit keine Gesetze einschränken«, schrieb einer der großen Chronisten Sibiriens, der Schriftsteller Valentin Rasputin.

Die Sesshaftigkeit ist dabei auch heute ein wichtiges Thema. Zu allen Zeiten kamen auch Menschen mit Zeitverträgen nach Sibirien. Die Chance auf das große Glück, die Pelze, die Goldklumpen oder die Gehaltszuschläge lockten, so dass viele für einige Jahre bereit waren, die Strapazen der Kälte auf sich zu nehmen. Diese Saison-Ideologie, in möglichst kurzer Zeit Sibirien so viel wie möglich zu entreißen, bekam dem Land nicht. Das natürliche und das mentale Gleichgewicht geriet aus dem Lot. Die einzigartige Natur Sibiriens blieb so in den Zentren des wirtschaftlichen Raubbaus häufig auf der Strecke, und nicht wenige Regionen in Sibirien sind heute ökologische Notstandsgebiete.

Die Ureinwohner

Die Integration der Ureinwohner in das russische bzw. sowjetische Reich verlief im Vergleich zu anderen aus der Weltgeschichte bekannten kolonialen Eroberungen vergleichsweise unblutig. Die Eroberer Sibiriens stießen nach der durch

Landschaft im Altajgebirge

Ermak gegen die Tataren gewonnenen Anfangsschlacht nur in Burjatien und am Amur auf nennenswerten Widerstand. Die Ureinwohner Sibiriens, die heute knapp vier Prozent der Gesamtbevölkerung ausmachen, haben sich in unterschiedlichem Maße assimiliert. Mit dem Zerfall der Sowjetunion wuchsen zwar die antirussischen Vorbehalte, doch ist eine Eskalation wie im Kaukasus auszuschließen. Unter sowjetischem Vorzeichen waren aber durchaus Erfolge in der kulturellen Autonomie hinsichtlich Sprache und Kultur sowie deren Förderung erreicht worden. Russisch wurde zwar mit der Einführung der Schulpflicht zur Amtssprache, und zumeist wurden auch die kyrillischen Schriftzeichen für die jeweiligen Sprachen zwangsverordnet, aber Traditionen in Kunst und Literatur wurden dagegen gefördert. Außerdem leben auch in anderen Teilen Sibiriens kleinere Völker sibirischer Ureinwohner, wie zum Beispiel etwa 13 970 Schorzen (Gebiet Kemerovo), 5160 Nivchen (Region Chabarovsk) und 840 Tofalaren (Gebiet Irkutsk). Im Süden Sibiriens leben die größten Volksgruppen in den in die Russische Föderation integrierten ethnischen Republiken. Die Daten zur Nationalitätenstruktur aus der Volkszählung 2010 liegen noch nicht vor. Für 2002 wies die Statistik 445 200 Burjaten, 243 400 Tuviner, 75600 Chakassen und 67 200 Altajer als die bedeutendsten ethnischen Gruppen aus, die in ihren Republiken aber nur noch in Tuva die Bevölkerungsmehrheit ausmachen. Im deutlich dünner besiedelten Norden lebt das Gros der 443 900 Jakuten in der eigenständigen Republik Sacha mit der Hauptstadt Jakutsk.

Besondere Erwähnung verdienen die 181500 Angehörigen verschiedener Nationalitäten, die die Statistik unter dem Begriff ›Völker des hohen Nordens‹ zusammenfasst. Hier gibt es eine Reihe autonomer Bezirke. Obwohl nicht alle in der Tundra des Nordens leben, gehören beispielsweise 41 300 Nenzen (Gebiete Archangel'sk und Tjumen' am Eismeer) dazu. Sie leben zu beiden Seiten des

Ural als nomadisierende Rentierzüchter. Früher nannte man sie ›Samoedy‹. Das klingt im Russischen zwar wie das Wort für Kannibalen, hat aber damit nichts zu tun, sondern kommt vom russischen Wort ›sami‹, der Bezeichnung für die Volksgruppe der Lappen. Südlich, im durch die Ölförderung bekannten Westsibirien leben 28 700 Chanten und 11 400 Mansen (auch Ostjaken und Vogulen genannt) im gleichnamigen autonomen Bezirk als sesshafte Fischer und halbnomadische Jäger. Mehr als 35 500 Evenken (auch unter ihrer alten Bezeichnung Tungussen bekannt) leben vorrangig östlich des Enisej ganzjährig in Stabzelten. Im äußersten Nordosten leben etwa 15 800 Čukčen (sozusagen die Ostfriesen Russlands, wenn man die unzähligen Witze vergleicht) und 8750 Korjaken auf der Halbinsel Čukotka von der Rentierzucht. Hier leben auch etwa 1750 Eskimos. Im Amurgebiet leben etwa 12 100 Nanaier und 3170 Ulčen vom Fischfang. Es gibt aber auch so kleine Stämme wie etwa die 680 Oročen (Gebiet Chabarovsk) oder die nur 240 Enzen (Halbinsel Tajmyr), die die Statistik ausweist. Die meisten dieser kleinen Völkerschaften sind aus eigener Kraft nicht überlebensfähig.

Die durchschnittliche Lebenserwartung liegt bei 40 Jahren, Tendenz leicht steigend. Die Zukunft der lebensnotwendigen Zuwendungen aus Moskau war in den Nachwendejahren oft ein großes Fragezeichen. Heute hat sich die Situation für viele nationale Minderheiten wieder spürbar verbessert – sozusagen ein Nebeneffekt der demokratischen Veränderungen im Land. Die Führungsjobs in den autonomen Regionen, insbesondere ihre Vertretung in Moskau waren für viele begüterte Karrieristen ein ideales Sprungbrett. Aufgrund des zahlenmäßig vergleichsweise kleinen Elektorats in diesen spezifischen Wahlkreisen konnte man dort die Wählerschaft mit relativ ›preisgünstigen‹ Wohltaten für sich einnehmen und zu ungeahnten Ämtern und Würden gelangen. Das bekannteste, aber bei weitem nicht einzige Beispiel ist sicherlich Oligarch Roman Abramovič, der sich nicht nur Chelsea London, sondern auch im Jahr 2000 den Sieg bei den damaligen Gouverneurswahlen in Čukotka gönnte.

Volkstanzgruppe in Jakutsk

Land und Leute

Die Eroberer Sibiriens

Die Geschichte der russischen Eroberung Sibiriens reiht sich historisch ebenbürtig in die großen geographischen Entdeckungen und nachfolgenden politischen Inbesitznahmen der neuen Territorien in der frühen Neuzeit ein. Doch Russland weist eine Besonderheit auf. Es waren nicht kühne Seefahrer und grausame Konquistadoren, die die neuen Kolonialreiche in Übersee eroberten, sondern Russlands Kolonialreich entstand durch die konsequente Ausdehnung seiner östlichen Grenzen auf dem gigantischen Festland Sibiriens bis zum Pazifik, die auch im Gegensatz zu den anderen Kolonialreichen bis in die Gegenwart Bestand hat. Zeitweise zum russischen Reich gehörende Landstriche am anderen Ufer des Pazifiks (Alaska und Teile Kaliforniens) wurden frühzeitig wieder aufgegeben oder verkauft.

Weder Soldaten noch Söldner, sondern Kosaken eroberten für den Zaren das Gebiet östlich des Urals. Das Wort ›Kosake‹ ist türkischen Ursprungs und bedeutet etwa ›freier Krieger‹ oder ›Vagabund‹. Es waren russische und ukrainische Bauern, die die Freiheit und ihr Heil in den Gebieten entlang der Flüsse Volga, Don und Dnepr suchten. Jenseits staatlicher Autorität organisierten sie in ›Stanicy‹ genannten Dörfern ihr eigenes Gemeinwesen, das sowohl auf der Landwirtschaft als auch der Wegelagerei basierte. Oft arrangierte man sich auch mit dem Zaren und verteidigte oder eroberte in seinem Namen. Zu sowjetischen Zeiten unterdrückt, erleben die Kosakentraditionen insbesondere im Süden Russlands sowie in Sibirien als nicht unumstrittene Law-and-order-Bewegung in den letzten Jahren wieder starken Zulauf.

Als der russische Eroberer Sibiriens schlechthin gilt der Kosakenhauptmann Ermak bzw. Ermak Timofeevič (um 1540–1585). Als Anführer einer Streitmacht von Wolga-kosaken verdingte sich Ermak zunächst bei der im Ural ansässigen Kaufmannsdynastie der Stroganovs. Diese hatten ihr Vermögen vor allem mit Salz verdient und vom Zaren einen Freibrief für die Ländereien im und hinter dem Ural erhalten. Den dort ansässigen Tataren und Ureinwohnern war das aber ziemlich egal, so dass es ständig zu blutigen Auseinandersetzungen kam. Ermaks Leute übernahmen den militärischen Schutz des Stroganov-Imperiums. Da Angriff bekanntlich die beste Verteidigung ist, wurde aus dem Schutz der Siedlungen bald eine Offensive in das ›schlafende Land‹ östlich des Urals.

Bei Expeditionen auf den Flüssen Tara und Irtyš bereitete Ermak 1582 den Tatarenfürsten Kučum und Mametkul vernichtende Niederlagen. Als diese Botschaft den Zaren erreichte, war er zunächst skeptisch. Ermak stand auf der Fahndungsliste. Doch die ersten Pelzgeschenke, u.a. 2400 Zobelfelle für den Hof, verfehlten ihre Wirkung nicht. Ivan der Schreckliche fand Gefallen an einer forcierten Osterweiterung seines Herrschaftsgebietes. Er amnestierte den Kosakenhauptmann und sandte reguläre Truppen zur Verstärkung. Die Kolonialisierung Sibiriens nahm ihren Lauf. Ermak selbst war kein langes Leben vergönnt, denn die Kämpfe gingen weiter. 1585 geriet er in einen tatarischen Hinterhalt und kam in den Fluten des Irtyš ums Leben.

Über die großen Flüsse und das Eismeer stießen die Eroberer voran. Während in Moskau die sogenannte ›Zeit der Wirren‹ die Staatsgewalt lähmte, zogen die Kosaken mit beeindruckender Zielstrebigkeit gen Osten. Händler, Abenteurer, Missionare, Beamte und Militärs folgten. 20 Jahre später waren die Gebiete bis zum Enisej in russischer Hand. Weitere zehn Jahre später standen die russischen Grenzpfähle bereits an der

Lena. Nochmals zehn Jahre später erreichten 1639 die ersten Kosakentruppen unter ihrem Hauptmann Ivan Moskvitin die Pazifikküste. Aus dem Winterlager wurde ein Fort und später die Stadt Ochotsk. Orte wie Tobol'sk, das später abgebrannte Mangesija, Enisejsk und Jakutsk entstanden als Kette für den Strom der Eroberer. Weiter südlich folgte über Tara, Tomsk, wiederum Einsejsk und weiter zum Baikalsee die zweite Versorgungskette, die nicht zuletzt aufgrund des gemäßigteren Klimas später an Bedeutung in der wirtschaftlichen Erschließung gewann.

Auch im äußersten Norden Sibiriens zogen die Kosaken immer weiter ostwärts. Im Jahre 1648 startete nach mehreren Fehlschlägen an der Mündung des Flusses Kolyma erneut eine Eismeer-Expedition in Richtung Osten. Drei Schiffen gelang es, die äußerste Ostspitze Sibiriens zu umfahren. Doch nur ein Boot unter dem Kommando des Kosaken Semën Dežnëv (um 1605–1673), kam auch sicher und unbeschadet an der Mündung des Flusses Anadyr an Land. Es bestand also keine Landverbindung zwischen Sibirien und Amerika, und Dežnëv hatte 80 Jahre vor Vitus Bering die Beringstraße entdeckt. Die Kosaken errichteten ein Fort an der Stelle des heutigen Anadyr, unterwarfen das Land der Čukčen und hatten somit die Nord-Ost-Ausdehnung des Reiches fixiert. Die nach Jakutsk gesandten Reiseberichte über die neuen Eroberungen gelangten jedoch nicht wie üblich nach Moskau, sondern landeten im Jakutsker Archiv. Erst 1736 fand sie dort der deutsche Historiker G.F. Müller. Die entscheidende Aufgabe der 1728 gestarteten Ersten Großen Sibirischen Expedition unter Vitus Bering hatten die Kosaken also bereits lange vorher gelöst. Die damals umsegelte Landspitze heißt bis heute ›Kap Dežnëv‹. Die Liste der den Kosaken zuzuschreibenden Eroberungen ließe sich durchaus noch fortsetzen.

In der Reihe der großen Eroberer gibt es eigentlich nur eine bedeutende Ausnahme: den Kaufmann Erofej Chabarov (um 1610 – um 1670), den Namensgeber der Stadt Chabarovsk, dem die brutale Eroberung des Amurbeckens zuzuschreiben ist. Chabarov, dem in Kirensk am Fluss Lena das mit einer Salzsiederei und dem Getreidehandel gemachte Vermögen wegen Steuerbetruges konfisziert worden war, suchte beim Jakutsker Statthalter die Chance, es mit einer Expedition in Richtung Süden erneut zu Vermögen und Ehre zu bringen. Zwei Expeditionen ab 1649 eröffneten den Weg zum ›Schwarzer Fluss‹ genannten Amur. Der mit äußerster Brutalität gegen die Einheimischen geführte Eroberungsfeldzug erregte wegen seiner Maßlosigkeit den Unmut des Zaren. Chabarov wurde in Moskau sogar dafür angeklagt, aber dann begnadigt und erhielt einige Dörfer bei Il'imsk zur Verwaltung.

Doch im Amurbecken stieß der durch den geringen Widerstand der sibirischen Ureinwohner verwöhnte russische Expansionsdrang zugleich in den Einflussbereich eines anderen Imperiums: China. Mit wechselseitigem Kriegsglück vergingen noch über 30 Jahre, bevor 1689 im Vertrag von Nerčinsk die Grenze zwar damals noch vage im genauen Verlauf, aber eindeutig in den Gebirgsläufen nördlich des Flusses Amur festgeschrieben wurde. Somit waren in allen Himmelsrichtungen die Grenzen der russischen Inlandskolonie gesetzt. In weniger als 100 Jahren hatte sich Russland vor allem dank der Kosaken der gewaltigsten Landmasse der Erdkugel bemächtigt.

Später streckte Moskau seine kolonialen Fühler in Richtung Süden aus. Doch während der Kaukasus und Zentralasien inzwischen eine bunte Staatenpalette auf der politischen Landkarte sind, hat die Eroberung Sibiriens bis heute Bestand.

Verwaltung und Wirtschaft

Sibirien ist Bestandteil Russlands bzw. der Russischen Föderation. Verwaltungsrechtlich ist Sibirien heute aber nicht selbständig, sondern nur ein Oberbegriff für die hinter dem Ural liegenden Verwaltungsbezirke. Als Rechtsnachfolger der Sowjetunion ist Russland heute eine demokratische föderale Präsidialrepublik. Die damit verbundene Machtfülle war in der Wende ohne Zweifel gewollt. Sie knüpft an die autokratischen Traditionen der ›starken Hand‹ in der russischen und sowjetischen Geschichte an. Hoffnungen der Opposition auf eine stärkere Demokratisierung werden sich auch in absehbarer Zukunft kaum erfüllen.'

Die politische Struktur

Seit Steuermann Putin das Ruder übernahm, wurde auch schnell das Parlament auf Linie gebracht. Es besteht aus zwei Kammern. Das ›Unterhaus‹ – die Staatsduma – wird als direkte Vertretung vom gesamten russischen Volk gewählt. Das ›Oberhaus‹ – der Föderationsrat – ist die Vertretung der regionalen Verwaltungseinheiten, die man hier Föderationssubjekte nennt. Ihrer gibt es heute 83, die entweder nach ethnischen Gesichtspunkten oder ansonsten nach verwaltungstechnischen Argumenten entstanden sind. Davon befinden sich 29 in Sibirien.

Man unterscheidet bei den Föderationssubjekten zwischen Republiken (5 von 21 liegen in Sibirien, z. B. Burjatien), Verwaltungsregionen (Kraj, 6 von 9 liegen zwischen Ural und Pazifik, z.B. Krasnojarsker Region), Verwaltungsgebieten (Oblast', 10 von 46 befinden sich in Sibirien und im Fernen Osten, z.B. Novosibirsker Gebiet) und Autonomen Bezirken (Okrug, 3 von 4 befinden sich in Sibirien, z.B. der Chanty-Mansijsker Autonome Bezirk). Einige der Autonomen Bezirke befinden sich innerhalb anderer Verwaltungsgebiete und stehen so unter einer Art Doppelherrschaft, was in den letzten Jahren zum Beispiel in Tjumen' erhebliche Konflikte verursachte. In den letzten Jahren wurde einige dieser Autonomen Bezirke mit den entsprechenden Gebieten zusammengeschlossen (z.B. Čita), so dass sich die Anzahl der Föderationssubjekte in den letzten zehn

Transparent in Vladivostok: ›Putin – die Stärke Russlands‹

Jahren von 89 auf 84 verringerte. Seit 2015 sind es 85, da die Krim als neues Föderationssubjekt in der russischen Statistik auftaucht…Daneben gibt es noch Moskau und St. Petersburg als Städte mit dem Status eines Föderationssubjektes sowie das Jüdische Autonome Gebiet im Fernen Osten.

Im Laufe der Zeit entstand eine Unterteilung in West- und Ostsibirien mit dem mächtigen sibirischen Strom Enisej als Trennlinie. Zu Beginn des 19. Jahrhunderts wurde diese mit der Schaffung zweier Generalgouvernements in der Verwaltungsreform festgeschrieben und hat auch heute ungeachtet anderer Verwaltungsstrukturen im Bewusstsein der Menschen Bestand.

Die Öl- und Gasuniversität in Tjumen'

Der an der Pazifikküste liegende Landstrich wird in Russland zumeist nicht mehr als Sibirien, sondern als Ferner Osten bezeichnet, zumal die Erschließung des wirtschaftlich bedeutsamen Südens bedeutend später erfolgte. Der Streit unter den einzelnen Verwaltungseinheiten geht auch in Russland zumeist ums liebe Geld. ›Föderationssubjektsfinanzausgleich‹ heißt der Zankapfel, bei dem die Regionen die Rolle Moskaus als des großen Umverteilers zurückdrängen wollen. Doch Tjumen' und Krasnojarsk waren in der Vergangenheit die einzigen sibirischen Mitglieder im Club der 10 aus 84 bzw. 85, die nach den seit den 1990er Jahren gültigen Spielregeln Nettozahler sind und ihren Argumenten das Gewicht des Rubels verleihen konnten. Doch während Jelzin mit dem Prinzip »Nehmt Euch so viel Selbständigkeit, wie ihr verkraften könnt« die Regionen durchaus zur Eigeninitiative ermunterte, kehrte Putin nach seiner Amtsübernahme den Spieß wieder um. Einige der Lokalfürsten waren ihm wohl etwas zu mächtig geworden. Neben der entsprechenden Verwaltungsreform mit den zunächst sieben und seit 2010 acht an die zaristischen Generalgouvernements erinnernden Verwaltungseinheiten beendete er auch zunächst die Demokratie in der Provinz. Gouverneure wurden ab 2004 nicht mehr vor Ort gewählt, sondern von Moskau ernannt. Nachdem überall linientreue Kandidaten etabliert waren, müssen sich diese seit 2012 auch wieder der Wahl stellen. Mit Blick auf das liebe Geld stieß Putin auch eine Änderung des Finanzausgleiches an, so dass derzeit wieder deutlich größere Geldströme als noch vor einigen Jahren über die Moskauer Kasse laufen.

Sibirien hat wenige charismatische Politiker. Die aktuellen, die Regel bestätigenden Ausnahmen sind Sergej Šojgu (*1955) und Sergej Sobjanin (*1958). Verteidigungsminister Šojgu stammt aus Tuva und war davor lange Jahre Jahre Minister für Katastrophenschutz. Er ist auch Vorsitzender der renommierten Russischen Geographischen Gesellschaft. Sobjanin wurde 2010 in Moskau

Alt und Neu in Vladivostok

zum Lužkov-Nachfolger im Amt des Bürgermeisters erkoren wurde. Er stammt aus Westsibirien, begann seine Laufbahn als Stadtoberhaupt von Kogalym und war auch einige Jahre Gouverneur in Tjumen'. An der Spitze der mit den alten Generalgouverneurments vergleichbaren Verwaltungen für Sibirien und Fernost stehen heute der Armeegeneral Nikolai Rogozhkin (*1952) und frühere Umweltminister Juri Trutnev (*1956). An der Spitze des ›Sibirisches Abkommen‹ genannten Lobbyverbandes stand lange Jahre Viktor Kress (*1948). Der deutschstämmige Politiker war von 1995 bis 2012 Gouverneur in Tomsk. Diese Vereinigung konnte jedoch wegen zu unterschiedlicher Interessen ihrer Mitglieder die in sie gesetzten Erwartungen nicht erfüllen. Zu den Fußnoten der politischen Geschichte Russlands gehörte die Wahl des Ölmagnaten Roman Abramovič (*1966) zum Hobby-Gouverneur der im entlegensten Nordosten befindlichen Region Čukotka (2001-2008), die ihm die parlamentarische Immunität einbrachte. Sein zweites Hobby (seit 2003), der Kauf des Londoner Fußballclubs Chelsea, beschäftigte ihn wohl mehr.

Schatzkammer Sibirien

»Der Reichtum Sibiriens wird Russlands Macht mehren.« Diesen Ausspruch des russischen Gelehrten Michail Lomonosov trifft man gelegentlich auf großen Plakaten in Sibirien. Ob an der Hauptstraße von Akademgorodok oder an Fernverkehrsstraßen in der Taiga – in Sibirien wird er immer öfter zitiert. In Moskau, wo man seit Jahrhunderten davon profitiert, wurden und werden die daraus abgeleiteten Forderungen zumeist ignoriert. Zunächst waren es die Pelze, später das Holz und die Erze, das Gold und die Diamanten, heute vor allem die Öl- und Gasvorkommen, die Russland in die Weiten Sibiriens lockten. Auf der Einnahmenseite in Russlands Haushalt war Sibirien immer der wichtigste Aktivposten. Ohne ein Hinterland mit solch fast unerschöpflichen Ressourcen hätten Russland bzw. die Sowjetunion ihren Anspruch als Weltmacht nie durchzusetzen vermocht.

In der Rohstoffgewinnung dominieren heute Öl (z.B. bei Surgut und auf Sachalin) und Gas (z.B. auf der Halbinsel Jamal), Wald (entlang des Enisej), Kohle (im Kuzbass-Becken), Erze (z.B. bei Noril'sk), Gold (Čitinsker Gebiet, Magadaner Gebiet) und Edelsteine (Jakutien). Der vor allem auf der Wasserenergie der gewaltigen Ströme Sibiriens basierende billige Strom lockte energieintensive Zweige wie die Aluminiumherstellung (z.B. in Krasnojarsk) und die Papierindustrie (z.B. in Bratsk) an.

In Russland boomt die Rohstoffgewinnung ungebrochen. Der Exportanteil bringt die lebenswichtigen Devisen. Unser Frust an den Tankstellen erfreute lange Jahre die russischen Ölkonzerne genau so wie den russischen Finanzminister, denn die bei Gasprom oder Lukoil sprudelnden Petrodollars bilden die entscheidende Stütze der positiven Konjunktur. Zwar hat sich das Bild seit 2014 relativiert. Die Meinungen über eine nachhaltige Trendwende beim Ölpreis gehen auseinander, die Bedeutung dieses Trends für Russland ist aber enorm. In der Vergangenheit kannten die Pipelines nur eine Richtung: gen Westen. Seit

2010 wird aber über neue Leitungen auch verstärkt nach Osten exportiert. Die Russland-Krise von 1998 ist lange Geschichte, die Finanzkrise 2008 ist ebenfalls abgehakt, Krise und Sanktionen des Jahres 2014 zeigen Wirkung, aber Russland wird seine Förderkosten in den Griff bekommen und noch stärker asiatische Märkte erschließen.

Die verarbeitende Industrie überwindet zunächst im Inland langsam ihre mangelnde Wettbewerbsfähigkeit. Die früheren Altlasten der ausgeprägten Rüstungsorientierung erleben mit der in den letzten Jahren eingeleiteten, umfassenden Modernisierung der russischen Armee einen neuen Boom, von dem aufgrund der Standortverlagerungen im Zweiten Weltkrieg vor allem Sibirien profitiert. Nicht zuletzt deshalb waren auch weite Teile Sibiriens und viele der hier teilweise erstmals als Reiseziele vorgestellten Großstädte zu sowjetischen Zeiten für Ausländer gesperrt.

Obwohl es viele sowjetische Erfolge im Bereich der Hochtechnologie in den verschiedensten Bereichen gab, war im Westen nach der Wende jahrelang die Skepsis groß. Aber es gibt heute schon neuzeitliche Achtungserfolge. Siemens lässt seine Software unter anderem in Novosibirsk programmieren, die EADS interessiert sich für das Knowhow der Flugzeugbauer aus Irkutsk. Einzelhandel, Lebensmittelverarbeitung, Bauwirtschaft – Branche für Branche erholt sich auch die Binnenwirtschaft aus der Anfangslethargie des Marktschockes und offeriert neue Chancen für Investitionen aus dem In- und Ausland. Der Trend zu traditionellen, einheimischen Marken bestimmt vor allem die Lebensmittelbranche. Bei Konsumgütern wird der Import zunehmend durch Montage und Fertigung in Russland abgelöst. Unter dem Strich hat Russland beim Bruttosozialprodukt den Stand von 1990 wieder überschritten, und seine Fortschritte werden auch mit der Anerkennung als Marktwirtschaft durch die internationalen Gremien und einer entsprechenden Ratingverbesserung honoriert.

Im Wandel zur Informationsgesellschaft hat Russland durchaus einige Trümpfe in der Hinterhand. Mit einer guten naturwissenschaftlichen Schulausbildung hat man in den Informationstechnologien keine Nachwuchsprobleme, und den neu etablierten Markennamen ›Sibsoft‹ für Computerprogramme made in Novosibirsk oder Tomsk wird man sicherlich noch öfter hören. Ungeachtet der hohen Einkünfte aus den Rohstoffexporten für Russland ist die Finanzsituation Sibiriens oft angespannt, aber selbst die sensible Versorgung der entlegenen Regionen im Hohen Norden funktioniert in den letzten Jahren ohne nennenswerte Probleme. Nach der Krise 1998 musste dort im folgenden Winter der Notstand ausgerufen werden, da im Krisensommer viele Versorgungslieferungen per Schiff über die nur wenige Wochen befahrbare Eismeerroute mangels Bezahlung ausgefallen waren.

Sibirien leidet wirtschaftlich aber auch unter seinen Entfernungen. Der Bau der Transsibirischen Eisenbahn brachte vor gut 100 Jahren den Durchbruch in der Anbindung an das russische Mutterland. Als Lebensader Russlands bestand sie alle Bewährungsproben. Es gab in all den Jahren allerdings keine parallel durchgängige Straßenverbindung in Sibirien. Die letzten Abschnitte dieser Fernstraße wurden erst 2010 fertiggestellt. Einer der ersten medienwirksamen

Ölförderung in Westsibirien

»Der Reichtum Sibiriens wird Russlands Macht mehren« (Michail Lomonosov)

›Testfahrer‹ war dann Vladimir Putin, der im Frühjahr 2010 drei Tage lang in einem knallgelben Lada von Chabarovsk nach Čita fuhr. Von vielen anderen – teilweise aberwitzigen Bahnprojekten – wurde nur die Baikal-Amur-Magistrale Realität, wobei sie ihre Wirtschaftlichkeit nach ihrer endgültigen Fertigstellung erst noch unter Beweis stellen muss.

Die Transsib hatte ebenfalls Probleme, die ihr zugedachte Rolle am Markt zu spielen. Die drastische Verteuerung der Eisenbahntarife bewirkte, dass bei vielen Roh- und Fertigerzeugnissen heute die Transportkosten den größten Posten darstellen. Im Fernen Osten wurde daraus bereits ein Politikum, da die schwindenden wirtschaftlichen Bindungen manche auch um den politischen Einfluss in der strategisch bedeutsamen Region fürchten ließen. Auch das zu Sowjetzeiten wohl dichteste Flugnetz der Welt nahm sehr langsam neue, an zahlungskräftigen Passagieren und an realistischen Frachtaufkommen orientierte Konturen an. Die unverzichtbaren Subventionen zum Unterhalt bleiben auf den Moskauer Etat angewiesen.

Die Mobilität der Menschen in Sibirien ist rückläufig. Die wirtschaftliche Erschließung Sibiriens war in erster Linie auch immer eine Frage der Motivation der Menschen zur Arbeit unter diesen extremen klimatischen Bedingungen. Da sich das Vertrauen auf die Ureinwohner immer in Grenzen hielt, setzte man zu allen Zeiten auf Arbeitskräfte aus ganz Russland und sogar aus dem Ausland. Verbannung, Straflager, GULAG – dabei dominierte die Peitsche mit einer Brutalität, die ihresgleichen sucht. Aber auch für die wenigen Zuckerbrote hatten die Neusiedler vor über 100 Jahren oder auch die Komsomol-Aktivisten der 1970er Jahre des 20. Jahrhunderts einen hohen Preis zu zahlen. Da in den Nachwende-wirren weder Peitsche noch Zuckerbrot funktionierten, verließen viele Russen Sibirien und insbesondere den Fernen Osten. In den letzten Jahren werden nun sowohl vor Ort als auch in Moskau große Anstrengungen unternommen, diesen Trend zu stoppen und umzukehren.

Vor 105 Jahren – historische Reisetipps

Sibirien.

Die beste **Reisezeit** für Sibirien ist Mitte Mai (alten Stils) bis Mitte Juni sowie August, für die Mandschurei der September. Der Juli ist recht heiß. Man vermeide durchaus das Trinken von ungekochtem Wasser. Für eine Sommerreise sind leichte Kleidung und ein warmer Überrock zu empfehlen, wollene Unterkleider schützen bei dem raschen Temperaturwechsel am besten gegen Erkältung. Nötig sind ferner hohe Gummigaloschen und im Winter Filzüberschuhe; die ungepflasterten Straßen in den Städten sind im Frühjahr und Herbst kaum passierbar. In Ostsibirien und in der Mandschurei ist im Sommer ein Mückenschleier angenehm. Bei Reisen abseits der Bahn und in der Mandschurei trage man einen Revolver bei sich. – Die **Gasthäuser** sind fast alle sehr mäßig, dabei teuer. Man bringe Bettwäsche, Seife usw. mit. Störend sind die bis tief in die Nacht dauernden Konzerte und Gesangsvorträge in den Speisesälen. Im allgemeinen ist das Reisen in Sibirien um ein Drittel kostspieliger als im europäischen Ausland.

Man hüte sich besonders vor Diebstählen. Verlässt man sein Abteil während des Aufenthaltes auf einer Station, so lasse man es von einem Träger bewachen oder vom Schaffner abschließen. Für Reisen in Sibirien nehme man größere Summen nicht in bar, sondern in Anweisungen mit, auf die Sibirische Handelsbank, auf die Russisch-Asiatische Bank oder, für den Osten, auf das Handelshaus Kunst & Albers (Hauptgeschäft in Wladiwostok, Zweiggeschäft in Hamburg).

Tipps aus ›Russland nebst Teheran, Port Arthur, Peking. Handbuch für Reisende von Karl Baedecker‹, 6. Auflage, Leipzig 1911

Holzhäuser in Irkutsk

Geschichtlicher Überblick

um 500 v.u.Z. Aus dem Gebiet des heutigen China siedeln sich nomadische Skythen aus dem Schwarzmeergebiet und verschiedene Turkvölker im heutigen Süden Sibiriens an.

um 1200 Eroberung Sibiriens durch die Heerscharen der Mongolen und Tataren, die 1239 bis Moskau vordringen. Es entsteht das Reich der ›Goldenen Horde‹.

um 1400 Das Mongolenreich zerfällt in viele – Khanate genannte – Fürstentümer.

1558 Die Familie Stroganov errichtet ihre ersten Handelsposten östlich des Ural, die in der Folgezeit häufig von den Tataren überfallen werden.

1582 Ein Kosakenheer unter dem legendären Ataman Ermak schlägt die Tataren unter dem Khan Kučum am Fluss Irtyš. Die russische Kolonisierung Sibiriens beginnt.

Den freien Kosaken und den Schützen aus den regulären Truppen Ivans des Schrecklichen, die die neuen Bastionen befestigten, folgen Pelzhändler und russisch-orthodoxe Missionare, die die Urbanisierung der neuen Orte vorantrieben.

Das tatarische Tributsystem des Jasak wird beibehalten und die Pelze Sibiriens werden eine bedeutende Einnahmequelle Russlands.

1584 Gründung der Stadt Tjumen'.

1587 Entstehung der Festung Tobol'sk, die zur ersten Hauptstadt Sibiriens aufsteigt.

1604 Auf Befehl von Boris Godunov wird Tomsk als östlichste russische Festung gegründet. Ein Goldrausch bringt der Stadt später eine schnelle Blüte.

1627 Am Fluss Enisej entsteht Krasnojarsk.

1639 Die ersten Kolonisten erreichen die Pazifikküste, 1647 entsteht hier die Siedlung Ochotsk.

1650 Semën Dežněv umsegelt das Nordostende Sibiriens.
Amur-Expedition unter Erofej Chabarov.

1651 Unweit des Baikalsees wird die Stadt Irkutsk gegründet. Die rund um den Baikalsee lebenden Burjaten leisten als einziger Volksstamm der russischen Kolonisierung ernsthaften Widerstand.

1655 Gründung der Stadt Čita in Transbaikalien.

1660 Die Verbannung nach Sibirien – zunächst nur für Kriminelle – wird ein wichtiges Element der Siedlungspolitik.

1682 Peter der Große (1682–1725) beginnt Russland zu einer europäischen Großmacht zu reformieren und sendet u.a. die ersten geographischen Expeditionen nach Sibirien.

1689 Ein Ukas des Zaren über den Bau eines Weges durch Sibirien (Sibirischer Trakt) erscheint.

Der Kosakenhauptmann Ermak

Alte Stadtansicht von Tjumen'

1701 Der Tobol'sker Baumeister Semën Remizov legt das erste Kartenbuch Sibiriens vor.

1708 Matvej Gagarin wird in Tobolsk erster Gouverneur Sibiriens

1716 Gründung der Festung Omsk.

1729 Geologen beginnen im Auftrag des Erzmagnaten Demidov mit der Erschließung des Altajgebirges. An der Stelle der ersten Kupferschmelze entsteht später die Stadt Barnaul.

1730 In den folgenden 40 Jahren entsteht der ›Sibirische Trakt‹ vom Ural nach Kjachta. Im Abstand von 30 Kilometern entstehen am Trakt Post- und Pferdestationen.

1733 Die ›Große Nordische Expedition‹ erforscht erstmals die Naturreichtümer zwischen Ural und Pazifik.

1741 Der im Dienst der russischen Marine stehende Däne Vitus Bering erobert Alaska für die russische Krone.

1762 Katharina die Große wird Zarin von Russland.

1772 Erstmalig wird der Baikalsee topographisch vermessen.

1812 bis 1814 Im ›Vaterländischen Krieg‹ endet Napoleons Russlandfeldzug in einem Fiasko.

1823 Das erste Heimatkundemuseum Sibiriens öffnet in Barnaul seine Pforten.

1825 Mit der Verbannung von 116 Offizieren und Aristokraten durch Zar Nikolaj I. als Bestrafung für die Dezemberrevolte wird Sibirien zum Ort politischer Verbannung. Die Spuren der hochverehrten Dekabristen findet man in vielen sibirischen Städten, vor allem aber in Irkutsk und Čita.

1829 Alexander von Humboldt bereist den Altaj.

1849 bis 1855 Eine Amur-Expedition unter G. Nevel'skij bereitet die weitere Expansion Russlands vor.

1857 Zar Alexander II. verkauft für 7,2 Millionen Dollar Russisch-Amerika (Alaska und weitere kleine Gebiete) an die Vereinigten Staaten von Amerika.

1858 Der Vertrag von Aigun zwischen Russland und China besiegelt die neue Südgrenze.

1861 Die Aufhebung der Leibeigenschaft löst in den Folgejahren einen großen Siedlungsstrom nach Sibirien aus.

1875 Vertrag zwischen Russland und Japan, der die Insel Sachalin Russland und die Kurilen Japan zuordnet.

1880 Gründung der ersten Universität Sibiriens in Tomsk. Nach der Eröffnung 1888 folgt die erste Technische Hochschule hinter dem Ural, die 1896 gegründet und 1900 eröffnet wird.

1891 Baubeginn der 7500 Kilometer langen Eisenbahnlinie von Čeljabinsk im Südural nach Vladivostok an der Pazifikküste.

1893 Novo-Nikolaevsk, das heutige Novosibirsk, entsteht an der Ob'-Überquerung der Transsibirischen Eisenbahnlinie.

1903 Die Transsibirische Eisenbahn nimmt den Zugverkehr durch die Mandschurei nach Dalnyj (heute Dalian/China) und Vladivostok auf.

1904/05 Russisch-Japanischer Krieg, der mit einem Debakel für Russland endet. Russland verliert u.a. die südliche Hälfte der Insel Sachalin an Japan.

1913 bis 1916 Fertigstellung der Amurbrücke bei Chabarovsk, des letzten Teilstücks der durchgehenden Schienenverbindung der Transsibirischen Eisenbahn.

1917/18 Nach dem Sieg der Oktoberrevolution wird die Sowjetmacht zügig in allen großen Städten Sibiriens proklamiert.

1918 Von Mai bis November erobern die Weißgardisten – nicht ohne ausländische Unterstützung – alle Metropolen zurück. Der drei Jahre dauernde, brutale weiß-rote Bürgerkrieg erfasst ganz Sibirien.

1920 Die Rote Armee gewinnt entscheidende Schlachten. Der berühmte zaristische General Alexandr Kolčak wird als Heerführer der Weißgardisten in Irkutsk hingerichtet.

1920 bis 1922 Die ›Fernöstliche Republik‹ (Dalnevostočnaja Respublika) entsteht als Pufferstaat zur Vermeidung eines Krieges zwischen Sowjetrussland und Japan. Als Hauptstadt fungiert zunächst Verchneudinsk, später Čita.

Denkmal für Aleksandr III., der den Bau der Transsibirischen Eisenbahn begann

1929 Am Ochotskischen Meer wird Magadan gegründet.

1934 Der sowjetische Geheimdienst wird zum NKWD reformiert, dem auch die bereits seit 1930 entstandenen ersten Arbeitslager im GULAG unterstellt werden.

1939 Japanisch-Sowjetischer Grenzkonflikt zwischen der Siedlung Nomonhan und dem See Chalchin Gol an der Grenze zwischen der Mongolei und Manchouko. Der Sieg der Roten Armee lässt Japan Abstand von Eroberungsplänen in Richtung Sibirien nehmen

1941 bis 1945 Nazi-Deutschland überfällt die Sowjetunion. Der Große Vaterländische Krieg kostet das Land 20 Millionen Menschenleben. Viele Industriebetriebe werden ins Hinterland nach Sibirien verlagert.

1945 Die Sowjetunion tritt in den Krieg gegen Japan ein und nimmt die Südhälfte Sachalins sowie die Inselkette der Kurilen ein.

1949 Kriegsverbrecherprozess gegen Vertreter der japanische Armee in Chabarovsk. Etwa 350 000 japanische Kriegsgefangene arbeiten in sibirischen Lagern.

1951 Japan verzichtet im Friedensvertrag mit der Sowjetunion auf die Kurilen. Bis heute umstritten bleiben vier Inseln, die Japan als Hokkaido vorgelagerte ›nördliche Territorien‹ beansprucht.

1953 Nach dem Tod Stalins wird Nikita Chruschtschow Generalsekretär der Kommunistischen Partei der Sowjetunion.

1955 An den Strömen Enisej und Angara wird mit dem Bau von Kaskaden aus gigantischen Wasserkraftwerken begonnen, die billigen Strom für die weitere Industrialisierung Sibiriens liefern.

1956 Chruschtschow geißelt in einer ›Geheimrede‹ auf dem 20. Parteitag der KPdSU die Verbrechen Stalins. Dies ist der Beginn der sogenannten ›Tauwetter-Periode‹.

1957 Die ›Denkfabrik‹ Akademgorodok am südlichen Stadtrand von Novosibirsk wird eingeweiht.

1964 In einer ›Palastrevolution‹ gelangt Leonid Breschnew an die Macht.

1964 In Megion in Westsibirien beginnt die Erschließung der Erdölfelder im Tjumener Gebiet.

1969 Bewaffneter sowjetisch-chinesischer Grenzkonflikt um die im Grenzfluss Ussurij gelegene Damanski-Insel.

1970 Abschluss des Erdgas-Röhren-Vertrages zwischen der BRD und der UdSSR. Ab 1973 fließt sibirisches Erdgas nach Deutschland.

1974 Nördlich der Transsibirischen Eisenbahn entsteht als sozialistische Großbaustelle die Baikal-Amur-Magistrale.

1985 Michail Gorbatschow wird Generalsekretär und nimmt die ›Perestrojka‹ (Umgestaltung) in Angriff.

1991 Putsch gegen Gorbatschow. Boris Jelzin verhindert dessen Absetzung. Die Sowjetunion löst sich auf. Russland und zehn der vierzehn ehemaligen Sowjetrepubliken bilden die Gemeinschaft Unabhängiger Staaten (GUS).

1993 In den ersten freien Präsidentschaftswahlen wird Boris Jelzin zum Präsidenten Russlands gewählt und 1996 wiedergewählt.

1994 Eröffnung eines deutschen Generalkonsulates in Novosibirsk.

1999 Am Silvestertag übergibt Jelzin die Amtsgeschäfte an Vladimir Putin. Putin gewinnt die Präsidentschaftswahlen 2000, 2004 und nach einer verfassungsbedingten Auszeit auch 2012.

2000 In einer Verwaltungsreform wird Russland in sieben (heute acht) Regierungsbezirke unterteilt. Die Zentren für Sibirien (ohne Tjumen') und den Fernen Osten sind Novosibirsk und Chabarovsk.

2003 Die vollständige Elektrifizierung der Transsibirischen Eisenbahn ist abgeschlossen. Mit der Einweihung des Severomyjsker Tunnels wird auch die Baikal-Amur-Magistrale endgültig fertiggestellt.

2008 Machtrochade im Kreml. Dmitrij Medvedev wird nach klarer Wahlempfehlung Putins zum Präsidenten Russlands gewählt. Vladimir Putin selbst übernimmt das Amt des Premiers

2010 Nach Fertigstellung der Fernverkehrsstraße zwischen Čita und Chabarovsk besteht erstmalig eine durchgängige Straßenverbindung zwischen Moskau und Vladivostok.

2010 Baubeginn eines neuen Kosmodroms im Amur-Gebiet.

2012 Rückkehr Vladimir Putins in das Präsidentenamt.

2014 Erstmalig durchfährt ein Kreuzfahrtschiff mit Touristen die Nordostpassage nördlich Sibiriens.

Sibirien in Ketten

»Auch Großbritannien hatte sein Sibirien, und das vor noch nicht einmal einhundertfünfzig Jahren. Man sehe es sich heute an – es heißt Australien.«

Peter Ustinov

Verbannung, Zwangsarbeit, GULAG – die traurigen Seiten im Buch Sibirien. Auf der ersten Seite geht eine Glocke mit der Aufschrift ›seelenloser Erstverbannter aus Uglič‹ auf die Reise in das gerade als östlichster Vorposten gegründete Tobol'sk. Mindestens 300 Jahre sollte sie dort verbleiben. Die Glocke hatte 1591 in der 200 Kilometer von Moskau entfernten Stadt Uglič den Tod des Zarewitsch Dimitrij, seines Zeichens Sohn Ivans des Schrecklichen, verkündet. Der Zorn des Zaren traf die Stadt, in der sein Sohn ermordet wurde, mit grausamer Gewalt. Viele Ugličer folgten der Glocke oder wurden hingerichtet.

Die Begriffe Verbannung (Ssylka) und Zwangsarbeit (Katorga) tauchen zwar in Russland erst zeitgleich mit der beginnenden Eroberung Sibiriens unter Ivan dem Schrecklichen auf, entsprechende Praktiken der zwangsweisen Umsiedlung missliebiger Personen waren aber auch schon vorher Usus. Sibiriens Weiten eröffneten hier allerdings ungeahnte Möglichkeiten. So wurde 1653 beschlossen, Diebe und Räuber nicht mehr hinzurichten, sondern ihnen einen Finger der linken Hand abzuschlagen und sie nach Sibirien zu deportieren. Zehn Jahre später kamen auf 70 000 in Sibirien lebende Russen bereits 7400 Verbannte. Sibiriens Weiten wurden zum wohl ungewöhnlichsten Gefängnis der Welt. Im 19. Jahrhundert kamen auf diese Art und Weise jährlich knapp 10 000 dringend benötigte Siedler und Arbeitskräfte hinter den Ural und forcierten sowohl die Gewinnung der Rohstoffschätze Sibiriens als auch die russische Besiedlung der neuen Territorien. Nahezu alle Häftlinge kamen zu Fuß. Entlang der ›Sibirischer Trakt‹ genannten Hauptroute entstand eine komplizierte Logistik aus Unterkünften im Abstand der Etappen und Halbetappen, deren Abstände sich daran ori-

Neusiedler in Sibirien – nicht alle kamen freiwillig

entierten, welche Wegstrecke die Verbannten innerhalb eines Tages bewältigten. Die entsprechenden Attribute des Etappenortes finden sich in vielen sibirischen Stadtchroniken. Wenn der Strom in Ketten irgendwo ins Stocken geriet, eilten die Boten in die entgegengesetzte Richtung, um am nächsten Etappen- oder Halbetappenort den Konvoi zu stoppen. Der Halt konnte dann Tage oder Wochen dauern, aber das Steckenbleiben zwischen den Etappenorten hätte im sibirischen Winter den zwangsläufigen Tod bedeutet.

Verbannung bedeutete den Kampf gegen die Einsamkeit und Abgeschiedenheit. Doch in der Einöde sibirischer Dörfer gab es durchaus persönliche Freiräume, und nicht selten übernahmen intellektuelle Staatsfeinde in Sibirien Verantwortung im Staatsdienst, da Leute mit solcher Bildung in diesen Gefilden nicht breit gesät waren. Sie arbeiteten vielerorts in den Stadtverwaltungen, und die Stadtentwicklungspläne vieler sibirischer Städte stammen aus der Feder von Verbannten. Ihr Einfluss auf die Ausbreitung von Bildung und Kultur wurde hoch geschätzt, und bis heute berufen sich sibirische Freigeister nachdrücklich auf diese Tradition.

Zwangsarbeiter schufteten vor allem in den Bergwerken, wo Silber, Erze und Gold gefördert wurden. Daneben arbeiteten sie beim Ausbau des Wege- und später des Bahnnetzes. Zur Zwangsarbeit verurteilte Häftlinge konnten bei guter Führung zur Zwangsansiedlung in bestimmten Orten begnadigt werden. Mitte des 19. Jahrhunderts reglementierte ein neues Strafrecht die Verbannung mit verschiedenen Graden und Fristen sowie Optionen zur Rückkehr.

Die Liste der im zaristischen Russland Verbannten weist auch viele prominente Namen auf. So waren Fürst Menšikov, der in Ungnade gefallene einstige Gefährte Zar Peters, sowie der aufmüpfige Schriftsteller Aleksandr Radiščev, dem man seine gesellschaftskritische Reisebeschreibung von St. Petersburg nach Moskau nicht verzieh, darunter. Am bekanntesten wurden im 19. Jahrhundert die Dekabristen und ihre Sympathisanten. Da im Jahre 1845 ein neues Strafgesetzbuch verschiedene Grade und Fristen der Verbannung einführte, eröffnete sich vielen Verbannten, darunter auch den meisten Dekabristen die Möglichkeit der Rückkehr.

Auch die Revolutionäre Vladimir Uljanov und Iosif Džugašvili, die später als Lenin und Stalin in die Geschichte eingingen, lebten gezwungenermaßen mehrere Jahre in den Dörfern Šušenskoe bzw. Kurejka am Enisej. Stalin selbst perfektionierte im 20. Jahrhundert die sklavenartige Ausbeutung von Millionen Menschen mit ungeahnter Brutalität. Im Heimatkundemuseum Abakans findet man einen ausführlichen Vergleich der Haftbedingungen im Zaren- und im Sowjetreich, der den Kommunisten nicht zum Vorteil gereicht: Die Arbeitszeiten waren länger, und während unter dem Zaren der Sonntag arbeitsfrei war, gab es nun so gut wie überhaupt keine freien Tage mehr. Die Essensrationen waren kleiner und vor allem: Der Anteil derer, die diesen Horror nicht überlebten, war um ein Vielfaches größer.

Das von Alexander Solschenizyn so treffend als ›Archipel GULAG‹ charakterisierte Lagersystem war als Inselreich des Grauens zwar nicht auf Sibirien beschränkt, wird jedoch häufig damit identifiziert. Von den über 220 zum GULAG gehörenden regionalen Lagerverwaltungen befanden sich etwa 50 in Sibirien und 70 im Fernen Osten, die neben dem nordwestlich des Ural gelegenen Vorkuta als die schlimmsten Lager galten. Besonders berüchtigt waren die Bergwerke der Kolyma im äußersten Nordosten unweit der Stadt Magadan. In den etwa 80 Goldminen überlebte nur ein Bruchteil der Deportierten. Daneben waren es vor allem Kohle- und Erzminen, Holzeinschlag in der Taiga und aberwitzige Bahnprojekte wie die Transpolarbahn oder ein Tunnel zur Insel Sachalin, wo sich Mittel und Zweck umkehrten und offensichtlich wirtschaftliche Überlegungen hinter das Ziel der physischen Vernichtung zurücktraten.

Nach dem Tode Stalins begann unter Chruschtschow die Schließung vieler Lager. Die Inhaftierten wurden freigelassen und teilweise rehabilitiert. Doch die beginnende Aufarbeitung des Themas GULAG blieb zunächst ein Intermezzo, das erst 25 Jahre später mit der beginnenden Perestrojka in Gang kam. In den letzten Jahren entstanden in vielen Städten Obelisken und Denkmäler für die Opfer des stalinistischen Terrors. Sie nehmen sich zwar im Vergleich zu den Unmengen in Stein gehauener gigantischer Heroen aus der Sowjetzeit zumeist sehr bescheiden aus, doch für viele wirken sie in ihrer Zurückhaltung um so eindrucksvoller.

Dekabristen in der Festung von Čita

Der Archipel GULAG

Ein harter und entschlossener Ausdruck lag auf dem Gesicht dieses Lagersträflings, der den größeren Teil seiner Zeit bereits abgesessen hatte; es war sein hervorstechendstes Merkmal (Noch wußte ich nicht, dass haargenau der gleiche Ausdruck mit der Zeit unser aller Gesichter prägen wird, denn der harte und entschlossene Ausdruck ist das nationale Kennzeichen der Inselbewohner des GULAG. Individuen mit einem weichen, nachgiebigen Ausdruck sterben auf den Inseln rasch weg.) Grinsend beäugte er unsere ersten Strampelversuche; einen Wurf junger Hunde schaut man sich nicht anders an. Was erwartete uns im Lager? Mitleidig belehrte er uns: »Vom ersten Schritt an wird euch jeder im Lager betrügen und bestehlen wollen. Glaubt niemandem, außer euch selber! Seid umsichtig, immer auf der Hut, ob nicht einer sich heranpirscht, euch zu beißen. Vor acht Jahren bin ich als gleicher Naivling ins Kargopol-Lag gekommen. Man lud uns aus dem Zug, die Wachen machten sich fertig, uns abzuführen. Zehn Kilometer waren es bis zum Lager, im tiefen, pappigen Schnee. Drei Schlitten kamen herangefahren. Ein baumlanger Kerl verlautbart: ›Kumpel, legt die Sachen drauf! Wir nehmen sie euch mit!‹ Die Wachen schweigen. Uns blitzt eine Erinnerung auf: Hat es nicht in den Büchern immer geheißen, die Sachen der Häftlinge würden mit Schlitten transportiert? Na, überlegen wir, 's ist doch nicht so unmenschlich im Lager, seht, wie sie sich um uns sorgen. Wir tragen die Sachen hin. Der Schlitten fährt ab. Basta. Wir haben das Zeug nie wieder gesehen. Nicht einmal mehr die leere Verpackung.«

»Wie kann das denn sein? Gibt's denn dort kein Gesetz?« »Stellt keine blöden Fragen. Ein Gesetz gibt es wohl. Das Gesetz ist die Taiga. Aber Recht und Richtigkeit hat es im GULAG nie gegeben, und dabei wird es dort auch bleiben. Dieses Beispiel von Kargopol-Lag ist einfach ein Symbol des GULAG. Und außerdem gewöhnt euch dran: Im Lager macht euch keiner was umsonst und keiner was aus gutem Herzen. Für alles und jedes muss man bezahlen. Wenn euch uneigennützig was angeboten wird, dann wisset, dass es eine Falle, eine Provokation ist. Und die Hauptsache: Hütet euch vor den allgemeinen Arbeiten! Schaut zu, dass ihr sie vom ersten Tag an vermeidet! Wer am ersten Tag zu den Allgemeinen kommt, der ist verloren, diesmal für immer.«

»Die allgemeinen Arbeiten?...«

»Das sind die hauptsächlichen Arbeiten, die im betreffenden Lager abgeleistet werden, das sind die Arbeiten, auf denen dieses Lager beruht. Achtzig Prozent der Häftlinge sind dabei eingesetzt. Und alle krepieren. Alle. ... Dort werdet ihr eure letzten Kräfte lassen. Und werdet immer hungrig sein. Und immer naß bis auf die Haut. Und ohne Schuhwerk. Und um die Ration betrogen. ... Und wenn ihr krank seid, von niemandem behandelt. Leben kann im Lager nur einer, der nicht bei den Allgemeinen ist. Bemüht euch um jeden Preis, nicht zu den Allgemeinen eingeteilt zu werden! Vom ersten Tag an!«

Um jeden Preis!

Um jeden Preis?

Ich merkte sie mir gut, diese mitnichten übertriebenen Ratschläge des hartgesottenen Sonderbeorderten aus der Krasnaja Presnja, ich nahm sie auf, hatte bloß zu fragen vergessen, wo der Gegenwert des Preises war. Und wo seine Grenze.

Alexander Solschenizyn, Der Archipel GULAG, Hamburg 1994

Sibirische Kunst

Sibiriens Rolle in Kunst und Literatur ist zwiespältig. Viele Künstler bleiben ihren sibirischen Wurzeln treu und schöpfen ihre Themen aus der Kraft der Natur und der Weite des Landes. Andere ziehen nach Moskau, wobei die Seele

Eine Liebeserklärung an Sibirien als Plakat

doch häufig hinter dem Ural bleibt. Andererseits sind unfreiwillige sibirische Erfahrungen für viele Künstler aufgrund von Verbannung, Haft oder Arbeitslager zu Zaren- oder KPdSU-Zeiten mit unsagbarer Tragik verbunden. Diese Erfahrungen schlugen sich dementsprechend in ihrem Schaffen nieder, wenn sie nicht, wie beispielsweise für den Dichter Josip Mandelstamm, sogar tödlich endeten.

Land und Leute

Literatur

Wenn heute von den wichtigsten sibirischen Autoren der Gegenwart die Rede ist, so sind vor allem Rasputin, Astaf'ev, Šukšin und Vampilov zu nennen, die ihre Werke in der 2. Hälfte des 20. Jahrhunderts schrieben und mittlerweile alle verstorben sind. Valentin Rasputin (1937–2015) lebte in der Nähe von Irktusk. Sein bekanntester – und auch exzellent verfilmter – Roman ›Abschied von Matjora‹ beschreibt den Identitätsverlust eines sibirischen Dorfes, das wegen eines Staudammbaus überflutet werden soll. Bekannt sind auch ›Geld für Maria‹, ›Der Brand‹ und ›Sibirien, Sibirien‹. Wie kein zweiter beschrieb er vor allem in der letztgenannten Essay-Sammlung ›das alte, das ewige und das neue Sibirien‹. Er setzte sich vor allem für die Reinhaltung des Baikalsees ein.

Viktor Astaf'ev (1924–2001) galt als wichtiger Vertreter der russischen Dorfprosa. Er lebte im Dorf Astaf'evo auf halber Höhe zwischen dem Staudamm Divnogorsk und der Stadt Krasnojarsk, wo es heute ein Museum gibt. ›Der Diebstahl‹, ›Ferne Jahre der Kindheit‹ und ›Der traurige Detektiv‹ über den Neubeginn eines frühpensionierten sibirischen Dorf-Sheriffs sind seine wichtigsten Werke. Aleksandr Vampilov (1937–1972) war einer der hoffnungsvollsten russischen Dramatiker. Seine Stücke wie ›Entenjagd‹, ›Provinzanekdoten‹, ›Der ältere Sohn‹ oder ›Letzten Sommer in Tschulimsk‹ wurden in den 1970er Jahren auch in Deutschland aufgeführt. Sein Talent, den Alltag tragikomisch auf den Punkt zu bringen, an dem die Güte des Menschen russisch-typisch leidend die Oberhand gewinnt, war einzigartig. Er starb viel zu früh bei einem Bootsunfall am Abfluss der Angara aus dem Baikalsee. Ein kleiner Obelisk erinnert dort an ihn.

Nicht zu vergessen ist in diesem Zusammenhang auch Vasilij Šukšin (1929–1974), dem bereits heute in Srostki im Altaj ein Museum gewidmet ist (näheres über ihn steht im Kapitel über Bijsk). Im Westen bekannt ist auch der Dichter Evgenij Evtušenko, der 1933 im sibirischen Zima, einem Ort an der Transsib, geboren wurde. Das selbe gilt für Andrej Makine, der zwar 1957 im sibirischen Krasnojarsk geboren wurde, aber seit 1987 in Paris lebt und sein sibirischstes Buch ›Die Liebe am Fluss Amur‹ bereits in Französisch geschrieben hat. Neue Namen kamen in den letzten Jahren nicht aus Sibirien. Die einzige Ausnahme ist Roman Senčin (*1971) aus Minusinsk, dessen Debütroman ›Minus‹ – ein recht trostloses Porträt der russischen Provinzjugend in der Nachwendezeit – 2003 auch auf Deutsch erschien.

Die russische Sprache

Das kyrillische Alphabet entstand Anfang des 10. Jahrhunderts. Die Schaffung einer Schrift, die sich an die von den slawischen Völkern gesprochene Sprache anlehnte, stand in enger Verbindung mit der Christianisierung der slawischen Länder. Das Kyrillische geht auf die beiden hochgebildeten Patriziersöhne Kyrill und Method, die aus der Gegend um Saloniki stammten, zurück. Das zunächst von Kyrill entwickelte Zeichensystem, die sogenannte ›Glagolica‹, der vermutlich die griechische Minuskelschrift und verschiedene astronomische und chemi-

Land und Leute

sche Symbole wie auch orientalische Schriftzeichen zugrunde lagen, war dem slawischen Lautsystem vorzüglich angepasst. Die Brüder übersetzten die wichtigsten Kirchenbücher, bildeten Schüler aus und führten die slawische Liturgie in den Gottesdienst ein.

Da die beiden für die Ebenbürtigkeit der slawischen Sprache mit dem Griechischen, Lateinischen und Hebräischen eintraten und das Recht der Slawen auf eine in ihrer Sprache abgehaltene Liturgie verteidigten, gerieten sie in Konflikt mit der Papstkirche. Nach dem Tod Kyrills und Methods gingen ihre Schüler nach Bulgarien. Dort entstand das nach Kyrill benannte Alphabet, das haupt-sächlich auf den griechischen Groß-

Hier gibt es Pel'meni

buchstaben und aus der Glagolica übernommenen Zeichen für die slawischen Zischlaute basierte. Das Altbulgarische war die Grundlage für die Schriftsprache in Bulgarien, in der 988 christianisierten Kiever Rus' und in Serbien.

In Russland wird das kyrillische Alphabet, abgesehen von einigen 1709 durch Peter I. und 1917 durch die Sowjetmacht vorgenommenen Änderungen, bis heute verwendet. Ein Sprachführer findet sich auf → S. 451.

Film

›How I ended this summer‹ – Aleksej Poprogrebskis Berlinale-Erfolg 2010 brachte Sibiriens entfernteste Ecke Čukotka als Kulisse für ein packendes Psycho-Duell auf die deutschen Kinoleinwände und bedient landschaftlich ohne Zweifel alle Sibirien-Klischees. Aber es gibt viele russische Filme, die Sibirien gewidmet sind und neben Propagandafilmen über die Arbeitshelden der sibirischen Großbaustellen sind manche durchaus sehenswert. Hier einige Anregungen: Um Glück und Verantwortung vor dem Hintergrund des Baus der berüchtigten Zellulosefabrik am Ufer des Baikalsees geht es in Sergej Gerasimovs bis heute populären Film ›Am See‹ aus dem Jahr 1970. Ein populärer Abenteuerfilm ist nach wie vor ›Sannikowland‹ (1973) nach dem Roman des Sibirienforschers Vladimir Arsen'ev über die Suche nach der sagenumwobenen Zivilisation im Eismeer. Sehenswert ist auch ›Dersu Uzala – Der Taigajäger‹, für den Akira Kurosawa 1976 einen Oscar für den besten ausländischen Film erhielt. Er basiert auf einer wahren Geschichte und beschreibt die Freundschaft des Forschers mit einem Waldläufer in der Ussurij-Taiga. ›Der Traum vom fernen Glück‹ (1975) schildert das Schicksal der 1825 verbannten Dekabristen und ihrer Familien. ›Sibiriade‹ (1980), das zweiteilige Monumentalwerk des

Filmplakat von ›How I ended this summer‹

auch in Hollywood erfolgreichen Regisseurs Andrej Michalkov-Končalovskij beschreibt 70 Jahre eines westsibirischen Dorfes zwischen Lethargie und Öl-rausch. Die bei Bertoluccis ›1900‹ entlehnte Grundidee wurde hier überzeugend nach Westsibirien verlegt.

›Transsibirien-Express‹ (1978) ist ein spannender ›Eastern‹ aus der Zeit des Bürgerkrieges. ›Abschied‹ (1982), die Verfilmung des Romanes ›Abschied von Matjora‹ von Valentin Rasputin erzählt von der Errichtung eines neuen gigantischen Wasserkraftwerkes, dem Untergang unzähliger Dörfer und dem Verlust von Heimat und Identität. Alexander Mittas Gulag-Drama ›Verschollen in Sibirien‹ (1992) lief in Deutschland nur im Videoverleih unter dem Titel ›GULAG-3‹. Man sollte sich von dem reißerischen Cover nicht abschrecken lassen. Der sehr empfehlenswerte Film unter anderem mit Hark Bohm in einer Nebenrolle bietet großes, emotionales Kino: Ein englischer Archäologe gerät im Iran in die Fänge des sowjetischen Geheimdienstes und durchlebt alle Kreise der sibirischen Lagerhölle.

›Jermak‹ (1997) ist ein neuerer Historienfilm über den legendären Kosaken-hauptmann Ermak Timofeevič, der von Zeit zu Zeit zu nachtschlafender Zeit in den Dritten Programmen der ARD auftaucht. Ein weiteres russisches Kinoer-eignis zum Thema Sibirien hieß ›Der Barbier von Sibirien‹ und war der damals teuerste Film der bis dato in Russland gedreht wurde. Das Melodram von Nikita

Michalkov, das in sehr opulenten Bildern u.a. mit Oleg Menšikov, Richard Harris und Julia Ormond etwas zu patriotisch aufträgt, lief Ende 2000 in den deutschen Kinos und ist auf DVD erhältlich. Ein weiterer, neuerer Kinorenner in Russland mit Handlungsort Sibirien war ›Kraj‹ (Rand) von Alexej Učitel', u.a. mit der deutschen Nachwuchsschauspielerin Anjorka Strechel in einer Hauptrolle. Der Liebesgeschichte zwischen einem Russen und einer Deutschen in einem Taigadorf in der Zeit nach dem Zweiten Weltkrieg ist unter dem recht irreführenden Titel ›Zug des Todes‹ in Deutschland auf DVD erhältlich.

Malerei

Einige bekannte russische Maler wurden in Sibirien geboren und wuchsen hier auf. Obwohl sie ihre großen Erfolge erst nach dem Umzug nach Moskau oder St. Petersburg erzielten, wird ihr Andenken sehr hoch gehalten. In erster Linie sind dabei die großen Impressionisten Vasilij Surikov (1848–1916) und Michail Vrubel' (1856–1910) zu nennen. Beide werden heute in ihren Heimatstädten Krasnojarsk und Omsk hoch geehrt. Als Historienmaler wurde Surikov außer durch den ›Morgen der Strelitzenhinrichtung‹ (Tret'jakov-Galerie, Moskau) auch durch seine Sibirienbilder wie zum Beispiel ›Die Unterwerfung Sibiriens durch Ermak Timofeevič‹ (Russisches Museum, St. Petersburg) bekannt. Vrubel' wurde vor allem durch geheimnisvolle Monumentalbilder wie ›Die Schwanenkönigin‹ oder ›Pan‹ (beide Tret'jakov-Galerie, Moskau) berühmt. Unter den Landschaftsmalern des 20. Jahrhunderts sticht vor allem der Omsker Maler Kondratij Belov heraus. Seine sibirischen Landschaften ›Tobol'sk‹, ›Irtyš‹, ›Abend im Altaj‹ (alle Kondratij-Belov-Museum Omsk) sind in ihrer Ausdrucksstärke einzigartig. Bedeutende zeitgenössische Maler Sibiriens sind – ohne Anspruch auf Vollständigkeit – Aleksej Liberov und Georgij Kičigin aus Omsk, Tatjana Gricuk und Sergej Soteev aus Novosibirsk, Tojvo Rjannel aus Krasnojarsk, Jurij Judin aus Tjumen'.

Vasilij Surikov, ›Die Unterwerfung Sibiriens durch Ermak Timofeevič‹

Land und Leute

Sibirien von A bis Z

Abakus

Langsam wird das alte Rechenbrett, das über Generationen an allen Kassen Russlands den ausländischen Besucher überraschte, zur Seltenheit. Jede Reihe hat zehn Kugeln und entspricht einer Zahlenpotenz: Einer, Zehner usw. Eine Reihe mit nur vier Kugeln steht sozusagen für das Komma.

Aeroflot

Der zu sowjetischen Zeiten größten Fluggesellschaft der Welt stutzten die neuen Zeiten zunächst die Flügel. Viele regionale Abteilungen machten sich selbständig, so dass neben dem Rest der Aeroflot, die aber nach wie vor überregional und international den größten Marktanteil hatte, viele regionale Fluggesellschaften um die Gunst der Kunden buhlten. Heute aber dominiert Aeroflot wieder den russischen Markt, denn nur wenige Wettbewerber, wie z.B. ›S7‹ (vormals ›Sibir'‹) mit Heimatflughafen Novosibirsk konnten sich auch überregional und international etablieren.

Baikal-Amur-Magistrale (BAM)

Die BAM verläuft nördlich parallel zur Transsib zwischen Tajšet und dem Pazifik. Ihre Länge beträgt 4282 Kilometer. Der Bau dauerte von 1974 bis 1984, dann waren die wichtigsten Strecken fertiggestellt und der symbolische goldene Nagel wurde in die letzte Schwelle geschlagen. Einerseits wollte man damit das sibirische Hinterland erschließen und andererseits vor dem Hintergrund des angespannten Verhältnisses zu China eine militärstrategisch bedeutsame Ausweichmöglichkeit zur über weite Strecken unmittelbar an der chinesischen Grenze verlaufenden Transsib schaffen. Der nach Schätzungen etwa 70 Milliarden Dollar teure Jahrhundertbau führt auf knapp 2000 Kilometern über Dauerfrostboden. Etwa 600 Kilometer verlaufen durch Sumpfgelände. Knapp 2000 Brücken waren erforderlich. Der Bau war ein einzigartiges sozialistisches Prestigeprojekt, das ideologisch über den kommunistischen Jugendverband vermarktet wurde. Dem

Der alte Bahnhof von Tajšet, wo die BAM von der Transsib abzweigt

Aufruf folgten etwa 100 000 junge Leute als Freiwillige. Entlang der Strecke entstanden neue Siedlungen und Städte. Tynda gilt heute als Hauptstadt dieser Region.

Balagan

Ursprünglich handelt es dabei um nur im Sommer bewohnte Pfahlhäuser sibirischer Ureinwohner. Offensichtlich ging es dort häufig sehr lustig zu, denn das Wort ist heute in ganz Russland zugleich ein Synonym für ein Volksfest.

Balalajka

Dieses heute typisch russische Zupfinstrument mit seinem dreieckigen Schallkörper stammt eigentlich aus der Ukraine. Überall ist, wenn Volksmusik erklingt, neben dem Akkordeon die Balalajka dabei.

Banja

Russische Sauna. Insbesondere auf dem Lande mit dem Auslauf in Frost und Schnee anstelle des kalten Kontrastbades ein echt sibirisches Erlebnis. Sehr populär und für den Europäer ungewohnt sind dabei Reisigbesen zur besseren Hautdurchblutung und Luftzirkulation.

Barden

Früher waren Barden über Land ziehende Spielmänner. Heute wird mit dem Begriff die Liedermacher-Szene beschrieben. Ein alljährliches Barden-Festival findet im Altaj statt.

Berëzka-Geschäfte

Das waren die Intershops in der Sowjetunion. Berëzka heißt Birkchen. Obwohl sie genauso wie die Sowjetunion Geschichte sind, geistern sie unverständlicherweise manchmal noch als prakti-

scher Einkaufstipp in aktuellen Auflagen von Russland-Reiseführern herum. Aber besondere Ausländerläden gibt es aber schon seit Jahren nicht mehr.

Burchan

Die Bezeichnung ist sowohl für einen buddhistischen Gott als auch für den Gott bzw. Herrscher des Baikalsees anzutreffen.

Čukčen (Tschuktschen)

Ein kleines Volk im äußersten Nordosten Sibiriens auf der gleichnamigen Halbinsel. Sie werden sehr gern in allen möglichen Witzen aufs Korn genommen und sind sozusagen die Ostfriesen Russlands.

Datscha (Dača)

Wochenendhaus (Datsche) nicht nur auf dem sibirischen Lande, das einerseits zumeist mit einem Schrebergarten (30 Meter im Quadrat) verbunden, eine wichtige Komponente der Eigenversorgung mit Grundnahrungsmitteln darstellt und andererseits im neureichen Segment mittlerweile nach europäischer Elle auch in eine 250-qm-Luxusvilla ausarten kann. Die Bewohner und Besucher sind ›Dačniki‹, was sich, wie beim gleichnamigen Tschechow-Drama, auch mit ›Sommergäste‹ ins Deutsche übersetzen lässt.

Dauerfrostboden

Der Norden Sibiriens besteht aus Dauerfrostboden, was bedeutet, dass die Erde aufgrund des rauhen Klimas permanent mehrere (bis zu mehreren hundert) Meter tief gefroren ist.
Im kurzen heißen Sommer taut zumeist nur die Oberfläche auf und verwandelt riesige Gebiete kurzzeitig in eine Sumpflandschaft. Die Urbanisierung dieser

Frostschäden in Jakutsk

Ermak

Der Kosakenhauptmann Ermak Timofeevič gilt als der erste russische Eroberer Sibiriens. Als Anführer der Wolgakosaken verteidigte er zunächst die Interessen der Erzdynastie Stroganov. Er bereitete den Tatarenführern Kučum und Mametkul um 1580 an den Flüssen Tara und Irtyš vernichtende Niederlagen. Ivan der Schreckliche fand Gefallen an den neuen Gebieten. Die Kolonisierung Sibiriens nahm ihren Lauf. Ermak selbst kam 1585 bei einem Tatarenüberfall in den Fluten eines Irtyš-Nebenflusses ums Leben.

Gebiete ist dementsprechend schwierig. Häuser können hier nur auf Pfählen gebaut werden, da ansonsten durch ihre Wärmeausstrahlung der Dauerfrostboden stückweise nach unten auftauen würde, so dass sie langsam im Morast versinken würden.

Dežurnaja

Das Wort bedeutet nur ›Diensthabende‹, prägt sich dem Reisenden aber vor allem im Hotel als in der Regel respekthungrige Etagenfrau ein, der neben der Schlüsselverwaltung verschiedene Service- (Mini-Shop, Teewasser, Bügeleisen) und Kontrollfunktionen (Telefonrechnung bezahlt?, Kein Handtuch geklaut?) obliegen.

Duma

Bezeichnung für das Parlament, sowohl auf Landesebene (Gosudarstvennaja Duma – Staatsduma), als auch auf regionaler Ebene (Gebietsduma, Stadtduma). Bürgerlich-parlamentarische Tradition, die im zaristischen Russland ihren Ursprung in der Bojarenduma nahm. Zu Sowjetzeiten wurde sie auf allen Ebenen durch Sowjets (Räte) ersetzt.

GULAG

Die Abkürzung für Hauptverwaltung der Arbeitslager (Glavnoe Upravlenie Lagerej) wurde vor allem durch Alexander Solschenizyn zum Inbegriff für den sowjetischen Unterdrückungsapparat und zum Synonym für Sibirien, wo sich im Taigameer wie in einem Archipel unzählige Arbeits- und Konzentrationslager kleinen Inseln gleich befanden. Stalin entwickelte die zaristischen Verbannungtraditionen zu einer perfiden Wirtschafts- und Machtmaschinerie, die auf Kosten von Millionen Menschenleben die wirtschaftliche Erschließung Sibiriens vorantrieb und alle Zweifler an der scheinbar heilen Sowjetwelt absorbierte.

Horde

Der tatarische Begriff für ›Lager‹ bezeichnet einen staatsähnlichen Verbund blutsverwandter, nomadisierender Stämme. Berühmt-berüchtigt wurde vor allem die ›Goldene Horde‹, das von Dschingis Khan im 13. Jahrhundert begründete tatarisch-mongolische Reich, das sich auch über weite Teile Sibiriens und des heutigen Russlands erstreckte.

Ikone

Die für Russland sehr typische Ikonenmalerei nimmt ihren Ursprung in der byzantinischen Sakralkunst und kam mit Verbreitung des orthodoxen Christentums in der Kiever Rus' nach Russland. Die Ikone vermittelt zwischen Gott und den Gläubigen. Sie vermittelt die Botschaft Jesu Christi, die Verehrung der Ikone ist Ausdruck der Verehrung Gottes.

Die auch noch heute praktizierte Ikonenmalerei hatte ihre Blüte zwar bereits im 13. bis 15. Jahrhundert, fasste aber mit der russischen Erschließung Sibiriens auch hier bald Fuß. Den großen Ikonenschulen in Moskau, Pskov und Vladimir konnte man aber in Sibirien keine Konkurrenz machen. Von den heute in Russland existierenden ca. 400 wundertätigen Gottesmutter-Ikonen befinden sich nur wenige in Sibirien.

Jasak

Tribut oder Fron der sibirischen Ureinwohner an den Zaren, der meist in Form von Pelzen zu leisten war.

Die Kathedrale von Omsk

Kalender

Russland vollzog den Wechsel vom Julianischen zum 1582 von Papst Gregor XIII. herausgegebenen Gregorianischen Kalender erst im Januar 1918. Da man hinter dem astronomischen Kalender zunehmend zurückblieb und den Anschluss zu Europa wieder herstellen wollte, folgte per Dekret dem 31. Januar 1918 der 14. Februar 1918. So erklärt sich auch, dass die Oktoberrevolution im November stattgefunden hat und die zeitliche Abweichung der russisch-orthodoxen Kirchenfeste zu den bei uns üblichen Feiertagen.

Katorga

Verbannung mit Zwangsarbeit als Strafe bzw. als Ort, an dem die verbannten Strafgefangenen zur Arbeit eingesetzt wurden.

Kaviar

Das unverzichtbare Attribut eines jeden wahren russischen Festmahls – auf Russisch ›Ikra‹ genannt – genießt auch in Sibirien großes Ansehen. Man unterscheidet roten Kaviar vom Lachs und schwarzen Kaviar von verschiedenen Störarten. Russlands Kaviarzentrum für schwarzen Kaviar liegt in Astrachan am Kaspischen Meer, den besten roten Kaviar gibt es an der Pazifikküste, vor allem auf Kamtschatka und Sachalin. Viele Lachsarten kommen ebenfalls in anderen Gewässern Sibiriens vor, wo ihr Rogen durch spezifische Salztechniken zu Kaviar verarbeitet wird.

KGB

Die angsteinflößenden drei Buchstaben haben heute je nach Standpunkt des Betrachters ihren Schrecken oder Glanz verloren. Das Komitee Gosudarstvennoj Bezopasnosti (Komitee für Staatliche

Sicherheit) hat als Nachfolger der Čeka (Sonderkommission) und des NKVD (Nationalkomitee für Innere Angelegenheiten) im Rahmen der Demokratisierung seine Macht eingebüßt. Die Nachfolgeorganisation FSB (Federal'naja Služba Bezopasnosti – Föderaler Sicherheitsdienst) ist aber auch dank vieler alter Seilschaften häufig mit von der Partie. Diese Aussage gilt sicherlich für Sibirien aufgrund seiner Geschichte (geschlossene Städte, Arbeitslager, geheime Fabriken) stärker als für andere Regionen Russlands und erlebt aktuell eine Aufwertung. Der berufliche Werdegang des heutigen russischen Präsidenten ist bekanntlich eng mit dem KGB/FSB verbunden. Ungeachtet der Wahrheitskörner in den mannigfaltigen Klischees sollte man sich in seinen Reiseplänen davon nicht abschrecken lassen.

Ein Plus an Bürokratie ist zwar zu erwarten, aber ein Plus an innerer Sicherheit kann Russlands Attraktivität als Reiseland letztlich auch zugute kommen.

Kraj

Der Begriff steht für eine russische Verwaltungseinheit und lässt sich mit ›Region‹ übersetzen. Eine zweite Bedeutung des Wortes ist ›Rand‹.

Kreml

Einen Kreml gibt es nicht nur in Moskau, denn das Wort ›Kreml‹ (Кремль) umschreibt nur den festungsartig ausgebauten Kern alter russischer Städte.

Kumys

Vergorene Stutenmilch, die vor allem in ländlichen Gegenden sehr beliebt ist.

Kvas

Ein aus Schwarzbrotrinde, Hefe, Zucker und Rosinen produziertes Erfrischungsgetränk, das vom Geschmack gewöhnungsbedürftig ist, aber im heißen Sommer sehr gut den Durst löscht.

Oblast'

Begriff für eine russische Verwaltungseinheit – Gebiet.

Ostrog

Von einem Palisadenzaun oder einer Steinmauer umgebene Siedlung. Für ein Fort im Wilden Westen ist ein Ostrog das Pendant im Wilden Osten. Die meisten Städte Sibiriens entwickelten sich aus solchen befestigten Siedlungen.

Pel'meni

Gefüllte Teigtaschen – das sibirische Nationalgericht.

Provodnik/-nica

Begleiter/in eines jeden Reisezugwagens der russischen Eisenbahn. Zu jedem Waggon gehören in der Regel zwei Begleiter/innen, die sich um das Wohl der Reisenden kümmern. Dazu gehören Bettwäsche, Tee aus dem Samovar, Weckservice u.a.

Pud

Altrussisches Gewichtsmaß. Ein Pud entspricht 16,38 Kilogramm.

Rajon

Russische Verwaltungseinheit, Kreis.

Samogon

Selbstgebrannter Schnaps ist zwar illegal, aber trotzdem insbesondere auf dem Lande recht weit verbreitet.

Samovar

Wörtlich übersetzt: ›Selbstkocher‹. Dabei handelt es sich um den typisch russischen, dickbäuchigen Teekocher. Früher mit Holz und heute elektrisch betrieben, wird das Teewasser zum Kochen gebracht und dann je nach gewünschter Stärke in die Tassen oder Teegläser auf die ›Zavarka‹, den starken Teesud, aufgegossen.

Sažen'
Altrussisches Längenmaß. Ein Sažen' sind 213,36 Zentimeter.

Sloboda
In dieser an das Stadtzentrum angrenzenden Siedlung oder Vorstadt ließen sich zumeist die Handwerker und Kaufleute nieder.

Stadtwappen
Viele alte sibirische Städte haben interessante Stadtwappen. Die erste offizielle Verleihung von Stadtwappen erfolgte 1785 für Tobol'sk. Auf blauem Untergrund kündet die goldene Pyramide mit den militärischen Attributen Hallebarden, Trommeln und Fahnen von den Eroberungen Russlands. Die zentrale Bedeutung von Tobol'sk schlug sich da-

Das Wappen von Ulan-Udė

rin nieder, dass das Tobol'sker Wappen auch in viele andere Stadtwappen Eingang fand. Diese sind zweigeteilt, in der oberen Hälfte findet man das Tobol'sker Wappen, in der unteren Hälfte ein stadtspezifisches Bild, z.B. das Kuč genannte Schiff als Symbol für die Eroberung der sibirischen Flüsse in Tjumen' oder die Festungsmauer in Omsk.
In einigen Orten wurde es später durch eigenständige Wappen ersetzt. So zum Beispiel in Tomsk durch einen Schimmel, der dann wiederum den oberen Teil der Wappen Tomsk unterstellter Städte wie Krasnojarsk, Bijsk oder Barnaul belegte. Der im Irkutsker Wappen abgebildete Tiger mit dem zwischen seinen Zähnen befindlichen Zobel findet sich dann auch in Transbaikalien (Ulan-Udė, Sretensk) wieder.

Stanica
Von Kosaken gegründete Siedlung, die sowohl als Vorstadt oder als Dorf bestand. Später bezeichnete der Begriff in ländlichen Gegenden, einem Amt vergleichbar, einen örtlichen Verwaltungssitz.

Stolovaja
Eine Mischung aus Betriebskantine und Selbstbedienungsrestaurant für den kleinen Geldbeutel.

Ssylka
Verbannung, die die Verurteilten zeitweilig oder auf Lebenszeit zur Ansiedlung in Sibirien verurteilte, ohne sie allerdings zur Zwangsarbeit zu verpflichten.

Taiga
Das größte geschlossene Waldgebiet der nördlichen Hemisphäre erstreckt sich von den Hängen des Sajan- und

Altajgebirges (Taiga bedeutet auf burja-tisch etwa Bergwald) bis hin zur nördli-chen Baumgrenze.

Trojka

Das traditionelle russische Dreigespann (tri – drei) fand mit der Einführung des Postwesens zu Beginn des 18. Jahrhun-derts weite Verbreitung. Heute trifft man die Trojka zumeist nur noch auf Volksfesten oder als Touristenattraktion

Tundra

Baumlose Landschaft im nördlichen Sibi-rien, größtenteils auf Dauerfrostboden.

Uezd

Territoriale Verwaltungseinheit im alten Russland, bis 1929 Teil eines Gouverne-ments, das sich wiederum in kleinere – Volosti genannte – Einheiten untergli-dert.

Ukas

Erlass, Verordnung, die in Russland vom Zaren oder heute vom Staatsoberhaupt ausgehen und Gesetzeskraft haben.

Verst

Altrussisches Längenmaß. Eine Verst sind 1,067 Kilometer.

Brücke im Altajgebirge

Pel'meni und Vodka

Sibirien bedeutet kulinarisch in erster Linie Pel'meni, Pel'meni und nochmals Pel'meni. Diese zumeist mit Fleisch oder aber auch mit Fisch gefüllten Teigtaschen sind jenseits des Ural das absolute Nonplusultra und wurden auch zu einem festen Bestandteil der gesamten russischen Küche.

Ursprünglich war die russische Küche durch eine strenge Trennkost gekennzeichnet. Da der russisch-orthodoxe Glaube etwa 200 Fastentage im Jahr vorschreibt, standen vor allem diese im Mittelpunkt kulinarischer Phantasie. Es gab also einerseits Fastenspeisen, die Fisch, Gemüse, Beeren und Pilze umfassten. Andererseits gab es die Festtagsspeisen aus Milch-, Eier- und Fleischgerichten. Jegliche Vermischung oder Kombination unterschiedlicher Lebensmittel war verpönt. Es entwickelte sich eine Vorliebe für Suppen. Brot gehörte zu allen Mahlzeiten. Mit Peter dem Großen und den späteren Zarenbräuten aus deutschen Fürstenhäusern begann auch die kulinarische Öffnung nach Westen. Peter I. propagierte auch erstmalig die Verwendung von Gabeln in Russland. Das Messer kam später dazu, allerdings konnte es sich bis heute nicht endgültig durchsetzen. Durch den permanenten Brotverzehr ist eine Hand sozusagen besetzt, und wenn man eine Gabel in der anderen Hand hat, bleibt für das Messer einfach keine Hand frei.

Speisen

Die vielfältigen Salate als Vorspeisen werden meist ›zakuski‹ genannt. Diese überaus phantasievollen Kreationen, mit denen die russische bzw. sibirische Küche den ausländischen Besucher fasziniert, kamen aber erst im 19. Jahrhundert ins Land, als französische Köche an den russischen Hof geladen wurden und die ›zakuski‹ zu einer faszinierenden Vielfalt vervollkommneten.

Jedes Essen besteht aus mehreren Gängen. Bei den kalten Vorspeisen (zakuski) dominieren Salate aus frischem oder mariniertem Gemüse mit unterschiedlichen Zutaten und in den unerwartetsten Kombinationen. Das ›erste Gericht‹ (pervoe) ist dann eine warme Suppe, der als ›zweites Gericht‹ (vtoroe) die warme Hauptmahlzeit folgt. Hier dominiert – neben Pel'meni – Fleisch oder Fisch mit Beilagen aus Kartoffeln, Nudeln, Reis, Buchweizengrütze oder Gemüse. Den Abschluss bildet dann ein Obstkompott oder etwas Süßes (desert). Auch ohne Gäste beschränkt sich am heimischen Herd eine Mahlzeit selten auf nur ein Gericht.

Aufgrund der Vielzahl der Gänge sind die Portionen kleiner. Das Hauptgericht besteht häufig aus Fleisch bzw. Fisch mit einer Garnierung in Form von Kartoffeln, Nudeln usw. oder einer Gemüseart. Beides, also zum Beispiel Reis und Gemüse, ist zwar auch möglich, gilt aber als Ausnahme und wird dann bereits ›komplizierte Garnierung‹ genannt. Unverzichtbarer Bestandteil ist nach wie vor Brot, das in allen Gängen auftaucht und dazu gegessen wird. Zum Essen gibt es Mineralwasser oder Saft. Alkoholische Getränke gehören häufig ebenfalls dazu. Als Nachtisch folgen Früchte, Eis, Tee bzw. Kaffee mit Gebäck oder Konfekt.

Törtchen aller Art sowie Gebäck und Schokolade sind sehr beliebt. Im privaten Bereich gilt es als guter Ton, sich nach dem Essen bei der Hausfrau für das schmackhafte Mahl zu bedanken. Vegetarische Küche ist zwar als Abwechslung willkommen, konsequente Vegetarier trifft man allerdings sehr selten, da – so der Volksmund – man dieses Klima ohne Fleisch nicht durchhält.

Pel'meni gibt es in unterschiedlichen Varianten: Im Süden Sibiriens sowie in Mittelasien gibt es ›Manty‹. Das sind sozusagen ›Mega-Pel'meni‹. Das Prinzip ist unverändert, nur die Größe wächst. Dabei machen dann im Gegensatz zu etwa 20 bis 25 Pel'meni etwa fünf bis acht Manty ein Mahl aus. Hinter dem Baikalsee – in Burjatien – legt man dann nochmal zu und bekommt die sogenannten ›Pozy‹. Die frikadellengroßen Schabefleischklöße werden im Teigmantel gekocht. Bei diesen ›Giga-Pel'meni‹ reichen bereits zwei bis drei als Mahlzeit.

Wer sich für die Vor- oder Nachbereitung seiner Sibirien-Reise für das genaue Pelmeni-Rezept interessiert, wird auf www.pelmen.de (D) fündig. Die Seite bietet auch einen Überblick über russische Restaurants in Deutschland.

Getränke

Die Sibirjaken, wie die Russen generell, sind ausgesprochene Teetrinker. Dabei wird ein dicker Sud aufgebrüht, den sich dann jeder mit kochendem Wasser – beispielsweise aus dem typisch russischen Samovar – auf die ihm genehme Stärke verdünnt. Der Tee wird dann mit Zucker, einer hausgemachten – ›varen'e‹ genannten – Konfitüre oder in Scheiben geschnittener Zitrone verfeinert.

Kaffee ist im Vergleich zu Tee weniger verbreitet und in erster Linie Instant-Kaffee. Wenn man nach normalem Kaffee fragt, wird man in der Regel löslichen Kaffee bekommen. Die andere Variante ist Kaffee-Oriental, den man in Westeuropa als türkischen oder griechischen Kaffee kennt. In den letzten Jahren holt Kaffee aber auf. Die gehobene italienische Kaffeemaschine samt angeschlossener Kaffestube ›to go‹ hat in ihrer Globalisierung keinen Bogen um das urbane Sibirien gemacht.

Das Angebot alkoholfreier Getränke lässt eigentlich kaum Wünsche offen. Coca Cola und Pepsi haben Sibirien bereits in den 1990er Jahren erobert und in den letzten Jahren große Werke in Novosibirsk und Krasnojarsk errichtet. Unter den lokalen Getränken sind eine Waldmeisterbrause (Markenname: Tarchun) sowie ein süßes, mit Taiga-Kräutern durchsetztes Cola-Getränk (Markenname: Bajkal) eine Probe wert. Letzteres gibt es seit kurzem in leicht modifizierter Form (ohne Johanniskraut) unter dem Markennamen ›Wostok‹ auch in Deutschand, www.wostok-limonade.de (D/E).

Bei Mineralwässern ist ein breites Angebot an stillen (im russischen Sprachgebrauch: ohne Gas –bez gaza) sowie kohlensäurehaltigen (analog: mit Gas – s gazom) Wassern im Angebot. Viele Sorten sind aber sehr mineralhaltig. Neben den gesamtrussisch bekanntesten Marken ›Narzan‹ (aus Kislovordsk im Kaukasus), ›Svjataja Voda‹ (Heiliges Wasser mit dem Segen der Kirche aus Kostroma) kommen auch zunehmend lokale Sorten auf den Markt. Der sowjetische Mineralwasser-Klassiker ›Borjomi‹ kommt aus Georgien und ist dadurch in Ungnade gefallen und genauso wie georgische Weine aus dem russischen Einzelhandel verbannt worden. Empfehlenswert sind in Sibirien ›Bajkal'skaja‹, das aus etwa 400 Metern Tiefe des Baikalsees kommt. ›Karačaevskaja‹ hat seine Quelle südlich von Novosibirsk. Häufig sind die Wasser auch mit Kräutern wie beispielsweise bei ›Burakva‹ in Burjatien mit Dill versetzt. Als Durstlöscher ist Kvas sehr beliebt. Das Gebräu aus Schwarzbrot und Rosinen wird sowohl in Flaschen als auch im Sommer häufig aus kleinen Tankwagen direkt angeboten. Sein Geschmack ist allerdings nicht jedermanns Sache.

Die Auswahl beim Bier kann sich ebenfalls sehen lassen. Neben europäischen und amerikanischen Sorten, die zumeist mittlerweile ebenfalls in Russland in Lizenz gebraut werden (Holsten, Warsteiner, Pilsner Urquell, Tuborg) ist auch das eigentliche russische Bier im Kommen. Da viele Brauereien in den letzten Jahren großangelegte Rekonstruktionen eingeleitet haben und dank umfangreicher Importe von Brauereitechnik – vor allem aus Deutschland – auch qualitätsmäßig deutliche Fortschritte gemacht haben, sind die nationalen Marken im Vormarsch. Unangefochten an der Spitze steht dabei ›Baltika‹ aus St. Petersburg. Sibirische Lokalpatrioten favorisieren ›Sibirskaja Korona‹ (Sibirische Krone) aus Omsk oder ›Pikra‹ (Pivo Krasnojarska – Bier aus Krasnojarsk).

Schwieriger und auch sehr teuer wird es beim Wein. Weinfreunde werden bei Betrachtung des Angebots und vor allem bei den aufgrund hoher Zölle extremen Preisen wenig Freude empfinden. In Russland selbst gibt es kaum Weinanbaugebiete. Neben Weinen von der Krim und aus Moldawien findet man viele Billigweine aus Frankreich, Italien und Deutschland.

Bei den hochprozentigen Spirituosen dominiert erwartungsgemäß der Vodka.

Schaschlik-Grill an einer Landstraße im Altajgebirge

Vodka

Das Wort ist eine Verkleinerungsform des Wortes ›Voda‹ (Wasser). Es ist also nur ein ›Wässerchen‹. Aber es ist wohl hinlänglich bekannt, dass es ein Wässerchen ist, das es in sich hat. Die Geschichte geht bis ins 14. Jahrhundert zurück. Russland und Polen streiten ein wenig, wer den nun den Vodka als Destillation von Getreide erfunden hat. Russischer Vodka enthält grundsätzlich 40 Prozent Alkohol. Die bekanntesten Marken in ganz Russland waren lange Jahre ›Stoličnaja‹ und ›Moskovskaja‹. Die neue In-Marke heißt ›Russkij Standard‹ In Sibirien sind der ›Sibirskaja‹, die ›Sibirskaja Trojka‹ oder neuerdings auch der Vodka ›Bajkal‹ beliebt. Alle Spirituosenhersteller unternehmen große Anstrengungen, um ihre Produkte als Markennamen im Bewusstsein der russischen Verbraucher zu etablieren. Einen überregional guten Ruf haben sich dabei in den letzten Jahren die Spirituosenfabriken in Novosibirsk, Barnaul, Minusinsk und Irkutsk erarbeitet. Mit Rezeptpflege, besonders verzierten Flaschen, aufwendiger Etikettierung und viel subtiler Reklame umwirbt man die russische Trinkerseele, um vor allem der ausländischen Spirituosenflut Paroli zu bieten.

Obwohl die Russen allen möglichen Geschmacksvariationen beim Alkohol sehr skeptisch gegenüberstehen, haben sich doch mehrere Varianten etablieren können: ›Percovka‹ – Vodka mit Paprika, ›Limonnaja‹ – Vodka mit Zitrone sowie ›Starka‹ – Vodka mit Kräutern. Daneben gibt es auch noch viele einfachere Sorten, die mit Patriotismus, Lokalpatriotismus, Ostalgie, besonderem Wasser oder Brennverfahren ihr Alleinstellungsmerkmal suchen. In vielen Regionen gehört es zum guten Ton, einen Vodka mit der eigenen Ortsbezeichnung auf den Markt zu bringen. Auch Politiker wie der bekannt-berüchtigte Rechtspopulist Vladimir Žirinovskij oder Geschäftsleute wie Vladimir Pronichev in Novosibirsk bringen heute ihren eigenen Vodka auf den Markt. Präsidentennamen sind ebenfalls als Marken für das russische Wässerchen beliebt. Während der Vodka ›Jelzin‹ noch aus Frankreich kommt, kam mit Putin wieder mehr Patriotismus ins Vodkaglas. Die Sorte ›Putinka‹ hat in Russland heute einen Marktanteil von knapp fünf Prozent. Seit 2010 brennt man in Kaluga auch den neuen Vodka ›Medvedeff‹, der aber, was die Verkaufszahlen anbelangt, ›Putinka‹ bislang nicht das Wasser reichen kann. Vodka aller dieser Marken ist also Geschmackssache in doppelter Hinsicht.

Schwarzbrennerei ist in Russland zwar strafbar, aber nach wie vor insbesondere in den ländlichen Gegenden weit verbreitet. Eine besondere Würdigung verdient dabei Michail Gorbatschow. ›Vodka Gorbatschow‹ ist übrigens nicht mit ihm verwandt, sondern ein rein deutsches Erzeugnis, dass der nach der Oktoberrevolution ins Berliner ›Charlottengrad‹ ausgewanderte Namensvetter Lev Gorbatschow 1921 kreiert hatte. Nachdem der Alkoholgegner Gorbatschow 1985 seinen Landsleuten das Trinken abgewöhnen wollte, erreichte er das Gegenteil und brachte die Kunst des Schwarzbrennens zu einer unvorstellbaren Blüte. Neben dem traditionellen häuslichen Braustätten des ›Samogon‹ (Selbstgebrannter, auch einfach ›Spirt‹ genannt) mit bis zu 96 Prozent Alkohol zum Eigenbedarf werden heute aber auch laufend professionelle Schwarzbrennereien ausgehoben, die ihr minderwertiges Flüssiggut auf dunklen Kanälen direkt in den Handel bringen. Vorsicht ist vor allem bei billigen Vodka-Angeboten an den Kiosken geboten. In Krasnojarsk starben auf diese Weise im Mai 1997 22 Menschen an einer Methylalkoholvergiftung. Trunksucht ist für Russland ein dramatisches Problem. Zur nur

59 Jahre betragenden, durchschnittlichen Lebenserwartung russischer Männer besteht ein unbestrittener Zusammenhang.

Vodka gehört in Sibirien wie in Russland zu jeder Feier und zu jedem guten Tisch. In Russland trinkt man nicht zum Essen, man isst zum Trinken. Man wendet sich nicht dem Alkohol nach einem reichlichen Essen zu, er ist bereits unverzichtbarer Bestandteil des reichlichen Essens. Trinken ohne etwas dazu zu essen, gilt als kein gutes Zeichen. Wer sich darauf einlässt, muss schon fast abhängig vom Alkohol sein. Genau so wenig gehört es sich, allein zu trinken. Das bekannte Standardmaß ›sto gramm‹ (100 Gramm Vodka – Stopka) hat dabei Tradition. Es geht übrigens auf den russischen Chemiker Dmitrij Mendeleev (1834–1907) zurück, der später weltweit durch das Periodensystem bekannt wurde und seine Doktorarbeit aber dem Destillationsverfahren für Vodka gewidmet hatte. Der Stopka ist zwar heute mehr Klischee als Realität, aber der Alkoholkonsum kann durchaus für Europäer unerwartete Dimensionen erreichen.

Vodka Sibirka

Die Einladungsgeste ist das Fingerschnipsen am Hals – die landestypische Geste hat eine interessante Geschichte. Der Zar hatte einen Handwerker mit einer Urkunde belohnt, die ihm das Recht verlieh, in allen Tavernen kostenlos Vodka zu bekommen. Als er diese Urkunde – vermutlich im Suff – verlor und den Zaren um Ausstellung eines Duplikats bat, war der Herrscher sehr erbost und ließ dem Deliquenten das Zarensiegel auf den Hals tätowieren. Dessen Bestellungen am Tresen beschränkten sich danach nur noch auf das Fingerschnipsen zur Tätowierung am Hals und ließen ihn und diese Geste Legende werden.

Die Trinkfreudigkeit der Russen ist zwar sprichwörtlich, hinsichtlich des durchschnittlichen Prokopfverbrauches liegen aber eine Reihe von anderen Ländern noch deutlich vor Russland. Die Schwarzbrennerei mag in der offiziellen Statistik Russlands fehlen. Anderswo in der Welt spricht man dem Alkohol häufig, aber in Maßen zu. In Russland dagegen, wo Maßhalten noch nie eine Stärke war, passiert es nicht so häufig, aber dafür um so nachhaltiger. Ein Umtrunk bedeutet auch immer Kommunikation, wobei ab drei Teilnehmern aufwärts der Rahmen stimmt. Trinksprüche gehören dazu, und die Fähigkeit, hierbei rhetorisch zu glänzen, genießt hohe Wertschätzung. Etwas ›zu dritt‹ zu improvisieren oder eine Einladung, als Dritter dazuzukommen, das sind unzweideutige Hinweise auf ein bevorstehendes Gelage.

Sibirien erstaunt und verblüfft nicht sogleich,
es zieht einen langsam und als ob ungewollt,
so doch kühl kalkuliert, fest in seinen Bann.

Ivan Gončarov

Eisskulpturenfest in Salechard

Tjumen'

Die touristisch vielfach unterschätzte Stadt bietet dem Besucher keineswegs nur den Charme einer tristen Industriemetropole. Das Stadtbild bietet eine Mischung aus alten Holz- und Steingebäuden, durchsetzt mit Neubaublöcken aus der Sowjetzeit und interessanten Neubauten aus den letzten zehn Jahren. Es wird viel gebaut und rekonstruiert, einschließlich einer 2007 neu gestalteten Fußgängerzone.

Geschichte

Tjumen' gilt als die Mutter der sibirischen Städte, denn hier begann die russische Expansion hinter den Ural. Nachdem der Kosakenfeldherr Ermak 1581 die im 13. Jahrhundert entstandene tatarische Festung Čingi Tura erobert hatte, kamen fünf Jahre später unter der Führung der Voevoden Mjazin und Sukin die ersten 300 Kosaken und Schützen, um auf den Ruinen der tatarischen Siedlung an der Mündung des Flüsschens Tjumenka in den Fluss Tura die erste russische Stadt hinter dem Ural zu gründen. Die Kolonisierung Sibiriens nahm ihren Anfang. Hauptstadt von Sibirien war Tjumen' aber nur vier Jahre, dann musste es diesen Status an das 240 Kilometer nördlich gelegene Tobol'sk abgeben. Wenn man heute bei dem Namen der Stadt Tjumen' sofort an schwarzes Gold und blaue Flamme denkt, so ist die Stadt keineswegs wie viele andere

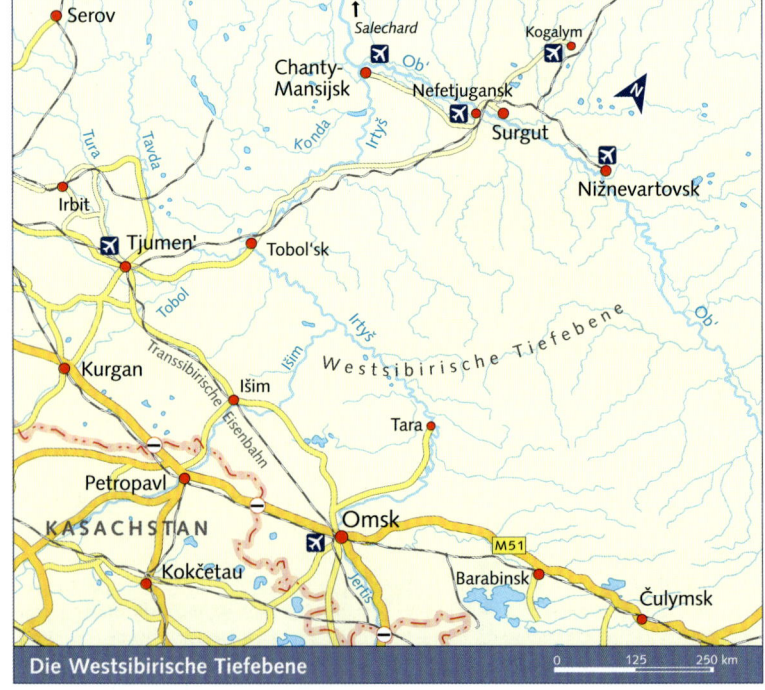

Die Westsibirische Tiefebene

Orte Westsibiriens auf Öl und Gas zu reduzieren. Tjumen' atmet als Ausgangspunkt der russischen Eroberung Sibiriens Geschichte, was man in der Stadt auch nachhaltig spürt. Die Stadt an der Tura kann auch in wirtschaftlicher Hinsicht auf eine reiche Geschichte in der Zeit vor der Ölgewinnung zurückblicken.

Im 17. Jahrhundert wurde der Ort dank seiner günstigen Lage an der wichtigsten Handelsstraße nach Sibirien und nach China eine blühende Metropole. Neben dem Handel kam die Pelz- und Lederindustrie in die Stadt. Mit der Entwicklung der Dampfschifffahrt wurden die Ufer des Flusses Tura im 19. Jahrhundert ein Zentrum des Schiffbaus und der Schwerindustrie. Nach dem ersten Stapellauf im Jahre 1836 wurden hier Flussschiffe für ganz Sibirien gebaut. »Ich durchlief Tjumen' kreuz und quer und konnte mich mit Freude davon überzeugen, dass es Omsk und Semipalatinsk bei weitem übertrifft. Man spricht hier viel davon, dass Wohlstand und Handel in Sibirien gedeihen und es ... in die erste Reihe der Weltmächte aufsteigt«, schilderte Fëdor Dostoevskij in der Mitte des 19. Jahrhunderts seine Eindrücke von der Stadt in einem Brief. Zu den unlängst eröffneten Seiten der Stadtgeschichte gehören ›White Christmas‹ und ›God bless America‹. Amerikas berühmter Komponist Irving Berlin wurde 1888 als Israil Balin in Tjumen' geboren. Die Familie emigrierte, als er gerade fünf Jahre alt war.

Tjumen' lag nicht an der ursprünglichen Streckenführung der Transsibirischen Eisenbahn. Die Anbindung an Europa erfolgte 1885 durch die Inbetriebnahme der Strecke Ekaterinburg–Tjumen'. Die Strecke Tjumen'–Omsk wurde erst 1916 übergeben, so dass seitdem zwei

Die örtliche Gazprom-Zentrale

Strecken über den Ural und die Westsibirische Tiefebene nach Omsk führten. Die Oktoberrevolution kam Anfang Januar 1918 nach Tjumen', wo damals etwa 30 000 Menschen lebten. Von Juli 1918 bis August 1919 kontrollierten die Weißgardisten die Stadt. Die Rote Armee stand bei der Eroberung unter dem Kommando des später berühmten Marschalls Bljucher (Blücher), der 1937 ein Opfer von Stalins Repressalien wurde. Im Zweiten Weltkrieg wurden über 20 Betriebe in die Stadt verlagert. Im August 1944 wurde das Gebiet von Tjumen' in seiner heutigen Gestalt begründet.

Die modernen Boom-Jahre setzten in den 1960er Jahren ein, als man in den nördlichen Regionen des Gebietes Tjumen' zunächst mit der Erschließung der Ölfelder um Surgut und Nižnevartovsk und später der Gasvorkommen in Novyj Urengoj begann und die Stadt zum wichtigsten Umschlagplatz bei der Erschließung der neuen Vorkommen wurde. Lange Jahre profitierte die Sowjetunion von den Erlösen aus dem Export

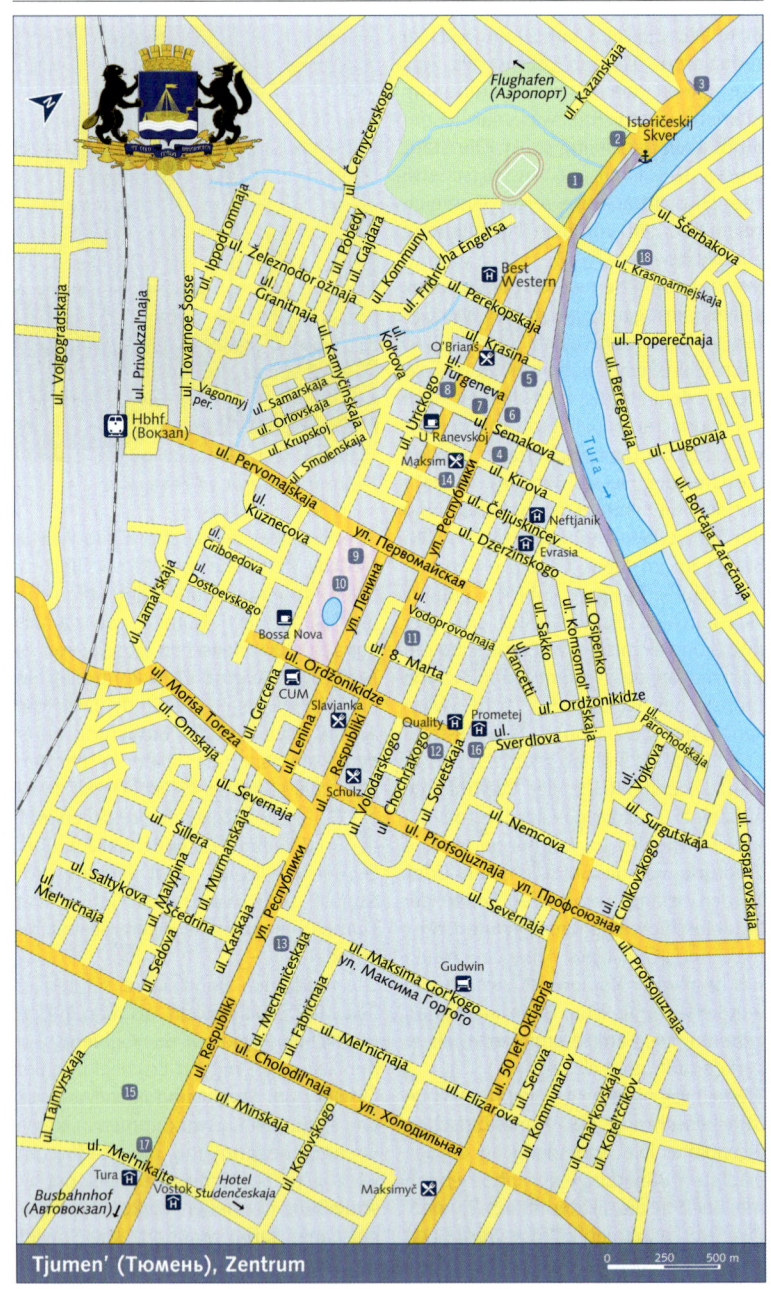

Tjumen' (Тюмень), Zentrum

dieser Energieträger, und Tjumen' wurde als Verwaltungssitz zum Inbegriff dieses Aufschwungs. Hinsichtlich der Löhne und der Versorgung mit Lebensmitteln und Konsumgütern nahm die Stadt eine privilegierte Stellung ein. Von 1960 bis 1990 stieg die Einwohnerzahl von 260 000 auf 480 000. Die Ölbranche hat weiter eine starke Anziehungskraft. Heute leben 697 000 Menschen in Tjumen. Tendenz steigend. Derzeit werden in dieser Region etwa 15 Prozent des russischen Bruttosozialproduktes geschaffen. Mit der Neuordnung der Russischen Föderation zu Beginn der 1990er Jahre verschoben sich in dieser Region auch die politischen Akzente. Die nördlichen Gebiete der westsibirischen Tiefebene, in denen sich die bedeutendsten Rohstoffreserven an Öl und Gas und die wichtigen Fördergebiete konzentrieren, erhielten den Status eigenständiger Föderationssubjekte mit eigenen Gouverneuren. Damit unterstehen die beiden schwer auszusprechenden Bezirke Chanty-Mansijsk und Jamalo-Neneck heute sowohl Tjumen' als auch direkt Moskau. Der Einfluss Tjumen's auf die dabei zu erzielenden Gewinne wurde zurückgeschraubt und somit zum wichtigsten Zankapfel in der Lokalpolitik inclusive Wahlboykott bei den Gouverneurswahlen. Mittlerweile haben sich die Gemüter wieder beruhigt. Die Stadt hat seit der Wende ihre Auslandskontakte intensiviert: Es gibt fünf internationale Städtepartnerschaften mit Orten, an denen Öl ebenfalls eine Rolle spielt: Houston (USA), Calgary (Kanada), Aberdeen (GB), Daqing (China). Seit 1994 besteht auch eine Städtepartnerschaft mit Celle in Niedersachsen, www.drg-celle.de (D).

Sehenswürdigkeiten

Die ul. Republiki durchzieht als zentrale West-Ost-Magistrale den am westlichen Hochufer des Flusses Tura gelegenen zentralen Teil der Stadt. Auf der Höhe der Fußgängerbrücke über die

1. Gründungsstein/Alte Stadtduma mit Heimatkundemuseum (Краеведческий музей)
2. Kreuzerhöhungskirche (Крестовоздвиженская церковь)
3. Kloster mit Pfingstkathedrale und Peter-und-Pauls-Kirche (Петропавловская церковь Троицкого мужского монастыря)
4. Kreuzkathedrale (Знаменский собор)
5. Landwirtschaftsinstitut (Сельско-хозяйственный институт)
6. Tjumener Universität (Тюменьский Университет)
7. Museumsgut Kolokolnikov (Музей усадьба Колокольниковых)
8. Mašarov-Haus (Дом Машарова)
9. Zirkus (Цирк)
10. Riesenrad (Колесо обозрения)
11. Gebietsadministration (Администрация области)
12. Gemäldegalerie (Музей изобразительных искусств)
13. Schauspielhaus (Театр драмы и комедии)
14. Philharmonie (Филармония)
15. Tekut'evskij-Friedhof (Текутьевское кладбище)
16. Neubau des Heimatkundemuseums
17. Museum für Geologie, Öl und Gas (Музей геологии, нефти и газа)
18. Georg-Auferstehungskirche (Вознесенко-Георгиевская церковь)

Tura zweigt die ul. Lenina ab und verläuft dann parallel. Sie hieß früher ul. Spasskaja. Beide Straßen sind Einbahnstraßen und umfassen, mit kleinen Abzweigungen zum Bahnhof oder zum Fluss, das Stadtzentrum. Nachdem beide Straßen die ul. Ordžonikidze kreuzen, endet die ul. Lenina am Zentralmarkt und mündet über die ul. Morisa Toreza wieder in die Hauptstraße.

Die Stadt nahm ihren Anfang auf dem Hügel, an dem die ul. Lenina von der ul. Respubliki abzweigt. Den Platz der Kreuzung (Istoričeskij Skver) ziert ein neues Ermak-Denkmal. Hier mündet das kleine Flüßchen Tjumenka in die Tura, die einen schönen Bogen zeichnet, an dem sich am Steilufer der zentrale Teil Tjumens entlangzieht. Auf dem Hügel erinnert ein **Gründungsstein** mit einer Inschrift an den Ursprung der Stadt. Hier befindet sich auch eine **Gedenkstätte** mit Stele und ewigem Feuer, die an die Opfer des Zweiten Weltkrieges erinnert. Daneben stehen in der ul. Lenina die heute als **Heimatmuseum** dienende, alte Stadtduma und ein neues Hotel. Gegenüber fällt das runde **konstruktivistische Gebäude** einer öffentlichen Sauna ins Auge. Dahinter wird die ul. Respubliki durch die 1836 erbauten **Handelsreihen** eröffnet, die zwischenzeitlich als Kaserne dienten. In der historischen Architektur unterhält heute die Armee einige Büros, daneben entstehen die ersten Büro-Lofts der Stadt.

In Richtung Osten erhebt sich auf der anderen Seite der Tura die 1798 erbaute **Georg-Auferstehungskirche** (Voznesensko-Georgievskaja cerkov'). Sie ist seit 1996 wieder zugänglich, die Rekonstruktion ist aber noch im Gange; www.вознесенско-георгиевский.рф (R).

Die markante **Fußgängerbrücke** dorthin nennt man in Tjumen' auch die ›Brücke der Verliebten‹. Man erkennt es an den vielen am Brückengeländer befestigten Doppelschlössern.

Am Flussufer entstand auf knapp zwei Kilometern bis zur Autobrücke eine romantische **Uferpromenade** an der Tura, die durch verschiedene Skulpturen verziert wurde, die dem Kartografen Semen Remizov, dem Seefahrer Vitus Bering und den ersten Schiffbauern Tjumen's, dem englischen Ingenieur Hektor Gullitt und dem russischen Kaufmann Ivan Ignatov gewidmet sind. Da die Promenade bei den Studenten der angrenzenden Hochschulen beliebt ist, bekam wohl diese Gruppe zwei eigene Skulpturen: Studenten des 19. und Studenten des des 20./21. Jahrhunderts.

In Richtung Norden vom Aussichtspunkt erhebt hinter dem Tal des Tura-Nebenflusses die 1774 im Barockstil erbaute **Kreuzerhöhungskirche** (Krestovozdviženskaja cerkov'), die seit 1999 wieder für Besucher geöffnet ist, ul. Lunačarskogo 1.

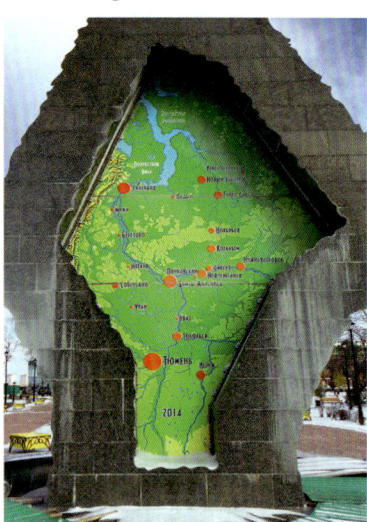

An der Uferpromenade

Karte S. 68

Die Erlöserkirche

Etwas weiter nördlich steht am Ufer der Tura eine der bedeutendsten Sehenswürdigkeiten Tjumens – das **Männerkloster** mit der **Pfingstkathedrale** und der **Peter-und-Pauls-Kirche**. Das Kloster wurde 1618 durch den Kazaner Mönch Nifont gegründet und wurde – im Gegensatz zu den damals üblichen Holzbauten von Anfang an aus Stein erbaut – zu einem der bedeutendsten Klöster Sibiriens (ul. Kommunističeskaja 14). Früher beherbergte die Klosterkirche Teile des Heimatkundemuseums, so wie die **Erlöserkirche** (Spasskaja cerkov'), ul. Lenina 43, das Archiv des Heimatkundemuseums beherbergte. Letztere wird genauso wie die **Michailskirche** (Cerkov' Michaila Malejna), ul. Lenina 22, und die **Il'inskaja Kirche** (Il'inskaja cerkov'), ul. 25. Oktjabrja, rekonstruiert.

Die größte Kirche der Stadt ist das 1786 erbaute und aus mehreren Gebäuden bestehende Ensemble der **Kreuzkathedrale** (Znamenskij sobor), das heute nach erfolgter Rekonstruktion wieder in seiner ursprünglichen barocken Schönheit erstrahlt, ul. Semakova 13, Tel. 264364. Desweiteren stehen den Gläubigen auch die Tore der Allerheiligenkirche (Vsechsvjatskaja cerkov'), ul. Sverdlova 29, Tel. 251711, und der Kirche der drei Heiligen (Cerkov' Trëch Svjatitelej), ul. Družby 122, Tel. 255634, am anderen Flussufer offen.

In diesem Teil der Stadt und in Flußnähe haben sich über die Jahre die meisten **Hochschulen** der Stadt angesiedelt: die Tjumen'er Universität, ul. Semkova 6, www.utmn.ru (R/E), die Bau-Hochschule, ul. Lunačarskogo 2, www.tgasu.ru (R/E/D/F/C), die Landwirtschaftsuniversität, ul. Respubliki 7, www.tsaa.ru (R) und natürlich die Öl- und Gas-Universität als renommierteste Bildungseinrichtung mit starkem Lokalkolorit, ul. Volodarskogo 38, www.tsogu.ru (R/E/D/F/C).

Die **Agraruniversität** erlangte historisch als zeitweilige Heimstatt des einbalsamierten Leichnams Lenins einige Berühmtheit. Als sich die faschistischen Truppen 1941 Moskau näherten, wurde die kommunistische Reliquie aus dem Mausoleum am Roten Platz hierher in Sicherheit gebracht. All das geschah unter allergrößter Geheimhaltung und wurde der Öffentlichkeit erst in den letzten Jahren bekannt. Hier befand sich zur Zarenzeit auch das Heimatkundemuseum.

Weiter auf der ul. Respubliki kommt man zum **Kolokolnikov-Museum** (→ S. 73). Auf gleicher Höhe liegt in der parallelen ul. Lenina das **Dom Mašarova** (Mašarov-Haus) genannte Museum (→ S. 73). Die nächste Kreuzung führt links zur Kreuzkathedrale. Zwei Kreuzungen weiter folgen die Philharmonie und schräg gegenüber auf der anderen Seite das neu errichtete Internationale Busi-

Die Westsibirische Tiefebene

ness-Zentrum. Die ul. Pervomajskaja führt am Rathaus vorbei zum Bahnhof. Linker Hand befinden sich am Rande des Stadtparks das neue **Zirkusgebäude**, ul. Pervomaiskaja 15, Tel. 461611. Früher befand sich hier auch das örtliche Theater, welches aber 2008 in einen Neubau umzog (s.u.). Heute erinnert ein kleines Denkmal an den alten Standort des Schauspielhauses. Theater spielt man in der Stadt bereits seit 1858. Heute gibt es neben dem Schauspielhaus auch noch ein Puppentheater in der ul. Kirova 3, Tel. 264470. Konzerte unterschiedlichster Stilrichtungen finden in der **Philharmonie** statt, ul. Respubliki 36, Tel. 687777.

Weiter östlich eröffnet die ul. Lenina den Blick auf das zur **Fußgängerzone** umgebaute Quartal zwischen den nach Lenin, Ordžonikidze, Herzen und dem 1. Mai benannten Straßen. Die 2007 eröffnete Flaniermeile bietet vielfältige Gastronomie, u.a. das erste ›McDonalds‹-Restaurant in Sibirien und

Karte S. 68

▲ *Die Gebietsadministration*

einen großen Rummelplatz samt **Riesenrad**. Das augenfällige Denkmal mit den drei lustigen Gestalten ist Russlands seit Sowjetzeiten wohl beliebtesten Komikern gewidmet: Juri Nikulin (1921–1997), der sowohl als Komiker als auch in Charakterrollen glänzte, Oleg Popov (*1930), der heute in Oberfranken lebende legendäre Clown des sowjetischen Zirkus und Michail Rumjanzev (1901–1983), der unter seinem Pseudonym ›Karandasch‹ (Bleistift) Zirkusgeschichte schrieb.

Auf der Pervomajskaja ul. sieht man einen kleinen **Katzen-Boulevard**. Zwölf Katzen in goldigem Gusseisen verzieren den breiten Bürgersteig. Die niedlichen Kätzchen sollen an eine ungewöhnliche Episode des Zweiten Weltkriegs erinnern: Als das damalige Leningrad während und nach der Blockade unter einer großen Rattenplage litt, wurden aus mehreren Städten Sibiriens über 5000 Katzen in die Stadt an der Neva gesandt. Die ul. Respubliki führt zum **zentralen Platz der Stadt** mit dem Lenindenkmal vor dem gewaltigen Gebäude der **Gebietsadministration**. Die folgende Kreuzung führt nach links zur **Gemäldegalerie** (→ S. 74) und nach rechts zur Fußgängerzone und den Einkaufszentren der Stadt.

Weiter östlich vereinigt sich die ul. Lenina wieder mit der ul. Respubliki auf der Höhe der Maurice-Therese-Straße. Hier wird zur Zeit ein ehemaliges Gewerbegebiet städtebaulich erschlossen. Ein Business-Zentrum, das Einkaufszentrum ›Gudwin‹ u.a. Wenn man der ul. Respubliki weiter folgt, gelangt man zu einer Parkanlage mit dem größten Kino der Stadt und dem neuen Schauspielhaus. Das **Große Tjumen'er Schauspielhaus** (Bolšoj Tjumen'skij Dramatičeskij Teatr) wurde 2008 eröffnet. Der pompöse Bau mit zwei Sälen für 777 und 205 Zuschauer lehnt sich architektonisch schon etwas an ein anderes ›Großes‹ Theater in Moskau an, ul. Republik 129, Tel. 409833, http://tdt.kto72.ru (R).

Auf der anderen Seite findet man in einem kleinen Waldstück den **Tekutevskij-Friedhof**. Teilweise Jahrzehnte alte und verwilderte Gräber erzählen ihre Geschichten vom Ölboom in Westsibirien. Neben dem Waldstück, das im Sommer natürlich wie ganz Sibirien stark von Mücken heimgesucht wird, befindet sich der **Kulturpalast der Geologen**, in dessen linkem Flügel sich das **Museum für Geologie, Öl und Gas** sowie das Standesamt befinden.

Museen

Tjumen' bietet eine ganze Reihe interessanter Museen, die in einer solchen Vielfalt nur in wenigen anderen sibirischen Städten zu finden sind. Sie sind auch durchweg in einem vergleichsweie guten Zustand.

■ Heimatkundemuseum

Das Mega-Projekt der Tjumener Museumslandschaft, der 1996 an der Ecke ul. Ordžonikidze/ ul. Sovetskaja begonnene Bau eines vollkommen neuen Museumskomplexes für das Heimatkundemuseum, zieht sich in ungeahnte Länge. Das Modell des Gebäudes ist eindrucksvoll, ein Schild an der Baustelle verspricht aber schon kein Datum der Fertigstellung mehr. Derzeit befindet sich das Heimatkundemuseum sehr beengt im Gebäude der alten Stadtduma, ul. Respubliki 2, Tel. 461159, da die Standorte im Pfingstkloster und in der Erlöserkirche aufgegeben und der Kirche rückübertragen wurden. Das Heimatkunde-museum trägt den Namen seines Gründers Ivan Slovcov, der auch das Heimatkundemuseum in Omsk begründete.

Vor dem Museumsgut Kolokolnikov

■ Mašarov-Haus

Das kleine Museum im ›Mašarov-Haus‹ ist in einem der schönsten Gebäude der Stadt untergebracht. Früher befand sich hier eine Kinderpoliklinik. Als man sich Anfang der 1990er Jahre auf alte örtliche unternehmerische Traditionen besann, erinnerte das Haus mit seinen Schmiedearbeiten an den Tjumener Kaufmann Mašarov, dem zur Jahrhundertwende ein Eisenwalzwerk gehörte. 1996 eröffnet, zeigt es nun, wie das Tjumener Bürgertum vor 100 Jahren lebte. Mo, Di Ruhetage, ul. Lenina 24, Tel. 261310.

■ Museumsgut Kolokolnikov

Anschaulich zeigt ein weiteres kleines Museum die Höhen und Tiefen der Tjumener Geschichte anhand der Historie des städtischen Gutshofes, in dem es untergebracht ist. Die heute als ›Museumsgut Kolokolnikov‹ (früherer Name: ›Museum der Geschichte eines Hauses im 19. und 20. Jahrhundert‹) bekannten Gebäude gehörten zunächst dem ersten Tjumener Bürgermeister Ivan Ikonnikov. Später erwarb sie der spendenfreudigen Teehändler Kolokol'nikov, bei dem auch zweimal der Zarewitsch und künftige Zar Alexander II. zu Gast war. Im Bürgerkrieg befand sich hier 1919 der Stab des Divisionskommandeurs und späteren Marschalls Vasilij Bljucher (Blücher), der maßgeblichen Anteil am Sieg der Roten Armee gegen die Weißgardisten unter General Kolčak hatte. Blüchers Vater, ein zaristischer Offizier, hatte den deutschen Namen in Verehrung des preußischen Generals angenommen. 1920 wurde in diesem Haus der erste Kindergarten Tjumens eröffnet. 1934 ging es in die Hände des Geheimdienstes NKVD über. Ende der 1970er Jahre wurde ein Teil zum Blücher-Museum. Heute präsentiert es Stadtgeschichte, einen Bljucher-Saal, Wechselausstellungen und das museal historische Ladengeschäft ›I.P. Kolokolnikov & Erben‹. Das Museum ist äußerst sehenswert. Mo, Di Ruhetage, ul. Respubliki 18–20, Tel. 462767.

■ Gemäldegalerie

Die Gemäldegalerie befindet sich in einem unscheinbaren Gebäude, das daneben auch die juristische Fakultät der örtlichen Universität beherbergt. Doch die triste Fassade mit einem Marx-Lenin-Relief täuscht. Im Erdgeschoss findet man in acht Sälen eine sehenswerte Sammlung russischer Malerei (Repin, Ajvasovskij, Polënov u.a.) und einige westeuropäische Gemälde. In zwei weiteren Geschossen werden zeitgenössische Bilder und Skulpturen sowie Kunsthandwerk ausgestellt. Mo Ruhetag, ul. Ordžonikidze 47, Tel. 361766.

■ Museum für Archäologie und Ethnographie

Dieses Museum liegt am Stadtrand und gehört wie alle bisher genannten zum örtlichen Museumsverbund. Man findet sie unter www.museum-72.ru (R). Mo, Di, Ruhetage, Jalutorovskij Trakt Kilometer 23, Tel. 722055.

■ Weitere Museen

Wer sich für die Geschichte der Öl- und Gasindustrie interessiert, findet im **Museum für Geologie, Öl und Gas** auf vier Etagen neben Mineralen vieles über die sibirischen Ureinwohner und das harte Leben der Geologen und Ölarbeiter einschließlich vieler Ehrenurkunden für Helden der sozialistischen Produktion, ul. Respubliki 142, Tel. 227426.

Ein kleines privates Museum erinnert an die Durchreise der Zarenfamilie 1917, **Zarskaja Pristan'** (Zarenanlegestelle), ul. Gasparovskogo 3, Tel. 732620.

ℹ Tjumen'

Lage: 57°8'40.81"N,65°31'24.93"E; Tjumen' ist 2144 km von Moskau entfernt. Zeitunterschied zu MEZ im Sommer 4, im Winter 5 Std.

Postleitzahl: 625000.

Vorwahl: +7/3452, Auskunft: 09.

Hauptpost: ul. 8. Marta 7, Tel. 262030.

Bank: Zapsibkombank, ul. 8. Marta 2/57, Tel. 240391.

Geldautomaten: Flughafen Rošino (Abflughalle), ul. Respubliki 162, Kaufhaus CUM, ul. Ordžonikidze 63.

Reisebüro: Grand-tur, ul. 50 let Okjabrja 46/1, Tel. 949471, www.gt-russia.com (R/E).

Taxi: Tel. 277021.

Durchschnittstemperaturen: Januar –18, Juli 17 Grad.

Der moderne Flughafen der Stadt heißt Rošino und liegt am westlichen Stadtrand in ca. 15 Kilometer Entfernung. Es gibt tgl. sechs Flüge von und nach Moskau (Šeremet'evo, Domodedovo und Vnukovo) und tgl. Flüge nach St. Petersburg und Salechard. Mehrere Flüge pro Woche gibt es nach Ekaterinburg, Čeljabinsk, Novosibirsk, Omsk und Samara sowie in andere Orte Westsibiriens. Buslinie 10 verbindet den Flughafen mit dem Zentrum und dem Bahnhof, ul. Iljušina, Tel. 496450, www.tjm. aero (R).

Tjumen' liegt heute an der Transsibirischen Eisenbahn und ist von Ekaterinburg aus in etwa 5 Std. zu erreichen. Die Stadt beherbergt den ersten großen Bahnhof in Sibirien. Das Bahnhofsgebäude wurde 2008 rekonstruiert. Für Bahnreisende in die nördlichen Gebiete ist es der Umsteigepunkt für die Ende der 1960er Jahre erbaute Strecke in Richtung Surgut und Novyj Urengoj, Privokzal'naja ul., Tel. 261870, 292609.

Der Busbahnhof befindet sich außerhalb des Stadtzentrums in der ul. Permjakova 9, Tel. 500593.

Die beiden besten Hotels am Platz sind das Hotel Eurasia und das teurere Best Western Spasskaja.

Eurasia (Евразия), klassisches Business-Hotel. Es gibt im Hotel auch zwei sehr gute Restaurants mit russischer und japanischer Küche. EZ/DZ 4500–8500 Rbl., ul. Sovetskaja 20, Tel. 222000, www.eurasiahotel.ru (E/R).

Das 2012 eröffnete **Best Western Spasskaja** erinnert an den alten Straßennamen der Leninstraße und bietet 4-Sterne-Komfort, EZ/DZ 4500–7900 Rbl., ul. Lenina 2, Tel. 550008, www.hotel-spasskaya.ru (R/E).

Eine gute Wahl ist das **Hotel Tura** (Тура), ul. Mel'nikajte 102a, Tel. 282209, EZ/DZ 2800–4500 Rbl. mit seinem schönen Panorama-Restaurant ›Der 7. Himmel‹. Empfehlenswert!

Direkt am Bahnhof befindet sich das gute **Hotel Filton** (Филтон), EZ/DZ 3500–4900 Rbl., Privokzalnaja 30, Tel. 522405, www.filton.ru (R/E)

Vostok (Восток), ul. Respubliki 159, Tel. 686686, DZ 2500 Rbl. Auf der Hauptstraße Tjumens gelegen, bietet das 2009 renovierte Hotel Vostok (Osten) in der unteren Preisklasse eine ganz ordentliche Unterkunft.

Neftjanik (Erdölarbeiter, Нефтяник), EZ/DZ 2600–4200 Rbl., ul. Čeljuskincev 12, Tel. 593555. Kein Arbeiterwohnheim, wie der Name vermuten lässt, sondern ein ordentliches, günstiges Hotel.

Die **Agentur Posutochno72**, ul. Gor'kogo 68/2, Tel. 607265, www.posutochno72. ru (R), vermietet in dem Hochhaus, wo das Büro ist, tageweise (so auch der Name der Agentur) 1–3-Zimmer-Standardwohnungen zum Preis von 3000–5500 Rbl. pro Tag und übernimmt auch für Ausländer die Meldepflicht.

Günstige Übernachtungen bietet das **Hostel Avrora**, EZ/DZ 1300–1900 Rbl., Schlafplatz 650 Rbl., ul. 50 let VLKSM 13/1, 13 Etage, www.avrorahostel.ru (R). Alternativ bietet auch der Anbieter **Region-Hotel** Wohnungen und den günstigsten Hostel-Schlafplatz (350 Rbl.), ul. Melnikaite 136/1, Tel. 912/9388288, www. regionhotel.ru (R/E).

MaksiM (Ресторан МаксиМ), ul. Respubliki 34, Tel. 455363, www.maxim-rest.ru (R). Gilt als das beste Restaurant der Stadt.

Die Westsibirische Tiefebene

Abendlicher Blick von der Fußgängerzone zum Kaufhaus CUM

Der Besitzer betreibt auch weitere Restaurants und Cafés in der Stadt.

Maksimyč (Ресторан Максимыч), ul. 50let Oktjabrja, Tel. 413130. Bekannt für seine russische Küche.

Pub O'Brians, ul. Krasina 7a, Tel. 685050. Lohnenswert für ein rustikales Bier.

Slavjanka (Ресторан Славянка), ul. Respubliki 62, Tel. 465683 und **Shinok**, ul. Kirova 12, Tel. 468088. Empfehlenswert und preislich günstiger!

Schulz, ul. Respubliki 81, Tel. 241483, www.shulzh.ru (R). Hier sind alle gut aufgehoben, die in Tjumen' deutsche Gemütlichkeit mit Trachtenbedienung suchen.

McDonalds, ul. Lenina 34, Tel. 646131. Die Fastfood-Kette hat begonnen, Sibirien zu erobern.

Teatralnoe, u. Respubliki 36/1, Tel. 246833. Schlicht, aber gut geeignet für den kleinen Hunger zwischendurch.

U Ranevskoj (Кафе У Раневской), ul. Lenina 46, Tel. 452565. Eines der netten Café-Restaurants der Stadt, die neben Süßem auch Handfestes auf der Speisekarte

haben. Es ist der berühmten Komödiantin Fajna Ranevskaja (1896-1984) gewidmet – ohne Zweifel ein Café mit Charakter, wie die Eigenwerbung verspricht.

Bossa Nova (Кафе Босса Нова), ul. Gerzena 82, Tel. 467143 und **MaxiM's**, ul. Respubliki 40/1, Tel. 646362.

Das klassische Kaufhaus der Stadt ist das **CUM** (ЦУМ) in der ul. Ordžonikidze 63, direkt am Rand der Fußgängerzone und neben dem städtischen Zentralmarkt.

Die modernste Shopping-Mall in relativ zentraler Lage ist das **Gudwin** (ТЦ Гудвин), ul. Maksima Gor'kogo 70, Tel. 790501, www.gudvin72.ru (R).

Die 2013 am südlichen Stadtrand eröffnete **Mall Kristall** (ТРЦ Кристалл) ist nochmal doppelt so groß, ul. Mendelejeva 1 a, Tel. 500934, www.trc-kristall.ru.

www.megatyumen.ru (R).
www.tumentoday.ru (R).
www.tyumen-city.ru (R).
www.72.ru (R).

Tobol'sk

Tobol'sk – mit 15000 Einwohnern vor 300 Jahren eine Großstadt – hat heute etwa 98000 Einwohner. Die Erinnerung an die reiche Geschichte von Tobol'sk erfüllt die Stadt in den letzten Jahren wieder mit neuem Leben. Nachdem viele Historiker die Situation bis über das Jahr 2000 hin zu Recht als ›nationale Kulturkatastrophe‹ bezeichnet hatten, hat sich in den letzten Jahren vieles verbessert. Es gibt erste Bestrebungen der UNESCO, den Kreml in das Weltkulturerbe aufzunehmen. Sicher werden diese Bemühungen in den nächsten Jahren von Erfolg gekrönt, so dass die Chancen für eine Wiedergeburt der alten Hauptstadt Sibiriens und auch für ein sich bereits abzeichnenendes, wachsendes touristisches Interesse an Tobol'sk steigen.

In den letzten Jahren bekam Tobolsk als geschichtsträchtiger und für Sibirien identitätsstiftender Ort wieder mehr Aufmerksamkeit, sowohl von Seiten des Staates als auch der Kirche und damit auch mehr finanzielle Mittel. Viele der Sehenswürdigkeiten wurden und werden rekonstruiert. Es wird viel gebaut. Die Museumslandschaft hat sich erweitert und der Tourismus ist im Aufwind. Die Kirche Russlands hat Tobolsk neben Moskau und St. Petersburg zu einem der drei zentralen Ausbildungsorte für den Kirchennachwuchs erklärt. Der alte Glanz kommt langsam zurück.

Geschichte

Die Stadt Tobol'sk wurde im Jahre 1587 durch Kosaken unter der Führung Danil Čulkovs am Hang des Flusses Irtyš gegründet. Unweit hatte 1582 die für das russische Vordringen nach Sibirien so entscheidende Schlacht stattgefunden, in der die Kosaken unter Ermak die Tataren unter ihrem Khan Kučum vernichtend schlugen.

Der Irtyš schreibt hier, wo ihm von links der Tobol zufließt, einen großen Rechtsbogen, der eine durch einen Steilhang

Die Westsibirische Tiefebene

Tobol'sk als Motiv des Malers Kondratij Belov

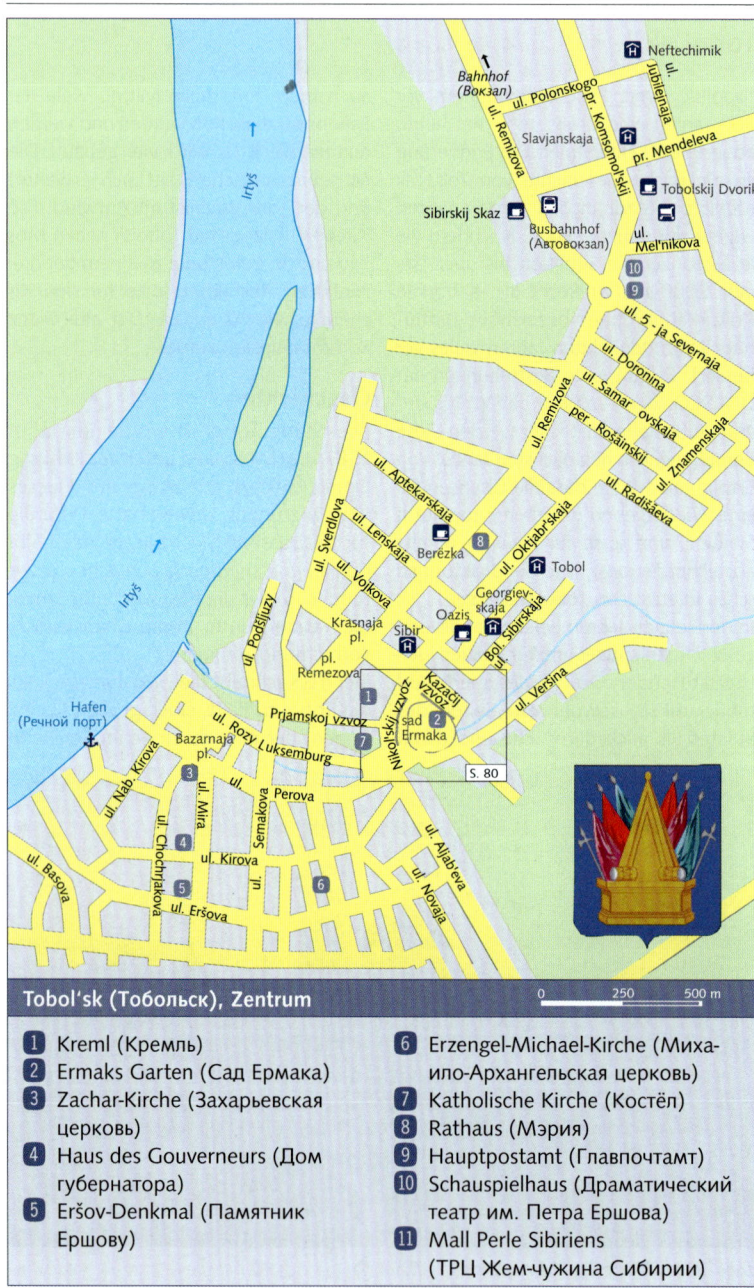

Tobol'sk (Тобольск), Zentrum

0   250   500 m

1. Kreml (Кремль)
2. Ermaks Garten (Сад Ермака)
3. Zachar-Kirche (Захарьевская церковь)
4. Haus des Gouverneurs (Дом губернатора)
5. Eršov-Denkmal (Памятник Ершову)
6. Erzengel-Michael-Kirche (Михаило-Архангельская церковь)
7. Katholische Kirche (Костёл)
8. Rathaus (Мэрия)
9. Hauptpostamt (Главпочтамт)
10. Schauspielhaus (Драматический театр им. Петра Ершова)
11. Mall Perle Sibiriens (ТРЦ Жем-чужина Сибирии)

abgetrennte Halbinsel bildet. Auf der Höhe wurden durch einen Ukas Peters des Großen die Befestigungen errichtet, die später den Grundstock des Tobol'sker Kreml bildeten. Bereits 1590 erhielt Tobol'sk das Stadtrecht und wurde vor allem ab 1606 ausgebaut. Tobol'sk war das östlichste Zollamt für den Asienhandel und die Registrierung des aus Sibirien kommenden Pelzfrons (Jasak). Ab 1703 wird hier die erste Stadtchronik Sibiriens geführt. Im selben Jahr eröffnete die erste Schule, die 1748 zum Priesterseminar umgewandelt wurde. Es entstand die erste Druckerei, die erste Zeitschrift Sibiriens erschien. Mit der Einführung der Gouvernements wertete Peter I. die neue Provinz, deren Grenzen vom Ural bis in die Unendlichkeit reichten, weiter auf und befahl, die Hauptstadt entsprechend repräsentativ auszubauen. Im Unterschied zu allen anderen russischen Städten, wo sich die Städte um den Kreml als Festung herum entwickelten, entstand der Kreml in Tobolsk als Verwaltungszentrum einer bestehenden Stadt und war der Beginn von deren Erweiterung von der Unterstadt in die Oberstadt. Der Zar ernannte 1708 Matvej Gagarin (1659–1721) zum ersten Gouverneur Sibiriens. Gagarin begann mit dem Bau des Kremls und reformierte Pelzfron und Osthandel vor allem in die eigene Tasche. Nach nur zehn Jahren wurde er abgesetzt und in Petersburg wegen Amtsmissbrauch und Separatismus hingerichtet. Die Stadt aber florierte als Zentrum der Verwaltung, des Handels, der Kirche und der Wissenschaft. Das Geistesleben wurde stark durch die nach Sibirien verbannten Intellektuellen bestimmt, deren Auflistung in Tobol'sk viele bekannte Namen, von dem Altgläubigen Avvakum über Aleksandr Radiščev und später die Dekabristen wie Murav'ëv, Michail Fonvizin u.a., aufweist. Hier erlebte auch die aus Petersburg vertriebene Zarenfamilie die Oktoberrevolution.

Zu sowjetischer Zeit verblasste der historische Glanz von Tobol'sk im Schatten der Ölindustrie und der Nachbarschaft zu den Öl-Metropolen von Surgut bis Nižnevartovsk. Tobol'sk verkam zur Provinzstadt – zu Unrecht, denn es besitzt Sehenswürdigkeiten wie keine zweite westsibirische Stadt. Das Dilemma war, dass die Stadt seit über 250 Jahren abseits der großen Verkehrswege lag.

Die Öl- und Gasindustrie boomt weiter. Mit Polimer-Tobol'sk entstand ein neuer Industriegigant, weitere Ansiedlungen sind geplant. Arbeitsplätze entstehen in nennenswerten Größenordnungen, weshalb die Stadt derzeit auch den Wohnungsbau forciert. Daneben konnte sich Tobol'sk in den letzten Jahren sowohl als touristischer Standort als auch als wichtigstes Zentrum der orthodoxen Kirche für Sibirien neue Perspektiven kreieren.

Sehenswürdigkeiten

Die Stadt wird durch den Steilhang in die Ober- und die Unterstadt geteilt.

■ **Kreml**

Das Zentrum der Oberstadt bildet der **Kreml**. Er besteht aus dem kirchlichen **Sophienhof** und dem weltlichen **Auferstehungshof**. Die bereits von 1681 bis 1686 errichtete und mit fünf Kuppeln versehene **Sophie-Himmelfahrtskirche** ist die älteste steinerne Kirche Sibiriens. Der **Handelshof** sowie die Kremlmauern mit den ersten Wachtürmen wurden in den ersten beiden Jahrzehnten des 18. Jahrhunderts erbaut. Im Sophienhof folgten die barocke **Maria-Gewandnie-**

Tobolsker Kreml (Тобольский Кремль)

0   50   100 m

1. Heimatkundemuseum (Кра-еведческий музей)
2. Maria-Gewandniederlegungs-Kathedrale (Покровский собор)
3. Sophie-Himmelfahrtskirche (Софийско Успенский собор)
4. Glockenturm der Sophienkirche (Колокольня)
5. Handelshof (Гостиный двор)
6. Konsistorium (Консистория)
7. Mönchskorpus (Монашеский корпус)
8. Pferdeställe (Конюшни)
9. Statthalterhaus (Дом Наместника)
10. ehemalige Druckerei
11. Gefängnisburg

derlegungs-Kathedrale sowie der klassizistische Erzpriesterpalast (Erzpriesterpalast (Archierejskij Dvorez, heute **Heimatkundemuseum**), die zwischen 1746 bzw. 1775 fertiggestellt wurden.

Im 1780 fertig gestellten **Konsistorium** (Konsistoria) befindet sich heute das 1989 wieder zugelassene Tobolsker Priesterseminar, dessen Schülern man im Kreml zu jeder Zeit begegnet. Auf dem Kremlgelände hat in der ehemaligen Druckerei heute auch das **Bistum** (Eparchie) Sibirien seinen Sitz, Krasnaja Pl. 4, Tel. 222439, www.tobolsk-eparhia.ru (R). Als weltlicher Gegenpol zur Gottesmacht wurde 1782 im Auferstehungshof das

Statthalterhaus (Dom Namestnika) fertiggestellt.

Zu dieser Zeit traf in Tobol'sk auch das skurrilste Opfer der zaristischen Verbannung ein – die **Glocke aus Uglič**, die unter Ivan dem Schrecklichen den Tod des Zarewitsch verkündet hatte und dafür nach Sibirien gebracht wurde.

Tobol´sk war ein bedeutender Etappenort auf dem Deportationsweg nach Sibirien und so bekam der Kreml 1855 auch seine **Gefängnisburg** (Tjuremnyj Zamok) für 750 Insassen. All diese Gebäude beherbegen heute Museen.

Am Vorplatz steht ein **Denkmal für Semën Remizov** (1662–1716), der in

Sibirien als erster Kartograph und in Tobol'sk als Architekt des weltlichen Teils des Kremls berühmt wurde. Gegenüber dem Kreml auf der Čuvašen-Anhöhe befindet sich ein 1839 zu Ehren des russischen Kosakenhauptmanns Ermak errichteter **Obelisk**. Die ihn umgebende Parkanlage ist ebenfalls nach ihm benannt und heißt **Ermaks Garten** (Sad Ermaka). Von hier hat man einen phantastischen Blick auf die Unterstadt und den sie umschließenden Irtyš-Bogen.

■ Unterstadt

In die Unterstadt gelangt man durch die Straße zwischen dem Kreml und Ermaks Garten oder eine Treppe an der Sophie-Himmelfahrts-Kirche. Die Treppe führt unter dem R**enterija** genannten Gebäude der Kremlmauer hindurch. Der Mauerbau wird auch ›Schwedische Kammer‹ genannt, da ihn schwedische Kriegsgefangene 1715 erbaut hatten. Hier befand sich das Lager, wo der Jasak genannte Pelzfron Sibiriens bis zum Abtransport nach Moskau gelagert. Am unteren Ende der Treppe den Rundgang beginnend, gelangt man über die ul. Rozy Luksemburg und die ul. Perova zum **alten Markt- bzw. Basarplatz**. Die Renovierung der ursprünglich 1759 errichteten **Zachar-Kirche** (Zachar'evskaja cerkov') wurde mit der Vergoldung der Kuppeln begonnen, die auf Gerüsten, die genauso baufällig wie die Reste der Kirche scheinen, bereits in neuem Glanz erstrahlen. Von hier aus setzen die Häuser an der ul. Mira das trostlose Bild fort. Ein Lichtblick an der nächsten Ecke ist das bereits sanierte ehemalige **Haus des Gouverneurs**, in dem die Familie des letzten russischen Zaren die zweite Jahreshälfte 1917 bis zum Mai 1918 verbrachte. Hier erlebte Nikolaj II. nach seiner Absetzung und Verbannung die

Oktoberrevolution. Im Mai 1918 wurde die Zarenfamilie zunächst per Schiff nach Tjumen' und von dort nach Ekaterinburg gebracht, wo sie später bekanntlich ermordet wurde. Die seinerzeit verscharrten sterblichen Überreste fanden nach langen Wirren im Juli 1998 in der Petersburger Pauls-Festung ihre letzte Ruhestätte. Gegenüber steht eine 1887 zu Ehren des Zaren Alexander II. errichtete Kapelle. Am Ausgang des sich anschließenden kleinen Parks erinnert ein kleines **Eršov-Denkmal** an den berühmten Tobol'sker Märchendichter Petr Eršov (1815–1869). Seiner Feder entsprang eines der wohl bekanntesten russischen Märchen, das auch in Deutschland geläufig ist: ›Das bucklige Pferdchen‹. In der Oberstadt gibt es einen kleinen Skulpturenpark mit Gestalten aus seinen Märchen, ul. Remizova 3. Weiter sieht man an der Straße viele **Holzhäuser** unterschiedlichen Alters.

Man kann an der ul. Dekabristov nach links abbiegen und gelangt an einer weiteren Kirchenruine zur ul. Lenina. Auf dem leeren Platz an dieser Kreuzung stand eines der berühmtesten Baudenkmäler der sibirischen Holzhausarchitektur, das 1899 errichtete, reich mit Schnitzereien verzierte Städtische Theater, das vor einigen Jahren bis auf die Grundmauern niederbrannte.

Auf der ul. Lenina wieder in Richtung Kreml gehend, kommt man zur zwischen 1745 und 1754 errichteten und den Gläubigen offenstehenden **Erzengel-Michael-Kirche** (Michailo-Archan/gel'skaja cerkov', ul. Lenina 24). Rechter Hand erreicht man die katholische Kirche (Pol'skij kostël, ul. Rozy Luksemburg 12). Die nach dem polnischen Aufstand 1863 verbannten polnischen Katholiken hatten zunächst eine Holzkirche gebaut. Der Backsteinbau wurde 1909 geweiht

Gefängnisausstellung im Kreml

In den neuen Stadtteilen ist die Orientierung etwas schwieriger, da die Gebäude nicht straßenweise, sondern quartalweise nummeriert sind, und jedes Viereck als entsprechender Mikrorajon mit den Zahlen vier bis zehn bezeichnet ist. An der Kreuzung des Kom-somol'skij pr. und des pr. Mendeleeva befindet sich schräg gegenüber dem Hotel Slavjanskaja noch das **Mendeleev-Denkmal**, das an einen berühmten Sohn der Stadt erinnert: an Dmitrij Mendeleev (1834 – 1907), den Erfinder des Periodensystems der Elemente und des 100-Gramm-Maßbechers für den russischen Vodka.

Museen

Das bedeutendste Museum der Stadt ist sicherlich der Kreml selbst, der heute als **Tobol'sker Historisch-Architektonischer Museumspark** (Тобольский историко-архитектурный музей-заповедник) in seinen Gebäuden ein vielfältiges Spektrum unterschiedlicher Expositionen zur Schau stellt. Im Handelshof wurde neben Besucherzentrum, Shop und Hotel ein **Museum zur Wirtschaftsgeschichte** (Handel, Zoll, Teestraße u.a.) eingerichtet, Tel. 223395. Der Erzpriesterpalast widmet sich der **Ausbreitung der russisch-orthodoxen Kirche** in Sibirien, Tel. 264163. Im Statthalterhaus befindet sich eine **Ausstellung zur Entwicklung der Region** von der russischen Eroberung bis 1917. Auch die **Exposition zum Aufenthalt der Zarenfamilie** hat hier ein temporäres Domizil gefunden, Tel. 222963. In der **Renterreja**, der früheren Schatzkammer des Kreml kann man ausgewählte Exponate aus den Rubriken Archäologie, Natur, Technik, Alltag u.a. in Augenschein nehmen, Tel. 220965. In der Gefängnisburg findet man **Ausstellungen zum Strafvoll-**

und war von 1923 bis 1993 geschlossen. Die Neueröffnung erfolgte im Jahr 2000, die Orgel ist eine Spende aus dem bayrischen Oberhaching. Weiter gelangt man zurück in die Oberstadt.

■ Oberstadt

Vom Vorplatz des Kremls entwickelte sich die Oberstadt in nordöstlicher Richtung. Heute wird diese Linie durch die ul. Remizova und die ul. Oktjabr'skaja (beide Einbahnstraßen) beschrieben. Auf der Höhe der ul. Aptekarskaja befindet sich das **Rathaus**, und daneben entsteht ein imposanter Neubau der örtlichen Zentralbank. Auf der anderen Seite erinnert eine 1987 eröffnete Parkanlage an die Opfer des Zweiten Weltkrieges.

Weiter gelangt man über den Komsomol'skij prospekt in die neuen Stadtviertel. Hier entstand eine neue baptistische Kirche. Neben der Hauptpost befindet sich das nach Petr Eršov benannte **Tobol'sker Schauspielhaus**, Mikrorajon 4, pr. Komsomol'skij 66, Tel. 275630, http://tobteatr.kto72.ru (R).

Karte S. 78, 80

Die Westsibirische Tiefebene

Der Kreml beherrscht die Oberstadt von Tobol'sk

zug zur zaristischen und sowjetischen Zeit. Das ehemalige **Gerichtsgebäude** dient heute als Ausstellungshalle, überall Mo Ruhetag, Tel. 264462, www.tiamz.ru (R/E).
Das alte Gouverneurs-Museum auf dem Vorplatz des Kremls wurde als kleines **Heimatkundemuseum** 2002 wieder seiner ursprünglichen Bestimmung zugeführt. Es zeigt Ethnographie und Na-

turkunde, u.a. mit einem Mammut-Skelett pl. Remizova 1, Tel. 220907.
Im ehemaligen Gouverneurssitz in der Unterstadt, ul. Mira 10, wo die Zarenfamilie während ihrer Zeit in Tobol'sk untergebracht war, befand sich seit 2004 ein Museum, das aber wegen Rekonstruktion geschlossen, weshalb die Ausstellung derzeit im Kreml im Palast des Statthalters zu sehen ist.

 Tobol'sk

Lage: 58°11'58.54"N/68°15'4.82"E; Tobol'sk ist 2330 km von Moskau und 245 km von Tjumen' entfernt.
Zeitunterschied zu MEZ im Sommer 4, im Winter 5 Std.
Postleitzahl: 626100.
Vorwahl: +7/3456; Auskunft: 09.
Hauptpostamt: Komsomol'skij prospekt, .
Bank: Sberbank, ul. Remizova 124, Tel. .
Reisebüro: Tobol'skij Arbat, Mikrorajon 9, Nr. 24, of. 1, Tel. 255910, www.tobarbat.ru (R).
Taxi: Tel. 257979.
Durchschnittstemperatur: Januar –19 Grad, Juli 17 Grad.

Tobol'sk liegt an der Bahnlinie Tjumen'–Surgut.
Der 1967 eröffnete Bahnhof befindet sich 16 Kilometer nördlich der Stadt. Die Buslinie 20 fährt sowohl in die Ober- als auch die Unterstadt. Die Fahrtzeiten der Züge in Richtung Tjumen' und Surgut betragen 3 bzw. 8 Std., Mikrorayon Mendelejevo 35, Tel. 362538.

Der Busbahnhof liegt in der Oberstadt, im Mikrorajon 6,Nr. 44. Es gibt tägliche Busverbindungen nach Tjumen' (5 Std.), Tel. 258453.

Auf dem Irtyš gibt es wieder regelmäßig Passagierschiffe. Das zwischen Omsk und Salechard verkehrende Flusskreuzfahrtschiff namens Rimskij-Korsakov läuft auf seinen Fahrten auch Tobol'sk an.

Slavjanskaja (Славянская), EZ/DZ 2600–4800 Rbl., Mikrorajon 9, Nr.1, Tel. 399104, www.slavjanskaja.ru (R/E). Im Jahr 1996 wurde im neuen Teil von Tobol'sk das im Stil einer alten sibirischen Festung konzipierte und eindrucksvolle Hotel Slavjanskaja als erstes westliches Hotel in Sibirien eröffnet. Es ist mit seinen 204 Zimmern bis heute die beste Adresse der Stadt.

Alternativen sind das näher am Kreml gelegene **Georgievskaja** (Георгиевская), EZ/DZ 3300–5900 Rbl., ul. Lenskaja 35, Tel. 220909, www.hotel-georgievskaya.ru (R/E) sowie das günstige, aber etwas plüschige Hotel **Gostinnyj Dvor** (Handelshof, Гостинный двор), EZ/DZ 1800–3000 Rbl., Mikrorajon 7, Nr. 33, Tel. 262326, www.hoteltob.ru (R).

Weitere Optionen sind das **Neftechimik** (Petrolchemiker, Нефтехимик), EZ/DZ 1800–2800 Rbl., Mikrorajon 7a, Tel. 56201, und das **Sibir'** (Сибирь), EZ/DZ 2600–4000 Rbl., ul. Oktjabr'skaja 1, Tel. 220901.

Das originellste Unterkunft bietet der **Kreml** selbst: Im **Handelshof** gibt es in einem kleinen Hotel sehr ordentliche Übernachtungsmöglichkeiten für 22 Personen, EZ/DZ 2000–4600 Rbl. In der ehemaligen **Gefängnisburg** wurde ein Hostel eröffnet, das bezeichnenderweise **Uznik** (Gefangener, Узник) heißt, Schlafplatz 600 Rbl., Krasnaja pl. 5/3, Tel. 264157.

Anastasija und **Romanovy**, im Erdgeschoss bzw. auf der sechsten Etage des Hotels Slavjanskaja, sind die besten Restaurants der Stadt. Tel. 399125 bzw. 399139.

Ein rustikal-phänomenales Restaurant ist das **Ladejnyj** mit seiner riesigen Holzfestung (Ладейный), ul. Revoljucionnaja 2, Tel. 222111.

Es gibt noch weitere gute Alternativen in der Oberstadt: **Raj** (Paradies, Рай), ul. Remizova 68, Tel. 257272. **Sibirskij Skaz** (Sibirisches Märchen, Сибирский сказ), ul. Remizova 123, Tel. 244141. **Tobol'sker Hof** (Тобольский Дворик), Mikrorajon 8, Nr. 39/1, Tel. 264626. **München** (Мюнхен), Mikrorajon 10, Nr. 75, Tel. 240101. In der Unterstadt lohnt das tatarische **Kafe Bachetle** (Бахетле) einen Besuch, ul. Rozy Ljuksemburga 10.

Kaffee und Kuchen gibt es in der **Dvorzovaja Kofejnja** (Schlosscafé, Дворцовая кофейня), Krasnaja pl. ½, Tel. 226451. In der Stadt ist **I'm coffee** in den beiden Einkaufszentren Perle Sibiriens und Evrazia, Tel. 922/4744567 zu empfehlen.

Der neue Shopping-Mittelpunkt von Tobolsk ist die im Herbst 2013 eröffnete Mall **Žemčužina Sibirii** (Perle Sibiriens, Жем-чужина Сибирии), Mikrorajon 7, Nr. 30, Ecke Mendelejeva/Komsomolskij, Tel. 277999, www.trc-tobolsk.com (R).

Gegenüber befindet sich das ältere Einkaufszentrum **Evrazia** einschl. dem Hotel Kontinent, Mikrorajon 6, Nr. 38.

Der **Zentralmarkt** liegt am Rande des Mikrorajons 8 in der ul. Mel'nikova.

www.admtobolsk.ru (R).
www.tobolsk.ru (R).

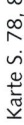

◀ Karte S. 78, 80

Die Westsibirische Tiefebene

Das Heimatkundemuseum auf dem Kreml-Vorplatz in Tobol'ks

Ausflüge in die Umgebung

■ Pokrovskoe

Das Dorf mit 1500 Einwohnern liegt an der Straße zwischen Tjumen' und Tobol'sk. Die Siedlung wurde 1642 auf Klosterland gegründet. Berühmtheit erlangte sie Anfang des 20. Jahrhunderts dank Grigorij Rasputin. Er wurde hier geboren. Als er bereits in Petersburg skandalumwittert am Zarenhof ein- und ausging, besuchte er jeden Sommer sein Heimatdorf, um hier Kraft zu schöpfen. Sein Geburtshaus wurde 1980 abgetragen, 1991 eröffnete im Haus eröffnete im Haus, in dem seine Eltern ebenfalls gelebt hatten, ein etwas skurriles privates Rasputin-Museum. Mittlerweile zog das Museum in das nach alten Zeichnungen wieder aufgebaute Geburtshaus. Führungen Sa, So zw. nach Voranmeldung, ul. Sovetskaja 79, Tel. 9044/940314, www.muzey-rasputina.ru (R)..

■ Abalak

Abalak ist etwa 30 Kilometer von Tobol'sk entfernt. Hier war der Schauplatz der ersten großen Schlacht bei der russischen Eroberung Sibiriens. Ermaks Kosaken besiegten das zahlenmäßig klar überlegene Tatarenheer unter Abalak. Im 17. Jahrhundert entstand am malerischen Hochufer des Irtyš ein Dorf,

später ein Kloster. Seit 1783 entwickelte sich das **Abalaksker Kloster** dank seiner Ikone zum wichtigsten russisch-orthodoxen Pilgerort in Westsibirien. Gleichzeitig war es das Zentrum der Missionarstätigkeit unter den Ureinwohnern der Region. Die Sowjetmacht schloss das Kloster 1924, zwei Jahre später wurde es zum Etappenlager des Geheimdienstes. Erst 1993 wurde es der Kirche zurückgegeben. Mit der **Znamenskaja-Kirche** und der **Maria von Ägypten** gewidmeten Kirche sind zwei schöne Barockkirchen des Klosterensembles erhalten geblieben. Man hat einen phantastischen Blick bis hin nach Tobol'sk. Kirche und Kloster können besichtigt werden, ul. Sovetskaja 32, Tel. 331239. Es gibt eine Herberge, ul. Sovetskaja 34, Tel. 331210.

In unmittelbarer Nachbarschaft ist eine einem Ostrog (Festung) nachempfundene **Hotelanlage** entstanden. Die Hotelzimmer heißen Kosaken-, Schützen- und Wojewodenkammern, das Restaurant nennt sich Belaja Sava (Weiße Eule, Белая сава), ›Kammern‹ für 2–6 Personen kosten 3500–10000 Rbl., höhere Preise am Wochenende, ul. Sovetskaja 47, Tel. 331279, www.abalak.su (R). Von Tobol'sk erreicht man Abalak mit Linienbussen in Richtung Baygora oder Inžura.

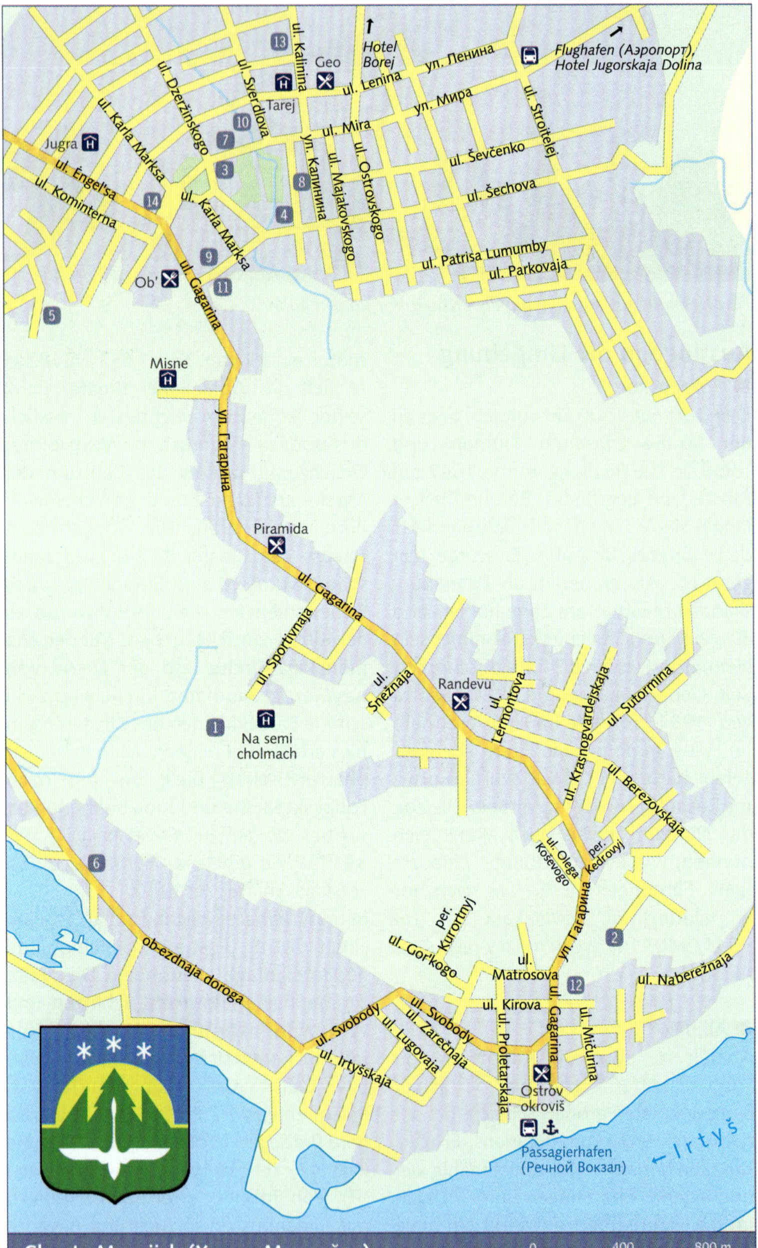

ul. Kalinina

13

Geo

Hotel Borej

ул. Ленина

ул. Lenina

Flughafen (Аэропорт), Hotel Jugorskaja Dolina

ul. Dzeržinskogo

ul. Sverdlova

Tarej

10

7

ul. Karla Marksa

ul. Mira

ул. Мира

ul. Strojtelej

Jugra

ul. Engel'sa

ul. Ostrovskogo

ul. Ševčenko

3

ул. Калинина

ul. Majakovskogo

8

ul. Šechova

ul. Kominterna

14

ul. Karla Marksa

4

9

ul. Patrisa Lumumby

Ob'

ul. Gagarina

11

ul. Parkovaja

5

Misne

ул. Гагарина

Piramida

ul. Gagarina

ul. Sportivnaja

ul. Snežnaja

Randevu

ul. Lermontova

ul. Sutormina

1

Na semi cholmach

ul. Krasnogvardejskaja

ul. Berezovskaja

ul. Olega Koševogo

per. Kedrovyj

6

per. Kurortnyj

ul. Gorkogo

ob-ezdnaja doroga

ul. Matrosova

ул. Гагарина

2

ul. Naberežnaja

12

ul. Kirova

ul. Svobody

ul. Zarečnaja

ul. Lugovaja

ul. Mičurina

ul. Irtyšskaja

ul. Proletarskaja

ul. Gagarina

Ostrov okroviš

Passagierhafen (Речной Вокзал)

← Irtyš

0   400   800 m

Chanty-Mansijsk

Der schwer auszusprechende Name der Hauptstadt des gleichnamigen Gebietes ergibt sich aus der Bezeichnung der beiden Ureinwohnerstämme, der Chanten und Mansen. Diese Bezeichnung ist vergleichsweise neu. In der Historie wurden diese beiden hier ansässigen Völker zunächst Ostjaken und Vogulen genannt. Die Chanten und Mansen bilden in der Stadt allerdings nur noch eine Minderheit. Doch eine ihrer traditionellen Lebensweise sehr nahekommende Sportart macht die Stadt heute auch über die Grenzen Russlands hinaus bekannt. Während des achtmonatigen Winters können sich die Jäger mit ihren Gewehren nur auf Skiern fortbewegen. Ihr einst alltäglicher Job heißt heute als Sport Biathlon.

Geschichte

Die russische Besiedlung begann ab 1637. Der Ort hieß zu Ehren eines ostjakischen Fürsten Samarovo und bildet heute den südlichen Stadtteil von Chanty-Mansijsk. Fischfang und Holzeinschlag prägten das Leben, mit der Entwicklung der Schifffahrt auf Ob' und Irtyš im 19. Jahrhundert etablierte sich der Hafen. Als im Rahmen der Verwaltungsreform 1930 in entlegenen Regionen mit einem hohen Anteil nichtrussischer Ureinwohner Autonome Gebiete gegründet wurden, entschied man sich, da die hügelige Uferlage Samarovos einen Ausbau nicht zuließ, das künftige Zentrum einige Kilometer von Samarovo entfernt in der Taiga zu errichten. Als Ortsname wurde zunächst Taežnik favorisiert, man entschied sich dann aber doch 1931 für Ostjako-Vogulsk. Die Umbenennung in Chanty-Mansijsk erfolgte 1940. Zehn Jahre darauf folgte die Verleihung des Stadtrechtes. Heute leben hier etwa 95 000 Einwohner, wobei die die Einwohnerzahl in den letzten 25 Jahren fast verdreifacht hat. Als Verwaltungssitz der erdölreichsten Region Russlands mit um ein Vielfaches größeren Industriestädten wie Surgut und Nižnevartovsk ist Chanty-Mansijsk eine Art Bonn in Westsibirien und bietet als Beamtenstadt mit exzellenter

Die Westsibirische Tiefebene

1. Biathlon-Anlage (Биатлонный Центр)
2. Samarovsker Hügel (Самаровская Сопка)
3. Heimatkundemuseum (Краевед-ческий Музей)
4. Museum für Geologie, Öl und Gas (Музей Геологии, Нефти и Газа)
5. Freiluftmuseum Torum-Maa (Музей под открытым небом Торум Маа)
6. Archäologie-Park (Археологи-ческий Парк)
7. Gemäldegalerie (Картинная Галерея)
8. Vladimir-Igašev-Museum (Музей Владимира Игащева)
9. Gennadij-Raišev-Ateliermuseum (Галерея-мастерская Геннадия Райщева)
10. Konzerthalle Jugra-Klassik (ТКЦЮгра-Классик)
11. Christus-Wiederauferstehungs-Kathedrale (Храм во имя воскресения Христова)
12. Maria-Schutz-Kirche (Храм Покрова Пресвятой Богородицы)
13. Kirche der Gottesmutter-Ikone (Kreuzkirche) (Церковь иконы Божией Матери)
14. Handelshof (Гостинный Дворь)

Infrastruktur eine vergleichsweise sehr gute Lebensqualität.

Chanty-Mansijsk hat den Ruf der Biathlon-Hauptstadt Russlands und gewinnt auch als Austragungsort für internationale Wettkämpfe an Bedeutung. Dem ersten Weltcuprennen im Jahr 2001 folgten sofort die Junioren-WM und die eigentliche Biathlon-WM. Wohl aufgrund des mündlich wie schriftlich zungenbrecherischen Ortsnamens war zunächst überall nur von der WM oder den Weltcuprennen in Sibirien die Rede. Mittlerweile setzt sich aber Chanty-Mansijsk durch. Die sprudelnden Petrodollars haben das Antlitz des Ortes in den letzten Jahren deutlich verschönert und die internationale Vermarktung läuft auf Hochtouren. So beherbergte die Stadt in der Taiga 2008 den EU-Russland-Gipfel. Im Februar 2011 kehrte nach acht Jahren auch bereits die Biathlon-WM wieder zurück, im Weltcup ist Chanty-Mansijsk aus dem Fahrplan nicht mehr wegzudenken.

Der ›Rote Drachen‹ über den Irtyš

Sehenswürdigkeiten

Die Stadt unterteilt sich, wie schon erwähnt, in zwei Stadtteile, welche durch die ein Waldgebiet durchziehende ul. Gagarina miteinander verbunden sind. Die am Fluss gelegene kleinere Hälfte nimmt ihren Ursprung in der Siedlung Samarovo. Das heutige Zentrum im nördlichen Teil entstand ab 1930 mit der Etablierung des neuen Verwaltungssitzes. Heute macht die Stadt einen modernen Eindruck mit vielen architektonisch interessanten Gebäuden aus den letzten 10 bis 15 Jahren.

Ein Blickfang am zentralen Platz ist der **Handelshof** (Gostinnyj Dvor) mit seiner Dachspitze. Dieses Motiv ist häufig, denn es erinnert an ein Čum, das klassische Spitzzelt der Ureinwohner. Das Haus der Völkerfreundschaft wurde zur

Heimstatt für das der Kultur der Ureinwohner gewidmete **Theater Sonne** (Солнце). Neben Schauspiel gibt es Ethnofolklore-Aufführungen, ul. Mira 14a, www.toun.ru (R). In der ul. Mira liegen neben dem **Stadtpark** sowohl die wichtigsten Verwaltungsgebäude und Geschäfte als auch das **Heimatkundemuseum** und die moderne kombinierte **Konzert- und Theaterhalle** ›TKZ Jugra-Klassik‹ befinden, ul. Mira 22, Tel. 352535, www.ugraclassic.ru (R).

Wenn man am zentralen Platz in Richtung Süden der ul. Gagarina folgt, gelangt man zur neu errichteten und in eine kleine Parkanlage eingebetteten **Christus-Wiederauferstehungs-Kathedrale** (Chram vo imja voskresenija Christova, ul. Gagarina 25). Weiter südlich liegt rechter Hand das **Biathlon-Zentrum**. Am Beginn des Ortsteiles Samarovo erhebt sich oberhalb der Maria-Schutz-Kirche auf dem sogenannten Samarovsker Hügel eine **Pyramide**, die an einen Bohrturm erinnert. Sie beherbergt auf drei Etagen das Restaurant ›Sijanie Severa‹ (Nordlicht), eine kleine Ausstel-

Karte S. 86

lung und eine **Aussichtsplattform**. Sie entstand 2004 und ist den Eroberern Jugras gewidmet. Sie wird abends eindrucksvoll in allen denkbaren Farbvariationen illuminiert und bietet einen phantastische Panoramablick auf die Stadt und den 25 Kilometer von der Stadt entfernten Zusammenfluss der beiden Ströme Ob' und Irtyš.

Die **Maria-Schutz-Kirche** (Chram Pokrova Presvjatoj Bogorodizy) geht in ihrer Geschichte bis ins Jahr 1816 zurück, wurde aber 1930 geschleift und 1996 weitestgehend originalgetreu neu errichtet, ul. Gagarina 277.

Daneben gibt es im Zentrum noch die **Kreuzkirche**, ul. Kalinina 61.

Am Hafen der Umgehungsstraße gen Westen folgend, gelangt man zum neuen **Archeo-Park**. Zunächst entstanden sieben Mammut-Skulpturen, denen jetzt weitere Urtiere folgen, ul. Ob'ezdnaja. Hier sieht man auch den **Roten Drachen**, die neue entsprechend ihres an einen Drachenrücken erinnernden Bogenprofils so titulierte Brücke über den Irtyš.

Museen

Chanty-Mansijsk hat mehrere moderne und gut ausgestattete Museen.

Das 2002 grundlegend sanierte **Heimatkundemuseum** liegt neben dem Stadtpark, ul. Mira 11, Tel. 321201, www. ugramuseum.ru (R).

Auf der südlichen Seite des Stadtparks gelangt man zum **Museum für Geologie, Öl und Gas**, Mo, Di Ruhetage, ul. Čechova 11, Tel. 332776, www.muzgeo.ru (R).

Das **Freiluftmuseum Torum-Maa** (Heiliges Land) zeigt die Geschichte und Kultur der Ureinwohner am Beispiel ihrer unterschiedlichen Pfahlbauten, So, Mo Ruhetage, ul. Sobjanina 1, Tel. 327116.

Die neue **Gemäldegalerie**, die dank eines aus Petro-Dollars gespeisten Fonds der Generationen auf weltweiten Auktionen russische Malerei einkauft, befindet sich in der ul. Mira 20, So, Mo Ruhetage, Tel. 355132, www.mgallery.ru (R/E).

Chanty-Mansijsk hat auch zwei bemerkenswerten Künstlern gewidmete, private Museen zu bieten. Der Maler **Vladimir Igošev** (1921–2007) war der Region sehr verbunden, so dass 2001 für sein der Region gewidmetes Schaffen eine Villa als Museum eingerichtet wurde, Mo, Di Ruhetage, ul. Lopareva 9a, Tel. 320222. Der Maler **Gennadij Raišev** (*1934) konnte mit öffentlicher Unterstützung 2012 in einem beeindruckend nationaltypischen Gebäude sein modernes Museumsatelier eröffnen, ul. Čechova 1, Tel. 928404, www.galmr.ru (R).

ℹ Chanty-Mansijsk

Lage: 61°0'6.71"N/69°1'25.22"E; Chanty-Mansijsk ist genau 2759 km von Moskau und 930 km von Tjumen' entfernt. Zeitunterschied zu MEZ im Sommer 4, im Winter 5 Std.

Postleitzahl: 626200.

Vorwahl: +7/3467.

Hauptpostamt: Ecke ul. Sverdlova 6.

Bank: Chanty-Mansijskij Bank, ul. Mira 38, Tel. 390800.

Geldautomaten: u.a. ul. Mira 15, 38, 68,.

Reisebüro: Jugra-Travel, ul. Engelsa 26, Of. 52, Tel. 356000, www.ugratravel.ru (R)

Taxi: Tel. 321111.

Durchschnittstemperaturen: Januar –20 Grad, Juli 17 Grad.

✈

Der Flughafen befindet sich nordöstlich der Stadt. Es gibt u.a. zwei tägliche Verbindungen nach Moskau (1x Domodedovo, 1x Vnukovo) und Tjumen'. Mehrmals wöchentlich wird nach Surgut, Nižnevartovsk,

Die Westsibirische Tiefebene

Ekaterinburg, Ufa und Novosibirsk geflogen. Stadtbüro: ul. Komsomol'skaja 28, Tel. 394544, www.ugraavia.ru (R).

Der nächstgelegene Bahnhof ist Pyt'-Jach an der Strecke Tjumen'–Surgut in 230 Kilometer Entfernung. Es gibt tgl. 6 Busverbindungen. Tel. 34614/43227.

Der neue Busbahnhof befindet sich unmittelbar am Passagierhafen in einem nicht zu übersehenden Gebäude am südlichen Ende der ul. Gagarina, das sich beide Transportinstitutionen teilen, Tel. 339466. Aber auch der frühere Busbahnhof nördlich des Zentrums wird noch angefahren.

In den letzten Jahren sind viele neue Hotelkapazitäten entstanden.
Das beste Hotel im Stadtzentrum ist das **Tarej** (Тарей), EZ/DZ 4800–6400 Rbl., ul. Lenina 64, Tel. 320019, www.тарей.рф (R). Es gibt zwei Cronwell Hotels: **Cronwell Inn Jugra** im Zentrum, EZ/DZ 3500–4900 Rbl., ul. Komsomol'skaja 32, Tel. 395554 und **Cronwell Jugorskaja Dolina** (Югорская Долина) im Grünen, EZ/DZ 5100–6900 Rbl., Tobol'skij Trakt 4, Tel. 351000, www.cronwell.ru (R/E). Dieses etwas außerhalb in der Nähe des Flughafens gelegene Hotel mit weitläufiger Parkanlage ist sehr empfehlenswert. Die dazu gehörige Saunalandschaft samt warmen Freiluftbecken lohnt vor allem im Winter den Besuch.
Na semi cholmach (Auf sieben Hügeln, На семи Холмах), ul. Sportivnaja 15, Tel. 355692, www.on7hills.ru (R), EZ/DZ 3800–5800 Rbl. Es ist direkt im Wald am Biathlon-Parcour gelegen.
Weiter nördlich findet man das aus einer Holzhausreihe bestehende **Hotel Misne**

(Миснэ), was in der Sprache der Ureinwohner ›Waldfee‹ bedeutet; EZ/DZ 4300–5900 Rbl., ul. Gagarina 58b, Tel. 329368, www.misne.ru (R/E).
Ein günstiges Hotel ist das **Gamma**, EZ/DZ 1700–4000 Rbl., ul. Sirina 41/1, Tel. 350435.

Taežnyj Tupik (Таежный Тупик), in der Hotelanlage Jugorskaja Dolina, Tel. 351487, und **Misne** im gleichnamigen Hotelressort, Tel. 329366, sind die besten Restaurants der Stadt.
Außerdem empfehlenswert: **Gostinnyj Dvor** (Гостинный Двор), im Handelshof, ul. Engelsa 1, Tel. 332015, und **Geo** (Гео), ul. Lenina 52, Tel. 322404 sowie **Kristall**, ul. Krasnoarmejskaja 14, Tel. 330013.
An der Hauptstraße zwischen den beiden Ortsteilen liegen folgende Restaurants und Cafés: **Ob'** (Обь), ul. Gagarina 10, Tel. 333324, **Piramida** (Пирамида), ul. Gagarina 51, Tel. 322900, und das **Café Randevu** (Рандеву), ul. Gagarina 99, Tel. 321200.
Ostrov sokroviš (Schatzinsel, Остров сокровииш), am Hafen, ul. Pristan'skaja 4, Tel. 339829.

Čaj-Blin (Чай-Блин), ul. Mira 15, Tel. 335889, bietet Tee und Bliny.
Gleich nebenan serviert das **Café Slivki obšestva** (Haute volee, wörtlich Sahne der Gesellschaft, Сливки обшества) Kaffee (mit Sahne!) und Kuchen.
Dasselbe bietet **Sladkoežka** (Süßmäulchen, Сладкоежка), ul. Komsomolskaja 14, Tel. 395581.

www.admhmansy.ru (R/E).
www.hmcity.ru (R)

Salechard

Die Hauptstadt des Jamalo-Nenecker Gebietes, liegt als einzige Stadt der Welt direkt auf dem nördlichen Polarkreis (66°34'), am rechten, westlichen Steilufer des Stromes, wo der Nebenfluss Poluj in den Ob' fließt. Das Stadtbild ist durch viele alte, teilweise verzierte Holzhäuser sowie funktionale Neubauten gekennzeichnet. Früher waren Straßen und Wege oftmals eine Schlammwüste. Heute jedoch sind fast alle Straßen im Zentrum asphaltiert. Ausländer benötigen für den Besuch Salechards eine **Sondergenehmigung** für das Grenzgebiet. Einzelreisende müssen den Antrag mindestens drei Monate vorher bei Yamaltour stellen. Das Formular (obligatorisch nur in Russisch) kann unter www.welcome2yamal.ru heruntergeladen werden. Salechard muss auch auf dem Visumsantrag als Reiseziel mit angegeben werden.

Die Westsibirische Tiefebene

Salechard (Салехард), Zentrum

0   400   800 m

① Passagierhafen (Пассажирский порт)
② Fort Obdorsk (Обдорский Острог)
③ Heimatkundemuseum (Краеведческий Музей)
④ Eispalast (Ледовый дворец)
⑤ Peter-Pauls-Kirche (Собор святых Петра и Павла)
⑥ Moschee (Мечеть)
⑦ Nordlicht-Denkmal (Обелиск Северное Сияние)
⑧ Denkmal für die Eisenbahn des Todes (Памятник 501 стройке)
⑨ Mammut-Denkmal (Памятник Мамонту)

Die Stele ›66. Breitengrad‹

Geschichte

Die ersten Kosaken siedelten sich hier 1595 an und nannten den Ort Obdorsk. Unter Stalin erlangte der Ort als eines der Zentren der Straflager eine traurige Berühmtheit. Die gigantischen Infrastrukturprojekte, die dank der billigen Häftlingsarbeit realisiert werden sollten, wurden aber nie fertiggestellt. Unter der Bezeichnung ›Projekt 501‹ sollte eine Eisenbahn auf dem Dauerfrostboden über 1300 Kilometer Salechard am Ob' und Igarka am Enisej miteinander verbinden. Der erste Teilabschnitt bis Nadym stand bereits kurz vor der Fertigstellung. Aber nur wenige Tage nach Stalins Tod wurde der Bau Ende März 1953 gestoppt.

Mit der Erschließung der Gasvorkommen auf der Halbinsel Jamal ab 1970 wurden die Pläne erneut hervorgeholt und Überreste der Bahn inspiziert. Durch die Fortschritte in der Pipeline-Technologie wurde im Norden Sibiriens keine neue Etappe des Bahnbaus, sondern das Zeitalter des Pipelinebaus unter den Bedingungen des Dauerfrostbodens eingeläutet. Obwohl die heute über 48 000 Einwohner zählende Stadt Anfang der 1970er Jahre als ›nicht perspektivisch‹ durch einen Kraftwerksbau am unteren Ob' überflutet werden sollte, ist sie heute als Zentrum einer der rohstoffreichsten Regionen der Welt wieder ›sehr perspektivisch‹ und hat in den letzten zehn Jahren etwa 20 Prozent an Einwohnern gewinnen können.

Sehenswürdigkeiten

An Salechards einzigartige Lage auf dem Polarkreis erinnert eine gigantische, **66. Breitengrad** genannte **Stele** auf der ul. Brodneva, wenn man vom Flughafen bzw. der Fähre ins Stadtzentrum fährt. Das Stadtzentrum liegt am Ufer Ob'-Nebenflusses Poluj und dessen Nebenflüsschen Šajtanka, welches von einer sehr eindrucksvollen und ›Fackel‹ genannten **Hängebrücke** überquert wird. Über die Brücke gelangt man auf der ul. Čubynina vorbei an **Moschee** und **Zentralmarkt** zum **Hauptplatz**, wo sie die ul. Sverdlova und die ul. Respubliki kreuzt.

Wie überall in Westsibirien muss man auch in Salechard im Sommer mit einer ausgeprägten Mückenplage rechnen. Der russische Oberbegriff für die verschiedenen, recht eindrucksvollen ›außereuropäischen‹ Mückenarten heißt ›Gnus‹, wofür es im Deutschen nur die Übersetzung ›Insektenplage‹ gibt. Besagtem ›‹Gnus‹ wurde auf dem Zentralplatz zusätzlich noch ein Denkmal errichtet.

Das Stadtzentrum erstreckt sich von zwischen den beiden genannten Strassen in Richtung Westen bis zur Südspitze, wo sowohl die neu errichtete **Peter-und-Pauls-Kirche** als auch das in den 1990er Jahren rekonstruierte alte **Fort**

Karte S. 91

befinden. Die Obdorsker Holzfestung, manchmal auch Kreml genannt, beherbergt heute eine der Festungsgeschichte gewidmete Austellung, die im September 2006 eröffnet wurde.

Das **Heimatkundemuseum** befindet sich fast direkt am Zentralplatz. Es wurde 1906 vom Missionar Ivan Šemanovskij begründet. Im 2002 neu errichteten repräsentativen Museumsgebäude befinden sich auch eine Kunstgalerie und die örtliche Bibliothek. Die Museumsausstellung umfasst sowohl Natur- und Heimatgeschichte als auch einen Raum zum **Eisenbahnprojekt Nr. 501**, ul. Čubynina 38, Tel. 47558, www.mvk-yamal.ru (R/E). Zu dieser ›Eisenbahn des Todes‹ gibt es unter www.doroga501.ru (R) noch ein sehr interessantes virtuelles Museum und eine alte Denkmallok an der Straße in Richtung Flughafen. Hier gibt es noch zwei weitere Denkmale. Ein **Mammut-Denkmal** erinnert an Urzeiten, ein **Denkmal für Romantiker** ist allen Enthusiasten gewidmet, die diese unwirtliche Gegend zu ihrem Lebensmittelpunkt machen. **Kunsthandwerk der Ureinwohner** kann man im Art-Zentrum besichtigen, ul. Čubynina 24, Tel. 40793, www.remeslo89.ru (R).

 Salechard

Lage: 66°31'19.89"N/66°35'18.26"E; Die Entfernungen nach Moskau und Tjumen' betragen 2436 Kilometer bzw. 1982 Kilometer. Zeitunterschied zu MEZ im Sommer 4, im Winter 5 Std.
Vorwahl: +7/34922.
Postleitzahl: 626600.
Hauptpostamt: ul. Lenina 36, Tel. 40525.
Bank: Sberbank, ul. Respubliki 41.
Reisebüro: Yamaltour, ul. Respublik 5, Tel. 44949, www.yamaltour.ru (R/E)
Taxi: Tel. 43343.
Durchschnittstemperaturen: im Januar –25 Grad, im Juli 8 Grad.

Der Flughafen mit tägl. Verbindungen nach Tjumen', Nadym, Novyj Urengoj und Moskau sowie mehrmals wöchentlich Flügen nach St. Petersburg, Ekaterinburg, Ufa, Omsk, Novosibirsk, Krasnojarsk, liegt nördlich des Stadtzentrums, westlich der Straße zur Fähre über den Ob', Tel. 43905, www.yamal.aero (R)

Der nächstgelegene Bahnhof befindet sich am anderen Ob'-Ufer in Labytnangi. Die 20 km Luftlinie Entfernung kann aber zum Abenteuer werden. Vom Bahnhof fahren Routentaxis oder überteuerte Taxis die sieben Kilometer bis zum Fährhafen in knapp 10 Minuten. Im Sommer verkehrt dann im Halbstundentrakt eine Autofähre. Im Winter fahren die Autos über das Eis und in den Übergangszeiten kommt man per Luftkissenboot oder Hubschrauber über den Ob'. Der 2006 neu erbaute Bahnhof zieht mit seiner Bogenarchitektur den Polarkreis nach und der täglich von Moskau verkehrende Zug heißt wirklich Polarexpress – Poljarnyj Ekspress – und ist 45 Std. unterwegs (Labytnangi, ul. Privokzalnaja 1, Tel. 59909).

Der Passagierhafen liegt im Stadtzentrum unweit des Ostrog-Museums. Die Hafenverwaltung sitzt ebenfalls zentral in der ul. Lenina 7, Tel. 41611.

Das neueste und beste Hotel der Stadt ist das **Juribej** (Юрибей), EZ/DZ 6500–6800 Rbl., pr. Molodeži 11, Tel. 25200.
In Salechard sind kleine Familienhotels zu empfehlen. Am besten ist das **Meteliza** mit

14 Zimmern (Schneestrum, Метелица), EZ/DZ 3000–5000 Rbl., Mikrorajon Solnečnyj 35, Tel. 95656. Alternativen sind das **Teremki** (Häuschen, Теремки), EZ/DZ 3000–5000 Rbl., Mikrorajon Teremki 1, Tel. 44196, oder – rustikal mit viel Holz – das **Russkij Sever** (Русский Север), EZ/DZ 2300–3300 Rbl., ul. Respubliki 3a, Tel. 912/4348894, www.otelsever.ru (R).

Der teure Hotelklassiker vor Ort ist das **Arktika** (Арктика), ul. Respubliki 38, Tel. 40404, EZ/DZ 6000–9000 Rbl., http://arctica.salekhard.ru (R). Günstiger ist das **Jamal** (Ямал), EZ/DZ 2800–4500 Rbl., ul. Respubliki 100, Tel. 46333, www.hotelyamal.ru (R).

Lokale Küche im Holzhaus bietet das **Restaurant Ochota** (Jagd), ul. Lenina 11, Tel. 30644. Weitere Gaststätten sind **Kaskad**, ul. Sverdlova 43, Tel. 71871, **Traktir**, ul. Jamalskaja 21, Tel. 31312, **Sibir'**, ul. Aviazionnaja 21, Tel. 74696, und mit deutschem Touch **Bierlein** (Бирлайн), ul. Čubynina 24, Tel. 37464.

Guten Kaffee bekommt man im **Coffee black**, ul. Matrosova 35, und im **Maksim**, ul. Čubynina 17, Tel. 30101.

www.welcome2yamal.ru (R/E/D)
www.visitsalekhard.ru (R/E)
www.yamal.org (R/E)
www.chto-gde.info (R)
www.r89.ru (R)

Surgut

Im Jahre 1594 wurde am Westufer des Ob' auf Befehl des Zaren Wojewoden Vladimir Oničkov und dem Fürsten Fedor Burjatinskij eine Festung gegründet. Sie wurde in der Folgezeit eines der Zentren der russischen Kolonisierung Westsibiriens. Der Name deutet auf den Fischreichtum des Ob' hin, denn ›Sor‹ bedeutet in der Sprache der chantischen Ureinwohner Fang und ›Kut‹ Fisch. Das Stadtrecht erhielt Surgut erst im Jahre 1867. Mit Erschließung der Öl- und Gaslagerstätten in den 1950er Jahren begann ein zweiter Boom.

Die Stadt gehört zum Chanty-Mansijsker Verwaltungsbezirk und ist vor Nižnevartovsk die größte Stadt im Zentrum der sibirischen Ölförderung. Das 1926 mangels Einwohner (1500) verlorene Stadtrecht erlangte Surgut 1965 mit dem Erdölboom zurück. Acht Jahre zuvor brachte ein Schiff auf dem Ob' die erste Expedition nach Surgut, und 1964 brachte ein Tankschiff über den Ob' und den Irtyš das erste Öl zur Omsker Raffinerie.

Heute leben in der Stadt über 340 000 Einwohner von der Öl- und Gasförderung. Die Grenzen des wirtschaftlichen Booms auf der Basis der Ölvorkommen in der westsibirischen Tiefebene sind noch nicht zu erkennen. Die touristische Attraktivität Surguts hält sich allerdings in Grenzen. Da sich die Stadt etwa auf dem 60. Breitengrad befindet, kann man auch hier im Juni die weißen Nächte genießen.

Sehenswürdigkeiten

Surgut spielte in den ersten Jahrzehnten der Eroberung Sibiriens eine bedeutende Rolle, fiel aber in den folgenden Jahrhunderten in die Bedeutungslosigkeit. Heute ist es eine Stadt, deren Ant-

Karte S. 95 ▲

Die Westsibirische Tiefebene

1. Museumszentrum (Музейный Центр)
2. Klepnikov-Haus und Zentrum des patriotischen Erbes (Дом Г. Клепикова и Центр патриотического наследия)
3. Ethnografische Zone ›Das alte Surgut‹ (Этнографическая Зона ›Старый Сургут‹)
4. Universität (Университет)
5. Kirche (Церковь)
6. Verklärungskathedrale (Храм Преображения Господня)
7. Moschee (Мечеть)
8. Galerie Sterch (Галерия Стерх)
9. Denkmal der Stadtgründer (Памятник основателям города)
10. Philharmonie (Филармония)
11. Surgutgazprom (Сургутгазпром)
12. Surgut Citi Mall (Сити Молл Сургут)
13. Kaufhaus Sibir' (Сибирь)

litz durch den in den 1970er Jahren einsetzenden Ölboom geprägt wurde. Fünf- bzw. neunstöckige Neubauten, die planmäßig in die Taiga gesetzt wurden, bestimmen das Stadtbild. Die neuen Stadtteile erhielten ihre Namen nach dem Berufsprinzip: Ölarbeiter, Geologen, Bauarbeiter, Energetiker – die Hauptstraßen heißen ul. Lenina, ul. Énergetikov usw. Die einzige Ausnahme

Ölpumpen in der Nähe von Surgut

bildet der in der Nähe des Hafens gelegene Stadtteil ›Černaja Mys‹ (Schwarzes Kap), in dem sich der ursprüngliche Stadtkern Surguts befand. Mittlerweile gibt es eine ganze Reihe architektonisch auffälliger Neubauten, die in den letzten 15 Jahren entstanden sind. Jede Berufsgruppe hat ihr eigenes Business-Zentrum und ihr eigenes Kulturhaus. Im größten **Palast der Energetiker** finden häufig Gastspiele bekannter Interpreten Russlands statt. Die Petrorubel garantieren gute Honorare und ziehen die Stars in die westsibirische Provinz.

Am **zentralen Kreisverkehr** des Lenin-Prospektes erinnert ein 15 Meter hohes **Bronzedenkmal** an die Stadtgründer, das mit vier Personen die Allianz von Krone, Kosaken und Kirche symbolisiert. Burjatinskij und Oničkov sind reale Personen der Geschichte, die um einen als Kosaken erkennbaren Schreiner und einen Geistlichen ergänzt wurden.

Am auffallendsten sind das **Business-Zentrum von Surgutneftegaz** sowie das vollkommen blau schimmernde Zentrum von **Surgutgazprom**. Seit 2001 hat die Stadt auch ein eigenes **Theater**, ul.

Griboedova 12, Tel. 530310, www.surgutteatr.ru (R). Daneben hat Surgut auch eine eigene **Philarmonie** zu bieten, ul. Engelsa 18, Tel. 521800, www.sfil.ru (R).

Ein besonderer Blickfang am Ufer des Ob'-Nebenarms ist die 1997 errichtete **Verklärungskathedrale** (Chram Preobraženia Gospodnja) mit ihren goldenen Kuppeln, ul. Melik-Karamova.

Die zentrale **Moschee** Surguts befindet sich am pr. Naberežnyj.

Auch der **Universitätsneubau** auf der Halbinsel am Ende des Lenin-Prospektes kann sich sehen lassen.

Überall in der Stadt trifft man auf die Abkürzung SNG. Was in allen anderen Orten des postsowjetischen Imperiums mit der Gemeinschaft Unabhängiger Staaten (Sojuz Nezavisimych Gosudarstv) assoziiert wird, ist in Surgut eine Chiffre der besonderen Art. Hier ist es nämlich die Abkürzung für Surgutneftegaz, der in Surgut ansässigen drittgrößten russischen Ölgesellschaft, deren Aktien auch schon an der Berliner Börse gehandelt werden. Ob in Europa diese Abkürzung einmal genauso gängig wird

Karte S. 95

wie heute beispielsweise Aral oder Esso, wird die Zukunft zeigen. Bis jetzt ist im sibirischen Dallas auch noch keine – sicherlich spannende – Fernsehserie unter dem Titel ›Surgut‹ geplant.

Museen

Die Museumslandschaft von Surgut ist sehr vielfältig. Ein potenter Sponsor wie SNG ließ viele Ideen Wirklichkeit werden und hat natürlich auch ein **Surgutneftgaz-Firmenmuseum**, das aber im Unterschied zu den anderen Museen der Stadt nur Öl-Freaks begeistert, ul. Universitetskaja 1, Tel.750721.

Das 2001 eröffnete **Museumszentrum** ist in Russland einer der Vorreiter für zeitgemäße moderne Museumskonzepte und sehr sehenswert. Es beherbergt auf drei Etagen sowohl das **Heimatmuseum** als auch die größte örtliche **Kunstgalerie**. Die Exposition des Museums informiert über archäologische Ausgrabungen und ethnographische Besonderheiten der hier ursprünglich lebenden Chanten sowie der siedelnden Russen. Die Geschichte der Festung Surgut in der russischen Eroberung Sibiriens und des Pelzfrons Jasak werden ebenfalls dargestellt. Die Kunstgalerie ist neben ihrer Sammlung moderner Kunst aus der Region auch für ihren jährlich stattfindenden Karikaturenwettbewerb bekannt. Mo, Di Ruhetage, ul. 30 Let pobedy 21/2, Tel. 516804 (Museum), 517355 (Galerie), www.skmuseum.ru (R).

Daneben bietet auch die 2001 gegründete **Galerie Sterch** (Nonnenkranich, стерх) lokalen Künstlern die Möglichkeit, ihre Arbeiten auszustellen, ul. Magistral'naja 34a, Tel. 350978, www. sterh-art.ru (R).

Zum Heimatmuseum gehören drei weitere Filialen: die **Villa des Surguter Kaufmanns Galaktion Klepikov** (1851–1912), ul. Prosvešenija 7, Tel. 244472, ein dem **patriotischen Erbe gewidmetes Zentrum** in der ul. Prosvešenija 7a, Tel. 285305, und das **Haus von Farman Solmanov** (1931–2007), einem der Begründer des Surguter Ölförderung, dessen Leben auch den Stoff für eine Handlungslinie im Spielfilm ›Sibiriade‹ bildete, ul. Tereškovoj 49, Tel. 236254.

Neben den Museen gibt es das **Geschichts- und Kulturzentrum ›Das alte Surgut‹**, das auf jeden Fall ebenfalls einen Besuch wert ist. Es umfasst neben der Kirche aller Heiligen Sibiriens mehrere Holzhäuser mit thematischen Ausstellungen: Natur, Ureinwohner, Kosakentum, Handwerk, Schulwesen und Heimatforschung, Mo, Di Ruhetage, ul. Energetikov 2, Tel. 247839, www.stariy-surgut.ru (R).

Etwa 20 Kilometer westlich von Surgut befindet sich der **Berg Barsov** mit vielen historischen, teilweise bis in die Steinzeit zurückreichenden Wohn-, Gebets- und Grabstätten der Urbevölkerung. Dort laufen seit Jahren umfangreiche archäologische Ausgrabungen.

Universitätsneubau im Zentrum der Stadt

Die Westsibirische Tiefebene

Surgut

Lage: 61°15'13.75"N/73°23'47.04"E; Surgut ist 708 km von Tjumen' entfernt, der Zeitunterschied zu Deutschland beträgt im Sommer 4, im Winter 5 Std.
Postleitzahl: 626400.
Vorwahl: +7/3462; Auskunft: 09.
Hauptpostamt: ul. Respubliki 4.
Bank: Sberbank, Filiale Surgut, ul. Dzeržinskogo 5, Tel. 230657.
Reisebüro: Bjuro ekskursii, ul. Energetikov 53, of. 1, Tel. 248996.
Taxi: Tel. 243096.

Der 1975 eröffnete Flughafen liegt 10 km nördlich der Stadt. Es gibt 6 tägliche Flüge nach Moskau, 2x Vnukovo, 3x Domodedovo und 1x Šeremet'evo. Daneben gibt es tägliche Flugverbindungen nach Tjumen', Kasan, St. Petersburg, Novosibirsk und mehrere Flüge pro Woche nach Omsk, Tomsk, Krasnojarsk, Ufa, Samara und Soči. Internationale Verbindungen wöchentlich nach Dubai und Bangkok und für Gastarbeiter nach Kyrgystan und Tajikistan. Bus Nr. 21 fährt ins Stadtzentrum, Tel. 770276, www.airport-surgut.ru (R).

Surgut liegt an der Ende der 1960er Jahre erbauten Strecke von Tjumen' nach Novyj Urengoj. Der Bahnhof liegt etwas außerhalb am nordwestlichen Stadtrand. Es gibt täglich mehrere Zugverbindungen nach Moskau. Fahrzeit 48 Stunden, ul. Privokzalnaja 23, Tel. 531009.

Busverbindungen nach Chanty-Mansijsk (Fahrzeit 6 Std.) und Nižnevartovsk (4 Std.) sowie in die umliegenden Orte und Siedlungen wie beispielsweise Neftejugansk, Ljantor und Fëdorovskoe, pr. Mira, Ecke ul. Ostrovskogo, Tel. 511009.

Der Hafen befindet sich am südöstlichen Stadtrand. Es gibt eine unregelmäßige Verbindung nach Chanty-Mansijsk und Nižnevartovsk sowie Ausflugstouren auf dem Ob', ul. Rybnikov, Tel. 770208.

Das beste Hotel der Stadt mit Bowlingbahn, Saunalandschaft etc. ist das **Medvežij Ugol** (Bärenecke, Медвежий Угол), EZ/DZ 4900–5500 Rbl., ul. Krylova 23/1, Tel. 530303, www.hotelmedved.ru (R/E).
Das neueste Hotel ist das im City-Centre in der Nähe des zentralen Kreisverkehrs eröffnete **Hotel Centre** (Центр), EZ/DZ 5500–7400 Rbl., pr. Lenina 43, Tel. 230033, www.hotel-centre.ru (R/E).
Eine gute Alternative ist auch das **Hotel Polaris** (Поларис), EZ/DZ 5600–7000 Rbl., pr. Mira 6/1, Tel. 354970.
Ruhig im Park gelegen, ist das rekonstruierte **Ermak** (Ермак) samt Denkmal für den Sibirien-Eroberer eine gute Wahl, EZ/DZ 3600–7700 Rbl., pr. Naberežnyj 31, Tel. 355934.
Neftjanik (Der Ölarbeiter, Нефтяник), EZ/DZ 3400–4000 Rbl., ul. Entuziastov 36 Tel. 600392, und **Impuls** (Импулс), EZ/DZ 2500–6000 Rbl., ul. Respubliki 67, Tel. 385536, gehören zu den älteren, rekonstruierten Hotels.
1- und 2-Zimmer-Wohnungen bietet die **Agentur Regionhotel** ab 1800 Rbl. an, Tel. 912/9388288, www.regionhotel.ru (R). Sie ist auch in anderen Regionen Westsibiriens aktiv.
Im **Hostel Veles** (Велес) kostet ein Schlafplatz 500 Rbl., ul. 30-letija pobedy 44/1, Tel. 371133.

Die gastronomische Landschaft der Stadt bietet eine Mischung aus russischer, fernöstlicher und europäischer Küche.

Das beste Restaurant der Stadt für lokale, europäische und japanische Küche ist das **Ferrum**, pr. Lenina 56, Tel. 910505. Sehr gut ist auch das **Sem' pjatniz** (7 Freitage) im City Centre, pr. Lenina 43, Tel. 910595. Zwei Restaurants mit traditioneller russischer Küche sind **Surgut**, ul. 30 let pobedy 9, Tel. 376150, und **Tichaja Gavan'** (Stiller Hafen), ul. Engelsa 11, Tel. 240466.
Auch **Divan-Saray** (Schlosscouch), pr. Nabe-režnyj 14/1, Tel. 253324, **Belyj Voron** (Weißer Rabe), ul. Lenina 47, Tel. 323113, und **Belyj Rojal** (Weißer Flügel), ul. Mira 15, Tel. 323074, sind empfehlenswerte Neueröffnungen der letzen Jahre.
Für ein gutes Bier sind folgende **Kneipen** zu empfehlen:
Černij lis (Schwarzer Fuchs, Черный лис), ul. Energetikov 7, Tel. 230232, **Zolotaja lichoradka** (Goldrausch, Золотая лихорадка), ul. Ostrovskogo 26/2, Tel. 318686, und **Beerloga** (Beer-лога), pr. Mira 42, Tel. 513751.
McDonalds ist in Surgut in der neuen Mall auch vertreten: Jugorskij Trakt 38, Tel. 932597.

Für Kaffee und Kuchen sind **Koffein**, bul. Svobody 1, Tel. 442757, oder **Chaplin**, ul. Ostrovskogo 16a, Tel. 970925 zu empfehlen.

Die 2012 eröffnete Surgut Citi Mall befindet sich an der südlichen Umgehungsstraße, 150000 Quadratmeter Fläche sind derzeit Rekord in Westsibirien, Jugorskij Trakt 38, www.surgutmall.ru (R). Die Buslinie 51 fährt aus dem Zentrum hin
Das alte Kaufhaus der Stadt, **Sibir'**, liegt schräg gegenüber dem Rathaus an der Philharmonie, ul. Engel'sa 11, Tel. 246457, www.tksibir.com.
Der zentrale **Markt** befindet sich in der ul. Ostrovskogo 14.
Für Andenken empfiehlt sich ein Besuch des Geschäftes **Russkij Suvenir**, ul. Lenina 50, Tel. 360298.

www.admsurgut.ru (R).
www.osurgut.com (R)

Nižnevartovsk

Ursprünglich befand sich hier am linken Ufer des Ob' ein Vartovskoe genannter Wachposten, der dazu diente, aus den zaristischen Strafkolonien entlaufene Häftlinge wieder einzufangen. Es gab einen oberen (Verchnevartovskoe) und einen Nižnevartovskoe genannten unteren Wachposten. Um 1900 entstand am rechten Ufer eine Anlegestation zur Brennholzversorgung der auf dem Strom verkehrenden Dampfschiffe, die den Ausgangspunkt der heutigen Stadt bildet, zumal ein Brand 1911 die Gebäude am linken Ufer zerstörte. Zu dieser Zeit zählte der Ort fünf Häuser.

1924 verzeichnen die Annalen die Gründung eines ländlichen Sowjets.
Der Boom des Ortes ist aber erst mit der in den 1960er Jahre beginnenden Ölförderung in der Region Samotlor, dem heute größten erschlossenen Ölfeld Russlands, das sich nordöstlich von Nižnevartovsk befindet, verbunden. Die Förderung des Öls begann 1969. Samotlor – einst heiliger See der Chanten – ist heute eine gigantische Ölschlammlache. Die westsibirische Moorlandschaft ist mit Straßen und Dämmen, die die Ölplattformen verbinden, durchzogen. Die hier angerichtete ökologi-

sche Katastrophe wird aber kaum wahrgenommen. Niznevartovsk wurde 1964 Arbeitersiedlung und 1972 erhielt der Ort das Stadtrecht. Die 940 Kilometer von Tjumen' entfernte Stadt ist nicht nur Förderzentrale, sondern gleichzeitig auch Ausgangspunkt mehrerer wichtiger Ölpipelines nach Tatarstan und Samara im europäischen Teil Russlands sowie in Richtung Osten nach Omsk. Nižnevartovsk hat zwei Fachhochschulen. Heute leben 265000 Menschen hier. Alljährlich findet Mitte Juni zur Zeit der weißen Nächte unter dem Namen ›Samotlorsker Nächte‹ ein großes zweitägiges Volksfest statt.

2015 wurde auch das 50-jährige Jubiläum des Samotlarer Ölfeldes groß gefeiert.

Sehenswürdigkeiten

Das Stadtbild von Nižnevartovsk wird von teilweise recht farbenfreudig gestalteten Neubauten bestimmt. Die in den letzten 40 Jahren aus der Taiga gestampfte Großstadt ist sehr weitflächig angelegt. Die breiten Prospekte mit entsprechenden Baumreihen, meist in rechteckigen Quartalen angeordnet, sind häufig recht eintönig und auch ohne nennenswerte Sehenswürdigkeiten. Die Orientierung erleichtern ›Sozialpässe‹ genannte Tafeln mit den Hausnummern für jedes Quartal. Die Hauptstraßen sind die ul. 60 let Oktjabrja, ul. Lenina und ul. Mira. Alle drei verlaufen parallel zum gewaltigen Ob', der südlich an der Stadt vorbeifließt.

Die **Uferpromenade** ist eine beliebte Flaniermeile mit Cafés und Rummelaktivitäten. Hier sieht man auch in den östlichen Neubaugebieten die goldenen Kuppeln der neuen **Christi-Geburts-Kirche** (Chram Roždenija Christa) leuchten. Der Kirchenneubau wurde 1998 fertiggestellt.

Kulturell bild der **Palast der Künste** den Mittelpunkt des geistig-kulturellen Lebens der Stadt, ul. Lenina 7, Tel. 243080, www.di-nv.ru (R).

Die Natur der Region Samotlor ist an vielen Orten durch Öl verseucht

Karte S. 101

Die Westsibirische Tiefebene

Nižnevartovsk (Нижневартовск), Zentrum

1 Siegespark (Парк Победы)
2 Christi-Geburts-Kirche (Храм рождения Христа)
3 Heimatkundemuseum (Краеведческий Музей)
4 Denkmal für die Samotlor-Eroberer/Alёša (Памятник покори-телям Самотлора)
5 Schauspielhaus (Драматический Театр)
6 Alltagsmuseum (Музей истории русского быта)
7 Palast der Künste (Дворец искусств)
8 Mall Evropa-Citi (ТРК Европа-Сити)

Daneben hat sich die Stadt ein kleines **Schauspielhaus** gegönnt, das nun zur neuen Heimstatt des bereits viele Jahre aktiven Experimentiertheaters ›Skvorečnik‹, was soviel wie ›Starenkasten‹ bedeutet, wurde, ul. Sportivnaja 1, Tel. 432333, www.dramydramy.ru (R). Daneben gibt es noch das 1991 gegründete **Puppentheater Barabaška**, ul. 60 let Oktjabrja 10, Tel. 414900.

Das nach seinem Begründer Timofej Shuvaev (1915–2001) benannte **Heimatkundemuseum** befindet sich im Erdgeschoss eines Neubaublocks und ist den Themen Ölförderung, Stadtgeschichte, Malerei, Traditionen der Chanten gewidmet. Das Gebäude wird allerdings seit 2012 rekonstruiert und ein Ende ist noch nicht abzusehen, ul. Lenina 9/1.

Daneben gibt als Filiale des Heimatmuseums noch ein der **Geschichte des Alltags gewidmetes Museum** in einem Holzhaus am östlichen Stadtrand (Muzej istorii ruskogo byta), Mo Ruhetag, ul. Pervomajskaja 15, Tel. 219408, www.nkm-shuvaev.ru (R).

Nicht zu vergessen ist der wichtigste Held der Stadt – ›Aljoscha‹ bzw. ›Alëša‹. Am Ortsausgang der Stadt in Richtung des Samotlorer Ölfeldes steht das 1978 errichtete **Denkmal für die Eroberer Samotlors**. Der Ölarbeiter mit der ewigen Flamme in der Hand wird im Volksmund ›Alëša‹ genannt. Warum diese Koseform des Namens Aleksej gewählt wurde, bleibt unklar, denn das wirkliche Modell für das Denkmal hieß Fëdor Metrušenko. Am Flughafen befindet sich eine **Ausstellung russischer Luftfahrttechnik**, mit deren Hilfe der Landstrich ›urbanisiert‹ wurde. Neben einer Antonov 2 sind fünf verschiedene Hubschrauber der Mi-Klasse (1,2,4,6,8) zu besichtigen besichtigen, später kamen originalgetreue Modelle weiterer russischer Flugzeuge, wie TU 134, TU 154, Jak 40 und IL 86 dazu.

ℹ️ **Nižnevartovsk**

Lage: 60°56'19.43"N/76°33'30.54"E; Nižnevartovsk ist 740 km von Tjumen' und 270 km von Chanty-Mansijsk entfernt. Der Zeitunterschied zu MEZ beträgt im Sommer 4, im Winter 5 Std.

Postleitzahl: 626440.

Vorwahl: +7/3466; Auskunft: 09.

Hauptpost: ul. Lenina 16, Tel. 238544

Bank: Sberbank, ul. Internacional'naja 10, Tel. 464290.

Geldautomat: ul. Lenina 4.

Reisebüro: Sputnik, ul. Omskaja 12/22, Tel. 400100, www.vizitugra.ru.

Taxi: Tel. 596969.

Durchschnittstemperatur: Januar –25 Grad, Juli 16 Grad.

Zentrum beträgt nur 4 Kilometer. Es gibt täglich vier Flüge von und nach Moskau (2x Vnukovo, 2x Domodedovo). Daneben mehrmals wöchentlich St. Petersburg, Ekaterinburg, Tjumen', Novosibirsk, Ufa und 1x pro Woche Omsk und Irkutsk, ul. Aviatorov 2, Tel. 468600 und 242011, www.nvavia.ru (R).

Nižnevartovsk ist die Endstation der Ende der 1960er Jahre eingeweihten Eisenbahnstrecke Surgut–Nižnevartovsk. Die Reisezeit nach Moskau beträgt 53 Std., nach Tjumen' 21 Std. Das neue wuchtige Bahnhofsgebäude entstand 2002, ul. Severnaja, Tel. 466300.

 Karte S. 101

✈ Der 1971 eröffnete Flughafen liegt am westlichen Stadtrand. Die Entfernung zum

Der Busbahnhof befindet sich neben dem Bahnhof. Es gibt Busverbindungen u.a.

nach Radužnyj (5x tgl.) Megion (3x tgl.), Langepas (2x tgl.) und anderen Förderorten des Erdölbeckens, ul. 60 let Oktjabrja. Der innerstädtische Busverkehr ist seit 1993 kostenlos, Tel. 459670.

Es gibt im ganzen Sommer regelmäßige Schiffsverbindungen von Omsk bis nach Salechard, ul. 60 let Oktjabrja 1, Tel. 410409.

Samotlor (Самотлор), unweit des Stadtzentrums in einem kleinen Wäldchen gelegen, ist das beste Business-Hotel der Stadt mit 30 Zimmern. Es bietet westlichen Standard ohne Abstriche und eine originelle Architektur, ul. 60 let Oktjabrja 2b, Tel. 644077, EZ/DZ 5000–7000 Rbl., www.samotlor-hotel.ru (R).

Ob' (Обь), ul. 60 let Oktjabrja 2g, Tel. 644075, EZ 5000. Befindet sich direkt dahinter und ist ebenfalls empfehlenswert. Jedoch bietet es nur Einzelzimmer.

Weitere gute Unterkunftsmöglichkeiten sind:

Azalija (Азалия), EZ/DZ 3400–4500 Rbl., ul. Internacional'naja 4a, Tel. 458541, www.hotelazaliya.ru.

Venecija (Венеция), EZ/DZ 3500–6000 Rbl., ul. Internacional'naja 39, Tel. 653986, www.hotelvenecia.ru (R). Ein Hotel mit Appartements, das sich in der Nähe von ›Alёša‹ befindet.

Varta (Варта), EZ/DZ 2700–4800 Rbl., ul. Kuzovatkina 3, eigentlich auch an der ul. Oktybrja gelegen, www.hotel-varta.ru (R). Das Hotel bietet auch Stadtrundfahrten und Ausflüge in die Umgebung an.

Tageweise Anmietung von Wohnungen (1-Zi-Whg. 1600–3500 Rbl) und Hostel-Schlafplätze bietet die Firma **Regionhotel**, Tel. 912/9388288, www.regionhotel.ru (R/E).

Die dem Hotel **Samotlor** angeschlossenen Gaststätten sind sehr gut.

Zolotoj Medved' (Goldener Bär, Золотой Медведь),bietet hervorragende Küche mit ausgeprägtem lokalen Flair, allerdings auch richtig teuer, pr. Pobedy 6, Tel. 615377.

Eine zentralere Alternative, ebenfalls gut und teuer, ist das **Akvarium** (Аквариум), ul. 60-letija Oktjabrja 17.

Telega (Fuhrwerk, Телега), ul. Neftjanikov 17, Tel. 235397. Eine Gaststätte in rustikalem Ambiente.

Das Restaurant **Limon** (Zitrone, Лимон) vereint neben Biiliard drei Küchen unter einem Dach: Limon-Pizza, Limon-Sushi und Limon-Orient (usbekische Küche), westlich des Zentrums, ul. Severnaja 55, Tel. 587623.

Auch **Gurman** (Gourmet, Гурман), ul. Neftjanikov 72a, Tel. 437860 und **Mucha** (Fliege), ul. Lenina 15/1, Tel. 606446, sind erwähnenswerte Cafés.

Für den schnellen Hunger bieten sich **Obžora** (Vielfraß, Обжора), ul. Lenina 12a, und für Bliny u.a. **Blinok** (Блинок) an, ul. Družby narodov 24, Tel. 275557.

Guten Kaffee bekommt man im **Klassik** (Классик), ul. Omskaja 12, Tel. 413890, und im **Travellers Coffee**, ul. Čapaeva 24, Tel. 469474, das zu einer Kette gehört.

Seit 2013 ist die neue Mall Evropa-Citi das größte Einkaufszentrum der Stadt, ul. Čapaeva 27, www.europacitynv.ru (R).

www.n-vartovsk.ru (R).
www.allvartovsk.ru (R).

Die Westsibirische Tiefebene

Neftejugansk

Neftejugansk entstand erst 1961 aus dem Dorf Ust'-Balyk mit der Erschließung der gleichnamigen Ölquelle. Das Stadtrecht wurde dem schnell wachsenden und bereits 1962 in Neftejugansk umbenannten Ort 1967 verliehen. Der Stadtname verbindet das Wort ›Neft'‹ für Öl mit der Bezeichnung des Ob'-Seitenarmes Juganskaja Ob'. Heute leben etwa 125 000 Menschen in der Stadt, die lange Jahre als die Hauptstadt des Ölkonzerns ›Jukos‹ galt, der hier seine bedeutendsten Fördergebiete hatte.

Der 2004 zerschlagene Ölkonzern ›Jukos‹ gehörte dem russischen Oligarchen Michail Chodorkovskij (*1962), der wohl mehr aufgrund politischer Amibitionen als aufgrund massiver Steuerhinterziehungen sein Vermögen verlor und in der Nähe der sibirischen Stadt Čita und anderen Orten eine Haftstrafe absaß, bevor er Ende 2013 amnestiert wurde und heute in der Schweiz lebt. Das Vermögen von Jukos wurde neu verteilt, die Förderkapazitäten gehören heute zu Rosneft.

Neftejugansk (Нефтеюганск), Zentrum

0   500   1000 m

1, 2, 3... Mikrorayons

1 Heimatmuseum/Ob'-Museum (Музей реки Обь)
2 Galerie Metamorfoza (Галерия Метаморфоза)
3 Museumskomplex Ust'-Balyk (Музеный комплекс Усть-Балык)
4 Kulturzentrum Ob' (Культурный Центр Обь)
5 Rathaus (Мэрия)
6 Puppentheater (Кукольный Театр)
7 Kirche (Церковь)
8 Heiliggeist-Kathedrale (Храм Святого Духа)

Hausnummern und Adressen sind in den meisten Fällen nicht den Straßen, sondern den Mikrorayon genannten Quartalen zugeordnet. Die ul. Mira ist die Trennlinie zwischen den östlich gelegenen Wohngebieten und den Gewerbegebieten. Die parallele ul. Lenina hat ebenfalls Alleecharakter. Städtebaulich dominiert Plattenbauarchitektur, die mit einigen in den letzten Jahren aufwendig errichteten Neubauten durchsetzt ist. Auch hier bleibt einiges in der Region zur Verbesserung der Infrastruktur und Lebensqualität hängen. In erster Linie ist dabei die neu gebaute **Heiliggeist-Kathedrale** (chram Svatogo Ducha) zu erwähnen, die sich gut sichtbar auf dem Hügel am südöstlichen Stadtrand erhebt. Im Nordosten ist eine neue **Moschee** errichtet worden (ul. Obezdnaja). Erwähnenswert ist in diesem Zusammenhang auch das **Kultur- und Freizeitzentrum Ob'**, ul. Lenina 34, Tel. 38068,

www.mbukkdk.ru (R). Es gibt ein **Puppentheater**, ul. Ust'-Balykskaja 39.

Das örtliche **Heimatkundemuseum** besteht bereits seit 1982 und verteilt sich auf drei Standorte. Im **Ob'-Museum** widmet man sich in einer ethnographischen Ausstellung den Chanten als Ureinwohnern der Region und dem Strom Ob' mit Fauna/Flora und Schifffahrt, Mikrorajon 9, Nr. 28, Tel. 234590. In der **Gemäldegalerie Metamorfoza** (Метаморфоза) gibt es wechselnde Ausstellungen, Mikrorajon 10, Nr. 14. Im unweit des Ob'-Ufers stehenden **Komplex Ust-Balyk** erinnern die ersten Holzhäuser aus den 1960er Jahren an die Gründung und Geschichte des Ortes und die Entwicklung der Ölförderung. Es werden auch Exkursionen zu den Bohrtürmen in die Taiga organisiert, Mikrorajon 2, Nr. 10, an der ul. Gagarina, Tel. 223202. So, Mo Ruhetage, www.музей86.рф (R).

Die Westsibirische Tiefebene

ℹ️ **Neftejugansk**

Lage: 61°5'31.88"N/72°36'7.04"E; Neftejugansk ist 698 km von Tjumen', 238 von Chanty-Mansijsk und 50 km von Surgut entfernt. Zeitunterschied zu MEZ im Sommer 4, im Winter 5 Std.

Postleitzahl: 628300.

Vorwahl: +7/3463.

Auskunft: 09.

Hauptpost: Mikrorajon 2, Nr. 27

Bank: Sberbank, Mikrorajon 1, Nr. 25, Tel. 229895.

Reisebüro: Sputnik, Mikrorajon 2, Nr. 9; Tel. 234657.

Taxi: Tel. 201010.

Durchschnittstemperatur: Januar –23 Grad, Juli 15 Grad.

✈️

Der nächstgelegene Flughafen befindet sich in Surgut und ist ca. 65 km entfernt.

Der nächstgelegene Bahnhof ist Pyt'-Jach an der Strecke Tjumen'–Surgut in 55 Kilometer Entfernung, Tel. 34614/443227.

Es gibt Verbindungen nach Pyt'-Jach, Surgut und Chanty-Mansijsk. Auf der Strecke in Richtung Surgut überquert man die einzige Autobrücke über den Ob' nördlich von Novosibirsk, ul. Surgutskaja 1/22, Tel. 250233.

Das beste Hotel mit auch dem besten Restaurant ist das **Royal Plaza**, EZ/DZ 3400–4000 Rbl., Mikrorajon 13, Nr. 4/1, Tel. 250000, www.royal-plaza.ru (R).

Ein kleines, feines Hotel ist das **Marko Polo**, EZ/DZ 3250-5500 Rbl., Mikrorajon 13, Nr. 61, Tel. 871659.

Weitere empfehlenswerte Hotels sind das **Rassvet** (Sonnenaufgang, Рассвет), EZ/DZ 3500–4200 Rbl., ul. Lenina 31, Tel. 871658 und das **Rus'** (Русь), Mikrorajon 14, Nr. 23, EZ/DZ 3400–4500 Rbl., Tel. 237666, www.gostinica-rus.ru (R).
Günstiger wird es im Hotel **Majak** (Leuchtturm, Маяк) am Stadtrand, EZ/DZ 1200–2500 Rbl, ul. Majakovskogo 51, Tel. 510500, www.maiakhotel.ru (R).

Zolotaja rybka (Goldfisch, Золотая рыбка), Mikrorajon 1, Nr. 2, Telefon 226872. Eine Mischung aus Selbstbedienungscafé, Restaurant und Bar.
Eine nette Bierkneipe ist das **Münchhausen** (Мюнхаузен), Mikrorajon 16a, Nr. 85; tel. 242441.
Weitere nennenswerte Cafés: **555**, Mikrorajon 5, Nr. 1, Tel. 224773, **Rodnik**, Mikrorajon 1, Nr. 33, Tel. 234919, und **Lakomka**, ul. Surgutskaja 1b, Tel. 234545..

Das **Bolschie Ljudi** (Große Leute, Большие Люди), Mikrorajon 8, Nr. 19, Tel. 272560, und das Restaurant im **Kulturzentrum Ob'** sind empfehlenswerte Restaurants.

www.admugansk.ru (R).
www.yugansk.com (R).

Kogalym

Kogalym bedeutet in etwa ›verlassener Ort‹. Das ist aber eine keineswegs zutreffende Bezeichnung. Der Ort kann zwar nicht mit historischen Sehenswürdigkeiten aufwarten, denn die alte Siedlung erhielt erst 1985 dank des Ölbooms das Stadtrecht, aber unter allen ölreichen Orten Westsibiriens hinterlässt Kogalym den besten Eindruck. Man spürt ein städtebauliches Konzept, Architektur und Natur in Einklang zu halten, das den Ort von den Nachbarstädten wohltuend unterscheidet.

Heute zählt Kogalym ungefähr 62 000 Einwohner, denen es für hiesige Verhältnisse eine erstaunliche Lebensqualität bietet. Die Entwicklung der Stadt steht in engem Zusammenhang mit dem größten russischen Ölkonzern Lukoil und sie könnte eigentlich auch Lukoil-City heißen, denn ihr Glanz ist untrennbar mit diesem Ölkonzern verbunden. Lukoil seinerseits steht für die drei Förderorte Langepas, Uchraj und Kogalym, deren Anfangsbuchstaben das Luk zum Oil liefern. Kogalym ist dabei der wichtigste dieser drei Standorte und zugleich auch der Sitz der westsibirischen Regionalverwaltung des Konzerns.
Der heutige Moskauer Bürgermeister Sergej Sobjanin (*1958) war hier von 1984 bis 1993 als Funktionär und Bürgermeister, später dann auch als Gouverneur des Tjumen'er Gebietes tätig.

Sehenswürdigkeiten

Die Stadt ist relativ kompakt angelegt. Drei Besonderheiten fallen dabei besonders auf: Alle Gewerbe- und Industrie-

Karte S. 107

▲ *Zugräder werden vom Eis befreit*

gebiete wurden in einem angemessenem Abstand zu den Wohngebieten gebaut, die Anzahl der örtlichen Kultur- und Sozialeinrichtungen für eine vergleichsweise kleine Stadt ist einfach phänomenal. Viele Gebäude wurden von Baufirmen aus dem Baltikum errichtet. Deren Traditionen, Natur und Architektur im Städtebau miteinander in Einklang zu bringen, kamen Kogalym sehr zugute, und so unterscheidet sich heute das Stadtbild sehr positiv von allen anderen aus der Taiga gestampften Städten Westsibiriens.

Ein phantastischer Sportpalast, ein internationaler Flughafen, eine beeindruckende Musik- und Kunstschule, der Neubau des Zentralmarktes, der Ausbau der Uferpromenade, ein neuer Eispalast, ein Palast der Jugend, ordentliche Straßen und Bürgersteige, neue Grünanlagen – die Liste lässt sich fortsetzen, und das macht Kogalym zu einer ungewöhnlichen, fast exotischen Stadt im ansonsten unwirtlichen Westsibirien. Das Stadtzentrum wird durch die ul. Družby Narodov, die ul. Molodëžnaja und die ul. Pribaltijskaja umschrieben.

Die **Peter-und-Pauls-Kirche**, die 1998 vom Patriarchen Aleksej II. geweiht wurde, steht eingerahmt von Kiefern am Stadtrand eingerahmt. Da die Kirche nicht von russisch-orthodoxen Christen, sondern von türkischen Bauarbeitern

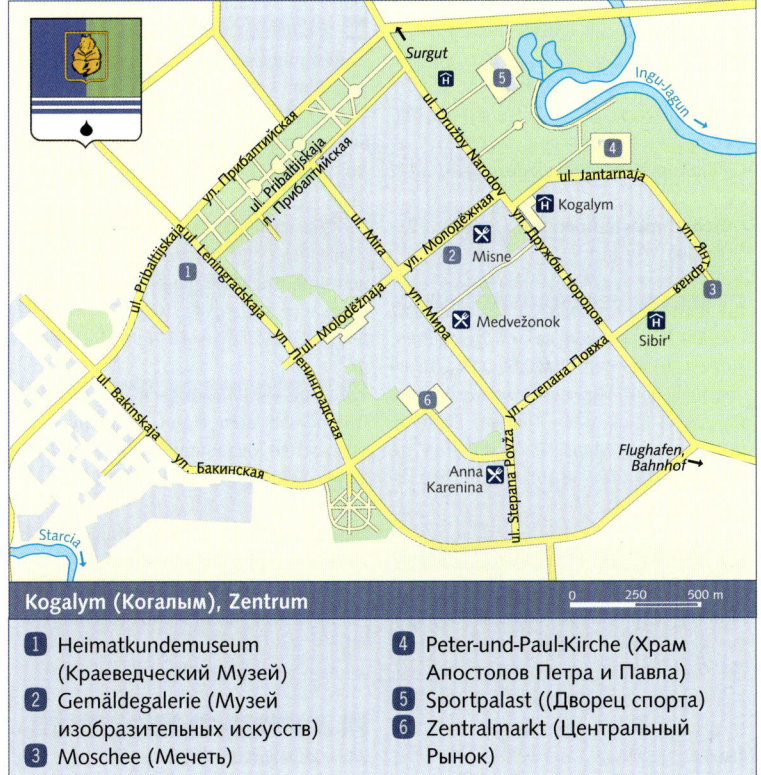

Kogalym (Когалым), Zentrum

0   250   500 m

1 Heimatkundemuseum (Краеведческий Музей)
2 Gemäldegalerie (Музей изобразительных искусств)
3 Moschee (Мечеть)
4 Peter-und-Paul-Kirche (Храм Апостолов Петра и Павла)
5 Sportpalast ((Дворец спорта)
6 Zentralmarkt (Центральный Рынок)

errichtet wurde, tat sich der Patriarch seinerzeit mit der Weihe schwer, ul. Jugornaja 3. In unmittelbarer Nachbarschaft befindet sich die **Moschee** der Stadt, ul. Jantarnaja 10.

Das neue **Heimatmuseum** gehört zu den besten und originellsten Museen in ganz Sibirien. Nicht nur Ethnographie, Fauna und Flora, sondern auch die Stadtgeschichte, eine Gemäldegalerie und natürlich auch die Geschichte des Hauptsponsors Lukoil werden sehr modern präsentiert, Mo, Di Ruhetage, ul. Družby narodov 40, Tel 25123, www.museumkogalym.ru (R).

Es gibt mehrere interessante **Denkmäler** in der Stadt, die den Kogalymer Erstankömmlingen (Pervoprochodzam), dem Ölarbeiter und dem hier alles bestimmenden Erdöl selbst gewidmet sind. Letzteres trägt deshalb auch den Namen **Lebenstropfen** (Kaplja žizni).

 Kogalym

Lage: 62°15'42.41"N/74°29'5.07"E; Kogalym ist 325 km von Chanty-Mansijsk entfernt. Zeitunterschied zu MEZ im Sommer 4, im Winter 5 Std.

Postleitzahl: 626481.

Hauptpostamt: ul. Družby Narodov 17, Tel. 22477.

Vorwahl: +7/34667; Auskunft: 09.

Bank: Sberbank, ul. Molodëžnaja 20, Tel. 28664.

Geldautomaten: ul. Molodëžnaja 10, 17, 20.

Durchschnittstemperatur: Januar –25 Grad, Juli 16 Grad.

Die Stadt hat einen zentral gelegenen, kleinen, modernen Flughafen. Es gibt einen täglichen Flug nach Moskau (Vnukovo) sowie Flüge nach Tjumen, Ekaterinburg, Chanty-Mansijsk und Ufa, ul. Aviatorov 19, Tel. 93055, http://ns0.kogalymavia.ru (R).

Kogalym liegt an der Ende der 1960er Jahre erbauten Strecke Tjumen'–Urengoj. Der kleine Bahnhof liegt 3 km außerhalb der Stadt. Es fährt u.a. jeden 2. Tag der Zug Moskau–Urengoj vorbei. Fahrtzeit bis Moskau 50 Stunden, pr. Neftjanikov 9, Tel. 48002.

Der Busbahnhof bietet Verbindungen in die umliegenden Siedlungen, wie beispielsweise Ljantor und Fëdorovskoe, ul. Stepana Povcha, Tel. 26664.

Es gibt mehrere gute Hotels in der Stadt: **Kogalym** (Когалым), ul. Družby narodov 11, Tel. 28036, und **Sibir'** (Сибирь), ul. Leningradskaja 49, EZ/DZ 4200–6000 Rbl., Tel. 22660, www.siberia-kogalym.ru (R).

Die günstigste Altenative ist das **Slavjanka** (Славянка), das nördlich der Stadt in einem Industriegebiet liegt und neben Zimmern auch Schlafplätze für 350 Rbl. anbietet, ul. Geofizikov 8/18, Tel. 44605.

Die beiden dem Hotel **Kogalym** angeschlossenen Restaurants Jugoria und Port Royal bieten gute russische und europäische Küche.

Misne (Waldfee), ul. Molodežnaja 5a, Tel. 21700 ist eine gute Alternative.

Außerdem: **Anna Karenina**, ul. Mira 15b, Tel. 52129 und **Medvežonok** (Bärchen), ul. Mira 8, Tel. 27729. Zwei Cafés mit einer weniger anspruchsvollen Speisekarte.

www.kogalym.org (R)

Deutsche Forscher in Sibirien

ESSAY

Zu Beginn des 18. Jahrhunderts war mit Peter dem Großen ein weltoffener Zar an der Macht, der sich die Förderung der russischen Wirtschaft durch ausländisches Know-how auf die Fahnen geschrieben hatte. Die neu geschaffenen Institutionen und Akademien in St. Petersburg boten also große Karrierechancen, und das weitestgehend unerforschte Riesenreich bot nicht minder große wissenschaftliche Herausforderungen. Eine Vision von Größe und Weite, die vor allem in Deutschlands Kleinstaaterei viele junge Akademiker faszinierte und gen Osten aufbrechen ließ. Russland wollte Klarheit über seine geographischen Besitzstände erlangen. Die Legenden um die sagenhaften Reichtümer, die die neuen Kolonialmächte in ihren eroberten Gebieten erbeutet hatten, weckten auch in Russland die Hoffnung, dass sich in den bislang unbekannten Territorien ungeahnte Schätze heben ließen. Entsprechend großzügig wurden die Expeditionsprojekte durch die Zarenkrone finanziert.

Die bekannteste und zugleich auch eine der kürzesten Forschungsreisen ist dabei wohl die Sibirien-Exkursion, die **Alexander von Humboldt** gut 100 Jahre später unternahm. Die entscheidenden Reisen erfolgten aber bereits in der ersten Hälfte des 18. Jahrhunderts, und der Beitrag deutscher Forscher zur Erforschung Sibiriens ist dabei keinesfalls unerheblich , es ist schade, dass sie alle im Schatten der vergleichsweise bescheidenen Humboldt-Reise bleiben und bis heute keine adäquate Würdigung erfahren. Im Namen des Zaren durchreisten, erforschten, beschrieben, katalogisierten und klassifizierten sie Sibiriens Weiten in allen Dimensionen und Fachgebieten. Deutschen Forschern wie Messerschmidt, Steller, Pallas, Gmelin, Müller gebührt für ihre Leistungen der Respekt der Geschichte. In Sibirien, wo nicht wenige Publikationen sie bereits als Russen vereinnahmen, findet man ihre Spuren noch an vielen Orten. Mit diesen Reisen sind sehr unterschiedliche Schicksale verbunden. Von großen Entbehrungen und Eroberungen, wissenschaftlichen Durchbrüchen, Ruhm und Anerkennung über ein zweite Heimat gewordenes Russland bis zum frühen Tod in der Ferne reicht die Bandbreite. Sie lässt sich exemplarisch an den Biographien von Daniel Gottlieb Messerschmidt (1685–1735), Gerhard Friedrich Müller (1705–1783) und Georg Wilhelm Steller (1709–1746) ermessen.

Daniel Gottlieb Messerschmidt, ein promovierter Arzt, folgte 1716 dem Ruf des Zaren Peter an die Neva. Von 1720 bis 1727 unternahm er mit dem Auftrag, die Naturreichtümer West- und Mittelsibiriens

D. **Johann Georg Gmelins**
der Chemie und Kräuterwissenschafft auf der hohen
Schule zu Tübingen öffentlichen Lehrers

Reise

durch

Sibirien,

von dem Jahr 1733. bis 1743.

Erster Theil.

Wo Rußlands breites Reich sich mit der Erde schliesset,
Und in den letzten West des Morgens March zerfliesset;
Wohin kein Vorwitz drang; wo Thiere fremder Art,
Noch ungenannten Völkern dienten;
Wo unbekanntes Erzt sich künftgen Künstlern spart,
Und nie beschne Kräuter grünten;
Lag eine neue Welt, von der Natur versteckt,
Bis Gmelin sie entdeckt.

v. Haller.

Göttingen,
verlegts Abram Vandenhoecks seel., Wittwe. 1751.
mit allergnädigsten Privileg,

Reise durch Sibirien, 1735

Stellers Kamčatka-Buch, 1774

zu erfassen, die erste und wohl eine der längsten Erkundungsreisen der Geschichte. Das Ergebnis bestand u.a. aus neun eng beschriebenen Bänden, die jedoch damals nicht veröffentlicht wurden und erst 250 Jahre später erstmal als Buch erschienen. Das mangelnde Interesse an den Ergebnissen seiner Reise enttäuschte ihn sehr, die Strapazen der Expedition hatten außerdem sein seelisches Gleichgewicht angeschlagen, so dass er in Sankt. Petersburg als leicht verwirrt galt. Überraschend heiratete er 1729 die deutlich jüngere Brigitta Helene von Böckler und wollte mit ihr in seine Geburtsstadt Danzig zurückkehren. Doch bei einem Schiffsuntergang auf der Ostsee verloren sie ihren gesamten Besitz und mussten vollkommen mittellos nach Petersburg zurückkehren. Aufgrund seiner fortschreitenden geistigen Verwirrung fand er keine Anstellung mehr und verstarb 1735 völlig verarmt.

Der in Herford geborene Westfale **Gerhard Friedrich Müller** kam – nach seinem Studium der Literatur und Geschichte in Leipzig – 20jährig nach Petersburg und wurde bereist fünf Jahre später Akademieprofessor. Als die Akademie der Wissenschaften eine Gruppe von Gelehrten zur Großen Nordischen Expedition beorderte, waren darunter zwei Deutsche: G.F. Müller und J.G. Gmelin. Müllers Auftrag war, die Sitten und Gebräuche der zwischen Ural und Pazifik lebenden Völker zu beschreiben und die vorhandenen Archive zu sichten. Die Expedition brach im August 1733 mit großem Staat aus Schreibern, Kartenzeichnern und viel wissenschaftlichen Gerätschaften auf. Nach sechs Monaten war Tobol'sk erreicht, bis Irkutsk zogen weitere 13 Monate ins Land. Nach Jakutsk kam der Tross im September 1736. Da Richtung Osten die Verhältnisse immer unkomfortabler wurden und auch vielfache Beschwerden bei den örtlichen Verwaltungen ohne Ergebnis blieben, hielt sich Müllers Begeisterung für ein weiteres Vordringen nach Osten und die eigentliche Kamtschatka-Erforschung in Grenzen. Er machte – genau so wie Gmelin – in Jakutsk kehrt und verbrachte die folgenden zehn Jahre mit der Erforschung der Sprachen und Kultur der Stämme sibirischer Ureinwohner zwischen Jakutsk und dem Ural. Im Privatarchiv der Stroganovs sowie in den Ortschroniken und Klosterannalen rekapitulierte er die Geschichte der Erkundung und Besiedlung Sibiriens. Er entdeckte auch im Jakutsker Archiv den Bericht über Semën Dežnëvs Entdeckung des Seeweges durch das Nordpolarmeer. Die vollständige Liste seiner Schriften umfasste 163 eigenständige Arbeiten, 81 von ihm bearbeitete Berichte anderer Forscher und Reisenden, 70 originale Karten und Zeichnungen sowie 233 Abschriften von Chroniken und Archivdokumenten. Nach seiner Hochzeit kehrte er 1743 nach Petersburg zurück und nahm die russische Staatsbürgerschaft an. Er veröffentlichte das Buch ›Zur

Herkunft des Volkes und des Namens Russlands‹, ordnete das Archivwesen in Moskau und war kurze Zeit Rektor der Moskauer Universität. Kurz vor seinem Tode äußerte er den Wunsch, zum Gouverneur einer entlegenen Provinz Russlands ernannt zu werden. Heute bezeichnet man ihn als den ›Vater der Geschichtsschreibung Sibiriens‹.

Georg Wilhelm Steller wurde als Sohn eines evangelischen Kantors in Franken geboren. In Wittenberg und Halle studierte er Theologie und Medizin. Im Jahre 1734 kam der Regimentsarzt in Russlands Hauptstadt an. Er pflegte den Kontakt zu Daniel Gottlieb Messerschmidt, dessen Russlanderfahrungen ihn faszinierten. Nach Messerschmidts Tod heiratete er dessen Witwe vor dem Aufbruch in Richtung Pazifikküste. Aus der gemeinsamen Exkursion wurde jedoch nichts, da die neue Gemahlin bereits in Moskau umkehrte. Stellers Reise zog sich in die Länge. In Irkutsk hielt er sich fast ein Jahr auf, bevor er Ochotsk erreichte. Doch er nutzte die Zeit, um vor allem vom Südufer des Baikals umfangreiche Beobachtungen zu Papier zu bringen. Schließlich wurde er als Vitus Berings Wundarzt in die Crew des Schiffes ›St. Peter‹ aufgenommen. Gemeinsam mit dem Schwesterschiff ›St. Paul‹ stieß man am 4. Juni 1741 zur Suche nach neuen Ufern in See. Die Expedition erreichte zwar Alaska, verweilte aber nicht einmal einen Tag, um die Gegend zu erkunden. »Zehn Jahre währte die Vorbereitung zu diesem großen Endzweck, zehn Stunden wurden der Sache selbst gewidmet«, schrieb Steller enttäuscht in sein Tagebuch. Steller konnte an Bord kaum eine seiner Ideen umsetzen, der vergrämte Bering herrschte despotisch. Doch nach seiner Rückkehr wandte sich der unermüdliche Reisende von Bol'šereck aus der Erforschung der Halbinsel Kamčatka zu. Eine Beschwerde über die Behördenwillkür gegen die Ureinwohner brachte Steller ein Verfahren wegen Aufruf zur Rebellion ein, das ihm zwei Jahre später trotz eines Freispruches in Irkutsk große Unannehmlichkeiten bereiten sollte. Nach dem offiziellen Abschluss der Zweiten Kamčatka-Expedition 1744 erhielt er die Aufforderung zur Rückkehr nach Petersburg. Im Ural wurde er von den Behörden, denen der Freispruch nicht vorlag, nach Tobol'sk zurückgeschickt. Nach der drei Wochen dauernden Klärung der Situation feierte er seinen Freispruch zu übermütig und machte sich betrunken auf den Weg nach Tjumen', wo er, nachdem er unterwegs fast erfroren wäre, an einer Lungenentzündung verstarb. Doch seine Leistung und sein Name haben Bestand, denn auf der Bering-Insel und in Alaska sind Berggipfel nach ihm benannt. Die nach ihm benannte Stellersche Seekuh ist allerdings mittlerweile ausgestorben.

Die Stellersche Seekuh (rechts) ist seit Ende des 18. Jahrhunderts ausgestorben

Omsk

Omsk ist heute mit 1,17 Millionen Einwohnern nach Novosibirsk die zweitgrößte Stadt in Sibirien und versteht sich, insbesondere auch mit Blick auf seine Hauptstadtrolle im Bürgerkrieg, als ›heimliche‹ Hauptstadt Sibiriens. Die Omsker – im Russischen etwas ungewohnt Omiči genannt – genießen das Flair ihrer Heimatstadt.

Geschichte

Im Frühjahr 1716 wählte der Gardeoffizier Ivan Buchgol'c (Buchholz) im Auftrag von Peter dem Großen den Ort an der Mündung des Flüsschens Om' in den mächtigen Irtyš als Festungsplatz aus. Damals wurden hier Russlands südliche Grenzen befestigt. Heute ist das Zentrum der Millionenstadt noch ein ganzes Stück von der Mitte der West-Ost-Trasse Russlands entfernt. Die Gelehrten streiten bis heute, ob mit Buchgol'c (oder Buchholz) ein Zarenoffizier russischer oder deutscher Abstammung an der Wiege der Stadt stand.

Wegen der ständigen Angriffe wurde die Festung in großer Eile errichtet, so dass sie schon sehr bald deutliche Abnutzungserscheinungen zeigte. Im Ergebnis entstand bereits 50 Jahre später am anderen Ufer eine neue Festung. Von der alten Festung ist nichts erhalten geblieben. An ihrer Stelle befindet sich heute der Passagierhafen. Teile der neueren Festung am anderen Ufer sind erhalten. Ungeachtet eines schnellen Aufstiegs der Stadt durch den Handel, blieb Omsk in erster Linie ein Ort des Militärs und der Verwaltung, der aber bereits 1782 mit 4000 Einwohnern das Stadtrecht erhielt.

1838 löste Omsk Tobol'sk als Hauptstadt des westsibirischen Generalgouvernements ab. Aus dieser Zeit stammt auch die folgende Beschreibung der Stadt: »Omsk ist die Hauptstadt des westlichen Sibirien. Es ist zwar nicht die bedeutendste Stadt dieses Gouvernements, denn Tomsk hat mehr Einwohner als Omsk, aber hier residiert eben der Generalgou-

Die Mariä-Himmelfahrts-Kathedrale erstrahlt in neuem Glanz

verneur. Im Grunde besteht Omsk aus zwei Städten, von denen die eine so gut wie ausschließlich die Beamten bewohnen und in der anderen die Kaufleute und die Handwerker zu Hause sind.

Die Stadt wurde auch von Befestigungsanlagen umschlossen, freilich handelte es sich dabei nicht um Forts, sondern lediglich um Schanzen und Erdwälle.« Der Verfasser hat die Stadt aber nie besucht. Er schickte seinen Helden zu Beginn des 19. Jahrhunderts auf eine abenteuerliche Reise von Moskau nach Irkutsk. Es war Jules Verne und der Roman heißt ›Michael Strogow‹ bzw. ›Der Kurier des Zaren‹.

Ein noch bedeutenderer Schriftsteller – Fëdor Dostoevskij – brachte Omsk noch größere literarische Bekanntheit. Bei seiner Negativreklame stützte er sich auf eigenes Erleben. Im 19. Jahrhundert erlangte Omsk als Etappenort der zaristischen Verbannung traurigen Ruhm und Russlands später weltberühmter Literat beschrieb seine Omsker Verbannung in den ›Aufzeichnungen aus dem Totenhaus‹.

In der zweiten Hälfte des 19. Jahrhunderts entwickelte sich Omsk zur größten Stadt Sibiriens und zu einem der industriellen Zentren Sibiriens. 1862 wurden die Schifffahrtslinien auf dem Irtyš zwischen Tobol'sk und dem heute in Kasachstan liegenden Semipalatinsk eröffnet. Die Transsibirische Eisenbahn verband ab 1894 Omsk mit dem Ural und dem europäischen Teil Russlands.

Im Bürgerkrieg nach der Oktoberrevolution befand sich in der Stadt die bürgerliche Allrussische Provisorische Regierung, die unter der Regentschaft des Zarenadmirals Aleksandr Kolčak ab November 1918 bis zu dessen Ermordung in Irkutsk Geschichte machte.

Nach dem Zweiten Weltkrieg wurde Omsk, wie viele andere Zentren des russischen militärisch-industriellen Komplexes, zur ›geschlossenen Stadt‹. Ausländer durften Omsk bis Anfang der 1990er Jahre nicht besuchen.

Heute gehören diese Einschränkungen zum Glück der Vergangenheit an. Seit den 1970er Jahren dehnt sich die Stadt auch am linken Ufer über den Irtyš hinaus aus. Neben zwei großen Parks wurden verschiedene Trabantensiedlungen aus dem Boden gestampft.

Obwohl die Stadt nach wie vor ein bedeutendes Industriezentrum (Erdölraffinerie, Reifenproduktion, Messtechnik, Raumfahrtindustrie, Lederverarbeitung u.a.) ist, empfängt sie den Besucher mit einer interessanten Mischung aus unterschiedlichen Traditionen. Auffallend sind viele Parks, Blumenrabatten, Springbrunnen und lustige Skulpturen. Auch die Straßen sind in einem deutlich besseren Zustand als in den anderen Metropolen. Ganz am Rande ist erwähnenswert, dass in Omsk mit deutscher Technologie das beste Bier Sibiriens – ›Sibirskaja Korona‹ (Sibirische Krone) – gebraut wird.

Und für alle, die die Kalorien wieder schnell abbauen wollen, hat Omsk auch etwas Besonderes zu bieten: Die Stadt ist die Marathon-Metropole Sibiriens. Es begann 1991 mit dem ersten Wintermarathon, der zwar in Wirklichkeit ›nur‹ ein Halbmarathon, aber in manchen Jahren dank extrem frostigen Temperaturen alles andere als eine halbe Herausforderung ist. Die Starttemperaturen schwankten zwischen +4 Grad in 2012 und –39 Grad in 2001. Im Januar 2015 lief man bei –4 Grad Celsius. Die Veranstaltung lockt auch bereits alljährlich einige deutsche Marathon-Enthusiasten nach Sibirien (→ S. 125). Seit 1999 gibt es außerdem alljährlich im August einen ›normalen‹ Marathon, www.runsim.ru (R/E).

Die Westsibirische Tiefebene

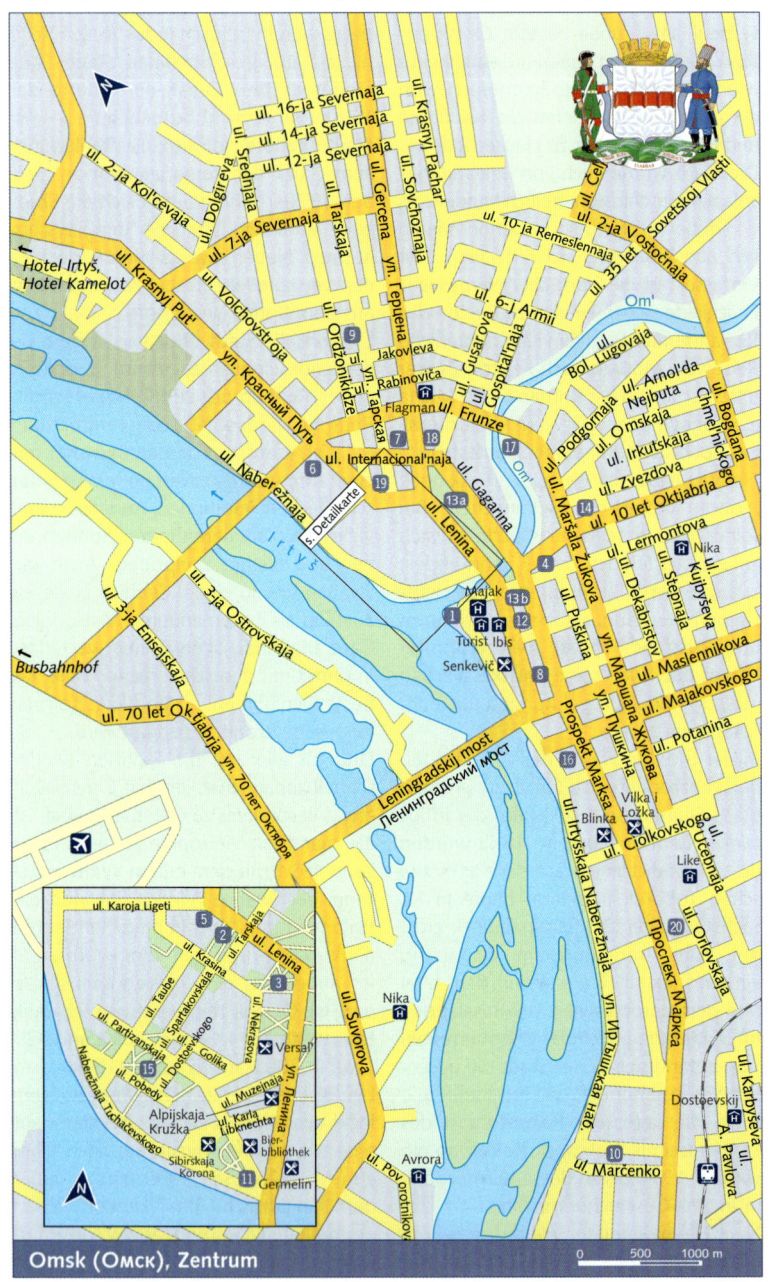

ul. 16-ja Severnaja
ul. 14-ja Severnaja
ul. 12-ja Severnaja
ul. Krasnyj Pachar'
ul. Sovchoznaja
ul. 2-ja Severnaja
ul. 2-ja Kol'cevaja
ul. 7-ja Severnaja
ul. Srednjaja
ul. Dolgijeva
ul. Tarskaja
ul. Gercena
ul. 10-ja Remeslennaja
ul. 35 let V ostočnaja
ul. 2-ja Sovetskoj Vlasti

Hotel Irtyš,
Hotel Kamelot

ul. Volchovstroja
ul. Krasnyj Put'
ul. Красный Путь
ul. Герцена
ul. Арская
ul. 6-j Armii
Gusarova
Gospital'naja

Bol. Lugovaja
ul. Podgornaja
ul. Arnol'da Nejbuta
ul. Omskaja
ul. Irkutskaja
ul. Bogdana Chmel'nickogo

Jakovleva
Rabinoviča
Flagman
ul. Frunze
ul. Zvezdova
ul. 10 let Oktjabrja

Ordžonikidze
9

ul. Naberežnaja
6
7 **18**
ul. Internacional'naja
19
17

13a
ul. Gagarina
ul. Maršala Žukova
ul. Lermontova
14
Nika

ul. Lenina
ul. Stepnaja
ul. Dekabristov
Kul'byševa

s. Detailkarte

I r t y š
4
ul. Puškina
ul. Maslennikova

ul. 3-ja Ostrovskaja
Majak
13b
1
12
Turist Ibis
8
Senkevič
ul. Marušala Žukova
ul. Majakovskogo

Busbahnhof
ul. 3-ja Enisejskaja
ul. Potanina

ul. 70 let Oktjabrja
ul. 70 лет Октября
Prospekt Marksa
16
ul. Puškina

Leningradskij most
Ленинградский мост
ul. Irtyšskaja Naberežnaja

Vilka i Ložka
Blinka
Ciolkovskogo
Like
ul. Orlovskaja
20

Prospekt Marksa

ul. Karoja Ligeti
5 **2**
ul. Krasina
ul. Lenina
ul. Taube
ul. Spartakovskaja
ul. Nekrasova
ul. Dostoevskogo
Nika
ul. Partizanskaja
ul. Dostoevskogo
ul. Golika
Versal'
3
ul. Pobedy
15
ul. Muzejnaja
ul. Suvorova
ul. Ленина
ul. Karla Libknechta
Alpijskaja Kružka
Bier-bibliothek
Sibirskaja Korona
11
Germelin
ul. Pov orotnikova
Avrora

Dostoevskij
ul. Karbyševa
ul. Pavlova
10
ul. Marčenko

0   500   1000 m

Keine Stadt in Sibirien hat übrigens in ihrer Geschichte so oft ihr Wappen geändert wie Omsk. Das 2014 beschlossene Stadtwappen ist bereits die Nr. 6 in der 300–jährigen Stadtgeschichte. Das 300–jährige Jubiläum soll 2016 groß gefeiert werden.

Sehenswürdigkeiten

Den Mittelpunkt der Stadt bildet die Mündung des Om' in den Irtyš. Südlich des Om' umschreiben am Passagierhafen parallel zum Irtyš der pr. Marksa und die ul. Lenina bis zur Irtyš-Brücke an der ul. Maslenikova die Südhälfte des Zentrums mit Museen, Theatern, Restaurants und Hotels.

Hier entstand 2014 in der nach dem kasachischen Aufklärer Čokan Valichanov (1835–1865) benannten Straße eine nette **Fußgängerzone** zum Ob'-

Ufer mit Ständen zur Stadtgeschichte und zwei originellen aus Spiegelflächen konstruierten Toren.

Etwas weiter südlich in Richtung Bahnhof befindet sich gegenüber dem Komsomolpark das wuchtige Gebäude der **Verkehrshochschule**. Es wurde 1913 als Verwaltungssitz der Westsibirischen Eisenbahngesellschaft eingeweiht und war in der Zeit des Bürgerkriegs Regierungssitz der Provisorischen Regierung unter Admiral Kol'čak, pr. Marksa 35.

Zwischen den beiden Marx und Lenin gewidmeten Magistralen stand am Ufer des Om' früher die größte Kirche der Stadt. Die Proroko-Il'inskaja cerkov' aus dem Jahre 1789 war Ende des 19. Jahrhunderts erweitert und Mitte der 1930er Jahre abgerissen worden. Zunächst entstand zum 100. Todestage Alexander Puschkins ein Denkmal des

Die Westsibirische Tiefebene

1 Passagierhafen (Речной вокзал)

2 Taraer Stadttor (Тарские ворота)

3 Akademie-Theater (Академический театр)

4 Musiktheater (Музыкальный театр)

5 Gebietsadministration (Администрация области)

6 Alexander-Puschkin-Bibliothek (Библиотека им. А.С. Пушкина)

7 Feuerwehrturm (Пожарная башня)

8 Kosaken-Nikolaj-Kirche (Казачья-Никольская церковь)

9 Kreuzigungskathedrale (Крестовоздвиженский кафедральный собор)

10 Deutsche Kirche (Немецкая церковь)

11 Serafimo-Aleksej-Kapelle (Серафимо Алексеевская часовня)

12 Heimatkundemuseum (Краеведческий музей)

13 a/b Michail-Vrubel-Gemäldegalerie (Картинная галерея им. Михаила Врубеля)

14 Aleksej-Liberov-Zentrum (Центр им. Алексея Либерова)

15 Fëdor-Dostoevskij-Museum (Музей им. Фёдра Достоевского)

16 Kondratij-Belov-Museum (Музей им. Кондратия Белова)

17 Einkaufszentrum Triumf (ТЦ Триумф)

18 Kaufhaus (Омский торговый центр)

19 Mariä-Himmelfahrts-Kathedrale (Успенский Кафедральный Собор)

20 Puppentheater Harlekino (Кукольный Театр Арлекино)

21 Omsker Festung (Омская крепость)

22 Verkehrshochschule (Омский университет путей сообщений)

Das Omsker Schauspielhaus

Dichters, das jedoch 20 Jahre später durch das obligatorische **Lenin-Denkmal** abgelöst wurde, wobei Lenin hier jedoch nicht wie sonst richtungsweisend, sondern eher zurückhaltend dargestellt ist. Im Hintergrund ist das originelle Musiktheater zu sehen. Am Nordufer des Om' wurde die 1908 errichtete und 1928 zerstörte **Serafimo-Aleksej-Kapelle** 1995 wieder zu einer kleinen Perle im Stadtbild.

■ Entlang der Leninstraße

Linker Hand geht es zur Parkanlage der Neuen Festung. Hier nimmt auch auf etwa einem Kilometer Länge leicht ansteigend bis zum Schauspielhaus die alte Prachtstraße – vormals zur Zarenzeit Ljubinskij pr. und heute Teil der ul. Lenina – ihren Anfang. Sie verdient auch heute bereits wieder diese Bezeichnung. Die Ende des 19. Jahrhunderts errichteten Gebäude sind gut erhalten, und, dem Zug der Zeit entsprechend, halten heute noble Geschäfte und Gaststätten wieder Einzug, wobei ein breites Trottoir zum Flanieren einlädt.

Eine neue Mode in vielen Städten Russlands, Fußgängerzonen mit ernsten und/oder lustigen **Skulpturen** aufzulockern, findet auch in Omsk Gefallen. Die auf einer Bank sitzende Schönheit ›Ljuba-Ljuboc̆ka‹ erinnert an die sehr jung verstorbene Gouverneursgattin Ljubov Gasford (1829–1852). Weniger konkrete Bezugspersonen gibt es für den ›Installateur Stepanic̆‹, der seinen Kopf aber bereits auch in anderen Städten (z.B. Bratislava) aus einem Kanalisationsdeckel steckt.

Nördlich des Schauspielhauses und der Gemäldegalerie auf der gegenüberliegenden Seite erstreckt sich hinter dem Platz des Sieges ein kleiner **Stadtpark** mit Springbrunnen und Blumenrabatten. Linker Hand erblickt man bereits die bedeutendste Sehenswürdigkeit in der durch eine Häuserzeile geteilten Parkanlage – die wunderschöne **Mariä-Himmelfahrts-Kathedrale** (Uspenskij Kafedralnyj Sobor). Seit 2007 erstrahlt die Kirche mit ihren goldenen und türkisfarbenen Kuppeln wieder im neuen, alten Glanz. Wie damals eine Zeitung schrieb: ›Omsk bekam seine Seele zurück‹. Die Kirche war ursprünglich 1898 geweiht und 1935 wie viele andere Gotteshäuser in der Sowjetunion gesprengt worden.

Karte S. 114

Am östlichen Rand des Parks erhebt sich das **Rathaus** von Omsk in einem klassizistischen Bau, am westlichen Rand steht der die **Gebietsadministration** beherbergende Betonklotz. Hier würdigt ein kleines Denkmal den Omsker Marathon. Jedes Jahr kommen im Sommer und im Winter kleine Namensschilder mit den Siegern hinzu.

Auf halber Höhe zwischen Gouverneur und Bürgermeister befindet sich der etwa 1913 errichtete **Feuerwehrturm**, der heute auf vielen Fotos als Sinnbild für Omsk auftaucht. Damals wurde er am Stadtrand gebaut, heute begrenzt er gerade das Stadtzentrum.

Hinter dem Gouverneurssitz beginnt die ul. Krasnyj put', die sich etwa mit ›Roter Pfad‹ übersetzen lässt. Dieser führt gen Norden zu den Gewerbegebieten und zu einer der größten Ölraffinerien Russlands und zur neuen Irtyš-Brücke. Am Beginn der ul. Krasnyj put' steht in einen kleinen Park eingebettet ein imposanter Neubau: **Sibiriens modernste Bibliothek**, die den Namen des wohl größten russischen Dichters, Alexander Puschkin, trägt. Die Fassade schmücken acht Statuen berühmter russischer Schriftsteller.

■ **Um die Mündung des Om'-**
Nördlich der Om'-Mündung wurden in einem Park einige Spuren der ab 1768 errichteten sogenannten **Neuen Festung** in den letzten Jahren zu neuem Leben erweckt. Rund um das einzige direkt am Ufer des Irtyš erhalten gebliebenen Festungstor in Richtung Tobol'sk entstand des **Historisch-Kulturelle Zentrum Omsker Festung** (Istoriko-kul'turnyj zentr ›Omskaja krepost'‹). Neben einer kleinen Ausstellung zur Festungsgeschichte gibt es Werkstätten für Volkskunst, Sa, So Ruhetage, ul. Partizanskaja 5a, Tel. 204563, www.

omskkrepost.ru (R). Die anderen drei Festungstore wurden in den letzten Jahren originalgetreu wiederaufgebaut: das **Taraer Stadttor** zu seinem 200–jährigen Jubiläum 1992, die anderen beiden den Flüssen Irtyš und Om' zugewandten Tore 2011. In der ehemaligen, aus dem Jahre 1781 stammenden **Hauptwache** befindet sich heute das Wehrkreiskommando.

Im Haus des Festungskommandanten wurde zu Beginn der 1980er Jahre ein **Fëdor-Dostoevskij-Museum** eröffnet, das an die Jahre der Zwangsarbeit erinnert, die der Schriftsteller hier verbrachte. Während die orthodoxe Auferstehungskirche neben der Hauptwache heute nur noch Erinnerung ist, wurde die protestantische **Festungskirche** (Baujahr 1791) Anfang der 1970er Jahre nach Rekonstruktion in den Bau eines Kulturhauses der örtlichen Polizei integriert. Von der südlich der Om'-Mündung gelegenen alten Holzfestung, die 1716 den Ursprung der Stadt Omsk darstellte, sind im heutigen Stadtbild keine Spuren mehr zu finden. Heute befindet sich hier der **Passagierhafen**, und auf dem nach dem Begründer Ivan Buchgol'c benannten Vorplatz erinnerte zunächst eine kleine Stele mit dem Zarenadler an die Stadtgründung. 1997 wurde die zwischenzeitlich abgebrochene Stele durch ein Memorial in Form einer monumentalen bräunlichen Kugel ersetzt, die – in eine kleine Parkanlage eingebettet – auf Porträts und Fresken die Gründung der Stadt veranschaulicht.

■ **Theater**
Sehenswert ist auch das örtliche **Schauspielhaus**, das Akademie-Theater. Am 24. September 1905 hob sich erstmals für Gogols ›Der Revisor‹ der Vorhang. Das imposante, in Grüntönen gehaltene

Die Westsibirische Tiefebene

Gebäude wurde nach über dreijähriger Bauzeit zum Mittelpunkt des kulturellen Lebens der Stadt und ist heute Heimstatt für eine der besten dramatischen Bühnen Sibiriens, was auch der verliehene Akademie-Titel belegt, ul. Lenina 8a, Tel. 244065, www.omskdrama.ru (R). Generell hat die **Theaterlandschaft** der Stadt einen guten Ruf. Hervorzuheben sind das Jugendtheater, pr. Marksa 4a, die etwas auswärts gelegene Experimentierbühne ›5. Theater‹, ul. Krasnyj put' 153, das Puppentheater ›Harlekino‹, ul. Marksa 41a, Tel. 244648, sowie neben der Philharmonie, ul. Lenina 27, Tel. 310093, das in den 1970er Jahren neu gebaute **Musiktheater**, ul. 10 let Oktjabrja 2, Tel. 318127, www.muzteatromsk.ru (R). Heute ist es zugleich einer der markantesten Neubauten der Stadt, der wegen seiner eigenwilligen Form von den Omskern scherzhaft auch ›Die Sprungschanze‹ (für bis zu 15 Skispringer gleichzeitig!) genannt wird.

■ Handelszentrum

Eine Sternstunde der ansonsten doch zumeist würfellastigen sowjetischen Architektur ist das in den 1980er Jahren eröffnete und damals größte Kaufhaus der Stadt mit dem Namen Omsker Handelszentrum. Aufgelockert durch viele Glasdächer und mit verschieden Verkaufsebenen, lädt die Mischung aus rotem Backstein und heller Außenverkleidung zum Shopping ein, ul. Inter-. Mittlerweile hat sie natürlich modernere Konkurrenz bekommen, in Zentrumsnähe z.B. durch die **Shopping Mall Triumf** am Om'-Ufer, ul. Berezovskogo 19, Tel. 313333, www.triumf-omsk.ru (R).

■ Kirchen

Neben der Mariä-Himmelfahrts-Kathedrale (→ S. 116) gibt es eine Reihe weiterer interessanter Kirchen in Omsk. Die Kosaken spielten bekanntlich in Sibirien eine große Rolle und ließen in Omsk 1833 ihre eigene Kirche, die **Kosaken-Nikolaj-Kirche** (Kazač'ja Nikol'skaja cerkov') errichten. Ab 1883 befand sich hier die Standarte des Kosakenatamans und Sibirieneroberers Ermak, die allerdings in den Wirren des Bürgerkrieges verlorenging. Die Kirche selbst wurde zu Sowjetzeiten in einen Konzertsaal für Kammer- und Orgelkonzerte umfunktioniert und erfuhr damit ein vergleichsweise mildes Schicksal. Seit 1996 steht die Kirche nach einer mehrjährigen Rekonstruktion wieder allen Gläubigen offen, ul. Lenina 27a, Tel. 315748, www.nikolo-kazachi-sobor.ru (R)..

Eine weitere schöne Omsker Kirche ist die **Kreuzerhöhungskathedrale** (Kresto-

▲   *Das Omsker Musiktheater*

vozdviženskij kafedral'nyj sobor). Sie wurde 1870 erbaut und befindet sich am Ende der als Fußgängerzone zwischen liebevoll restaurierten alten Holzhäusern und anderen zumeist weniger liebevoll errichteten Neubauten verlaufenden Taraer Straße. Interessant ist die reich verzierte Ikonenwand, ul. Tarskaja 33.

Die **deutsche Kirche** wurde Anfang der 1990er Jahre von einem Göttinger Architekten mit Unterstützung der Bundesrepublik Deutschland für die in der Region Omsk ansässigen Russlanddeutschen errichtet. Daneben existiert ein Kultur- und Begegnungszentrum. Gottesdienste finden sonntags um 10 Uhr in deutscher Sprache und um 14 Uhr in russischer Sprache statt, ul. Roždestvenskogo 2/1, Tel. 417790.

Museen

■ Heimatkundemuseum

Das Heimatkundemuseum (Vereintes Geschichts- und Literaturmuseum) gehört mit seiner neu gestalteten Exposition zu den interessantesten seiner Art in Sibirien. Die Sammlung zur Geschichte von den Ureinwohnern bis zur Gegenwart ist sehr anschaulich und zeitgemäß. Die Naturkundeabteilung führt vom jakutischen Mammut bis zur heutigen Tier- und Pflanzenwelt Sibiriens. Daneben gibt es verschiedene Wechselausstellungen, Montag Ruhetag, ul. Lenina 23a, Tel. 314747, www.sibmuseum.ru (R).

■ Museum für Bildende Kunst

Im Michail-Vrubel'-Gebiets-Museum für bildende Künste befindet sich eine der umfangreichsten Sammlungen von Ikonen, russischer und westeuropäischer Malerei aus dem 19. und 20. Jahrhundert sowie anderer bildender Künste. Das Museum entstand 1923. Den Grundstein bildeten Schenkungen aus Moskau und Petrograd, die größtenteils aus in dieser Zeit unter dem Stichwort ›Nationalisierung‹ beschlagnahmten Privatsammlungen stammten. Neben Arbeiten des aus Omsk stammenden Michail Vrubel' finden sich Werke vieler bekannter Maler (Ajvasovskij, Levitan, Repin u.a.) wieder. Der bedeutendere Teil der Galerie befindet sich im Gebäude der ehemaligen, 1914 erbauten Handelskammer, Montag Ruhetag, ul. Lenina 3, Tel. 200045, www.vrubel.ru (R). Der zweite Teil der Ausstellung, der sowohl Gemälde als auch Möbel umfasst, befindet sich in der ehemaligen Residenz des westsibirischen Generalgouverneurs, Montag Ruhetag, ul. Lenina 23, Tel. 310017. In beiden Gebäuden finden auch Einzelausstellungen statt.

Die analog zur Gemäldegalerie ebenfalls nach Vrubel' benannte **Verkaufsgalerie des örtlichen Künstlerverbandes** befindet sich in der ul. Lermontova 8.

■ Dostoevskij-Museum

»Der erste Monat und überhaupt der Anfang meines Gefängnislebens stehen mir noch jetzt lebendig vor der Seele. Meine folgenden Gefängnisjahre sind mir weit unklarer in Erinnerung. Manche sind so gut wie ganz aus meinem Gedächtnis entschwunden. Sie sind zusammengeflossen und haben sich zu einem Gesamteindruck vermischt: schwerer, einförmiger Druck. Aber alles, was ich in den ersten Tagen im Gefängnis durchlebte, sehe ich vor mir, als ob es sich gestern zugetragen hätte. Es kann auch gar nicht anders sein. Ich erinnere mich deutlich, dass ich bei den ersten Schritten in dieses Leben überrascht war, nichts besonders Überraschendes, Ungewöhnliches oder, besser gesagt, Unerwartetes zu finden. All dies hatte mir, wie mir schien, auch schon vorgeschwebt, als ich

Die Westsibirische Tiefebene

Das Kondtratij-Belov-Museum

zur Zwangsarbeit in Sibirien begnadigt. In seinen ›Aufzeichnungen aus dem Totenhaus‹ verarbeitete er seine Erfahrungen der vier Jahre in Ketten zu einem erschütternden Dokument über die Zwangsarbeit im zaristischen Russland. Die Exposition zeigt den Weg der Verbannten, den Werdegang des Schriftstellers sowie verschiedene Gegenstände und Dokumente aus seiner Zeit in Omsk und später in Kasachstan. Daneben ist eine kleine Ausstellung den wichtigsten Literaten der Stadt gewidmet, Montag Ruhetag, ul. Dostoevskogo 1, Tel. 242965, www.litmu seum.omskportal.ru (R/E).

■ Liberov- und Belov-Museum

Zwei eng mit Omsk verbundene, bekannte sibirische Landschaftsmaler sind mit eigenen kleinen Museen in der Stadt ein Geheimtip für Omsk: Aleksej Liberov (1911–2001) und Kondratij Belov (1900–1988).

Die alte Jugendstil-Holzvilla des **Liberov-Zentrums** beherbergt eine Dauerausstellung zum Werk Liberovs sowie eine kleine Galerie und ein Kulturzentrum, ul. Dumskaja 3, Tel. 378584, www.liberov center.ru (R).

Das **Belov-Museum** befindet sich in einer Holzvilla in der neuen Fußgängerzone, die Ende des 19. Jahrhunderts von dem deutschstämmigen Omsker Kaufmann Philipp Stumpf errichtet wurde. Die kleine Ausstellung der Arbeiten, die faszinierende Landschaften Sibiriens darstellen, beeindruckt durch ihre Ausdrucksstärke und die Gastlichkeit einer Tochter des Malers, die das Museum leitet. Es entwickelt sich zunehmend zu einem Kulturzentrum mit Lesungen, Konzerten und einer kleinen Schule, ul. Valichanova 10, Tel. 319322, www. belovmuseum.ru (R).

mir auf dem Weg nach Sibirien mein künftiges Los vorzustellen versuchte. Aber bald begegneten mir auf Schritt und Tritt die unerwartetsten Seltsamkeiten und ungeheuerlichsten Dinge. Erst in der Folgezeit, als ich schon ziemlich lange im Gefängnis gelebt hatte, konnte ich die ganze Ungeheuerlichkeit ermessen und geriet dabei immer mehr in Erstaunen. Dieses Erstaunen hat mich mein ganzes Gefängnisleben begleitet; ich habe mich nie in diesem Leben zurechtfinden können.« (Fёdor Dostoevskij, Aufzeichnungen aus dem Totenhaus). Im Haus des Festungskommandanten wurde 1982 das Dostoevskij-Museum eröffnet, das an die Jahre erinnert, die der Schriftsteller von 1850 bis 1854 in der Omsker Festung zugebracht hatte. Der aus Petersburger Intellektuellen und Beamten bestehende Gesprächskreis um Michail Petraševskij wurde 1849 des Hochverrats angeklagt. Dostoevskij wurde zunächst zum Tode verurteilt und dann mit Verbannung

Karte S. 114

■ **Weitere Museen**

Es gibt noch eine Reihe weiterer Museen. Im alten Gebäude der Russischen Geographischen Gesellschaft befindet sich heute ein **Schul-Museum**, ul. Muzejnaja 3, Tel. 230209. In der Nähe der früheren neuen Festung gibt es ein **Militär-Museum**, das den Heldentaten der Omsker vom Bürgerkrieg bis zum Afghanistankrieg gewidmet ist, Oblastnyj Muzej Vojnskoj Slavy Omičej, ul. Taube 7, Mo Ruhetag, Tel. 238550. Am Eishockey-Stadion gibt es noch das **Sibirische Kulturzentrum**, das sich dem russischen Brauchtum Westsibiriens widmet, bul. Martynova, Tel. 304309.

 Omsk

Lage: 54°59'23.56"N/73°22'0.45"E; Omsk ist 2555 km von Moskau entfernt. Zeitunterschied zu MEZ im Sommer 5, im Winter 6 Std.

Postleitzahl: 944000.

Vorwahl: +7/3812; Auskunft: 09.

Hauptpostamt: ul. Gercena 1, Tel. 253338.

Bank: Sberbank, ul. 22. Aprelja 19/1, Tel. 367961.

Geldautomaten: Kaufhaus CUM, ul. Gercena 2.

Taxi: Tel. 251710.

Reisebüro: Sibtours, www.sibtours.com (R/E/D), Tel. 242786.

Konsulate: Deutschland hat einen Honorarkonsul in Omsk, 1. Voennaja ul. 7 Korp. 2, Tel. 323833 (keine Visa-Angelegenheiten). Daneben gibt es noch ein Konsulat Kasachstans, ul. Valichanova 9, Telefon 325213.

Durchschnittstemperatur: Januar −19 Grad, Juli 19 Grad.

Omsk hat einen vergleichsweise zentral gelegenen Flughafen, der nach umfassender Rekonstruktion seit 2010 auch mehrere internationale Flüge bietet. In Deutschland wird derzeit im Sommer von der Fluggesellschaft S7 wöchentlich einmal Frankfurt/Main angeflogen. Es gibt täglich Flüge nach Moskau (3 x Domodedovo, 3 x Šeremet'evo) sowie St. Petersburg. Mehrmals pro Woche fliegt man nach Ekaterinburg, Novosibirsk und Surgut, ul. Inženernaja 1, 556911, www.aeroomsk.ru (R).

Omsk liegt an der Transsibirischen Eisenbahn. Nach Moskau fährt man 42 Std. Empfehlenswert ist die Nachtzugverbindung zwischen Omsk und Novosibirsk (9,5 Std.), vor allem mit dem direkten Zugpaar 87/88 Irtyš. Richtung Westen zweigt hier der ursprüngliche Streckenverlauf der Transsibirischen Eisenbahn in Richtung Čeljabinsk ab. Die Strecke führt über das heute in Kasachstan gelegene Petropavlovsk, wofür seit 2014 kein Extra-Visum mehr benötigt wird, ul. Lobkova 1, Tel. 411201.

Im Sommer kann man mit dem Schiff den Irtyš entlang bis nach Tara, Tobol'sk und, nach seiner Einmündung in den Ob', bis zum Eismeer nach Salechard reisen. Es gibt in der Sommersaison 2–3 Fahrten monatlich. Tickets für die vier Tage dauernde Reise über 2700 Kilometer gibt es bei Severrečflot, ul. Gerzena 48, Tel. 770507. Daneben werden auch 5-tägige touristische Kreuzfahrten über Tara nach Tobolsk angeboten. Im Stadtgebiet gibt es ebenfalls interessante ein- und mehrstündige Ausflugsfahrten auf dem Irtyš, die an der Anlegestelle an der Om'-Mündung ablegen, ul. Lermontova 7/1, Tel. 318777.

Der Busbahnhof liegt am anderen Irtyš-Ufer in der nördlichen Verlängerung der ul. 70 let Oktjabrja, pr. Komarova 2, Tel. 746413

Ibis Sibir-Omsk, EZ/DZ 4200–5600 Rbl ul. Lenina 22, Tel. 311551, www.ibis.com (D), www.ibis-sibir-omsk.com (R/E). Das derzeit beste Hotel in zentraler Lage.

Majak (Leuchtturm, Маяк), EZ/DZ 3400–5200 Rbl., ul. Lermontova 1, Tel. 315431, www.hotel-mayak.ru (R/E/D), DZ 3200 Rbl. Nahe dem Flusshafen bietet das architektonisch interessante Hotel auf drei Etagen eine gute Unterkunft.

Turist (Турист), EZ/DZ 1800–3600 Rbl., ul. Broz Tito 2, Tel. 316414, www.tourist-omsk.ru (R/E), DZ 2500 Rbl. Das Hochhaus in Sichtweite ist das größte Hotel der Stadt.

Zwei **Nika Hotels** sind mit Spa-Angeboten ebenfalls zu empfehlen, EZ/DZ 1800–4200 Rbl., ul. Lermontova 62, Tel. 510734 und ul. Suvorova 110, Tel. 556562, www.otelnika.ru (R).

Flagman (Флагман), EZ/DZ 3900–4900 Rbl., ul. Frunze 80/Ecke Gerzena, Tel. 433111, www.tokflagman.ru/hotel (R/E). Ein Hotel im Business-Zentrum Flagman (Бизнес Центр Флагман).

Irtyš (Иртыш), EZ/DZ 3000–4500 Rbl., ul. Krasnyj Put' 155/1, Tel. 232702, www.hotel-irtysh.ru (R). Abseits des Stadtzentrums in Richtung Norden, aber ruhig am Irtyš-Ufer gelegenes, ehemaliges Partei-Hotel.

Kamelot (Камелот), EZ/DZ 2000–4400 Rbl., ul. Krasnyj Put' 153/3, Tel. 247741, www.hotel.kamelotdk.com (R). Auch die daneben stehende kitschige Ritterburg ist ein Hotel – mit Empfehlung an König Artus.

Avrora (Аврора), EZ/DZ 3500–4500 Rbl., ul. Povorotnikova 6, Tel. 557352. Ruhiges,

rekonstruiertes Hotel am anderen Ufer des Flusses.

Die günstigsten Unterkunfte in Omsk sind mehrere Hostels wie **Like**, ul. Učebnaja 196, Tel. 923/6926065, www.omsk.like-hostels.ru (R/E) oder **Dostoevskij**, ul. Akademika Pavlova 22, Tel. 923/6982743, (R/E), die Schlafplätze ab 350 Rbl. anbieten.

Senkevič (Сенкевич), ul. Sezdovskaja 1, Tel. 310344, www.senkevich-omsk.ru. Das beste Restaurant der Stadt direkt am Irtyš-Ufer, 200 Meter südlich des Flusshafens. Es bietet sowohl russische als auch internationale Küche und ist nach Juri Senkevič (1937–2003), dem einzigen russischen Teilnehmer an Thor Heyerdahls Ra-Atlantik-Überquerung benannt.

Gute Restaurants mit europäischer Küche sind das **Europa** (Европа), ul. Lenina 22, Tel. 304333 und das **Skopin** (Скопин), ul. Marksa 14, Tel. 14, Tel. 310646.

Germelin (Гермелин), ul. Lenina 21, Tel. 201514, www.гермелин.рф (R), und **Bierbibliothek** (Pivnaja biblioteka, Пивная библиотека), ul. Partizanskaja 4, sind nicht ganz so anspruchsvolle, aber gemütliche und empfehlenswerte Lokalitäten.

Für Liebhaber des Gerstensaftes lohnt auch ein Besuch der Restaurant-Kette der örtlichen Brauerei **Sibiriskaja Korona**, ul. Partizanskaja 1/1, Tel. 925383 oder pr. Marksa 5a, Tel. 325410 sowie ul. Krasnyj put' 80/1, Tel. 232606, www.sibkoromsk.ru (R).

Im Vergleich zu anderen Städten Sibiriens bietet Omsk bereits seit Jahren eine vergleichsweise breite Auswahl an lokalen Fastfood-Ketten: **Vilka i Ložka** (Вилка и Ложка), pr. Marksa 38 und ul. Lenina 21, Tel. 417430, die Kette ist auch in Novosibirsk und Krasnojarsk sowie in anderen russischen Städten zu finden. **Blinka** (Блинка), unter anderem hier: pr. Marksa

24, ul. Puškina 59, ul. Komarova 2 und ul. Majakovskogo 96. Typisch Omsk!
Sto Povarov (100 Köche, Сто Поваров), ul. Karla Marksa 18, ul. Berezovskogo 19, ul. 10letija Oktjabrja 182, Tel. 314350. Bietet internationale Küche.

Kaffee Berlin ist erste Wahl, ul. Lenina 20, Tel. 909077, www.berlin-kaffee.com (R). Ebenfalls sehr empfehlenswert ist um die

Ecke das **Skuratov Coffee**, ul. Lermantova 4b, Tel. 635385.
Außerdem **Tinto**, ul. Tarskoj 14/10, Tel. 249955 und **Base East West** (mit angeschlossenem Restaurant), ul. Krasnyj Put' 5, Tel. 211145.

www.omsk.net.ru (R/E/D)
www.omsk.infomsk.ru (R).
www.omskcult.ru (R).

Tara

Ein Ausflugsziel für alle Fans von ›Vom Winde verweht‹, aber nicht nur für diese. Viele, die in Atlanta (USA), wo Margaret Mitchel ihren weltberühmten Roman schrieb und ihr Wohnhaus heute Museum ist, nach den Spuren von Tara suchen, müssen enttäuscht feststellen, dass Tara nicht existiert und nur der Phantasie der Autorin entsprungen war. Aber Tara existiert doch – wenn auch in einem ganz anderen Sinne und am anderen Ende der Welt. Es ist nämlich die nach Tobol'sk und Tjumen' drittälteste Stadt Sibiriens, die heute allerdings mit 27 000 Einwohnern nur eine kleine

Eiszapfen an einem Wohnhaus

Kreisstadt in der westsibirischen Provinz ist. Sie wurde bereits 1594 als Festung am Zufluss des Flusses Tara in den Irtyš als Ausgangspunkt für weitere Expeditionen in Kučums Tatarenreich gegründet. Mehrmals musste der Ort nach Bränden wiederaufgebaut werden. 1669 erfolgte der Wiederaufbau am heutigen Standort. Zunächst verlief der Moskauer Trakt von Verchnoturje im Ural über Tobol'sk und Tara nach Tomsk und weiter nach Kjachta. Tara profitierte von den Handelsströmen der berühmten Teestraße und war nach 1700 auch Verbannungsort.
In seiner Blütezeit erhielt Tara 1782 das Stadtrecht. Zu Beginn des 19. Jahrhunderts wurde die Trassenführung des Moskauer Traktes gen Süden über Išim und Omsk verschoben und die wirtschaftliche Bedeutung Taras sank. Zarevič Nikolaus machte während seiner Sibirienreise 1891 hier einen Stopp. 2004 wurde eine moderne Brücke über den Irtyš eröffnet. Die jetzt fertiggestellte Fernstraße von Tobol'sk soll bis Tomsk weiter gebaut werden.

■ Sehenswürdigkeiten

Die Stadt liegt am linken Ufer einer Irtyš-Kehre. Von der alten hölzernen Festung wurde anlässlich des 400-jährigen Gründungsjubiläums ein **Teil des**

Palisadenzauns mit drei Türmen wieder aufgebaut. Von den sechs in der zweiten Hälfte des 18. Jahrunderts erbauten Steinkirchen überlebte nur eine die Sowjetzeit. Die **Spasskaja cerkov** (Erlöserkirche) wurde zwischen 1754 und 1776 erbaut und ist stilistisch dem sibirischen Barock zuzuordnen, wobei der klassische Barock durch vielfältige typische russische Verzierungen und teilweise orientalische Ornamente modifiziert wurde, ul. Spasskaja 46.

Es gibt in der Stadt noch viele schöne **Holzhäuser** und **Stadtvillen** aus dem 19. Jahrhundert. In einem dieser Kaufmannshäuser befindet sich seit 1990 das **Heimatkundemuseum**, das vorher in der Erlöserkirche seine Heimstatt hatte. Auf zwei Etagen gibt es Naturkunde und Stadtgeschichte bis 1917, Samstag Ruhetag, pl. Lenina 8, Tel. 21546.

Weitere, unter Denkmalschutz stehende Holzhäuser befinden sich in der ul. Sovetskaja 9, 18, 24, 30. Hier befindet sich auch die örtliche Gemäldegalerie, die nach Voranmeldung zu besichtigen ist, ul. Sovetskaja 18, ul. 23048.

Der ganze Stolz der Stadt ist das neue **Schauspielhaus**. 2001 gegründet, bezog es 2006 sein neues Domizil, das anspruchsvoll ausgebaute ehemalige Kino ›Rodina‹. Das Theater ist nach dem beliebten und aus der Gegend stammenden Schauspieler Michail Ul'janov (1927–2007) benannt, ul. Sovetskaja 25, Tel. 20297. Im Elternhaus des Schauspielers soll ein kleines Museum entstehen.

 Tara

Lage: 56°53'59.82"N/74°22'23.33"E; Tara liegt 302 Kilometer nördlich von Omsk am Fluss Irtyš. Zeitunterschied zu MEZ im Sommer 5, im Winter 6 Std.
Postleitzahl: 646530.
Vorwahl: +7/38171; Auskunft: 09.
Hauptpostamt: pl. Lenina 17, Tel. 21900.
Bank: Sberbank, ul. Spasskaja 45, Tel. 20430.
Geldautomat: ul. Spasskaja 45.
Durchschnittstemperatur: Januar –21 Grad, Juli 17 Grad.

Bis zur Transsib sind es 286 (Bahnhof Ljubinskij) bzw. 308 Kilometer (Bahnhof Omsk).

Es gibt tgl. 6 Busverbindungen nach Omsk, Fahrtzeit 5 Std., ul. Kuznecnaja 71, Tel. 22064.

Im Sommer verkehrt jeden zweiten Tag ein Linienschiff zwischen Omsk und Tevriz, das in Tara Halt macht. Die Reisezeit bis Omsk beträgt ca. 6 Std. Die Anlegestelle liegt am nordöstlichen Stadtrand, ul. Elezkogo 28, Tel. 28179.

Es gibt zwei kleine Hotels in der Stadt: **Irtyš** (Иртыш), pl. Lenina 14, Tel. 21538 und **Medved'** (Медведь), ul. Lenina 50, Tel. 22177.

Es gibt mehrere Cafés vor Ort, z. B. **Meteliza**, ul. Kuznecnaja 70, Tel. 20889, und **Ochotniče**, ul. Jubilejnaja 1a, Tel. 20855.

Der **Zentralmarkt** befindet sich in der ul. Lenina 96.

www.taragorod.ru (R)

Eis-Lauf

Im Januar 2001 herrschte in Sibirien einer der kältesten Winter aller Zeiten. Bei minus 42 Grad traten dennoch fast 150 Teilnehmer zum berühmten ›Siberian Ice Marathon‹ in Omsk an, unter ihnen der Deutsche Tom Ockers. Nachfolgend ein kleiner Auszug aus seinen Erinnerungen:

»Auch George Sodbinov erreichte irgendwann die 6-Kilometer-Marke. Wie er das schaffte, kann keiner mehr genau sagen. Weil sich der Frotteestoff seiner Laufhose mit Schweiß vollgesaugt hatte und sekundenschnell tiefgefroren war, steckten seine Beine ziemlich schnell in zwei stahlharten Eisröhren. Das hatte den beim Laufen nicht gerade positiven Effekt, dass er die Knie kaum noch beugen konnte. Obwohl sein Fleisch auf diese Weise besonders frisch blieb, erreichte seine Körpertemperatur einen gefährlichen Tiefstand. Natürlich gab es niemanden mit Presslufthammer an der Strecke, der seine Beine aus dem betonharten Hosenrohr freizulegen in der Lage gewesen wäre. Aber selbst wenn, der arme George hätte dann mit nackten Beinen in der Kälte gestanden. Denn Sanitäter mit warmen Decken im Gepäck oder gar heißen Getränken gab es nicht. Irgendwo hatte ich im Vorbeilaufen einen uralten Krankenwagen gesehen, aber die Tatsache, dass seine Fenster von innen vereist waren, ließen Zweifel bei mir aufkommen, ob dort eine vernünftige und der Kälte angemessene Notversorgung möglich war.

Irgendwie war der Mann aus New South Wales mit gestreckten Beinen dann doch bis in den Zielbereich gestelzt. So lustig sein Laufstil auch aussah, jeder konnte an seinem Gesicht erkennen, dass es höchste Zeit wurde, ihn aufzutauen. Es dauerte etwas, bis man seine Hose vom Körper gelöst hatte. Außer ein paar leichteren Erfrierungen blieben ihm ernstere Verletzungen jedoch erspart. Zur Belohnung wurde er in der 6-Kilometer-Distanz als 101. und Letzter bei den Männern gewertet. 46 Minuten hatte er für die Stecke gebraucht, davon mindestens die Hälfte tiefgekühlt. Das sind die Helden, die es nur in Omsk zu finden gibt.

Nachdem ich mich nach den ersten sechs Kilometern wieder auf den Weg gemacht hatte, begann für mich der eigentliche Eislauf. Nicht unbedingt wegen der unerträglichen Anstrengungen, die ich in dieser Phase zu ertragen hatte, sondern wegen der unumstößlichen Tatsache, dass es nun niemanden mehr gab, der mich aus irgendwelchen offiziellen Gründen aus dem Rennen nehmen würde. Es gab keine Ausreden mehr. Ab jetzt lag es nur noch an mir. Entweder ich schaffte die Strecke, dann wäre ich der Größte, oder ich müsste aufgeben, dann wäre ich ein Versager. Gedanken, die ein normaler Jogger natürlich nicht kennt. Der interessiert sich nicht für das Ziel, sondern will den Weg genießen. Deshalb traut er sich auch nicht nach Omsk. Da ist nur das Ziel eine Belohnung und der Weg eine Strafe. Ich beschloss, die nächsten 15 Kilometer als Büßergang auf mich zu nehmen, um am Ende die Absolution zu erhalten. Nach Überschreiten der Ziellinie wäre ich endlich gereinigt. Mit dem Heiligen Gral der Marathon-Urkunde in den Händen könnte ich meinem Sohn wieder in die Augen schauen. Seine unschuldige Seele wäre von keinem gebrochenen Versprechen seines Vaters befleckt worden. Es geht doch nichts über Religion, um sich überflüssige Qualen schönzureden.«

Tom Ockers, Eis-Lauf. In der Kälte des Sibirien-Marathons, München 2002

Ohne die eifersüchtigen Anhänger der Wolga
beleidigen zu wollen, doch ich habe in meinem Leben
keinen großartigeren Strom als den Enisej gesehen.

Anton Tschechow

Landschaft am Enisej

ZWISCHEN OB' UND ENISEJ

Novosibirsk

Novosibirsk ist mit gut 120 Jahren vergleichsweise jung und im Stadtbild sehr sowjetisch geprägt. Das unterscheidet die Stadt von allen anderen Metropolen Sibiriens und macht ihren besonderen Reiz aus. Sie gilt heute mit 1,567 Millionen Einwohnern und einer Ausdehnung von 475 Quadratkilometern als das Herz Sibiriens und belegt nach der Fläche Platz drei sowie nach der Einwohnerzahl Platz vier unter allen Städten Russlands.

Geschichte

Die Stadtgeschichte nahm im Jahre 1893 ihren Anfang. Damals suchte man beim Bau der Transsibirischen Eisenbahn den günstigsten Platz für die Überquerung des mächtigen Flusses Ob'. Dank geringer Flussbreite und felsiger Ufer entstand während des 1897 abgeschlossenen Brückenbaus am rechten Flussufer die Siedlung Novo-Nikolaevsk mit über 7000 Einwohnern. Mit dem neuen Stadtnamen wollte man den da-

maligen Zaren Nikolaj II. ehren. Aufgrund der exponierten Lage konnte sich die Stadt schnell zu einem bedeutenden Verkehrsknoten und Handelszentrum entwickeln. Bereits 1903 erhielt sie mit 22 000 Einwohnern das Stadtrecht. Die Stadt wuchs stürmisch, Firmen und Banken entstanden und brachten dem Ort den Spitznamen ›amerikanische Stadt‹ ein. In den folgenden zehn Jahren verdreifachte sich die Einwohnerzahl. Nach den Wirren der Oktoberrevolution wurde Novo-Nikolaevsk im Jahr 1921 das Zentrum des gleichnamigen Gouvernements. Vor allem mit der Gebietsreform 1925 wuchs die Bedeutung des Verwaltungszentrums, was sich in umfangreichen Neubauten entlang dem als Hauptstraße gedachten Roten Prospekt niederschlug.

Um unter der Sowjetmacht die Erinnerung an den letzten Zaren zu tilgen, suchte man lange Zeit nach einem anderen Namen für die neue Hauptstadt Sibiriens. Aus Krasnoobsk, Sibsovetgrad

Karte: vordere Umschlagklappe

▲ *Das Bahnhofsgebäude von Novosibirsk*

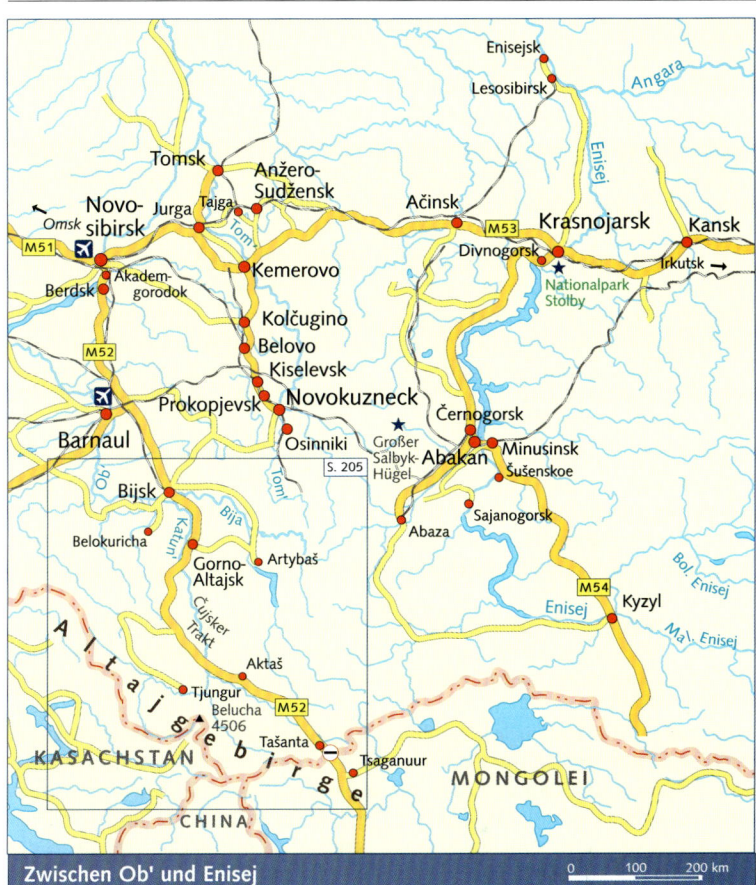

Zwischen Ob' und Enisej

u.a. entschied man sich 1926 für Novosibirsk. Der Name sollte den Anspruch auf die Hauptstadtfunktion dokumentieren und wird wohl auch künftig Bestand haben. Diskussionen über die Rückbenennung im Zusammenhang mit ihrer 100-Jahr-Feier flauten schnell wieder ab. Hauptstadt des Gebietes in seiner heutigen Ausdehnung wurde Novosibirsk im Zuge der Verwaltungsreform des berüchtigten Jahres 1937. Die Industrielandschaft von Novosibirsk wurde vor allem während der Industrialisierung der 1930er Jahre geprägt und erhielt weitere Impulse in der Zeit des Zweiten Weltkrieges, als viele Großbetriebe aus Westrussland in den Ural und nach Sibirien verlagert wurden. Anfang der 1960er Jahre überschritt die Einwohnerzahl erstmalig in Sibirien die magische Grenze von einer Million.

Heute gibt es Dutzende von Großbetrieben in den Bereichen Maschinenbau, Zinngewinnung, Leicht- und Lebensmittelindustrie. Die Stadt konnte ihre Rolle als zentraler Verkehrsknotenpunkt für

Westsibirien ausbauen und ist ein bedeutendes regionales Handels-, Finanz- und Messezentrum für die umliegenden Regionen. Es gibt drei Universitäten, mehrere Akademie-Institute und weitere 15 Hochschulen.

Besondere Berühmtheit erlangte der Vorort Akademgorodok (→ S. 144), wo in den 1950er Jahren auf der grünen Wiese oder – treffender gesagt – in der schneeweißen Taiga 14 Forschungsinstitute angesiedelt wurden. Die Wissenschaftler wurden dorthin nicht ›verbannt‹, sondern zogen freiwillig zu. Fast 70 000 Studenten leben heute in Novosibirsk und Akademgorodok. Das Kulturangebot kann sich sehen lassen. Es gibt u.a. sieben Theater, eine Philharmonie, ein Konservatorium sowie eine bekannte Ballettschule und neuerdings auch eine Schauspielschule.

Novosibirsk wurde architektonisch vor allem in den 1920er, 1930er und den 1950er Jahren geprägt. Neben wenigen Überbleibseln aus der Jahrhundertwende dominieren bei großzügiger Stadtplanung breite Straßen und große Plätze. So beeindruckt die Stadt den Besucher mehr durch ihre Dimensionen als durch das architektonische Ambiente. Hier überwiegen funktionale Bauten, die selten sehr ansehnlich sind und nach wie vor den Charme einer sozialistischen Musterstadt verbreiten. Vereinzelt findet man auch die alte Holzhausarchitektur, und auch einzelne – beispielsweise dem Bauhaus-Stil entlehnte – Ausnahmen bestätigen die Regel.

Die Stadt erstreckt sich heute zu beiden Seiten des Ob', die Stadthälften sind durch mehrere gigantische Brücken miteinander verbunden. Der historische Kern und das Stadtzentrum mit allen Sehenswürdigkeiten liegen im Osten auf der rechten Seite. Am linken Ufer befin-

den sich Gewerbegebiete und Schlafstädte. Seit 1994 besteht in Novosibirsk ein Deutsches Generalkonsulat, dessen Zuständigkeitsbereich von Omsk bis Vladivostok reicht. Die Region Tjumen' wird durch das Generalkonsulat Ekatreinburg betreut.

Sehenswürdigkeiten

Die Hauptstraße von Novosibirsk ist der Krasnyj prospekt, der das Stadtzentrum auf der rechten Seite des Ob' als Nord-Südachse auf etwa fünf Kilometern durchzieht. Den Mittelpunkt bildet dabei der riesige Leninplatz mit einem nicht weniger riesigen Lenindenkmal und dem Staatlichen Theater für Oper und Ballett als dem heute wichtigsten Wahrzeichen der Hauptstadt Sibiriens im Hintergrund.

■ Rund um den Leninplatz

Mit dem Bau des **Theaters für Oper und Ballett**, dem sibirischen ›Bol'šoj‹ sozusagen, wurde noch in den 1930er Jahren begonnen. Die Kuppel beeindruckt mit einer Höhe von 35 Metern und einer Spannweite von 60 Metern. Es ist das größte Theatergebäude Russlands. Während des Zweiten Weltkrieges diente das weitgehend fertiggestellte Gebäude zur Aufbewahrung aus Moskau ausgelagerter Kunstschätze, z.B. aus der berühmten Tret'jakov-Galerie. Nach der Rückführung der Kunstgegenstände nach Moskau ab 1944 wurde der Zuschauersaal endgültig fertiggestellt. Die erste Aufführung unmittelbar nach Kriegsende fand am 12. Mai 1945 mit Glinkas Oper ›Ivan Susanin‹ statt. Im kreisrunden Zuschauersaal sieht man heute zwar selten ausverkaufte Vorstellungen, aber das Ensemble genießt einen sehr guten Ruf, und eine Ballettaufführung (auf dem Spielplan beispielsweise: Schwanen-

Karte S. 134

see, Giselle, Spartakus oder Der Korsar) zu besuchen, ist in jedem Fall zu empfehlen, Krasnyj pr., Tel. 2225990, www. opera-novosibirsk.ru (R).

Das vor dem Theater stehende, 1970 errichtete monumentale **Lenindenkmal** nimmt man mit Gelassenheit hin. Der stürmischen Schrittes vorauseilende Lenin wird links von drei kämpferischen Revolutionären flankiert. Die Handbewegungen des ihn rechter Hand begleitenden Arbeiters und der dazugehörenden Kolchosbäuerin erinnern allerdings eher an den Verkehr regelnde Polizisten auf einer Kreuzung. Ursprünglich soll das Denkmal für den Ostberliner Leninplatz konzipiert worden sein. Dort fand man es aber wohl etwas zu monumental, so dass die Umsetzung des Entwurfes dann in Novosibirsk landete. Die Fotografen wählen heutzutage den Blickwinkel so, dass die Oper auch ohne Lenin gut zu sehen ist. Abriß oder auch umfangreiche Umbenennungen von Straßen und Plätzen waren hier nie ein Thema.

Vom Leninplatz in Richtung Süden gelangt man zum Ob' und zum histori-schen Kern der Stadt. Links hat das **Bürgermeisteramt** seinen Sitz. Daneben steht das ehemalige Lenin-Haus, das heute der **Philharmonie** eine Heimstatt bietet, die ansonsten noch in der ul. Spartaka 11, Tel. 2224880, spielt. Etwas versetzt fristet dahinter ein kleiner, den sibirischen Revolutionshelden gewidmeter Park in der Verwilderung des Vergessens sein Dasein. Gegenüber dem Rathaus befindet sich in der ehemaligen Handelsreihe ein **Teil des Heimatkundemuseums** mit zwei netten Kunstgewerbegeschäften.

■ Entlang der Kirova

Nach dem sich anschließenden kleinen Park gabelt sich die Straße. Links führt die ul. Kirova zum **Jugendtheater Globus**, ul. Kamenskaja 1, Tel. 2236684, www.globus-nsk.ru (R), das sowohl architektonisch als auch von seinem Repertoire her sehr interessant ist. Die Theaterlandschaft der Stadt genießt generell einen guten Ruf. Unter den Schauspielhäusern sind noch die Bühne des ›Staryj Dom‹ (Altes Haus) in der ul. Bol'ševistskaja 45, Tel. 2662608, an der

Das Opentheater bei Nacht

Zwischen Ob' und Enisej

Metrostation ›Rečnoj Vokzal‹, das Theater ›Krasnyj Fakel‹ (Rote Fackel), ul. Lenina 19, Tel. 2100164 und die neue Schauspielbühne von Sergej Afanasiev, ul. Sovetskaja 49, Tel. 2221135, erwähnenswert.

Nach einer langgezogenen Talbrücke erhebt sich links das Gebäude des ehemaligen Parteihauptquartiers, in dem heute die **Gebietsduma** ihren Sitz hat. Auch das verglaste Gebäude auf der anderen Seite erlebte eine interessante Metamorphose. Ursprünglich sollte es ein neuer Pionierpalast werden, für den aber nach dem Rohbau kein Geld mehr vorhanden war. Dieses fand sich bei der Novosibirsker Bank für Außenhandel, die das Gebäude dann entsprechend um- und ausbaute. Ringsherum entstanden in den letzten Jahren noch viele weitere Bürobauten.

Zurück an der Gabelung fällt auf der Straßenmitte eine kleine Kapelle mit Glockenturm ins Auge. Die ursprünglich 1915 zu Ehren der Romanov-Dynastie gebaute **Kapelle** wurde zum 100-jährigen Stadtjubiläum originalgetreu wiederhergerichtet. Das Original war in den 1930er Jahren durch ein Stalindenkmal ersetzt worden, das dann in den 1950er Jahren wieder abgerissen wurde. Angeblich soll hier der geographisch vermessene **Mittelpunkt Russlands** liegen, dem auch das in der Nachbarschaft befindliche gleichnamige Hotel ›Centr Rossii‹ seinen Namen verdankt.

■ Der alte Stadtkern

Wenn man am ›Mittelpunkt‹ nach rechts abbiegt, gelangt man in das alte Novosibirsk der Jahrhundertwende und der 1930er Jahre, wo sich interessante Holzhäuser, wie z. B. der Sitz der Novosibirsker Messegesellschaft und wuchtige verschnörkelte Blocks aus der Stalin-

zeit abwechseln. Eine gelungene Mischung aus Tradition und Moderne vermittelt das Gebäude der **Novosibirsker Börse**, das sich paradoxerweise in der ul. Kommunističeskaja 27/29 befindet. Das neue **Birkenleder-Museum** (→ S. 139) befindet sich ebenfalls in einem schönen alten Holzhaus.

Sozusagen direkt und indirekt im ›Zentrum Russlands‹ – im am Krasnyj Prospekt 28 stehenden Hotel ›Centr Rossii‹ – befindet sich seit 1994 auch das **Deutsche Generalkonsulat**. Es ist bei weitem nicht die einzige deutsche Einrichtung in Novosibirsk. So existiert seit Ende 1997 ein **Russisch-Deutsches Haus** mit umfangreichen Kulturangeboten für Russlanddeutsche und an Deutschland interessierte Sibirjaken, ul. Jadrincevskaja 68, Tel. 180212. Ein auf deutsche Literatur und Periodika spezialisierter und sehr gut sortierter **Goethe-Lesesaal** lädt in der Universitätsbibliothek ein. Eine von Deutschland geförderte Entwicklungsgesellschaft zur Unterstützung der in Sibirien lebenden Russlanddeutschen hat ebenfalls in Novosibirsk ihren Sitz. Last but not least besteht seit mehreren Jahren die wohl flächenmäßig weltweit größte katholische Kirchengemeinde, deren neue auch architektonisch interessante Kirche, die **Christi-Verklärungs-Kathedrale** ist (Kafedral'nyj sobor Preobraženija Gospodnja), ul. Gor'kogo 100, Tel. 2180991, www.nskcathedral. ru (R/D/P).

Seit 2013 hat Novosibirsk auch eine eigene **Synagoge**, ul. Šetinkina 68, Tel. 2222023, www.jewishsib.com (R).

Gegenüber dem Bürokomplex (früher Hotel ›Centr Rossii‹), Krasnyj pr. 28, in dem sich auch das **Deutsche Generalkonsulat** befindet, steht das nach dem bekannten Revolutionsdichter Vladimir

Karte S. 134 ▲

Räumtechnik für den sibirischen Winter

Zwischen Ob' und Enisej

Majakovskij (1893–1930) benannte, größte **Muliplex-Kino** von Novosibirsk, Krasnyj pr. 15, Tel. 2178849, www.kinomayak.com (R). Weiter auf der Hauptstraße in Richtung Ob' folgen auf der linken Seite in einem grauen Gebäude die **Gebietsadministration** und einige modernistische Gebäude aus den 1930er Jahren, wie das auch über die Grenzen der Stadt hinaus berühmte **100-Wohnungen-Haus**. Gegenüber befindet sich die Novosibirsker **Gemäldegalerie**.

■ Am Ob'

Fast schon am Fluss, schräg gegenüber dem Busbahnhof, erhebt sich majestätisch der rote Backsteinbau der **Alexander-Nevskij-Kathedrale** (Sobor Aleksandra Nevskogo). Sie wurde 1894 mit der Entstehung der Ortschaft Novo-Nikolaevsk als erstes Steingebäude errichtet und ist heute die größte russisch-orthodoxe Kirche der Stadt, deren goldene Kuppeln auch vom anderen Ob'-Ufer

gut sichtbar sind, Krasnyj prospekt 1a, Tel. 2238349, www.ansobor.ru (R).
Am Ende des Roten Prospektes kommt man zur **Eisenbahnbrücke über den Ob'**, deren Standortwahl die Stadt ihre Entstehung verdankt. Ab 1930 kam ein zweites Gleis dazu. Die Pfeiler gelten als unverwüstlich, zumal seit dem Bau des Staudamms am oberen Ob' kein Druck mehr durch Eisblöcke da ist. Die alten Brückenbögen demontierte man ab 2000, man ließ nur einen historischen Bogen am Ufer stehen. Hier entstand ein kleiner **Park zu Ehren der Stadtgründung**. Seit 2012 ziert ihn ein neues, Zar Alexander III als Initiator des Transsib-Baus, gewidmetes Denkmal. Vom Uferpark am Ob' bieten sich angelegte Promenaden zum Spaziergang bis zur Metro-Brücke mit der Station ›Rečnoj Vokzal‹ (Flussbahnhof) vor dem Hintergrund des Hotels ›Ob'‹ an.
Vom **Flusshafen** fahren neben den Linienschiffen auch kleine Dampfer, die zu Rundfahrten auf dem Ob' einladen. Es

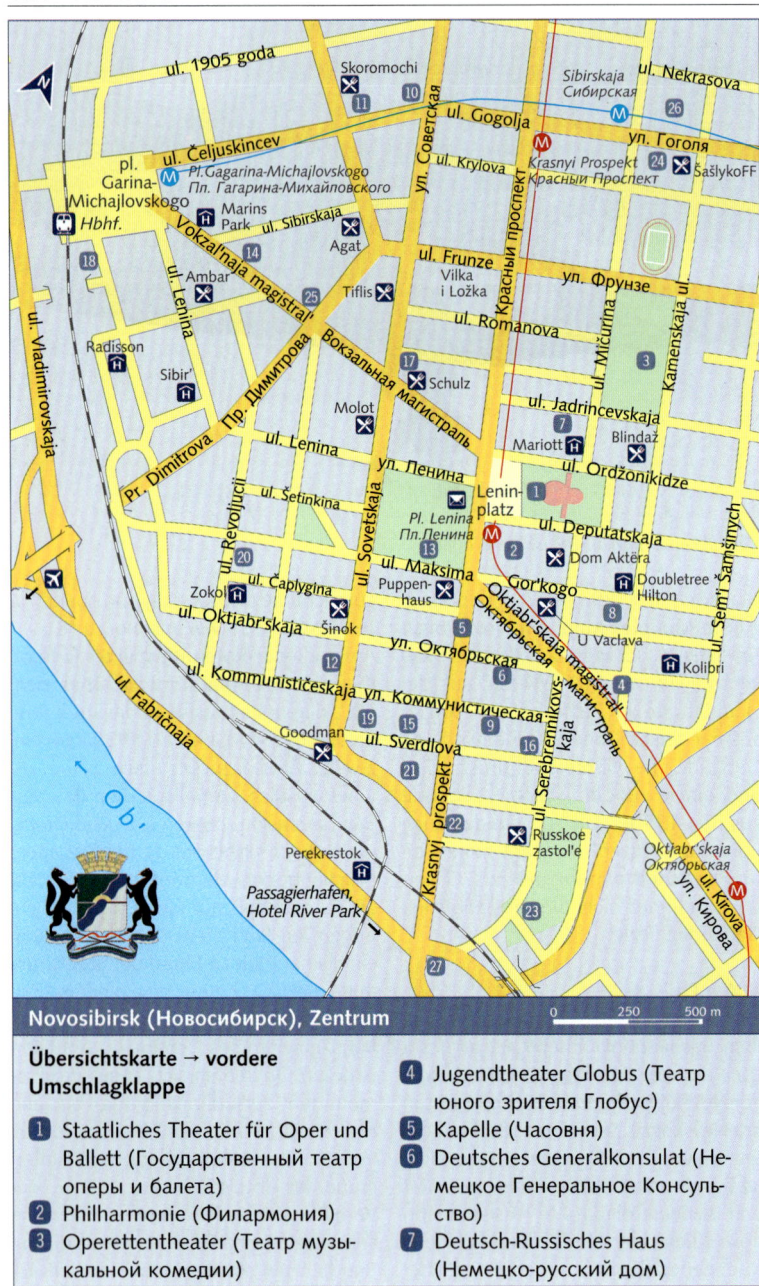

Novosibirsk (Новосибирск), Zentrum

| 0 | 250 | 500 m |

Übersichtskarte → vordere Umschlagklappe

1 Staatliches Theater für Oper und Ballett (Государственный театр оперы и балета)

2 Philharmonie (Филармония)

3 Operettentheater (Театр музыкальной комедии)

4 Jugendtheater Globus (Театр юного зрителя Глобус)

5 Kapelle (Часовня)

6 Deutsches Generalkonsulat (Немецкое Генеральное Консульство)

7 Deutsch-Russisches Haus (Немецко-русский дом)

gibt auch viele Schiffslinien in die Vororte, die vor allem am Wochenende bei den Datschenbesitzern sehr beliebt sind. Es sind mehrere Badestrände angelegt worden, die Wasserqualität lässt aber zu wünschen übrig.

■ **Rund um den Hauptbahnhof**
Vom Leninplatz, gelangt man über die Vokzal'naja magistral' zum Hauptbahnhof. Das größte Bahnhofsgebäude entlang der Transsibirischen Eisenbahn entstand in den Jahren von 1930 bis 1941 in Novosibirsk. Das grün-weiße Bauwerk wurde in Anlehnung an die Silhouette einer gigantischen Lokomotive errichtet und beeindruckt durch seine Dimensionen. Täglich nutzen ihn durchschnittlich 70 000 Passagiere. Novosibirsk ist ein wichtiger Eisenbahnknotenpunkt, der die Turksibirische Eisenbahn (Mittelasien–Sibirien) an die transrussische Hauptstrecke anbindet. Wer Sibirien ohne Transsib besucht, kann sich hier

einen Überblick über das Leben am Schienenstrang verschaffen, pl. Garina-Michajlovskogo.
Auf dem Bahnhofsvorplatz fällt auch mehrmals das berühmte große ›M‹ für Metro auf. Novosibirsk ist die einzige sibirische Stadt mit einer wie überall in Russland **Metro** (M) genannten Untergrundbahn. Mit dem Bau begann man im Jahre 1979, und sechs Jahre später wurde die erste Linie übergeben. Das Streckennetz umfasst heute auf zwei Linien insgesamt dreizehn Stationen. Jährlich befördert die Metro ca. 70 Mio Passagiere. Eine Linie verbindet beide Stadtteile links und rechts des Ob' über eine imposante Brücke am Flussbahnhof, die – zunächst offen – wegen der Schneefälle und -verwehungen später aber übertunnelt wurde. Die zweite Linie verband lange Zeit mit nur zwei Bahnhöfen den Hauptbahnhof und die im Zentrum parallel zur Hauptstraße ›Krasnyj prospekt‹ verlaufende andere

Zwischen Ob' und Enisej

8 Christi-Verklärungs-Kathedrale (Кафедральный собор Преображения Господня)

9 Gebietsadministration (Администрация области)

10 Himmelfahrtskathedrale (Вознесенский собор)

11 Zirkus (Цирк)

12 Börse (Биржа)

13 Heimatkundemuseum, Abteilung Geschichte (Краеведческий музей, отд. истории)

14 Heimatkundemuseum, Abteilung Natur und Ökologie (Краеведческий музей, отд. Природы и Экологии)

15 Gemäldegalerie (Художественный Музей)

16 Birkenleder-Museum (Музей бересты)

17 (Музей города Новосибирска)

18 Eisenbahnmuseum (Музей Западно-сибирской железной дороги)

19 Rerich-Museum (Музей Н. Рериха)

20 UdSSR-Alltagsmuseum (Музей СССР)

21 Aleksandr-Nevskij-Kathedrale (Собор Александра Невского)

22 Kino-Museum (Музей кинофикации)

23 Einkaufszentrum Megas (Мегас)

24 Zentralmarkt

25 CUM (ЦУМ)

26 Mall Novosibirsk (Молл Новосибирск)

27 Zarendenkmal (Памятник царю Александру III)

Alt und Neu im Stadtzentrum

Linie. Inzwischen ist die zweite Linie auf fünf Bahnhöfe angewachsen, die letzte Neueröffnung fand im Herbst 2010 mit dem Bahnhof ›Zolotaja Niva‹ statt. Auf beiden Linien sind noch je zwei weitere Bahnhöfe im Bau, jedoch bislang ohne Eröffnungsdatum. Perspektivisch sind fünf Linien mit über 40 Bahnhöfen vorgesehen. Finanzierung und Fristen sind allerdings unbestimmt. Als die heute **schönsten Metro-Stationen** gelten ›Sibirskaja‹ und ›Rečnoj Vokzal‹ mit sehenswerten Marmorgemälden bzw. Glasmosaiken. Die Fahrpreise sind mit aktuell 20 Rbl. für eine Einzelfahrt recht günstig, www.nsk-metro.ru (R).

Vom Bahnhof gelangt man zu Fuß über die ul. Čeljuskincev zum Krasnyj prospekt und wieder weiter zum Zentralmarkt. Dabei kommt man nach verschiedenen neuen Geschäften am **Zirkus** vorbei. Artistik und Zirkuskunst genießen in Russland noch immer einen hohen Stellenwert. In Novosibirsk gibt es wie in vielen anderen russischen Städten nicht nur Zirkuszelte, sondern ein massives Gebäude für den Zirkus und

seine Vorstellungen. Die Stadt hat aber keine eigene Zirkustruppe mehr, so dass hier durch ständige Gastspiele für viel Abwechslung im Programm gesorgt wird, ul. Čeljuskincev 21, Tel. 2179930, www.nsccircus.ru (R).

Vom Zirkus aus ist bereits die zweite reizvolle russisch-orthodoxe Kirche der Stadt zu sehen. Es ist die **Himmelfahrtskathedrale** (Voznesenskij sobor). Sie ist zu Beginn der 1990er Jahre sehr schön und aufwendig restauriert worden und heute mit ihren blau-goldenen Zwiebeltürmchen die schönste Kirche der Stadt, ul. Sovetskaja 91, Tel. 214904.

■ Den Krasnyj prospekt Richtung Norden

Zurückgekehrt zum Leninplatz, bildet der Krasnyj prospekt in Richtung Norden die Hauptgeschäftsstraße der Stadt, in der, insbesondere auf den Abschnitten mit einer Promenade in der Mitte, Stau vorprogrammiert ist. Hier und in den Nebenstraßen, zwischen den parallel verlaufenden Straßen ul. Sovetskaja und ul. Mičurina, entstehen in der letz-

Karte S. 134

ten Zeit viele neue Geschäfte und Restaurants, so dass diese Ecke der Stadt boomt. Die ul. Mičurina grenzt an den zentralen **Kulturpark** der Stadt, in dem sich neben Rummel, Estrade und verschiedenen Spielplätzen auch das 1959 eröffnete, einzige **Operettentheater** Sibiriens, ul. Kamenskaja 43, Tel. 2246481, – hier Theater für Musikkomödien genannt – befindet.

Es schließt sich das größte **Sportstadion Spartak** der Stadt an, das dank seiner Flutlichtanlage nicht zu übersehen ist. Novosibirsks Fussballclub ›Sibir‹ war 2010 nach Tomsk als zweite sibirischen Manschaft in die höchste Klasse aufgestiegen. Die Mannschaft landete aber nur auf dem letzten Platz und stieg wieder ab. Seitdem landet sie beständig im Mittelfeld der FNL genannten, 2. Liga, ul. Frunze 15, Tel. 2170474, www.fc-sibir.ru (R). Im Eishockey sieht es besser aus. Hier spielt Sibir' in der KHL genannten und höchsten Liga, so daß man hier vor allem im Herbst Spitzenspiele sehen kann. Nach den Play-Off-Teilnahmen im letzten und in diesem Jahr, locken die Spiele immer mehr Fans

an. Die 1964 erbaute und 2004 rekonstruierte **Eisarena** bietet nur gut 7000 Zuschauern Platz und gilt als zu klein, so dass bereits über einen Neubau gesprochen wird, ul. Bogdana Chmelnickogo 23, Tel. 2763469, www.hcsibir.ru (R). Neben dem Fußball-Stadion befindet sich dersehenswerte und sehr gepflegte **Zentralmarkt**.

Novosibirsks Hauptstraße führt weiter bis zum Kalinin-Platz. Richtung Westen gelangt man vom Kalinin-Platz in Richtung Ob' zum Zaelzovsker Park, einem beliebten Naherholungsgebiet der Novosibirsker. Hier befindet sich eine neu gestaltete **Kindereisenbahn** sowie der **Zoo von Novosibirsk**. Tierparks sind in Russland zumeist ein Trauerspiel und der neue Novosibirsker Zoo ist hier wirklich eine löbliche Ausnahme. Früher befand er sich sehr beengt neben dem Zentralmarkt und konnte dann aber im Verlauf von über 10 Jahren bis 2005 in sein neues Parkdomizil umziehen. Von den insgesamt etwa 600 vertretenen Arten sind etwa 180 vom Aussterben bedroht, ul. Timirjazeva 71/1, Tel. 2209779, www.zoonovosib.ru (R).

Zwischen Ob' und Enisej

Am Ufer des Ob'

Die Alexander-Nevskij-Kathedrale

Museen

■ Heimatkundemuseum

Es gibt zwei Heimatkundemuseen in Novosibirsk. Das eine befindet sich im Gebäude der ehemaligen Handelspassage, dem seinerzeit zweiten Steingebäude der Stadt. In der Abteilung Ur- und Frühgeschichte kann man sich mit der Geschichte der Urvölker Westsibiriens vertraut machen. Die Attraktion ist ein gut erhaltenes Mammut-Skelett. Im Mittelpunkt der Ausstellung steht aber die kulturhistorische Entwicklung der Region. Sehr interessant ist der der Entstehung der Stadt und dem Bau der Transsibirischen Eisenbahn gewidmete Teil. In der dritten Abteilung erzählen die Exponate über die Entwicklung Novosibirsks zu sowjetischen Zeiten. Im ersten Stock beherbergen die Räumlichkeiten verschiedene Sonderausstellungen, Krasnyj prospekt 23, Mo, Di Ruhetage, Tel. 2271543, www.museum.nsk.ru (R).
Das zweite Heimatmuseum mit Schwerpunkt Naturkunde befindet sich etwas unscheinbar im Erdgeschoss eines Wohnhochhauses neben dem Kaufhaus CUM (Vokzal'naja magistral' 7, Tel. 2217031). Hier ist neben einem zweiten Mammut-Skelett eine Ausstellung über Natur und Ökologie sowie Fauna und Flora im Novosibirsker Gebiet zu sehen. Sehr interessant ist die anschauliche Sammlung verschiedener Minerale und Erze.

■ Stadtmuseum

Das Stadtmuseum entstand in dem 1924 erbauten Gebäude im Jahr 2010. Davor beherbergte es ein dem Raumfahrttheoretiker Juri Kondratjuk (richtiger Name: Aleksandr Šargaj) gewidmetes Museum, das heute noch eine der drei Etagen belegt. Kondratjuk wurde 1897 in Poltava (Ukraine) geboren und fiel 1942 im Zweiten Weltkrieg. Er gilt als einer der Väter der russischen Raumfahrt und lebte lange Jahre in Novosibirsk. In Novosibirsk veröffentlichte er 1929 im Eigenverlag sein Hauptwerk ›Die Eroberung des interplanetaren Raums‹. Seine Berechnungen eines künftigen Mondfluges wurden 40 Jahre später Wirklichkeit. Auf den anderen beiden Etagen findet man heute eine umfassende Exposition über Stadtgeschichte mit vielen interessanten historischen Fotografien, So, Mo Ruhetage, ul. Sovetskaja 24, Tel. 2226742, www. museum.nsk.ru (R).

■ Gemäldegalerie

In der örtlichen Gemäldegalerie befindet sich eine reiche Sammlung russischer Malerei aus dem 19. und 20. Jahrhundert, die eine ganze Reihe Bilder bekannter Maler (Ajvasovskij, Šiškin u.a.) umfasst. Bekannt wurde die Galerie auch durch ihre Sammlung von über 60 Gemälden des mystischen russischen

Karte S. 134

Malers sowie Indien- und Tibetforschers Nikolaj Rerich (1874–1947). Zwei ihm gewidmete Säle strahlen eine ganz besondere Stimmung aus. Daneben werden laufend Wechselausstellungen verschiedener Künstler gezeigt, Montag Ruhetag, Krasnyj prospekt 5, Tel. 2222267, www.nsartmuseum.ru (R).

■ Nikolaj-Rerich-Museum

Nikolaj Rerich ist seit 2007 auch ein eigenes Museum im Zentrum der Stadt gewidmet, das neben Ausstellungen über Leben und Werk des Forschers und Künstlers Nikolaj Rerich sowie seiner Söhne Konstantin und Svjatoslav auch als Veranstaltungszentrum der örtlichen Rerich-Gesellschaft dient, Montag Ruhetag, ul. Kommunističeskaja 38, Tel. 2180671, www.nsk.sibro.ru (R).

■ Birkenleder-Museum

Ein weiteres neues und sehr schönes Museum ist das 2008 in einem alten Holzhaus eröffnete Sibirische Birkenleder-Museum. Das auch Tujes genannte Material Birkenrinde (Beresta) wird im Kunstgewerbe Sibiriens gern für die Herstellung von Gefäßen und Souvenirs verwendet. Hier findet man eine museale Exposition und eine Verkaufsgalerie, So, Mo Ruhetage, ul. Sverdlova 21, Tel. 2101880, www.museum-beresta.ru (R).

■ Eisenbahnmuseum

Südlich des Bahnhofs kommen Eisenbahnfans auf ihre Kosten. Neben dem großen Freiluft-Museum für Eisenbahntechnik in Akademgorodok hat die örtliche Eisenbahnverwaltung noch ein eigenes Museum eröffnet. Neben vielen Modellen befindet sich dort auch eine der zehn Kopien des Transsib-Eies aus dem Hause Fabergé, So, Mo Ruhetage, ul. Šamšurina 39, Tel. 2201512.

■ Museum der UdSSR

Sowjetnostalgie hat seit 2009 ebenfalls ein eigenes Museum in Novosibirsk. Das Museum der UdSSR befindet sich ebenfalls in einem schönen alten Holzhaus und zeigt das Alltagsleben des homo sovieticus, ul. Gor'kogo 16, Sa, So Ruhetage, Tel. 2100811

Im Eisenbahnmuseum Novosibirsk-Akademgorodok

Zwischen Ob' und Enisej

■ Weitere Museen

Das **Ausstellungszentrum des örtlichen Künstlerverbandes** befindet sich in der ul. Sverdlova 13, Tel. 2230674. Ein weiteres Museum ist das **Kino-Museum**, wo historische Vorführtechnik und die Geschichte der ›Kinofizierung‹ von Novosibirsk gezeigt wird. Interessant ist auch ein großer plastischer Stadtplan von Novonikolaevsk aus dem Jahr 1915, Sa, So Ruhetage, ul. Kainskaja 4, Tel. 2237404.

Für Bibliophile gibt es ein **Literatur-Museum** (Gos. Zentr istorii Novosibirskoj knigi), ul. Lenina 32, Tel. 2311068, www.gcink.nios.ru (R). Alle

Gückssucher werden möglicherweise im privaten **Glücks-Museum** (Muzej sšast'ja) fündig, das Talismane, Engelsfiguren und Glücksbringer aus aller Welt zeigt, ul. 1905 g. 13, Tel. 905/9349357, www.museumofhappiness.ru (R).

Für alle, die erkennen, dass jedes Glück aber auch ein Ende hat, gibt es beim örtlichen Krematorium noch ein sehr originelles und wirklich interessantes **Museum der weltweiten Begräbniskultur** (Muzej mirovoj pogrebal'noj kul' tury), Mo Ruhetag, ul. Voentorgovskaja 4/16, Routentaxi 399 ab Metro Zael'zovskaja, Tel. 3630329, www. musei-smerti.ru (R/E/D).

ℹ Novosibirsk

Lage: 55°1'47.77"N/82°55'28.34"E; Novosibirsk ist 3191 km von Moskau entfernt. Der Zeitunterschied zu Deutschland beträgt im Sommer 5 Std., im Winter 6 Std.

Postleitzahl: 630000–630132.

Vorwahl: +7/383; Auskunft: 09.

Hauptpostamt: ul. Sovetskaja 33.

Bank: Sberbank, ul. Serebrenikovskaja 20.

Taxi: Tel. 3191919, www.novosibirsk.rutaxi.ru (R/E).

Reisebüro: Sibtravel,ul. Mičurina 20, Tel. 2244541, www.sibtravel.com (D/E/R), Stadtführungen in Deutsch: Elena Stern, Tel. 913/9462303, Elena Vybornova, E-Mail: siblevi@mail.ru.

Durchschnittstemperatur: Januar –20 Grad, Juli 20 Grad.

✈ ▓▓▓▓▓▓▓▓▓▓▓▓▓▓▓▓▓▓▓▓

Die Stadt hat zwei Flughäfen: **Tolmačёvo** für Auslands- und Inlandsflüge (zwei nebeneinander stehende und durch einen Korridor miteinander verbundene Terminals) und **Severnyj** für lokale Flüge.

Der gerade mit zweiter Landebahn erweiterte **Airport Tolmačёvo** wurde von 1994

bis 1998 auch direkt von dem uns vertrauten Kranich angeflogen. Dann wurde die Linie der Lufthansa allerdings eingefroren und endet derzeit wieder in Ekaterinburg im Ural. Direktflüge von und nach Deutschland (ohne Zwischenlandung) bietet S7 einmal pro Woche nach Frankfurt. Im Sommer kommt noch je ein wöchentlicher Flug nach Düsseldorf, Hannover und Prag dazu. Es gibt u.a. Auslandsverbindungen nach Zentralasien (Astana, Almaty, Tashkent, Dushanbe, Bishkek), Türkei (Istanbul), Dubai, China (Beijing, Shanghai), Indien (Dehli) und Thailand (Bangkok). Im Inland fliegen täglich 8 Flüge nach Moskau (5 Domodedovo, 3 Šeremetёvo, 2 Vnukovo) und in der Regel mehrmals wöchentlich alle Großstädte Sibiriens, Tel. 2169771, www.tolmachevo.ru (R/E).

Der erste und zentral gelegene Flughafen der Stadt Severnyj wurde noch lange Jahre für Regionalflüge genutzt. Nach seiner Pleite 2010 wird er konserviert. Hier soll bis 2015 ein neues Wohngebiet entstehen, wobei das Flughafengebäude erhalten bleiben soll.

In **Severnyj** starten die Flüge nach Kyzyl in der Republik Tuva.

▲ Karte S. 134

Novosibirsk ist mit einem eindrucksvollen Bahnhofsgebäude am pl. Garina-Michajlovskogo einer der wichtigsten Standorte der von Moskau bis Vladivostok führenden Transsibirischen Eisenbahn. Auf der Transsib benötigt man für die Strecke Moskau–Novosibirsk (3041 Kilometer) etwa 52 Std. Der Express Nr. 25/26 Moskau–Novosibirsk, ›Sibir‹ wurde 2014 eingestellt und hat jetzt nur noch Kurswagen am Express Moskau-Krasnojarsk. Er verkehrt jeden zweiten Tag, es gibt aber genug andere durchgehende Züge von und nach Moskau, ul. Šamšurina 43, Tel. 2207711.

Novosibirsk hat einen wichtigen Busbahnhof. Für Reisen nach Barnaul, Kemerovo und Tomsk sind die Busse durchaus zu empfehlen, da Eisenbahnfahrten nur mit Umsteigen möglich sind und von Flügen von Novosibirsk in die genannten Städte abzuraten ist. Es gibt Busrouten in das Altaigebirge (Gorno-Altajsk, Belokuricha) und nach Kasachstan (Astana und Pavlodar), Krasnyj prospekt 4, Tel. 2232500, www.nsk-avtovokzal.ru (R).

Am Novosibirsker Flussbahnhof gibt es neben einstündigen Ausflugsfahrten auf dem Ob' mehrere Vorortlinien in der Sommersaison von Anfang Juni bis Anfang September. In der Vergangenheit existierende Schiffsverbindungen auf dem Ob' bis nach Nižnevartovsk sowie den Ob' bis zur Einmündung des Tom' und dann den Nebenfluss bis zur Stadt Tomsk hinauf, werden derzeit nicht angeboten, ul. Dobroljubova 2b, Tel. 2660020, www.речфлот54.рф (R).

Nach langen Jahren des Stillstands haben mehrere Hotelketten in der letzten Zeit die Stadt entdeckt. Die besten und teuersten Hotels sind heute das **Mariott**, EZ/DZ 5500–10500 Rbl., ul. Ordžonikidze 31, Tel. 2300300, www.marriott.com (E/D/R), und das **Doubletree Hilton**, EZ/DZ 4000–9800 Rbl., ul. Kamenskaja 7/1, Tel. 2230100; www.hhbc.ru (R/E).

Günstiger ist das **Radisson Park Inn**, EZ/DZ, ul. Šamšurina 37, Tel. 2300880, www.parkinn.ru/hotel-novosibirsk (R/E).

Tradionell beliebte und günstige Hotels sind nach wie vor das jetzt zur Azimut-Gruppe gehörende **Sibir'** (Сибирь), EZ/DZ 2000–3800 Rbl., ul. Lenina 21, Tel. 2230223, www.azimuthotels.ru (R/E), das neben dem Radisson am Bahnhof gelegene **Marins Park Hotel Novosibirsk** (Маринс Парк отель Новосибирск), EZ/DZ 3200–3500 Rbl., Vokzal'naja magistral' 1, Tel. 3640101, www.hotel-novosibirsk.ru (R/E), und das **River Park Ob'**, EZ/DZ 2500–5000 Rbl., ul. Dobroljubova 2, Tel. 3495050, www.river-park.ru (R/E). Wer gern einen schönen Blick auf den Ob' genießen möchte, dem sei dieses Hotel, das direkt am Fluss in der Nähe des Flusshafens, aber abseits vom Stadtzentrum liegt, empfohlen.

Weitere günstige Alternativen sind das **Hotel Perekrestok** (Kreuzung, Перекресток) im gleichnamigen Business Center, EZ/DZ 1600–2500 Rbl., ul. Fabričnaja 4/1, Tel. 2631626, www.hotel-perekrestok.ru (R/E), das aus Preis-Leistung-Sicht sehr gute **Hotel Meteliza** (Schneetreiben, Метелица), EZ/DZ 2000–3200 Rbl., ul. Dobroljubova 195, Tel. 2853000, www.metelitsa54.ru (R/E), das schöne und ruhige **Hotel Kolibri** (Колибри), EZ/DZ 2900–4400 Rbl., ul. Čaplygina 111, Tel. 2333444, www.colibri-hotel.ru (R/E).

Auch das nicht ganz zentral gelegene, aber dafür sibirisch-rustikale Hotel **Petrov Dvor** (Петров Двор) bietet sich an, EZ/DZ 2200–3000 Rbl., ul. Voschod 66a, Tel. 2915701, www.petrov-dvor.ru (R/E).

Zwischen Ob' und Enisej

Das ›historische‹ **Hotel Central'naja** (Центральная), Rbl. ist nur ein umgebautes Wohnheim, das neben dem eigentlichen Hotel Centralnaja liegt, das heute ein Geschäfts- und Bürogebäude ist, EZ/DZ 2000–2800 Rbl., Schlafplatz 700, ul. Lenina 3, Tel. 2220313, DZ 1600 Rbl.

Eine günstige Alternative sind Wohnungen, die das **Vermietungsbüro Otdych** (Erholung), Tel. 2146268, www.kvartirusdam.ru (R/E/D), zwischen 1500 Rbl. und 3000 Rbl. pro Tag anbietet.

Hostels, wie das **Zokol** (Erdgeschoss, Цоколь), ul. Šetinkina 34, Tel. 2233611, www.zokolhostel.ru (R/E), oder das **Stop House**, ul. Zyrjanovskaja 57, 2. Etage, Tel. 3750945, www.stop-house.com (R/E), bieten Schlafplätze ab 500 Rbl. an

Die Restaurantlandschaft von Novosibirsk hat sich in den letzten Jahren sehr dynamisch entwickelt, und es sind eine Unmenge neuer Restaurants, Cafés und Bars entstanden.

Russische Küche

Ekspedicia (Экспедиция), ul. Železnodorožnaja 12/1, Tel. 3630101, www.expedicia-nsk.ru (R). Ein nicht billiges Restaurant, das sibirische Küche mit besonderem Akzent auf dem Ambiente des hohen Nordens bietet. Man kann auch eine kleine Sauna mieten. Ekspedicia vermarktet zugleich in einem eigenen Laden die gleichnamige neue russische Nobel-Outdoor-Ausrüstungs-Marke.

Gute Alternativen sind das **Ambar** (Tenne, Амбар), ul. Lenina 48, Tel 2231515, im Zirkusgebäude das **Restaurant Skomorochi** (Gaukler, Скоморохи), ul. Čeljuskinzev 21, Tel. 20134835, sowie das **Dom Aktёra** (Дом Актёра), ul. Serebrjannikovskaja 35. Letzteres ist außerdem ein Treffpunkt für Theaterfans.

Populär, aber nicht billig sind die **Restaurants der Beerman-Kette** in den Hotels Hilton, Marins Park und River Park, www.beerman.ru (R).

Gut und günstig speist man im **Koljada** (Коляда), das Filialen in der ul. Gogolja 38, der ul. Vokzalnaja 15 und der ul. Žukovskogo 123 unterhält, Tel. 2252927. Ein Tipp ist die erste **Gastronomie-Show** Novosibirsks im sehr originellen Ambiente verschiedener Puppenstuben und ca 500 Puppen, **Puppenhaus**, ul. Čaplygina 65/1, Tel. 2510303, www.puppenhaus-resto.ru (R/E).

Militaria-Fans sollten dem **Blindaž** (Schützengraben, Блиндаж) einen Besuch abstatten, ul. Ordžonikidze 35, Tel. 2187639, www.blindage.ru (R).

Das beste Steakhaus ist das **Goodman** (Гудмэн), ul. Sovetskaja 5, Tel. 2892525, www.goodman-nsk.ru (R).

Internationale Küche

Die Internationale Gastronomie hat mittlerweile in ihrer ganzen globalen Bandbreite in Novosibirsk Einzug gehalten.

Deutsch geht's im **Paulaner** im Radisson-Hotel, Tel. 2308104, im **Schulz** (Щульц), ul. Sovetskaja 20, Tel. 2103907, oder in der **Austria Grill Bar**, ul. Mičurina 12a, Tel. 3310907 zu.

Für Biertrinker gibt es noch den **Bierhof** mit ziemlich original deutscher Küche in einer Kneipenbrauerei (Brauereitechnik aus Österreich) mit nettem Ambiente, ul. Voschod 24, Tel. 2663725, www.bierhof.ru (R).

Balkan-Grill, ul. Frunze 3, Tel. 2172285, Shamrock, ul. Narymskaja 23, Tel. 2106409, **Pepperoni (italienisch)**, ul. Koshurnikova 5, Tel. 2785303, und **U Vaclava**, (tschechisch) ul. Gor'kogo 78, Tel. 2239374, sind weitere Beispiele für europäische Küche.

Ein Geheimtipp mit guter Küche und einem exzellenten Blick auf das Stadtzen-trum ist

Karte: vordere Umschlagklappe/S. 134

das **RAGU**, Krasnyj pr. 17/1, 8. und 9. Etage, Tel. 2003606, www.ragu-cafe.ru (R).
Hanbel (Хан Бель), ul. Lenina 21/1 k. 2, Tel. 3281155, koreanische Küche.
Little India, Deržavina 73, Tel. 2876659. Nomen est Omen.
Jakitoria, ul. Serebrenikovskaja 34, Tel. 3754375, japanische Kücje.

Küche der ehemaligen Sowjetrepubliken

Šinok (ukrainisch für Kneipe, Шинок) bietet in zwei Gaststätten ukrainische Gerichte, ul. Sovetskaja 19, Tel. 2101975, und ul. Narymskaja 17/2, Tel. 2184508, www.nsk-shinok.ru (R).
Die Restaurants **Tandyr** (benannt nach einem speziellen Brotbackofen, Тандыр), ul. Sem'I Šaškinych 64, Tel. 2090342, und **Šafran**, Krasnyj pr. 24, Tel. 2311010, stehen für die Küche Zentralasiens.
ŠašlykoFF (Шашлыкофф) hat sich seit seiner Gründung 2009 zu einer Kette mit über einem Dutzend Standorten in Novosibirsk (und auch anderen Städten) gemausert. Ein Muss für Schaschlik- (das aus dem Kaukasus stammt) und Grill-Fans! Filialen (u.a.): Krasnyj pr. 17 und 200, ul. Lenina 6 und 89, ul. Mičurina 12 und pl. Karla Marksa 5, Tel. 362100, www.shashlikoff.com (R).
Tiflis (russisch für die georgische Hauptstadt Tblissi, Тифлис), ul. Sovetskaja 65, Tel. 2228181, www.tiflisnsk.ru (R). Hier gibt es exzellente georgische Küche, die schon früher als die beste Küche aller Sowjetrepubliken galt und auf Russisch ›grusinische‹ Küche genannt wird.
Agat (Агат), ul. Sibirskaja 58, Tel. 2214925. Das Nachbarland Armenien bestimmt hier die Karte.

Fastfood

Hier kann man vor allem zwischen Russisch, Amerikanisch und Italoamerikanisch wählen. Die Kette **Vilka i Ložka** (Gabel und Löffel, Вилка и Ложка) hat ihre Wurzeln in Novosibirsk, u.a. ul. Lenina 1, ul. Frunze 2, Krasnyj pr. 50, Vokzalnaja magistral' 4a, pr. Marksa 37 und ul. Dusi Kovalčuk 266, Tel. 2221710, www.vilka-lozhka.com (R). **McDonald's** ist 2015 in Novosibirsk eingetroffen und jetzt neben den drei großen Malls MEGA, Sibirskij und Aura noch an drei weiteren Standorten präsent: Krasnyj pr. 88, Bolševistskaja ul. 43/1 und pr. Marksa 39, tel. 2853227.
New York Pizza gibt es u.a. am Krasnyj pr. 25/1 und 101, ul. Frunze 4, Vokzalnaja magistral' 16, ul. Dusi Kovalčuk 179/2 und pl. Marksa 24, Tel. 2238655.

Kofe-room (Кофе роом), Krasnyj pr. 182, Tel. 2034504, und **Kofe-Terra** (Кофе-Терра), ul. Sovetskaja 35, Tel. 2224477. Beide bieten guten Kaffee und Kuchen.
Auch **Coffeehouse** ist mit mehreren Filialen zu empfehlen, Krasnyj pr. 29/1, 30 und 101 sowie Vokzal'naja magistral' 10/1.
Šanson'e (Chansonier, Шансонье), bietet mit Kaffee, Kuchen und einer guten Weinkarte einen Hauch Frankreich in Sibirien, ul. Lenina 20 bzw. Krasnyj pr. 37, Tel. 2232283, www.chansonier.ru (R).
Das erste Anti-Café in Sibirien ist das **Samovar**, all in für 2 Rubel pro Minute, ul. Čaplygina 53, 3 Etage, Tel. 3811870, www.samovaroom.ru (R).

Einen Besuch wert ist der für russische Verhältnisse sehr ordentliche und saubere **Central'nyj rynok** (Zentralmarkt), auf dem Bauern und Händler aus der Umgebung und vor allem auch aus Mittelasien täglich ihre Produkte feilbieten. In zwei Hallen gibt es vom Spanferkel bis zur Kiwi nahezu alles, was das Herz begehrt.

Eine sibirische Spezialität sind die **Zirbel-kiefernzapfen**, deren Kerne essbar und sehr gesund sind. Der Händler zeigt gern, wie man die Kerne aus den angebotenen Zapfen gewinnt, ul. Mičurina 12.

Dahinter, an der Ecke Kamenskaja/Krylova steht die beliebte und originelle Bronzes-kulptur ›Der Kauf‹.

Direkt gegenüber lockt seit Ende 2014 die moderne **Mall Novosibirsk** Käufer an, ul. Gogolja 13.

Seit 2010 gibt es am linken Ufer die **Mega Mall** einschl. dem ersten IKEA-Standort in Sibirien dazu, ul. Vatutina 107, www.megamall.ru/novosibirsk (R).

Die beiden alten Kaufhausklassiker **CUM** (Zentrales Universalgeschäft) und **GUM** gibt es auch noch. Hinter der Abkürzung GUM verbirgt sich aber keine Kaugummi-werbung, sondern die ersten drei Buchstaben der Bezeichnung ›Staatliches Universalgeschäft‹. Das größere GUM befindet sich im am linken Flussufer gelegenen Teil der Stadt an der Metrostation Karl-Marx-Platz (pl. Karla Marksa). Das zentralere CUM befindet sich am pr. Dimitrova 5.

Der Novosibirsker Geheimtipp für Souvenirs, Bilder und Antiquitäten und Antiquariat ist das Geschäft **Sibirskaja Gornitsa**, ul. Tel. 2271450, ul. Sovetskaja 26, www.gornitsa.ru (R/E/D).

www.nowosibirsk.diplo.de (D/R).
www.deutsche-nowosibirsk.de (D)
www.novosibirskguide.com (E)
www.novo-sibirsk.ru (R).

Akademgorodok

Das berühmte Akademikerstädtchen Akademgorodok liegt südlich von Novosibirsk an der rechten Seite des Ob'. Mit dem Bau des Städtchens wurde 1957 in der grünen Taiga begonnen. Die planmäßige Entwicklung Sibiriens sollte unter Chruschtschow nicht nur die Ansiedlung von Industrie und die Ausdehnung der Landwirtschaft, sondern auch die Entwicklung der Wissenschaft in Sibirien umfassen. Die Akademie der Wissenschaften hatte 1957 eine sibirische Abteilung bekommen, die, mit vergleichsweise vielen Freiräumen ausgestattet, in der Umgebung der Hauptstadt Sibiriens ein gigantisches Forschungszentrum mit Campus-Charakter zu errichten begann. Insbesondere der Mathematiker Michail Lavrentev (1900–1980) gilt als Vater dieses Konzeptes und seiner Umsetzung. Man

1 Bahnhof Obskoe More (Вокзал Обское море)

2 Bahnhof Sejatel' (Вокзал Сеятель)

3 Eisenbahnmuseum (Музей железной дороги)

4 Geologiemuseum (Музей геологии)

5 Info-Zentrum der Akademie der Wissenschaften (Выставочный Центр СО РАН)

6 Haus der Wissenschafter (Дом ученых СО РАН)

7 Einkaufszentrum (Торговый Центр)

8 Strand (Пляж)

9 Staudamm (Плотина)

10 Museum für Geschichte und Kultur der Völker Sibiriens (Музей истории и культуры народов Сибири)

11 Universität Novosibirsk (Новосибирский Государственный Университет)

◀ Karte S. 145

wollte den Elite-Wissenschaftlern fern von Moskau optimale Arbeits- und Lebensbedingungen schaffen und talentierte Nachwuchswissenschaftler nicht nach Sibirien verbannen, sondern für Sibirien gewinnen.

Viele junge Akademiker folgten dem Ruf in die Taiga und brachten die neuen Forschungseinrichtungen schnell auf Spitzenplätze in der nationalen und internationalen Forschung. Zugleich war die Siedlung der Prototyp für andere Städtchen beispielsweise in Krasnojarsk oder Irkutsk, die aber auf deutlich kleinerer Flamme in die Praxis umgesetzt wurden und dementsprechend auch nicht so bekannt sind. Zunächst wurden 14 wissenschaftliche Institute angesiedelt. Bis heute hat sich die Anzahl auf 21 erhöht. Bald zog auch die Novosibirsker Universität nach Akademgorodok um. Institut für Mathematik, Institut für Halbleiterphysik, Institut für Kernphysik, Institut für Rechentechnik – die Liste ließe sich fortsetzen und begründet heute sowohl im Bereich Grundlagen- als auch Anwendungsforschung den weltweit hervorragenden Ruf von Akademgorodok. Die Universität belegt im landesweiten Universitätsranking Platz 7 und ist damit in dieser Liste die erste außerhalb von Moskau und St. Petersburg gelegene Hochschule.

Obwohl nach 1990 die staatliche Förderung drastisch zurückging und auch viele Wissenschaftler lukrativere Angebote im Ausland annahmen, konnten die Institute ihr Niveau halten und mit

Zwischen Ob' und Enisej

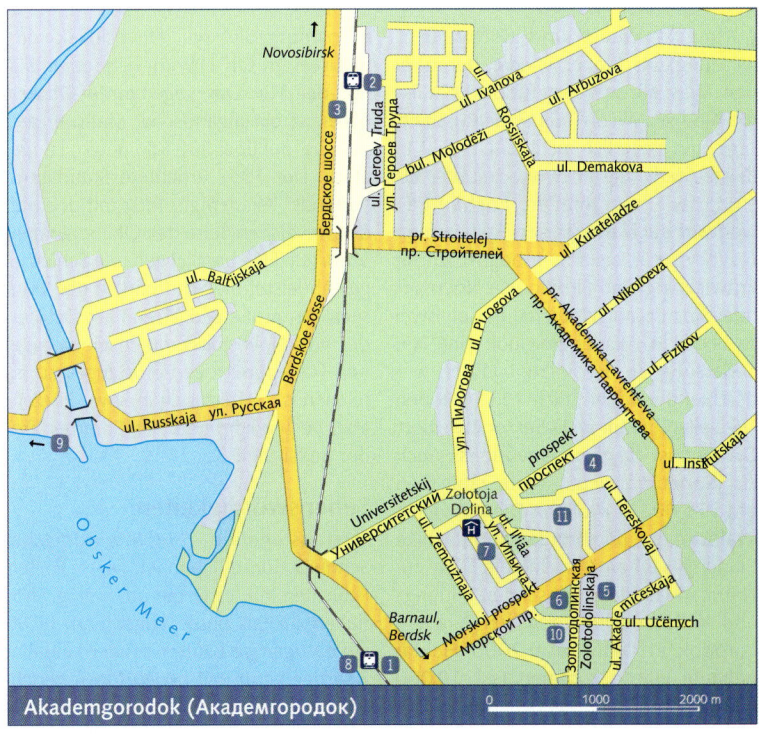

Akademgorodok (Академгородок)

Professor Lavrentev präsentiert das Akademgorodok-Projekt

Auftragsforschung und Softwareentwicklung das Steuer wieder herumreißen. Was Silicon Valley für die USA, ist die hiesige ›Silicon Taiga‹ für Russland, sagt man sicherlich nicht zu Unrecht in dieser Stadt, die im www-Zeitalter als eine der Programmiererhochburgen weltweit auch bereits den Spitznamen Novocybersk bekam. Inbegriff dieser Entwicklung sind Firmen wie Novosoft oder Sibsoft, auch Intel hat beispielsweise heute in Akademgorodok eine Niederlassung. In den letzten Jahren werden hier durchschnittlich 150 Millionen US-Dollar im Jahr im IT-Sektor investiert. Der Ort ist für ganz Novosibirsk auch als Wohnort beliebt. Heute zählt man etwa 75 000 Einwohner. Die mit vielen Waldstreifen durchsetzte großflächige Planung, saubere Luft und die Nähe zur Natur sowie die umfassenden Bildungs- und Kulturangebote machen Akademgorodok attraktiv. Auf 2000 Hektar bebaute Fläche kommen fast 10 000 Hektar Wald, und das beliebteste Naherholungsgebiet von Novosibirsk, der Stausee am Ob'-Damm, liegt ebenfalls vor der Tür. Das sogenannte Obsker Meer ist ein gigantischer Stausee, der den Ob' auf über 200 Kilometern Länge staut. Der 1957 errichtete Staudamm verbindet Akademgorodok mit den auf der westlichen Seite des Ob' liegenden Vororten. Eine parallel gebaute Schleuse gewährleistet die Schiffbarkeit des Stausees. Der große Badestrand am Ostufer, der von Novosibirsk durch einen eigenen Haltepunkt des Vorortzuges zu erreichen ist, erfreut sich im zwar kurzen, aber heißen kontinentalen Sommer großer Beliebtheit.

Sehenswürdigkeiten

»Herausragende architektonische Schmuckstücke haben wir keine. Äußerlichkeiten interessierten uns wenig. Wir haben damals unser Augenmerk nicht auf einzigartige Bauten, sondern auf einzigartige Leute mit neuen Ideen gerichtet«, beschrieb Michail Lavrentev die

Entstehung von Akademgorodok. So ist das Stadtbild auch durch breite Straßen und mit viel Wald umrahmte Plattenbauten bestimmt. Wissenschaftliche Koryphäen bekamen je nach Status auch Eigenheime oder Doppelhaushälften.

Die **zentrale Straße** von Akademgorodok zieht sich als kantiger Halbkreis östlich der Fernverkehrsstraße in Richtung Altai durch den Ort. Dabei wechselt sie dreimal den Namen. Zunächst heißt sie ›Prospekt der Bauarbeiter‹, wo die große Losung an das Lomonossov-Zitat erinnert, dass ›Russlands Reichtum dank Sibirien wächst‹. Dann ›Lavrentev–Prospekt‹, wo sich Rathaus und die meisten Forschungsinsttute befinden. Vor dem **Genetik-Institut** entwickelt sich ein lustiges, der Labormaus gewidmetes Denkmal zur Sehenswürdigkeit. Ihr Spitzname war auch schon vor der neuen Star Wars Euphorie ›Master Yoda‹, pr. Lavrent'eva 10. Danach folgt der Meeresprospekt, der die Richtung zum Obsker Meer weist und das eigentliche Ortszentrum bildet. Der standesgemäß als ›Haus der Wissenschaftler‹ (Dom učěnych) deklarierte und 2010 renovierte **Kulturpalast** bietet ein vielfältiges Programm an Ausstellungen, Konzerten und Lesungen. Das Holzschnittrelief ›Die Eroberung Sibiriens‹ im Foyer des 1. Stockwerkes ist beachtenswert, Morskoj pr. 23, www.dusoran.ru (R).

In der dort abzweigenden ul. Il'iča findet man Kulturpalast, Kino, Kaufhaus und Hotel in unmittelbarer Nachbarschaft. In der kurz zuvor abzweigenden ul. Zolotodolinskaja kommt man zum anlässlich des 50-jährigen Jubiläums von Akademgorodok eröffneten **Informations- und Ausstellungszentrum**, wo man sich über die wichtigsten Forschungserfolge informieren kann, ul. Zolotodolinskaja 10.

Museen

■ Eisenbahnmuseum

Ohne Voranmeldung gibt es aber direkt am Bahnhof ›Sejatel'‹ noch eine echte Sehenswürdigkeit. Hier wurde im Herbst 2000 das größte Eisenbahnmuseum Sibiriens eröffnet. Die Sammlung

Zwischen Ob' und Enisej

Das Informations- und Ausstellungszentrum

unter freiem Himmel umfasst über 60 Exponate zur russischen und sowjetischen Eisenbahngeschichte, darunter acht Dampfloks, sechs Diesel- und zehn Elektrolokomotiven sowie Personen- und Güterwaggons, Draisinen und Schneeräumer, die alle in den Bahndepots der Umgebung für das Museum rekonstruiert wurden, Tel. 3379622.

■ Geologiemuseum

Im Geologie-Institut der Akademischen Wissenschaften in Akademgorodok befindet sich das kleine, außerordentlich gelungene Geologiemuseum. Die Exponate, die von den Geologen auf ihren verschiedenen Exkursionen in den sibirischen Weiten gesammelt wurden, geben eine eindrucksvolle Vorstellung von den Naturschätzen, die Sibirien vom Öl und Gas in Westsibirien bis hin zu Gold und Diamanten in Jakutien in sich birgt. Die Attraktion der umfangreichen Sammlung von Mineralien und Halbedelsteinen ist der Čaroit – ein lila schimmernder Halbedelstein, der erst in den 1970er Jahren in dem schwer zugänglichen Tal der Čara, eines Nebenflusses der Angara, entdeckt wurde. Führungen sind nach vorheriger Anmeldung möglich. Akademgorodok, Universitetskij prospekt 3, Tel. 3332837.

■ Archäologie-Museum

Im Institut für Archäologie und Ethnographie gibt es ebenfalls ein 1962 gegründetes, kleines Museum mit einer ur- und frühgeschichtlichen Exposition. Hier wird derzeit noch die spektakuläre Mumie der Altaj-Prinzessin gezeigt. Sie wird aber in absehbarer Zukunft nach Gorno-Altajsk umziehen, Sa, So Ruhetage, ul. Zolotodolinskaja 4, Tel. 3303418, www.museumiaet.ru (R).

■ Botanischer Garten

In derselben Straße befindet sich auch der Botanische Garten. Das Hauptaugenmerk der dortigen Forschung ist darauf gerichtet, wie sich fremde Nutzpflanzen unter den Bedingungen in Sibirien akklimatisieren (lassen). Von den 130 Pflanzenarten stammen nur etwa 30 auch ursprünglich aus Sibirien, ul. Zolotodolinskaja 101, Tel. 304101.

■ Sonnenmuseum

Trotz der Kälte gibt es eigentlich reichlich Sonne in Sibirien. Davon zeugt auch ein neues privates Sonnenmuseum in einem ehemaligen Kindergarten, das Sonnensymbole in den Weltkulturen und –religionen präsentiert, ul. Ivanova 11a, Tel. 3323596, www.sunmuseum.ru (R).

■ Freiluftmuseum

Außerhalb von Akademgorodok gibt es noch ein Freiluftmuseum mit einer umgesetzten Holzkirche und einer ›Ostrog‹ genannten Kosakenfestung. Besichtigung von Juni bis September mit einer ca. 90–minutigen Führung nach tel. Voranmeldung, So Ruhetag, ul. Ionosfernaja 6/2, Tel. +7/913/7815493.

ℹ Akademgorodok	
Lage: 54°50′23.45″N/83°5′42.67″E; Akademgorodok liegt 30 Kilometer südlich von Novosibirsk. Zeitunterschied zu MEZ im Sommer 5, im Winter 6 Std.	**Auskunft:** 09.
	Hauptpostamt: ul. Il'iča 8, Tel. 3303524.
	Bank: Sberbank, ul. Il'iča 8, Tel. 3303529.
Postleitzahl: 630090.	**Geldautomat:** ul. Il'iča 6, im Warenhaus.
	Taxi: Tel. 3320202.
Vorwahl: +7/383.	**Durchschnittstemperatur:** Januar –19 Grad, Juli 19 Grad.

Akademgorodok liegt an der Strecke in Richtung Berdsk und Barnaul. Täglich verkehrt die Vorortbahn (Élektrička) 8 x zwischen Novosibirsk und Akademgorodok. Zum Ort gehören die beiden Bahnhöfe Sejatel' und Obskoe More, Haltepunkt Nr. 10 bzw. 11 ab Novosibirsk Hbf. Die Fahrzeit beträgt ca. 45 Minuten.

Die Endhaltestelle der Busse und Routentaxis liegt hinter dem Hotel Zolotaja Dolina (Zvetnoj proezd). In Richtung Novosibirsk fahren alle bis zur Metrostation Rečnoj vokzal, einige weiter bis zum Hauptbahnhof.

Zolotaja Dolina (Goldenes Tal, Золотая долина), EZ/DZ 1800–4500 Rbl., ul. Il'iča 10, Tel. 3331916, www.gold-valley.ru (R/E). Das einzige Hotel wurde 1969 gebaut und bietet 148 Zimmer mit akzeptablem Komfort.

Das beste und teuerste Restaurant ist die **TBK (The Best Kitchen) Lounge** und befindet sich im Info-Zentrum der Akademie der Wissenschaften, ul. Zolotodolinskaj 11, Tel. 3303756, www.tbklounge.ru (R/E).

Im **Haus der Wissenschaftler** befindet sich ein gutes, preiswertes Restaurant, Morskoj pr. 23, Tel. 3307713.

Weitere Restaurants sind **Pečki-Lavočki** und **Vilka i Loška** im dem Einkaufszentrum angeschlossenen Rundbau in der ul. Il'iča oder, etwas gehobener, **Pel'menissimo und Clever Irish Pub**, Morskoy pr. 54, Tel. 3744465 bzw. 3311431.

Art Pub, ul. Tereškovoj 12a. Klub mit Konzertbühne und Gaststätte in einem.

Das 1966 schnörkellos errichtete Einkaufszentrum (**Torgovyj Centr**) bietet auf zwei versetzten Etagen alles, was man so in Sibirien benötigt, ul. Il'iča 6, Tel. 3309963.

www.academcity.org (R)
www.sbras.nsc.ru (R)

Kolyvan

Kolyvan befindet sich etwa 45 Kilometer nördlich von Novosibirsk. Der Ortsname ist auch noch mal im Altaj anzutreffen. Das heute etwa 11 000 Einwohner zählende Kolyvan in der Nähe von Novosibirsk geht auf eine 1713 von Kosaken gegründete Čausker Festung zurück, die aber aufgrund der zügigen Expansion gen Süden nie Grenzstation wurde. 1822 bekam sie den Namen Kolyvan, 1833 wurde sie Verbannungsort. Im 19. Jahrhundert florierte der Ort Dank der Lage am Sibirischen Trakt, was einige erhaltene Holzhäuser und Kaufmannsvillen bezeugen. Dieser Boom endete mit der Fertigstellung der Transsib. Heute leben hier weniger Einwohner als vor einhundert Jahren.

Das 1887 gegründete **Frauenkloster** mit seiner Alexander-Nevskij-Kirche ist eine Besichtigung wert. Die schönsten alten Häuser findet man in der ul. Lenina (Nr. 33 und 71), in der ul. Sovetskaja (Nr. 41 und 43) und am Revoljucionnyj pr. (Nr. 41 und 45).

Es gibt zudem ein **Heimatmuseum**. Neben Geschichte werden bürgerliches und bäuerliches Alltagsleben aus dem 19. Jahrhundert gezeigt und lokale Berühmtheiten gewürdigt, darunter der Schriftsteller Alexander Volkov (Autor von ›Der Zauberer der Smaragdenstadt), die Rocksängerin Zhana Aguzarova und

Zwischen Ob' und Enisej

der Olympiasieger im Ringen Alexander Karelin, der auch als aktiver Sponsor des Museums in Erscheinung tritt, ul. Moskovskaja 35, Tel. 38352/52269.

Ein paar Häuser weiter befindet sich eine Pelmeni-Stube, ul. Moskovskaja 42, Tel. 38352/51144. Eine Alterantive ist das Café ›Berëzka‹, ul. Sovetskaja 34. Der Busbahnhof befindet sich in der ul. Sovetskaja 79, Tel. 38352/51814. Es verkehren stündlich Routentaxen von und nach Novosibirsk (Fahrtzeit 1,5 Std.). Reisebüros in Novosibirsk bieten auch Tagesausflüge nach Kolyvan an.

Berdsk

Novosibirsk und Akademgorodok stehen für die russische Geschichte des 20. Jahrhunderts. Das bedeutet aber nicht, dass diese Region bis Ende des 19. Jahrhunderts Niemandsland war. Berdsk sieht man das zwar nicht an, aber die Stadt kann auf eine fast 300-jährige Geschichte zurückblicken und wird auch manchmal das Atlantis Sibiriens genannt.

Im Jahr 1716 entstand hier eine russische Festung. Handel und Handwerk entwickelten sich. Berdsk wurde durch seine Mühlen und sein Mehl berühmt. Der Müller-Oligarch Vladimir Gorochov (1849–1907) ist in Berdsk eine Legende. Doch das alte Berdsk fiel in den 1950er Jahren dem Bau des Novosibirsker Staudamms zum Opfer. Bevor das künstliche Obsker Meer weite Teile der alten Stadt flutete, entstand die neue Stadt etwas weiter östlich an der Eisenbahnstrecke Novosibirsk–Barnaul und wurde von 1953 bis 1957 umgesiedelt.

Berdsk wurde dann in der gesamten Sowjetunion ein Begriff für Radios, Plattenspieler und Rasierapparate, die im 1959 gegründeten Elektromechanischen Werk genauso wie auch Kosmos-

Der Zug ›Sibirjak‹

technik produziert wurden. Die Rasierapparate und die Weltraumforschung haben überlebt. Das Unternehmen ist noch heute der größte Arbeitgeber von Berdsk.Die heute 103 000 Einwohner zählende Stadt entwickelt sich mit starkem Bevölkerungszuwachs von über 20 000 Neu-Berdskern in den letzten 20 Jahren dank der guten Verkehrsanbindung und attraktiven Lage zu einer Satellitenstadt des nahen Novosibirsk. Berdsk liegt nur von einem schmalen Waldmassiv getrennt direkt am Obsker Meer und wird zusätzlich am Ostrand von einer länglichen Bucht des Stausees eingerahmt. Parallel zur Bucht durchqueren die Bahnstrecke und die parallel verlaufende Fernstraße Richtung Barnaul das Zentrum der Stadt (ul. Vokzalnaja).

Am Hauptbahnhof zweigt die ul. Gor'kogo ab. Hier gelangt man vorbei am Kaufhaus und am Stadtpark zur weit sichtbaren, rot-weißen **Christi-Verklärungs-Kirche**, die 2005 neu errichtet wurde. Die zweite zentrale Straße des Ortes ist die sie kreuzende Lenin-Straße.

Das **Heimatmuseum** befindet sich in einem Flachbau am südlichen Ortsrand und zeigt Erinnerungen an das Berdsker Radiowerk und an den Zweiten Weltkrieg, ul. Sportivnaja 9, Tel. 53366, www.museum-berdsk.ru (R).

 Berdsk

Lage: 54°45'46.61"N/83°6'49.97"E; Berdsk ist 35 km von Novosibirsk und 5 km von Akademgorodok entfernt. Unterschied zu MEZ: Sommer 5, Winter 6 Std.
Postleitzahl: 633000 – 633011.
Vorwahl: +7/38441. Die örtlichen Telefonnummern sind fünfstellig. Manche nutzen hier Novosibirsker Nummern, dann siebenstellig.
Auskunft: 09.
Postamt: ul. Lenina 67, Tel. 37377
Bank: Sberbank, ul. Lenina 130, Tel. 51010.
Durchschnittstemperatur: Januar –19 Grad, Juli 18 Grad.

Berdsk liegt an der Eisenbahnstrecke von Novosibirsk nach Barnaul und weiter nach Zentralasien (Turksib). Es verkehren Vorortzüge nach Novosibirsk. Der Bahnhof liegt im Zentrum, ul. Vokzalnaja, Tel. 20259.

Der Busbahnhof befindet sich am Bahnhof. Es verkehren mehrmals stündlich Busse und Routentaxen nach Novosibirsk.

Barvicha, ul. Morskaja 3, Tel. 25032, www.hotelborviha.ru (R), EZ/DZ 6000–7800 Rbl. Das beste Hotel samt Strand, Schwimmbad, Spa etc. Das **Bylina** ist eher ein Erholungsheim, Rechkunovskaja Zona otdycha, Tel. 44533, EZ/DZ 3400–5000 Rbl. Beide liegen zwischen Akademgorodok und Berdsk an der Berdsker Bucht.
Als Stadthotel in Berdsk empfiehlt sich das in zentraler Lage am Stadtpark gelegene **Hotel Ochotnik** (Jäger), EZ/DZ 1500–2400 Rbl., ul. Ostrovskogo 69/1, Tel. 27789.

Das beste Restaurant ist das **Ochotnik** im gleichnamigen Hotel. Gute Küche gibt es im **Café Roza Vetrov** (Windrose, Роза Ветров), ul Lenina 9a, Tel. 25010.
Als Bierkneipe empfehlenswert: **Klever** im Stil eines Irish Pub, ul. Lenina 29, Tel. 2634364.

www.berdskadm.ru (R)
www.vesberdsk.ru (R)

Tajga

Der Ortsname ist Programm in Sibirien. Mitten in der Taiga entstand mit dem Bau der Eisenbahn dieser Ort. Hier zweigt die Linie in die alte sibirische Stadt Tomsk ab, die etwa 80 Kilometer nördlich des Transsibstranges liegt. Zur Zeit des Baus war Tomsk eine der bedeutendsten Städte Sibiriens und der Ort mit dem Bahnanschluss hieß zunächst auch Tajga-Tomsk (Tomsk Tajožnyj). Der Ort um das Bahnausbesserungswerk boomte und bald blieb nur Tajga und bereits 1911 gab es das Stadtrecht. Neben Petrovsk-Zabajkal'skij ist Tajga der einzige Ort, der das Thema Transsib auch in seinem Stadtwappen verewigt hat. Die Stadt ist ein typischer Provinzort in Sibirien. Wichtigste Arbeitgeber sind die Eisenbahn und eine Textilfabrik. Heute leben hier 25 000 Menschen.

Südlich der Bahnstrecke taucht man in das alte einstöckige Sibirien mit vielen

Wandmosaik in Tajga

Tajga trägt die Eisenbahn im Wappen

Holzhäusern ab. Östlich des Bahnhofs sieht man eine schöne Backsteinkirche. Sie galt als eine der schönsten Kirchenneubauten im Zusammenhang mit dem Bau der Transsib und ist dem Heiligen Märtyrer von Kreta gewidmet. In Tajga befindet sich in der Stadtbibliothek eine kleine Heimatstube (ul. Počtovaja 99, Tel. 22293, die Leiterin Olga Kovrova spricht Deutsch).

Nördlich der Eisenbahntrasse dominiert sowjetische Plattenbauarchitektur. Über die ul. Privokzalnaja gelangt man zur parallel zur Bahnstrecke verlaufenden Geschäftsstraße mit dem zentralen Platz mit Rathaus und Lenin-Denkmal. Eisenbahnfans finden unweit des schönen Bahnhofsgebäudes eine grüne alte Schnellzugdampflok vom Typ P 36. Dahinter befindet sich das Lokdepot, das im zweiten Stock ein kleines Museum zur Eisenbahngeschichte des Ortes beherbergt.

Tajga

Lage: 56°3′45.08″N/85°37′30.51″E; Taiga ist 230 km von Novosibirsk und 80 km von Tomsk entfernt. Zeitunterschied zu MEZ im Sommer 6, im Winter 7 Std.
Postleitzahl: 652400.
Vorwahl: +7/38448, Auskunft: 09.
Postamt: ul. Privokzalnaja 23, Tel. 22282.
Bank: Sberbank, ul. Počtovaja 103.
Durchschnittstemperatur: Januar –21, Juli 18 Grad.

Taiga liegt an der Transsibirischen Bahn. Hier zweigt die Strecke nach Tomsk ab.

Tajga (Тайга), ul. Privokzalnaja 9, Tel. 21804. Das einzige Hotel liegt am Bahnhof.

Im Hotel **Tajga** gibt es ein Café. Ansonsten gibt es in der Stadt am **Rathausplatz** und im **Kaufhaus Avrora** Cafés, ul. 40–letija Oktjabrja 25 bzw. 16, sowie mit dem **Pivnoj Raj** (Bierparadies, Пивной Рай) eine schlichte Bierstube, ul. Stroitelej.

www.adm.tanet.ru (R)

Tomsk

Zar Boris Godunov verfasste im Jahre 1604 den Ukas zur Gründung der Festung Tomsk. Der Fürst der lokalen Tataren namens Tojan begab sich laut der Chronik freiwillig unter den Schutz der Zarenkrone. Die Festung wurde von den aus Surgut entsandten Kosaken zügig auf einer Anhöhe am Ufer des Flusses Tom' errichtet. Tomsk wurde dann wiederum Ausgangspunkt weiterer Expeditionen zur Gründung von Krasnojarsk und Enisejsk. Vor allem die Kirgisen versuchten die Festigung der russischen Positionen zu verhindern, so dass sich Tomsk im 17. Jahrhundert in vier großen Schlachten (1614, 1617, 1657 und 1698) tapfer der Angreifer aus Mittelasien erwehren musste. Nach 1700 verlor Tomsk seine militärische Bedeutung. Russlands neue Grenzen waren schon viel weiter in Richtung Osten und Süden verschoben worden. Da die Stadt aber am sibirischen Trakt gelegen war, entwickelte sie sich zu einem wichtigen Handelszentrum. Lange Jahre galt sie nach Tobol'sk als zweite Hauptstadt Sibiriens, zumal sie 1804 zur Hauptstadt des gleichnamigen Gouvernements wurde. Goldfunde um 1840 ließen auch die wirtschaftliche Bedeutung der Stadt weiter anwachsen. »Man darf wohl auch mit Recht sagen, dass Tomsk eine reiche Stadt ist. Der äußere wie der innere Luxus der Häuser, der Reichtum, den die herrschaftlichen Kutschen zur Schau tragen – das alles kann beinahe mit mancher Hauptstadt Europas konkurrieren. Früher meinte man, Tomsk liege am Ende der Welt. Wer dorthin wollte, unternahm ein riesiges Wagnis. Jetzt ist es … nur mehr ein Spaziergang. Und lange wird es nicht mehr dauern, dann kann man noch bequemer mit der Eisenbahn hierher fahren.« So beschrieb Jules Verne 1876 in seinem Roman ›Der Kurier des Zaren‹ die Stadt, die er aber nie besucht hatte.

Ein nicht weniger bekannter wirklicher Besucher äußerte sich 1890 allerdings weniger positiv. Auf seiner Reise nach Sachalin verunglückte die Fähre über den Tom' und Anton Pavlovich Tschechow musste in Tomsk seine schwere Erkältung auskurieren. In seinem Tagebuch vermerkte er »Tomsk ist keinen

Томскъ.—Tomsk. № 61.
Вокзалъ.—La gare.

Tomsk hat einen Bahnhof – aber er liegt nicht an der Transsib-Strecke

Kupfergroschen wert .. Ein Langweiler ... Und die Leute sind Langweiler... Die Stadt ist nie nüchtern. Es gibt überhaupt keine hübschen Frauen, asiatische Rechtlosigkeit... Unbeschreiblicher Straßendreck... erste Anzeichen von Zivilisation – im Gasthof wischte die Zimmerfrau den Löffel, bevor sie ihn mir gab, am Hintern ab. Bemerkenswert ist an der Stadt, daß die Gouverneure wie die Fliegen sterben. Die Mittagsspeisen sind aber opulent, ganz im Gegensatz zu den mageren Frauen.« Im Jahre 2004 entstand im Stadtzentrum ein eigenwilliges Tschechow-Denkmal mit dem Titel ›Anton Pavlovich in Tomsk aus Sicht eines im Strassengraben liegenden Betrunkenen, der ›Kashtanka‹ nicht gelesen hat‹. ›Kashtanka‹ ist eine Erzählung Tschechows, wo der einem grobschlächtigen und trinkenden Tischler gehörende kleine Hund Kashtanka verloren geht und dann von einem gutmütigen Zirkusclown aufgenommen wird. Als Jahre

später der alte Besitzer eine Zirkusvorstellung besucht, erkennt Kashtanka ihn wieder und kehrt ungeachtet der früheren Grausamkeiten und der Güte seines neuen Herrchens sofort zu seinem alten Besitzer zurück. Die Kommentare zum Denkmal schwankten zwischen ›originell‹ oder ›ironisch‹ bis hin zu ›Späte Rache‹.

Ungeachtet dessen waren diese Jahre eine Blütezeit für Tomsk. 1888 wurde sie die erste Universitätsstadt Sibiriens. Im Jahre 1900 kam die erste sibirische Technische Hochschule dazu, 1902 folgte eine Hochschule zur Ausbildung von Lehrern.

Allerdings kam die Eisenbahn nicht hierher, denn beim Bau der Transsibirischen Eisenbahn ließ man Tomsk im wahrsten Sinne des Wortes links liegen. Die Legende besagt, dass die Tomsker Stadtväter die Bedeutung der nur Schmutz und Krach bringenden Bahn unterschätzten und damit ihrer Stadt einen

▲ Karte S. 156

Bärendienst erwiesen. Ingenieurtechnisch wäre eine Verschiebung der Transsib nach Norden auf einer Tomsk durchlaufenden Route zwar mit höheren Kosten verbunden gewesen, da die nördlicheren Landstriche bedeutend stärker mit Sümpfen durchzogen sind als das Gelände des gewählten Schienenstranges, aber Tomsk kämpfte nicht um die Transsib. Im Ergebnis erfuhr die Stadt ein ähnliches Schicksal wie Tobol'sk 100 Jahre früher, als es den Anschluss an den sibirischen Trakt verpasste.

Damals hatte Tomsk über 200 Betriebe, etwa 6000 Wohnhäuser, 23 Kirchen, drei Synagogen, 59 Bildungseinrichtungen, drei Bibliotheken und vieles anderes mehr. Doch nun verlor die Stadt an wirtschaftlicher und politischer Bedeutung. Nur dank der Universitäten mit ihrem regen geistig-kulturellen Leben wurde ihr später die Bezeichnung ›Athen Sibiriens‹ verliehen.

Ab 1960 begann sich Tomsk erneut stärker als Wirtschafts- und Wissenschaftszentrum zu profilieren. Die Rüstungsindustrie und die Atomwirtschaft spielten dabei eine entscheidende Rolle, weshalb Tomsk zu den für Ausländer gesperrten Städten gehörte. Das ist auch heute manchmal ein sensibles Thema. Der Hauptgrund dafür ist die 20 Kilometer entfernte, auch Tomsk-7 genannte Stadt Seversk – eines der vier Hauptzentren der russischen Atomwirtschaft. Von den anderen drei zu Sowjetzeiten in keiner Landkarte zu findenden Standorten befindet sich noch Krasnojarsk 26 in Sibirien; Čeljabinsk 70 liegt im Ural und Arzamas 16 in der Nähe von Nižnij Novgorod im europäischen Teil Russlands. Wenn man im Zentrum von Tomsk am Fluss spazieren geht, sieht man nördlich am Horizont einige Schornsteine, die zu Seversk gehören. Die 120000-Einwohner-Siedlung, in der sich eine der wichtigsten russischen Nuklearfabriken befindet, entstand nach dem Zweiten Weltkrieg und ist heute ein Tomsker Vorort.

In Tomsk selbst leben heute 565000 Einwohner, die sich Tomiči nennen. Tendenz steigend. Mit 9 Hochschulen, 15 Forschungsinstituten und mehreren Hightech-Schmieden hebt sich die Stadt mit Erfolg als wissenschaftsintensiver Wirtschaftsstandort in Sibirien ab. Die technische und die staatliche Universität genießen einen exzellenten Ruf und liegen im russischen Universitätsranking auf Platz 8 bzw. 9. Im britischen weltweiten Top-500–Hochschulrating bedeutet das immerhin Platz 481 und 491. In Sibirien steht nur die in Akademgorodok gelegene Universität Novosibirsk besser da. Hinsichtlich der Relation der Studenten zur Einwohnerzahl belegt der Ort in Russland sogar den ersten Platz. Tomsk ist zudem für seine wunderbare Holzhausarchitektur berühmt, die hier noch ganze Straßenzüge der Altstadt ausfüllt. Daneben finden sich auch sehr viele Grünanlagen in der Stadt selbst, die außerdem von riesigen Wäldern umgeben ist. Von 1991 bis 2012 führte der Russlanddeutsche Viktor Kress (*1948) als Gouverneur die Geschicke der Tomsker Region. Wohl auch aus diesem Grund gab es im April 2006 gab es den ersten Staatsbesuch in der Stadt. Auch Angela Merkel und Vladimir Putin trafen sich schon in Tomsk.

Sehenswürdigkeiten

Auch hier steht Lenin nach wie vor für das Zentrum, so dass die Hauptstraße – der prospekt Lenina – den Namen der Revolutionsikone einschließlich des dazugehörenden Denkmals trägt. Die

Zwischen Ob' und Enisej

nach ihm benannte Magistrale hieß in alten Zeiten einfach Poststraße und durchzieht die ausschließlich am rechten, östlichen Ufer des Tom' liegende Stadt von Nord nach Süd. Abgesehen von verschiedenen Holzhaus-Vierteln in der Altstadt bildet der Prospekt den Mittelpunkt von Tomsk. Als Hauptgeschäftsstraße hat er sich vor allem im Vorfeld des mit viel Pomp 2004 gefeierten 400-jährigen Stadtjubiläums herausgeputzt.

Tomsk (Томск), Zentrum

0   250   500 m

■ Lager-Park

Der Prospekt beginnt im Süden, in der Nähe der Tom'-Brücke, an der sich am Steilufer des Flusses der sogenannte Lager-Park (Lagernyj Sad) erstreckt. Hier erhebt sich ein 18 Meter hohes Ehrenmal zum Gedenken an die Tomsker Kämpfer im Zweiten Weltkrieg, das im Jahre 1980 zusammen mit dem ewigen Feuer eingeweiht wurde. Die Skulptur symbolisiert Mutter Heimat, die ihrem Sohn das Gewehr zur Verteidigung des Vaterlandes überreicht. Die Geschichte von Tomsk hat aber an diesem Platz noch weitere Bezugspunkte. Hier befanden sich die Sommerlager der Tomsker Garnison, die dem Park auch den Namen gaben. Man hat eine schöne Aussicht auf Fluss und Umgebung.

■ Universität

Linker Hand zieht sich der pr. Lenina dann am Hochschulareal vorbei, wo sich die Polytechnische Universität, die Tomsker Universität, die Medizinische Akademie sowie die Radioelektronik-Akademie befinden. Das **Gebäude der Universität** selbst, das 1988 zum 100-jährigen Jubiläum der Eröffnung rekonstruiert wurde, ist auch als archi-

1 Gebietsadministration (Администрация области)

2 Rathaus (Мэрия)

3 Gedenkstein (Памятный обелиск)

4 Heimatkundemuseum (Краеведческий музей)

5 Stadtmuseum (Городской Музей)

6 Museum für Holzhausarchitektur (Музей деревянного зодчества)

7 Museum für die Stalin-Opfer im ehem. NKWD-Untersuchungsgefängnis (Музей ›Следственная тюрьма НКВД‹)

8 Gemäldegalerie (Областной художественный музей)

9 Museum für slawische Mythologie (Музей славянской мифологии)

10 Universität (Университет) und Botanischer Garten (Ботанический сад)

11 Peter-und-Paul-Kathedrale (Собор Петра и Павла)

12 Auferstehungskirche (Воскресенская церковь)

13 Gotterscheinungskirche (Собор Богоявления)

14 Katholische Kirche (Римско-Католическая церковь)

15 Bogorodice-Alekseevskij-Kloster (Богородице Алексеевский монастырь)

16 Moschee (Мечеть)

17 Schauspielhaus (Драматический театр)

18 Konzerthalle (Концертный зал)

19 Jugendtheater (Театр юного зрителя)

20 Haus Feuervogel (Дом Жар-Птица)

21 Deutsch-Russisches Haus (Немецко-Российский Дом)

22 Handelsreihen (Торговые ряды)

23 Park Lagergarten (Лагерный Сад)

24 Hauptpostamt (Главпочтамт)

25 Kaufhaus ›1000 Kleinigkeiten‹ (›Тысяча мелочей‹)

26 Zentralmarkt (Центральный рынок)

27 Stadtpark (Городской парк)

28 Brauerei (Пивоварня)

29 ›Wunderfeld‹ (›Поле чудес‹)

30 Mall Izumrudnyj Gorod (Молл Изумтудный Город)

Die Tomsker Universität

tektonisches Denkmal einen Besuch wert. Der schöne Universitäts-Campus im Süden des Lenin-Prospektes ist in einen urwüchsigen Park eingebettet und beherbergt auf 120 Hektar den größten **botanischen Garten** Sibiriens, der einerseits im Freigelände einen ausführlichen Überblick über die Fauna Sibiriens, andererseits im Gewächshaus allerlei tropische Gewächse zeigt. Während in der schneefreien Zeit die Freiflächen natürlich interessant sind, sucht wohl im Winter der Temperaturunterschied zwischen drinnen und draußen seinesgleichen. Öffnung mit Führung nach vorheriger Vereinbarung; Sa, So Ruhetag; ca. 300 Meter links vom Gebäude der Universität, pr. Lenina 36, Tel. 415813. Die Universität beherbergt noch weitere Museen.

Rechts biegt hinter dem Stadtpark und dem Rathaus der belebte pr. Frunze ab. Hinter dem Stadtpark liegt das Tomsker Fußballstadion ›Trud‹ (Arbeit). Hier ›arbeitet‹ mit Tom' Tomsk der beste Fuß-

ballverein Sibiriens. .Er spielte seit 2005 mehrere Jahre in der russischen Premier-Liga incl. Abstieg und Wiederaufstieg. 2014 stieg man wieder ab und kämpft nun um den Wiederaufstieg, www.fc-tomtomsk.ru (R).

■ **Leninplatz**

Vorbei am Heimatmuseum, verschiedenen Geschäften und Restaurants, gelangt man über die Hauptgeschäftsstraße zum Leninplatz. Links befindet sich in einem kleinen Park ein neues, den Opfern des Stalinismus gewidmetes Denkmal. Am pl. Lenina versammeln sich die unterschiedlichsten Einrichtungen in den verschiedensten Baustilen. Kurz davor gelangt man links zur **Gemäldegalerie** und zum **Jugendtheater** sowie rechts über den nach dem sibirischen Dekabristen Gavril Baten'kov benannten Platz in den südlichen Teil der von der alten Holzhausarchitektur bestimmten Altstadt. Zwischen Lenin-Prospekt und Tom'-Ufer dominiert der

Karte S. 156

auch hier ›Weißes Haus‹ genannte Gebäudeklotz der **Gebietsadministration**. Daneben, mit polarsternartigem Dachschmuck, liegt die Verwaltung des zu Rosneft gehörenden örtlichen Ölkonzerns Tomskneft.

Im Gegensatz zur zeitgenössischen Architektur am Leninplatz vermitteln das historische Restaurant ›Slavjanskij Bazar‹ sowie die in den ehemaligen Handelsreihen entstandene Bibliothek auch im Zentrum einen vagen Hauch des alten Tomsk.

Auf der anderen Seite steht ein 1904 im Stil der Moderne errichtetes Gebäude, das damals das Hotel ›Europa‹ beherbergte und heute Sitz des **Kaufhauses ›1000 meločej‹** (1000 Kleinigkeiten) ist, sowie einige geschmackvoll restaurierte Altbauten und der Neubau der **Städtischen Konzerthalle**, pl. Lenina 1, Tel. 515186, www.bkz.tomsk.ru (R).

Das in den 1970er Jahren neu erbaute **Schauspielhaus** der Stadt hat seine 164. Saison und gehört damit zu den ältesten Theatern Sibiriens, pl. Lenina 4, Tel. 906839, www.dramatomsk.ru (R).

Die Theaterlandschaft umfasst außerdem noch ein **Jugendtheater**, per. Nachanoviča 4, Tel. 223655, und ein kleines, feines **Boulevardtheater**, per. Nachanoviča 7, Tel. 531580, www.tab teatr.ru (R).

Am Ende des Leninplatzes weist ein vergleichsweise bescheidenes **Denkmal** des Namensgebers den Weg gen Süden.

■ Auferstehungsberg

Rechter Hand führt eine Kopfsteinpflasterstraße zum Auferstehungsberg (Voskresenskaja gora), auf dem Tomsk seinen Ursprung nahm. Für diese Anhöhe entschieden sich 1604 die Kosaken, die in Erfüllung des Zarenukases den Standort für die neue Festung auswählten. Länge

Jahre erinnerte nur ein einfacher Gedenkstein an den Ursprungsort der Stadt. Zum Stadtjubiläum 2004 entstand hier das neue **Stadtmuseum** mit einem rekonstruierten Feuerwehrturm als **Aussichtsplattform**, von wo man einen schönen Ausblick auf das Stadtzentrum hat. In unmittelbarer Nachbarschaft befindet sich eine **katholische Kirche**, ul. Bakunina 4, Tel. 222384. In der ersten Hälfte des 19. Jahrhunderts von nach Sibirien verbannten Polen errichtet, war sie zu Sowjetzeiten zum Planetarium umfunktioniert worden. Die bedeutendste Kirche auf dem Auferstehungspark ist aber die gleichnahmige Kirche.

■ Gotteshäuser

Die Geschichte der russisch-orthodoxen **Auferstehungskirche** (Voskresenskaja cerkov') reicht bis in die Gründungsjahre der Stadt zurück. Die jetzige schlanke Kirche mit ihren sieben Kuppeln wurden in zwei Etappen 1803 und 1807 eröffnet. Zur Zeit der Sowjetunion beherbergte verschiedene Ämter. Seit 1995 steht sie nach umfassender Rekonstruktion den Gläubigen wieder offen, Oktjabr'skij vzvoz 10, Tel. 652954, www.voskresenie-tomsk.ru (R).

Die zentrale Kathedrale von Tomsk ist die am Leninplatz gelegene **Gottterscheinungskathedrale** (Sobor bogojavlenija). Die im sibirischen Barock gehaltene Kirche wurde 1777 erbaut und 2003 nach umfassender Rekonstruktion wiedereröffnet, pl. Lenina 8.

Zu Sowjetzeiten war die **Peter-und-Paul-Kathedrale** (Sobor Petra i Pavla) die wichtigste und größte Kirche von Tomsk, die den Gläubigen offenstand und auch heute noch den Mittelpunkt der Gemeinde bildet. Lediglich zwischen 1940 und 1944 war sie geschlossen, ul. Altajskaja 47, Tel. 531568.

Zwischen Ob' und Enisej

Die Gotterscheinungskirche

Besonders interessant ist auch das **Bogorodice-Alekseevskij-Kloster**, ein Männerkloster, dessen mit vielen Fenstern gestaltete Kirche zwar von verschiedenen Gebäuden ›umbaut‹ wurde, aber dank des Kirchturms in der Altstadt nicht zu verfehlen und durch die Hinterhöfe zu erreichen ist, ul. Krylova 10a, Tel. 527423, www.tbam.ru (R). Frauen in Hosen oder ohne Kopfbedeckung haben keinen Zutritt.

In der Nähe des Flusses Tom' befindet sich eine **Moschee**, Moskovskij Trakt 43, Tel. 424194.

■ Altstadt

Die Tomsker Altstadt ist für ihre faszinierenden **Holzhäuser** bekannt, die durch die mannigfaltigen Schnitzereien (Tomsker Spitzen) beeindrucken. Die verspielte Architektur mit Spitz- und Zwiebeltürmchen, Kuppeln und Erkern ist einzigartig. Zum Glück standen sie bereits zu Sowjetzeiten unter Denkmalschutz, und viele überlebten die sowjetischen Generalbebauungspläne dank sorgfältiger ›Verschiebungen‹. In Tomsk befindet sich auch die größte Restauratoren-Berufsschule Russlands, die in den alten Holzbauhandwerken ausbildet. Dieses Know-how wurde vor allem berühmt, als am Moskauer Puschkinplatz das Redaktionsgebäude der Zeitung ›Izvestija‹ 40 Meter auf Rollen geschoben wurde. Diese Technologie fand auch bei vielen Holzhäusern in Tomsk ihre Anwendung. Spaziergänge lohnen vor allem am Auferstehungsberg sowie in den Querstraßen zwischen dem Lenin-Prospekt und dem Krasnoarmejskij prospekt (Rotarmisten-Prospekt). Als die schönsten Häuser gelten ul. Krasnoarmejskaja 67a (Haus Feuervogel), 68 (Drachenhaus) und 71 (heute Russisch-Deutsches Haus), ul. Belinskogo 19, ul. Gagarina 42 (Jägerhaus), Šiškova 10.

■ Tomsker Akademgorodok

Tomsk ist ein bedeutendes Wissenschaftszentrum und hat ebenfalls sein Akademgorodok. Bei diesem Namen denkt man zwar zuerst an den Vorort von Novosibirsk, aber auch in Tomsk und in Krasnojarsk gibt es in ebenfalls ruhiger, waldreicher Lage gleichnamige Akademikerstädtchen, in denen mehre-

Karte S. 156

re Forschungsinstitute und entsprechende Wohnquartiere konzentriert sind.

In Nachbarschaft zum landschaftlich schön gelegenen Städtchen entsteht außerdem eine eher ungewollt makabre Sehenswürdigkeit von Tomsk: eine wohl in dieser Größe und Kompaktheit von knapp 200 Häusern bis jetzt einzigartige Eigenheimsiedlung sogenannter ›neuer Russen‹, in der die Mischung aus Geld, Phantasie und Protzsucht bizarre Varianten zwischen Landhaus, Villa und Festung entstehen ließ. Die Einheimischen nennen die Siedlung in Anlehnung an eine glücksradähnliche Fernsehshow ›Pole čudes‹ (Das Wunderfeld). Viele denken hier aber auch an die russische Pinoccio-Variante von Aleksej Tolstoj ›Das goldene Schlüsselchen‹, in der der hölzerne Held Buratino das Wunderfeld im Idiotenland sucht.

■ Museen

Tomsk verfügt über ein reiches Museumsspektrum. Nach umfangreicher Rekonstruktion ist seit 2002 das **Heimatkundemuseum** in der klassizistischen Villa an der Hauptstraße von Tomsk in neuer Pracht wiedererstanden, pr. Lenina 75, Mo Ruhetag, Tel. 512935, www.tomskmuseum.ru (R).

Das neue **Stadtmuseum** öffnete 2003 seine Pforten. Der ehemalige Feuerwachturm bietet als Aussichtsturm einen schönen Panoramablick auf die Stadt. Mo Ruhetag, ul. Bakunina 3, Tel. 657255, www.muzeum.tomsk.ru (R).

Die **Gemäldegalerie** hat eine der umfangreichsten Sammlungen russischer Malerei aus dem 19. und 20. Jahrhundert (u.a. Aivazovskij, Surikov, Vereščagin sowie Čoros-Gurkin aus dem Altaj) und lohnt den Besuch, per. Nachanoviča 5, Tel. 514106, www.artmuseum tomsk.ru (R).

Wer sich für die ›Tomsker Spitzen‹, interessiert, sollte das **Museum der Tomsker Holzschnitzerei** besuchen, wo man viel über Holzverzierungen in der Innen- und Außenarchitektur erfährt, Mo Ruhetag, pr. Kirova 7, Tel. 564097.

Wer sich mehr für das Ausgangsmaterial interessiert, wird am anderen Ufer des Tom' im **Holzmuseum** fündig, Timirjazevskoe, ul. Komsomolskaja 9, Tel. 911748, www.tomskmuzles.ru (R).

Es gibt außerdem in der Stadt ein privates **Museum der slawischen Mythologie**, ul. Zagornaja 12, Tel. 527950, www.slav-museum.ru (R/E).

An die Opfer der Stalin-Zeit erinnert das **Museum im alten NKWD-Untersu-**

Das Stadtmuseum

Zwischen Ob' und Enisej

Tomsker Holzhaus

chungsgefängnis. Die Ausstellung zeigt in vier Zellen die Tomsker Geschichte von Stalins Terror-Mühle, So, Mo Ruhetage, pr. Lenina 44, Tel. 516133, www.nkvd.tomsk.ru (R).

Die vom Deutschen Karl Krüger 1876 gegründete örtliche **Brauerei** blickt auf eine 140-jährige Tradition. Sie eröffnete 2004 ihr eigenes Museum und bietet auch Führungen durch die Brauerei an, Moskovskij Trakt 46, Tel. 423835, www.tomskbeer.ru/museum (R).

Auf dem Gelände der **Universität** gibt es mehrere, nicht öffentliche Museen, (Archäologie und Ethnographie Sibiriens, Mineralogie, Zoologie, Universitätsgeschichte), deren Besuch nach Voranmeldung möglich ist, pr. Lenina 36, Tel. 529718, www.tsu.ru (R/E/D). In der Pädagogischen Universität gibt es ein dem Kinderbuchautoren Alexander Volkov (1891–1977) gewidmetes Museum. Volkov hatte hier studiert und erlangte mit der sowjetischen Variante des Zauberers von Oz unter dem Titel ›Der Zauberer der Smaragdenstadt‹ und seinen fünf Folgebänden im gesamten Ostblock eine große Popularität.

ℹ Tomsk

Lage: 56°29'11.93"N/84°56'51.81"E; Tomsk ist 3500 km von Moskau entfernt. Zeitunterschied zu MEZ im Sommer 6, im Winter 7 Std.

Postleitzahl: 634000–634061.

Vorwahl: +7/3822; Auskunft: 09.

Hauptpostamt (auch Internet-Zentrum): pr. Lenina 93, Tel. 775924.

Bank: Sberbank, pr. Frunze 90/1, Tel. 213961. Geldautomat: im Hotel Sibir', pr. Lenina 91.

Karte S. 156

Reisebüro: Tomskturist, prospekt Lenina 59, Tel. 528179.
Taxi: Tel. 205205.
Durchschnittstemperatur: Januar –20 Grad, Juli 18 Grad.

Der Flughafen Bogaševo liegt südöstlich der Stadt und wird 3 x täglich aus Moskau (2 x Domodedovo, 1 x Vnukovo, 9000 Rbl.) angeflogen. Man kann auch ab Novosibirsk fliegen, wo vom Flughafen 5 x tgl. Busse nach Tomsk als Shuttle verkehren. Daneben gibt es mehrmals wöchentlich Flüge nach Krasnojarsk, Surgut, Nižnevartovsk, Abakan und Barnaul. Die AN24 fliegt nur noch nach Streževoj, Tel. 932700, www.tomskairport.ru (R).

Tomsk liegt abseits der Transsibirischen Eisenbahn. Der knapp 100 Kilometer entfernte Umsteigebahnhof am Transsibkilometer 3570 heißt Tajga. Es gibt jeden zweiten Tag eine direkte Zugverbindung Moskau–Tomsk sowie einige Züge, die von Novosibirsk direkt nach Tomsk fahren. In der Stadt selbst gibt es zwei Bahnhöfe. Der bedeutendere von beiden ist Tomsk I, pr. Kirova. Der Express Moskau–Tomsk ist 56 Std. unterwegs, Tel. 541941.

Vom am Eisenbahnhof Tomsk I gelegenen Busbahnhof aus, pr. Kirova 65, gibt es stündlich Busse von und nach Novosibirsk über Jurga. Es bestehen täglich weitere Busverbindungen nach Krasnojarsk, Barnaul und Novokuzneck über Kemerovo, Tel. 540730.

Tomsk hat einen Passagierhafen. Man erreicht ihn nach etwa 300 Metern, wenn man vom Lenin-Prospekt in den per. Van-

cetti Richtung Fluss einbiegt. Ausflugsfahrten sind möglich. Der Fluss Tom' ist ein Nebenfluss des Ob'. Im Sommer bestanden früher auch reguläre Schiffsverbindungen auf dem Tom' nach Kemerovo und auf Tom' und Ob' zwischen Tomsk und Novosibirsk, die aber mangels Nachfrage eingestellt wurden, ul. Pričal'naja 6, Tel. 512310.

Das **Magistrat** (Магистрат) ist heute das beste Hotel der Stadt. Im 2004 rekonstruierten historischen Ambiente des 1812 erbauten Tomsker Magistratsgebäudes sind 4 Sterne und der Preis voll und ganz gerechtfertigt, EZ/DZ 6000–8700 Rbl., pl. Lenina 15, Tel. 511111, www.magistratho tel.com (R/E).
Das **Toyan** (Тоян), EZ/DZ 4500–7000 Rbl., ul. Obrub 2, Tel. 510151, www.toyan.ru (R), und das **Bon Apart**, EZ/DZ 3700–4700 Rbl., ul. Gerzena 1a, Tel. 534650, www.bon-apart.ru (R/E), sind ebenfalls sehr empfehlenswert und etwas günstiger. Ein gutes Preis-Leistungs-Verhältnis bietet auch das Hotel **Asti Rooms**, EZ/DZ 1900–2100 Rbl., Novo-Kuznečnyj 1. Rjad 9, Tel. 303444, www.astirooms.ru (R/E).
Das Hotel **Tomsk** (Томск), EZ 3600 Rbl. am Bahnhof, ul. Kirova 65, Tel. 524115, und das Hotel **Sibir'** (Сибирь), EZ/DZ 3600 Rbl., pr. Lenina 91, Tel. 527225, sind einfachere Hotels.
Das **Kongress-Hotel Rubin** ist preiswert und gut, zwar etwas abseits in Tomsk-Akademgorodok, aber dafür landschaftlich sehr schön und ruhig gelegen, EZ/DZ 1200–3000 Rbl., Akademičeskij prospekt 1b, Tel. 492689, www.rubin.tomsk.ru (R/E).
Im **Hotel Universitetskaja** gibt es im Zentrum ebenfalls günstige Zimmer, EZ/DZ 1900–2700 Rbl., Moskovskij Trakt 37, Tel. 224161.
Die **Universität TGU** vermietet im Sommer während der Semesterferien Wohnheim-

Zwischen Ob' und Enisej

zimmer, DZ 1300 Rbl., pr. Lenina 49, 5. Etage, Tel. 534352.

Daneben gibt es auch mehrere **Hostels**, in denen der Schlafplatz 400–600 Rbl. kostet: **8. Etage**, ul. Dzeržinskogo 56, Aufgang 2, Tel. 565522, www.8hostel (R/E/D), oder **Na čemodanach** (Auf Koffern), per. Školnyj 21, Tel. 952/8011800.

Slavjanskij Bazar (Slawischer Basar, Славянский Базар), pl. Lenina 10, Tel. 204316. Ein Restaurant mit Tradition, an einem Platz gelegen, an dem sich früher am Flussufer der Markt ausbreitete. »Hier gibt es den Slavjanskij Bazar. Guter Mittagstisch. Aber nicht einfach zu erreichen, denn der Dreck auf dem Weg dahin ist schwer zu überwinden«, schrieb der von Tomsk nicht sehr begeisterte Anton Tschechow vor über 100 Jahren. Heute verleiht das Haus der vom Neubauklotz der Gebietsadministration dominierten Flusspromenade einen Hauch Altstadt. Davor steht auch das bereits zitierte neue Denkmal für den Dichter. Die rustikal und landestypisch eingerichtete Gaststätte bietet sehr gute Küche in reichhaltiger Auswahl.

Podvor'e (Подворье), ul. Novgorodskaja 42, Tel. 216522. Ebenfalls im traditionellen russischen Stil.

Polonez (Полонез), ul. Marksa 17a, Tel. 511079. Ein gutes Restaurant und Café.

Večnyj Zov (frei übersetzt ›Und ewig ruft die Taiga‹, Вечный Зов), ul. Sovetskaja 47, Tel. 528167. Eine Alternative ist dieses nach dem ursibirisch-sowjetischen Roman und TV-Mehrteiler benannte Restaurant.

Delo Vkusa (Geschmackssache, Дело Вкуса), ul. Krylova 17, Tel. 534806, und **Ëločka** (Tännchen, Ёлочка), ul. Krasnoarmejskaja 101, Tel. 555583, sind einfachere Gaststätten.

Für den kleinen Hunger zwischendurch empfehlen sich **Vilka i Ložka** (Вилка и Ложка), pr. Lenina 76, und **Žili-byli** (Жили-были), pr. Lenina 81, Tel. 534301, bzw. nab. Ushanki 16, Tel. 513534.

Baden-Baden, ul. Krasnoarmejskaja 71, Tel. 233079. Im Keller des Deutsch-Russischen Hauses findet man diese kleine Gaststätte. Trotz des vielversprechenden Namens sucht man deutsche Küche mit Ausnahme eines Hamburger Schnitzels aber vergebens.

Warsteiner, Lenina 8, Tel. 513809. Wer Appetit auf ein im russischen Kaluga in Lizenz gebrautes Warsteiner hat, sollte die gleichnamige Gaststätte besuchen.

Café Klaus, eine ziemlich deutsche Institution für Kaffee und Kuchen. Die Gründer wurden von Klaus Zabel aus Neuruppin inspiriert, ul. Nikitina 43 und ul. Kartašova 31b, Tel. 445360, www.klauscafe.ru (R). An der Hauptstraße ist das **Bulanže** (Буланже) für guten Kaffee zu empfehlen, pr. Lenina 133, 80 oder 54a (im Einkaufszentrum), sowie ul. Nachimova 2, Tel. 516735.

Außerdem **Allegro**, pr. Lenina 32. Kleines Internetcafé.

Das auch architektonisch interessante Kaufhaus im Stadtzentrum heißt **1000 Kleinigkeiten** und befindet sich an der Brücke des Lenin-Prospektes über die Ušajka. Der Zentralmarkt (**Rynok**) liegt im Norden der Stadt, ul. Marksa 48.

Die beste Mall ist das **Einkaufszentrum Smaragdenstadt** (Izumrudnyj Gorod), Komsomolskij pr. 13b.

www.tomsk.ru (R).
www.tomdeutsche.ru (R)
www.tomsk.gov.ru (R/E/D)

Kemerovo

Kemerovo ist mit seiner von weitem sichtbarer Schornsteinsilhouette die Hauptstadt des Kohlereviers Kuzbass. Die klassischen Industriezweige Bergbau, Metallurgie und chemische Industrie lassen den Himmel über der Stadt oft genug gelbbraun scheinen und machen ihren Bewohnern und auch den Stadtvätern, die in der Zwickmühle zwischen Ökonomie und Ökologie gefangen sind, zu schaffen. Auch die vielen Grünanlagen im Stadtzentrum können für die kannpp 550 000 Einwohner die Belastungen der Industrie nicht auffangen. Weiter südlich, in Städten wie Prokop'evsk und insbesondere in Novokuzneck, in denen neben der Kohleförderung noch zwei veraltete gigantische Stahlwerke die Luft verpesten, ist die Situation noch schlimmer. Aus touristischer Sicht ist Kemerovo eigentlich kaum von nennenswertem Interesse.

Geschichte

Unter den sieben Dörfern, die sich früher auf dem Territorium der Stadt befanden, waren Šeglovo und Kemerovo die größten. Sie wurden 1918 mit der Verleihung des Stadtrechtes unter dem Namen Šeglovsk vereinigt. Die Stadt liegt am Fluss Tom'. Das Stadtzentrum liegt südlich des Flusses, wo auch der die Stadt durchziehende Nebenfluss Iskitim in den Tom' mündet. Kohle wurde hier bereits zu Beginn des 18. Jahrhunderts gefunden, aber kaum gefördert. Der Kohleboom setzte erst nach 1900 und vor allem nach der Oktoberrevolution ein. Im Jahre 1912 erteilte die russische Regierung der neu gegründeten Kuznecker Steinkohlengruben AG (russisch abgekürzt Kopikuz) für acht Kohlegruben eine auf 60 Jahre befristete Förderkonzession. Neue geologische Untersuchungen belegten damals etwa 250 Milliarden Tonnen Kohle. Eine der beiden ersten Gruben entstand in Kemerovo am Roten Berg, auf der anderen Seite des Flusses war eine 1915 in Belgien für 250 000 Goldrubel erworbene Kokerei geplant. Im selben Jahr erfolgte der Eisenbahnanschluss an die Transsibirische Eisenbahn. Doch Weltkrieg, Revolution und Bürgerkrieg machten die Pläne zunächst zu nichte, Kopikuz wurde nationalisiert.

Zwischen Ob' und Enisej

Die moderne Philharmonie von Kemerovo

Die unter der Losung der Neuen Ökonomischen Politik (NÖP) ab März 1921 zunächst wieder liberale Wirtschaftspolitik der Bolschewisten brachte in Kemerovo ein einzigartiges Wirtschaftsexperiment auf den Weg. Autonome Industriekolonien (AIK) sollten mit Hilfe ausländischer Fachkräfte den schnellen Wiederaufbau der Wirtschaft befördern und brachten nicht wenige Enthusiasten nach Russland als dem neuen Paradies der Arbeiterklasse. In Kemerovo wirkte die AIK Kuzbass von 1921 bis 1927 unter Leitung des holländischen Ingenieurs Sebald Rutgers (1879–1961). 653 Ausländer aus über 30 Ländern (vor allem Finnland, USA, Deutschland, Jugoslawien) kamen in den Kuzbass und arbeiteten in dem Unternehmen gemeinsam mit ca. 5000 örtlichen Arbeitskräften. Die Gruben wurden ausgebaut, die Kokerei errichtet, Wohnsiedlungen gebaut und eine eigene Farm zur Versorgung der Belegschaft betrieben.

Mit dem Ende der NÖP und Stalins Einführung einer drakonischen Zentralverwaltung in der Wirtschaft war das wirtschaftlich erfolgreiche Experiment ab 1926 politisch nicht mehr opportun, blieb aber sozusagen der Vorläufer des heutigen Konzerns Kuzbassugol. Die meisten Ausländer kehrten in ihre Heimat zurück, Rutgers ging als Berater für die Großprojekte der sowjetischen Industrialisierung nach Moskau und verließ die Sowjetunion erst im Terrorjahr 1937. Damit wurde der Kuzbass mit seiner Kohle und der Metallurgie in Novokuznezk zum sibirischen Pendant des Donbass-Gebietes für den europäischen Teil der sowjetischen Wirtschaft. Dementsprechend änderte sich das Stadtbild des Ortes, der 1932 von Šeglovsk wieder in Kemerovo umbenannt wurde.

In dieser Zeit entstand das Stadtzentrum zwischen Bahnhof und dem Tal des Tom'-Nebenflusses Iskitimka. Ab 1970 dehnte sich die Stadt dann auch östlich der Iskitimka aus.

Während der Perestroika rückten ständige soziale Spannungen die Region öfter als andere Landstriche Sibiriens ins Rampenlicht. Die großen Bergarbeiterstreiks in den Jahren 1989 und 1991 sind zwar lange Geschichte, aber ihr

▲ *Auf dem Sovetskij prospekt*

Fanalcharakter für den Niedergang des Sozialismus in der Sowjetunion ist in guter Erinnerung. In den letzten 25 Jahren hat sich der Bergbau in der Region stabilisiert. Als Industriestandort konnte sich Kemerovo weiter profilieren. Soziale und vor allem ökologischen Probleme bleiben aber weiterhin auf der Tagesordnung.

Sehenswürdigkeiten

Trotz aller Probleme hat Kemerovo auch einige interessante und reizvolle Orte. Neben der Uferpromenade des Tom' mit Blick auf einen Kiefernforst auf der Nordseite und vielen anderen Grünanlagen gibt es im kompakten Stadtzentrum zwei Theater, eine Philharmonie, einen Zirkus, eine neue monumentale Kathedrale, fünf Museen und manches andere Interessante zu entdecken.

■ **Sovetskij prospekt**
Am Platz der Sowjets (pl. Sovetov), auf dem vor dem Gouverneurssitz ein überlebensgroßer Lenin nach wie vor die Richtung weist, beginnt der Sovetskij prospekt. Lenins Wink folgend, befindet man sich auf der Hauptstraße von Kemerovo, an der rechter Hand das seit 2007 wegen Umbau geschlossene **Musiktheater** und das **Kunstmuseum** sowie linker Hand das nach Anatolij Lunačarskij benannte **Schauspielhaus**, ul. Vesennjaja 11, Tel. 363647, www. kemdrama.ru (R) und das Heimatkundemuseum liegen. Auf dieser Höhe kreuzt der Prospekt die ul. Vesennjaja – eine von Bäumen gesäumte Promenade. Rechter Hand führt die Straße zum Ufer des Flusses Tom'. Weiter geradeaus gelangt man an der nächsten Kreuzung zum alten Kaufhaus und dem größten Buchladen der Stadt, Kuznetskyj pr. 33b, und sieht bereits die Flutlichtanlage des Stadions ›Chimik‹, von dem aus dann in Richtung Westen Geschäfte und Cafés immer seltener werden. Eishockey, oder besser gesagt, Bandy bzw. Hockey mit dem Ball (→ S. 399) ist in Kemerovo sehr beliebt, woran auch das Denkmal des russischen Hockeys, zusammengesetzt aus einer Unmenge nicht schwarzer Pucks, sondern oranger Bälle, erinnert, ul. Kirova 41.

Hinter der **Gebietsadministration** mit dem Gouverneurssitz sieht man eine kleine **Kapelle**, die zu Beginn der 1990er Jahre als erstes Gotteshaus im atheistischen Kemerovo eingeweiht wurde. Da die Stadt ihre Entwicklung auf der Höhe der antireligiösen Kampagne der Sowjetmacht begann, gab es logischerweise keine nennenswerten Kirchenbauten in der Stadt.

Hinter der Kapelle erhebt sich das moderne Gebäude der örtlichen **Philharmonie**, pr. Sovetskij 68, Tel. 583016, www. kemfil.ru (R), bevor es zum langgestreckten Tal des Tom'-Nebenflusses Iskitimka heruntergeht, auf dessen anderer Seite die in den 1970er und 1980er Jahren entstandenen neuen Stadtteile zu sehen sind.

■ **Leninprospekt**
Rechts an der Philharmonie vorbei gelangt man auf der ul. Krasnaja an der Technischen Universität und am Zentralmarkt vorbei zum Lenin-Prospekt, der – vom Bahnhof kommend – über die Iskitimka als zweite zentrale Magistrale zu den neuen Stadtbezirken führt.
Im Iskitimkatal befindet sich ein netter Park, in dem auf einem Spielplatz ein ausrangiertes altes Flugzeug auffällt. Am anderen Iskitimka-Ufer sticht zunächst das **Zirkusgebäude** ins Auge, und rechts sieht man bereits die vergoldeten Kuppeln der **Kreuzkathedrale**

Zwischen Ob' und Enisej

(Znamenskij sobor). Dieser bedeutendste Kirchenneubau, den die russisch-orthodoxe Kirche in den 1990er Jahren in Sibirien realisierte, wurde nach fünfjähriger Bauzeit am 25. Mai 1996 durch den Moskauer Patriarchen Aleksej II. eingeweiht. Da in Kemerovo im Gegensatz zu den anderen Großstädten Sibiriens keine entsprechenden Traditionen in der Kirchenarchitektur vorhanden waren, wurde dieses Manko auf so monumentale Art und Weise beseitigt. Der

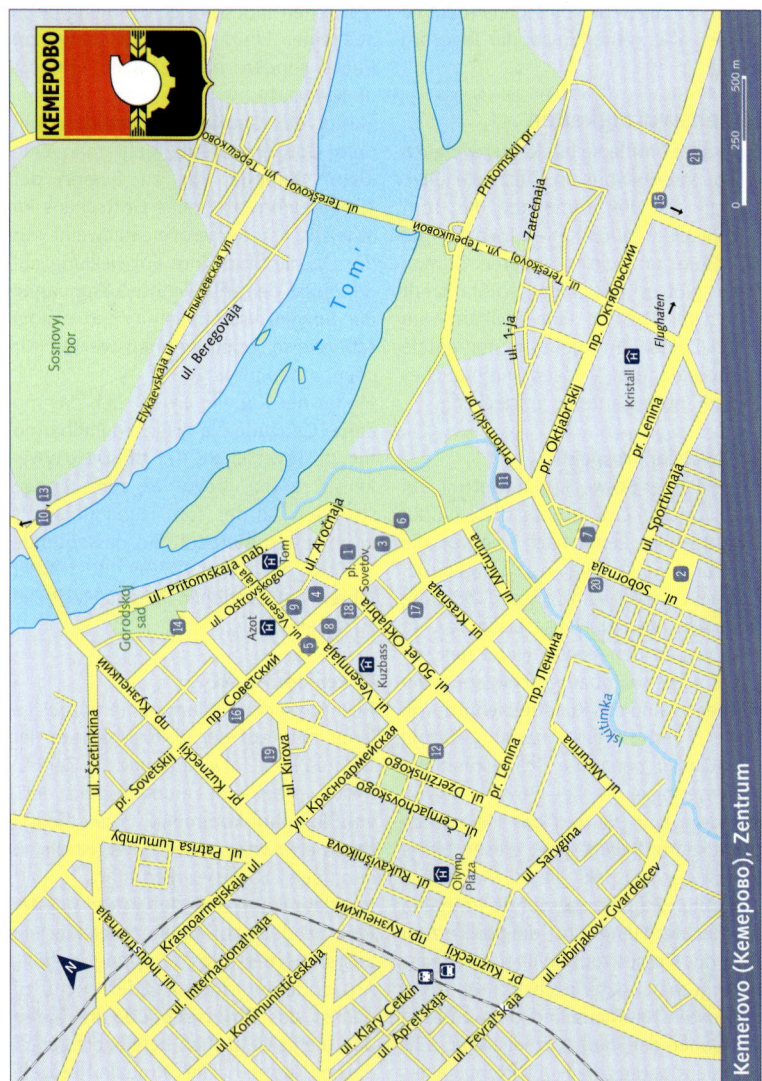

Kemerovo (Кемерово), Zentrum

riesige rote Backsteinbau mit sechs vergoldeten Kuppeln ist im Innenraum mit vielen von Moskauer Ikonenmalern geschaffenen Ikonen verziert und ohne Zweifel eine der interessantesten Sehenswürdigkeiten Kemerovos, ul. Sobornaja 24, Tel. 357151. Der zweite Kirchenneubau der Stadt ist die 2008 geweihte **Pfingstkirche** (Zerkov Svjatoj Troicy), pr. Chimikov 32, Tel. 538744. Seit 2009 hat die Stadt auch einen architektonisch interessanten **katholischen Kirchenneubau**, ul. Černjachovskogo 2b, Tel. 750932 www.catholic kemerovo.ru (R).

■ **Uferpromenade**

Wenn man an der Philharmonie nach links abbiegt, gelangt man an die Uferpromenade am Tom', die Pritomskaja Nabereʒnaja. Es ist wohl so ziemlich der einzige Ort in der Stadt, der einen zumindest im Sommer die Umweltbelastungen der Industriestadt vergessen lassen kann. Die breite, am Steilufer über dem Fluss Tom' verlaufende Promenade mit viel Grün ist ein beliebtes Ziel im Zentrum. Hier gibt es auch das **Denkmal für die Kriegsopfer** und das dazugehörige Museum. Ein beliebter Erholungsort ist auch der angrenzende **Stadtpark** mit der örtlichen Allee des Ruhmes sowie Rummel und mehreren Cafés und einer **Dampferanlegestelle**, von der aus man kleine Ausflüge auf dem Tom' machen kann.

Architektonisch interessant ist das Stadtviertel zwischen der Uferpromenade und dem Sovetskij prospekt. Die ul. Vesennjaja schließt dieses Dreieck ab, in dem allen Gebäuden ein einheitlicher Fassadenstil aus den 1930er Jahren eigen ist. Vor allem im Vergleich zu den Neubauten späterer Jahre haben die Häuser ihren Reiz. Im Zentrum des ruhigen Quartals befindet sich der **Puschkin-Platz**, pl. Puškina, mit einem kleinen, dem großen Dichter gewidmeten Denkmal.

Zwischen Ob' und Enisej

---

❶ Gebietsadministration (Администрация области)

❷ Kreuzkathedrale (Знаменский собор)

❸ Kapelle (Часовня)

❹ Musiktheater (Музыкальный театр)

❺ Schauspielhaus (Театр драмы им. А.В. Луначарского)

❻ Philharmonie (Филармония)

❼ Zirkus (Цирк)

❽ Heimatkundemuseum (Краеведческий музей)

❾ Kunstmuseum (Музей изобразительного искусства)

❿ Museum Krasnaja Gorka (Музей Красная Горка)

⓫ Eisenbahnmuseum, Kindereisenbahn (Музей железной дороги и детская железная дорога)

⓬ Volkov-Denkmal (Памятник М. Волькову)

⓭ Denkmal für die Bergarbeiter des Kuzbass (Памятник Шахтерам Кузбасса)

⓮ Stadtpark (Городской парк)

⓯ Business-Zentrum Kristall (Бизнес-Центр Кристалл

⓰ Kaufhaus (Универсальный магазин)

⓱ Zentralmarkt (Центральный рынок)

⓲ Hauptpostamt (Главпочтамт)

⓳ Chimik-Stadion (Стадион Химик)

⓴/㉑ Einkaufszentrum Promenade 1/3 (Торгово-развлекательный центр Променад 1/3)

Wenn man die ul. Vesennjaja am Theaterplatz und am Hotel ›Kuzbass‹ entlangspaziert, kommt man zu einem großen Platz, auf dem das **Volkov-Denkmal** an Michail Volkov erinnert, der als Entdecker der Steinkohlereichtümer im Kuzbass gilt. 1722 fand er am anderen Ufer des Tom' die ersten Eisenerz- und Steinkohlevorkommen, die dann allerdings erst lange nach seinem Tode die Entwicklung der Region zu prägen begannen. Zurück zur Uferpromenade gelangt man über die 2006 fertiggestellte neue Kuznecker Brücke ans andere Ufer, wo Volkov am so genanten roten Berg (Krasnaja Gorka) die Kohlevorkommen gefunden hatte. Hier befindet sich heute das Museum Krasnaja Gorka und ein den Bergleuten des Kuzbass, die im Berg ihr Leben ließen, gewidmetes Denkmal. Die 2003 eingeweihte, 7,5 Meter hohe Skulptur – ein Bergmann mit seiner als ewigem Feuer gestalteten Grubenlampe stammt vom sowjetisch-amerikanischen Bildhauer Ernst Neizvestnyj, der auch der Schöpfer des Monumentes ›Trauermaske‹ in Magadan ist (→ S. 412).

Museen

›Glück auf‹ kennt man zwar in Russland nicht, aber alle Fans des Bergbaus kommen im **Heimatkundemuseum** auf ihre Kosten. Das Museum zeigt an drei Standorten lokale Fauna und Flora, Volkskunst, Stadtgeschichte, eine interessante Ausstellung über den Sibirischen Trakt und Miltärgeschichte vom Zweiten Weltkrieg bis zu den Kriegen in Afghanistan und Tschetschenien, Sovetskij prospekt 51 (Naturkunde) und 55 (Geschichte) sowie ul. Pritomskaja naberežnaja 1a (Militärgeschichte), Mo Ruhetag, Tel. 752245, 364115 bzw. 368609, www.kuzbasskray.ru (R). Daneben gibt es auf dem stillgelegten

Fördergeläne am anderen Ufer des Tom' das 1992 eröffnete **Museum Krasnaja Gorka**, dass die 1912 beginnenden Anfänge der Kohleförderung und das Schicksal der internationalen AIK Kuzbass beleuchtet, Mo Ruhetag, ul. Krasnaja Gorka 17, Tel. 454646, www. redhill-kemerovo.ru (R).
Im Vergleich zu anderen Städten Sibiriens enttäuscht die **Kunstmuseum** genannte 1969 begründete Gemäldegalerie Kemerovos. Hier befindet sich nur ein Sammelsurium unterschiedlichster Ausstellungen. Es gibt eine ständige Sammlung sowjetischer und zeitgenössischer Malerei. Im dafür gedachten Stockwerk muss sie aber meist Sonderausstellungen wie zum Beispiel ›Die Dinosaurier kommen‹ weichen. Im zweiten Stockwerk finden meist Ausstellungen lokaler Maler statt, Mo Ruhetag, Sovetskij pr. 48, Tel. 366478, www. kuzbassizo.ru (R).
Es gibt ein kleines **Eisenbahnmuseum** am Bahnhof der 2009 neu erbauten **Kindereisenbahn** neben dem Gebäude der örtlichen Eisenbahnverwaltung, pr. Pritomskij 1, Tel. 324051.
Berühmtheit erlangte Kemerovo mit dem **Naturpark Tomskaja Pisaniza**, der sich etwa 60 Kilometer entfernt in Richtung Norden unweit des Dorfes Pisanaja befindet. Als der Park seinen Namen erhielt, existierte Kemerovo noch nicht, und die nächstgelegene Großstadt als Namenspatronin war Tomsk. Wichtigste Sehenswürdigkeit sind über 250 prähistorische Felsmalereien. Jeden Sonntag (Mai bis Oktober) gibt es eine Busexkursion aus Kemerovo, an sonstigen Tagen nach Vereinbarung. Der Park hat ein Büro in der Stadt, in dem man Führungen bestellen kann, ul. Tomskaja 5a, Tel. 758633, www.gukmztp.ru (R/E).

Die Rathaus von Kemerovo

Zwischen Ob' und Enisej

ℹ️ Kemerovo

Lage: 55°21'15.29"N/86°5'17.13"E; Kemerovo ist 3482 km von Moskau entfernt. Zeitunterschied zu MEZ im Sommer 5, im Winter 6 Std. Die Region hat im März 2010 ihre Zeitzone gewechselt, davor betrug der Zeitunterschied eine Stunde mehr.
Postleitzahl: 650000–650099.

Vorwahl: +7/3842; Auskunft: 09.

Hauptpostamt: Sovetskij pr. 61, Tel. 392164.

Bank: Sberbank, ul. Krasnoarmejskaja 97, Tel. 250923, Geldautomat: pr. Lenina 120.

Reisebüro: Kemerovo-Turist, ul. Nagradskaja 34, Tel. 257255.

Taxi: Tel. 349000.

Durchschnittstemperatur: Januar –18 Grad, Juli 20 Grad.

Die Stadt besitzt einen eigenen Flughafen, 5 km südwestlich vom Stadtrand entfernt, der als Schlechtwettervariante für Novosibirsk gilt. Planmäßig gibt es täglich 2 Flüge von und nach Moskau (1 x Šeremet'evo, 1 x Domodedovo). Im Sommer gibt einen dritten täglichen Flug nach Moskau (Vnukovo) sowie 1 x wöchentlich Zwischenlandungen der Flüge zwischen Vladivostok sowie Krasnojarsk und Soči am Schwarzen Meer, Tel. 390090, www.airkem.ru (R).

Es gibt Zugverbindungen nach Jurga, wo ein Umsteigen in alle auf der Transsibirischen Eisenbahn fahrenden Züge möglich ist. Es gibt täglich einen Expresszug von und nach Moskau, der 56 Std. unterwegs ist, bis Novosibirsk braucht man 5 Stunden, Kuzneckij prospekt 76, Tel. 288205.

Es gibt täglich mehrere Busverbindungen nach Novosibirsk (Fahrzeit etwa 5 Std.) sowie nach Tomsk und weiter in den Kuzbass nach Novokuzneck, Prokop'evsk und Meždurečinsk, Kuzneckij prospekt 81, Tel. 282410.

Das beste Hotel Kemerovos ist das neue **Hotel Olymp Plaza**, EZ/DZ 4400–5600 Rbl., ul. Rukavišnikova 20, Tel. 779550, www.olymp-plaza.ru (R/E).

Eine weniger zentrale Alternative ist das **Kristall** (Кристалл), EZ/DZ 4500–5500 Rbl., pr. Lenina 90/2, Tel. 496505, www.hotelcrystal.ru (R/E).

Das ebenfalls neue **Business-Hotel** belegt die obersten fünf Etagen des gleichnamigen 17-stöckigen Business-Zentrums im Stadtzentrum und ist nicht nur wegen des schönen Ausblicks zu empfehlen. Auf zwei weiteren Etagen gibt Luxuszimmer, pr. Lenina 90/4, Tel. 574097, www.crystalluxe.com (R/E).

Das bekannteste und größte Hotel am Platz ist das **Kuzbass** (Кузбасс), ul. Vesennjaja 20, EZ/DZ 2600–3800 Rbl., Tel. 750254, www.hotelkuzbass.ru (R). In 180 Zimmern und Appartments gibt es auf sechs Etagen auch nach der Renovierung noch recht sowjetisches Flair, einschließlich Restaurant, Buffet und Casino.

Azot (Азот), EZ/DZ 1200–2400 Rbl., ul. Kirova 25, Tel. 252910, passable, umgebaute Etagen eines Wohnheims mit Dusche/WC teils im Zimmer, teils auf der Etage.

Das gleiche gilt für das, trotz Blick auf den Fluss, weniger empfehlenswerte Hotel **Tom'** (Томь), ul. Pritomskaja Naberežnaja 7, Tel. 259902, EZ/DZ 1000–2600 Rbl. Im recht spartanischen Hostel **Kemsiti** kostet der Schlaftplatz 300 Rbl., ul. Vasileva 9, Tel. 951/5775034.

Das beste und originellste Restaurant der Stadt ist das als Bergwerk gestaltete **Zaboj** (Забой), bul. Stroitelej 21, Tel. 518888, www.забой.рф (R/E).

Bachus (Бахус), pr. Šachterov 42a, Tel. 644099, spielt in derselben Liga.

Traktir (Трактир), ul. Vesennjaja 13, Tel. 253743 und **Russkaja Izba** (Russische Hütte, Русская Изба), ul. Pritomskaja Naberežnaja, Tel. 364876, sind ebenfalls empfehlenswert.

Die Brücke nach Deutschland schlägt neben dem **Bavarija** (Бавария), ul. Vesennjaja 26, Tel. 368781, neuerdings das gute und originelle **Alles** (Аллес). Der Business lunch heißt hier auch Mittagstisch (Миттагстиш), ul. Tuchačevskogo 31b, Tel. 312131, www.ресторан-аллес.рф (R). Wer belgisches Bier bevorzugt, findet es im **Belgija** (Бельгия), ul. Krasnoarmejskaja 129, Tel. 765503.

Blok pitanija (Блок питания, wörtlich eigentlich Stromversorgung, aber pitanie bedeutet auch Ernährung), pr. Sovetskij 16, ul. Stroitelej 12. Akzeptables Fastfood.

Für Kaffee und Kuchen ist **Wiener Wald** (Venskij les) die erste Wahl, ul. Vesennjaja 6, Tel. 348755, www.венскийлес.рф (R). Alternativen sind **Deja-Vu**, ul. Stroitelej 29, Tel. 511883, und an drei Standorten **Kofe-Terra** (Кофе-Терра), ul. Lenina 39, pr. Sovestkij 44, ul. Kirova 26.

Die größte Einkaufspassage Kemerovos wurde Ende 2015 unter dem Namen **Promenade 3** mit 28.000 qm Verkaufsfläche eröffnet, pr. Lenina 59a, Tel.777077. Die deutlich kleineren Malls **Promenade 1 und 2** befinden sich am pr. Lenina 90 sowie am Stadtrand, pr. Chimikov 39.

www.kemerovo.ru (R)
www.kemerovocity.ru/kemerovo (R)

Novokuzneck

Novokuzneck liegt 230 Kilometer südlich von Kemerovo und ist von dort per Bahn oder Bus zu erreichen. Auf den etwa 110 Kilometern von Lenino-Kuzneck bis kurz vor Novokuzneck fährt man auf einer der besten Autobahnen in ganz Sibirien. Das unscheinbare Novokuzneck war in der Vergangenheit noch vor Kemerovo die größte Industriestadt im Kuzbass. Erst jetzt hat Kemerovo hinsichtlich der Einwohnerzahl von rund 550 000 gleichgezogen. Der ebenfalls am Fluss Tom' liegende Ort gehört zu den Städten Russlands, deren Umweltsituation man ohne zu übertreiben nur mit dem Wort katastrophal umschreiben kann. Zwei gigantische, veraltete Stahlwerke, in denen nahezu alle Schienen für den russischen Markt hergestellt werden, eine Aluminiumhütte und der Kohlebergbau in der Umgebung machen der Stadt schwer zu schaffen. Die Stadt hat heute offiziell zwei Wappen. Das alte stammt aus dem Jahr 1804 und wurde 1970 durch das neue sowjetische Wappen abgelöst. Nach der Wende kam das ursprüngliche Symbol wieder zurück, aber ohne dass das neue Wappen aufgehoben wurde.

Geschichte

Die Stadt Novokuzneck hat als Kuzneck eine lange Tradition. Bereits 1618 wurde am linken Ufer des Tom' das Kuznecker Fort begründet. Doch kurze Zeit später zog man an das höher gelegene rechte Ufer um, wo eine eindrucksvolle Festung entstand. Bereits nach vier Jahren erhielt Kuzneck das Stadtrecht und bildete mit der Festung Bijsk die südliche Grenzlinie der russischen Expansion. Der Name Kuzneck stammt vom Wort Kuznec ab, das Schmied bedeutet. So nannten die Russen auch die zu den

Schorzen gehörenden Ureinwohner Kuznecen, da diese die Erzschmelze und das Schmiedehandwerk bereits beherrschten. Das Schmiedehandwerk und die Metallurgie sind auch in beiden Stadtwappen erkennbar.

Ende des 17. Jahrhunderts wurden von Peter dem Großen die in Moskau unterlegenen Schützen verbannt, die hier nun auch die Waffenschmiede entwickelten. Mit der weiteren Verschiebung der russischen Südgrenze ins heutige Kasachstan verlor der Grenzposten Kuzneck seine Bedeutung. Die Festung wurde 1846 geräumt und in der Folge als Gefängnis genutzt. In den Wirren des Bürgerkrieges nach der Oktoberrevolution

Im Metallurgiekombinat

brannte das Gefängnis 1919 aus. Erst nach 1991 begann man, die Festung als Museum wieder aufzubauen.

Kuzneck blieb mit etwa 5000 Einwohnern ein Provinznest und rückte erst 1929 mit Stalins Industrialisierung wieder in den Blickpunkt der Öffentlichkeit. Nach amerikanischen Plänen wurde am anderen Flussufer des Tom' eines der größten Stahlwerke der Welt, das Kuz-

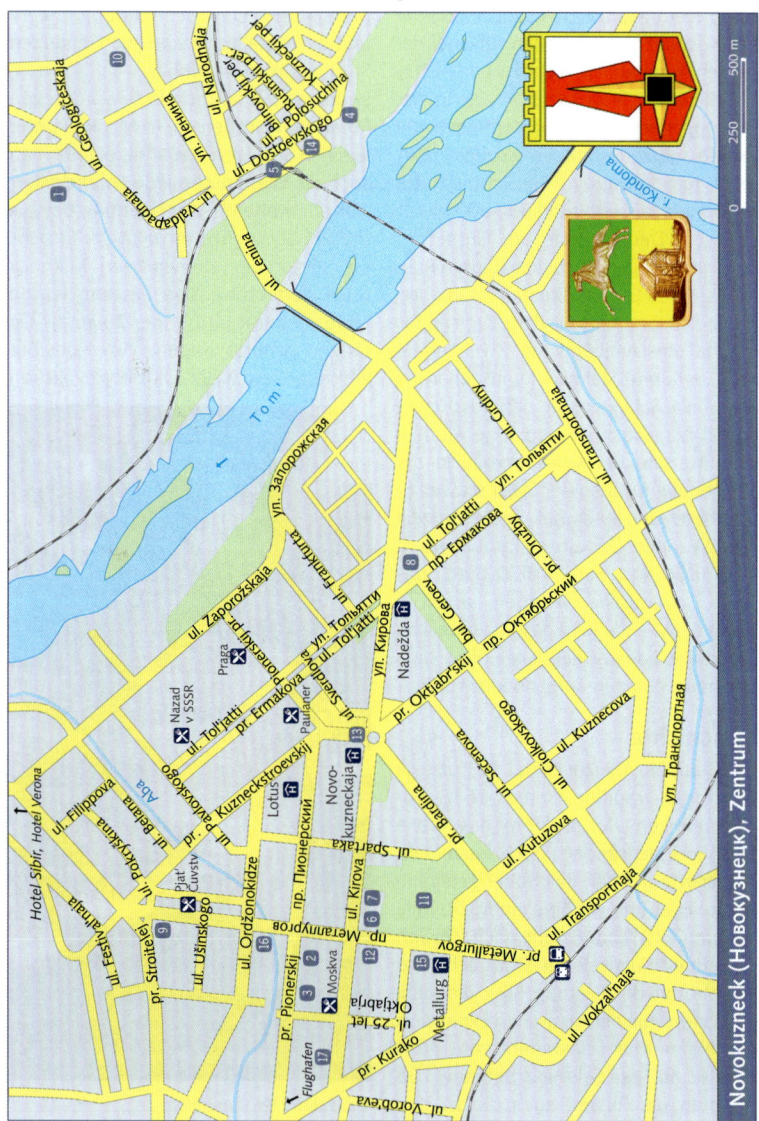

necker Metallurgiekombinat (KMK) errichtet. Der bekannte sowjetische Schriftsteller Ilja Ehrenburg (1891–1967) verewigte 1933 den Bau des Werkes in seinem Roman ›Der zweite Tag‹. Die Arbeitersiedlungen des Werkes erhielten den Namen Novokuzneck. Von 1929 bis 1939 wuchs die Einwohnerzahl von 7000 auf 170 000.

Im Jahr 1932 wurden beide Orte zusammengelegt und die neue Stadt in Stalinsk umbenannt. Diese Name hatte bis 1961 Bestand, danach wurde aus Stalinsk Novokuzneck. Zur gleichen Zeit war das zweite Metallurgiekombinat im Bau, das 1964 in Betrieb ging.

Sehenswürdigkeiten

Das Zentrum der Industriestadt befindet sich heute am linken Ufer des Flusses Tom'. Die Hauptstraßen der Stadt sind der am Bahnhof beginnende, durch die Architektur der 1930er Jahre geprägte **prospekt Metallurgov** sowie die ihn kreuzende **ul. Kirova**, wo sich die Neubauten der letzten 25 Jahre konzentrieren.

Wenn man mit dem Rücken zum Bahnhof steht, beginnt halblinks der pr. Me-

tallurgov. Weiter links führt der pr. Kurako zum **Siegesplatz** (pl. Pobedy), an dem ein Panzer des Typs T34 vor dem Verwaltungsgebäude des heute zum EVRAZ-Konzern gehörenden Novokuznecker Metallurgiekombinates steht. Er erinnert an die Heldentaten der Stahlwerker während des Zweiten Weltkrieges, denn der Stahl für diese berühmten, in Čeljabinsk im Ural produzierten Panzer kam aus Novokuzneck.

Dem pr. Metallurgov folgend, gelangt man rechter Hand zum **Gagarin-Park**, der größten innerstädtischen Parkanlage. Neben dem **Planetarium**, pr. Metallurgov 16a, Tel. 745114 befindet sich das 1933 erbaute, architektonisch interessante **alte Kino Kommunar**, das heute u.a. einen Pelzsalon beherbergt. Es ist ein Frühwerk des damals hier wirkenden Architekten Gerhard Kosel (1909–2003), der später durch den Berliner Fernsehturm berühmt wurde. Es folgen der gigantische **Kulturpalast der Metallurgen**, Tel. 746625 sowie das örtliche **Schauspielhaus**, pr. Metallurgov 28, Tel. 743043, www.nvkteatr.ru (R), Am Parkende befindet sich die Kreuzung zur ul. Kirova. Weiter geradeaus, wo nun

Zwischen Ob' und Enisej

1 Kuznecker Festung (Кузнецкая крепость)

2 Heimatkundemuseum (Краеведческий музей)

3 Geologie-Museum (Геологический музей)

4 Dostoevskij-Museum (Музей Достоевского)

5 Christi-Verklärungs-Kathedrale (Преображенский собор)

6 Kulturpalast der Metallurgen (Пантеон Кузнецких Металлургов)

7 Schauspielhaus (Драматический театр)

8 Zirkus (Цирк)

9 Sportpalast (Дворец спорта)

10 Spirituosenfabrik (Ликёроводочный завод)

11 Planetarium (Планетарий)

12 Kaufhaus ZUM (Универмаг Цум)

13 Citi Mall (ТРК Сити Молл)

14 Zentralmarkt (Центральный рынок)

15 Hauptpostamt (Главпочтамт)

16 Majakovskij-Denkmal (Памятник В. Маяковскому)

17 Park der Sowjetdenkmäler (Парк Советской скульптуры)

Winter in Novokuzneck

Geschäfte dominieren, gelangt man, vorbei am **Puppentheater Skaz**, pr. Metallurgov 31, Tel. 745077, und am Heimatkundemuseum vorbei, über die Brücke über den kleinen Fluss Aba zum **Majakovskij-Platz**. Das sechsstöckige gigantische Wohnhaus linker Hand aus dem Jahr 1955 hat alle Chancen zum Architekturdenkmal des sowjetischen Klassizismus zu werden. Das Majakovskij-Denkmal zieren vier Zeilen eines Novokuzneck gewidmeten Gedichtes. Weiter gen Norden gelangt man am Stadion vorbei zum **Sportpalast**, der heute – kommerziell genutzt – gleichzeitig ein Zentrum für verschiedene Industriemessen ist.

Zurück auf der breiten ul. Kirova, gelangt man Richtung Westen zum **Park der Sowjetdenkmäler** mit Lenin, dem Pionier, dem Komsomolzen und dem Rotarmisten. Richtung Osten durchläuft man ein großflächig angelegtes **Neubaugebiet**, in dem sich die Stadtverwaltung, das Hotel ›Novokuzneckaja‹, die

neue Citi Mall, der Zirkus und verschiedene Geschäfte befinden. Die Straße endet an der Tom'-Brücke. Rechter Hand befindet sich kurz vor der Brücke ein schönes Holzhaus mit verspielten Türmchen, das allerdings, eher ernst als verspielt, die örtliche Gefängnisverwaltung beherbergt.

Am anderen Ufer des Flusses befindet sich das alte, ursprüngliche **Kuzneck**. Hinter der Brücke beginnt als Hauptstraße dieses Stadtteils die ul. Lenina, in der sich u.a. das aus dem vergangenen Jahrhundert stammende Architekturdenkmal der **ehemaligen Spirituosenfabrik**, ul. Lenina 31, befindet. Hier, in der sogenannten Altstadt, befindet sich neben dem **Zentralmarkt** auch das **Dostoevskij-Haus** (s.u.) und die **Nikolaj-Pfarrei**, ul. Šepkina 7.

Ein besonderer Blickfang ist die in den 1990er Jahren aufwendig restaurierte hellgelbe **Christi-Verklärungs-Kathedrale** mit ihren beiden vergoldeten Türmen in der ul. Lenina 1. An der Kirche wurde über 40 Jahre gebaut. 1792 begann der Bau, 1802 wurde der Johannes dem Täufer gewidmete Altar im Erdgeschoss unter einem dem Geldmangel geschuldeten Behelfsdach geweiht. Von 1823 bis 1830 wurde das Gebäude fertiggestellt, 1837 folgten die Glocken. Zu Sowjetzeiten beherbergte die Kirche zunächst ein Museum, später eine Bäckerei.

Hinter der Kirche sieht man auf der Anhöhe bereits den Turm der **Festung**. Ab 1995 wurde aus den fast vollkommen verfallenen Überresten der Kuznecker Festung wieder ein kleines Schmuckstück. Man hat von dieser Anhöhe auch einen guten Ausblick auf den Fluss Tom' und die sich an beiden Ufern ausbreitende Stadt. An den meisten Tagen des Jahren trübt aber der die gesamte Stadt überziehende Smog den Blick.

Karte S. 174 ▲

Museen

Das örtliche **Heimatkundemuseum** wurde 1927 gegründet. Es befindet sich heute in zentraler Lage im Erdgeschoss eines in den 1950er Jahren errichteten Wohnhauses und ist dank der beiden den Eingang bewachenden Kanonen nicht zu verfehlen. Neben den Schwerpunkten Archäologie, Biologie, Ethnographie erzählt eine Ausstellung über die Geschichte des Stahlstandortes, So, Mo Ruhetage, pr. Pionerskij 24, Tel. 741804, www.nkmuseum.ru (R).

Unweit davon liegt ein kleines, dem hiesigen Bergbau gewidmetes **Geologiemuseum**, pr. Pionerskij 18, Sa, So Ruhetage, pr. Pionerskij 18, Tel. 746396.

Zur Kuznecker Festung gehört neben dem Freiluftmuseum der eigentlichen Festungsanlage noch eine Exposition zur Stadtgeschichte und zur Ethnographie der Gegend im **Haus des Kaufmanns Fonarev**, ul. Vodopadnaja 19, Tel. 360100, www.kuzn-krepost.ru (R).

Hauptsponsor aller örtlichen Museen ist das Kuznecker Metallurgiekombinat, das nicht nur finanziert, sondern auch beim Wiederaufbau der Festung alle Metallteile selbst herstellt. Das **Werksmuseum** ist nach dem ersten Chefingenieur Ivan Bardin (1883–1960) benannt, pr. Metall-urgov 17, Tel. 791834. Der Bau des Kombinates wurde damals von dem Russlanddeutschen Sergej Frankfurt (1888–1937) geleitet. Die gleichnamige Straße in Novokuzneck ist nicht der Stadt Frankfurt, sondern diesem heutigen Ehrenbürger gewidmet, der 1937 ein Opfer des Stalinschen Terrors wurde.

Daneben gibt es noch ein **Museum für bildende Künste**, ul. Kirova 62, Tel. 774866 und eine **Verkaufsgalerie**, ul. Spartaka 11, Tel. 743227.

Sehenswert ist auch das kleine **Dostoevskij-Museum**. Es erinnert daran, dass der große russische Dichter zwischen 1856 und 1857 Kuzneck dreimal besuchte und hier seine erste Frau, Maria Isaeva, heiratete. Fëdor Dostoevskij lebte nach seiner Omsker Haft in Semipalatinsk, wo er sich mit der Familie von Alexander Isaev angefreundet hatte. Nachdem dieser nach Kuzneck versetzt worden war und früh verstarb, umwarb er erfolgreich die junge Witwe. Die Ehe dauerte nur sieben Jahre, denn Maria Isaeva starb an Schwindsucht. Das Museum befindet sich in zwei historischen Gebäuden, wovon das eine das Wohnhaus Maria Isaevas war, ul. Dostoevskogo 29 und 40, So Ruhetag, Tel. 360250, www.dom-dostoevskogo.ru (R).

Zwischen Ob' und Enisej

Der Kulturpalast der Metallurgen

Novokuzneck

Lage: 53°44'45.24"N/87°7'1.04"E; Novokuzneck ist 230 km von Kemerovo entfernt. Zeitunterschied zu MEZ im Sommer 5, im Winter 6 Std. Die Region hat im März 2010 ihre Zeitzone gewechselt, davor betrug der Zeitunterschied eine Stunde mehr.

Vorwahl: +7/3843; Auskunft: 09.

Postleitzahl: 654000–654080.

Hauptpostamt: pr. Metallurgov 21, Tel. 741155.

Bank: Sberbank, ul. Tol'jatti 27, Tel. 784210, Geldautomat: pr. Metallurgov 41.

Taxi: Tel. 424206.

Durchschnittstemperatur: Januar –17 Grad, Juli 18 Grad.

Der Flughafen Spičenkovo liegt etwa 20 Kilometer östlich des Stadtzentrums. Es gibt tgl. 2 Flüge von und nach Moskau Domodedovo sowie 2 wöchentliche Flüge nach Krasnojarsk. Im Sommer gibt es noch 1–2 Flüge wöchentlich nach St. Petersburg, Vladivostok, Soči und Krasnodar, Tel. 993100, www.aerokuz.ru (R).

Novokuzneck ist mit der Bahn von Kemerovo aus sowie über Jurga von Novosibirsk und allen an der Transsib gelegenen Orten zu erreichen. Daneben gibt es Züge nach Barnaul, Abakan und im Sommer nach Karaganda in Kasachstan. Jeden zweiten Tag fährt ein Express nach Moskau, Fahrtzeit 60 Std., ul. Transportnaja 2, Telefon 745008.

Der Busbahnhof liegt direkt am Bahnhof. Es gibt Überlandbusse u.a. tgl. nach Novosibirsk (Fahrtzeit 7,5 St.) und in den Altaj (Bijsk 5 Std., Belokuricha 7,5 Std.) ul. Transportnaja 4, Tel. 745908.

Karte S. 174

Es gibt mehrere neuere kleine Hotels:

Lotos (Лотос), pr. Pionerskij 42a, Tel. 452838, www.lotos-hotel.ru (R), DZ 4200 Rbl. Das beste Hotel. Zentral und doch abgeschirmt.

Verona (Верона), pr. Stroitelej 82a, Tel. 384547, DZ 2500 Rbl. Liegt im Business-Zentrum Perez nördlich des Zentrums.

Nadežda (Недежда), ul. Kirova 64, Eingang vom Hof, Tel. 772335, DZ 2000 Rbl. Auch eine gute Alternative.

Novokuzneckaja (Новокузнецкая), ul. Kirova 53, Tel. 465155, www.novokuznetskaya.com (R/E), DZ 2500 Rbl. Das größte in den 1970er Jahren errichtete Hotel der Stadt.

Sibir' (Сибирь), ul. M. Toreza 35, Tel. 545127, DZ 1500 Rbl. Das preiswerteste Hotel der Stadt.

Für russische Küche ist das ursprünglich aus dem Jahr 1936 stammende und jetzt im Retrostil wiedereröffnete **Restaurant Moskva** die erste Wahl, pr. Entuziastov 21, Tel. 742432, www.москва-нк.рф (R).

Kulinarische Nostalgie mit der multikulturellen Küche der ehemaligen bietet auch **Nazad v SSSR** (Zurück in die UdSSR), pr. Ermakova 30a, Tel. 2152120.

Moderner, einschließlich Bowling, Billiard und Nachtclub, geht es in der Altstadt im **Tri Tostjaka** (3 Dickwänste, nach dem Märchen von Juri Olesha), ul. Narodnaja 9a, Tel. 377308.

Ein kleines, feines Restaurant ist **Pjat' Čuvstv** (Пять чувств – Fünf Sinne) pr. Metalurgov 50, Tel. 539095.

Europäische Küche wird meist mit Bier assoziiert. Es gibt also ein **Paulaner Brauhaus** in der Stadt, pr. Ermakova 1/1, Tel. 576546.

Gute Sushi findet man im **Arigato** (Аригато), ul. Frankfurta 5, Tel. 601262.

Osteuropäische Alternativen sind das **Pra-ga**, Pionerskij pr. 53, Tel. 539939, oder das **Zoltan**, ul. Kirova 47a, Tel. 464345.
In der **Citi Mall,** ul. Kirova 55 gibt es auch mehrere gute Restaurants: das **Steak-Haus Good Beaf**, Tel. 320658, einen Italiener **Kolizej** (Coloseum), Tel. 320800, sowie panasiatisch **Azia Choll**, Tel. 320333, und zentralasiatisch **The Plov**, Tel. 320093.
Für den schnellen Hunger gibt es u.a. zwei Filialen der Novosibirsker Fastfood-Kette **Vilka i Ložka**: ul.Kirova 33 und pr. Metallurgov 34, Tel. 200289.

Den besten Kaffee gibt es im **Primo Amore**, ul. Kirova 23, Tel. 576546.
Guten Kaffe und auch gutes Essen findet man im **Soho**, Pionerskij pr. 28, Tel. 749165.
Das **Basement**, ul. Kirova 26, Tel. 740655 ist ein Internetcafé.

Das alte, zentrale Kaufhaus **ZUM** befindet sich in der ul. Kirova 20.
Die neue große **Citi Mall** befindet sich am großen Kreisverkehr am Ende des Bardin-Prospektes, ul. Kirova 55.
Für Souvenirs ist **New Art** der passende Ort, pr. Bardina 42, 3. Etage, Tel. 913/3375133.

www.admnkz.ru (R)
www.novokuznetsk.su (R)

Die Umgebung von Novokuzneck

Ein kleines südlich von Novokuzneck gelegenes Gebirge mit dem Namen **Kuznecker Alatau** ist im Sommer wie im Winter ein beliebtes Ausflugsgebiet. Der Begriff Alatau kommt aus dem zu den Turksprachen gehörenden Kasachischen und bedeutet ›bunte Berge‹. Der Betrachter sieht aus der Ferne sowohl weiße Gipfelstreifen, dank Steinen oder Schotter graue sowie dank der Flora zumindest grüne Streifen und somit bunte Berge.

Der höchste Berg ist der Amsas Taskyl (Höchster Zahn) und ragt 2178 Meter in die Höhe. Die extrem schneereiche und in der touristischen Erschließung befindliche Gegend ist von November bis April bei den alpinen Wintersportlern beliebt. Vor allem bei jungen Leuten und Freestyle-Fahrern aus ganz Russland hat das Gebiet einen guten Ruf.

Zentrum des Skigebietes ist das Dorf **Šeregeš**. An den Hängen des 1270 Meter hohen Zelenaja Gora (Grüner Berg) gibt es neun Trassen, die auf bis zu drei Kilometern Länge einen Höhenunterschied zwischen 300 und 650 Metern überwinden. Den Aufstieg erleichtern ein Gondellift, vier Sessellifte und zwölf Schlepplifte. Der Skipass für alle Lifte kostet pro Tag 600 Rbl.

Unterkünfte gibt es in Šeregeš (›Mustag‹, Telefon +7/38473/30167; ›Sportotel 1–3‹, Tel. +7/3845/743137 oder ›Elena‹, Tel. +7/3842/254788) und im 25 Kilometer entfernten Taštagol (›Šoria‹, Tel. +7/38473/21222 oder ›U Petroviča‹, Tel. +7/38473/21223).

Die Anreise aus Novokuzneck ist per Bus (3,5 Std. Fahrtzeit) oder per Bahn bis Taštagol möglich. Die Bahnstation am Stadtrand heißt Kondoma. Hier besteht ein Routentaxi-Shuttle-Service nach Šeregeš. Am Wochenende fahren auch Ausflugszüge von Kemerovo (abends) und von Novokuzneck (früh morgens), die die Ski-Enthusiasten in das Wintersportgebiet Šoria bringen und sie dann am selben Abend auch wieder zurückbringen.

Zwischen Ob' und Enisej

Barnaul

Die Stadt Barnaul zählt heute ungefähr 636 000 Einwohner und ist das Zentrum des gleichnamigen Gebietes, das nach der Abspaltung der Bergrepublik Altaj mit der Hauptstadt Gorno-Altajsk heute nur noch halb so groß ist wie in der Vergangenheit. Malerisch an einer Biegung des im Altajgebirge entspringenden Ob' gelegen, strahlt sie ungeachtet umfangreicher Industrieansiedlungen heute ihr spezifisches Flair zwischen ganzen Straßenzügen sibirischer Holzhausarchitektur, den sich im 20. Jahrhundert modifizierenden sowjetischen Fassaden und neuen Hochhäusern aus. Die Stadt hatte schon immer sehr viele Grünanlagen und wirkt im Frühling und im Sommer recht südlich. Sie ist dabei im Vergleich zu den anderen sibirischen Metropolen eher untypisch und erinnert in diesen Jahreszeiten etwas an Städte wie Rostov oder Krasnodar in Südrussland.

Barnaul hat sich in den letzten Jahren städtebaulich sehr rausgeputzt und verfügt auch über eine breite Kultur- und Museumslandschaft, die ohne Zweifel mehr touristische Aufmerksamkeit verdient.

Geschichte

Als die Industriellendynastie Demidov aus dem Ural ihre Fühler im Altajgebirge ausstreckte, plante Akinfi Demidov 1730 an der Mündung zweier Flüsse (Barnaulka und Ob') eine Kupferschmelze und verlegte 200 Leibeigene aus dem Ural in den Altaj. Um die Werkssiedlung entstand ein Fort, das sich zur Stadt entwickelte. Der Name Barnaul leitet sich aus den turksprachlichen Worten ›boro‹ und ›ul‹ ab, was in etwa Wolfsfluss bedeutet. Alsbald fand man auch

Silbererze im Altaj, die in Barnaul geschmolzen wurden. Die Silberschmiede existierte von 1744 bis 1893. Von 1771 bis 1867 war Barnaul neben Ekaterinburg die zweite offizielle Bergbaustadt Russlands. Die damit verbundenen Privilegien, wie zum Beispiel das Recht zur eigenen Geldemission, beeinflussten die durch umfangreiche Industrieansiedlung gekennzeichnete Entwicklung der Stadt. Barnaul wurde eines der ersten industriellen Zentren Sibiriens. Wenn es auch kaum bekannt ist, so wurde in Barnaul die Dampfmaschine noch vor James Watt erfunden. 1838 nahm das erste meteorologische Observatorium Sibiriens hier seine Tätigkeit auf.

Nach der Einstellung des Bergbaus blühte um die 1900er Jahrhundertwende der Handel auf. Nach dem 1902 abgeschlossenen Ausbau des Čujsker Traktes als befahrbarer Handelsstraße über den Kamm des Altajgebirges in die Mongolei profitierte die Stadt vor allem vom Grenzhandel. 1915 erfolgte mit dem Bau der Altajbahn von Novonikolaevsk (heute Novosibirsk) nach Semipalatinsk (heute Semej – Kasachstan) die Anbindung an das Eisenbahnnetz der Transsib, die in den 1930er Jahren im Rahmen der stalinistischen Industrialisierung weiter nach Zentralasien (Turkestan) ausgebaut und unter dem Namen Turksib bekannt wurde. Kurz vor der Oktoberrevolution wurde im Mai 1917 das damalige Zentrum Barnauls von einem Großbrand weitestgehend vernichtet. Im Wiederaufbau bekam die Stadt den Charakter einer Gartenstadt, da im Zentrum umfangreiche Grünanlagen angelegt wurden. Die Industrialisierung brachte der Stadt das größte Textilunternehmen Sibiriens, das bis heute ein wichtiger Arbeitgeber in der Stadt ist. Daneben entwickelte sich die Landwirtschaft, im Strassenbau wurde mit der Asphaltierung der örtlichen Straßen aber erst nach dem Zweiten Weltkrieg begonnen. Die Region Altaj ist in den Kreisen Gal'bštadt (Halbstadt) und Slavgorod eines der bedeutenden Siedlungsgebiete der Russland-Deutschen.

Sehenswürdigkeiten

Das Stadtzentrum umfasst, von kleinen Schlenkern abgesehen, den **Leninprospekt** über etwa vier Kilometer vom Passagierhafen über den Platz der Sowjets und den Oktoberplatz bis zur Eisenbahnbrücke. Der **Oktoberplatz** wurde in den 1930er und 1950er Jahren konzipiert. Ab 1956 galt das Haus mit der Spitze und dem Sowjetstern als markante Sehenswürdigkeit Barnauls. Heute rahmen das im Bau befindliche neue Gebäude der **Altajer Gemäldegalerie** und das nach dem Schauspieler Valerij Zolotuchin benannte **Jugendtheater** den Platz.

In seiner Mitte stand von 1937 bis 1956 ein Stalin-Monument von 1956 bis 2012 ein Lenin-Denkmal. Mit der Demontage eines Lenin-Denkmals verfügt Barnaul in Russland über ein echtes Alleinstellungsmerkmal. Anstelle dessen erhebt sich heute auf dem Platz eine den **Neusiedlern** (im Volksmund ›Seine Hoheit Bauer‹ genannt) gewidmete Skulptur.

Vom Oktoberplatz gelangt man über den pr. Stroitelej zum **Bahnhofsplatz**, den ein monumentales **Denkmal für die Heldentaten der Altajer im Zweiten Weltkrieg** bestimmt. Um das ewige Feuer und ein Denkmal herum sind in geschwungenen Stelen die Namen aller im Krieg gefallenen Altajer eingebrannt. Ein Stück weiter auf dem **Socialističeskij**

pr. befindet sich ein dem legendären Rockmusiker Viktor Coj (1962–1990) gewidmetes, originelles Denkmal

Der Leninprospekt vermittelt als Hauptstraße der sehr grünen Stadt mit von Baumreihen eingesäumten Fußgängerboulevards die Gelassenheit der Provinz mit einem in Sibirien einzigartigen Charme. Viele Geschäfte, der Zentralmarkt, das größte Kaufhaus, zwei Kinos, viele Bänke sowie mehrere neu entstandene Cafés und Restaurants laden zum Flanieren und Verweilen ein.

Am **Sowjetplatz** bestechen die würfelartigen Monumentalbauten aus der Sowjetzeit. Hier befinden sich heute die Gebietsadministration mit dem Gouverneurssitz, das Hotel ›Central'naja‹, das größte örtliche Kaufhaus und die Universität.

Hinter dem Gebäude der Administration befindet sich der **Andrej-Sacharov-Platz** (pl. Andreja Sacharova) mit dem **Schauspielhaus**. Der architektonisch schon etwas interessanter gestaltete

Auf dem Leninprospekt

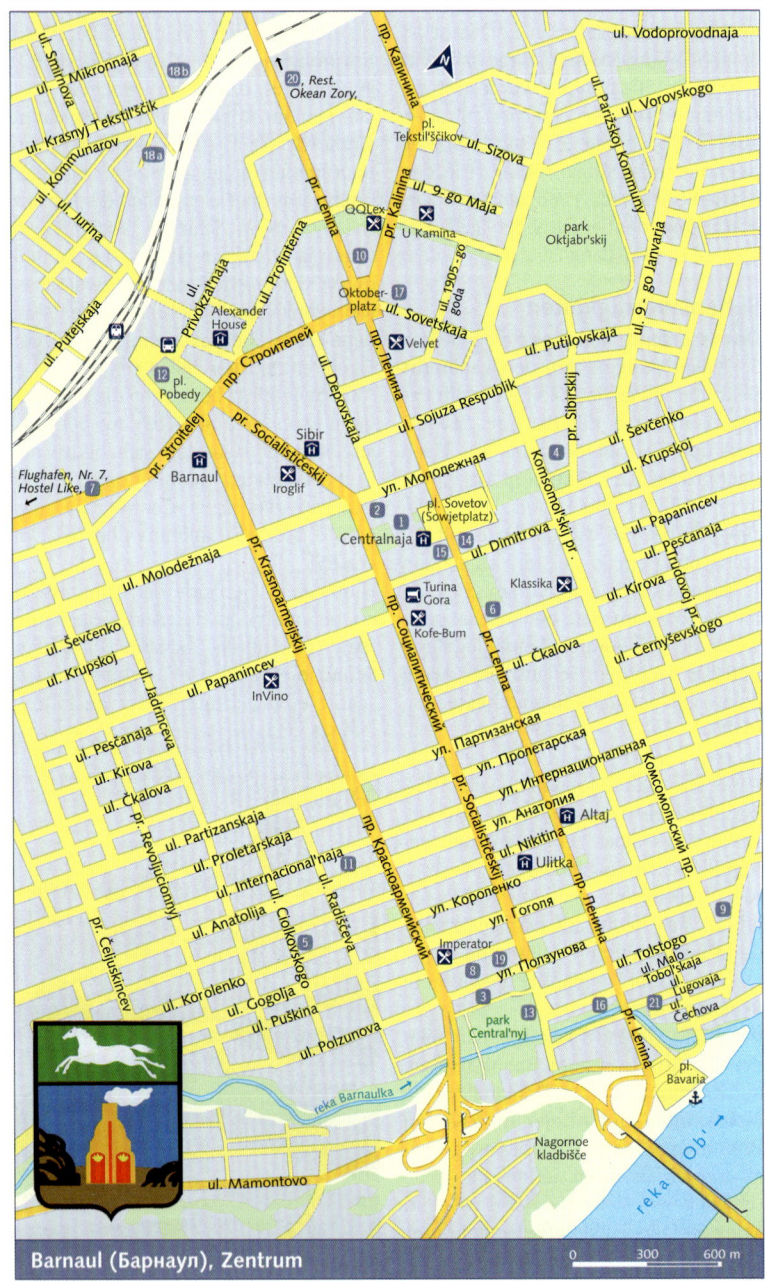

ul. Vodoprovodnaja
ul. Smirnova
ul. Mikronnaja
18 b
20 Rest.
Okean Zory,
пр. Калинина
ul. Vorovskogo
ul. Krasnyj Tekstil'ščik
ul. Kommunarov
18 a
pl.
Tekstil'ščikov ul. Sizova
ul. Parižskoj Kommuny
ul. 9-go Maja
ul. Jurina
park
Oktjabr'skij
пр. Lenina
пр. Калинина
QQLex
U Kamina
ul. 9-go Janvarja
пр. Privokzal'naja
10
пр. Profinterna
Oktober-
platz
17
ul. 1905-go
goda
Alexander
House
ul. Sovetskaja
ul. Putejskaja
пр. Строителей
Velvet
ul. Lenina
12 pl.
Pobedy
ul. Putilovskaja
пр. Socialističeskij
пр. Stroitelej
ul. Depovskaja
ul. Sojuza Respublik
пр. Sibirskij
Sibir
ul. Ševčenko
Barnaul
Iroglif
ul. Molodežnaja
4
ul. Krupskoj
Flughafen, Nr. 7,
Hostel Like, 7
2
1
пл. Sovetov
(Sowjetplatz)
Komsomol'skij пр.
ul. Papanincev
Centralnaja
15
14
ul. Dimitrova
ul. Peščanaja
ul. Molodežnaja
пр. Krasnoarmejskij
6
Turina
Gora
Klassika
ul. Kirova
Trudovoj пр.
Kofe-Bum
ul. Ševčenko
ul. Čkalova
ul. Černyševskogo
ul. Krupskoj
пр. Socialističeskij
ul. Jadinceva
ul. Papanincev
InVino
пр. Lenina
ul. Peščanaja
ul. Partizanskaja
ul. Kirova
ul. Proletarskaja
ul. Čkalova
ul. Internacional'naja
пр. Revoljucionnyj
ul. Partizanskaja
ul. Proletarskaja
11
ul. Internacional'naja
ul. Radiščeva
пр. Krasnoarmejskij
ul. Anatolija
пр. Socialističeskij
ul. Anatolija
Altaj
ul. Nikitina
Ulitka
ul. Čeljuskincev
5
ul. Čokolovskogo
ul. Korolenko
ul. Gogolja
ul. Korolenko
ул. Гоголя
9
пр. Ленина
Imperator
19
ul. Polzunova
8
ul. Tolstogo
ul. Malo-
Tobol'skaja
3
13
16
21
ul. Lugovaja
ul. Puškina
ul. Polzunova
park
Central'nyj
пр. Lenina
Čechova
pl.
Bavaria
reka Barnaulka
Nagornoe
kladbišče
reka Ob'
ul. Mamontovo
reka Ob'

0   300   600 m

1 Gebietsadministration (Администрация области)
2 Schauspielhaus (Театр драмы им. Шукшина)
3 Philharmonie (Филармония)
4 Musiktheater (Музыкальный театр)
5 Maria-Gewandniederlegungs-Kathedrale (Покровский собор)
6 Polzunov-Denkmal (Памятник И. Ползунову)
7 Šukšin-Denkmal (Памятник В. Шукшину)
8 Heimatmuseum (Краеведческий музей)
9 Altaj-Museum (Музей истории литературы, искусства и культуры Алтая)
10 Gemäldegalerie (Картинная галрея)
11 Autodiebstahl-Museum (Музей Автоугона)
12 Denkmal für die Heldentaten der Altajer im Zweiten Weltkrieg (Памятник Победы в честь героического подвига воинов Алтая в годы Великой Отечественной войны)
13 Stadtpark (Городской парк)
14 Hauptpostamt (Главпочтамт)
15 Kaufhaus CUM (Центральний универсальный магазин, ЦУМ)
16 Zentralmarkt (Центральный Рынок)
17 Jugendtheater (Молодёжный Театр Алтая)
18 Museum Welt der Zeit (a und b)
19 Bergapotheke (Горная Аптека)
20 Kak-Tak-Museum (Музей Как так)
21 Stadtmuseum (Музей города)

Zwischen Ob' und Enisej

Theaterblock stammt aus den 1970er Jahren und trägt den Namen Vasilij Šukšins, der im Altaj-Dorf Srostki geboren wurde (siehe Bijsk) und den Altaj in der russischen Literatur berühmt machte, ul. Molodёžnaja 15, Tel. 667387, www.altdrama.ru (R).

Ein schlichtes, in einem Neubaubezirk am Stadtrand gelegenes **Šukšin-Denkmal** ehrt den Schriftsteller, Schauspieler und Regisseur. Es wurde 1989 in der ul. Jurina errichtet. Vasilij Šukšin (1929 – 1974) brachte vor allem in den 1960/70er Jahren das Dorfthema in der russisch-sowjetischen Kunst zu nationaler und internationaler Geltung.

Daneben gibt es in Barnaul ein **Musiktheater**, Komsomol'skij pr. 108, eine Anfang des 20. Jahrhunderts errichtete **Philharmonie**, ul. Polzunova 37, Tel. 639054, www.philharmonia-barnaul.com (R), und den neuen, 2014 eröffneten **Konzertsaal Sibir'**, pr. Lenina 7, Tel. 567680, www.ork-siberia.ru (R).

Der Platz auf der anderen Seite des Lenin-Prospektes führt zu einem **Denkmal für die in Afghanistan Gefallenen** und endet am bereits in der postsozialistischen Zeit entstandenen extravaganten Neubau der Sparkasse.

Am Lenin-Prospekt vor der Technischen Universität steht das 1980 eingeweihte **Ivan-Polzunov-Denkmal** zu Ehren des wohl eigentlichen Erfinders der Dampfmaschine mit der Inschrift ›die dringliche Arbeit zu erleichtern‹. Eine weitere Polzunov-Büste steht am Spartakus-Platz. Ivan Polzunov (1729–1766) konstruierte eine Dampfmaschine für die örtliche Kupferschmiede. Da er unmittelbar vor der Inbetriebnahme der Schwindsucht erlag, blieben seine Verdienste unbeachtet. Die Maschine konnte erfolgreich erprobt werden. Sie funktionierte aber nur drei Monate und geriet dann in Vergessenheit. Man erinnerte sich an diese Erfindung erst wieder, als Jahrzehnte später das Prinzip

Der Barnauler Flusshafen

aus Europa in den Altaj kam. Da keinerlei Patentierung erfolgt war, gilt heute also der Engländer James Watt als Erfinder der Dampfmaschine, obwohl Ivan Polzunov ihm eigentlich fast 20 Jahre zuvorgekommen war. Ein Modell ist im Heimatmuseum zu besichtigen.

Zwischen Spartakus-Platz und dem Lenin-Prospekt herrscht um den **Zentralmarkt** herum auch in den Nebenstraßen ein eifriges Geschäftstreiben. Am Spartakus-Platz befindet sich der **Stadtpark** mit dem obligatorischen Rummelplatz sowie das **Musiktheater** und das **Heimatmuseum**.

Die beiden weithin sichtbaren blauen Zwiebeltürme der in rotem Backstein erbauten **Maria-Gewandniederlegungs-Kathedrale** (Pokrovskij sobor) weisen heute zum religiösen Zentrum Barnauls. Die größte Kirche im Altaj lohnt einen Besuch, ul. Nikitina 137, Tel. 236216. Zentral am Lenin-Prospekt befindet sich eine weitere kleine Kirche, die seit der Wende wieder den Gläubigen ihre Tore öffnet, prospekt Lenina 38, Tel. 260833. In den Außenbezirken gibt es weitere Kirchenneubauten.

Die **sibirische Holzhausarchitektur** ist in Barnaul ebenfalls sehr sehenswert. Im Stadtbild finden sich viele historische Holzhäuser mit herrlichen Schnitzereien. Ein Spaziergang vom Lenin-Prospekt zur Pokrovskij-Kathedrale führt durch ganze Straßenzüge schöner Holzhäuser. Auch wenn der Zahn der Zeit oft deutliche Spuren hinterlassen hat, bietet auch Barnaul neben den bekannteren Städten Tomsk und Irkutsk dieses einzigartige Flair des hölzernen Sibirien aus vergangenen Zeiten.

Das Schicksal des bekanntesten Holzhauses der Stadt, der **ehemaligen Villa des Kaufmanns Fedor Šedrin**, ist derzeit unklar. Es war jahrelang als Restaurant Russkij Čaj und später Imperator bekannt und beliebt und steht derzeit still und leer, Krasnoarmejskij pr. 8.

Zum Fluss Ob' hin ist die **Uferpromenade** mit dem Blick auf die neue Autobrücke über den Fluss eine beliebte Flaniermeile. Derzeit läuft ein Architektenwettbewerb um die Neugestaltung des Areals rund um den Passagierhafen. Wenn man vorher am Konzertsaal Sibir' in die Polzunov-Straße abbiegt, gelangt man zum **Freiheits-Platz**. Hier steht das 2010 eingeweihte, den Opfern politischer Repressalien gewidmete **Denkmal Vergebung**.

Weiter an zwei Museen und einer Kirche vorbei erreicht man den **Demidov-Platz**, wo ein 1839 errichteter **Granitobelisk** an 100 Jahre Bergbau und somit die Wurzeln der Barnauler Geschichte erinnert.

Museen

Das 1823 gegründete **Heimatkundemuseum** gilt als das älteste Museum Westsibiriens; es befindet sich im Gebäude des ehemaligen Forschungslabors der Kupferschmelze. An die beiden Grün-

Karte S. 182

dungspaten, den russischen Bergbauingenieur Pëtr Frolov (1775–1839) und den aus Deutschland stammenden Arzt Friedrich Gäbler (1781–1850), erinnern zwei Büsten im Foyer. Im Erdgeschoss kann man in mehreren Sälen die Entwicklung der Region in den letzten 100 Jahren nachvollziehen. Im Obergeschoss erfährt man viel Interessantes über die teilweise unikale Fauna und Flora des Gebietes. Ein Saal ist der Entwicklung des Bergbaus gewidmet, in dem man auch das Modell der von Polzunov erfundenen Dampfmaschine besichtigen kann, Montag und Dienstag Ruhetag, ul. Polzunova 46, Tel. 634758, www.agkm.ru (R).

Die Geschichte der Stadt Barnaul kann man im **Stadtmuseum** besichtigen, Montag und Dienstag Ruhetage, ul Lenina 4, Tel. 658794.

Das Museum für Literatur-, Kunst- und Kulturgeschichte des Altaj (offizielle Bezeichnung) oder kurz **Altaj-Museum** ist den hier verwurzelten Künstlern und Schriftstellern einschl. Musikinstrumente, Theater, Film gewidmet. Es gibt zwei Nikolaj Rerich und Vasilij Šukšin gewidmete Sonderausstellungen, ul. Tolstogo 2, Tel. 244771, gmilika.ru (R).

In der örtlichen **Gemäldegalerie** findet man eine umfangreiche Sammlung russischer Malerei aus dem 19. und 20. Jahrhundert mit durchaus bekannten Namen (Polënov, Šiškin, Vereščagin). Das Museum erhielt sie bei seiner Gründung 1959 aus der Moskauer Tret'jakov-Galerie und dem Petersburger Russischen Museum. Daneben gibt es eine Ikonen-Sammlung und im Erdgeschoss Wechselausstellungen aus dem Fundus oder von Malern aus dem Altaj. Bislang einzigartig in Sibirien: der letzte Sonntag des Monats ist im Winterhalbjahr Museumstag und der Eintritt frei. Seit 2012 wird das Museumsgebäude am pr. Lenina 88 um- und ausgebaut, weshalb man derzeit behelfsmäßig ein anderes Quartier bezogen hat. Sommersaison So, Mo Ruhetage, Wintersaison Mo, Di

Schönes Holzhaus in Barnaul

Zwischen Ob' und Enisej

Ruhetage, ul. Gor'kogo 16, Tel. 502229, muzei.ab.ru (R).

Die **Verkaufsausstellung des örtlichen Künstlerverbandes** befindet sich am Sacharov-Platz, pr. Socialističeskij pr 78, Tel. 366405, www.art-22.ru (R).

Das **Museum Welt der Zeit** (Mir vremeni) bietet russisch-sowjetische Zeit- und Alltagsgeschichte zum Anfassen und lohnt einen Besuch, ul. Matrosova 12 und 13 sowie Zelenaja roša 15b, ohne Ruhetage, Tel. 777764, www.mirvremeni.ru (R).

In der alten Bergapotheke (Gornaja apteka) gibt es seit 2012 ein **Apothekenmuseum**, das sich neben Apothekengeschichte den Heilkräutern des Altaj-

gebirges widmet, ul. Polzunova 42, Tel. 536268. Gegenüber befindet sich die **Welt der Steine** (Mir kamnej), eine Ausstellung von geologischen Fundstücken, ul. Polzunova 39, Tel. 691470, www.stonemir.ru (R).

Großer Popularität erfreut sich das interaktive **Wissenschaftsmuseum Kak Tak** (läßt sich mit ›wie kann das sein?‹ übersetzen), pr. Lenina 147b, Tel. 357550, www.kaktak22.ru (R).

Eine Kuriosität ist das **Autodiebstahl-Museum**, benannt nach Juri Detočkin, dem Helden des sowjetischen Filmklassikers ›Autoaffären‹ (1966) zu diesem Thema, Mo, Di - Ruhetage, ul. Anatolija 130, Tel. 630763.

Der Flussbahnhof befindet sich am südlichen Ende des Lenin-Prospektes. Es gibt Ausflugsfahrten in die nähere Umgebung.

Das Hotel **Ulitka** (Schnecke, Улитка), EZ/DZ 2700–3400 Rbl., ul. Korolenko 60, Tel. 353636, www.hotel-ulitka.ru (R/E), ist heute die erste Wahl in Barnaul. Eine gute Alternative ist das **Alexander House**, EZ/DZ 3400–5000 Rbl., ul. Profinterna 4, Tel. 618400, www.alexander-hotel.ru (R).

Ebenfalls gut, aber teurer ist das **Hotel Sibir'** (Сибирь), EZ/DZ 5200–7200 Rbl., pr. Sozialističeskij 116, Tel. 624200, www.siberia-hotel.ru (R/E/D).

Das größte Hotel der Stadt mit 322 Zimmern befindet sich gegenüber dem Bahnhof und heißt wie die Stadt, allerdings mäßige Gastronomie in riesigen Sälen, **Barnaul** (Барнаул), EZ/DZ 2500–4300 Rbl., pl. Pobedy 3, Tel. 201600, www.barnaul-hotel.ru (R).

Das **Hotel Central'naja** (Центральная) liegt zentral am Sowjetplatz und bietet nach Renovierung guten Standard, EZ/DZ 3400–4500 Rbl., pr. Lenina 57, Tel. 367101, www.hotelcentral.ru (R).

Das **Hotel Altaj** (Алтай) besticht mit Baujahr 1931 in ebenfalls bester Lage am Lenin-Prospekt durch seinen denkmalgeschützten Charme. Die Ausstattung ist akzeptabel, die Preise günstig, EZ/DZ 1600–2400 Rbl, Schlafplatz 750 Rbl., pr. Lenina 24, Tel. 639247.

Das **Hostel Lajk** (Like) bietet EZ zu 1000 Rbl. und Schlafplätze zu 400 Rbl. an, ul. Telefonnaja 122, Tel. 983/6011901.

Das derzeit beste Restaurant für internationale Küche ist das **Velvet** (Велвет), pr. Lenina 80, Tel. 617766, www.velvet-rest.ru (R/E).

Ebenfalls empfehlenswert, aber teurer ist das **Klassika** (Классика), Komsomolskij pr. 67a, Tel. 666525.

Das beste Wein-Restaurant ist das **InVino**, ul. Papaninzev 111, Tel. 600090.

U Kamina (Am Kamin, У Камина), ul. Profinterna 36a, Tel. 221403, ist für russische Küche zu günstigen Preisen zu empfehlen.

Das **Okean** (Океан), nördlich des Bahnhofs, ist gut für Fischgerichte, ul. Poljarnaja 32, Tel. 777209.

Weitere gute Restaurants sind das **QQLex**, ul. Kalinina 1a, Tel. 617700, und für asiatische Küchen das **Iroglif** (Hieroglyph, Иероглиф), Sozialističeskij pr. 109, Tel. 628272, www.ieroglif22.ru (R).

Für den schnellen Hunger gibt es u.a. drei Filialen von **Vilka i Ložka**: pr. Lenina 10, 24, 52, Tel. 637642.

Erwähnenswert für einen guten Kaffee sind **Kofe-Bum** (Кофе-Бум), Sozialističeskij pr. 91, Tel. 226512, und **Kofe-Sessija** (Кофе-Сессия), ul. Molodežnaja 29a, Tel. 628065.

Der Kaufhausklassiker **CUM** befindet sich in der Hauptgeschäftsstraße, pr. Lenina 55. Bei **Turina Gora** gibt es Souvenirs mit Schwerpunkt Barnauler Keramik, ul. Dimittrova 85a, Tel. 369870, www.turinagora.ru (R).

Eine große **Shopping-Mall** steht an der Ausfallstraße in Richtung Flughafen, ul. Pavlovskij Trakt 251.

Zentralmarkt, ul. Malo-Tobolskaja 23.

www.barnaul.org (R).
www.barnaul-altai.ru (R).
www.asu.ru (R/E).
www.epaltay.ru (R).

Zwischen Ob' und Enisej

Russlanddeutsche in Sibirien

Westsibirien gehört zu den angestammten Siedlungsgebieten der Russlanddeutschen. Im Altaj beispielsweise leben heute etwa 60 000 Deutsche, was ca. zwei Prozent der Bevölkerung ausmacht. Hier gibt es vor allem im Kreis Halbstadt Siedlungen mit einem Deutschen-Anteil von über 20 Prozent.

Mit Peter dem Großen beginnend, warb Russland intensiv ausländische Fachleute für die unterschiedlichsten Projekte an. Diesem Ruf folgten auch viele Deutsche, die an verschiedenen Sibirien-Projekten maßgeblichen Anteil hatten. Um die Dokumentation dieser Einzelschicksale hat sich vor allem der Tomsker Historiker Oleg Losovskij verdient gemacht. Daneben gab es zwei große Wellen der massiven Ansiedlung von Deutschen in Sibirien. Die erste Welle kam freiwillig, die zweite unter dem Zwang Stalins. Um 1900 folgten viele bereits in Russland ansässige Deutsche dem Strom der Siedler. Durch den Bau der Transsibirischen Eisenbahn sahen viele eine Chance, sich hier eine neue Existenz aufzubauen. Nach dem Angriff Deutschlands auf die Sowjetunion wurden alle Deutschen ab August 1941 nach Sibirien und Mittelasien deportiert.

Ähnlicher Diskriminierung waren in dieser Zeit auch andere Völker ausgesetzt. Deren Rechte wurden aber im Rahmen der Entstalinisierung weitestgehend wiederhergestellt. Die Bestrebungen der Russlanddeutschen, Autonomierechte zu erlangen, waren bis jetzt nicht von Erfolg gekrönt und da sich ihre Anzahl durch massive Übersiedlung nach Deutschland in den letzten 25 Jahren erheblich dezimiert hat, rechnet heute auch kaum noch jemand damit.

Die Übersiedlung vieler Russlanddeutscher in die Bundesrepublik begann im Rahmen der Entspannungspolitik in den 1970er Jahren. Mit der Perestrojka und später dem Zusammenbruch der Sowjetunion nahm die Emigration Massencharakter an. Neben dem wirtschaftlichen Glanz Deutschlands kommt hier bei den meisten die Furcht ins Spiel, vielleicht irgendwann wieder zum Sündenbock und Leidtragenden für Russlands Misserfolge zu werden.

Jedoch sind weder Deutschland noch Russland daran interessiert, dass sich die Deutschen endgültig verabschieden. Das Spektrum an Fördermaßnahmen reicht von unmittelbarer humanitärer Hilfe über den Bau sozialer Einrichtungen, der Entsendung von Fachleuten, Deutschlehrern und Geistlichen bis hin zu Kreditprogrammen zur Schaffung von Wohneigentum und Unterstützung von Existenzgründungen. Hierbei verläuft vieles nicht unproblematisch, Querelen zwischen verschiedenen Organisationen sowie Affären über eine missbräuchliche Verwendung der bereitgestellten Mittel sind dabei nur einige Aspekte.

Höhere Anforderungen an Sprachkenntnisse haben die Anzahl der Auswanderer reduziert, wurden aber von deutscher Seite wieder abgemildert. Die deutschen Gemeinden in Sibirien sehen heute auf beiden Seiten eine hohe Fluktuation. Einerseits siedeln zwar etwa 2500 Russlanddeutsche pro Jahr aus, aber gleichzeitig kommen auch etwa 500 Deutsche pro Jahr aus den mittelasiatischen GUS-Republiken neu nach Sibirien. Russland begleitet diese Migration vergleichsweise unbürokratisch, weshalb viele Deutsche aus Mittelasien zunächst nach Russland auswandern, um von dort dann die Aussiedlung nach Deutschland weiter zu betreiben.

Slavgorod

An der Grenze zu Kasachstan befinden sich auch heute noch kompakte Siedlungsgebiete der Russlanddeutschen. Der größte Ort ist Slavgorod mit heute 43 000 Einwohnern. Mit dem Bau der Transsib wurde die Ansiedlung von Bauern gefördert. Vor allem ab 1907 wuchs die Zahl sowohl russischer als auch deutschstämmiger Siedler schnell an und bewirkte 1910 die Gründung der Ortschaft.

Im Stadtzentrum erinnern noch einige Gebäude, wie das heutige **Heimatmuseum**, an die Gründerjahre. Neben dem obligatorischen Lenin-Denkmal gibt es auch ein **Thälmann-Denkmal** und nach bekannten deutschen Kommunisten benannte Straßen. Das auffällige rotweiß gestrichene Heimatkundemuseum liegt in der ul. Libknechta 143, Tel. 54463, www.slavmuseum.ru (R). Es zeigt Handwerk, Trachten und Kunsthandwerk. Im ersten Stock des Museums befindet sich ein mit Hilfe Deutschlands eingerichtetes **Kulturzentrum**, Tel. 21919.

Seit 1996 gibt es eine **katholische Kirche** in der Stadt, ul. Libknechta 24. Die **orthodoxe Kirche** aus den 1970er Jahren steht in der ul. 50–letija Oktjabrja 19. Derzeit entsteht eine **Moschee**, ul. Lenina 250.

Noch ausgeprägter ist der deutsche Einfluss im 40 Kilometer entfernten **Halbstadt** (Galbstadt), das aber nur etwa 1800 Einwohner zählt. Die Siedlung wurde 1908 von deutschstämmigen Neusiedlern gegründet. Die umliegenden Kolchosen haben sich unter dem Namen ›Brücke GmbH‹ zu einer gemeinsamen Vertriebsgesellschaft zusammengeschlossen. Der Ort ist in Westsibirien bekannt für seine ›deutschen‹ Besonderheiten, wie beispielsweise asphaltierte Wege, viele Fahrradfahrer und gutes Bier, das in der Brauerei am Ortseingang verkauft wird.

Slavgorod

Lage: 52°59'23.95"N/78°38'45.52"E; Slavgorod liegt 390 km von Barnaul entfernt. Zeitunterschied zu MEZ im Sommer 5, im Winter 6 Std.

Postleitzahl: Slavgorod: 658840, Halbstadt: 658855.

Vorwahl: Slavgorod: +7/38568, Halbstadt: +7/38539.

Postamt: Slavgorod, ul. Marksa 145, Tel. 22872.

Bank: Sberbank, Slavgorod: ul. Volodarskogo 121, Tel. 51867, Halbstadt: ul. Pervomajskaja 41.

Reisebüro: Slavgorod: ul. Libknechta 145a, Tel. 22895.

Slavgorod liegt an einer unweit der kasachischen Grenze verlaufenden Querverbindung zwischen Transsib und Turksib. Hier verkehren jeden zweiten Tag der Schnellzug Moskau–Barnaul sowie täglich zwei Regionalzüge nach Tatarskaja, das an der Transsib gelegen ist.

Slavgorod (Славгород), ul. Lenina 148, Tel. 23077. Es gibt in Slavgorod nur das gleichnamige Hotel mit 50 Zimmern und einem Café, ul. Lenina 148, Tel. 52859, www.ростислав.рф (R/E).

www.russlanddeutschegeschichte.de (D/R)
www.rusdeutsch.eu (D)
www.slavgorod.ru (R).

Bijsk

Bei Bijsk nimmt der Ob', einer der größten Ströme Sibiriens, seinen Anfang. Hier fließen, aus dem Altajgebirge kommend, die Flüsse Katun' und Bija zum Ob' zusammen. Zu Beginn des 17. Jahrhunderts versuchte Russland, sich auch im Altaj auszudehnen. Die Altaj-Fürsten widersetzten sich aber, und auch entsprechende Verhandlungen zogen sich jahrzehntelang hin.

Erst 1709 gab Peter der Große den Ukas über die Gründung eines Ostrogs an der strategisch wichtigen Furt des Flussdreiecks. So entstand die erste Festung an der als heidnisches Heiligtum geheimnisumwitterten Mündung der beiden Flüsse. Doch das Ostrog wurde bereits ein Jahr später von den Altajern zerstört. Der zweite Festungsbau der Russen ab 1717 war dann aber von Erfolg gekrönt. So entstand am Ufer der Bija der Ort Bijsk. Seine Bedeutung wuchs schnell mit der neu erbauten Silberschmelze, so dass die Festung im 18. Jahrhundert insgesamt vier Mal grundlegend umgebaut wurde. Bereits 1782 erhielt Bijsk als drittgrößte Festung Sibiriens das Stadtrecht.

Alle Wege zwischen dem Altajgebirge und der Altajsteppe sowie dem Kuznecker Becken trafen hier zusammen. Die örtlichen Kaufleute erzielten im Handel mit der zu China gehörenden Mongolei enorme Gewinne. Die Bijsker Kaufleute setzten sich auch nachhaltig beim Tomsker Gouverneur für den Ausbau des bis heute Čujsker Trakt genannten Handelsweges von Sibirien in die Mongolei ein. Gleichzeitig hatte sich Bijsk ab 1828 zu einem Kirchenzentrum Sibiriens entwickelt. Neben der umfangreichen Missionarstätigkeit unter den Ureinwohnern des Altajgebirges wurde der Ort durch eine neue russische Bibelüberstzung von Michail Glucharév berühmt.

1934 begann der Aero-Club seine Tätigkeit, dem die Stadt später auch die Errichtung einer Fabrik für Kleinflugzeuge zu verdanken hatte. Während der Industrialisierung wurden hier verschiedene Industriebetriebe angesiedelt. Eine Erfolgsgeschichte aus den letzten Jahren ist die hier ansässige Pharmafirma Evalar, die sich neben Generika, Nahrungsergänzungsmitteln und einem eigenen Apothekennetz auf die Verarbeitung der Bergkräuter des Altajs spezialisiert hat, www.evalar.ru (R/E). Heute ist Bijsk eine zwar weitestgehend unbekannte, aber doch keineswegs unbedeutende Industriestadt mit knapp 220 000 Einwohnern.

Hier beginnt auch der Čujsker Trakt, die Straße, die Sibirien über das Altajgebirge mit der Mongolei verbindet und durch teilweise spektakuläre Gebirgslandschaften führt.

Sehenswürdigkeiten

Die Stadt breitet sich heute an beiden Ufern der Bija aus. Während am südlichen, linken Ufer nur neuere Häuser aus der sowjetischen Zeit auszumachen sind, findet man im nördlich des Flusses gelegenen Stadtzentrum auch noch sporadisch Überreste der historischen Altstadt aus dem 19. Jahrhundert.

Unter den beiden Kirchen der Stadt fällt unweit des Bija-Ufers sofort die blauweiße **Mariä-Entschlafens-Kirche** (Uspenskaja cerkov') mit ihren fünf Kuppeln ins Auge. 1902 geweiht, diente sie ab 1930 als Getreidespeicher, bevor sie nach Ende des Zweiten Weltkrieges ihre Pforten wieder für die Gläubigen öffnen konnte, ul. Sovetskaja 13, Tel. 27877.

Karte S. 191 ▲

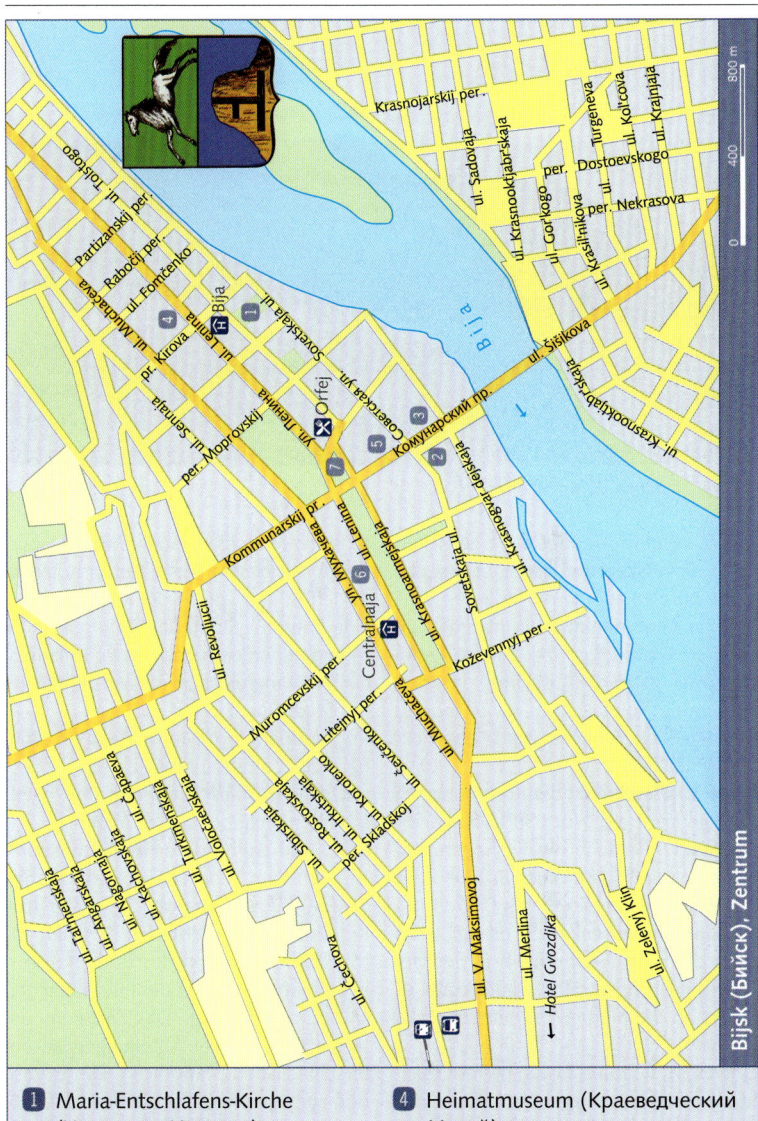

Zwischen Ob' und Enisej

Bijsk (Бийск), Zentrum

1 Maria-Entschlafens-Kirche
(Успенская Церковь)

2 Ehem. Kommandantenkanzlei der
Bijsker Festung (Бывш. Коменда-
тура Бийской Крепости)

3 Schauspielhaus (Драматический
Театр)

4 Heimatmuseum (Краеведческий
Музей)

5 Museum des Čujsker Traktes
(Музей Чуйского Тракта)

6 Kaufhaus (Универмаг)

7 Lenin-Denkmal (Памятник В.
Ленину)

Am Ob' zwischen Bijsk und Barnaul

Das Stadtzentrum liegt etwa zwischen der ul. Sovetskaja und der ul. Lenina, die beide parallel zum Fluss verlaufen. Das örtliche **Lenindenkmal** lohnt einen genaueren Blick. Es ist das einzige Lenin-Denkmal in ganz Russland, das den Führer des Proletariats in Wintermontur einschließlich Schapka zeigt, eben ein sibirischer Lenin.

Beide Straßen kreuzt der Kommunarskij pr., die zentrale Nord-Süd-Magistrale der Stadt, die auch die wichtigste Brücke einschließt. Nahe der Brücke steht das erste Steingebäude von Bijsk. 1791 als **Kommandantenkanzlei** erbaut, ist es auch das einzige Überbleibsel der vier Bijsker Festungen. Eine Gedenktafel erinnert an die hierher verbannten Dekabristen.

Unweit in Richtung Osten befindet sich heute im ehemaligen Volkshaus das 1916 gegründete Bijsker **Schauspielhaus**, ul. Sovetskaja 25, Telefon 323174. Das Volkshaus ist eng mit dem Namen der Bijsker Kaufleute Kopylov verbunden. Pavel Kopylov war im Handel mit der Mongolei sehr erfolgreich und vermach-

te sein Vermögen einer Stiftung, aus deren Mittel sein Neffe Anton Kopylov in den Jahren vor der Revolution 1917 eine Bank für Stadtentwicklung gründete und neben dem Bau des Volkshauses auch umfangreiche Schulinvestitionen in der Stadt finanzierte.

Im Stadtpark, am Moprovskij per., erinnern zwei alte Kanonen an die den Ursprung der Stadt bildenden und nicht erhalten gebliebenen Festungen.

Das 1920 gegründete **Heimatmuseum** ist nach dem Schriftsteller Vitali Bianki (1894–1959) benannt. Der bekannte Kinderbuchautor lebte zur Zeit der Oktoberrevolution und des Bürgerkrieges in Bijsk und war einer der Initiatoren der Museumsgründung. Das Museum unterteilt sich in drei Abteilungen an unterschiedlichen Standorten. Die Exposition zur Heimatgeschichte befindet sich seit 1994 in einer rekonstruierten alten Kaufmannsvilla in der ul. Lenina 134. Ein Exponat ist ein Türschloss des alten deutschen Reichstages – eine Trophäe, die ein Bijsker Rotarmist 1945 aus Berlin mitgebracht und später dem Museum

Karte S. 191 ▲

vermacht hat. Die Naturkundeabteilung blieb im alten Gebäude in der ul. Krasnoarmejskaja 118. Hier fand 2010 auch das ursprünglich entlegen am Stadtrand befindliche **Museum des Čujsker Traktes** eine neue Heimstatt, Ruhetage

Montag und Dienstag,Tel. 337698. Eine zum Heimatmuseum gehörende **Galerie** mit Wechselausstellungen, in der man auch Exponate kaufen kann, befindet sich östlich des Zentrums in der ul. Vasil'eva 36, Tel. 334992.

 Bijsk

Lage: 52°32'25.88"N/85°13'6.79"E; Bijsk ist 162 km von Barnaul entfernt. Zeitunterschied zu MEZ im Sommer 5, im Winter 6 Std.
Postleitzahl: 659300–659322.
Vorwahl: +7/3854; Auskunft: 09.
Hauptpostamt: ul. Krasnoarmejskaja 37, Tel. 323319.
Bank: Sberbank, ul. Lenina 240, Tel. 327749, mit Geldautomat.
Taxi: Tel. 327600.
Reisebüro: Bars, im Hotel Central'naja, ul Lenina 256, Tel. 328050, www.tbars.narod.ru (R).
Durchschnittstemperatur: Januar –14 Grad, Juli 18 Grad.

Die Stadt hat einen kleinen Flughafen, wo es aber derzeit keine Linienflüge gibt. Einziger Nutzer ist das Ministerium für Katastrophenschutz. Das kann sich aber bald wieder ändern. Im Rahmen des Glücksspielprojektes ›Sibirische Münze‹ ist ein Ausbau des Flughafens vorgesehen, der dann zum Start- und Landepunkt für alle Glückssucher in ›Altaj Vegas‹ werden soll.

Bijsk ist die Endstation in Richtung Altaj. Es gibt eine bei Wochenendausflüglern beliebte Nachtzugverbindung nach Novosibirsk (Fahrtzeit 11 Std.). Es gibt Pläne, die Eisenbahnlinie in Richtung Mongolei weiterzuführen, wo sie dann bei Sainšand die Strecke Ulaanbaatar–Peking kreuzen soll, Tel. 342930.

Der Busbahnhof liegt direkt am Bahnhof. Es gibt täglich mehrere Busverbindungen nach Gorno-Altajsk sowie auf dem Čujsker Trakt in das Altajgebirge, ul. Maksimovoj 86, Tel. 344777.

Central'naja (Центральная), ul. Lenina 256, Tel. 326587, DZ 2700 Rbl. Das bekannteste Hotel der Stadt ist ein rekonstruierter Standardbau aus den 1970er Jahren. **Bija** (Бия), ul. Tolstogo 144, Tel. 327451, DZ 1800 Rbl. Ein etwas älteres Hotel. **Gvozdika** (Nelke, Гвоздика), ul. 9. Janvarja 3, DZ 2000 Rbl. Etwas gemütlicher.

Das **Hotelrestaurant Central'naja** ist empfehlenswert.
Andere Möglichkeiten sind das **Orfej** (Орфей), ul. Lenina 149, Tel. 321549, und das **Bijsk** (Бийск), ul. Vasil'eva 26, Tel. 334804.

Empfehlenswerte Cafés gibt es auch: **Berëzka** (Берёзка), ul. Merlina 10, Tel. 342858, **Mu-Mu** (Му-Му), ul. Maksimovoj 4, und **Fantazija** (Фантазия), Kommunarskij pr. 27.

Das größte Kaufhaus der Stadt, das **CUM**, steht in der ul. Lenina 250a, Tel. 324490.

www.biysk22.ru (R).

Zwischen Ob' und Enisej

Belokuricha

Das führende Bad der Region mit seinen 15 000 Einwohnern befindet sich 75 Kilometer südlich von Bijsk in den nordwestlichen Ausläufern des Altajgebirges etwa 300 Meter über dem Meeresspiegel. Die bis zu 42 Grad heißen radiumhaltigen Thermalquellen brachten dem Ort und dem ihn durchziehenden Fluss auch den Namen, der sich etwa mit ›weißer Rauch‹ übersetzen lässt. Bereits 1869 eröffnete die erste Bäderbaracke mit 17 Holzwannen. Das Bad blieb aber lange ein Provisorium, an den Bau von Sanatorien dachte in der Taiga niemand, zumal auch ein Brand 1898 den Ort fast völlig zerstörte.

Nach 1920 erfuhr Belokuricha mehr Aufmerksamkeit und erste Ansätze einer adäquaten Infrastruktur wurden in einem Generalplan zur Entwicklung des Kurortes zu Papier gebracht und im Rahmen von Stalins 1. Fünfjahresplan mit einem 120-Betten-Sanatorium auch umgesetzt. Große Verdienste um den Aufbau des Kurbetriebs erwarb sich dabei der Moskauer Arzt Alexander Mjasnikov (1899–1965), dessen Namen die Hauptstraße des Ortes heute trägt.

Insbesondere in den 1960er und 1970 Jahren wurden die meisten der heute das Stadtbild prägenden Kliniken und Sanatorien errichtet. In diesen 20 Jahren verdreifachte sich die Einwohnerzahl und verzehnfachte sich die Anzahl der Kurgäste. 1982 bekam Belokuricha das Stadtrecht. Nach einer Durststrecke in den 1990er Jahren und umfangreichen Investitionen in allen Kurhäusern samt einiger Neubauten einschließlich eines kleinen Ski-Alpin-Komplexes kann der in waldreicher Umgebung gelegene Kurort in den letzten Jahren wieder steigende Besucherzahlen verzeichnen. Man träumt schon davon, zum ›Davos

Sibiriens‹ zu werden und beherbergt alljährlich immerhin einen Wirtschaftsgipfel Westsibiriens. Die Kapazitäten sind heute in 20 Sanatorien und Kurheimen auf etwa 5000 Kurgäste gleichzeitig ausgelegt, 2009 kamen 90 000 Besucher, Tendenz steigend.

Die drei größten Sanatorien ›Belokurikha‹ ›Sibir‹ und ›Katun'‹, allesamt passabel rekonstruierte Plattenbauten, haben sich unter dem Namen ›Kurort Belokuricha‹ zu einem Verbund zusammengeschlossen, ul. Akademika Mjasnikova 2, Tel. 23926. Eine Alternative ist das Sanatorium ›Altaj-West‹ mit 490 Betten am Fuße des Berges Zerkovka, Telefon 38577/23659. Für Kurgäste mit medizinischen Behandlungen bietet Belokuricha flexible Aufenthalte ab 12 Tagen Dauer an. Für zwei Wochen im Doppelzimmer inclusive Vollpension und medizinischer Behandlung beginnen die Preise bei 35000 Rubel. Außerdem gibt es mit Michel und Traktir Diližens noch zwei Restaurants für gehobene gastronomische Ansprüche.

Daneben setzt man auch auf Aktivurlauber für Wander- und Kanutouren sowie auf Wintersport. In den letzten Jahren entstanden am 794 Meter hohen Berg Zerkovka fünf Abfahrten für Alpinski mit einer Gesamtlänge von knapp drei Kilometern und entsprechenden Schleppliften. Im Ort und in der Umgebung gibt es sieben Trimm-Dich-Pfade (russ. Terenkur).

Die rote **Backsteinkirche** ist nach dem Heiligen Heiler Panelemon benannt. Es gibt ein kleines **Heimatmuseum** zur Geschichte des Kurbades.

Im 25 Kilometer entfernten Nachbardorf **Novotyryškino** gibt es ebenfalls ein aus einem alten russischen Bauernhaus und einem deutschen Bauernhaus bestehendes **Ethnographie-Museum**. Das

▲ Karte S. 205

deutsche Bauernhaus erinnert an viele Wolgadeutsche, die um 1900, ausnahmsweise mal freiwillig, nach Sibirien in den Altaj übersiedelten.

ℹ Belokuricha

Lage: 51°59'48.38"N/84°59'52.25"E; Belokuricha ist 230 km von Barnaul und 65 km von Bijsk entfernt. Zeitunterschied zu MEZ im Sommer 5, im Winter 6 Std.
Postleitzahl: 659800.
Vorwahl: +7/38577.
Postamt: ul. Sovetskaja 1, Tel. 22434.
Bank: Sberbank, ul. Mjasnikogo 6, Tel. 20342. Einen Geldautomaten gibt es im Sanatorium Belokuricha.
Reisebüro: Chisty Prud, ul. Mjasnikova 2/1, Tel. 22222, www.chisty-prud.ru (R).

Es bestehen tägliche Busverbindungen nach Bijsk (1,5 Std.) und Barnaul (5 Std.), ul. Sovetskaja 2.

www.belokurikha.ru (R)
www.piligrim22.ru (R)

Srostki

Allen, die in Bijsk umgestiegen sind, um auf dem Čujsker Trakt in den Altaj zu reisen, ist ein Stopp im Dorf Srostki zu empfehlen. Der Name des Ortes und seiner Umgebung am Ufer der Katun' ist vor allem mit Vasilij Šukšin verbunden. Am Ortseingang lohnt auch eine schöne Holzkirche einen Besuch. Der 1929 geborene Schriftsteller, Schauspieler und Regisseur, dessen Prosa und Filme ihn auch im Ausland bekannt machten, wuchs hier auf und kehrte in seinen Werken immer wieder zu seinen Wurzeln im Altaj zurück. Von 1954 bis 1960 studierte er an der Moskauer Filmhochschule im Fach Regie. In den

1960er Jahren begann er Erzählungen zu schreiben, die in Srostki auch manchmal böses Blut brachten, da sich viele Dorfnachbarn in den literarischen Gestalten erkannten. Der Held seines ersten Films ›Da lebt so ein Bursche‹ war ein Kraftfahrer, der immer auf dem Čujsker Trakt unterwegs ist. Später folgten Filme wie ›Reisebekanntschaften‹, ›Komische Leute‹ und vor allem ›Kalina Krasnaja‹. Šukšin war ein Klassiker des Autorenfilms, er schrieb das Drehbuch, führte Regie und spielte die Hauptrolle. Dabei stellte er immer wieder die alte Frage nach dem Glauben und nach der einen, Vergangenheit, Gegenwart und Zukunft umfassenden Idee. Šukšin war innerlich zerrissen und gesundheitlich angeschlagen, er starb 1974 in Moskau. Seine Popularität ist aber ungebrochen, sein Realismus wurde zur Schule und Srostki zum Wallfahrtsort. Seit 1989 beherbergt nun seine ehemalige Schule ein ihm gewidmetes **Museum**.

Vor dem Gebäude erinnern lebensgroße Holzschnitzereien an literarische Helden Šukšins. Daneben ist im Haus seiner Mutter eine den Lebensbedingungen des populären Schriftstellers gewidmete Ausstellung zu besichtigen, die bereits 1978 eröffnet wurde, per. Krivoj. Alljährlich findet hier am Sonntag vor dem Geburtstag Šukšins (25. Juli) ein ihm gewidmetes, sehr populäres Literaturfestival von überregionaler Bedeutung statt, wo unter freiem Himmel am Hang des Berges Piket Prosa und Lyrik aus den Federn Sibiriens erklingen. 2004 entstand am hohen Ufer ein acht Meter hohes **Bronzedenkmal für Vasilij Šukšin**, Mo, Di Ruhetage, Juli/August ohne Ruhetage, Tel. 3854/761285, www.shukshin-museum.ru (R).

Die Lust zu leben

»Nikititsch rückte auf dem Klotz zur Seite, der junge Mann setzte sich neben ihn und streckte wieder die Hände zum Feuer. Es waren nicht die eines Arbeiters. Doch machte der Bursche einen gesunden, kräftigen Eindruck. Auch sein Lächeln gefiel Nikititsch – kein dreistes, sondern ein schlichtes, zurückhaltendes. Dazu die Goldzähne. Ein hübscher Kerl. Würde man ihm den Bart scheren und ihn in einen Anzug stecken, sähe er aus wie ein Lehrer.

Nikititsch mochte Lehrer sehr.

›Bist wohl Giologe?‹ fragte er.

›Was?‹ fragte der Bursche zurück.

›Na, die in der Taiga herumsuchen.‹

‹Ach so. Ja.‹

›Weshalb hast du kein Gewehr? Ist riskant.‹

›Ich hab meine Leute verloren‹, sagte der Bursche zögernd.

›Ist dein Dorf weit weg?‹

›So hundertfünfzig Werst.‹

Der Bursche nickte, schloss die Augen, saß so eine Weile und genoß die Wärme, fuhr dann auf und seufzte.

›Diese Müdigkeit.‹

›Bist schon lange allein unterwegs?‹

›Ja. Hast du was zu trinken?‹

›Wird sich schon was finden.‹

Der Bursche wurde lebhaft.

›Großartig! Sonst verliert man ja allen Mumm. Bei der Teufelskälte. Und so was nennt sich April.‹

Nikititsch ging hinaus und brachte einen Beutel mit Speck. Er zündete die Deckenlaterne an.

›Sie sollten euch beibringen, wie man sich in der Taiga allein durchschlägt. So schicken sie euch her, woher sollt ihr Bescheid wissen? Vergangenes Jahr hab ich einen gefunden – im Frühjahr war er aufgetaut. Auch noch jung. Auch mit einem Bart. Hatte sich in eine Decke gerollt – und aus, vorbei.‹ Nikititsch schnitt den Speck auf dem Pritschenrand. ›Mich kannst du alleinlassen, ich komme durch den Winter, mit Leichtigkeit. Hauptsache, ich hab Patronen. Und Streichhölzer.‹

›Kriechst aber doch in die Hütte.‹

›Wenn grad eine da ist, wieso sollte ich mich da in den Schnee legen? Werd mir nicht unnötig Schaden antun.‹

Der Bursche schnallte den Gürtel ab und zog die Jacke aus. Er ging auf und ab. Breitschultrig, stattlich.

Er hatte sich aufgewärmt, auch sein Blick war wärmer geworden – offenbar war er heilfroh, einen warmen Hort und eine lebendige Seele gefunden zu haben. Er rauchte noch eine Papirossa. Es duftete nach Tabak. Nikititsch unterhielt sich gern mit Stadtleuten. Er verachtete sie wegen ihrer Hilflosigkeit in der Taiga. Manchmal verdiente er sich etwas hinzu, indem er einen Forschungstrupp begleitete, und machte sich im stillen über sie lustig, doch er hörte gern ihren Gesprächen zu und plauderte selbst gern mit ihnen. Es rührte ihn, dass sie bei ihren Gesprächen mit ihm gutherzig und herablassend lachten, selbst aber rettungslos verloren gewesen wären, würde er sie allein gelassen haben. Noch interessanter war es, wenn zwei, drei Mädchen zum Trupp gehörten. Die waren ausdauernd, klagten nicht. Und eine wie die andere – keine wollte sich helfen lassen. Schlafen taten sie alle zusammen. Aber da war nichts – da wurde kein Unfug getrieben. Wenn es welche vom Land gewesen wären, wär vielleicht was losgewesen. Aber die benahmen sich einwandfrei. Dabei war es schon manchmal eine Augenweide: die engen Hosen, dazu noch eine enge Jacke, ein Kopftuch gegen die Mücken umgeschlungen – Rundungen, wohin man blickte. Aber für die Burschen war das die natürlichste Sache der Welt.«

Wassili Schukschin, Gespräche bei hellem Mondschein.
Erzählungen 1,. Berlin 1981

Vasilij Šukšin in seinem Film ›Kalina Krasnaja‹

Gorno-Altajsk

Die Republik Altaj bzw. früher Gebirgsaltaj gehört zu den exotischsten Plätzen Russlands und bildet das Tor zum Altajgebirge. Mit der Wende lockerte die Altaj-Region ihre Bindung an Moskau. Zunächst wurde sie noch zur Autonomen Sowjetrepublik und dann 1993 zur Republik Gebirgsaltaj und später zur Republik Altaj. Der Name der Hauptstadt Gorno-Altajsk lässt sich etwa mit Gebirgsaltajsk übersetzen. Ursprünglich hieß der Ort Ulala, später Ojrot-Tura und seit 1948 Gorno-Altajsk. In der Region lebten seit jeher viele Nationalitäten. Während die Altajer der Gruppe der Turkvölker zuzuordnen sind, dominierten in der Geschichte lange Jahre Mongolenstämme, wie die Djungaren, Ojroten und die westwärts wandernden Kalmücken die Altaj-Region. So entstand auch die Ortsbezeichnung Ojrot-Tura.

Ausgrabungen am Stadtrand belegen eine Besiedlung bereits vor etwa 600 000 Jahren. Die offizielle Chronik beginnt etwa 1830, als sich orthodoxe Missionare hier niederließen, um das Volk der Altajer zum christlichen Glauben zu bekehren. Es folgten Bijsker Kaufleute, die mit den Altajern Handel betrieben.

Mit der Sowjetmacht erhielt die Region im Rahmen der neuen Nationalitätenpolitik bestimmte Autonomierechte und Ojrat-Turu wurde das Verwaltungszentrum, das dann 1928, als hier knapp 6000 Menschen lebten, das Stadtrecht erhielt. Heute hat die Stadt ungefähr 62 000 Einwohner. Wie die gesamte Republik Altaj gehört auch die Hauptstadt zu den ärmeren Regionen Russlands, was auch vor dem Hintergrund der Naturschönheiten des Altajgebirges nicht zu übersehen ist.

In den letzten Jahren hat sich die Situation allerdings etwas verbessert. Die Region hat ihren Ruf als Abonnent des letzten Platzes in allen Statistiken aufgeben

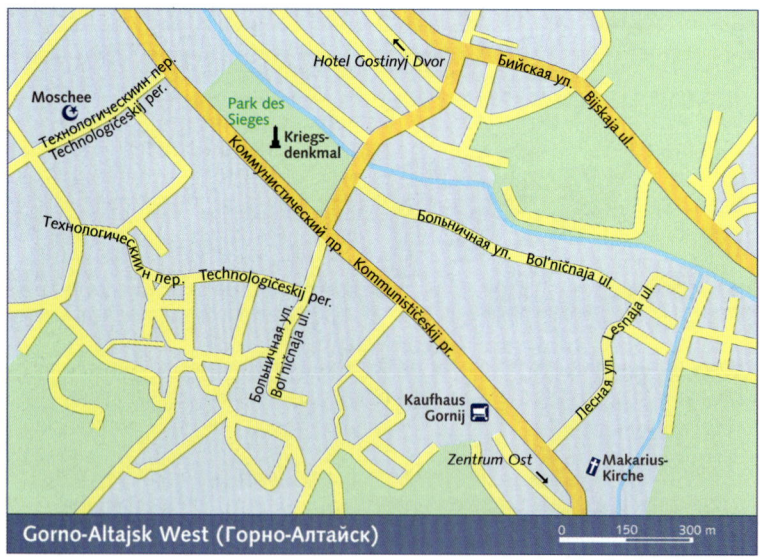

Gorno-Altajsk West (Горно-Алтайск)

0   150   300 m

Souvenirverkauf an der Landstraße nach Gorno-Altajsk

Zwischen Ob' und Enisej

können. Die Wiederbelebung des Flughafens, neue Straßen, Investitionen in die städtische Infrastruktur und die Ausweitung touristischer Angebote zeigen das genau so wie der vorbildliche Internetauftritt der Stadt: www.gornoaltaysk.ru, leider bislang nur auf Russisch.

Sehenswürdigkeiten

Die Stadt erstreckt sich auf knapp zehn Kilometern Länge durch das Tal des Flusses Majma. Die Hauptmagistrale war und ist der **Kommunističeskij pr.** Er führt südlich des Flusses Majma im gleichnamigen Dorf an der Bundesstraße 52 ins etwa sieben Kilometer entfernte Stadtzentrum. Jetzt gibt es nördlich vor der Brücke über die Majma eine **neue Schnellstraße** ins Zentrum von Gorno-Altajsk, die zunächst als Umgehungsstraße (Ob'ezdnaja) und dann als Bijsker Straße den Kommunističeskij pr. kreuzt und in die ul. Čoros Gurkina mündet.

Wer Zeit hat, sollte die **alte Straße** wählen. Auf dem Weg sieht man nach etwa zwei Kilometern schon einen Hauch von Zentrum (→ Karte Gorno-Altajsk West, S. 198). Ein **Park mit Panzerdenkmal** erinnert an die im Zweiten Weltkrieg gefallenen Altaier, Kommunističeskij pr., zwischen Nr. 184 und 182. **Markt** und **Kaufhaus Gornyj** folgen auf der anderen Straßenseite.

In einer Querstraße Richtung Süden befindet sich die **Moschee** der Stadt, ul. Promyšlennaja 5b, Tel. 913/9933535. Auf der Hauptstraße Richtung Zentrum sieht man links, etwas versetzt, die schöne **St.-Makarius-Holzkirche**. Die Kirche wurde 2006 eingeweiht. Hinter dem Namen Makarius verbirgt sich Michail Glucharev (1792–1847), der als erster Missionar der russisch-orthodoxen Kirche im Altai unterwegs war und 1883 dafür heiliggesprochen wurde, Kommunističeskij pr. 146, www.makarievskiy-hram.ru (R).

Im eigentlichen **Stadtzentrum** (→ Karte Gorno-Altajsk Zentrum, S. 201). trägt der Platz natürlich noch Lenins Namen. Das **Lenin-Denkmal** aus dem Jahre 1959 hatte früher einen Zwilling, der aber im lettischen Riga 1991 das Zeitliche segnete. Hier fällt neben Parlament (Kuraltaj) und Regierung das modern blau-weiß rekonstruierte **Nationale Schauspielhaus** ins Auge. Es öffnete 1936 seine Pforten und bringt jährlich vier bis fünf Premieren auf die Bühne, Kommunističeskij pr. 16, Tel. 67517. Daneben gibt es eine Philharmonie (im selben Gebäude, Tel. 27825), zwei Kulturhäuser, zwei Bibliotheken und ein Kino. In der örtlichen Universität gibt es ein **Deutsches Kulturzentrum**, ul. Lenkina 1, Tel. 22567, Kontakt: Natalija Andronkina.

Südlich des Zentrums befindet sich die **Mariä-Schutz-und-Fürbitte-Kirche** (Cerkov' Pokrova Presvjatoj Bogorodizy), ul. Socialističeskaja 1. Weiter in Richtung Süden steht am Stadtrand die **Verklärungskirche** (Cerkov' Preobraženija), ul. Matrosova 5, die bereits während der Perestrojka geöffnet wurde.

Am südwestlichen Stadtrand befindet sich am Ufer der Majma das buddhistische **Dazan Ak Burchan**, ul. Čoros Gurkina 113, Tel. 906/9706068.

Am östlichen Stadtrand wurden am so genannten **Ulalynsker Wall** unter dem Ärchäologen Alexej Okladnikov in den 1960er Jahren aufsehenerregende Steinzeitfunde entdeckt. Heute erinnern zwei Gedenksteine daran und an die Opfer der Stalinschen Repressalien, die in der 1930er Jahren fast an derselben Stelle ermordet wurden.

Das **Heimatmuseum** wurde 1920 gegründet und trägt heute den Namen des russischen Altaj-Forschers Andrej Anochin (1867–1931). Die Museumsausstellung bietet einen umfangreichen Überblick über die Ethnographie und die Geschichte des Altaj und seiner Bewohner. Dem Čujsker Trakt ist ebenfalls eine Exposition gewidmet. In einer angeschlossenen Galerie sind Malerei und Volkskunst zu sehen. Besondere Beachtung verdient der Altajer Künstler Grigorij Čoros-Gurkin (1870 –1937). Er war sowohl als Dichter als auch als Ethnograph, Politiker und vor allem Maler bekannt. Er fiel 1937 dem Stalinschen Terror zum Opfer und wurde 1956 rehabilitiert.

Derzeit wird ein neuer Anbau für die ›Altaj-Prinzessin‹ gebaut. Die schätzungsweise 2500 Jahre alte Mumie der jungen Frau war im Jahr 2000 während archäologischer Ausgrabungen in der Nähe von Kosh-Agač gefunden worden und wurde in den letzten Jahren in Novosibirsk wissenschaftlich untersucht, Ruhetage Mo, Di, ul. Čoros Gurkina 46, Tel. 27875. In derselben Straße befindet sich das **Volkskunst-Zentrum Enči**, ul. Čoros Gurkina 38, Tel. 21302.

1 Haus der Regierung (Дом правительства)	**6** Mariä-Schutz-und-Fürbitte-Kirche (Церковь Покрова Пресвятой Богородицы)
2 Nationalmuseum der Republik Altaj (Национальный Музей Республики Алтай)	**7** Dazan Ak Burchan (Дацан Ак Бурхан)
3 Altajer Nationaltheater (Алтайский Национальный Театр)	**8** Kaufhaus (Универмаг)
4 Volkskunstzentrum Enči (Центр народных промыслов Энчи)	**9** Markt (Рынок)
5 Verklärungskirche (Церковь Преображения Господня)	**10** Ulalynsker Wall (Упалынский Вал)
	11 Universität (Горно-Алтайский Университет)

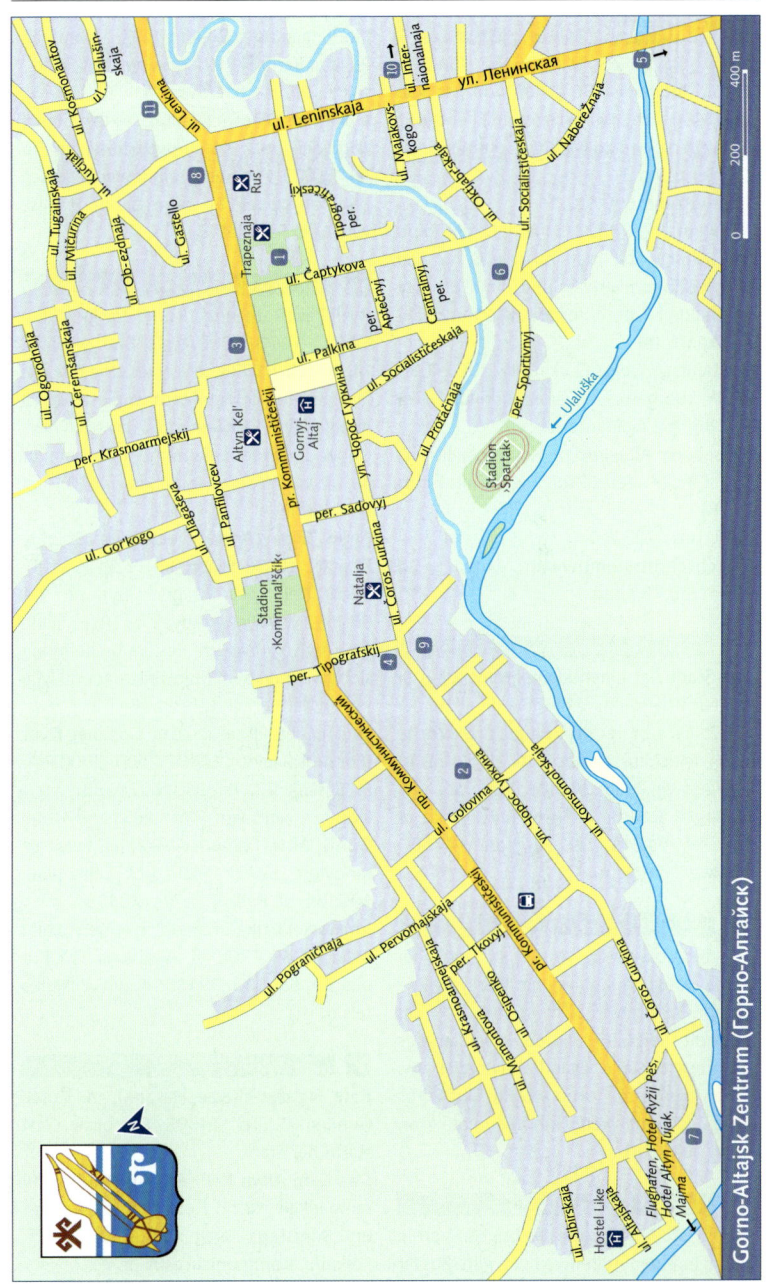

ул. Ленинская

ul. Leninskaja

Rus'

Gornyj-Altaj

Stadion Spartak

Stadion »Kommunal'šćik«

Natalija

Gorno-Altajsk Zentrum (Горно-Алтайск)

Zwischen Ob' und Enisej

Gorno-Altajsk

Lage: 51°57'26.70"N/85°57'36.83"E; Gorno-Altajsk ist 3641 km von Moskau und 460 km von Novosibirsk entfernt. Zeitunterschied zu MEZ im Sommer 5, im Winter 6 Std.

Postleitzahl: 659700.

Vorwahl: +7/38822, innerhalb der Republik Altaj wählt man nur die 8 für den Selbstwählfernverkehr und dann die letzten beiden Ziffern der normalen Vorwahl.

Auskunft: 09.

Postamt: ul. Čoros Gurkina 17, Tel. 24088.

Bank: Sberbank, ul. Čoros Gurkina 13, Tel. 95086, mit Geldautomat.

Reisebüro: Altaj-Info,pr. Kommunističeskij 5/1 Of. 37, Tel. 67067, www.altay-info. ru (R).

Taxi: Tel. 22222.

Durchschnittstemperatur: Januar –20 Grad, Juli 18 Grad.

Die Stadt hat einen kleinen Flughafen in der Nachbarsiedlung Majma, direkt an der M52. Es gibt je zwei Flüge pro Woche nach Moskau, Novosibirsk und Krasnojarsk sowie Hubschrauberflüge ins Altai-Gebirge. Stadtbüro Kommunističeskij pr. 52, Tel. 54211, Tel. Flughafen 47500, www.ga-airport.ru (R).

Die Republik Altaj verfügt bislang über keine Eisenbahnanbindung. Der nächstgelegene Bahnhof in Bijsk ist etwa 100 km entfernt. Seit 2007 laufen Projektierungsarbeiten für die Eisenbahnstrecke zwischen Bijsk und Gorno-Altajsk. Seit 2010 wird auch eine Weiterführung in die Mongolei diskutiert.

Somit ist der Bus die wichtigste Verbindung mit der Außenwelt. Es gibt Busverbindungen nach Bijsk (10 x tgl. , Fahrtzeit 2 Std.), Barnaul (10 x tgl. Fahrtzeit 5 Std.) sowie tgl. nach Novosibirsk und in verschiedene Orte im Gebirge (Aktaš, Čemal, Ongudai u.a.), Kommunističeskij pr. 55, Tel. 26073. Am Busbahnhof werden Eisenbahnfahrkarten ab dem Bahnhof Bijsk verkauft, Tel. 22458.

Ryžij Pës (Rothaariger Hund, Рыжий Пёс), EZ/DZ 1200–2000 Rbl., Promyšlennyj 14/1, Tel. 61933, www.red-dog.net (R). Das beste Hotel der Stadt ist dieses 2013 neu gebaute Familienhotel, das nach dem Chow-Chow der Eigentümer benannt wurde, die vorher schon daneben eine Pension betrieben.

Altyn Tujak (Алтын Туяк, russ: Zolotye Kopyto, dt. Goldener Huf), EZ/DZ 1100–2200 Rbl., per. Magistralnyj 37, Tel. 63058, www.altyn-tuyak.ru (R/E). Eine Alternative zum Ryžij Pës. Beide befinden sich zwischen dem Stadtzentrum und Majma an der Fernverkehrsstraße 52.

Eine neues Hotel ist das **Gostinyj Dvor** (Гостиный двор), EZ/DZ 2500–3000 Rbl., ul. Bijskaja 23, Tel. 913/6929338.

Das am zentralen Platz gelegene Hotel **Gornyj Altaj** (Горный Алтай) hat teilweise renoviert, EZ/DZ 1500 Rbl, Schlafplatz 400 Rbl, ul. Palkina 5, Tel. 28495.

Im **Hostel Lajk** (Like) gibt es einen Schlafplatz für 450 Rbl., ul. Altajskaja 3/1 Korpus 3B, Tel. 913/9916054, www.likehostels.ru (R).

Kafe Natalja (Кафе Наталя), ul. Čoros-Gurkina 32, Tel. 24393. Die beste Gaststätte der Stadt.

Das **Café Altyn Kel'** (Алтын Кель) ist für seine lokale Küche zu empfehlen, freitags und samstags spielt abends eine Band Folklore, Kommunističeskij pr. 22.

Eine gute Adresse ist das **Café Vernisaž** (Вернисаж) im örtlichen Theater, Kommunističeskij pr. 16, Tel. 909/5043755.

Fast Food gibt es im **Rus'** (Русь), Kommunističeskij pr. 3, Tel. 22224, oder im **Trapeznaja**, Kommunističeskij pr. 1/5 und Komsomolskaja 7.

Auch bei Kaffee und Kuchen landet **Natalja** auf Platz 1. Eine gute Alternative ist noch das **Traveller's Coffee**, Kommunističeskij pr. 26, Tel. 94041.

Die größeren Kaufhäuser der Stadt befinden sich auf der Hauptstraße in Richtung Majma und am zentralen Lenin-Platz.

Unweit des Folklore-Zentrums Enči gibt es außerdem den Kunstgewerbeladen **Žemčužina** (Жемчужина, Perle) in der ul. Čoros Gurkina 53, Tel. 25249.

www.gornoaltaysk.ru (R)
www.altai-photo.ru (R)

Sibirische Münze (Sibirskaja Moneta)

Russland hatte 2009 beschlossen, das Glücksspielmonopol neu auszurichten. Die Zukunft der Casinos soll künftig in vier Sonderwirtschaftszonen liegen. Als Standorte für Rus Vegas 1 bis 4 wurde neben Kaliningrad an der Ostsee, Azov am Schwarzen Meer und Art'em im Fernen Osten auch das Gebiet südlich von Gorno-Altajsk ausgewählt. Altaj-Vegas bekam den Projektnamen ›Sibirische Münze‹ und soll in den nächsten Jahren mit einem Investitionsvolumen von ca. 30 Milliarden Rubel bis 2019 ein gutes Dutzend Spielbanken, 30 Hotels mit einer Kapazität von 3000 Betten und eine entsprechende Infrastruktur entstehen lassen.

Das erste Kasino startete Ende 2014 in den Bergen des Altaj im Dorf Nižnekajanča unweit des Dorfes Manžerok. Es gibt einen Bus-Shuttle aus Gorno-Altajsk, spezielle Busausflüge werden aus Novosibirsk und Novokuzneck angeboten. Die Entwicklung der Szene blieb unter den hochgesteckten Erwartungen und die Wahl des Standortes zeigt auch, das die Befürchtungen, dass die Attraktivität des Altaj für Nichtglücksspieler sich verschlechtert, wohl unbegründet waren, Kasino Altaj Palace, Nižnekajanča, ul. Sibirskaja Moneta 66, www.altaipalace.ru (R).

Auf dem Cujsker Trakt Richtung Mongolei

Zwischen Ob' und Enisej

Das Altajgebirge

Das Altajgebirge gehört zu den landschaftlich schönsten Landstrichen (nicht nur) Sibiriens. Die Schönheit des Mittel- und Hochgebirges mit der ganzen Palette der Vegetationsformen fasziniert in ihrer Unberührtheit. Die Zivilisation hat hier erst ihre ersten Schritte gemacht. Als Grenzregion zwischen Russland und der Mongolei, China und Kasachstan ist es auch ein ethnisches und kulturelles Grenzgebiet, in dem Russen (60 Prozent der Bevölkerung), Altajer (31 Prozent) sowie Kasachen (6 Prozent) zusammenleben und wo für den Besucher nachvollziehbar mit steigendem Gebirge die asiatische Prägung zunimmt. Mensch und Natur leben in Einklang. Die Menschen leben in den Bergdörfern weitestgehend als Selbstversorger und huldigen der Mystik der Berge. Der Name der ›goldenen Berge‹ (vom mongolischen bzw. kasachischen ›altyn‹) hat eher symbolische Bedeutung. Zwar wurde hier früher – wenn auch nur in sehr kleinen Mengen – Gold gefördert, doch die Anziehungskraft der urwüchsigen Natur war goldgleich in ihrer Ausstrahlung auf die Menschen. Die Altajer gehören zu den Turkvölkern, leben traditionell in Jurten und sind Anhänger des Schamanismus. Das Gebirge ist nicht nur eine politische Grenze, sondern auch eine Klimascheide zwischen der sibirischen Tiefebene und dem zentralasiatischen Hochland.

Ein Schweizer seufzte nach einem zweiwöchigen Altaj-Aufenthalt: So schön muss die Schweiz auch ausgesehen haben, bevor ihre Eroberung durch die Touristen einsetzte. Heute ist der Altaj ein Paradies für naturverbundenen Aktivurlaub, wobei man aber hinsichtlich des Komforts keine allzu hohen Anforderungen haben darf. Es gibt zwar im Vergleich zum Sajangebirge oder zur Republik Tuva bereits eine gewisse touristische Infrastruktur, aber als Trumpf sticht nur die einzigartige Natur, die hier viel zu bieten hat: Von Spaziergängen durch die malerischen, unberührten Täler über Bergwandern und Trekking in der Bergtaiga bis zum Hochgebirgsalpinismus ist für jeden etwas dabei. Auch Wassersportler kommen von der ersten Kajaktour über kleine Stromschnellen bis zum Rafting auf Gebirgsflüssen, die weltweit zu den anspruchsvollsten Touren gehören, auf ihre Kosten. Für Pferdefreunde gibt es Angebote vom ersten mehrstündigen Ausritt bis zu den besten geführten Reittouren im Gebirge, in dem man manchmal eine ganze Woche lang keinem Menschen begegnet.

Für den Altaj als Grenzregion gelten strengere Registrierungsbestimmungen. Man muss sich diese Genehmigung bei der Migrationsbehörde in Gorno-Altajsk holen, Kommunističeskij pr. 95, Tel. 62012, die nur Montag bis Mittwoch und Freitag geöffnet hat.

Der Čujsker Trakt

Die Straße durch das Altajgebirge verbindet Russland mit der Mongolei. Ausgangspunkt auf russischer Seite ist die Stadt Bijsk. Auf 626 Kilometern Länge zieht sich die zwischen 1903 und 1913 zunächst für Pferdegespanne errichtete und in den 1920er Jahren als Straße befestigte Trasse entlang der Flüsse Katun' und Čuja bis nach Tašanta an der mongolischen Grenze, wo sie als westmongolischer Trakt weiterläuft. Die Strecke ist heute Teil der in Novosibirsk

Karte S. 205

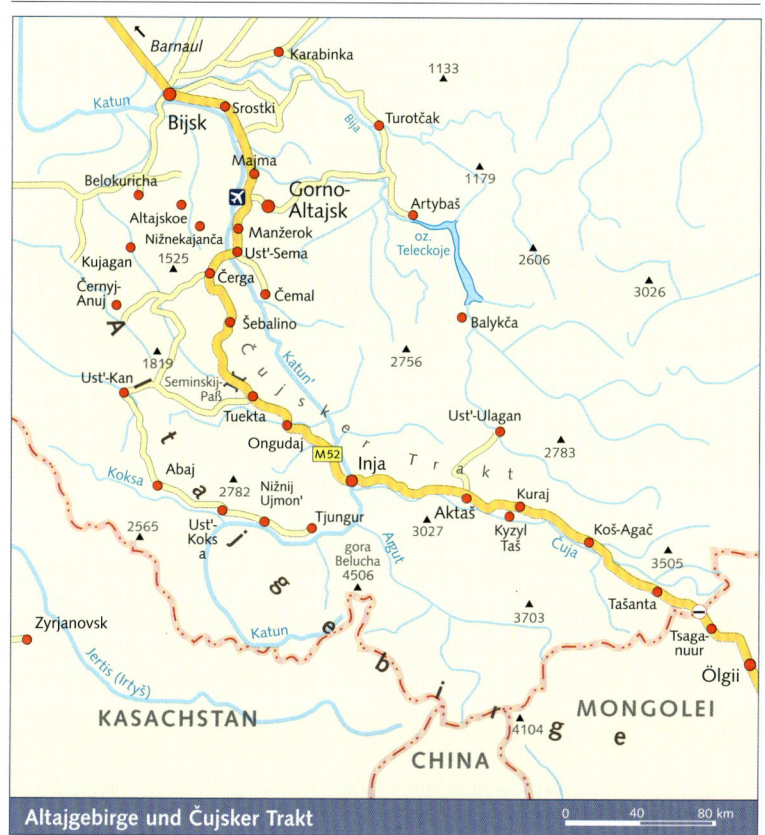

Altajgebirge und Čujsker Trakt

0   40   80 km

Zwischen Ob' und Enisej

beginnenden Fernverkehrsstraße M52
und Ausgangsstrecke für alle Fahrten in
das Altajgebirge.

Ab Bijsk gelangt man zunächst nach
Srostki und **Bystrjanka**. Kurz vor **Majma**,
wo sich der Abzweig nach Gorno-Al-
tajsk befindet, überschreitet man die an
einer großen Stele zu erkennende Grenze der Republik Altaj. Neben der Katun'
führt die Straße in Richtung Süden.

Hinter Rybalka gibt es eine abenteuerliche Hängebrücke nach **Aja**, ein dank
des gleichnamigen warmen Sees gerne
besuchter Erholungsort. Hier entstanden nicht nur Zeltlager und Pensionen,

sondern auch neue Hotels in der so
beliebten Schloss-Manier. Empfehlenswert sind das moderne Hotel ›Aja‹ (Tel.
38541/22764) oder die Bungalow-
Anlage ›Altai-Gold‹ (Tel. 3854/722653).
Weiter führt der Trakt nach **Manžerok**,
wo bei KM 469 die gleichnamige Hotelanlage zu empfehlen ist. Das Wort
Manžerok bedeutet übrigens Stierherz
(Tel. 38844/28399).

Einige Kilometer weiter südlich bei **Kilometer 478** befindet sich am anderen
Ufer die über eine neue Hängebrücke
zu erreichende Ferienanlage ›Birjuzovaja
Katun'‹ (Türkise Katun'). Hier ist in den

letzten Jahren ein Freizeitpark einschl. Aquapark, Koggenrestaurant und Nikolai-Rerich-Denkmal mit Übernachtungsmöglichkeiten für jeden Geldbeutel entstanden. Unweit sind die **Tavda-Höhlen** zu besichtigen.

Über Barangol führt der Trakt weiter nach Ust'-Sema, wo eine Stahlbetonbrücke den Fluss Katun' überquert, Während es am am rechten Flussufer weiter am Ufer des Katun' in Richtung Čemal geht, entfernt sich der Čujsker Trakt über die Brücke vom linken Flussufer westwärts in Richtung Čerga. Auf dem Weg dorthin gibt es in **Kamlak** einen kleinen Botanischen Garten.

In **Čerga** zweigt auch eine Straße zum Belucha-Massiv über Ust'-Kan, Ust'-Koksa nach Tjungur ab. In Čerga und im 35 Kilometer entfernten Šebalino befinden sich große Maralhirsch-Farmen. Im Altajgebirge leben etwa 27 000 Maralhirsche. Die Panten genannten Geweihe der männlichen Tiere enthal-

ten Pantokrin – eine einzigartige Substanz für die pharmazeutische Industrie, der man vor allem in der asiatischen Heilkunde verjüngende und aphrodisierende Effekte nachsagt. Die Panten werden bei den drei- und vierjährigen Tieren beschnitten oder besser gesagt abgesägt. Nach mehrmaligem kurzen Kochen und Trocknen über mehrere Tage hinweg ist der Exportschlager des Altaj versandfertig. Wachsender Beliebtheit und Nachfrage erfreuen sich auch die Kräuter aus dem Altaj. Als Kräutertee oder vor allem als Kräuterbitter unter dem Namen Altaj-Balsam kommen immer mehr Öko-Erzeugnisse in den Handel.

Kurz nach **Šebalino** – knapp 250 Kilometer von Bijsk – gelangt man am **Seminskij-Pass** über die Nordausläufer des Altajgebirges. Hier steht ein weißer Obelisk, der an das 200-jährige Jubiläum der Zugehörigkeit zum Russischen Reich erinnert. Ein ganzjährig geöffnete

Unterwegs im Altajgebirge

Sporthotel mit dem Namen ›Lena‹, Tel. 38547/22131, bietet Unterkunft. Der Ort soll perspektivisch zum Wintersportzentrum der Region werden.

Weiter geht es nach **Ongudaj**. Östlich von hier befinden sich die Pasyryk-Hügel, die durch die im Altaj größte Ansammlung von aus Stein gemetzelten Grabpfählen bekannt wurden. Nahe **Inja** kreuzt der Trakt wieder die Katun', der hier die Čuja zufließt, neben der die jetzt gleichnamige Trasse weiterverläuft über **Aktaš** und **Koš-Agač**, wo bereits in der Mehrzahl Kasachen leben. Aktaš hat etwa 3400 Einwohner, Koš-Agač etwa 4500 Einwohner. In beiden Orten sieht man noch Spuren eines schweren Erdbebens, das 2003 die Region erschütterte. Von hier sind es noch 50 Kilometer nach **Tašanta** an der mongolischen Grenze.

Die Katun'

Der bekannteste Fluss des Altajgebirges entspringt am Gebler-Gletscher, an der Südseite des Belucha-Massivs. Das Wort Katun' stammt vom altaischen Wort Katyn ab und bedeutet Frau oder Wirtin. Über 688 Kilometer windet sich die Wirtin der Region durch das Gebirge bis nach Bijsk, um sich mit dem Fluss Bija zum Ob' zu vereinigen. Der Fluss ist ein im Ausland kaum bekanntes Paradies für Rafting-Touren. Er gilt als schwierigster Strom Sibiriens. Sein Wasserstand schwankt saisonabhängig um mehrere Meter, und auch Regengüsse können den Pegel im Handumdrehen um zwei bis drei Meter ansteigen lassen. Im nur per Hubschrauber erreichbaren Oberlauf entspricht er auf den ersten knapp 200 Kilometern bis Ust'-Koksa über weite Strecken der höchsten Schwierigkeitsstufe. Das Gefälle erreicht mancherorts bis zu 15 Meter pro Kilometer. Viele

Die Vorboten Dschingis Khans in der Nähe von Aktaš

Stromschnellen und Schwellen haben von ihren Bezwingern Namen erhalten: ›Dreistein‹, ›Uhrwerk‹ und ›Haufen‹ stellen höchste Anforderungen an das Können der Bootsbesatzung. Hinter Ust'-Koksa ist eine Weiterfahrt in Richtung Tjungur nicht möglich. Für Wildwasserexperten befahrbar wird die Katun' wieder ab dem Ilgumen-Wasserfall nahe Inja. Da der Ort am Čujsker Trakt liegt, ist er gut mit dem Auto zu erreichen.

■ Ferienanlage ›Katun'

Im Katun'-Tal gibt es mehrere Unterkünfte für Touristen. Die größte und bekannteste Unterkunft am Oberlauf südlich von Ust'-Sema heißt dem Fluss gleich ›Katun'‹ und befindet sich hinter der Siedlung Čeloš. Von Majma beträgt die Entfernung 75 Kilometer. Die Anlage wurde während der Privatisierung von einer Novosibirsker Agentur erworben. Diese in einem Waldstück direkt am Fluss gelegene Turbaza kann in Heimen und Bungalows bis zu 500 Gäste aufnehmen. Sauna, Poststelle, Restaurant und Café gehören ebenfalls dazu. Am Strand steht denkmalgleich eine riesige Gitarre als Sinnbild für eine neue Tradition. Seit vier Jahren findet hier in der Vorsaison im Juni ein Liederfestival statt, auf dem sich Barden aus ganz Sibirien und mittlerweile auch aus Moskau einfinden. ›Katun'‹ ist auch für eine Reitschule bekannt und Ausgangspunkt vieler mehrtägiger Reittouren. Daneben gibt es unter ärztlicher Betreuung auch eine Reihe thematischer Gesundheitsprogramme von entschlackender Diät bis Reiki, die hier im Gebirge besonders effektiv sein sollen, Tel. 3832/428655, 416007 und 38542/224389. Die vergleichsweise gut ausgebaute Straße entlang der Katun' führt bis Čemal, wo es auch eine kleine Herberge gibt. Danach geht es noch etwa 75 Kilometer auf schlechter Straße weiter bis Kujus, von wo ein Reit- und Wanderweg bis nach Inja am Čujsker Trakt führt.

■ Čemal

Wem es weniger um die sportliche Herausforderung als um ein erstes Kennenlernen und eine Inaugenscheinnahme der landschaftlichen Schönheit geht, dem sei der Unterlauf der Katun' empfohlen. Hinter dem auch gut auf der Straße zu erreichenden Dorf Čemal sind gute Voraussetzungen für Bootsausflüge gegeben. Auf den nächsten knapp 80 Kilometern bis Majma im Mittelgebirge sowie auf den folgenden 140 Kilometern im Gebirgsvorland bis zum Zusammenfluss mit der Bija bei Bijsk birgt der Fluss keine ausgesprochenen Risiken mehr. Der Wasserreichtum hält die Boote gut in Schwung, so dass man im ruhigeren Unterlauf die landschaftliche Schönheit genießen kann. Die hier gelegenen Touristenherbergen bieten zumeist auch mehrstündige oder mehrtägige Ausflüge an.

Čemal hat etwa 6000 Einwohner und ist damit das größte Dorf außerhalb der Hauptstadt. Es entwickelt sich zu einem

▲ *An der Katun' östlich von Tjungur*

Zentrum des Altaj-Tourismus. Vom Busbahnhof Richtung Süden gelangt man
zum Zentrum des Ortes, wo sich das
Altaj-Zentrum von Alexander Bardin
befindet. In drei nicht sehr stiltreuen
Holzjurten mit Metalldächern befinden
sich neben einer Bibliothek Ausstellungen zur Ethnographie der Altaier und
zum Schaffen des Malers Čoros-Gurkin,
ul. Bešpekskaja 6, Tel. 38841/22327.
Es gibt eine nette Backsteinkirche und
auf einer Flussinsel Patmos eine zum
Bijsker Frauenkloster gehörende Holzka-
pelle. Ein beliebtes Ausflugsziel am
Katun'-Nebenfluss ist ein altes Wasserkraftwerk aus dem Jahr 1935. Mit einer
abenteuerlichen Seilbahn – ›Tarzanka‹
genannt – kann man ans andere Ufer
übersetzen.

*Die Katun' kurz oberhalb der Einmündung
der Čuja*

Der Teleckoe-See

Der auch Baikal des Altaj genannte See
erstreckt sich bei einer Breite von bis zu
5 Kilometern über 80 Kilometer in den
östlichen Ausläufern des Altajgebirges
mit dem 2361 Meter hohen Kurumba
an seinem Südufer. Der 230 Quadratkilometer große See ist kristallklar, fischreich und gefriert im Winter nicht. An
seiner tiefsten Stelle zeigt das Lot immerhin 325 Meter. Im Osten schließt
sich ein bis nach Tuva reichendes Naturschutzgebiet an den See an. Von Gorno-
Altajsk gibt es über Čoja eine Straße
nach Artybaš (ca. 140 Kilometer) an der
Nordspitze des Sees.

■ Artybaš

Das mit etwa 3000 Einwohnern größte
Dorf der Region hat sich in den letzten
Jahren von der Viehzucht auf den Tourismus umorientiert und bietet vielfältige Übernachtungsmöglichkeiten. Unweit des Ortes befindet sich auch die
1928 gegründete erste Touristenherberge Sibiriens mit dem Namen ›Zolotoe
Ozero‹ (Goldener See). Neben dem
›Dreizahn‹ genannten Hauptgebäude
gibt es mehrere Bungalows mit unterschiedlichem, aber in jedem Fall sehr
einfachem Komfort. Allerdings ist sie
seit 2008 aufgrund von ›Meinungsver-
schiedenheiten mit der örtlichen Verwaltung‹ geschlossen. Unterkunft bieten die Turbaza und der Campingplatz
›Laguna‹, Tel. 26489. Alternativen sind
die beiden Festungsbauten ›Staryj Zamok‹ I und II (Tel. 38843/26460, DZ
2500 Rbl.) oder die Pension ›Eden‹, Tel.
27634. Restaurant, Sportstätten und
Schiffsanlegestelle sind hier auch zu finden. Dreimal täglich wird eine vierstündige Rundfahrt auf dem See angeboten.
Einige Boote liegen bei Artybaš vor Anker, wo man den Kapitän ausfindig machen und sich dann mit ihm über eine
Ausflugstour einigen kann. Am Südufer
befindet sich nahe der Mündung des
Flusses Čulyšman das Dorf Balykča, wo

Zwischen Ob' und Enisej

Holzhaus am Rande des Altaj

sich neben Camping-Möglichkeiten auch eine Herberge befindet. Dieser Ort und einige andere Herbergen am Ufer des langegzogenen Sees sind aber nur per Boot von Artybaš aus zu erreichen. Die Bija, neben der Katun' der zweite Quellfluss des gewaltigen Ob', entspringt dem Teleckoe-See und bietet auf knapp 300 Kilometern zwischen Artybaš und Bijsk eine vergleichsweise ruhige Bootstour. Nur im ersten Viertel geht es durch einige Stromschnellen und Schwellen. Hinter Turočak kann man auf dem schon breiten Fluss die Ruhe und die Landschaft des Flusslaufes genießen. Für die Tour sind ca. zehn Tage zu veranschlagen.

Das Belucha-Massiv

Die Belucha ist mit ihren beiden 4506 und 4440 Meter hohen Gipfeln der höchste Berg des Altajgebirges. Zwischen beiden Spitzen erstreckt sich ein weites Plateau, das dem Massiv auch den Namen ›weißer Berg‹ gab. Nach der Legende verfügt der Berg über beson-

dere Kräfte und ist ebenfalls einer der ›Šambala‹ – Kandidaten in Asien. ›Šambala‹ gilt als Inbegriff des geheimnisvollen Ortes, an dem die Menschheit wiedergeboren wird. Der für die Altajer heilige Berg lockt heute in jedem Jahr mehr Alpinisten an. Die auf der Nordseite befindliche, knapp 1500 Meter hohe und etwa 3000 Meter breite Eiswand ist sehr anspruchsvoll. Auf der kasachischen Südseite ist die Steigung von mehreren Gletschern durchzogen und der Aufstieg einfacher.

Der Ausgangspunkt für Expeditionen zum heiligen Berg Sibiriens ist das 450-Seelen-Dorf **Tjungur**, der Endpunkt der Straße, die ab Čerga südlich des Čujsker Traktes über Ust'-Kann, Ust'-Koksa und Ujmon' nach Tjungur führt. Es gibt eine tägliche Busverbindung von Gorno-Altajsk, die Fahrtzeit beträgt 9,5 Stunden. Die Strecke ist landschaftlich eindrucksvoll, auch wenn sie weniger Panorama-Ausblicke als der eigentliche Čujsker Trakt bietet.

In **Ust'-Koksa** gibt es eine schöne Holzkirche. In der Gegend ließen sich Ende

Denkmal in Kyzyl Taš

Karte S. 205

Die Belucha, der höchste Berg des Altaj

der 1920er Jahre viele Altgläubige nieder, die vor der sowjetischen Kollektivierung in den Dörfern in entlegenere Regionen flüchteten. Davon zeugt ein kleines **Altgläubigen-Museum** in Verchnyj Ujmon', wo sich auch das **Nikolai-Rerich-Museum** befindet. Rerich wohnte in diesem Haus während seiner Altaj-Expedition im Jahre 1926. In Tjungur selbst ist dann die Touristenherberge ›Vysotnik‹ das Mekka für alle Bergfreunde. Sie liegt am anderen Ufer des Flusses Katun' und bietet das gesamten Programm vom Waldspaziergang bis zur Belucha-Besteigung einschließlich Ausrüstungsverleih etc., ul. Zarečnaja 7, Tel. 38848/29433, www.belukha.ru (R/E).

Von Tjungur gelangt man in knapp einer Woche Fußmarsch durch das Tal des Flusses Kučerla zu den Ausläufern der Belucha. Hinter dem fünfzig Meter hohen Tigiek-Wasserfall erstreckt sich der Kučerla-See, der wohl schönste Hochgebirgssee des Altaj, der malerisch von den schneeweißen Gipfeln und den tief-

grünen Wäldern umrahmt wird. Eine zweite Strecke verläuft von Tjungur über den Kuzujak-Pass entlang dem Fluss Akkem zum gleichnamigen See, wo man die beste Aussicht auf die Eiswand der Belucha hat. In den sich anschließenden Tälern befinden sich im Sommer auch die meisten Bergsteigerlager, in denen sich die Alpinisten auf die Bezwingung der Belucha vorbereiten. Die Flusstäler von Kučerla und Akkem sind durch einen Höhenzug getrennt, der sich unweit der beiden Seen auf 3000 Metern Höhe am Karatjurek-Pass überwinden lässt. Eine Besteigung setzt entsprechend belegte alpinistische Erfahrung voraus. Der Schwierigkeitsgrad der verschiedenen Routen liegt zwischen A3 und A5. ›Vysotnik‹ bietet 2-Wochen-Touren für ca. 13 000 Rbl. an.

In der Nähe von Tjungur befindet sich bei Tolono eines der berühmten **Felder der versteinerten Vorfahren**. Die verblüffend differenzierten Steinskulpturen gefallener Turk-Krieger stammen wahrscheinlich aus dem 6. Jahrhundert.

Krasnojarsk

Krasnojarsk hat im Moment gute Chancen, in Deutschland deutlich an Popularität zuzulegen. Eine Umbenennung in Helene-Fischer-Stadt wird zwar kaum auf die Tagesordnung kommen, aber hier erblickte der derzeitige Liebling des deutschen Showgeschäftes als Elena Petrovna Fischer am 5. August 1984 das Licht der Welt. Ihre Eltern, der Sportlehrer Peter Fischer, dessen Eltern als Wolgadeutsche unter Stalin nach Sibirien deportiert worden waren, und seine Frau Marina wanderten dann mit ihren beiden Töchtern Erika und Helene im Sommer 1988 in die Bundesrepublik aus. Ansonsten war Krasnojarsk bis vor 25 Jahren ein Buch mit sieben Siegeln und als ›geschlossene Stadt‹ für Ausländer absolut tabu.

Die in einem malerischen Flusstal des gewaltigen, hier beinahe zwei Kilometer breiten Stromes Enisej gelegene Metropole ist ohne Zweifel eines der beeindruckendsten Zentren Sibiriens. Zwar besitzt Krasnojarsk mit der weltgrößten Aluminiumhütte und vielen anderen die Umwelt belastenden Fabriken den stark ausgeprägten Charakter einer Industriestadt, aber dennoch bildet das Panorama der Stadt einen einzigartigen Anblick. Vor allem die Mischung aus einem interessanten Stadtbild vor dem Hintergrund der einrahmenden Hügel und dem für eine Großstadt so ungewöhnlichen Gefühl unendlicher Weite ist reizvoll. Die ökologische Situation der Stadt ist sehr windabhängig und insbesondere im Sommer oft problematisch. Nichtsdestotrotz ist Krasnojarsk eine außerordentlich faszinierende Metropole und wohl die unbekannteste Perle unter den sibirischen Großstädten.

Ohne Zweifel ist Krasnojarsk ein Ort mit einem bis jetzt noch kaum erschlossenen touristischen Potential. Sowohl die Stadt selbst als auch die Möglichkeiten, sie als Ausgangspunkt für Reisen entlang der Transsib und für Touren in Richtung Norden bis zum Eismeer sowie in Richtung Süden in die Berge nach Chakassien und Tuva zu nutzen, sind einzigartig.

Geschichte

Am linken Enisejufer gründete 1628 der Kosakenführer Andrej Dubenskij mit 300 Söldnern das Fort ›Krasnyj Jar‹, um den Pelzfron der Region zu gewährleisten. Der Ortsname bedeutet soviel wie ›roter Abgrund‹, da die felsigen Hügel am Enisejufer hier eine rötliche Färbung aufweisen. Der Aufschwung der Stadt begann im 18. Jahrhundert mit der Eisenindust-

Der Bahnhof von Krasnojarsk

rie, als der Moskauer Trakt hier den Enisej überquerte. 1822 wurde Krasnojarsk Zentrum des Gouvernements und verdrängte die zuvor in diesem Landstrich bedeutendste Stadt Enisejsk von ihrem Thron. 1863 nahm die Schifffahrtsgesellschaft Enisej ihren Betrieb auf. Die Industrie und der Handel blühten, der Ort wuchs. Ende des 19. Jahrhunderts zählte man acht orthodoxe und je eine katholische und protestantische Kirche sowie eine hölzerne Synagoge in der Stadt. Die Eröffnung der Transsibirischen Eisenbahn im Jahre 1895 verlieh der Entwicklung der damals 27 000 Einwohner zählenden Stadt neue Impulse.

In der Oktoberrevolution und dem nachfolgenden Bürgerkrieg war die Stadt heiß umkämpft. Nach dem Zweiten Weltkrieg wurde sie eines der wichtigsten Zentren der sowjetischen Militärforschung und -produktion. Die Entscheidung über die Ansiedlung der militärisch orientierten Komponenten der russischen Nuklearwirtschaft hat die Region ihrer strategischen Lage im ›tiefsten Russland‹ zu verdanken. Keine andere russische Großstadt ist in allen vier Himmelsrichtungen weiter von den Landesgrenzen entfernt als Krasnojarsk. Die in der Umgebung befindlichen Siedlungen Krasnojarsk 26 und Krasnojarsk 45 unterliegen auch heute noch besonderer Geheimhaltung.

Seit April 2012 ist Krasnojarsk hinsichtlich seiner Einwohnerzahl Millionär, nach Einwohnern belegt die Stadt Platz 14 in Russland und Platz 3 in Sibirien. Heute leben hier 1 052 000 Menschen. Doch die nach Novosibirsk und Omsk drittgrößte Stadt Sibiriens ist nicht nur ein bedeutendes Zentrum der russischen Schwerindustrie, Atomwirtschaft und Energetik, sondern auch ein wichtiger Hochschulort mit dem obligatori-

schen eigenen Akademgorodok, und ein bedeutendes Kulturzentrum mit vielen Theatern. Insbesondere dank der letzten beiden Gouverneure Alexander Lebed' (1950–2002) und Alexander Chloponin (*1965) trat Krasnojarsk aus dem Schatten der Provinz. Ersterer war ein charismatischer Ex-General, der bei einem Hubschrauberabsturz ums Leben kam, letzterer ein Nickel-Oligarch, der 2010 von Putin zum Generalgouverneur für den Nordkaukasus ernannt wurde. Der seit 2014 neue Gouverneur Viktor Tolokonskij (*1953), früher Gouverneur in Novosibirsk und Präsidialvertreter für Sibirien, hat gute Karten, die Erfolgsgeschichte fortzuschreiben.

Die Bedeutung von Krasnojarsk als internationaler Luftfahrtknotenpunkt vor allem für den Luftfrachtverkehr hat in den letzten Jahren deutlich zugenommen. Seit 2009 nutzt auch Lufthansa Cargo Krasnojarsk als Hub in Richtung Südostasien. Seit mehreren Jahren plant man hier auch neue, über den Nordpol ziehende Interkontinentalverbindungen zwischen Nordamerika und Asien, die bislang aber Theorie blieben.

Sehenswürdigkeiten

Das Stadtzentrum befindet sich auf der linken Seite des Enisej, der hier die Grenze zwischen Ost- und Westsibirien bildet, und umfasst neben der Hauptstraße, dem prospekt Mira (Prospekt des Friedens), in traditionell sowjetischer Dreieinigkeit noch die beiden unmittelbar parallel dazu verlaufenden Straßen, die nach Lenin und Marx benannt sind. Früher hieß die Hauptstraße ulica Voskresenskaja. Vertikal dazu lässt sich das Zentrum etwa zwischen der Mündung des Nebenflusses Kača in den Enisej am ploščad' Mira (Friedensplatz) im Norden und der ul. Gor'kogo im Süden

Zwischen Ob' und Enisej

eingrenzen. Der prospekt Mira wird an Feiertagen häufig zur Fußgängerzone. Er bietet neben entsprechender Geschäftigkeit eine angenehme Mischung aus alter Holzarchitektur und Steingebäuden aus der Blütezeit der Stadt im vergangenen Jahrhundert und mehr oder weniger passenden Gebäuden modernerer Bauart. Hier befinden sich auch die meisten Geschäfte, Hotels, Restaurants, Banken und Theater der Stadt. Im Vergleich zu anderen sibirischen Metropolen fällt ins Auge, dass im Zentrum deutlich mehr Geschäfte um westliche Standards bemüht sind. Die sichtbaren Investitionen sind ein Zeichen für aufkommenden Wohlstand.

■ Paraskeva-Kapelle

Ein Wahrzeichen der Stadt ist die – auch vom 10-Rubel-Schein her bekannte – kleine Paraskeva-Kapelle. Die Kapelle ist von vielen Orten im Zentrum aus am Berg zu sehen. Sie wurde 1845 auf dem nordwestlichen Hügel am Stadtrand zunächst aus Holz und 50 Jahre später aus Stein errichtet und ist ein exzellenter Aussichtspunkt, der einen phantastischen Ausblick auf die Stadt und das Enisejtal bietet. Ein Spaziergang vom Stadtzentrum über den prospekt Mira, die ul. Vejnbauma und die ul. Brjanskaja, an der man auf eine zur Kapelle führende Holztreppe trifft, dauert eine knappe Stunde und lohnt sich bei klarem Wetter in jedem Fall.

1. Paraskeva-Kapelle (Часовня Параскевы)
2. Gebietsverwaltung (Администрация области)
3. Rathaus (Мэрия)
4. Opernttheater (Театр оперы и балета)
5. Philharmonie (Филармония)
6. Schauspielhaus (Драматический театр им. Пушкина)
7. Heimatkundemuseum (Краеведческий музей)
8. Kulturzentrum an der Gabelung (Культурный центр на стрелке)
9. Museumsschiff St. Nikolaj (Пароход-музей Св. Николай)
10. Surikov-Museum (Музей усадьба В.И. Сурикова)
11. Surikov-Gemäldegalerie (Художественный музей им. В.И. Сурикова)
12. Gemäldegalerie (Картинная галерея)
13. Physik-Experimental-Museum (Дом Физики)
14. Judin-Museum (Музей им. Юдина)
15. Dubenskij-Denkmal (Памятник Дубенскому)
16. Denkmal ›Der Kettenweg‹ (Мемориал Кандальный путь)
17. Maria-Gewandniederlegungs-Kathedrale (Покровская церковь)
18. Maria-Verkündigungs-Kirche (Благовещенская церковь)
19. Pfingstkirche (Троицкая церковь)
20. Katholische Kirche (Польский костёл)
21. Kaufhaus CUM (ЦУМ)
22. Triumphbogen (Триумфальная Арка)
23. Literaturmuseum (Литературный Музей)
24. Museum Memorial des Sieges (Музей Мемориал Победы)
25. Geologie-Museum (Геологический музей)
26. Rjauzov-Museum (Музей им. Ряузова)
27. Honig-Museum (Музей меда)
28. KomsoMoll (ТРЦ КомсоМОЛЛ)
29. ›Unser Zehner‹ (Наша десятка)

◄ Karte S. 215

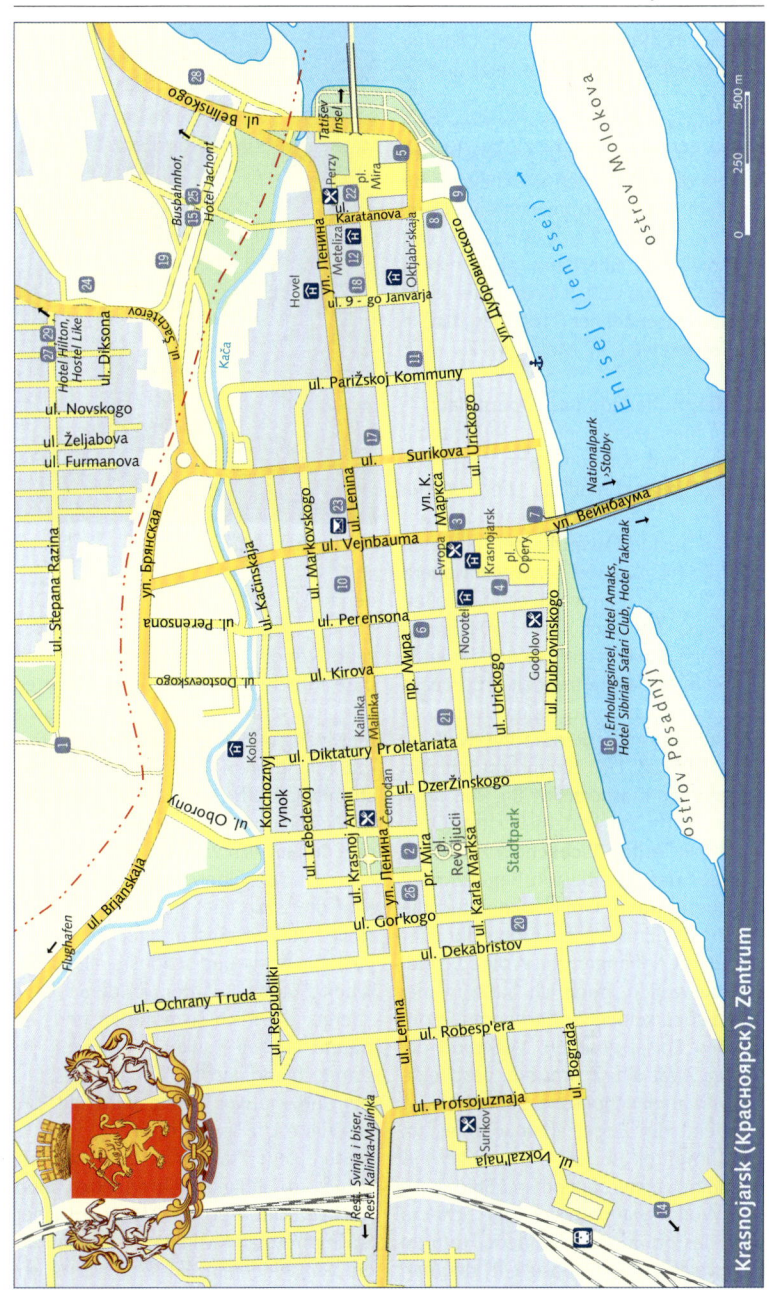

Zwischen Ob' und Enisej

Da der 10–Rubel-Schein seit Oktober 2009 durch eine Münze ersetzt und somit langsam aus dem Verkehr gezogen wird und sich Krasnojarsk damit aus dem Rubel-›Schein‹-geschäft verabschiedet, schrieb die Stadt einen Wettbewerb für ein dem Geldschein gewidmetes Denkmal aus. Seit 2011 gibt es nun das von der örtlichen Sberbank gesponsorte Denkmal, das den Schein unter dem Namen **Unser Zehner** (Naša Desjatka) in Bronze verewigt, ul. Molokova 7.

■ Uferpromenade und Opernplatz
Wenn man aber an der ul. Vejnbauma in die andere Richtung, also zum Fluss, abbiegt, gelangt man zur Uferpromenade. Hier am Hotel ›Krasnojarsk‹ und am 1978 erbauten **Operntheater**, ul. Perensona 2, Tel. 2278697, www.krasopera.ru (R/E), dehnt sie sich zu einem großen Platz aus, der nach dem 350-jährigen Stadtjubiläum benannt ist. Auf der anderen Seite der angrenzenden Brückenauffahrt sieht man einen großen Neubau, in dem die Krasnojarsker Stadtverwaltung ihren Sitz hat. Der Uhrenturm hat den Spitznamen Krasnojarsker Big Ben.

In der Mitte des Platzes vor der Oper steht ein **Anton-Tschechow-Denkmal**, welches der vielzitierten Begeisterung des berühmten Dramatikers für die Pracht des Enisej gilt: »Ohne die eifersüchtigen Anhänger der Wolga beleidigen zu wollen, doch ich habe in meinem Leben keinen großartigeren Strom als den Enisej gesehen. Während die Wolga zwar eine schmucke, bescheidene und melancholische Schönheit ist, erscheint der Enisej als mächtiger, unbezähmbarer Recke, der nicht weiß, wohin mit seiner Jugend und Stärke. An der Wolga wandelt sich der Schneid zum Gestöhne. Klare, goldene Hoffnungen weichen der Hilflosigkeit, die man

Die Paraskeva-Kapelle

den russischen Pessimismus nennt. Der Enisej dagegen erlangt – zu Beginn ächzend – in der Folge eine kaum vorstellbare Kühnheit. So jedenfalls schien es mir, als ich am Strand des breiten Stromes gierig sein Wasser betrachtete, das mit furchtbarem Tempo zum Eismeer stürmt. Die Ufer sind ihm zu eng. Kleine Wellen überholen einander, drücken und drehen sich wie Spiralen im Kreise. Man ist fast überrascht, dass dieser Kraftprotz die Ufer noch nicht weggespült hat. Auf diesem Ufer ist Krasnojarsk die beste und schönste aller sibirischen Städte, auf dem anderen Ufer – Berge, die mich so erhoben und verträumt an den Kaukasus erinnern. So stand ich und dachte: Welch volles, kluges und mutiges Leben wird mit der Zeit diese Ufer erleuchten.«

Neben dem Tschechow-Denkmal entstand vor einigen Jahren noch eine hochgereckte Apollo-Statue samt einer **Springbrunnen-Kaskade**, deren Figuren die verschiedenen Flüsse Sibiriens ver-

Karte S. 215 ▲

körpern. Insgesamt ist man in Krasnojarsk sehr stolz auf die vergleichsweise große Anzahl von Springbrunnen.

■ Stadtpark

Westlich (stromaufwärts) vom Opernplatz kommt man nach etwa einem Kilometer zum Zentralen Erholungs- und Vergnügungspark mit **Kindereisenbahn**. Mit ruhigen Parkecken und einem weniger ruhigen Rummel samt Aussichts-Riesenrad mit Enisej-Blick bietet er Erholung für jeden Geschmack.

Wer ihn durchläuft, kommt zur **ul. Karla Marksa**, wo das obligatorische Lenindenkmal darauf hinweist, dass die umliegenden, 1930 gebauten Gebäude die Gebietsverwaltung beherbergen. Jahrelang gab es hier eine große Baugrube, deren Zaun der Buchstabe M (für Metro) verzierte und die Vision des Beginns der geplanten Krasnojarsker Untergrundbahn markierte. Derzeit ist das Projekt bis 2020 auf Eis gelegt.

■ Platz des Friedens

Östlich (flussabwärts) davon gelangt man an der Uferstraße, ul. Dubrovinskogo, vorbei am exotischen Gebäude des Heimatmuseums, zum Flussbahnhof genannten Passagierhafen. Hier steht auch das Hotelschiff ›Michail Godenko‹. Wenn man die Promenade weiterläuft, kommt man zum ploščad' Mira (Platz des Friedens), dessen Antlitz vor allem durch das **Kulturzentrum an der Gabelung** bestimmt wird. ›An der Gabelung‹ bzw. ›na strelke‹ wird die Gabelung des Enisej-Nebenflusses Kača zum Hauptstrom genannt, wo Krasnojarsk seinen Festungsursprung hat. Das ziemlich gigantische Kulturzentrum war 1970 ursprünglich als örtliches Lenin-Museum konzipiert worden. Der Lenin genannte Vladimir Uljanov war 1897 in die Ver-

bannung nach Sibirien geschickt worden. Auf dem Weg zu seinem Verbannungsort Šušenskoe verweilte er mehrere Wochen in Krasnojarsk, was der Stadt zwangsläufig zu Sowjetzeiten das größte Lenin-Museum Sibiriens einbrachte. Es wurde dann zunächst recht umständlich in Krasnojarsker Kulturhistorischer Museums-Komplex umbenannt. Heute ist es ein Kultur- und Ausstellungszentrum.

Auf der anderen Seite des pl. Mira befindet sich die Krasnojarsker **Philharmonie**, pr. Mira 2b, Tel. 2274930, www.krasfil.ru (R/E). Die Theaterlandschaft der Stadt bietet etwas für jeden Geschmack.

Neben dem Operntheater und der Philharmonie ist vor allem das Alexander Puschkins Namen tragende **Schauspielhaus**, pr. Mira 73, Tel. 2273501, www.new.sibdrama.ru (R), bekannt und beliebt.

Daneben gibt es ein **Musiktheater**, pr. Mira 129, Tel. 2215242, ,www.muztk.ru (R), ein Jugendtheater, ul. Vavilova 25, Tel. 2349675, eine Puppenbühne,

Das Tschechow-Denkmal

Zwischen Ob' und Enisej

ul. Lenina 119, Tel. 2234504, und einen Zirkus, pr. imeni gazety Krasnojarskij Rabočij 180, Tel. 2364791.

Der Platz vor der Philharmonie war ursprünglich als Basarplatz das Zentrum des historischen Krasnojarsk. Hier stand die berühmte weiße Auferstehungskathedrale (Voskresenskij sobor), die 1173 errichtet, 1936 abgerissen wurde. Im Jahr 2007 wurde der Platz vollkommen neu gestaltet. Der Blickfang ist jetzt der **Triumphbogen**, der an den Besuch des Zarevič 1891 erinnert.

Daneben gibt es zwei Denkmäler für den Schriftsteller Viktor Astavjev (1924–2001) und den Kaufmann Nikolai Rezanov (1764–1807). Rezanov gründete unter anderem die Russisch-Amerikanische Handelsgesellschaft, bereiste für den Zaren Alaska und Kalifornien, bevor er tragisch und früh in Krasnojarsk verstarb. Seine Geschichte erlangte große Bekanntheit, als seine unerfüllte Beziehung zur Tochter des spanischen Gouverneurs von Los Angeles 1983 den Stoff für die bis heute sehr populäre erste sowjetische Rockoper ›Juno & Avos‹ lieferte.

Eine Fußgängerbrücke führt zur vom Enisej eingebetteten **Tatyšev-Insel**. Neben der etwas weiter südlich gelegenen Erholungsinsel (Ostrov otdycha), wo sich ein großes Stadion und der Sportpalast, Tel. 366636, befinden, bietet sich die Tatyšev-Insel als Naturpark für Spaziergänge an. Etwas weiter nördlich befindet sich das 1997 eingeweihte **Denkmal für den Stadtgründer** Andrej Dubenskij.

■ Kirchen

In Richtung Norden eröffnet sich vom pl. Mira – vorbei am Schüler- und Pionierpalast – der Blick zur **Pfingstkirche** (Troickaja cerkov'). Sie wurde von 1836 bis 1842 errichtet und war die einzige Kirche, die auch zu Sowjetzeiten den Gläubigen offenstand. Die Pfingstkirche wird von einem gleichnamigen Friedhof, dem größten im Krasnojarsker Stadtgebiet, umgeben. Nach dem Zweiten Weltkrieg entstand in unmittelbarer Nachbarschaft der **Park des Sieges**, in der ul. Enisejskaja, mit dem ewigen Feuer zum Gedenken an die Opfer und einem Museum. 1997 wurde hier ein Denkmal für die im Afghanistan-Krieg Gefallenen eingeweiht.

Krasnojarsk vom Wasser aus gesehen

Krasnojarsk hat eine reiche Kirchentradition, die heute langsam wieder auflebt. Die größte Kirche am Ort ist die **Maria-Gewandniederlegungs-Kathedrale**, Pokrovskaja cerkov', ul. Surikova 26, Telefon 2279274. Die rosa-weiße Kirche wurde Ende des 18. Jahrhunderts an der damaligen Ortsausfahrt zum Sibirischen Trakt anstelle einer kleinen Holzkirche errichtet.

Unweit davon steht die zwischen 1804 und 1822 gebaute **Maria-Verkündigungs-Kirche** (Blagoveščenskaja cerkov'), ul. Lenina 15, Tel. 2276974, die 1994 der orthodoxen Gemeinde zurückgegeben und rekonstruiert wurde. Zu sowjetischen Zeiten befand sich hier ein Pelzlager. Der Kirche ist auch ein Frauenkloster angeschlossen, ul. 9. Janvarja 30. Ein im Jahre 1911 von der polnischen Gemeinde als **katholische Kirche** errichteter neugotischer Backsteinbau war zu Sowjetzeiten nur als Orgelkonzertsaal zugelassen und wurde auch bis heute nicht der katholischen Gemeinde rückübertragen, ul. Dekabristov 20, Tel. 2211204.

Die **Synagoge** der Stadt, ein kleines quadratisches Gebäude mit Metallkuppel wurde unlängst rekonstruiert und steht der jüdischen Gemeinde von Krasnojarsk wieder offen, ul. Surikova 65, Tel. 2121258.

■ **Das südliche Flussufer**

Das andere Flussufer der Stadt kann im Zentrum kaum mit Sehenswürdigkeiten aufwarten. Hier befinden sich – entlang der poetisch zu Ehren des 60. Jahrestages der Zeitung ›Krasnojarskij Rabočij‹ benannten Hauptstraße – neben dem **Jugendtheater** der **Zirkus** und ein den nach Sibirien Verbannten gewidmetes Denkmal mit dem Namen **Der Kettenweg**.

Interessant sind die gewaltigen **Brücken** über den Enisej. Die im Zusammenhang mit dem Eisenbahnbau 1899 errichtete erste Brücke erhielt als neue Stahlkonstruktion auf der Pariser Weltausstellung im Jahre 1900 neben dem Eiffelturm die zweite Goldmedaille. Auch die 1961 errichtete, 2100 Meter lange Autobrücke im Norden der Stadt sowie die Mitte der 1980er Jahre errichtete zweite Eisenbahnbrücke gelten als architektonisch bedeutend.

Museen

Das orientalisch-ägyptisch anmutende Gebäude des **Heimatkundemuseums** in der ul. Dubrovinskogo 84 war Ende des 19. Jahrhunderts von dem Krasnojarsker Architekten Leonid Čeryšov (1875-1932) als Messepavillon konzipiert worden. Der Entwurf wurde dann der Stadt als Museum geschenkt und 1914 fertiggestellt. Zunächst diente das Gebäude als Hospital und wurde dann von der Roten Armee in Beschlag genommen, so dass es als Museum erst 1930 seine Pforten öffnete. Nach langjährigem Umbau öffnete es im im März 2001 mit radikal erneuerter Exposition seine Tore, Mo Ruhetag, ul. Dubrovinskogo 84, Tel. 2653481, www.kkkm.ru (R).

Es gibt ein sehr interessantes, nach dem Schriftsteller Viktor Astafev benanntes, **Literaturmuseum**, wo auch Lesungen und Konzerte stattfinden. Es befindet sich in einer wunderschönen Jugendstil-Holzvilla, die 1894 der aus Odessa nach Sibirien verbannte Kaufmann Elias Zukerman errichten ließ. Unter dem Titel ›Sibirische Träume‹ versucht man, die literarische Wahrnehmung Sibiriens zu zeigen, ul. Lenina 66, Tel. 2276202.

Ein weiteres Museum mit neuem Konzept ist das **Krasikov-Museum**. In diesem liebevoll restaurierten Holzhaus

Zwischen Ob' und Enisej

Eisenbahnbrücke über den Einisej

hatte sich Lenin während seines Krasnojarsk-Aufenthaltes bei der Familie Krasikov ein Zimmer gemietet, was es zu Sowjetzeiten natürlich als weitere Lenin-Gedenkstätte prädestinierte. Seit 2006 befindet sich unter dem Titel ›Flucht vor der Neugier‹ ein Experimentalmuseum für Physik darin, Mo Ruhetag, ul. Lenina 124, Tel. 2215790.

Eine Krasnojarsk um die Jahrhundertwende 1900 gewidmete Ausstellung wird in der **Stadtvilla des Kaufmanns Gennadij Judin** (1840–1912) gezeigt. Bekannt wurde Judin für seine so umfangreiche wie einzigartige Bibliothek über Sibirien, die er kurz vor seinem Tode mangels Käufer vor Ort an die Kongress-Bibliothek in Washington verkaufte, wo sie den Grundstock der Russland-Abteilung bildet, ul. Melkombinatskaja 2/1, Tel. 2211444.

Eine ungewöhnliche Ausstellung zum Thema Zweiter Weltkrieg bietet das Museum **Memorial des Sieges** am Siegesdenkmal. Hier stehen nicht die Fronten, sondern neben der Ehrung der Krasnojarsker Frontkämpfer auch das Hinterland im Mittelpunkt, denn Krasnojarsk nahm viele Betriebe aus dem von der Front bedrohten europäischen Teil der Sowjetunion auf, ul. Dudinskaja 2a, Tel. 2526557.

Dem Krasnojarsker Maler **Boris Rjauzov** (1919-1994) ist ein eigenes Museum gewidmet, Mo Ruhetag, ul. Lenina 127, Tel. 2212620, www.ryauzov.ru (R).

Die Verkaufsausstellungen moderner Krasnojarsker Künstler findet man am pr. Mira in der kleinen **Galerie Ėrmitaž** (Ermitage) mit angeschlossenem Café, pr. Mira 56, Sa, So Ruhetage, Tel. 2274949, sowie in der **Galerie Chingan**, pr. Mira 3, So Ruhetag, Tel. 2594053, www.hingan.ru (R).

Weitere Museen in Krasnojarsk sind das **Geologie-Museum** (GEOS, Muzej Geologii Zentral'noj Sibirii), So Ruhetag, ul. Partizana Železnjaka 13, Tel.2181765, www.mgeos.ru (R/E), das lokale **Eisenbahnmuseum** (Muzej Krasnojarskoj železnoj dorogi), Sa, So Ruhetage, ul. Robisp'era 26, Tel. 2482160, ein der **Enisej-Schifffahrt** gewidmetes Museum (Narodnyj muzej istorii i razvitija sudochodstva v Enisejskom basejne), Sa, So Ruhetage, ul. Bograda 15, Tel. 2591830, sowie ein privates **Honigmuseum** (Muzej meda) mit Imkertradition der Altgläubigen und der Kosaken, ul. Berezina 7, Tel. 913/5320546, www.medochek.ru (R).

■ Surikov-Ausstellung

Ein Muss in Krasnojarsk ist die Surikov-Ausstellung. Der bekannte russische Maler Vasilij Surikov (1846–1916) wurde in Krasnojarsk geboren und verbrachte in dem Haus des heutigen Surikov-Museums in der ul. Lenina seine Jugend,

Karte S. 215

ul. Lenina 98, Tel. 2112478, www.suri kov-dom.com (R). Anlässlich seines 100. Geburtstages wurde das Haus in ein Museum umgewandelt. In Moskau betonte er immer wieder seine Verbundenheit mit Sibirien und mit Krasnojarsk, wo er sich für die Gründung der ersten Malereischule einsetzte, die später nach ihm benannt wurde. Seine bekanntesten Monumentalbilder (z. B. ›Die Fürstin Morozova‹, ›Ermak erobert Sibirien‹) hängen heute zwar in der Moskauer Tret'jakov-Galerie oder im Petersburger Russischen Museum, aber neben einer umfangreichen Sammlung in der Krasnojarsker Surikov-Gemäldegalerie gibt es im Surikov-Museum viele kleinere Arbeiten und interessante Skizzen zu sehen. Die Galerie selbst befindet sich in einer herrlichen Jugendstil-Villa, ul. Parižskoj Kommuny 20, Montag Ruhetag, Tel. 2652881, die, genauso wie das Gebäude des heutigen Kinderkaufhauses ›Detskij Mir‹, dem örtlichen Textilfabrikanten und Mäzen Godolov gehörte. Die Galerie zeigt neben einer großen Auswahl von Surikov-Bildern eine ansprechende Sammlung alter russischer Meister (u.a. Repin, Ajvasovskij).

Daneben hat die Galerie noch zwei Filialen: für moderne Malerei, pr. Mira 12, Tel. 2275491, und für Kunstgewerbe, pr. Gazety Krasnojarskych rabočich 68, Tel. 2646866, überall Mo Ruhetag, www. surikov-museum.ru (R).

■ Kulturzentrum an der Gabelung

Das frühere Lenin-Museum und heutige Zentrum ›An der Gabelung‹ (Na strelke) kann seine wahrlich monumentalen Räumlichkeiten bis heute nur teilweise ausfüllen. Eine halbe Etage ist unter dem Titel ›Vor nicht allzu langer Zeit‹ nach wie vor Lenin vorbehalten. ›Doch nicht als Verbeugung vor den vergangenen

Zeiten, sondern als Anschauungsmaterial über die Mythen, an die wir so lange geglaubt haben‹, heißt es dazu durchaus glaubwürdig im Begleitheft. Daneben gibt es neuere Dauerausstellungen zur Geschichte der russischen Flotte, zu den Kriegen in Afghanistan und Tschetschenien und den ›Russlanddeutschen‹ sowie vielfältige Wechselausstellungen, Montag und jeweils letzter Dienstag im Monat Ruhetag, pl. Mira 1, Tel. 2124663, www.mira1.ru (R).

Mit dem am Ufer daneben stehenden **Dampfer St. Nikolaj** machte Zarevič Nikolaj im Juli 1891 einen Ausflug auf dem Enisej. Sechs Jahre später fuhr Lenin im April 1897 auf dem Weg zu seinem Verbannungsort mit demselben Schiff den Enisej aufwärts bis Minusinsk. Das 1869 in Krasnojarsk gebaute Schiff wurde 1949 ausgemustert. Zum 100. Geburtstag Lenins im Jahre 1970 wurde es in der Form des damaligen Linien-

Zwischen Ob' und Enisej

Das Denkmal für den Maler Vasilij Surikov

dampfers aufwendig rekonstruiert und zunächst vor dem Operntheater als Museum vor Anker gebracht. Heute bietet das Museumsschiff mehrere Themen. Zwei kleine Kabinen zeigen mit Wachsfiguren die damalige Ausstattung. Daneben beherbergt das Heck des Schiffes verschiedene **Wechselausstellungen**: ›Der Besuch des Zarevič Nikolaj im Jahre 1891‹, ›Ethnographie der Einwohner Tajmyrs‹ und andere. Mo Ruhetag, Tel. 2653484.

ℹ Krasnojarsk

Lage: 56°0′29.57″N/92°52′12.91″E; Krasnojarsk ist 3955 km von Moskau entfernt. Zeitunterschied zu MEZ im Sommer 6, im Winter 7 Std.

Postleitzahl: 660000–660057.

Vorwahl: +7/391; Auskunft: 09, bei sechsstelligen Telefonnummern ist eine 2 vorzuwählen.

Hauptpostamt: ul. Lenina 62, Tel. 2270510.

Bank: Sberbank, ul. Marksa 21, Tel. 2598841.

Geldautomaten: u.a. am Flughafen Emel'janovo (Abflughalle links); Kaufhaus CUM, ul. Marksa; pr. Mira 88.

Reisebüro: Sayan Ring, ul. Uritzkogo 117 of. 201, Tel. 2231231, www.sayanring.com (R/E), sowie Inturist, pr. Mira 86, off. 205, Tel. 2669996.

Taxi: Tel. 2652929.

Durchschnittstemperatur: Januar –17 Grad, Juli 18 Grad.

Die Stadt hat zwei nicht weit voneinander entfernt liegende Flughäfen, die allerdings recht weit – 50 Kilometer – vom Stadtzentrum Krasnojarks entfernt sind. **Čeremšank** bedient regionale Routen nach Bratsk, Abakan und Kyzyl, Tel. 2526557, www.cheremshanka.ru (R).

Von **Emel'janovo** gibt es täglich sieben Flüge nach Moskau (3 x Šeremet'evo, 3 x Domodedovo, 1 x Vnukovo), zwei Flüge nach Norilsk und einen nach St. Petersburg. Pro Woche geht es u.a. 6 x nach Novosibirsk und Irkutsk, 5 x über Chabarovsk nach Vladivostok und 3 x nach Ekaterinburg. Internationale Flüge gibt es nur 3 x pro Woche nach Beijing und, wie vielerorts in Sibirien, je drei Gastarbeiterflüge nach Kirgistan und Tadschikistan. Der Bus 135 braucht ca. 50 Minuten bis ins Stadtzentrum, Tel. 2555999, www.airport-krasnoyarsk.ru (R).

Krasnojarsk ist einer der wichtigsten Standorte an der Transsibirischen Eisenbahn. Die Fahrtzeit nach Moskau beträgt 65 Std. Von Interesse sind Zugverbindungen nach Novosibirsk (13 Std.), Irkutsk (19 Std.) sowie der BAM-Abzweig (Baikal-Amur-Magistrale) in Richtung Bratsk (13 Std.) und nach Süden in Richtung Abakan (12 Std.). Der 2004 schön rekonstruierte Bahnhof liegt südlich vom Zentrum, ul. 30. Ijulja 6, Tel. 2594144.

Der Busbahnhof liegt etwas auswärts (Bus 53 vom Stadtzentrum) und bietet mehrmals täglich Verbindungen Richtung Enisejsk (7 Std. Fahrt), Abakan (9 Std. Fahrt) und Šušenskoe 10,5 Std. Fahrt), ul. Aèrovokzal'naja 22, Tel. 2520975.

Am Flussbahnhof von Krasnojarsk gibt es verschiedene Ausflugsfahrten und Vorortlinien, beispielsweise in der Sommersaison dreimal täglich (am Wochenende öfter) zum Wasserkraftwerk Divnogorsk. Hier starten auch die Linienschiffe in Richtung Polarmeer und die Enisejkreuzfahrten, die heute aber nur noch bis Dudinka fahren.

Karte S. 215

Auf den Linienschiffen dürfen Ausländer nur bis Igarka und zurück reisen (siehe unter Schiffstouren auf dem Enisej), Dubrovinskogo 1, Tel. 2274446.

Das beste Hotel der Stadt ist das neu eröffnete **Hilton Garden Inn**, EZ/DZ 4300–5700 Rbl., ul. Molokova 37, Tel. 2570202. Unter den weltweiten Ketten hat auch **Novotel** gerade ein günstigeres Hotel eröffnet, EZ/DZ 3300–4600 Rbl., ul. Marksa 123, Tel. 2031400.

Die Hotels **Oktjabr'skaja** (Октябрьская), EZ/DZ 4200–6100 Rbl., pr. Mira 15, Tel. 2273780, www.hoteloctober.ru (R/E,), und **Krasnojarsk** (Красноярск), EZ/DZ 2800–5600 Rbl., ul. Urickogo 94, Tel. 2749400, www.hotelkrs.ru (R/E), sind die beiden Hotel-Klassiker im Stadtzentrum und nach wie vor eine gute Wahl. Das Oktjabr'skaja ist etwas persönlicher, im am zentralen Platz gelegenen Krasnojarsk hat man in den oberen Etagen einen schöneren Ausblick auf den Enisej.

Das **Metelica** (Schneetreiben, Метелица) ist eine leicht neureiche Alternative im Zentrum, EZ/DZ 3500–4800 Rbl. pr. Mira 14/1, Eingang im Hof, Tel. 2276060, www.hotel-metelitsa.ru (R/E).

Jachont (Яхонт), EZ/DZ 2400–4500 Rbl., ul. Tel'mana 25, Tel. 2566767, www.yahont.ru (R), DZ 4300 Rbl. Ein gutes Hotel mit sehr großen Zimmern, das ursprünglich als Gästehaus für ausländische Fachleute des örtlichen Aluminiumkombinats gebaut wurde. Es befindet sich allerdings recht abseits des Stadtzentrums. Hier gibt es eines der besten Restaurants der Stadt, in dem häufig die Gruppe Jachont, die auf modern bearbeitete Folklore spezialisiert ist, sehr gefällig musiziert.

Ebenfalls außerhalb des Stadtzentrums und am Südufer des Enisej gibt es folgende Übernachtungsvarianten:

Das **Amaks Citi Hotel** hieß früher Turist und ist nach der Rekonstruktion eine passable und günstige Option, EZ/DZ 3300–4400 Rbl., ul. Matrosova 2, Tel. 2767900. **Sibirskij Safari Club** (Сибирский Сафара Клуб), EZ/DZ 2200–3500 Rbl., ul. Sudostroitelnaja 117a, Tel. 2613335, www.hotelsafari.ru (R/E). Recht nobel und ruhig, direkt am Flussufer gelegenes, neues Hotel mit exotischem Namen.

Takmak (Такмак), EZ/DZ 3200–4500, ul. Bazajskaja 234a, Tel. 2312531, www.takmakhotel.ru (R/E), DZ 2400 Rbl. Wer noch mehr Natur mag oder zu den Stolby wandern möchte, dürfte am Spa-Hotel Takmak Gefallen finden: Hotel, Townhouse oder freistehende (teurere) Holzhäuser. Es liegt ca. 5 km von der Straße entfernt in Richtung Divnogorsk in den Bergen, am Park ›Biberhöhle‹ (Бабровая пещера).

Kolos (Ähre, Колос), ul. Kačinskaja 65, Tel. 2110070, und **Rečnik** (Flussfahrer, Речник). am südlichen Flussufer, ul. Kommunal'naja 2/1, Tel. 2012121, sind günstige, schlichte Hotels mit EZ unter 1000 Rbl.

Hostels wie das **Hovel**, ul. Lenina 24, Tel. 929/3094020, www.hovel24.ru (R/E), und das **Like**, ul. Aviatotorov, Tel. 933/3011250, www.krasnoyarsk1.likehostels.ru (R/E) bieten Schlafplätze ab 400 Rbl.

Es gibt viele gute Gaststätten in der Stadt. **Gadalov** (Гадалов) an der Uferpromenade, ul. Dubrovinskogo 100, Tel. 2661516, und **Surikov** (Суриков) im Gebäude des Musiktheaters, pr. Mira 129, Tel. 2030253, www.surikov24.ru (R), sind die besten Restaurants für russische Küche.

Zwar außerhalb der Stadt am Skigebiet Biberhöhle und recht teuer, aber exzellente lokale Küche bietet auch der **Chozjajn Taigi** (Herr der Taiga, Хозяйн тайги), ul. Sibirskaja 92, Tel. 2568649.

Zwischen Ob' und Enisej

Für europäische Küche sind das Restaurant **Svinja i biser** (Perlen vor die Säue, Свинья и бисер), ul. Krasnoj Armii 16a, Tel. 2266688, das **Irish Pub Dublin** (Даблин), ul. Surikova 12/6, Tel. 2277488, und das **Von Baron** (Фон Барон) ul. Bograda 21, Tel. 2660281 gute Optionen.

Empfehlenswert ist auch das **Evropa** auf der 8. Etage im gleichnamigen Business-Center. Gute Küche und exzellenter Ausblick, ul. Marksa 93a, Tel. 2925878.

Buržuij (Буржуй, Bourgeois) und **Perzy** (Перцы, Paprika) bieten ein gutes schnelles Mahl mit Pel'meni bzw. Pasta, ul. Mira 10, Tel. 2596709 bzw. 2527360.

Kalinka-Malinka (Калинка-Малинка), pr. Mira 85, pr. Mira 91a, ul. Krasnoj Armii 10, Tel. 2115081. Gute, solide Küche aus verschiedenen Ecken der ehemaligen Sowjetunion bietet diese Restaurant-Kette.

Pauza (Pause, Пауза), pr. Mira 114, Tel. 2115285. Guter Kaffee und Kuchen.

Daneben ist auch **Traveller's Coffee** mehrfach in der Stadt vertreten: pr. Mira 34, 65, 85 sowie ul. Marksa 135, Tel. 2114040.

Aus Komsomol wird **Komsomoll**. Mit nur einem weiteren Buchstaben wird aus dem sowjetischen kommunistischen Jugendverband ein neuer Name für einen Konsumtempel, der in Krasnojarsk relativ zentrumsnah 2013 seine Tore öffnete, ul. Belinskogo 8, Tel. 2260281, www.komsomall.su (R).

Das alte Kaufhaus ist das **CUM**, ul. Karla Marksa 102.

www.krskstate.ru (R)
www.kgs.ru (R)
www.admkrsk.ru (R)
www.krasplace.ru (R)
www.naov.ru (R)

Nationalpark Stolby

Am südwestlichen Stadtrand von Krasnojarsk erstreckt sich auf einer Fläche von mehr als 47 000 Hektar am rechten Ufer des Enisej zwischen seinen Nebenflüssen Mana und Basaich der im Jahr 1925 geschaffene Nationalpark Stolby, www.stolby.ru (R/E). Etwa 1400 Hektar des Geländes wurden in der folgenden Zeit touristisch erschlossen und sind heute für Besucher zugänglich. Der Nationalpark ist als landschaftliches Naturdenkmal vor allem an den Wochenenden ein beliebtes touristisches Ausflugsziel und für einen Tagesausflug sehr zu empfehlen. Seinen Namen ›Stolby‹, was soviel wie Pfähle bedeutet, verdankt der Nationalpark den über 80 rötlichen Granitfelsen, die der Bergtaiga hier in den Ausläufen des Sajange-

birges einen zusätzlichen, einzigartigen Reiz verleihen. Wasser, Wind und Frost verliehen den Felsen, die, Pfählen gleich, bis zu 100 Meter in die Höhe ragen, bizarre Formen.

Die meisten dieser Pfähle haben heute einen eigenen Namen. Die Palette der Bezeichnungen reicht dabei vom recht phantasielosen ›Pfahl Nr. 1‹ über ›Pfahl Nr. 5‹ bis zu so phantasievollen Bezeichnungen wie ›Monach‹ (Mönch), ›Ded‹ (Großvater), ›Babka‹ (Großmutter), ›Ermak‹ (Kosakenführer Ermak), ›Berkut‹ (Königsadler) ›Žaba‹ (Kröte), ›Per'ja‹ (Federn), ›Kitajskaja Stenka‹ (Chinesische Mauer), ›Čertov Palec‹ (Teufelsfinger) und ›Tok-Mak‹, die teilweise mit Geschichten und alten Legenden verbunden sind. Viele Felsen sind ein Eldorado für Kletterfreaks aller Schattierun-

Karte S. 225

gen. Häufig finden auch Meisterschaften mit überregionaler Bedeutung statt. In der Nähe des ›Pfahles Nr. 1‹ gibt es unter der Bezeichnung ›Živoj Ugolok‹ (Lebendiges Eckchen) einen kleinen Tierpark. Ungeachtet der sehr primitiven Ausstattung bieten sich vom sibirischen Eichhörnchen Burunduk über den Zobel bis zum Bären interessante Einblicke in die örtliche Fauna. Vom Felsmas-

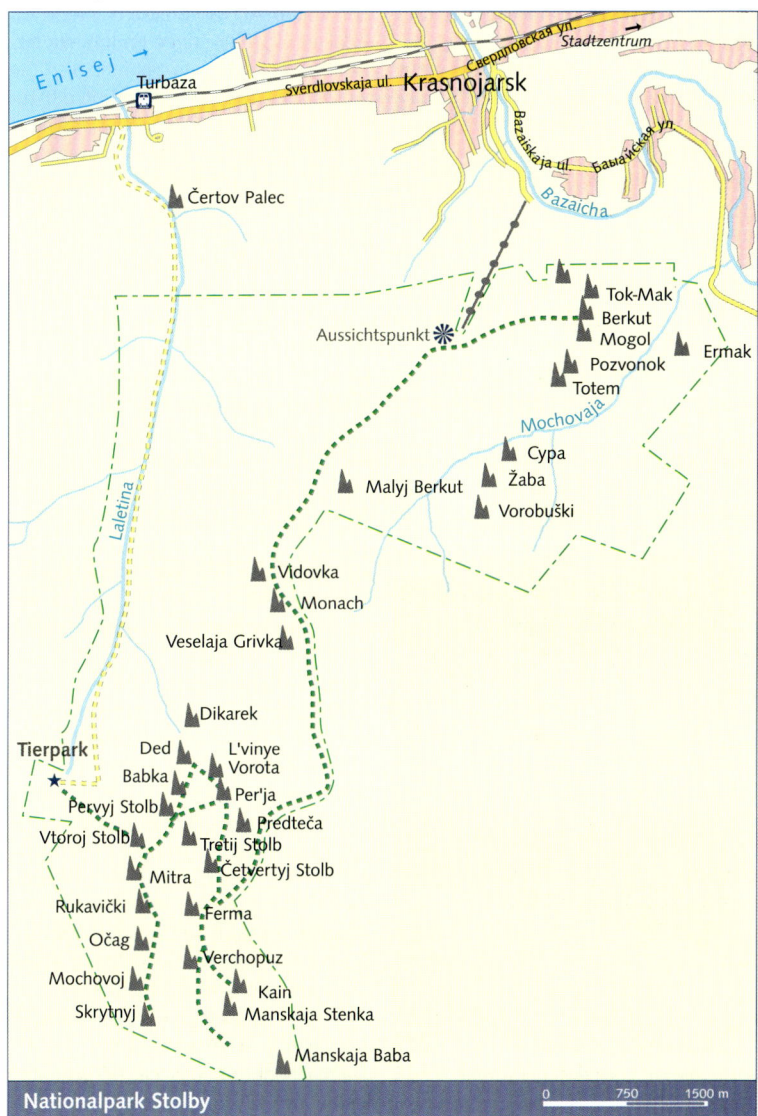

Nationalpark Stolby

Zwischen Ob' und Enisej

siv ›Tok-Mak‹, auf dem die russische Nationalflagge weht, eröffnet sich bei guter Sicht ein herrlicher Panoramablick sowohl auf das mit ›Pfählen‹ durchsetzte Waldmeer der Sajan-Ausläufer als auch auf das im Enisej-Tal liegende Krasnojarsk. Bei einem Tagesausflug hat man die Verpflegung in der Regel dabei. Es gibt mehrere überdachte Picknickplätze. Anfahrt mit der Buslinie 7 oder 50 bis zur Endhaltestelle ›Turbaza Enisej‹. Die Nationalparkverwaltung bietet auch geführte Touren für Gruppen an (Anfragen an: stolby-eco@mail.ru).

Wasserkraftwerk Divnogorsk

Zum 50. Jahrestag der Oktoberrevolution ging das Kraftwerk als Markstein in der industriellen Erschließung Sibiriens 1967 ans Netz. Der Staudamm ist 1072 Meter lang. Ein Beschreiten der Staumauer selbst ist allerdings nicht möglich. Während die Mauer an der Spitze 24 Meter breit ist, beträgt die Stärke des Mauerfußes 140 Meter. Divnogorsk ist nach Sajano-Šušenskoe das zweitgrößte Wasserkraftwerk Russlands und belegt beim realen Stromausstoß sogar Platz eins. Der entstandene Stausee zieht sich auf knapp 400 Kilometern Länge bis Abakan hin. Führungen im Inneren des Kraftwerks sind heute nicht möglich. Sie wurden mit der Rekonstruktion der Turbinen 1995 eingestellt und bislang nicht wieder aufgenommen. Oft steht ein Rentner, der das Kraftwerk mitgebaut hat, an der Aussichtsplattform und kann für ein kleines Entgelt in mehreren Sprachen alles über den Staudamm erzählen. Interessant ist die augenfällige schräge Rampe rechts neben dem Damm. Dieses Schiffshebewerk gewährleistet mit einer speziellen Vorrichtung, dass Lastschiffe das Hindernis in 90 Minuten überwinden können. Es gilt als das größte dieser Art in der Welt. Die zum Kraftwerk gehörende Ortschaft zählt 31 000 Einwohner und ist etwa sechs Kilometer von der Staumauer entfernt. Es gibt das einfache Hotel ›Birjuza‹, ul. Lenina 55, Tel. +7/39144/22666 und ein kleines Heimatmuseum, ul. Komsomolskaja 2, Tel. +7/39144/26511.

Zwischen Krasnojarsk und dem etwa 30 Kilometer entfernten Divnogorsk verkehren Busse und Vorortzüge. Beide fahren dabei größtenteils in landschaftlich reizvoller Sichtweite vom Enisej. Routentaxi 106 fährt regelmäßig am rechten Ufer am Rondell vor dem Amaks Citi Hotel ab. Samstags fährt um 13 Uhr ein historischer Retrozug auf der Strecke, allerdings nicht vom Krasnojarsker Hauptbahnhof, sondern vom Bahnhof Enisej, ebenfalls am rechten Flussufer. Im Sommer gibt es auch mindestens dreimal täglich eine Schiffsverbindung mit dem Tragflächenboot, das ca. 45 Minuten unterwegs ist.

Blick von der Staumauer des Kraftwerks Divnogorsk

Karte S. 129

Mit dem Auto oder dem Bus lohnt ein Stop im Dorf **Ovsjanka** bei Kilometer 23. In diesem Dorf lebte Viktor Astaf'ev (1924–2001), einer der bekanntesten Autoren Sibiriens. Sein Wohnhaus wurde nach seinem Tod zu einem Museum (ul. Šetinkina 26, Tel. +7/39144/27055), ein zweites, neu errichtetes Holzhaus gegenüber ist seinem Schaffen und insbesondere seinem autobiographisch geprägten Roman ›Der letzte Gruß‹ (Poslednyj poklon, 1968, es gibt keine Ausgabe in Deutsch) gewidmet.

■ **Floßfahrten auf der Mana**
Wachsender Popularität erfreuen sich in der letzten Zeit Boots- und vor allem Floßfahrten auf dem Enisej-Nebenfluss Mana. Nach der Busanfahrt nach Narva legt man in sieben Tagen die 235 Kilometer bis zur Mündung der Mana in den Enisej am Krasnojarsker Vorort Ust'-Mana zurück. Durch unbesiedelte Taiga, vorbei an vielen ›Pfählen‹, mit Übernachtung auf vorbereiteten Zeltplätzen ist die Tour mit einem Mindestmaß an Zivilisation ein wahrer Abenteuerspaß.

Geschlossene Städte

Krasnojarsk ist eines der Zentren der russischen Atomwirtschaft. Hinter geheimnisumwitterten Bezeichnungen wie Krasnojarsk-26 oder Krasnojarsk-45 verbergen sich nach wie vor geschlossene Siedlungen, die erst in den letzten Jahren auf der Landkarte zu finden sind, da sie vorher ganz einfach aus Geheimhaltungsgründen nicht eingezeichnet wurden.

Krasnojarsk 26, auch Atomgrad oder Železnogorsk genannt, ist 40 Kilometer von Krasnojarsk entfernt und liegt am Enisej-Zufluss Kantat. Die in den 1950er Jahren entstandene Stadt zählt heute etwa 85 000 Einwohner. Hier wird Uran angereichert und werden die wichtigsten Komponenten für die russischen Kernwaffen hergestellt. Die Produktionsanlagen und ein Reaktor befinden sich in gigantischen Stollen, die in den Granitfels geschlagen wurden. Ihre Tunnellänge soll die der Moskauer Metro übertreffen. Seit 1989 werden hier auch Kernbrennstoffe entsorgt.

Krasnojarsk 45, auch Zelenogorsk genannt, befindet sich etwa 100 Kilometer östlich von Krasnojarsk am Fluss Kan. In den 1950er Jahren aus der Siedlung Ust'-Barga entstanden, wird die Stadt heute von ungefähr 63 000 Menschen bewohnt. Auch wenn dort in Lizenz bereits Samsung-Fernseher produziert werden, dominiert die Atomwirtschaft, so dass man für die Geheimniskrämerei Verständnis haben kann.

Lesosibirsk

Lesosibirsk (Les bedeutet Wald) ist eines der industriellen Zentren der sibirischen Forstwirtschaft und streckt sich knapp 20 Kilometer am linken Enisejufer. Die Stadt zählt heute heute etwa 60 000 Einwohner und ist der bedeutendste Holzumschlagplatz, denn hier kommt der Holzeinschlag entlang dem Enisej und der Angara zusammen und wird entweder in den örtlichen Sägewerken für den Weitertransport mit der Eisenbahn verarbeitet oder für den Weitertransport auf dem Enisej nach Igarka vorbereitet, wo dann die Umladung auf für die Meeresschifffahrt taugliche Frachter erfolgt.

Bereits im 17. Jahrhundert war hier das Dorf Maklakov Lug entstanden. Das erste Sägewerk nahm 1915 seinen Betrieb auf. Zu Sowjetzeiten wurde die Holzverarbeitung ausgebaut und 1975 mehrere Dörfer zur neu gegründeten Stadt Lesosibirsk zusammengefasst. Über 30 holzverarbeitende Betriebe prägen die Stadt, die am Flussufer unmittelbar an die Taiga grenzt.

Das Stadtbild ist vor allem durch sowjetische Plattenbauarchitektur und riesige Holzlager geprägt. Aber die größte Sehenswürdigkeit von Lesosibirsk gehört mit Sicherheit zu den schönsten sakralen Neubauten Sibiriens. Die eindrucksvolle **Kreuzerhöhungskathedrale** (Sobor vozdviženia kresta gospodnja) wurde im Oktober 2002 eingeweiht. Die 63 Meter hohe, aus rotem Backstein erbau-

te Kirche erinnert mit ihren 13 kleinen Kuppeln an die Moskauer Basilius-Kathedrale. Einen Besuch lohnt auch das örtliche **Waldmuseum**, das zugleich auch Heimatmuseum ist und neben gigantischen Lärchen und Zirbelkiefern auch ökologische Aspekte der Forstwirtschaft erläutert, 5. Mikrorajon 10a, Tel. 54679. Daneben gibt es eine städtische **Kunstgalerie**, wo sich neben der Ausstellung von Malerei und Kunstgewerbe auch ein Verkaufssalon befindet, ul. Privokzal'naja 9, Tel. 22955.

 Lesosibirsk

Lage: 58°13'41.37"N/92°29'2.47"E. Lesosibirsk ist gut 300 km von Krasnojarsk entfernt. Zeitunterschied zu MEZ im Sommer 6, im Winter 7 Std.
Postleitzahl: 663131.
Vorwahl: +7/39145; Auskunft: 09.
Postamt: ul. Mira 3, Tel. 52515.
Bank: ul. Parkovaja 9a, Tel. 52202.
Reisebüro: ul. Pobedy 50, Tel. 22931.
Durchschnittstemperatur: Januar –19 Grad, Juli 18 Grad.

Lesosibirsk ist durch eine Sackbahn mit Ačinsk an der Transsibirischen Eisenbahn verbunden (Reisezeit 6 Std.). Es gibt eine tägliche Zugverbindung nach Krasnojarsk (10 Std.), ul. Transportnaja 1, Tel. 42744.

Der Busbahnhof liegt im 5. Mikrorajon, 31, Tel. 52965.

Es gibt zwei Hotels in der Stadt:
Sozvezdie Medvedizy (Sternzeichen Wagen, im Russischen wörtlich Bärin, Созвездие медведицы), EZ/DZ 1500–2800 Rbl. ul. Magistral'naja 85, Tel. 53882, www.sozvezdiem.com (R), und **Kedr** (Кедр), ul. 60let VLKSM 7, Tel. 63251.

Mackenna's Gold (nach einem Hollywood-Western von 1969), ul. Mira 1a, Tel. 53225. Beste Lokalität im Ort.
Rus' (Русь), ul. Pobedy 45, Tel. 22792 und **Gildija**, ul. Pobedy 36, Tel. 22651. Zwei empfehlenswerte Cafés.
Bekker (Беккер), ul. Gor'kogo 109, Tel. 51708. Eine kleine Bierkneipe.

www.lesosib.ru (R)

Enisejsk

Enisejsk hat auch den Beinamen ›Vater der sibirischen Städte‹. Die heute mit 19 000 Einwohnern kaum bekannte und unscheinbare Stadt am Ufer des Enisej spielte in der Geschichte Sibiriens lange Jahre eine außerordentlich bedeutsame

Rolle. Petr Albyčev und Čerkas Rukin schlugen 1618 am Uferrand der Taiga mehrere Winterlager auf, die dann zum Enisejsker Ostrog vereint wurden. Dank seiner Nähe zum Zusammenfluss von Enisej und Angara gewann das Fort schnell an Bedeutung. Es war ein idealer

Karte S. 229

Ausgangspunkt für die weitere Expansion flussaufwärts der beiden gewaltigen Ströme. Die Begründer der Orte Krasnojarsk, Bratsk und Irkutsk begannen ihre Expeditionen in Enisejsk. Handel und Handwerk entwickelten sich. 1678 erhielt Enisejsk das Stadtrecht und wurde als Verkehrsknotenpunkt Sitz der Verwaltung für alle Siedlungen und Forts östlich des großen Stromes. Zwei große Klöster entstanden und Sibiriens Schmiedehandwerk und Ikonenmalerei erreichten hier ihre Blüte. Nach verheerenden Bränden zu Beginn des 18. Jahrhunderts begann die konsequente Anwendung der Steinbauweise das Stadtbild zu prägen. Der sibirische Barock ist vielerorts bis heute im Stadtbild zu erkennen.

Doch mit der Einrichtung des weiter südlich durch Krasnojarsk verlaufenden Sibirischen Traktes veränderten sich die Verkehrsströme, die Bedeutung der Flüsse nahm ab. Die Blütezeit von Enisejsk ging ihrem Ende entgegen. Ein gewisser Aufwind im 19. Jahrhundert dank Goldfunden in der Taiga und dank der Entwicklung der Dampfschifffahrt auf dem Enisej konnte den Abstieg in die Provinz zwar bremsen, aber nicht aufhalten. Die über 300 Kilometer Entfernung zur neuen Lebensader Sibiriens – der Transsibi-

Zwischen Ob' und Enisej

Enesejsk

0   150   300 m

1. Heimatkundemuseum (Краеведческий музей)
2. Ausstellungszentrum (Городской выставочный зал)
3. Privatmuseum Foto-Hütte (Дом-музей Фотоизба)
4. Hobel-Museum (Музей рубанка)
5. Christi-Verklärungskirche (Преображенская церковь)
6. Christi-Verklärungskathedrale (Преображенский соборь)
7. Himmelfahrtskirche (Успенский собор)
8. Auferstehungskirche (Воскресенская церковь)

rischen Eisenbahn – ließen den wirtschaftlichen Fortschritt an Enisejsk vorbeiziehen. In der Sowjetzeit war die Flussschifffahrt der wichtigste Wirtschaftszweig in der Stadt. Am Stadtrand entstand ein Raketenkontrollzentrum, das auch die Vielzahl von Antennen an der südlichen Ortseinfahrt erklärt.

Da durch die Stagnation in der Entwicklung des Ortes kein Bedarf an Neubauten bestand, präsentiert sich das gesamte Stadtzentrum von Enisejsk dem Besucher sozusagen als kompaktes Freiluftmuseum. Große Teile der Exponate sind zwar noch in einem recht bedauerlichen Zustand, aber die Originalsubstanz ist vorhanden und sehenswert. Mit 94 im Ortszentrum unter Denkmalschutz stehenden Gebäuden nimmt der Ort in Russland einen Spitzenplatz ein. Jetzt wurde beschlossen, daß man im Vorfeld des groß zu feiernden 400–jährigen Stadtjubiläums im Jahr 2018 erhebliche Mittel für die Rekonstruktion des Ortszentrums zur Verfügung stellt. Derzeit noch ein Geheimtipp, ist es auf jeden Fall einen Besuch wert.

Von der Schiffsanlegestelle sieht man bereits den Glockenturm der 1712 erbauten **Christi-Verklärungskirche** (Preobraženskaja zerkov'), die leider nur

noch eine Ruine ist. Parallel zum Ufer verläuft dahinter die **ul. Lenina** als Hauptstraße von Enisejsk. Hier befinden sich viele interessante Gebäude aus dem 18. und 19. Jahrhundert, wie zum Beispiel das sehenswerte **Heimatmuseum.** Es wurde bereits 1883 durch den Unternehmer Aleksandr Kytmanov (1858–1910) begründet, der sich neben seiner Schifffahrtsgesellschaft in vielfältiger Weise für das Leben in der Stadt engagierte. Neben der noch von Kytmanov gespendeten Ethnographie-Sammlung über den Volksstamm der Keten findet man Exponate über die großen Expeditionen und die Stadtgeschichte, ul. Lenina 106, Tel. 22029.

Das **städtische Ausstellungszentrum** befindet sich in der ul. Babkina 8, Tel. 25127. In der Hauptstraße finden sich auch zwei Kunstgewerbegeschäfte, ul. Lenina 106 und 126. Das Haus des ehemaligen Goldminenbesitzers Aleksej Balandin ist heute das **Kulturzentrum** der Stadt, wo neben Theateraufführungen auch viele andere Veranstaltungen stattfinden, ul. Lenina 103. Einen Besuch sollte man auch dem **Foto-Hütte** (Izba) genannten Privatmuseum von Petr Drozdov abstatten. Der Fotograf und Heimatkundler hat ein altes Haus

▲ *Abend am Enisej*

ausgebaut und zeigt seine Kollektion zur Geschichte der Stadt, ul. Lenina 81, Tel. 22726.

Ein Mekka für Holzfans, von denen es ja in der Taiga nicht wenige gibt, ist das **Hobel-Museum** (Muzej rubanok), in dem über 1000 Instrumente zur Holzbearbeitung zu begutachten sind, ul. Pionerskaja 5a, Tel. 908/2205475.

Über die ul. Babkina gelangt man zwei Querstraßen ansteigend, weiter am Fefelov-Park vorbei, zu einem Platz, wo sich früher eines der größten Mönchsklöster Sibiriens (Spaso-Preobraženskij Mužskoj Monastyr') befand. Einige Gebäude wie die **Erlöserkirche** und Teile der **Mönchszellen** blieben erhalten. Seit 1990 leben hier wieder Mönche und restaurieren das Kloster.

Auf einer weiteren Anhöhe erhebt sich die **Himmelfahrtskirche** (Uspenskij Sobor), die hier zwischen 1793 und 1820 anstelle der alten hölzernen Friedhofskapelle errichtet wurde. Sie vereint stilistisch Elemente des Barock und des Klassizismus. Man kann den Turm besteigen und hat einen schönen Ausblick auf die Stadt, ul. Rabočij-Krestjanskaja 116.

Am anderen Ufer des das Stadtzentrum im Süden abschließenden Zuflusses Mel'ničnaja erhebt sich die Auferstehungskirche (Voskresenskaja cerkov') des schon 1623 begründeten Iversker **Nonnenklosters**.

 Enisejsk

Lage: 58°27'0.92"N/92°9'37.59"E; Enisejsk ist 338 km von Krasnojarsk entfernt. Zeitunterschied zu MEZ im Sommer 6, im Winter 7 Std.

Postleitzahl: 663180.

Vorwahl: +7/39115, Auskunft: 09.

Hauptpostamt: ul. Petrovskogo 21, Tel. 23070.

Bank: Sberbank, ul. Babkina 26, Tel. 24659.

Reisebüro: Polonia, ul. Lenina 111, Tel. 213218.

Durchschnittstemperatur: Januar –21 Grad, Juli 18 Grad.

Der nächste Bahnhof befindet sich im 40 km südlich gelegenen Lesosibirsk.

Der Busbahnhof liegt in der Arbeiter- und Bauernstraße, es gibt tagsüber fast stündliche Busverbindungen nach Krasnojarsk (7 Std. Fahrtzeit) und nach Lesosibirsk (50 min. Fahrtzeit), ul. Rabočij-Krestjanskaja 86, Tel. 22057.

Im Sommer fahren 3 x pro Woche Tragflächenboote nach Krasnojarsk, 10 Std. Fahrtzeit, 800 Rbl., Tel. 24860.

Es gibt ein einfaches, aber stilvolles Hotel in einer alten Holzvilla: **Enisejskaja** (Енисейская), EZ/DZ 1000–2500 Rbl., ul. Lenina 133, Tel. 26358, WC und Waschbecken im Zimmer, eine Dusche für das gesamte Hotel.

Daneben bietet das Hotel Ujut (Gemütlichkeit, Уют) tageweise 1- und 2-Raum-Wohnungen für 900–2000 Rbl., ul. Lenina 88, Tel. 904/8918937, www.uyut-24.ru (R).

Skazka (Märchen, Сказка), ul. Petrovskogo 11, Tel. 24652. Beste Lokalität mit Blick zum Strom.

Lotos (Лотос), ul. Lenina 119a, Tel. 24035, und **Duplet** (Дуплет), ul. Fefelova 80, Tel. 25583 sind weitere Alternativen

www.eniseysk.com (R).

Zwischen Ob' und Enisej

Schiffstouren auf dem Enisej

Kreuzfahrten auf Russlands großen Strömen sind immer ein besonderes Erlebnis. Neben der mächtigen und fast trägen Wolga brauchen sich Sibiriens gewaltige Ströme nicht zu verstecken. Im Gegenteil, die Flüsse bieten zwar zwangsläufig weniger Stadtausflüge, aber die Begegnung mit der Abgeschiedenheit und Einzigartigkeit der Natur ist sehr eindrucksvoll. Neben den Reisen auf den Liniendampfern auf allen großen Flüssen werden heute touristische Kreuzfahrten auf dem Enisej, dem Ob', der Lena und manchmal dem Amur angeboten. Der Enisej ist der gewaltigste und wasserreichste Strom Sibiriens. Er entsteht aus dem Zusammenfluss des Großen und des Kleinen Enisej (Bej Chem und Chua Chem) bei Kyzyl in der Republik Tuva und ergießt sich über 3487 Kilometer bis zum Eismeer. Seine Länge mit dem in der Mongolei entspringenden Quellfluss Chua Chem zusammen beträgt 4102 Kilometer, womit er in der Länge hinter Ob' samt Irtyš, Lena und Amur auf dem undankbaren vierten Platz landet. Das Wassereinzugsgebiet umfasst gigantische 2,5 Millionen Quadratkilometer und ist damit mehr als doppelt so groß wie das der Wolga. Die wichtigsten Zuflüsse sind die dem Baikalsee entspringende Angara sowie die Obere und die Untere Tunguska. Der durchschnittliche Wasserdurchfluss beläuft sich ungeachtet der Bändigung durch die beiden gigantischen Staudämme bei Sajanošušensk und Divnogorsk im Jahresdurchschnitt auf nicht zu überbietende 19 000 Kubikmeter pro Sekunde.

Während zwischen Krasnojarsk und Divnogorsk Ausflugsdampfer und Tragflächenboote verkehren, verkehren in Richtung Norden bis Dudinka auch Passagierdampfer. Man ist in Abhängigkeit davon, ob man mit oder gegen die Strömung fährt, neun bzw. zehn Tage unterwegs und kann den wasserreichsten Strom der Welt genießen. Der von

ausländischen Touristen bevorzugte Vorzeigedampfer in Krasnojarsk ist die seinerzeit in Österreich gebaute ›Anton Tschechow‹. Daneben verkehren noch die ›Čkalov‹ und die ›Matrosov‹, auf denen man zumeist in rein russischer Gesellschaft weniger komfortabel, aber auch deutlich preiswerter reist.

Nach einer Bekanntschaft mit Krasnojarsk sind auf dem Weg nach Dudinka eine ganze Reihe von Ausflügen im Programm, so zum Beispiel eine Badepause in Taskino, einem kleinen Dorf und beliebten Ausflugsort. Die alte Verwaltungshauptstadt Enisejsk (siehe oben) ist ebenso zu besichtigen wie Vorogovo und Vereščagino, wo man sich während einer Führung durch das Dorf mit der Lebensweise der Dorfbevölkerung vertraut machen kann. Auch eine Taigawanderung ist vorgesehen.

Der Enisej trennt die Westsibirische Tiefebene von der mittelsibirischen Hochebene, deren Höhen zwischen 600 und 1100 Metern schwanken, so dass am rechten Flussufer interessante Berg- und Felsreliefs zu beobachten sind. An manchen Orten verengt sich der ansonsten sehr breite Strom auf 300 bis 400 Meter, wobei auch Stromschnellen, wie beispielsweise auf etwa sieben Kilometern Länge bei Kazačinskoe den Kapitänen besonderes Geschick abverlangen.

Wo die dem Baikalsee entspringende Angara in den Enisej einfließt, kann man noch über mehrere Kilometer beobachten, wie sich das sehr bläuliche Wasser der Angara mit dem im Vergleich etwas rotbräunlich schimmernden Wasser des Enisej vereinigt. Am linken Ufer folgt die Industriestadt Lesosibirsk und die alte russische Stadt Enisejsk.

Hinter Vorogovo, wo der Fluss mehrere Kilometer breit ist, folgen die Osinovsker Stromschnellen, wo das Schiff in abgestimmter Navigation durch einen landschaftlich sehr schönen Canyon fährt, weil zwei Schiffe nicht nebeneinander durchpassen. Hinter der nächsten Biegung ergießt sich auf der rechten Seite der auch Obere Tunguska genannte Fluss Podkammenaja Tunguska in den Enisej. Hier ist man in Gedanken

Zwischen Ob' und Enisej

sofort beim berühmten Tungusker Meteoriten. Bis zur Stelle des Einschlages sind es allerdings noch etwa 800 Kilometer in Richtung Osten.

■ Turuchansk

Bei Turuchansk wird der nördliche Polarkreis überquert. Dieses Gebiet wurde das Land der schwarzen Tage und der weißen Nächte getauft. Der Ort wurde 1607 gegründet. Das 1782 erhaltene Stadtrecht musste allerdings 1925 wieder aufgegeben werden. Heute hat Turuchansk etwa 4900 Einwohner. Zwiespältige Berühmtheit erlangte der Ort durch die Verbannung von Lenins Nachfolger, der sich später den Parteinamen Stalin zulegte. Iosif Džugašvili war im Februar 1913 in Petersburg verhaftet worden und zu vier Jahren Verbannung im Gebiet Turuchansk verurteilt worden. Dies war bereits seine achte Verhaftung: Schon fünfmal war ihm die Flucht aus der Verbannung gelungen. Im Jahre 1913 wurde Stalin zunächst in das Dorf Kostino, etwa zehn Kilometer von Turuchansk entfernt, gebracht. Im folgenden Jahr wurde er nach Kurejka umgesiedelt, wo er von 1914 bis

Tragflächenboot auf dem Enisej

1916 blieb und in einer kleinen Fischerhütte am Fluss lebte. Das noch zu Lebzeiten Stalins im Jahr 1952 erbaute Museum zur Erinnerung an seine Verbannung ist heute nach einem Brand im Jahr 1996 eine Ruine. Auch die überlebensgroße Stalinstatue am Uferrand hinter Kurejka überdauerte das politische Tauwetter nicht und soll 1961 im Enisej versenkt worden sein.

■ Igarka

Nächster Halt ist Igarka, wo schon den gesamten Juni und Juli die Sonne nicht mehr untergeht. Heute leben knapp 8700 Menschen hier, die vor allem im für den russischen Holzexport wichtigen Hafen Arbeit finden. Der Hafen ist der südlichste Anlaufpunkt für Hochseeschiffe, die im Sommer die Nordmeerroute befahren. Die Stadt Igarka entstand auf der Basis alter Siedlungen ab 1927 und wurde vor allem durch Gulag-Häftlinge errichtet. Hier befindet sich das neben Jakutsk zweite **Dauerfrostmuseum** Russlands, ul. Bol'šogo Teatra 15 a, Samstag Ruhetag. In der Nähe der Stadt befanden sich in der Taiga viele stalinsche Arbeitslager, die heute – sich selbst überlassen – verrotten. Man kann einen Hubschrauberflug über diese alten Lager buchen. Sie befinden sich ca. 60 Kilometer südlich von Igarka unweit des Dorfes **Ermakovo**. Dieser Ort sollte der östliche Endpunkt der Polareisenbahn werden, die den Enisej mit dem Ob' bei Salechard verbinden sollte. Der Codename des Projektes war hier ›503‹, im Unterschied zu ›501‹ am Ob'.

■ Dudinka

Endstation der Schiffsreise ist dann Dudinka, von wo aus man mit dem Flugzeug vom Flughafen Noril'sk nach Krasnojarsk oder Moskau zurückkehrt.

Im Jahr 1667 gründete Ivan Sorokin an der Stelle des heutigen Dudinka ein Winterlager zur Eintreibung der Pelzfron. Seinen Namen bekam der Ort nach dem gleichnamigen Nebenfluss des Enisej. Nach der Legende verlor dort im stürmischen Wasser der russische Händler Dudin sein Leben. Er hatte mit den Eingeborenen Handel getrieben und war den Reizen einer schönen Schamanin erlegen. Als er jedoch zu seiner Familie zurückkehren wollte, rief die Schamanin die Sturmgeister, um ihn von der Rückkehr abzuhalten. Doch Dudin blieb hart und ertrank im fortan Dudinka genannten Strom. Hier ist das Klima nicht mehr nur streng kontinental, hier ist es arktisch. 45 Tage im Dezember und Januar dauert die Polarnacht. An durchschnittlich 280 Tagen, also fast 10 Monate zeigt das Thermometer unter Null. Nichtsdestotrotz leben heute etwa 26 000 Menschen hier. Der unwirtliche Ort blieb lange vollkommen unbedeutend. Erst nach 1930, als Dudinka zum Hafen der knapp 100 Kilometer entfernten Noril'sker Nickelmine und auch zur Hauptstadt des die Halbinsel Tajmyr umfassenden Autonomiebezirkes wurde, gewann die Siedlung mit dem Hafen an Bedeutung. Inzwischen wurde der nördliche Seeweg stark frequentiert und der Hafen Dudinka weiter ausgebaut. Die Stadt steht auf Pfählen. Der Dauerfrostboden lässt keine andere Bauweise zu, und auch alle Rohrleitungnetze liegen überirdisch frei. Auf der zum Fluss gerichteten Seite des **Museumsneubaus** sind die Fenster in der Form des Sternbildes ›Großer Wagen‹ angeordnet. Im Russischen heißt das Sternbild ›Große Bärin‹.

Zwischen Ob' und Enisej

ℹ Dudinka

Lage: 69°24'3.66"N/86°11'37.80"E; Dudinka ist 2021 km von Krasnojarsk entfernt. Die Stadt ist eigentlich genauso wie Norilsk für Ausländer gesperrt. Ausnahmen gibt es nur für organisierte Kreuzfahrttouristen, die im Idealfall vom Hafen direkt zum Norilsker Flughafen transportiert werden. Da Verzögerungen keine Ausnahme sind, sieht Plan B eine begleitete Stadtbesichtigung vor.
Postleitzahl: 663210.
Vorwahl: +7/39111; Auskunft: 09.
Hauptpostamt: ul. Sovetskaja 31, Tel. 24913.
Bank: Sberbank, ul. Matrosova 2, Tel. 25538.
Durchschnittstemperatur: Januar –31 Grad, Juli 6 Grad.

✈
Neben dem kleinen Flughafen in Dudinka selbst, ul. Severnaja 1, Tel. 23505, gibt es den knapp 50 Kilometer entfernten Flughafen von Noril'sk.

⛴
Der Flusshafen befindet sich in der ul. Naberežnaja, Tel. 21804.

🛏
Enisejskie Ogni (Енисейские Огни), ul. Sovetskaja 41, Tel. 56079. Das beste Hotel liegt zentral und besitzt 33 Plätze.
Severnoe Sijanie (Nordlicht, Северное Сияние), ul. Gor'kogo 47, Tel. 57330. Eine Alternative.

🍽
Adler (Адлер), ul. Sovetskaja 32, Tel. 24987. Eine gute Lokalität.
Dudinka (Дудинка), ul. Šorsa 11, Tel. 56105. Ebenfalls empfehlenswert.

www.dudinka.narod.ru (R)

Abakan

Abakan, die Hauptstadt der 1930 gegründeten Republik Chakassien hat ihren Ursprung in der 1707 geschaffenen Festung Abakansk. Die Legende berichtet vom chakassischen Heerführer Abakan, was soviel wie Bärenblut bedeutet.

Er stürzte einst mit seinem Pferd in den Fluss und gab somit Fluss und Stadt seinen Namen.

Chakassien gilt heute als Mekka für Archäologen. Vielfältige Spuren aus der Steinzeit und der Bronzezeit belegen

eine erstaunlich entwickelte Zivilisation. Die Chakassen stammen von den turkstämmigen Kirgisen ab, deren Reich vom 6. bis zum 11. Jahrhundert über Südsibirien und Mittelasien seine größte Ausdehnung erreichte. Unter dem Druck der Mongolen zogen sie nach Südwesten. Die verbliebenen Stämme lebten als Nomaden und wurden später unter dem Einfluss der Russen sesshaft. 1701 schloss sich der Landstrich Russland an.

Geschichte

An der Mündung des Flusses Abakan in den Enisej entstand am linken Ufer des Enisej das Dorf Ust'-Abakanskoe. Mit dem Bau der Eisenbahn zwischen Ačinsk und Minisinsk wurde die Siedlung ab 1920 ausgebaut und in Abakan umbenannt, das 1931 das Stadtrecht erhielt. Somit ist die Stadt vergleichsweise jung. In der Vergangenheit lagen die Siedlungsgebiete östlich des Enisej, wo das historisch gewachsene Minusinsk die bedeutendste Stadt der Region war. Das änderte sich erst, nachdem 1923 die Chakassen ihre Autonomie bekamen

und mit Abakan als neuem Zentrum eine Zeitenwende bekräftigen wollten. Die Chakassen sind inzwischen aber hier in der Minderheit und leben vor allem auf dem Lande. Im heute etwa 176 000 Einwohner zählenden Abakan leben fast ausschließlich Russen. An das alte Dorf erinnern noch einige Holzhäuser im Stadtzentrum. Das Stadtbild wird jedoch in erster Linie durch Neubauten aus den 1950er bis 1970er Jahren geprägt, deren Außenfassaden durch nationaltypische Ornamente aufgelockert werden. Die Stadt hat eine Technische und eine Pädagogische Hochschule, ein Schauspielhaus, eine Jugendbühne sowie ein Puppentheater.

Chakassien ist heute eine eigenständige Republik innerhalb der Russischen Föderation, die vor allem durch die Alatau-Berge und das westliche Sajangebirge mit Höhen bis zu 2950 Metern geprägt wird. Dazwischen liegen riesige Talkessel, die mit Feldern, Steppe und Waldsteppe bedeckt sind. Gleichzeitig gibt es reißende Flüsse und etwa 300 schöne Binnenseen. Einige davon liegen auch – ähnlich dem Toten Meer – über 100 Meter un-

Zwischen Ob' und Enisej

1. Fernsehturm (Телевизионная башня)
2. Park des Sieges (Парк Победы)
3. Administration (Администрация)
4. Schauspielhaus (Драматический театр им. Михаила Лермонтова)
5. Chakassisches Kunst- und Kulturzentrum (Хакасский центр искусства и культуры)
6. Denkmal für die Opfer des Stalinismus (Памятник жертвам сталинизма)
7. Gottesverklärungskathedrale (Спасо-Преображенский Храм)
8. Kirche (Никольская православная церковь)
9. Heimatkundemuseum (Краеведческий музей)
10. Kunstgalerie (Художественная галерея)
11. Zentralmarkt (Центральный рынок)
12. Kaufhaus (Универсальный магазин)
13. Hauptpostamt (Главпочтамт)
14. Stadtpark (Городской парк)
15. Zoo (Зоопарк)
16. Jugendpalast
17. Garten der Träume
18. Eisenbahnmuseum
19. Polizeifahrzeuge

ter dem Meeresspiegel und weisen einen sehr hohen Salzgehalt mit entsprechender Heilwirkung auf. Wenn man heute auch wieder auf die bereits lange andauernde Bädertradition solcher Orte wie Šira und Chankul hinweist, so sind sie doch nur von lokaler Bedeutung.

Das chakassische Volksfest ›Tun Pairam‹ ist dem neuen Jahrgang des Airan, einem Joghurt-Getränk aus Kuhmilch, gewidmet und wird am ersten Sonntag im Juni mit farbenprächtigen Wettbewerben im Reiten, Ringkampf und Bogenschießen gefeiert.

Sehenswürdigkeiten

Die Stadt ist – zumindest im Sommer – sehr grün und bietet auf Grund ihrer noch kurzen Geschichte nur wenige architektonische Kostbarkeiten. Wer mehr Geschichte sucht, muss ins 25 Kilometer entfernte Minusinsk fahren. Das Zentrum von Abakan bildet die **Šcetinkin-Straße** als Nord-Süd-Achse sowie die parallel verlaufenden nach Lenin und Puschkin benannten Alleen als Ost-West-Achsen durch den Ort. Lenin und Puschkin bedürfen wohl keiner Erklärung. Pëtr Šcetinkin (1885–1927) war einer der legendären Helden des Bürgerkrieges, der der Oktoberrevolution folgte. Šcetinkin etablierte in Chakassien die Sowjetmacht.

Der **Bahnhof** liegt etwas versetzt an der ul. Puškina. Ihm gegenüber befindet sich das **Heimatkundemuseum**. Davor findet man zwischen den Alleebäumen eine kleine Sammlung der typischen Steinfiguren und Totempfähle, die auf das Museum neugierig macht.

Links am Museum vorbei gelangt man nach etwa 500 Metern zum **Park des Sieges**, in dem monumentale Skulpturen zu Ehren Chakassiens stehen. Diese sind, einschließlich der ewigen Flamme auf der Höhe der Leninstraße, der Erinnerung an die Opfer des Zweiten Weltkrieges gewidmet.

Rechter Hand vom Bahnhof kommt man auf der ul. Puškina nach etwa drei Kilometern zum Fluss Abakan. Auf der linken Seite gelangt man vor der ul. Šcetinka sozusagen zum Regierungsviertel Chakassiens. Bekanntlich hat die Region den Status einer Republik innerhalb der Russischen Föderation. Dem funktionalen, quaderförmigen Gebäude der republikanischen **Administration** steht nach wie vor ein überlebensgroßer, nachdenklich sitzender Lenin gegenüber. Hier befinden sich auch die Pädagogische Hochschule und verschiedene Ministerien.

Der Abzweigung der ul. Šcetinka gegenüber gelegen, befindet sich das größte **Kaufhaus** der Stadt. Hier abbiegend findet man das örtliche **Schauspielhaus**. Es ist ein reliefartig mit bunten Bildmosaiken verziertes Gebäude. Heute teilen sich zwei Theatertruppen die Spielstätte. Sowohl das nach Michail Lermantov benannte russische Theater als auch das chakassische, nach seinem ersten Direktor Alexander Topanov benannte Theater führen in diesen Räumlichkeiten ihre Stücke auf, ul. Šcetinka 12, Tel. 224485 (Lermantov-Theater), www.lermontovtheatre.ru (R), und 223883 (Topanov-Theater), www.hndt.ru (R).

Kurz danach kreuzt die Straße am Hotel ›Chakasija‹ und der Hauptpost die Leninstraße und führt entlang verschiedener Neubauten aus den 1980ern und 1990er Jahren mit einladenden Geschäften und Büros im Erdgeschoss weiter in Richtung Norden.

In der ehemaligen Kunstgalerie befindet sich heute eine **Verkaufsausstellung des örtlichen Künstlerverbandes** mit interessanter Malerei, ul. Šcetinka 65, Tel. 222520.

◀ Karte S. 236

Die Kathedrale der Verklärung des Herrn

Am durch das riesige Hotel ›Družba‹ geprägten **Platz der Völkerfreundschaft** (pl. Družby Narodov) wird die leicht nach links abbiegende Hauptstraße jetzt zur ul. Družby Narodov.

An den nächsten beiden Kreuzungen erheben sich rechter Hand sozusagen als nördlicher Abschluss des Stadtzentrums der **Palast der Jugend**, ul. Družby Narodov 22, Tel. 235488, und die neue **Kathedrale der Verklärung des Herrn** (Spaso-Preobražcnskij Sobor'). Die mit ihren sieben Kuppeln in den Himmel ragende Kirche wurde von 1999 bis 2006 erbaut und lohnt mit ihrer fünfstufigen Ikonenwand einen Besuch, Sobor'naja pl. 2. Die einzige **historische Holzkirche Abakans** befindet sich am Stadtrand an der Eisenbahnbrücke über den Fluß Abakan, ul. Mostovaja 9.

Zwischen Jugend-Palast und Kathedrale beginnt ein Park mit dem **Garten der Träume**. Einerseits findet man hier sehr gelungene floristische, ›Topiary‹ genannte Formschnitt-Werke mit Tier- und Märchenfiguren, andererseits verträumte Kitschfiguren aus Bronze und Kalk, unter denen auch Vladimir Putin auf einer Bank zu finden ist.

Ost-westlich bildet die von Bäumen gesäumte **Leninstraße** als Hauptgeschäftsstraße auf gut zwei Kilometern vom Komsomol-Prospekt bis zum großen Stadtpark am Ufer des Krasnojarsker Stausees das Stadtzentrum. Das beste Angebot an typisch **chakassischen Souvenirs** (Trachten, Steine, Schnitzereien) findet sich in einem Geschäft am pr. Lenina 80. Rechts erhebt sich hinter dem Hotel ›Abakan‹ der örtliche Fernsehturm.

Links fällt im kleinen Park ein rotes Gebäude ins Auge. Es beherbergt sowohl die **Philharmonie**, Tel.357325, www.philarmonia-rh.ru (R), als auch das **Chakassische Kunst- und Kulturzentrum**, Tel. 357361, www.centr-kadishe va.ru (R). Dort finden häufig lohnende Folklore-Konzerte statt, pr. Lenina 76.

Rechts gelangt man durch den **Kinderpark mit Rummel** über die ul. Chakasskaja zum **Zentralmarkt** (Central'nyj rynok), dessen Ausmaße fliegende Händler aber erheblich auf die umliegenden Straßen ausgedehnt haben. In der Nähe des Marktes, in der ul. Tarasa Ševčenko, befindet sich neben dem Busbahnhof auch ein neues, den Opfern des stalinistischen Terrors gewidmetes **Denkmal**, das eine trauernde Frau vor den Namenslisten der Opfer zeigt, ul. Tarasa Ševčenko 56.

Einige ungewöhnliche, ziegelartig verkleidete **Holzhäuser aus der Gründungszeit** der Stadt in den 1930er Jahren mit

Zwischen Ob' und Enisej

verschiedenen, ihren Abriss fordernden Aufschriften befinden sich auf dem pr. Lenina 50 bis 60.

Der **kleine Zoo** Abakans mit etwa 190 Tierarten ist durch seine lokale Fauna (Maralhirsche, Bären und Kamele aus Tuva) interessant, obwohl er insgesamt, wie nahezu alle Tierparks in Russland, doch einen eher bedrückenden Eindruck hinterlässt. Er befindet sich am Abakaner Fleischkombinat, das wohl auch laut Eintrittskarten der Hauptsponsor ist, ul. Puškina 200, Trolleybus 2, 4, Öffnungszeiten: 10 bis 15 Uhr, Tel. 245764.

Kultstatus für Selfies erlangten in letzter Zeit auch zwei **historische Polizeifahrzeuge** in gelb-blau mit Baujahr ca. 1960 (ein Volga und ein Motorad Ural) vor der örtlichen Polizeiverwaltung, Ecke ul. Tel'mana/Jarygina.

Unter der Rubrik Museen kommt in Abakan nur das **Heimatkundemuseum** in Frage. Die Ausstellung bietet neben Wechselausstellungen eine zehn Säle umfassende, interessante Dauerausstellung über Chakassien. Im Foyer steht eine Sammlung von steinernen Stelen. Die Ausstellung bietet neben vielen Exponaten zur Fauna und Flora auch viele zur Archäologie und Ethnographie. Desweiteren zeigt sie einen interessanten Vergleich der Bedingungen der zaristischen und der sowjetischen Verbannung, Mo Ruhetag, ul. Puškina 96, Tel. 222606, www.nhkm.ru (R). Ein neues Gebäude für das Museum ist bereits im Bau. Es entsteht ebenfalls in der ul. Puškina, Hausnummer 23, direkt am Stadtpark. Wer jetzt schon an der Exposition Gefallen findet und mehr sehen möchte, sollte einen Ausflug ins rund 25 Kilometer entfernte Minusinsk machen. Das dortige Heimatmuseum hat noch bedeutend mehr zu bieten.

Unmittelbar neben dem Abakaner Bahnhof gibt es noch ein neues, kleines **Eisenbahnmuseum**, ul. Vokzalnaja 23, Tel. 294484.

ℹ️ Abakan

Lage: 53°42'53.56"N/91°26'24.77"E; Abakan ist 4218 km von Moskau und 350 km von Krasnojarsk entfernt. Zeitunterschied zu MEZ im Sommer 6, im Winter 7h.

Postleitzahl: 662600.

Vorwahl: +7/3902; Auskunft: 09.

Hauptpostamt: ul. Ščetinkina 20.

Bank: Sberbank, ul. Puškina 165, Tel. 251934, mit Geldautomat.

Reisebüros: Abakan-Tur, ul. Puškina 54a, Tel. 223760, Tur DeLor, ul. Jarygina 56, Tel. 238435, www.turdelor.com (R).

Durchschnittstemperatur: Januar −18 Grad, Juli 19 Grad.

kau (Flughäfen Šeremet'evo und Domodedovo) sowie 2–3 wöchentliche Flüge nach Novosibirsk, Tomsk, Krasnojarsk, Irkutsk und Norilsk, Tel. 282854. Die O-Bus-Linien 4 und 5 verbinden den Flughafen mit dem Stadtzentrum. Stadtbüro pr. Družby narodov 59, Tel. 282798, www.abakan.aero (R).

🚆 ▬▬▬▬▬▬▬▬▬

Der Bahnhof liegt im Stadtzentrum, ul. Vokzal'naja, Tel. 942101. Es gibt eine tägliche Verbindung von und nach Moskau (75 Std.). Nach Krasnojarsk ist man 12 Std. unterwegs.

✈️ ▬▬▬▬▬▬▬▬▬

Der Abakaner Flughafen liegt am nordwestlichen Stadtrand. Es gibt es täglich zwei Flugverbindungen von und nach Mos-

🚌 ▬▬▬▬▬▬▬▬▬

Es gibt Busverbindungen nach Krasnojarsk, Šušenskoe, Kyzyl, Minusinsk und Sajanogorsk, ul. Tarasa Ševčenko 62, Tel. 263708.

Karte S. 236

In Abakan stehen einige Hotels zur Auswahl. Die bekanntesten sind das Chakasija und das Abakan.

Das derzeit beste Hotel der Stadt ist das **Azia Business Hotel**, EZ/DZ 3600–4400 Rbl., ul. Kirova 174/1, Tel. 215777, www. azia-hotel.ru (R/E).

Das neben dem Fernsehturm stehende Hotel **Abakan** (Абакан) stammt zwar aus den 1950er Jahren, wurde aber sehr schön rekonstruiert und ist ebenfalls erste Wahl, EZ/DZ 2300–3800 Rbl, pr. Lenina 59, Tel. 223025, www.abakan-hotel.ru (R/E)

Chakasija (Хакасия), pr. Lenina 88, Tel. 223645. Auch dieses Hotel liegt sehr zentral. Die 60 Zimmer sind bereits teilweise renoviert, das Restaurant ist recht angenehm.

Das **Družba** (Freundschaft, Дружба) war mit seinen 150 Zimmern das ehemalige Vorzeigehotel für die Intourist-Reisegruppen. Es lässt heute einige Wünsche offen, EZ/DZ 1400–3200 Rbl, ul. Družby Narodov 2, Tel. 358100.

Eine Alternative sind 1- und 2-Zi-Wohnungen, die **Edem** zwischen 1500 und 3500 Rbl. anbietet, ul. Ščetinkina 44, Tel. 322233.

Die günstigste Option bietet das **Hostel Status**, ul. Družby Narodov 39, Schlafplatz 400 Rbl., Tel. 265875.

Die beste Auswahl russischer Küche gibt es im **Zarskoe zastol'e** (Zarentafel, Царс-кое застолье), ul. Kravčenko 11, Tel. 322242. Für Heimweh mit Abstrichen: **Bavaria**, ul. Sovetskaja 33, Tel. 265961.

Das **Primavera** (Примавера), ul. Torgovaja 18, Tel. 236203, gilt als der beste Italiener, hinter der Verklärungssathedrale.

Ebenfalls für russische und europäische Küche zu empfehlen: **Zolotaja Ložka** (Goldener Löffel, Золотая Ложка), ul. Vjatkina 61, Tel. 265202.

Das **Limerik**, ul. Družby Narodov 16, Tel. 300600, ist ein Tipp für Guiness-Liebhaber, gute europäische Küche gibt es auch, www.publimerick.ru (R).

Aleks (Алекс), ul. Čertygaševa 148/1, Tel. 225513. Lohnt für Mittagstisch und guten Kaffee.

Guten Kaffee und Kuchen gibt es im **Gosti** (Besuch, Гости), pr. Lenina 78, Tel. 322121, sowie im **Bljuz** nebenan in der Philarmonie, pr. Lenina 76.

Internet-Café Legion, pr. Lenina 71.

www.abakan.ru (R)
gorod.abakan-rf.ru (R)
www.khakassia-travel.ru (R)

Šušenskoe

Das 80 Kilometer südlich von Abakan liegende, um 1740 entstandene Šušenskoe (Telefonvorwahl 39139) mit seinen heute 18500 Einwohnern wurde vor allem durch Lenin berühmt.

Der russische Revolutionsführer verbrachte hier von 1897 bis 1900 seine sibirischen Verbannungsjahre und heiratete 1898 die Petersburger Revolutionärin Nadežda Krupskaja, die ihm gemeinsam mit ihrer Mutter aus ihrem

Verbannungsort Ufa hierher gefolgt war. Am Zufluss des Bolšaja Šuš in den Enisej gelegen, war Šušenskoe – abseits der bekannten Handelswege – bereits ab 1820 ein Verbannungsort für Monarchiegegner. Bereits einige der Dekabristen verbrachten hier mehrere Jahre ihres Lebens.

Anlässlich des 100. Geburtstages Lenins wurden dann 1970 weder Aufwand noch Mittel gescheut und unter dem Namen ›Die sibirische Verbannung Le-

Zwischen Ob' und Enisej

Gedenktafel am ehemaligen Lenin-Wohn-haus in Šušenskoe

nins‹ ein riesiges **Freiluftmuseum** eröffnet. Vorher waren bereits 1930 die beiden Häuser, die Lenin in seiner Zeit bewohnte, zu Museen umgewandelt worden. Zum Jubiläum wurden auf knapp sieben Hektar die dazu gehörenden drei Straßenzüge des Dorfes originalgetreu rekonstruiert und durch einen riesigen Manifestationsplatz mit entsprechendem Denkmal ergänzt. Aus heutiger Sicht ist das Museum besser als sein ihm vorauseilender leninistischer Ruf. Mit neuem Namen bemüht man sich als Ethnographie-Museum auch um ein neues Image. Der verfallende Aufmarschplatz wurde durch einen hohen Zaun abgetrennt, und die insgesamt 33 rekonstruierten Holzhäuser vermitteln anschaulich die Lebensumstände in einem sibirischen Dorf um 1900. Verschiedene Handwerke, ein Krämerladen, die obligatorische Dorfkneipe sowie Verwaltung mit Polizeirevier und Gefängnis stehen zur Besichtigung offen. Seit 2003 findet alljährlich das Folklorefestival ›Sajan-

Ring‹ statt, ohne Ruhetag, ul. Novaja 1, Tel. 39139/34433, www.shush.ru (R).
Es gibt ein bescheidenes Hotel namens ›Turist‹, ul. Puškina 1, Tel. 32752. Zwei Cafés im Ort bieten Speis und Trank: ›Medved‹, ul. Pervomaiskaja 50, und ›Ogni Sajana‹, 2. Mikrorajon 23.
Der Busbahnhof befindet sich in der ul. Pervomajskaja 44, Tel. 31173.

Sajano-Šušensker Wasserkraftwerk

Russlands heute größtes Wasserkraftwerk hat eine Leistung von 6,4 Millionen Kilowatt und übertrifft damit Krasnojarsk (6 Mio KW) flussabwärts sowie Bratsk (4,5 Mio KW) und Ust'-Ilimsk (4,3 Mio KW) an der Angara deutlich. Die 242 Meter hohe und 1066 Meter lange Staumauer wurde über 25 Jahre von 1963 bis 1988 errichtet. Die Fallhöhe des Wassers beträgt 220 Meter.
Ab 1978 lieferte das Kraftwerk den ersten Strom für die Aluminiumhütte in Sajanogorsk. Am 17. August 2009 kam es im Kraftwerk aufgrund unzureichender Wartungsarbeiten zu einer verheerenden Havarie. Durch einen Druckstoß barsten mehrere Rohre und überfluteten den Turbinenraum. 75 Arbeiter kamen ums Leben, vier der zehn Aggregate waren beschädigt, über zwei Monate lieferte das Kraftwerk keinen Strom.
Die Entfernung von Abakan zum Staudamm beträgt etwa 130 Kilometer. Nach knapp 100 Kilometern fast geradliniger Fahrt durch den Kojbalsker Steppenkessel nach Süden erreicht man die Industriestadt Sajanogorsk mit 26 000 Einwohnern. Danach verläuft die Wegstrecke landschaftlich sehr schön neben dem Enisej ins Sajangebirge zunächst nach Majna. Hier wird der Strom nochmals gestaut. Über die Dammbrücke kann man hier auch nach Šušenskoe

gelangen. Weiter führt die Straße zur Siedlung Čerëmuški und von dort aus direkt zur Staumauer. Man fährt hier auf Marmor, denn das Flussbett und die Felsen bestehen aus Marmor, der hier auch in verschiedenen Steinbrüchen gewonnen wird. Er stellte beim Bau dieser Straße auf Grund der geringen Transportkosten die billigste Variante dar. Die Staumauer selbst kann nicht befahren werden, fährt man aber etwa 400 Meter vor dem Damm über die Brücke, gelangt man zu einer Aussichtsplattform auf etwa gleicher Höhe. Hier hat man einen Ausblick auf die Staumauer und einen phantastischen Blick in das Enisejtal. Die früher möglichen Gruppenbesichtigungen des Kraftwerksmuseums wurden nach der Havarie 2009 bis auf weiteres eingestellt, Tel. 39042/71225, www.sshges.rushydro.ru (R).

Großer Salbyk-Hügel

Chakassien ist eine Fundgrube für Archäologen. Es gibt in der Steppe unzählige Grabhügel, bildhaft gestaltete Stelen sowie Felsmalereien. Einer der bedeutendsten Plätze ist in diesem Zusammenhang der 70 Kilometer nordwestlich von Abakan gelegene Salbyk-Hügel – eine gewaltige Grabstätte aus der Zeit vor den Skythen (Lage: 53°53'23.30"N/90°45'9.60"E). Das Alter der Bauwerke, die den pyramidenartigen Hügel einrahmen, wird heute auf 2500 Jahre geschätzt. Sie belegen einen erstaunlichen Entwicklungsgrad der damaligen Zivilisation. Die ursprüngliche Höhe des Hügels betrug etwa 30 Meter. Die über 30 Tonnen schweren Steinplatten wurden von einem über 60 Kilometer entfernten Steinbruch hierher gebracht.

Die gewaltige Staumauer des Kraftwerks

Zwischen Ob' und Enisej

Minusinsk

Minusinsk liegt im gleichnamigen Kessel an einem Seitenarm des Enisej, dem nördlich der Stadt der gleichnamige Fluss Minusinka zuströmt. Der Ort ist heute weitestgehend unbekannt. Vor über 100 Jahren sah das anders aus. Es war eine bedeutende Stadt in Sibirien und vor allem das Erbe aus dieser Zeit lohnt einen Besuch. Wer über Abakan in Richtung Tuva unterwegs ist, sollte auf jeden Fall einen Stop einplanen. Das Dorf Minusinsk entstand 1739, als Leibeigene für die Arbeit in einer unweit gelegenen Eisengießerei angesiedelt wurden. Ende des 18. Jahrhunderts gab es hier 65 Höfe mit über 200 Einwohnern. Anfang des 19. Jahrhunderts beförderten Goldfunde die wirtschaftliche Entwicklung. Seit 1823 hat Minusinsk das Stadtrecht und war im 19. und in der ersten Hälfte des 20. Jahrhunderts der bedeutendste Ort der Region, was sich auch bis heute noch architektonisch im Zentrum niederschlägt. Erst mit der

Die Erlöserkathedrale von Minusinsk

Karte S. 246

sowjetischen Nationalitätenpolitik ging im ab 1923 autonomen Chakassien die Bedeutung der typisch russischen Stadt zurück. Abakan wurde zum neuen Verwaltungszentrum, und Minusinsk, das administrativ zum Krasnojarsker Gebiet gehört, versank in der Bedeutungslosigkeit. Heute leben in ›Minus‹, wie man den Ort hier auch nennt, etwa 68 500 Menschen. Unter dem Titel ›Minus‹ kam 2002 der in der Stadt spielende, vielbeachtete Debütroman von Roman Senčin heraus, der 2003 auch auf Deutsch erschien (→ S. 249).

Sehenswürdigkeiten

Das Stadtzentrum liegt nördlich der Flussbiegung, am anderen Ufer in Richtung Abakan befindet sich die durch Plattenbauten aus sowjetischer Zeit geprägte Neustadt. Die historische Altstadtlässt sich zwischen dem Leninplatz und dem Platz der 3. Kommunistischen Internationale eingrenzen. Auf dem Leninplatz erhebt sich nach wie das obligatorische Denkmal, aber ein Rundblick auf die teils erhaltenen und teils verfallenen zweistöckigen Gebäude lässt mit etwas Phantasie unschwer erraten, wie wohlhabend die Geschäftswelt damals war. Das Ensemble des alten **Vilner-Haus** genannten Bankgebäudes, die Handelsreihen, die Stadtbibliothek oder die alte Spirituosenfabrik in der ul. Mira 95, hinter dem Stadion, sind eindrucksvoll, aber größtenteils in einem desolaten Zustand.

Das zwischen 1897 und 1912 vom jüdischen Pelzhändler Gersch Vilner errichtete Gebäude war das einzige zweistöckige Haus und beherbergte die teuersten Geschäfte der Stadt, später eine Bank und ein Kino. Man nannte es

Ortsschild mit Stadtwappen

Zwischen Ob' und Enisej

damals ›unser kleines sibirisches Winter-palais‹. Heute ist es leider eine Ruine.

Die **Minusinsker Spirituosenfabrik** ge-hörte zu den traditionsreichsten in Sibi-rien. Von 1863 bis 2006 wurde hier Vodka gebrannt. Nach der Pleite stand die Brennerei vier Jahre still. Nach dem Einstieg Irkutsker Investoren soll sie nun 2011 wieder ihre Produktion aufneh-men. Am alten Basar verlaufen die ul. Lenina und die Oktjabr'skaja ul. parallel in Richtung Norden und rahmen bis zur Komsomol'skaja ul. in etwa das Zent-rum der Stadt ein. Die Komsomol'skaja ul. führt ans andere Ufer zu den neuen Stadtteilen und in Richtung Abakan.

Kurz vor der Brücke liegt an der rechter Hand abzweigenden Straße das örtliche Theater. Das **Schauspielhaus** wurde 1872 eröffnet und spielt bis heute mit eigener Truppe ein breites Spektrum von russischer Klassik bis Agatha Christies ›Mausefalle‹, was für eine kleine Stadt in der russischen Provinz, genauso wie vier Museen und eine Gemäldegalerie, schon eine kleine Sensation ist, ul. Podsinskaja 75, Tel. 44049.

Auf der anderen Straßenseite der ul. Komsomol'skaja befindet sich der noch heute nach der 3. Kommunistischen In-ternationale benannte ehemalige Erlöser-platz mit der **Erlöserkathedrale** (Spasso-preobraženskij sobor). Zunächst stand hier eine bereits 1780 erbaute Holzkir-che, an deren Stelle dann zwischen 1803 und 1813 eine steinerne Kirche errichtet wurde. Sie wurde in den Folgejahren mehrmals umgebaut und zwischen 1902 und 1904 im Stil des sibirischen Barock zur Kathedrale ausgebaut. In den 1930er Jahren wurde sie zum Getreidelager um-funktioniert. Angeblich wurde sie nur deshalb nicht zerstört, weil man den Funktionären einreden konnte, dass Le-nin hier getraut wurde. 1943 wurden die Gottesdienste wieder aufgenommen, 1989 wurden neue Glocken gegossen, ul. Komsomolskaja 10, Tel. 21880.

Daneben gibt es noch die Ruine der **Himmelfahrtskirche** (Cerkov' Voznesenija) in der ul. Korneva 15, eine **Kirche der Altgläubigen** in der ul. Nevskogo 137, und eine dem Heiler Pantelej gewidmete **Kapelle**, ul. Narodnaja 19.

Hinter der Erlöserkathedrale in der ul. Martjanova, stehen zwei interessante Gebäude, die die örtliche **Gemäldegalerie**, Mo Ruhetag, ul. Lenina 77, Tel. 51406, mit verschiedenen Ausstellungen und das sehr sehenswerte und wohl mit Abstand beste **Heimatkundemuseum** Sibiriens beherbergen. 1877 eröffnete der Apotheker Nikolaj Martjanov (1844–1904) in zwei Räumen einer

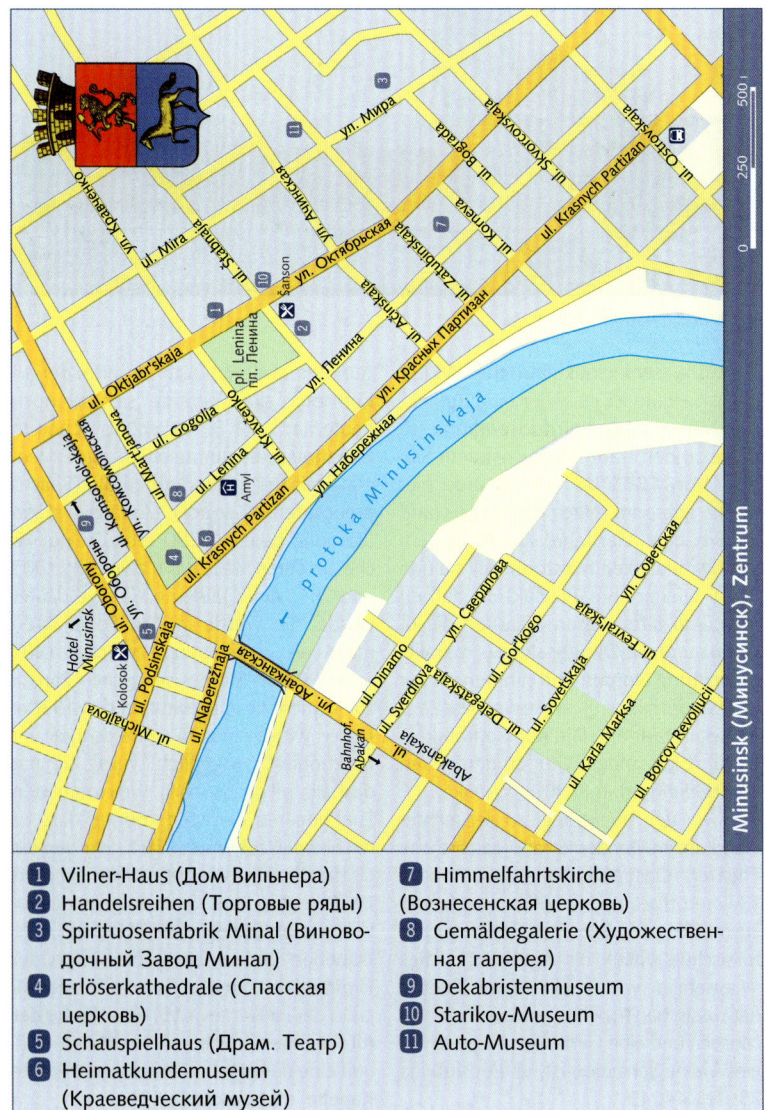

1 Vilner-Haus (Дом Вильнера)

2 Handelsreihen (Торговые ряды)

3 Spirituosenfabrik Minal (Виноводочный Завод Минал)

4 Erlöserkathedrale (Спасская церковь)

5 Schauspielhaus (Драм. Театр)

6 Heimatkundemuseum (Краеведческий музей)

7 Himmelfahrtskirche (Вознесенская церковь)

8 Gemäldegalerie (Художественная галерея)

9 Dekabristenmuseum

10 Starikov-Museum

11 Auto-Museum

Schule mit seiner Insekten- und Mineralsammlung ein kleines Museum. Von den über 140 000 Exponaten ist etwa ein Zehntel zu besichtigen. Die ständige Ausstellung umfasst 24 Säle und an Themenvielfalt kaum zu überbieten: Fauna und Flora, Archäologie über die Skythen und die in der Steppe gefundenen alten Steinsäulen, Ethnographie, Stadtgeschichte, Verbannung und GULAG, Numismatik und vieles mehr lohnen einen Besuch, Mo Ruhetag, ul. Lenina 60, Tel. 20054, www.музей-мартьянова.рф (R).

Es gibt noch drei weitere Museen in der Stadt. Im Dunstkreis von Lenins Verbannung erinnert eines an **Gleb M. Kžizanovskij** und **Vasilij V. Starikov**, zwei Kampfgefährten, die mit ihm zusammen verbannt worden waren und, während Lenin in Šušenskoe war, in Minusinsk blieben, Sa, So Ruhetage, ul. Oktjabr'skaja 73, Tel. 20912.

Ein 1997 eröffnetes Museum erinnert an die **Spuren der Dekabristen** in Minusinsk, Sa, So Ruhetage, ul. Oborony 59a, Tel. 20644.

Daneben eröffnete noch ein der **Automobilgeschichte der UdSSR** gewidmetes Privatmuseum seine Pforten, Sonntag - Ruhetag, ul. Zatubinskaja 43, Tel. 20074.

 Minusinsk

Lage: 53°42'32.49"N/91°41'46.26"E; Minusinsk ist 660 km von Krasnojarsk und 25 km von Abakan entfernt. Zeitunterschied zu MEZ im Sommer 6, im Winter 7 Std.

Vorwahl: +7/39132, Auskunft: 09.

Postleitzahl: 662800.

Post: ul. Lenina 83, Tel. 57488.

Bank: Sberbank, ul. Štabnaja 10, Tel. . 51069, Geldautomat ul. Abakanskaja 51.

Taxi: Tel. 22222.

Durchschnittstemperatur: Januar –21 Grad, Juli 19 Grad.

Der Bahnhof von Minusinsk liegt etwa 10 km westlich der Stadt an der Strecke Abakan–Tajšet, die auch den östlichen Bogen Richtung Krasnojarsk zieht.

Es gibt täglich einen Regionalzug nach Abakan (Reisezeit 45 min.) und zwei Fernzüge nach Krasnojarsk (Reisezeit 9 bzw. 11 Std.), Tel. 62222.

Es gibt Busverbindungen nach Abakan und Kyzyl, ul. Krasnych Partizan120, Tel. 21604.

Es gibt mehrere Hotels in der Stadt:

In schönen historischen Gebäuden residieren zwei zentral gelegene, restaurierte Hotels: **Minusinsk**, die bessere Wahl, EZ/DZ 2200–3600 Rbl., ul. Lenina 46, Tel. 44025, und alternativ das **Hotel Amyl** (Амыл), EZ/DZ 1300–2500 Rbl., Schlafplatz 700 Rbl., ul. Lenina 74, Tel. 51042. Eine moderne Alternative abseits des Zentrums ist das **Iris** (Ирис), EZ/DZ 1600–2600 Rbl., ul. Kyzylskaja 16, Tel. 902/4686129.

Es gibt in der Altstadt zwei empfehlenswerte Cafés: **Šanson**, ul. Oktjabrskaja 66, Tel. 22363 und **Kolosok**, ul. Lenina 56, Tel. 51080.

Guten Kaffee und Kuchen haben wir nur in der Neustadt gefunden, **Magia**, ul. Abakanskaja 53a.

Ein Internet-Café gibt es ebenfalls in der Neustadt: **Galeon**, ul. Timirjazeva 7b www.minusinsk.info (R)

Enten am Enisej

Kuragino

Die Siedlung Kuragino (Telefonvorwahl: +7/39136) befindet sich am Enisej-Nebenfluss Tuba etwa 70 Kilometer östlich von Minusinsk an der Eisenbahnstrecke Abakan–Tajšet. Hier wird künftig die Eisenbahn in Richtung Tuva abzweigen.

Siedlungsspuren gehen bis ins 17. Jahrhundert zurück. Seit 1709 gehört der Landstrich zum Russischen Reich und der Ort wurde ab 1826 vor allem als Verbannungsort für Monarchiegegner geprägt. Heute leben etwa 15 000 Menschen in der Kreisstadt. Es gibt ein **Heimatmuseum**, ul. Partizanskaja 167, Tel. 23519, und ein kleines Hotel namens Tuba, ul. Partizanskaja 108, Tel. 23478. Es gibt täglich mehrere Routentaxis von und nach Abakan (Fahrtzeit 2,5 Std., 100 Rbl.).

Seit 1991 wurde Kuragino vor allem dadurch bekannt, dass sich ein gewisser Sergej Torop (Jahrgang 1961) aus Minusinsk unter dem Namen Vissarion zum neuen Messias proklamierte und seine Jünger aufrief, sich mit ihm im Landkreis Kuragino niederzulassen. Heute umfasst die Sekte ungefähr 6000 Mitglieder, die sich in mehreren Dörfern südlich des etwa 90 Kilometer von Kuragino entfernten **Tiberkul-See**

niederließen. Die Neuankömmlinge der ›ökologischen und spirituellen Gemeinschaft in der Taiga‹ belegten zunächst in den durch die Landflucht weitgehend verlassenen Dörfern leerstehende Häuser und entwickelten dann aber selbst umfangreiche Holzbauprojekte.

Den Mittelpunkt des bizarren Imperiums bildet die sogenannte ›Sonnenstadt‹ (Gorod solnza). Die von der russisch-orthodoxen Kirche als neoheidnische und destruktiv-totalitäre Sekte charakterisierte Glaubensgemeinschaft vereint Elemente verschiedener Religionen und verlangt von ihren Anhängern eine sehr asketische Lebensweise. Die beiden großen Feiertage sind der 14. Januar (Vissarions Geburtstag) und der 14. August (Tag seiner ersten Predigt). Die Sonnenstadt kann besucht werden, dazu muss man sich in Kuragino im Informationszentrum der Gemeinschaft am Wohnheim ›Motornoe obšežitie‹ anmelden. In der Regel samstags oder bei größeren Gruppen auch wochentags finden dann die Exkursionen statt. Zunächst geht es per Bus von Kuragino bis zum Dorf Čeremčanka, wo man im dortigen Büro eine Unterkunft im Dorf und den Exkursionstermin in die Sonnenstadt bestätigt bekommt, www. oekopolis.info (D).

Karte S. 129 ▲

Minus

Was ist der Militärdienst? Das sind nicht bloß zwei Jahre, die man verschleudert hat – weiß der Teufel wohin und wozu. Der Militärdienst ist sozusagen die letzte Stufe auf der pädagogischen Leiter eines Bürgers. Zuerst kommt der Kindergarten, dann die Schule, dann die Armee. Heutzutage kracht es allerdings in allen Fugen, die Leiter ist morsch und kurz vor dem Zerfallen, und wir haben keine Ahnung, wer überhaupt noch das Stadium eines Erwachsenen erreicht. Am ehesten irgendwelche monströsen Individualisten, die keine Grenzen kennen, die nie in ihrem Leben, immer nur auf den Nacken des Vordermannes starrend, in einer Kolonne marschieren mußten. Leute, die keine Ahnung haben, was Stille während des Unterrichts, strenge Ordnung, Massenspeisung bedeuten. Lustige Zeiten werden da anbrechen! Im Augenblick gibt es nur ein paar solche Typen, aber was tun, wenn alle so sind? [...]

Als ich vom Militärdienst zurückkam, erkannte ich, daß meine früheren Hobbys und Spielchen lächerlich und blöd waren. Diese Hefte mit den lyrischen Ergüssen über den Septemberregen, die Intimitäten im Tagebuch, die zusammengehefteten Ausgaben von »Rund um die Welt«, die selbstentworfenen Karten von den Seefahrten des Columbus und den Kreuzzügen. Alle diese Attribute der sogenannten Innenwelt sind verstaubt und brüchig geworden, und ich habe sie ohne Nachdenken und Bedauern vernichtet. Aber mit dem Ersetzen des Alten durch etwas Neues hat es bisher noch nicht geklappt. Ohne irgendeinen Schutz vor der Außenwelt jedoch ist es schwer, fast unerträglich. Man glaubt, die Welt ringsum könnte einen jede Sekunde zermalmen.

Es gibt die verschiedensten Schutzmechanismen: Briefmarken sammeln, kleine Spinnen züchten, Tätowierungen, Gartenarbeit, Saufen, pausenlos Bücher verschlingen. Viele schützen sich sogar mit ihren aktuellen Problemen. Sie nehmen nichts mehr wahr, sie lassen nichts mehr an sich heran, nur die Sorge um die Nahrungsbeschaffung für den nächsten Tag, damit man auch morgen noch die Kraft hat, sich weiter abzurackern. Ein Kreislauf, der einen sich selbst vergessen macht. Hobbys, Arbeit, der Sinn des Lebens. Drei Dinge auf eins reduziert. Da muß ich lachen, denn ehrlich gesagt habe ich, als ich jung war, viel darüber nachgedacht und mich mit der idiotischen Frage, worin der Sinn des Lebens besteht, gequält. Habe Berge von philosophischem Zeug durchgeackert, habe sogar selbst versucht, diese Frage zu beantworten, das weiß ich noch. Habe die verschiedensten Theorien entwickelt. Erst vor kurzem habe ich begriffen, daß der Sinn des Lebens in der Beschaffung von Nahrung besteht. Die Wege dahin sind verschieden, aber das Ziel bleibt gleich. Der Mensch unterscheidet sich im Grunde durch nichts von der Tierwelt. Und all diese Philosophen ... Für sie war es leicht, sich über das Jenseits Gedanken zu machen, konnten sie doch sicher sein, daß sie am nächsten Tag versorgt waren, sich zumindest nicht um das Futter scheren mußten. Sie haben in schalldichten Räumen gesessen, Kaffee geschlürft, und in der Küche wurde für sie Mittagessen zubereitet, zehn Gänge. Nach dem Sinn des Lebens zu suchen ist das Privileg von naiven Teenagern und von denen, die sich den Bauch vollschlagen können. Der Rest hat wesentlichere Probleme.

Aus: *Roman Senčin, Minus. Köln 2003.*

Kyzyl

Einer der am wenigsten bekannten und exotischsten Landstriche Sibiriens ist ohne Zweifel die Republik Tuva mit ihrer Hauptstadt Kyzyl. Die hinter dem Sajan-Gebirge an der Grenze zur Mongolei gelegene Republik war früher für Ausländer verschlossen. Tuva ist erst seit 1990 zugänglich und nach wie vor auch für viele Russen ein völlig unbekanntes Buch mit sieben Siegeln am Rande der Welt. Hier findet man zwischen Steppen, Wüsten und Taiga eine unberührte Wildnis: Rentiere und Maralhirsche im Norden, Kamele im Süden. Normalerweise trennen diese Tiere Welten, in Tuva sind es nur wenige Kilometer. Die Tuviner waren ursprünglich Nomaden, und auch heute noch findet man hier Nomadenstämme, die ihre Kontakte mit der sesshaften Zivilisation auf ein absolutes Minimum reduzieren.

Die Hauptstadt Kyzyl liegt an der Wiege des Enisej. Hier vereinigen sich seine beiden Quellflüsse Bej-Chem (Großer Enisej) und Chua-Chem (Kleiner Enisej) zum wasserreichsten Strom Sibiriens, der hier zunächst noch Ulug-Chem (Oberer Enisej) heißt. Die Stadt hat heute etwa 114 000 Einwohner und ist vergleichsweise jung. 1914 wurde der Ort als Belocarsk gegründet. Vier Jahre später wurde er in Chem-Beldyr und 1926 in Kyzyl umbenannt, was in der Sprache der Tuviner ›rot‹ bedeutet.

Geschichte

Tuva hat eine eigenwillige Geschichte. Die Tuviner gehören zu den Turkvölkern. Es gibt viele Parallelen zu Burjatien und zur Mongolei. Anfang des 13. Jahrhunderts kam das Land zum Mongolenreich. Oft hört man, dass die Ehefrau Dschinghis Khans eine Tuvinerin gewe-

sen sein soll. In Burjatien hört man aber auch, dass sie Burjatin gewesen sein soll. Nach dem Rückzug der Mongolen gehörte der entlegene Landstrich lange zur Mandschurei. Nach der chinesischen Revolution von 1911 unterstützte Russland Tuvas Separatisten und nahm das Land 1914 unter sein Protektorat. In den Revolutionswirren entstand 1921 die formal unabhängige Volksrepublik Tuva. Als diese sich aber vorrangig am Buddhismus und an der Mongolei orientierte, wurde 1929 unter Mitwirkung Moskaus der ›tuvinische Stalin‹ Salčak Toka zum Ministerpräsidenten, der zunächst die Schriftsprache kyrillisierte und dann 1944 den Anschluss an die Sowjetunion betrieb.

Seit 1991 existiert Tuva als Republik Russlands innerhalb der Russischen Föderation. Bei den ersten Präsident-

Das Monument ›Mittelpunkt Asiens‹ in Kyzyl

Karte S. 252

schaftswahlen 1992 gewann Sherig-Ool Ooržak. Zehn Jahre später wurde eine neue Verfassung angenommen, die auch das Präsidentenamt abschaffte, weshalb Ooržak heute Ministerpräsident ist. Die Region gehört heute zu den ärmsten Gegenden Russlands und ist auf umfangreiche Subventionen aus Moskau angewiesen, die aber in den letzten Jahren spärlicher fließen. Dementsprechend sind Unabhängigkeitsbestrebungen oder Ideen über einen Anschluss an die Mongolei kaum realistisch. Erwähnenswert ist der tuvinische Feiertag ›Nahadem‹, der hier im Juli genau so wie in Burjatien und der Mongolei mit landesweiten Wettbewerben im Reiten, Bogenschießen und Ringkampf gefeiert wird. Ein weiterer Höhepunkt im Sommer sind die Tage der Republik, die jeweils vom 16. bis 18. August mit großen Volksfesten gefeiert werden. Sehenswert sind auch die tuvinischen Ringer mit ihrem Nationalsport ›Chureš‹, bei dem jedem Ringkampf ein sehr poetischer Adlertanz folgt. Kulturell ist das Land für seine mehrstimmigen Gesänge und insbesondere den einzigartigen Obertongesang bekannt, der neben Tuva vor allem in der benachbarten Mongolei anzutreffen ist. Der Gesang vermittelt eine besondere Wahrnehmung der Natur. Die dafür notwendigen Atemtechniken haben für die Interpreten ein erhebliches Trancepotential und sind eng mit dem Schamanismus als vorherrschender Religion verbunden. Alle zwei Jahre findet unter dem Namen ›Khöömei‹ bzw. ›Choomey‹ ein großes Singfest statt (www.oberton.info/tuvas01.htm (D), www.khoomei.com (E).

Zwar zeigt die Stadt Kyzyl auch schon einiges an Exotik, die Ausflugsvarianten in Tuva bieten – wenn auch zumeist ohne den gewohnten Komfort – vielfältige Möglichkeiten, die in ihrer Ursprünglichkeit ihresgleichen suchen. Besuche bei Altgläubigen, Nomaden, Rentier- oder Kamelzüchtern, Reiturlaub, Rafting mit unterschiedlichsten Schwierigkeitsgraden, Jagdausflüge, Hubschrauberexkursionen über die Taiga und den Enisej sind möglich.

Sehenswürdigkeiten

Das Zentrum der Stadt bilden die parallel zum Enisej verlaufende ul. Lenina und die als Hauptmagistrale Kyzyls geltende ul. Kočetova. Sergej Kočetov (1894–1957) war einer der Führer der roten Partisanen, die zu Beginn der 1920er Jahre für ein sozialistisches Tuva kämpften.

Das kompakte Stadtzentrum beginnt etwa an der Kreuzung ul. Kočetova/ul. Čul'dum und endet am Eingang zum Stadtpark, der die ul. Lenina abschließt. Der Hauptplatz wird ebenfalls von den beiden Straßen flankiert und ist vom **Präsidentenpalast** sowie dem ›Chural‹ genannten örtlichen **Parlament** mit integriertem Kyzyler Rathaus umgeben. Den eigentlichen Blickfang des Platzes mit manchmal auch funktionierendem Springbrunnen bildet aber das architektonisch an den nationalen Traditionen orientierte **Nationaltheater**, ul. Lenina 33, Tel. 11566. Die Aufführungen laufen aber fast ausschließlich in Tuvinisch. Berühmt wurde Tuva durch den in der Welt einmaligen mehrstimmigen Kehlkopfgesang. Das **Khöömei-Zentrum**, wo man auch Unterrichtsstunden im Kehlkopfgesang nehmen oder zumindest anderen Eleven lauschen kann, befindet sich im Kyzyler Kultur-Zentrum, Ščetinkina-Kravčenko 46, Tel. 33424.

In der unmittelbaren Umgebung des Platzes befinden sich ebenfalls der **Zen-**

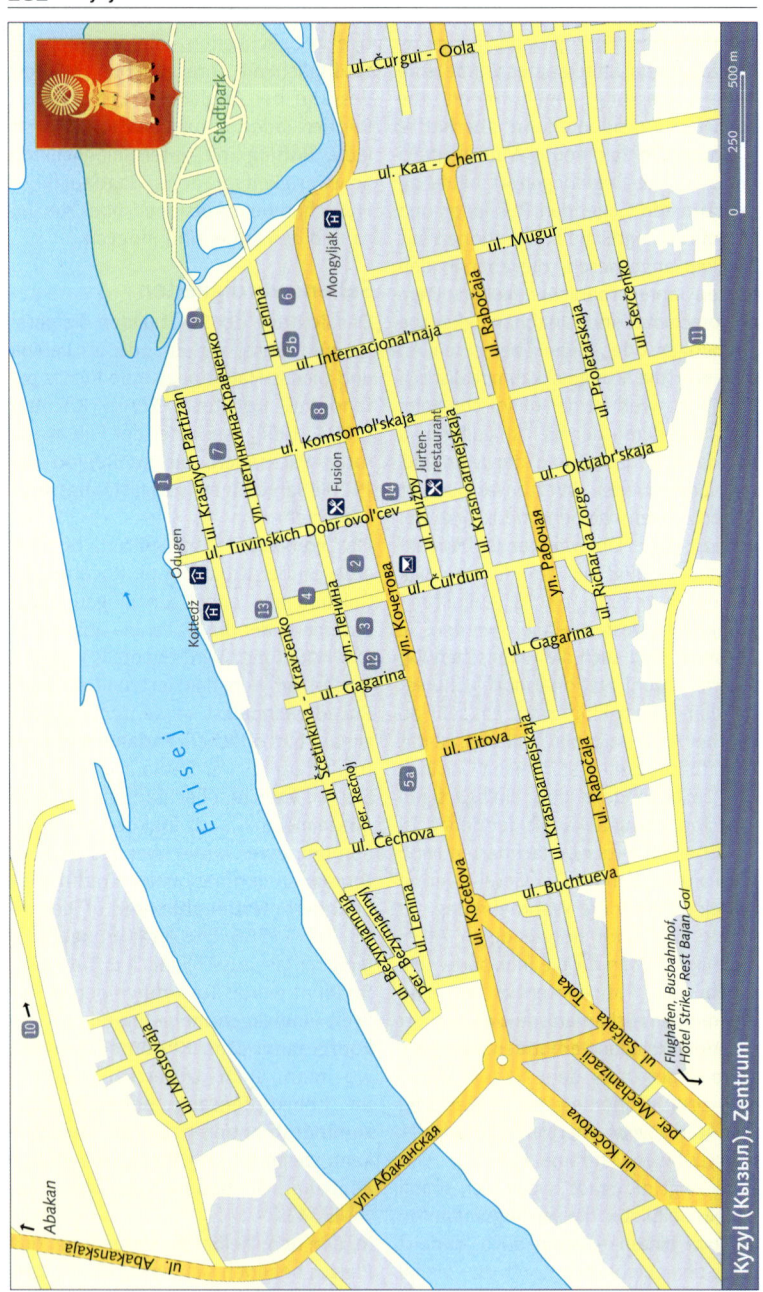

tralmarkt, die Hauptpost und das einzige Kino (›Naiyral‹). An der Rückseite des Theaters befindet sich ein inschriftloses Denkmal, das ›Salčak Toka‹ (1901–1973), dem in der Republik Tuva in den 1930er Jahren herrschenden Diktator, gewidmet ist.

Im Zentrum der Stadt befindet sich angeblich der **geographische Mittelpunkt Asiens**. Von der Uferpromenade blickt man auf den Zusammenfluss des Kleinen und des Großen Enisej, und am Ende der Steppe erheben sich am anderen Ufer majestätisch die weißen Gipfel des Sajangebirges. Der hier ursprünglich aus einer dreieckigen Marmorpyramide und einer Erdkugel bestehende Obelisk verkündet diese Botschaft in einer entsprechenden Inschrift auf Englisch, Russisch und Tuvinisch und entstand 1964. Die Berechnungen gehen auf einen englischen Geographen aus dem 19. Jahrhundert zurück und dürften sicherlich umstritten sein. 2013 wurde das Denkmal durch den derzeit in Ost und West sehr angesagten burjatischen Bildhauers Dashi Namdakov (*1967) erneuert und erweitert. Zum neuen Obelisken samt

Kugel kamen zwölf Drachen und Tierphantasien für die buddhistischen Sternkreiszeichen. Neu hinzu kam auch die Skulptur ›Herrscherjagd‹. Sie zeigt ein eurasisches Nomadenpaar auf der Jagd. Das Denkmal galt und gilt auch in seiner neuen Gestaltung ohne Zweifel als die wichtigste Sehenswürdigkeit Kyzyls.

■ **Buddhismus und Schamanismus**
Die Tuviner sind überwiegend Buddhisten. Mönche aus Tibet und Burjatien leisten heute in Kyzyl (Wieder-) Entwicklungshilfe in Sachen Buddhismus. Dieser Glauben kam bereits im 18. Jahrhundert nach Tuva. In den 1920er Jahren gab es über 20 Kloster hier, wovon jetzt zunächst zwei wieder neu erstehen.

Der **buddhistische Tempel der Stadt Kyzyl** namens Zečenling wurde 1999 am östlichen Stadtrand in Richtung Stadtpark als zweiter Tempel in Tuva eingeweiht, ul. Ščetinkina-Kravčenko 1, Tel. 238695.

Der erste Tempel im Land – **Tuvdan Čojchorling** war bereits 1992 am anderen, nördlichen Ufer des Enisej errichtet worden. Das goldene Dach des Bethau-

Zwischen Ob' und Enisej

1 Obelisk ›Der Mittelpunkt Asiens‹ (›Обелиск Центр Азии‹)
2 Nationaltheater (Национальный театр)
3 Präsidentenpalast (Дворец президента)
4 Chural (Parlament) (Хурал)
5 Heimatkundemuseum (Краеведческий музей им. Шестидесяти богатырей)
6 Ethnographie-Institut TNIIJAL (Этнографический институт ТНИИЯЛ)
7 Museum der Geschichte der politischen Repressalien (Музей истории политических репрессий)

8 Galerie (Выставочный зал Дома художников)
9 Buddhistischer Tempel Zečenling (Буддийский храм Цеченлинг)
10 Buddhistischer Tempel Tuvdan Čojchorling (Будд. храм Тувдан Чойхорлинг)
11 Russisch-orthodoxe Kirche (Православная церковь)
12 Schamanen-Zentrum (Шаманский центр)
13 Kehlkopfgesangs-/Khöömei-Zentrum (Хоомэй Центр)
14 Zentralmarkt (Центральный рынок)

ses am anderen Flussufer sieht man auch von der Stadt aus. Vom Stadtzentrum erreicht man diesen Tempel auf der Straße in Richtung Abakan. Hinter der Flussbrücke über den Enisej kommt nach etwa 500 Metern eine Tankstelle, an der man rechts abbiegen muss. Von hier sind es etwa dreieinhalb Kilometer. Rechter Hand kommt aber zunächst ein großes Gefängnis, wo große Tafeln ein Abweichen von der Straße verbieten. Vom Stadtzentrum sind es etwa sechs Kilometer bis zum Tempel. Im Winter, wenn man über den zugefrorenen Enisej abkürzen kann, sind es nur etwa eineinhalb Kilometer, Tel. 24793.

Der tuvinische Buddhismus ist eng mit dem weit verbreiteten Schamanismus verbunden, der hier heute Tradition mit modernen Organisationsformen verbindet. Der tuvinische Schamanenverband hat den Hut auf, und ein Dutzend Berufsschamanen beraten alle zahlenden Interessenten, und manchmal muss man sogar Schlange stehen. Für Ausländer beträgt die Taxe für eine Vorstellung ca. 3500 Rbl. Das beste der drei Schama-

Ein buddhistischer Dazan am Stadtrand von Kyzyl

nismus-Zentren ist das **Tos Deer Shaman Centre**, ul. Krasnych Partizan 18a, Tel. 32023.

Es gibt am Stadtrand auch eine **russischorthodoxe Kirche**. Die Holzkirche überdauerte im Gegensatz zu den budhistischen Glaubensplätzen die Zeiten der Sowjetunion, ul. Komsomol'skaja 93.

Museen

Kyzyl hat ein sehr interessantes **Heimatkundemuseum.** Benannt nach den 60 Recken, die Ende des vergangenen Jahrhunderts den Kern eines Aufstandes gegen die mandschurische Vorherrschaft bildeten, wurde aus dem 1928 gegründeten Heimatmuseum das Nationalmuseum ›Aldan-Maadyr‹ der Republik Tuva, das seit 2008 in einem modernen Gebäude seine Exposition deutlich erweitern konnte.

Die Ausstellung bietet einen Überblick über die Geographie, Archäologie, Kultur und Geschichte der Region. Nach dem Sturz des chinesischen Kaisers vertrieb man die Mandschuren und suchte den Anschluss an Russland. Im Ergebnis

Karte S. 252

Das Nationaltheater am zentralen Platz von Kyzyl

des Bürgerkrieges entstand 1921 die Tuvinische Volksrepublik als eigenständiger Staat, den sich die Sowjetunion erst 1944 einverleibte. Man sieht auch die große Sammlung tuvinischer Briefmarken. Mit seinen dreieckigen Briefmarken als Markenzeichen wurde das exotische Land damals nicht nur in Philatelistenkreisen bekannt. Mo, Di Ruhetage, ul. Titova, 30, Tel. 38328, www.museum.tuva.ru (R).

Das lokale Forschungsinstitut für Sprache, Literatur und Geschichte (kurz TNIIJAL) beherbergt auch ein kleines interessantes **ethnographisches Museum**. Besichtigung ist aber nur nach Voranmeldung möglich, ul. Kočetova 4.

Das 1995 eröffnete **Museum der Geschichte der politischen Repressalien** erinnert an die dunklen Seiten der Geschichte Tuvas, als auch in dem Satelliten-Staat Stalins Terror viele Opfer forderte, ul. Komsomol'skaja 5, Montag Ruhetag.

Neben dem Museum steht ein merkwürdiges Denkmal. ›Der wütende Hirte‹ stand zunächst im Stadtzentrum und war aber sehr umstritten. Pragmatisch fand man dann aber in der Verbindung mit diesem Museum hier einen neuen Ort für den eigenwilligen Recken.

Es gibt auch eine **Galerie**, obwohl der Begriff etwas hochstapelt. Es handelt sich um zwei kleine Verkaufsausstellungen im ersten Stock (Malerei) und zweiten Stock (Steinschnitzereien) im Gebäude des örtlichen Künstlerverbandes, ul. Kočetova 28, 10 bis 16 Uhr, wenn jemand der Verantwortlichen da ist.

Ein Geheimtipp ist das kleine **Nadja Riševa** (1952–1969) gewidmete Museum. Die geniale Zeichnerin starb mit nur 17 Jahren. Bekannt sind ihre Illustrationen für Puškins ›Eugen Onegin‹, Bulgakovs ›Meister und Margarita‹ und Saint-Exupérys ›Der kleine Prinz‹. Ihre aus Kyzyl stammende Mutter vermachte ihrer Heimat 1988 etwa 300 Zeichnungen für dieses kleine Museum, ul. Lenina 7, Tel. 22824.

Zwischen Ob' und Enisej

ℹ Kyzyl

Lage: 51°43'11.41"N/94°26'18.46"E; Tuva gehört zu den Grenzregionen Russlands, so dass bei der Ankunft in Kyzyl die Registrierung beim PVS (Pasportno-Vizovaja Služba) erforderlich ist, ul. Lenina 64.

Kyzyl ist 4688 km von Moskau und via Straße 438 km von Abakan bzw. 846 km von Krasnojarsk entfernt. Die Straße zwischen Abakan und Kyzyl ist in einem guten Zustand, ansonsten kann man die asphaltierten Straßen in der Republik an einer Hand abzählen. Zeitunterschied zu MEZ im Sommer 6, im Winter 7 Std.

Vorwahl: +7/3942 (bei fünfstelligen Telefonnummern muss der Teilnehmernummer noch eine 2 vorangestellt werden), **Auskunft**: 09.

Postleitzahl: 667000.

Hauptpostamt: ul. Družby 156a, Internetzugang um die Ecke, ul. Kočetova 53.

Bank: Sberbank, ul. Kočetova 34a, Tel. 20300, Geldautomaten: Kočetova 34a, ul. Ščetinkina-Kravčenko 35, ul. Družby 15a.

Reisebüro: Alash Travel, ul. Kočetova 60/12, Tel. 21850, www.alash-travel.narod.ru (R).

Taxi: Tel. 31818, 31515.

Durchschnittstemperatur: Januar –30 Grad, Juli 17 Grad.

Das historische hölzerne Flughafengebäude aus dem Jahr 1946 ist mittlerweile Geschichte. Seit 2006 hat Kyzyl einen neuen Airport. Er ist zwar auf der Liste der strategisch wichtigen Flughäfen Russlands, der Flugbetrieb verläuft aber mit 9 Flügen pro Woche sehr geruhsam. 4 x pro Woche verbinden Flüge Kyzyl mit Krasnojarsk, 3 x pro Woche mit Novosibirsk und 2x pro Woche mit Irkutsk. Es sind ausschließlich Propellerflugzeuge der Typen ATR72 und AN26 im Einsatz. Daneben gibt es noch lokale Hubschrauberflüge innerhalb der Republik Tuva, Tel. 52582, www.tuvaavia. ru (R).

Bislang gibt es in der Republik Tuva keine Eisenbahn. Die nächsten Bahnhöfe befinden sich in Abakan und Minusinsk. Vor einigen wurde mit der Planung einer 410 Kilometer langen Eisenbahnstrecke begonnen, die bei Kuragino an der Strecke Abakan–Tajšet nach Kyzyl abzweigt. **Busverbindungen** gibt es täglich nach Abakan (8,5 Std.) und wöchentlich nach Novosibirsk (28 Std.). Die Straße durch das Sajangebirge nach Abakan ist derzeit die einzige Verbindung nach Russland und somit die wichtigste Transportader Tuvas. Sie ist ganzjährig befahrbar. Die meisten Linienbusse fahren nachts, die Fahrt lohnt sich aber wegen der phantastischen Landschaft vor allem bei Tageslicht. Der **Busbahnhof** in Kyzyl befindet sich am Beginn der ul. Kočetova, Tel. 32404.

Taxis in Richtung Abakan findet man am anderen Ende der ul. Kočetova hinter dem Hotel Mangyljak.

Generell sind die Übernachtungsmöglichkeiten in Kyzyl sehr bescheiden.

Bujan Badyrgy (Буян Бадыргы), , EZ/DZ 2600–5500 Rbl., ul. Moskovskaja 1, Tel. 53750. Der einzige, bescheidene Lichtblick am Stadtrand mit 72 Plätzen seit der Eröffnung 2007.

Das ehemalige Partei-Hotel **Kottedž** bietet Enisej-Flussblick und eine gute Küche in fast familiärer Atmosphäre, aber die Zimmer sind sehr schlicht, EZ/DZ 2000–3600 Rbl. ul. Krasnych Partizan 38, Tel. 30503, Im **Odugen** nebenan wurde nach einem Brand ganz ordentlich rekonstruiert, EZ/DZ 2000–3600 Rbl., ul. Krasnych Partizan 36, Tel. 20145.

Mongyljak, EZ/DZ 1200–3400 Rbl., ul. Kočetova, Tel. 31253. Das älteste Hotel der Stadt beschränkt sich jetzt auf die oberen drei Etagen des 5-stöckigen Gebäudes, kein Frühstück.

Empfehlenswert ist die **Familienpension Strike** mit aber nur fünf Zimmern und angeschlossener Bowlingbahn, EZ/DZ 1500–1800 Rbl., ul. Moskovskaja 24, Tel. 56430.

Auch die Restaurants in der Stadt lassen einige Wünsche offen.

Das beste Restaurant für tuwinische und internationale Küche ist das **Bajan Gol** (Баян Гол), Angarskij bul. 12, Tel. 913/3445269. Für lokale und asiatische Küche ist das **Fusion** (Фьюжн) angesagt, ul. Tuvinskych dobrovol'zev 13, Tel. 25960. Lokalkolorit findet man auch im 2012 eröffneten **Jurtenrestaurant Subedey**, ul. Družby 149. Weitere Gaststätten sind **Suvon**, ul Moskovskaja 100, Tel. 51212, und **Vostorg**, Ščetinkina-Kravčenko 35, Tel. 22840.

Coffee Man, ul. Kočetova 2, Tel. 20279, oder **Café Kejik**, ul. Tuvinskych Dobrovolzev 13, Tel. 31659.

www.tuvaonline.ru (R/E)
www.tuva.asia (R/E)
www.visittuva.ru (R)
www.fotuva.org (E).

Außerhalb der Welt – die Altgläubigen

Ein verblüffendes Phänomen in den Weiten Sibiriens sind die Altgläubigen, die es aus religiösen Motiven ablehnen, in der Gesellschaft zu leben, und ein zumeist kollektives Einsiedlertum vorziehen.

Als sich die russisch-orthodoxe Kirche im 17. Jahrhundert unter Patriarch Nikon reformierte und unter anderem auch einige Rituale änderte, fand dies keine einhellige Zustimmung unter den Gläubigen. Viele verweigerten sich dem ›neuen‹ Glauben und hielten an den traditionellen ›alten‹ Glaubensritualen fest. Streitpunkte waren Fragen der Art, ob man sich neu mit zwei oder alt mit drei gestreckten Fingern bekreuzigt, ob die Prozessionen nun gen Sonnenaufgang anstatt wie bisher mit dem Lauf der Sonne ablaufen.

Im Kern ging es dabei um die Anpassung der russisch-orthodoxen Texte und Rituale an die griechisch-orthodoxe Mutterkirche, weil sich mit der Erfindung des Buchdrucks die Frage der Einheitlichkeit der Glaubensquellen neu stellte. Da dies aber auch die Abkehr von den russischen nationalkirchlichen Traditionen bedeutete, stieß die Reform auf erbitterten Widerstand und führte zur Spaltung innerhalb der Kirche Russlands. Der bekannteste Gegenspieler des Patriarchen Nikon war Avvakum. Er stellte sich an die Spitze der nun Altgläubigen (Starovercy), Altritualisten (Staroobrjadcy) oder Abtrünnigen (Raskol'niki) genannten Bewegung, deren Widerstand zumeist zur freiwilligen oder unfreiwilligen Selbstisolation führte und sogar in Selbstverbrennungen gipfelte.

Avaakum war zu Lebzeiten nach Sibirien verbannt worden, durfte dann aber nach Moskau zurückkehren, wo er später erneut in Ungnade fiel und hingerichtet wurde. Viele Anhänger erinnerten sich aber seiner Lobpreisungen Sibiriens und wählten daher die Weite und Abgeschiedenheit hinter dem Ural, um hier ihrem Glauben gemäß leben zu können. Ihre Überzeugung, die wahren Christen zu sein, trugen sie auf diese Weise in die entlegensten Orte des damaligen Russland. Da sie die Staatsmacht, den Zaren, Gesetze, den Armeedienst und auch das Geld ablehnten, waren Kontakte mit der ›Welt‹ nicht erwünscht.

Heute finden sich Spuren und Nachfahren der Altgläubigen vor allem im Altaj, in Chakassien und Tuva sowie in Transbaikalien, wo nach wie vor ganze Dörfer vom alten Glauben geprägt sind. Sie verzichten auf Strom und Benzin; Alkohol und Tabak, selbst Kaffee und Tee sind tabu.

Manche Altgläubige leben auch in vollkommener Isolation als Einsiedler in der Taiga und vermeiden jeglichen Kontakt mit der Außenwelt. Genaue Informationen darüber, wieviele Menschen heute noch auf diese Weise in der sibirischen Taiga leben, gibt es allerdings nicht.

Aufsehen erregte in den 1970er Jahren die Geschichte der Familie Lykov, deren Eremitenleben nach den altgläubigen Riten der russische Journalist Vasilij Peskov beschrieb. Man hatte aus dem Hubschrauber mitten in der Taiga Chakassiens, über 200 Kilometer von der nächsten Siedlung entfernt, zufällig ein Kartoffelfeld gesichtet. Hier stieß der Journalist auf diese aus Vater, drei Söhnen und einer Tochter bestehenden Familie, deren letzter Kontakt mit Fremden über 30 Jahre zurücklag. Sein Buch darüber – ›Die Vergessenen der Taiga‹ – ist auch in Deutschland erschienen. Mittlerweile sind jedoch alle Mitglieder der Familie Lykov verstorben.

Der Baikal, sollte man meinen, müsse den Menschen
durch seine Majestät und seine Größe erdrücken,
denn er ist ungebärdig und rätselhaft. Doch er läßt
den Menschen über sich selbst hinauswachsen (...),
als habe man das Siegel der Ewigkeit und der Vollendung
berührt.

Valentin Rasputin

Winter auf der Insel Ol'chon im Baikalsee.

RUND UM DEN BAIKALSEE

Irkutsk

Die heute ungefähr 620 000 Einwohner zählende Stadt Irkutsk gehört zu den interessantesten und schönsten Städten Sibiriens. Als Knotenpunkt für Transsib-Touristen in Richtung Pazifik oder China und dank der Nähe des einzigartigen Baikalsees ist sie im Vergleich zu anderen sibirischen Metropolen schon immer touristisch deutlich besser erschlossen gewesen. Zu Sowjetzeiten war Irkutsk samt Tagesausflug zum Baikalsee eine der wenigen nicht geschlossenen Metropolen Sibiriens und fester Bestandteil vieler Touren für ausländische Besucher.

Geschichte

Erstmals 1652 als Winterlager erwähnt, entstand am Angara-Ufer 1661 eine Festung im Kampf gegen die Burjaten. 1686 wurde ihr das Stadtrecht verliehen. Schnell wurde der Ort ein wichtiger Handelsplatz. Sibirische Pelze, chinesischer Tee und Seide mehrten den Reichtum der Kaufleute. Irkutsk wurde zum Zentrum der wirtschaftlichen, diplomatischen und wissenschaftlichen Aktivitäten Russlands in Richtung Mongolei und China sowie zum Ausgangspunkt der Eroberung des Fernen Osten bis nach Alaska. So wie Petersburg zum Fenster nach Westen geworden war, wurde Irkutsk zum Fenster nach Osten. Als die Russen 1761 die Beringstraße überquerten, stammten diese Expedition und auch die ersten nachfolgenden Kaufleute und Siedler aus Irkutsk. Alaska, die Aleuten und damals zu Russland gehörende Teile Kaliforniens waren administrativ dem Irkutsker Generalgouverneur unterstellt. Im Jahr 1783 wurde hier die berühmte Russisch-Amerikanische Gesellschaft gegründet.

Im 19. Jahrhundert war Irkutsk mit Abstand die größte Stadt Sibiriens. Als administratives Zentrum wurde die Stadt zu einem wichtigen Umschlagplatz in der zaristischen Verbannung. Am bekanntesten wurden die Dekabris-

Ein prächtiges altes Holzhaus

ten. Vielen war nach den Jahren der Zwangsarbeit in Bergwerken und Festungen hinter dem Baikalsee die Rückkehr in den europäischen Teil Russlands verboten, so dass sie sich in Irkutsk niederließen und die geistig-kulturelle Entwicklung der Stadt nachhaltig beeinflussten.

Die wohl schwärzeste Seite in der Geschichte der Stadt war der vom 22. bis 24. Juli 1879 wütende Großbrand, der etwa zwei Drittel der Stadt zerstörte. Über 100 Steingebäude und mehr als 3000 Holzhäuser wurden ein Opfer der Flammen, 15 000 Menschen verloren ihr Obdach. Nach 1880 wurde das gesamte Stadtzentrum neu aus Stein errichtet. Da zur gleichen Zeit Goldfunde der Stadt einen wahren Boom bescherten, erfolgte der Wiederaufbau in den letzten Jahren des 19. Jahrhunderts in einem unglaublichen Tempo. Nachhaltige Impulse kamen durch die Anfang 1899 erfolgte Anbindung an die Transsibirische Eisenbahn.

Irkutsk war im Bürgerkrieg, der auf die Oktoberrevolution folgte, sehr hart umkämpft. Der Premier der Omsker provisorischen Oppositionsregierung und Oberkommandierende der weißgardistischen Truppen, der zaristische General Alexander Kolčak, wurde hier 1920 hingerichtet. Die Jahre der stalinistischen Herrschaft hinterließen durch ihre Kirchenbarbarei deutliche Spuren im Stadtbild.

Rund um den Baikalsee

Die Gotteserscheinungskathedrale

Die wirtschaftliche Entwicklung wurde durch den in den 1950er Jahren begonnenen Bau der Kraftwerkskaskade an der Angara beeinflusst. Er zog entsprechende Industrieansiedlungen sowohl in der Stadt als auch in ihrer Umgebung nach sich. Nirgendwo wurde und wird in Russland so billig Strom produziert. Irkutsk – in der Vergangenheit oft als das Paris Sibiriens bezeichnet – ist eine interessante Metropole, deren Besuch in jedem Fall mit einer Fahrt zum Baikalsee verbunden werden sollte. Dabei sollte man aber seine ›Paris‹-Erwartungen nicht zu hoch schrauben, die Betonung des Vergleichs liegt auf Sibirien. Man besucht also mit Irkutsk nicht ein sehr kaltes Paris, sondern einen vergleichsweise kultivierten Ort Sibiriens. Vielerorts spürt man die wohl seinerzeit sehr aktive, aber heute eingeschlafene Städtepartnerschaft zwischen Irkutsk und Chemnitz. So gibt es im Stadtteil ›Solnečnyj‹ noch den ›pr. im. Karl'-Marks-Štadta‹. Heute besteht eine aktive Partnerschaft mit Pforzheim.

Sehenswürdigkeiten

Die langjährige Diskussion um die Umbenennung der Straßen und die Rückkehr zu den alten, vorsowjetischen Bezeichnungen brachte wie in vielen anderen Städten keinerlei Veränderungen, so dass nach wie vor Marx und Lenin die Orientierung geben.

■ Zarendenkmal

Die Marxstraße, ul. Marksa, als Hauptstraße hieß früher ›Große Straße‹ (Bol'šaja ul.) und verläuft an der Stelle der alten Festungspalisade. Einerseits ist sie die Hauptgeschäftsstraße und andererseits auch mit einer Vielzahl historisch interessanter Gebäude aus dem Ende des 19. Jahrhunderts bebaut. An ihrem Beginn erhebt sich ein Denkmal zu Ehren des Zaren Alexander III. Es wurde im Oktober 2004 eingeweiht und ist ein genauer Nachguss des ursprünglich an dieser Stelle im Jahr 1908 errichteten Denkmals. Nach der Eröffnung der Transsibirischen Eisenbahn wurden in St. Petersburg, in Moskau und in Irkutsk drei Statuen zu Ehren des 1894 verstorbenen Zaren errichtet, denn in seiner Regentschaft waren die Entscheidungen über den Bahnbau gefallen und mit dem Bau begonnen worden. In Irkutsk wurde die Bronzestatue des Zaren nach der Oktoberrevolution im Jahr 1920 demontiert und wahrscheinlich eingeschmolzen. Erhalten blieb nur der Sockel mit den vier Bronzereliefs. Die Ostseite zeigt den Doppeladler mit dem Zarenukas über den Bau der Eisenbahnlinie. An der Nordseite wird an den Kosakenhauptmann Ermak, der Ende des 16. Jahrhunderts die russische Eroberung Sibiriens einleitete, erinnert. Die West- und Südseite zeigen die Porträts zweier bedeutender, in Irkutsk ansässiger Generalgouverneure Ostsibiriens: Michail Speranskij (1819–1821) und Nikolaj Murav'ëv-Amurskij (1848–1861). Da das Denkmal den Stadtherren wohl etwas leer vorkam, setzte man 1960 anstelle des Zaren einen Betonobelisken auf den Sockel. Das Denkmal bekam nun entsprechend der Inschrift auf einem der Reliefs den abstrakten Namen ›Die Dankbarkeit Sibiriens‹, bis man 2004 auch wieder auf den Sockel zurückführte, wem dieser Dank Sibiriens gilt.

■ Weißes Haus

Wenn man mit dem Rücken zum Obelisken in Richtung Stadtzentrum schaut, erhebt sich rechts das Irkutsker Heimatkundemuseum. Linker Hand an der Uferpromenade steht das geschichtsträchtige Weiße Haus. In den Jahren 1800 bis 1804 vom bekannten Irkutsker Kaufmann Ksenofont Sibirjakov (1772–1825) im Stil des Klassizismus errichtet, wurde es von 1837 bis 1917 die Residenz des Generalgouverneurs von Ostsibirien. Hier gingen die Dekabristen und viele bekannte Persönlichkeiten wie Bakunin, Gončarov oder Radiščev ein und aus. Heute ist hier die **Universitätsbibliothek** mit über drei Millionen Bänden untergebracht.

Dem Begriff ›Weißes Haus‹ kann man in Russland oft begegnen. In Anlehnung an das Washingtoner Zentrum der politischen Macht erhielten die örtlichen ›Machtzentren‹ – die zumeist in weiß gehaltenen und in den 1960er und 1970er Jahren landesweit errichteten Neubauten – im Volksmund jeweils schnell den Spitznamen ›Weißes Haus‹ (Belyj Dom). Heute hat in den Räumlichkeiten in der Regel die Gebietsadministration ihren Sitz. Irkutsk ist dabei eine Ausnahme, hier gibt es ein im Volksmund sogenanntes ›Graues Haus‹. Wahrscheinlich weil der Begriff des ›Weißen Hauses‹ schon belegt war.

■ Schauspielhaus

Auf der ul. Marksa gelangt man zum Irkutsker Schauspielhaus, das am 31. August 1897 mit Nikolai Gogols ›Revisor‹ erstmalig seine Pforten öffnete. Zum 100. Jahr seines Bestehens wurde das nach dem Irkutsker Theaterrevolutionär Schauspieler und Regisseur Nikolaj Ochlopkov (1900–1967) benannte Theater umfassend saniert und ist heute das Schmuckstück der Irkutsker Theaterlandschaft, ul. Karla Marksa 14, Tel. 200477, www.dramteatr.ru (R). Daneben existiert um die Ecke noch das nach dem auch über die Grenzen seiner Heimatstadt bekannt gewordenen Dramatiker Aleksandr Vampilov benannte **Jugendtheater**, in der ul. Lenina 23, Tel. 340090, www.tuzvampilov.ru (R). Im selben Gebäudekomplex um die Ecke befindet sich auch die örtliche **Philharmonie**, ul. Dzeržinskogo 2, Tel. 242968, www.filarmoniya.irk.ru (R). Daneben gibt es ein **Puppentheater**, ul. Bajkal'skaja 32, sowie am

Platz der Arbeit einen **Zirkus,** in dem aber nur auswärtige Tourneen gastieren, ul. Proletarskaja 13, Tel. 240535.

Vor dem Zirkusgebäude erinnert ein Denkmal an den in Irkutsk aufgewachsenen Filmregisseur Leonid Gaidai (1923–1993), dessen Komödien (u.a. Der Brilliantenarm, Entführung im Kaukasus) sich bis heute riesiger Popularität erfreuen.

Hinter dem Schauspielhaus befindet sich das unschwer an den Flutlichtmasten auszumachende, größte **Sportstadion** der Stadt. 18 000 Fans finden hier Platz. Interessant ist es vor allem im Winter, wenn unter freiem Himmel das auch Bandy genannte Eisballspiel die Irkutsker Fans von Bajkal-Energija Irkutsk bei Minusgraden in La-Ola-Wellen schwelgen lässt, www.baikal-energy.ru (R).

■ Russisch-Asiatische Bank

Die ul. Marksa kreuzt in Höhe des Gebäudes der Russisch-Asiatischen Bank die Leninstraße. Dieses ehemalige Bankgebäude ist nicht nur architektonisch interessant. Die Russisch-Asiatische Bank war um die Jahrhundertwende die bedeutendste Bank Sibiriens und hinterließ in der wirtschaftlichen Entwicklung zu dieser Zeit nachhaltige Spuren. Der Versuch, diese Traditionen in den 1990er Jahren zu neuem Leben zu erwecken, scheiterte. Die 1989 wieder neu gegründete Russisch-Asiatische Bank ging – allerdings in anderen Räumlichkeiten – 1995 spektakulär pleite. Im ursprünglichen Gebäude der Bank befindet sich seit langem ein Krankenhaus. Gegenüber steht das obligatorische **Lenin-Denkmal** von Nikolai Tomskij, der auch für das frühere Pendant in Ostberlin verantwortlich zeichnete. Auf alten Fotografien erkennt man, dass an dieser Stelle einmal die lutherische Kirche von Irkutsk stand.

■ Kirov-Platz und Uferpromenade

An dieser Kreuzung führt die ul. Lenina in Richtung Norden vorbei an der Irkutsker Gemäldegalerie zum Kirov-Platz (pl. Kirova) und weiter zur Angara. Sergej Kirov war in den 1930er Jahren als Parteichef von Leningrad die Alternative zu Stalin. Seine Ermordung durch den Diktator im Dezember 1934 war der Beginn der Schauprozesse und massenhaften Repressalien. Die Namensgebung des Platzes erinnert an seine ersten revolutionären Sporen, die er sich in Irkutsk verdiente. Auch in Novosibirsk erinnert noch ein kleines Museum an ihn. Der Platz ist heute das administrative Zentrum der Stadt.

Anstelle der von den Bolschewiken gesprengten Kazaner Kathedrale steht heute das besagte **Graue Haus**, das früher Sitz der örtlichen KPdSU-Zentrale war und heute die Gebietsadministration beherbergt.

Hinter dem Grauen Haus gelangt man an zwei Kirchen vorbei zum 1975 eröffneten Mahnmal des Ewigen Feuers zu Ehren der sibirischen Kämpfer im Zweiten Weltkrieg und zur 2011 neu gestalteten unteren Uferpromenade. Hier einnert ein neues **Denkmal an die Kosaken** als Begründer der heutigen Großstadt.

Weiter östlich wurde im selben Jahr auch das **Moskauer Tor** wiederhergestellt. Im Unterschied zu anderen sibirischen Städten, wo ähnliche und in den letzten Jahren vielerorts wieder neu errichtete Triumpfbögen 1891 im Zusammenhang mit der Sibirien-Reise des späteren Zaren Nikolaj II. entstanden waren, stammte das Tor in Irkutsk bereits aus dem Beginn des 19. Jahrhunderts. Es war 1811 bis 1813 als Tor am Ortsausgang in Richtung Moskau zu Ehren des Zaren Alexander I. erbaut

Karte S. hintere Umschlagklappe ▲

worden. Es verfiel jedoch und wurde 1928 abgetragen und bekam erst anlässlich seiner 200-jährigen Grundsteinlegung sein zweites Leben.

Über den Nebenfluß Ušakovka gelangt man am Kreisverkehr vorbei zum **Kolčak-Denkmal**. Der Admiral stand ab 1918 an der Spitze der antibolschewitischen Regierung in Omsk und war auf der Flucht in Irkutsk verraten und hier im Februar 1920 hingerichtet worden. Seine Leiche wurde in einem Eisloch der Ušakovka versenkt. Hier sieht man auch die der **Erscheinung der heiligen Jungfrau** gewidmeten Kirche (Znamenskaja Cerkov') samt dem gleichnamigen Frauenkloster, ul. Angarskaja 14.

■ Fußgängerzone und Markt

Zurück zur marxistisch-leninistischen Kreuzung kehrt man auf der früher Große Straße genannten Marx-Straße wieder in das geschäftige Leben der Hauptstraße von Irkutsk zurück. Unter den Büro- und Geschäftsgebäuden findet

Kapelle vor dem ›Grauen Haus‹, dem Gouverneursitz

man viele **alte Kaufmannsvillen** (Hausnummern 26a, 19, 9, Eckhäuser zu den Nebenstraßen Grjaznova, Urizkogo, Fur'e und Litivinova). An dieser Ecke gibt es seit 2012 ein Touristen-Denkmal, denn die Straße lebt wie auch Irkutsk und die Baikalregion insgesamt vom Tourismus.

Die Abzweigung der **ul. Urickogo** ist ebenfalls interessant. Sie war die erste Fußgängerzone und lange Jahre die einzige Flaniermeile dieser Art in Sibirien. Rechter Hand sieht man das Bekleidungshaus mit dem netten Namen ›Köln‹. Die Straße führt zum früher größten Irkutsker Kaufhaus sowie zum Markt.

Der **Basar** ist heute eine interessante Symbiose aus der alten Markthalle aus den 1950er Jahren und einem funktionalen, hypermodernen Anbau aus dem Jahre 1997 und lohnt einen Besuch.

■ Holzhäuser

Sehenswert ist in Irkutsk auch die Holzhausarchitektur. Unter allen Städten Sibiriens weist die Stadt neben Tomsk die größte Ansammlung von reich verzierten, zumeist aus dem 19. Jahrhundert stammenden Holzhäusern auf. Der Brauch, die Holzbalken anstelle einer Bretterverkleidung mit verschiedenen Ornamenten zu verzieren, ist heidnischen Ursprungs. Die vielfältigen Motive galten als magische Zeichen, die das Böse vom Haus fernhalten sollten. Die meisten Holzhäuser finden sich in der Gegend zwischen den fast parallel verlaufenden Straßen **ul. Dzeržinskogo** und **ul. Timirjazeva**, die das Areal des Kaufhauses und der Markthalle rahmen. Richtung Norden kann man hier in Richtung Busbahnhof und Dekabristenmuseum gehen, wo sich an der ul. Dekabr'skych sobytii auch noch weitere Museen

In Irkutsk gibt es besonders viele schöne Holzhäuser wie hier im Kvartal 130

befinden. Richtung Süden kannn man Richtung Stadion zurückkehren und gelangt an der Kreuzkirche in das neue Szeneviertel Kvartal 130.

■ Bibertiger und Kvartal 130

Am Kreuzberg steht am Anfang des Kvartals ein dem **Irkutsker Wappentier gewidmetes Denkmal**. Das Wappentier ist ein merkwürdiges Fabelwesen, dessen Charakter aus den ortographischen Problemen der stillen Post resultierte und sich als erstaunlich langlebig erwies. Ursprünglich zeigte das Irkutsker Wappen in Anlehnung an das Jakutsker Wappen ein ›Babr‹, was in der Sprache der Ureinwohner für den sibirischen oder Amurtiger stand, der hier einen Zobel im Maul hielt. Als 1878 für den Zaren eine Vorlage zur Bestätigung vieler Wappen erstellt wurde, geschah das Malheur. Es fehlte den Beamten wohl an linguistischen sowie biologischen Kenntnissen und sie hielten es für einen Schreibfehler, den sie ausmerzten, indem sie aus dem Babr einen Bobr (Biber) machten und auch die Zeichnung

dementsprechend anpassten. So bekam Irkutsk den Bibertiger als Wappentier.

Das Kvartal 130 hat sich in den letzten Jahren zu einem Touristenmagneten entwickelt. Ursprünglich befand sich hier eine außerhalb der eigentlichen Stadt liegende Handwerker-Vorstadt (Sloboda). Zum Stadtjubiläum 2011 entstand ein aus über 50 Holzhäusern bestehendes Viertel. 32 Holzhäuser wurden aus der historischen Substanz heraus rekonstruiert, die restlichen Gebäude entstanden neu. Verschiedene Geschäfte, Restaurants und zwei kleine Museen unterstreichen die touristische Attraktivität. Am Rand des Viertels befinden sich das **Irkutsker Musiktheater**, das jetzt um eine Freilichtbühne erweitert wurde, ul. Sedova 29, Tel. 242131, www.imt.irkutsk.ru (R), sowie die neue **Mall Modnyj Kvartal**, ul. 3. Ijulja 25.

■ Die Irkutsker Kirchen

Das Schicksal der Irkutsker Kirchenlandschaft verdient besondere Beachtung. Zur Jahrhundertwende wurde die Silhouette der Stadt von über zwanzig

Kirchen bestimmt. Außerdem gab es über fünfzig Gebetshäuser. Heute sind von den großen Kirchen nur sieben übrig geblieben. Viele Kirchen fielen dem Kampf gegen das ›Opium für das Volk‹ (Karl Marx) zum Opfer und wurden zerstört. Bei den nicht zerstörten Kirchen verblüfft die Bandbreite der Zweckentfremdung von der Schusterwerkstatt bis zum Flughafen.

Das Stadtbild des alten Irkutsk bestimmte vor allem die auf dem zentralen Platz der Stadt 1892 fertig gestellte Kazaner Kathedrale. Der heutige Kirov-Platz war damals nach dem früheren Gouverneur Michail Speranskij benannt. Die neue Kathedrale war anstelle der bereits 1718 erbauten Kazaner Kirche gebaut worden und konnte 5000 Gläubige aufnehmen. Damit war sie damals die viertgrößte Kirche in ganz Russland. Sie stand allerdings nur 40 Jahre und wurde 1932 genau wie die heute wiedererrich-

In der Irkutsker Fußgängerzone

teten Moskauer Kathedrale gesprengt. Zum Stichwort Kazan und Kazaner Ikone existiert in Irkutsk die wunderschöne, knallrote **Kazaner Kirche**, die seit 2011 auch für ihre einzigartige Altarwand aus Granit bekannt ist. Sie entstand 1892 in einer damaligen Vorstadt. Zu sowjetischer Zeit wurde sie u.a. zum Heim einer Souvenirfabrik, bevor sie ab 1990 wieder der Kirche gehörte, ul. Barrikad 34/1, Tel. 778126.

Neben dem Gouverneurssitz sieht man heute am Rand des Kirov-Platzes die aus den Jahren 1706-1710 stammende **Erlöserkirche** (Chram spasa rukotvotnogo obraza) sowie daneben die von 1718 bis 1746 errichtete **Gotterscheinungskathedrale** (Sobor Bogojavlenija).

Die **Erlöserkirche** war eines der ersten steinernen Gebäude in Irkutsk. Ihre vom Beginn des 19. Jahrhunderts stammenden Außenfresken sind zwischen dem Ural und dem Pazifik einzigartig. Das gewaltige Triptychon zeigt links die Christianisierung der burjatischen Ureinwohner, im Zentrum die Kreuzigung Christi und rechts die Heiligsprechung des ersten Irkutsker Bischoffs Innokentij Kulčickij (1680–1731). Der Glockenturm wurde um 1860 angebaut. Zur Sowjetzeit wurde sie 1931 geschlossen und beherbergte verschiedene Werkstätten. Später lange Jahre dem Verfall preisgegeben, begann in den 1970er Jahren die Restaurierung **und 1982 eröffnete hier das örtliche Heimatmuseum** verschiedene Ausstellungen, wie zum Beispiel ›Die Glocken Russlands‹, ›Uhren aus Deutschland‹ und ›Die Handwerkskunst der Völker Sibiriens‹. Erst 2006 wurde das Gotteshaus der Kirche zurückgegeben und 2010 umfassend rekonstruiert. Sie ist nach wie vor für ihren Glockenturm und ihre **Glockensammlung** berühmt. Hier bildet das Ir-

Rund um den Baikalsee

Die Erlöserkirche

kutsker Bistum seinen Glöckner-Nachwuchs aus, ul. Suchė Batora 2, Tel. 201552, www.spashram.irk.ru (R).

Die **Gotterscheinungskathedrale** (Abb. → S. 262) wurde zur Sowjetzeit zunächst zur Bäckerei und beherbergte ab 1985 als Filiale der örtlichen Gemäldegalerie die Ikonen-Sammlung des Museums. 1994 wurde sie der Gemeinde zurückgegeben. Bemerkenswert ist in ihrer Architektur die Mischung von Elementen des europäischen Barock mit altrussischen Motiven, die man unter dem Begriff ›sibirischer Barock‹ zusammenfasst, ul. Suchė Batora 1a, Tel. 790484. Die am Einfluss der Ušakovka in die Angara stehende Kirche ist der **Erscheinung der heiligen Jungfrau** (Znamenskaja Cerkov') gewidmet und stammt aus dem 18. Jahrhundert. Sie wurde zur Heimstatt für das angrenzende gleichnamige Frauenkloster. In den Jahren vor dem Zweiten Weltkrieg und dann noch bis 1953 war Irkutsk ein Stützpunkt für Wasserflugzeuge. Die Maschinen starteten auf der Angara nach Jakutien und in die Arktis. Kirche und Kloster beherbergten diesen Stützpunkt und wurden dann zumindest teilweise der Kirche zurück gegeben. Hier befindet sich auch das Grab des 2015 verstorbenen Schriftstellers **Valentin Rasputin**.

Die 1795 erbaute und eng mit den Dekabristen verbundene **Erlösererscheinungskirche** war mehrere Jahrzehnte die Heimstatt des Universitätsarchives und ist seit 2000 wieder eine Kirche, per. Volkonskogo 1, Tel. 209345, www. preobrazhensky.prihod.ru (R). Die heute ebenfalls den Gläubigen wieder offen stehende **Pfingstkirche** beherbergte lange Jahre ein Planetarium, ul. 5. Armii.

Das bedeutendste russisch-orthodoxe Gotteshaus der Stadt, das während der Sowjetzeit lange offen war, ist die **Kreuzkirche**. Ab 1935 befand sich ein Anti-Religionsmuseum in der Kirche. Als Stalin im Krieg gegen Nazi-Deutschland etwas toleranter gegenüber der Kirche wurde, gelang es der Gemeinde, hier 1943 die Wiedereröffnung als erstes Gotteshaus in Irkutsk zu erwirken, ul. Sedova 1, Tel. 203277.

Die **katholische Kirche**, die 1886 aus Spenden der über 20 000 nach Irkutsk verbannten Polen errichtet worden war, blieb erhalten und wurde zu einem **Konzertsaal für Orgelmusik**. Heute wird er sowohl für Konzerte als auch für Gottesdienste genutzt, pl. Kirova. Der katholischen Gemeinde von Irkutsk stehen aber seit 2002 am anderen Angara-Ufer die Tore eines Kirchenneubaus in der Nähe der Universität offen, ul. Klary Zetkin 13a, Tel. 727577.

Bezüglich anderer Konfessionen existieren interessanterweise in derselben Straße eine **Moschee**, ul. Karla Libknechta 86, Tel. 277796, und eine kürzlich umfassend rekonstruierte **Synagoge**, ul.

Karte: hintere Umschlagklappe

■ Insel der Jugend

Der ruhige Lauf der als stürmisch bekannten Angara im Stadtgebiet von Irkutsk ist dem im Süden gelegenen Irkutsker Wasserkraftwerk zu verdanken. Dementsprechend fürchtet man auf den Inseln auch kein Hochwasser mehr. Am Zarendenkmal gelangt man zum größten Eiland in der Angara – der ›Insel der Jugend‹, einem beliebten Erholungsort der Irkutsker. Hier laden Park und mehrere Gaststätten zur Verweilen ein. Die örtliche **Kinder-Eisenbahn** betreibt hier einen Rundkurs, und das **Museum der Ostsibirischen Eisenbahn** im Bahnhofsgebäude wartet auf große und kleine Eisenbahnfans.

■ Staudamm

Mit dem von 1950 bis 1958 errichteten Staudamm begann die Erschließung der Wasserressourcen Sibiriens. Die Nutzung zur Energiegewinnung führte zum Bau von Kraftwerkskaskaden an der Angara und in noch größeren Dimensionen am Enisej. Im Vergleich dazu nimmt sich der damalige Irkutsker Gigant mit acht Turbinen und einer Leistung von 360 000 Kilowatt fast bescheiden aus. Der Bau hatte nachhaltige Auswirkungen auf das Ökosystem des Baikalsees. Der Wasserspiegel der Angara stieg um 30 Meter, der Wasserspiegel des gesamten Baikalsees stieg um durchschnittlich einen Meter. Mehrere Dörfer und auch die alte Transsibstrecke, die am linken, westlichen Angara-Ufer von Irkutsk nach Port Bajkal führte, wurden dabei geflutet.

Unweit des Damms im Stausee liegt am rechten Flussufer die ›**Angara**‹ vor Anker. Das Schiff ist einer der beiden Eisbrecher, mit denen in der Anfangsphase der Transsibirischen Eisenbahn von 1899 bis 1904 der Baikalsee überquert wurde. Das Schiff war in England in Newcastle gefertigt und in Einzelteilen nach Sibirien geliefert worden. Hier wurde es in der Schiffswerft von Listvjanka zusammengebaut. Bis zur Fertigstellung der schleifenartigen Strecke am Südwestufer überquerte es mit seinem Schwesterschiff ›Bajkal‹ zweimal täglich die gut 40 Kilometer zwischen Port Bajkal am Nord- und Mysovaja am Südufer des Sees.

In den Folgejahren fuhr die ›Angara‹ als Frachtschiff und Eisbrecher auf dem Baikalsee. Das Schwesterschiff wurde im August 1918 in den Kämpfen des Bürgerkrieges am Südufer schwer beschädigt und hier beginnt das Seemansgarn über ihr weiteres Schicksal. Neben einer Versenkung am Südufer gibt es Theorien zum Abschleppen des Wracks nach Port Bajkal oder selbst die Angara hinab, wo es dann vollständig abgewrackt wurde oder teilweise abgewrackt, sank, wobei auch hier die Jahreszahlen zwischen 1926 und 1952 viele Varianten bieten. Die ›Angara‹ hingegen fuhr in den folgenden Jahren als Frachtschiff und Eisbrecher auf dem Baikalsee. Nach der Außerdienststellung 1962 diente sie zunächst noch zu Ausbildungszwecken und wurde 1975 eigentlich zur Verschrottung abgeschrieben, lief aber auf ihrer letzten Tour auf Grund. 1987 besann man sich aber für das halbversunkene Schiff eines Besseren und begann es als **Museum der Baikalschifffahrt** wieder herzurichten (→ S. 274).

Wer keine Reisepläne für den Baikalsee hat und trotzdem Baikalrobben sehen möchte, hat jetzt die Chance dazu im **Nerparium**. Das zunächst nur in Listvjanka ansässige Unternehmen hat jetzt auch eine Filiale in Irkutsk, wo es täglich zehnmal eine halbstündige Show mit den einzigartigen Robben zu sehen gibt. Artgerechte Tierhaltung sieht aber anders aus, ul. 2. Železnodorožnaja 66, Tel. 554432, www.baikalnerpa.ru (R/E).

Das Heimatkundemuseum

Museen

Die Museumslandschaft von Irkutsk ist recht vielfältig, was angesichts der nach sibirischen Maßstäben langen Geschichte der Stadt nicht verwundert.

■ Heimatkundemuseum

Mit dem Gründungsjahr 1782 ist das Irkutsker Heimatkundemuseum das älteste Museum Sibiriens. Die derzeitige Heimstatt wurde nach dem großen Brand zwischen 1882 und 1891 im mauretanischen Stil aus Spenden der Irkutsker errichtet. Unter den an der Außenwand verewigten 22 Sibirienforschern findet sich auch Alexander von Humboldt. Im Erdgeschoss kann man eine aufschlussreiche Sammlung über die Traditionen und Bräuche der örtlichen Ureinwohner (Evenken, Burjaten, Karagassen) sowie Exponate zur Stadtgeschichte besichtigen. Im ersten Stock schließt sich dann die Geschichte ab

Karte hintere Umschlagklappe ▲

1917 an, die wohl aus ihrer sowjetischen Urfassung heraus nur minimale Korrekturen erfuhr. Die größte Münzsammlung Sibiriens wird derzeit nicht ausgestellt, Mo Ruhetag, ul. Marksa 2, Tel. 333449, www.museum.irkutsk.ru.

Das Museum hat mehrere Außenstellen. Im Naturkundemuseum sind Exponate zu Fauna und Flora der Region zu sehen sind. Interessant ist ein Überblick über die in Sibirien vorkommenden Pelztiere sowie eine kleine Kunstkamera. Analog zum Museum ›Kunstkamera‹ in St. Petersburg ist die kleine Ausstellung pathologischer Anomalitäten aber Geschmackssache, Mo Ruhetag, ul. Marksa 11, Tel. 342832. Im neuen Szene-Quartal 130 eröffnete unlängst noch die Exposition ›Fenster nach Asien‹, die der Bedeutung von Irkutsk für die Erforschung und Eroberung des sibirischen Ostens gewidmet ist, Mo Ruhetag, ul. 3. ijulja 21b, Tel. 488698..

■ Heimatmuseum für Stadtgeschichte

Das jüngste Museum ist das 1996 eröffnete Heimatmuseum für Stadtgeschichte, das vor kurzem neue Räumlichkeiten beziehen konnte, Mi Ruhetag, ul. Frank-Kamenezkogo 16a, Tel. 710161, www.irkmuseum.ru (R). Daneben wurden noch **zwei Filialen** neu eröffnet. Ein **Handwerksmuseum** im Nebengebäude, Mi Ruhetag, ul. Frank-Kamenezkogo 16b, Tel. 201610, und ein historisches **Alltagsmuseum** in einem alten Irkutsker Holzhaus, Di Ruhetag, ul. Dekabr'skich Sobytii 77, Tel. 204884. Die bisherige Heimstatt am Stadtrand widmet sich jetzt der **Militärgeschichte**, Sa, So Ruhetag, ul. Čajkovskogo 5, Tel. 381020. Militaria-Fans kommen sicherlich auch im **Museum des örtlichen Hauses der Offiziere** auf ihre Kosten, ul. K. Marksa 47, Tel. 342992.

Die Dekabristen

Der Name des Monats Dezember (dekabr') steht hinter diesem in Sibirien häufig anzu-treffenden Begriff. Im November 1825 war Zar Alexander I. unerwartet verstorben. Bis zur Krönung des neuen Zaren Nikolaj I. war aufgrund des Thronverzichtes seines älteren Bruders zunächst ein Machtvakuum entstanden, das mehrere Gruppen junger Adliger zum Sturz der Zarenherrschaft nutzen wollten. Russlands Erfolg über Napoleon und der russische Feldzug nach Europa brachten viele Adlige und Offiziere nach Frankreich, wo sie an den Ideen der Französischen Revolution Gefallen fanden und mit ansahen, wie Länder wie Frankreich und Polen Verfassungen annahmen.

Als sich ihre Erwartungen in der Heimat nicht erfüllten, gründeten viele der vom ›Geist von 1812‹ Besessenen verschiedene Geheimbünde mit dem Ziel, den Zaren zu stürzen. Als sich am 14. Dezember 1825 im Morgengrauen etwa 2000 unter dem Kommando der rebellierenden Offiziere stehende Soldaten auf dem Petersburger Senatsplatz sam-melten, war der neue Zar durch Verrat bereits informiert, und seine Garde stand zur Umzingelung der Aufständischen bereit.

Am Nachmittag war der Aufstand niedergeschlagen. Am Abend begannen die Verhaftungen.

Dem militärischen Scheitern folgten dramatische Konsequenzen.

Die Rebellion in der eigenen Elite erschien dem neuen Zaren verständlicherweise besonders verwerflich und sollte durch eine gnadenlose Vergeltung bestraft werden. 579 Personen wurden als ›Angehörige der übelgesinnten Gesellschaft‹ zur Verantwor-tung gezogen, 131 von ihnen kamen vor das Petersburger Strafgericht. Fünf führende Köpfe der Bewegung (Konstantin Ryleev, Pavel Pestel', Sergej Murav'ëv-Apostol, Michail Bestužev-Rjumin und Pavel Kachovskij) wurden im Juli 1826 hingerichtet. 121 Mitstrei-ter wurden zur Zwangsarbeit nach Sibirien verbannt. Das Urteil lautete lebenslänglich, und die meisten verbrachten den Rest ihres Lebens hinter dem Ural, wo sich noch heute in Tobol'sk, Irkutsk, Nerčinsk und anderswo die Gräber und Gedenkstätten befinden.

Dekabristen auf dem Senatsplatz in St. Petersburg, zeitgenössische Darstellung

ESSAY

Als einziger gebürtiger Sibirier unter den Dekabristen wurde der Tomsker Architekt Gavril Baten'kov zu 20 Jahren Einzelhaft in der Petropavlovsker Festung verurteilt.

Nach 30 Jahren kam 1856 die Begnadigung, die noch 19 der damals Verurteilten erlebten und wovon wiederum 16 in den europäischen Teil Russlands zurückkehrten.

Freiwillig folgten den Dekabristen auch elf ihrer Ehefrauen, bevor der Zar es verbot. Darunter befanden sich Ekaterina Trubeckaja, Tochter eines vom Zaren geadelten französischen Offiziers, die Urenkelin Lomonosovs Maria Volkonskaja und auch zwei Französinnen, die alles in Russlands blendender Metropole St. Petersburg aufgaben, um das Schicksal ihrer Männer in den Weiten Sibiriens zu teilen.

Maria Volkonskaja auf einem Gemälde von Nikolaj Bestužev

Die Silberbergwerke von Nerčinsk und Akataj hinter dem Baikalsee waren die ersten Bestimmungsorte der Dekabristen. Im darauf folgenden Jahr wurden sie in das Gefängnis der damals noch kleinen Festung Čita verlegt, wo sie erheblichen Einfluss auf die Planung der Stadtentwicklung hatten.

Die nächste Station war das 500 Kilometer weiter südöstlich gelegene Petrovskij Zavod. »Welchen Mut man benötigt, um in diesem Land zu leben. Es ist ein Glück, dass wir Euch keine freimütigen Briefe darüber schicken dürfen«, umschrieb Maria Volkonskaja ihre Lage.

Mit unzähligen Petitionen und wegen guter Führung konnten nach der Umwandlung der Katorga in die Ssylka (Zwangsansiedlung) viele Dekabristen Einfluss auf die Wahl und Gestaltung ihres Verbannungsortes nehmen. Zumeist fiel die Wahl auf die damalige Hauptstadt – das ›Paris Sibiriens‹. Irkutsk wurde – wenn auch notgedrungen – zur zweiten Heimat für viele Dekabristen, so zum Beispiel für den Zarenoffizier Sergej Volkonskij und den Diplomaten Sergej Trubeckoj, deren Häuser durch Bälle, Konzerte, Lesungen schnell zu kulturellen Zentren des Irkutsker Geisteslebens wurden und die heute als Museen Zeugnis über diese Zeit ablegen. Der Aufklärer Vladimir Raevskij, der Philosoph Michail Lunin, der Verwaltungsexperte Aleksandr Murav'ëv und viele andere brachten » ... die wahre Aufklärung dadurch, dass sie sich nicht mit ihrer Herkunft oder ihrer Bildung brüsteten, sondern bemüht waren, sich eng und ehrlich an ihre provinzielle Umgebung zu binden und das Licht der Erkenntnis einzubringen.« So ihr Schüler Nikolaj Belogolovoj, der später ein berühmter Arzt werden sollte.

›Vivos voco‹ (Aufruf an die Lebenden) nannten sie in Anlehnung an Schillers ›Glocke‹ ihre Ketten. Der Aufruf wurde erhört und später immer wieder von allen liberalen, sozialdemokratischen und bolschewistischen Gegnern des Zarismus aufgegriffen. Die Dekabristen wurden in Russland zum Inbegriff für den Geist der Freiheit gegen den zaristischen Absolutismus. In Sibirien gedenkt man ihrer bis heute und dankt ihnen den geistig-kulturellen Schub, den sie der Elite Sibiriens brachten.

■ Dekabristenmuseum

Der Einfluss der nach Irkutsk verbannten Dekabristen (→ S. 271) auf das geistig-kulturelle Leben der Stadt war enorm, so dass ihr Andenken in hohen Ehren gehalten wird.

Zuerst bestand das Dekabristenmuseum nur aus dem 1970 eröffneten **Trubeckoj-Hau**s, Di, Mi Ruhetage, ul. Dzeržinskogo 64, Tel. 292663. Die Exposition berichtet über den Dezemberaufstand in St. Petersburg und die Zwangsarbeit vorrangig in der Umgebung von Čita. Desweiteren bemüht man sich mit verschiedenen Originalen aus dem Besitz der Trubeckoj-Familie die Atmosphäre der damaligen Zeit wiederherzustellen. 1985 kam das in der Nachbarschaft gelegene **Volkonskij-Haus** dazu, Montag Ruhetag, per. Volkonskogo 10, Tel. 2208818.

■ Kunstmuseum

Beim Irkutsker Kunstmuseum soll es sich mit heute über 14 000 Exponaten um die umfangreichste Gemäldegalerie Sibiriens und nach der Moskauer Tret'jakov-Galerie und dem Petersburger Russischen Museum um die drittgrößte Sammlung in Russland handeln. Räumliche Probleme schränken aber die Wirkung der ausgestellten Werke deutlich ein.

Die Galerie nahm ihren Ursprung in der Sammlung des berühmten Irkutsker Mäzens Vladimir Sukačov (1849–1920), dem auch ein eigenes Museum gewidmet ist. Heute findet man in der Galerie neben einer guten Sammlung russischer Malerei vor allem des 19. Jahrhunderts (u.a. Polënov, Repin, Vasnecov) auch ein Überblick über westeuropäische Malerei aus dem 17. bis 19. Jahrhundert (z. B. Schinkel). Vor einigen Jahren erschien auch ein deutsch-

sprachiger Bildband über die Galerie, Mo Ruhetag, ul. Lenina 5, Tel. 340146, www.museum.irk.ru (R/E).

■ Vladimir-Sukačov-Museum

Der liebevoll rekonstruierte Gutshof von Vladimir Sukačov ist heute ein ihm, seiner Familie und seinem Lebenswerk gewidmetes Museum. In bester Dekabristen-Tradition erwarb er sich Ende des 19. Jahrhunderts große Verdienste. Er war Unternehmer, Aufklärer, Verleger, Kunstsammler und Mäzen. Von 1886 bis 1998 war er Bürgermeister in Irkutsk. Seine Kunstsammlung legte den Grundstein für das bedeutende Kunstmuseum. Bekannt sind auch seine Fotografien. In seinem Verlag erschienen viele Ansichtskarten mit Motiven Sibiriens, Mo Ruhetag, ul. Dekabrskych sobytii 112, Tel. 531224, www.sukachoff.ru (R).

■ Weitere Museen

Außerhalb des Stadtzentrums befindet sich noch zwei sehenswerte Museen. Das **Mineralogie-Museum** ist neben Novosibirsk-Akademgorodok wohl das

Das Dekabristenmuseum im Haus der Familie Volkonskij

Der historische Eisbrecher ›Angara‹

beste Museum dieser Art hinter dem Ural. Da das Museum zur Irkutsker Technischen Universität gehört, gibt es eine ausführliche allgemeine Abteilung für das Geologie-Studium sowie viel Interessantes über die Minerale Sibiriens. Besonderes Augenmerk verdient der **Čaroit**, ein lilafarbener Halbedelstein, der erst Anfang der 1970er Jahre entdeckt worden ist und bis heute auch nur an einem Platz in der Welt gefunden wurde – dem schwer zugänglichen Tal des Lena-Nebenflusses Čara im Dreiländereck zwischen den Gebieten Irkutsk, Čita und der Republik Jakutien, So Ru-

hetag, ul. Lermontova 83, Gebäude ›E‹ der Irkutsker Technischen Universität, Tel. 405062.

Auf dem Stausee am Irkutsker Wasserkraftwerk liegt die **Geschichte der Schifffahrt auf dem Baikalsee** vor Anker. Während sich um das Schicksal der ›Bajkal‹, des größeren der beiden legendären Baikal-Fährschiffe, unzählige Legenden ranken, kann man auf dem kleineren der beiden Schiffe, der ›Angara‹, diese thematisch passende Ausstellung besichtigen, ul. Marshala Žukova 36a, Tel. 358551, www.angara.gavailer.ru (R).

ℹ Irkutsk

Lage: 52°16'31.81"N/104°16'38.12"E; Irkutsk ist 5042 km von Moskau entfernt. Zeitunterschied zu MEZ im Sommer 7, im Winter 8 Std.

Postleitzahl: 664000–664055.

Vorwahl: +7/3952; Auskunft: 09.

Hauptpostamt: ul. Stepana Razina 23.

Bank: Vneštorgbank, Filiale Irkutsk, ul. Sverdlova 40, Tel. 334788. Geldautomaten findet man u.a. in den Foyers der Hotels Bajkal, Angara und Rus'.

Fremdenverkehrsamt: ul. Dekabrskych sobytii 77b, Tel. 205018, irkvisit.info (R/E).

Reisebüros: Eastland (früher Inturist), bul. Gagarina 44, Tel. 250000, www.eastland.ru (R/E); Baikal Travel Company, Čeremchovskij per. 1 Korp. A, Tel. 200134, www.irkutsk-baikal.com (R/E/D); Sibtimes, ul. F. Engelsa 2/12, Tel. 202277.

Stadtführungen in deutscher Sprache: Tatjana Semjagina, Tel. 666785.

Taxi: Tel. 222222, 333333.

Mongolisches Konsulat: in der ul. Lapina 11, Tel. 342447.

Durchschnittstemperatur: Irkutsk: Januar –20 Grad, Juli 17 Grad, Listvjanka am Baikalsee: Januar –18 Grad, Juli 13 Grad.

Der Flughafen liegt vergleichsweise nah am Stadtzentrum. Er ist neben Chabarovsk und Novosibirsk der einzige Flughafen in Sibirien, der Inlands- und Auslandsflüge in verschiedenen, nebeneinander liegenden Terminals abwickelt und die Abfertigung von Inländern und Ausländern bei Inlandsflügen trennt. Aus Europa ist ein Flug über Moskau mit und ohne Flughafenwechsel möglich (Aeroflot über Šeremet'evo oder S7 über Domodedovo). Alternativ über St. Petersburg. Es gibt viele Inlandsverbindungen u.a. nach Omsk, Novosibirsk, Chabarovsk, Vladivostok, Nižneangarsk. Auslandslinienflüge führen u.a. nach Ulaanbaatar, Beijing und Shenjang in China sowie Seoul und Niigata in Japan. Hinsichtlich Flugsicherheit hat Irkutsk keinen guten Ruf. In den letzten 25 Jahren gab es hier vier schwere Flugzeugunglücke (1994, 1997, 2000, 2006) mit vielen Todesopfern, ul. Širjamova 13, Trolleybus 4 verbindet Zentrum und Flughafen, Tel. 266277, www.iktport.ru (R/E).

Irkutsk liegt an der Transsibirischen Eisenbahn. Von Moskau oder Novosibirsk aus ist man knapp 90 bzw. 35 Std. unterwegs. Weiter in Richtung Osten gehört die am Baikalsee vorbeiführende Strecke Novosibirsk–Ulan Udė (9 Std.) zu den landschaftlich reizvollsten Abschnitten der Transsib, vor allem zwischen den Orten Kultuk und Tulbažicha am Baikalufer und weiter nach Ulan-Udė durch das Tal des Flusses Selenga. Der Bahnhof befindet sich am linken Ufer der Angara, das Stadtzentrum liegt

am anderen Ufer. Man erreicht es mit den Straßenbahnlinien 1 und 2 nach 3–4 Haltestellen, ul. Čelnokova 1, Tel. 394747.

Der Busbahnhof befindet sich in der Nähe der Dekabristenmuseen. Es gibt Busverbindungen zu verschiedenen Orten am Baikalsee sowie in Richtung Norden nach Angarsk, ul. Oktjabrskoj Revoljuzii 11, Tel. 209411.

Es gibt zwei Schiffsanlegestellen:

Nördlich des Staudamms fahren die Tragflächenboote an der ul. Gagarina in Richtung **Angarsk** und **Bratsk** ab. Abfahrt Mittwoch und Samstag, bis Bratsk 12 Std. Fahrt, 1300 Rbl, Tel. 287467.

Südlich der Staumauer des Irkutsker Wasserkraftwerkes geht es die Angara stromaufwärts zum **Baikalsee**. Es fahren von Juni bis August 3 x täglich Schiffe nach Listvjanka und Bol'šie Koty (60 bzw. 90 Minuten, 750 Rbl.), 2 x pro Woche (Fr. und So.) kommt man an die Sandbucht und zu den Baikaldünen (4 bzw. 6 Std., 2600 Rbl.), Montags (Dienstags retour) fährt das Schiff weiter nach Ust'- Barguzin am südlichen Baikalufer (11 Std., 4800 Rbl.). Dienstag und Freitag fährt ein Tragflächenboot über Ol'chon nach Severobajkalsk, Mittwoch und Samstag retour (12 Std., 4600 Rbl.). Samstag und Sonntag (in der Hochsaison im Juli zusätzlich Donnerstag und Freitag) fährt ein Ausflugsdampfer ganztägig zur Baikalbahn mit drei Haltepunkten zur Besichtigung an Land (9 Std., 2200 Rbl.),Stadtteil Solnečnyj, pr. Maršala Žukova 98b, Stadtbüro, ul. Čkalova 37, Tel. 287287, www.vsrp.ru (R/E/D).

Als ausgesprochen touristische Destination hat Irkutsk eine breite Auswahl an Hotels

Rund um den Baikalsee

und Privatunterkünften zu bieten. Das beste und teuerste Hotel der Stadt ist das 2012 eröffnete **Courtyard Marriott Hotel**, EZ/DZ 5500–10500 Rbl., ul. Čkalova 15, Tel. 481000, www.courtyardirkutsk.ru (R/E).

Etwas kleiner, aber ebenfalls sehr nobel und teuer ist das **Sayen**, EZ/DZ 8600–9700 Rbl., ul. Karla Marksa 13b, Tel. 500000, www.sayen.ru (R/E).

Klein und fein ist das **Zvezda** (Stern, Звезда), DZ 5200 Rbl., ul. Jadrinzeva 1j, Tel. 540000, www.zvezdahotel.ru (R).

Gute Business-Hotels im Zentrum sind **Glorija** (Глория), EZ/DZ 3800–4800 Rbl., ul. Sovetskaja 58, Tel. 540896, www.gloriahotel.org (R), und **Del'ta** (Дельта), EZ/DZ 3300–5800 Rbl., ul. Karla Libknechta 58, Tel. 794090, www.deltairk.com (R). Wer neobarocken Charme mag, wird sich in den beiden folgenden Hotels wohlfühlen: **Viktorija** (Виктория), EZ/DZ 3600–5500 Rbl., ul. Bogdana Chmel'nickogo 1, Tel. 792882, www.victoryhotel.ru (R/E), und **Europa** (Европа), EZ/DZ 3900–6300 Rbl., ul. Baikalskaja 69, Tel. 209696, www.europehotel.ru (R).

Drei nach wie vor passable **Hotelklassiker**, deren Historien noch bis in die sowjetischen Inturist-Zeiten zurückreichen, sind das Irkutsk, das Angara und das Rus':

Irkutsk (Иркутск), EZ/DZ 2800–5600 Rbl., bul. Gagarina 44, Tel. 250500, www.irkutsk-hotel.ru (R/E/D). Direkt an der Angara gelegen. Wird vor allem von Reisegruppen gern gebucht.

Angara (Ангара), EZ/DZ 2800–4000 Rbl., ul. Suchė-Batora 7, Tel. 218105, www.angarahotel.ru (R/E). In die gleiche Kategorie Massenbetrieb fällt dieses sehr zentral am Kirov-Platz unmittelbar neben der Gebietsadministration gelegene Hotel mit 500 Plätzen.

Rus' (Русь), EZ/DZ 3300–4200 Rbl., ul. Sverdlova 19, Tel. 242715, www.rusbaikal.

ru (E/R). Etwas individueller geht es in dem früher der Gebietsadministration gehörende Hotel Rus' zu.

Für Holzhaus-Fans gibt es im Szene-Bezirk das neue **Hotel Kupečiskij Dvor'** (Kaufmannshof, Купеческий Дворъ), EZ/DZ 4900–5600 Rbl., ul. Sedova 10, Tel. 797000, www.kupecheskyhotel.ru (R/E). Wer ein echtes altes Holzhaus bevorzugt, der sollte das nette **Boutique Hotel Art Haus** wählen (Бутик Отель Арт Хаус), EZ/DZ 2000–3000 Rbl. sowie Schlafplätze zu 850 Rbl., ul. Stepana Razina 11, Tel. 666676, www.irkutsk-art-house.com (R/E).

Es gibt in der Stadt mehrere **Hostels**:
Jack Sheremetoff ist fast schon Legende. Er arbeitet als Reiseführer und betreibt zwei Hostels in Irkutsk (**Baikaler** und **Balalaika**) sowie ein weiteres **Hostel in Listvjanka**, Schlafplatz 600 Rbl, ul. Lenina 9 Kv. 11 und per. Sportivnyj 5a kv. 1, Tel. 336240, www.baikaler.com (E).

Ebenfalls zentral gelegen ist **Baikal Story**, Schlafplatz 600–800 Rbl., ul. Marksa, Tel. 989212, www.baikal-story.com (R).

Etwas außerhalb liegt das **Baikalhostel**, ul. Lermontova 136, Tel. 525742, www.baikalhostel38.ru (R/E).

Für russische Küche ist heute das **Restaurant Rassol'nik** (eine russische Suppe, Рассольник) erste Wahl, ul. 3. Ijulja 3, Tel. 666878, www.рассольник.рф (R/E).

Alternativen sind **Brusnika** (Moosbeere, Брусника), ul. 5. Armii 2/1, Tel. 486658, oder das Restaurant **Ochotnikov** (Jäger, Охотников) im Hotel Zvezda.

Gepflegte, rustikale bzw. Szene-Alternativen sind die folgenden:

Senator (Сенатор), ul. Karla Marksa 53, Tel. 707373, **Fox Hall**, ul. Karla Marksa 29, Tel. 616864, **Usad'ba Egorova** (Egorovs Gutshof, Усадьба Егорова), ul. Grjaznova 2a, Tel. 332086, oder **Nežnyj Buldog** am Angaraufer (Zärtliche Bulldogge, Нежный Булдог), pr. Gagarina 9, Tel. 743636.

Das **Arlekino** (Арлекино) ist sehr kinderfreundlich, ul. Krasnogvardejskaja 20/2, Tel. 295010, sowie ul. Lermantova 136/2, Tel. 420588, und ebenfalls empfehlenswert.

Usbekistan bzw. **Starina Fichtel'** (Alter Fichtel, Старина Фихтель) , ul. Lenina 46, Tel. 203576 bzw. 240468, www.restoran uzbekiston.ru (R). In den ehemaligen Räumen der legendären Gaststätte ›Fichtelberg‹ gibt es heute Plov und andere zentralasiatische Delikatessen. Ein Hauch Erzgebirge wurde im Keller des anderen Gebäudeflügels am Stadion als rustikale Bierbar zu neuem Leben erweckt.

Medvežij Ugol (Bärenecke, Медвежий Угол), ul. B. Chemel'nickogo 7. Serviert schnelle und leckere Pelmeni.

Altana (Алтана), ul. Timirjaseva 37, Tel. 978203, **Opera** (Опера), ul. Čechova 20, Tel. 241392, und **Pozy 38** (Позы38), ul. Suchė Batora 7, Tel. 341499, sowie ul. Sovetskaja 98/1, Tel. 723266, www.poz naya38.ru (R), sind die richtigen Adressen für Fans der burjatischen Pelmeni-Variante Pozy.

Wer noch mehr Nähe zur Mongolei sucht, sollte im **Kočevnik** (Nomade, Кочевник) mit authentisch mongolischer Küche einkehren, ul. Gor'kogo 19, Tel. 200459, www.ресторан-кочевник.рф (R).

Wer noch asiatischer essen möchte, wird im **Botanical Island**, ul. Krasnojarskaja 11a, Tel. 705700, oder im **Vasabi**, ul. Suchė-Batora 13, Tel. 201515, mit chinesicher bzw. japanischer Küche fündig.

Für europäische Küche sind **The Grill**, ul. Libknechta 4, Tel. 902/5608508, oder **Figaro**, ul. Marksa 22, Tel. 902/5107971, www.figaro-resto.com (R/E), eine gute Wahl.

Daneben gibt es auch eine Vielzahl angenehmer und populärer Bierkneipen mit deutschem und russischem Flair: **Bier Haus**, ul. Grjaznova 1, Tel. 550555, www. bier-haus.ru (R), und **Gold Grot**, ul. P. Osipenko 11, Tel. 485917, www.ggrot.ru (R). Neben der Goldenen Grotte im Zentrum gibt es noch weitere (grün, grau und rot betitelte) ›Grotten‹ in der Stadt.

Zwei geliebte Wiener Cafés gibt es leider nicht mehr, dafür kam die **Belgische Bäckerei**, ul. Kievskaja 1, Tel. 548652. Alternativen sind **Belaja vorona** (Weißer Rabe, Белая ворона), ul. Marksa 37, Tel. 950/0885000, und **Studio Coffee**, ul. Željabina 1, Tel. 332683.

Die neuen Malls halten auch in Irkutsk Einzug: Zentral gelegen lockt **KomsoMoll** am Ufer der Angara unweit der neuen Autobrücke Besucher an, Verchnaja nab. 10. Bis zur Konkurrenz **Modnyj Kvartal** im neuen Holzhaus-Retro-Quartier 130, ul. 3 ijunja 25, sind es nur 15 Minuten Fußweg. Das klassische alte **Kaufhaus** (Torgovyj Kompleks, Торговый Комплекс) liegt in der ul. Dzeržinskogo in Höhe der Fußgängerzone, ul. Urickogo.

Unmittelbar daneben befindet sich der **Markt** (Рынок).

Die aus den **Einkaufszentren** Prestiž, Irkutskij und Triumf bestehende Shopping Mall am Stadtpark hat an Popularität eingebüßt, Ecke ul. Bajkal'skaja/ul. Sovetskaja.

www.baikalinfo.ru (R/E/D).
www.baikalplan.de (D).
www.irk.ru (R).
www.irkutsk.ru (R).
www.baikal.irkutsk.ru (R)

Rund um den Baikalsee

Tagestour zum Baikalsee

Für einen Tagesausflug an den Baikalsee eignet sich am besten eine Tour nach **Listvjanka** am Ursprung des Flusses Angara, dem einzigen Abfluss des Baikalsees. Die Entfernung zwischen Irkutsk und Listvjanka beträgt 65 Kilometer. Die Fernverkehrsstraße wurde 1960 im Eiltempo für ein geplantes Treffen zwischen Chruschtschow und Eisenhower am Baikalsee gebaut, das dann aber wegen der Affäre um das über dem Ural abgeschossene Spionageflugzeug U2 platzte. Es fahren täglich sechs Linienbusse in beide Richtungen. Außerdem besteht die Möglichkeit, die Strecke mit dem Tragflächenboot oder dem Ausflugsdampfer auf dem landschaftlich sehr schönen Angara-Stausee zurückzulegen (→ S. 275).

Das Dorf zieht sich etwa fünf Kilometer die Buchten des Baikalsees sowie das Anfangsstück der Angara entlang. Während des Bummels entlang der Uferstraße lohnt sich ein Besuch des **Baikalmuseums** und der in einem der Täler sichtbaren **Nikolajkirche**. Ein Wanderung zum 755 Meter hohen Berg ›**Kamen' Čerskogo**‹ am Ostufer der Angara lockt mit dem herrlichen Ausblick auf den Baikalsee und das Angaratal – ein Fotoklassiker. **Ausführlichere Informationen** über den Baikalsee und das Dorf Listvjanka gibt es im Kapitel über den Baikalsee (→ S. 282).

Architektur-Museum Tal'cy

Am Kilometer 47 auf der Strecke von Irkutsk nach Listvjanka befindet sich auf einem Gelände von etwa 70 Hektar das 1980 eröffnete Architektur-Ethnographie-Freiluftmuseum von Tal'cy. Hier findet man, am Uferhang des Flusses Angara gelegen, hölzerne Architekturdenkmale aus ganz Ostsibirien. Viele der zu besichtigenden Exponate wurden wegen der Überflutung von ganzen Dörfern im Zusammenhang mit dem Bau von Staudämmen (insbesondere Ust'-Ilimsk) abgetragen und hier wieder originalgetreu aufgebaut.

Besondere Beachtung verdienen der **Erlöserturm** (Spasskaja bašnja), einer von acht Türmen der ersten ostsibirischen Festung in Ilimsk sowie die ebenfalls von dort stammende **Kazaner Kapelle**. Beide wurden vor über 400 Jahren ohne einen

Karte: S. 280

▲ *Im Freilichtmuseum Tal'cy*

einzigen Nagel erbaut. Interessant sind auch die **Jurten** der burjatischen Ureinwohner und vor allem aus dem Gebiet Bratsk stammende **Bauerngehöfte** und Grabstätten. Seit 2015 gibt es auch eine **Ausstellung zum Alltagsleben in der Sowjetunion**. Wenn man den Besuch des Museums mit einem Ausflug nach Listvjanka verbindet, sollte man mindestens 1,5 Stunden für das Museum einplanen. Täglich geöffnet, ohne Ruhetag, Öffnungszeiten im Winter von 10 bis 16 Uhr und im Sommer von 10 bis 17 Uhr, Tel. 727683, www.talci.ru (R).

Die Baikalbahn

Diese beeindruckende Bahnstrecke am Ufer des Baikalsees zwischen Sljudjanka und Port Bajkal wird auch Baikalrundbahn oder Circumbaikalbahn und auf Russisch ›Krugobajkalka‹ genannt. Hierbei handelt es sich um einen der ingenieurtechnisch schwierigsten und landschaftlich schönsten Abschnitte im ursprünglichen Verlauf der Transsibirischen Eisenbahn. Der 84 Kilometer lange Teil hat heute aufgrund der veränderten Streckenführung nur noch lokale Bedeutung. Der Stahlgürtel war der Russland durchquerende Schienenstrang der Transsib, der von der Baikalbahn zusammengehalten wurde, die auf Grund der landschaftlichen Schönheit und extrem teuren Baukosten auch die ›Goldschnalle‹ des Stahlgürtels genannt wurde.

Zunächst verlief die Streckenführung der Transsib von Irkutsk entlang der Angara bis Port Bajkal, das sich am Anfang des Stromes auf der gegenüberliegenden Flussseite von Listvjanka befindet. Dort begann die Fährverbindung über den Baikalsee zur 73 Kilometer entfernten Station Mysovaja, die sich jedoch als nicht so zuverlässig wie geplant erwies.

So wurde im Jahre 1902 mit dem Bau der Baikalbahn begonnen, die entlang dem Südufer den See umging und – durch den russisch-japanischen Krieg beschleunigt – in der Rekordzeit von drei Jahren und drei Monaten fertiggestellt wurde. Der Streckenbau gestaltete sich als sehr schwierig: Es mussten 39 Tunnel sowie 50 Galerien gebaut werden, und pro Kilometer Baufortschritt wurde durchschnittlich ein Waggon Sprengstoff benötigt. Im September 1904 wurde die Strecke offiziell übergeben. Sie blieb zunächst aber noch der Armee vorbehalten. Der normale ›Sibirien-Express‹ durchzog die malerische Route ab Oktober 1905. Unter www.kbzd.transsib.ru (R/E) findet man viele interessante Details zur Geschichte und Gegenwart der Krugobaikalka.

Mit dem Bau des Irkutsker Wasserkraftwerkes und der Entstehung des Irkutsker Stausees wurde 1956 zwischen Irkutsk und Port Bajkal auch der ursprüngliche Streckenverlauf der Transsib überflutet. Die neue Trasse zog sich von Irkutsk durch die Flusstäler des Irkut und der Ol'cha direkt nach Süden bis zum Bahnhof Sljudjanka, so dass die alte Strecke nun in Port Bajkal endete und heute nur noch lokale und in den letzten Jahren zunehmend touristische Bedeutung hat. Während der Transsib-Sonderzugreisen ist der zumeist mit einem Picknick am Baikalufer verbundene Abstecher in diese Landschaft einer der Höhepunkte.

Von Irkutsk aus werden an den Wochenenden zweitägige Ausflüge mit dem **Retro-Sonderzug Baikal-Kruiz** angeboten (Abfahrt Freitagabend, Rückkehr Sonntagabend).

Unter der Woche verkehrt im Sommer zwei- bis dreimal der **Touristenzug Baikal-Express**, wo man eine Strecke mit der Baikalbahn und die andere Strecke

Rund um den Baikalsee

ab Listvjanka mit dem Bus fährt bzw. umgekehrt, Krugobajkalskij Express, pr. Gagarina 68 G, Tel. 202973, www. krugobaikalka.ru (R).

Der **Regelzug** (Spitzname Motanja, ironisch vom Verb мотаться für hin- und hersausen) fährt an vier Tagen pro Wo-

che gegen 12:30 Uhr in Sljudjanka los und soll laut Fahrplan sechs Stunden später in Port Bajkal ankommen, bevor er dann am nächsten Morgen gegen 2:30 Uhr nachts wieder nach Sljudjanka zurückfährt. Wachsender Popularität erfreut sich die Strecke auch als Wan-

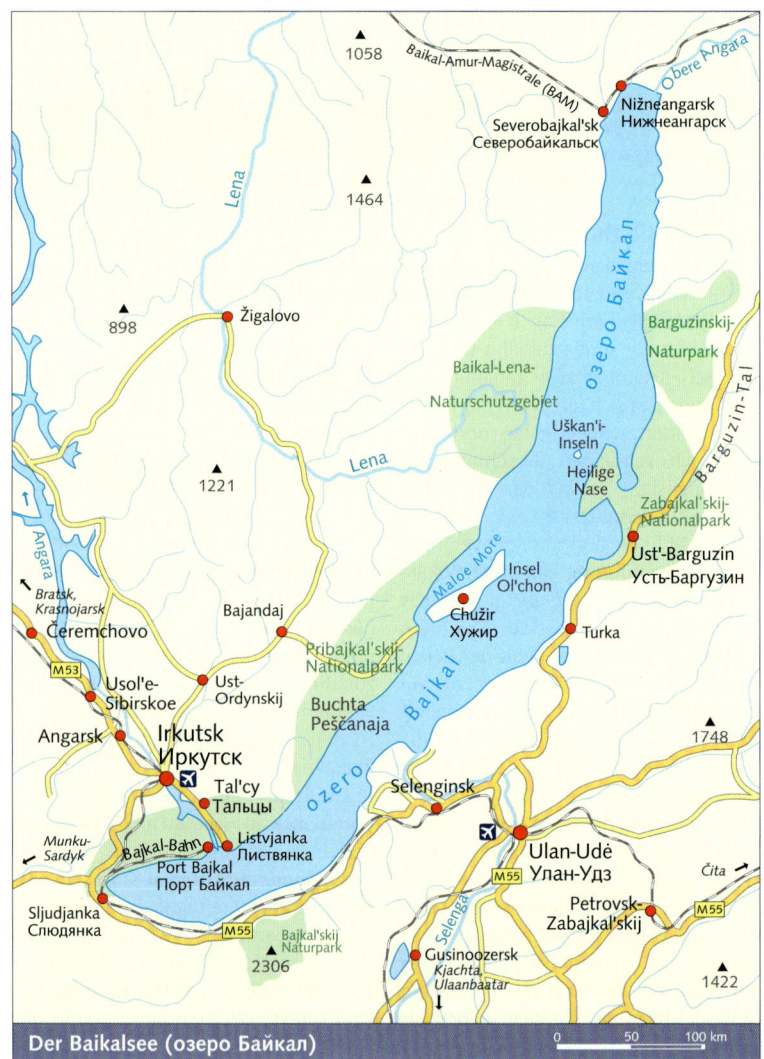

Der Baikalsee (озеро Байкал)

Der Bahnhof von Port Bajkal...

derroute, die man mit Rucksack und Zelt je nach Form und Laune in mehreren Tagen abläuft. Es gibt neben Übernachtungsmöglichkeiten im recht originalgetreu wiedererrichteten alten Bahnhof von Port Bajkal (EZ/DZ 1600–2000 Rbl., Schlafplatz 750 Rbl.) drei einfache und eine sehr noble, touristische Herbergen entlang der Strecke. Übernachtungsmöglichkeiten zwischen 400 und 850 Rbl. pro Schlafplatz gibt es in den Herbergen Chvojnaja (Хвойная) bei Km 98, Šumicha (Шумиха) bei Km 102 und Šaražalgaj

(Шаражалгай) bei Km 138. Hier gibt es nebenan bei Km 137 auch luxuriöse Blockhütten für 7500 bis 9000 Rbl. Zwischen Port Bajkal und Listvjanka verkehrt im Winter dreimal und im Sommer fünfmal täglich eine Fähre. Im Winter erreicht man diese mit dem Regelzug nicht. Im Sommer hat man in Port Bajkal knapp zwei Stunden Aufenthalt. Wenn der Regelzug allerdings viel Verspätung ab, wird über eine zusätzliche Fährtour in Abhängigkeit von der Anzahl der festsitzenden Reisenden (mindestens 10) entschieden.

... und die gleiche Ansicht vor 100 Jahren auf einer historischen Postkarte

Der Baikalsee

Die ›Perle Sibiriens‹ – wie man den Baikalsee auch nennt – ist nicht nur für Sibirien, sondern für unsere Erde ein unvergleichliches Stück Natur. So wie die Galapagosinseln ein einmaliges Eiland im Ozean sind, ist der Baikalsee ein weltweit einzigartiges Gewässer auf dem Festland. Der See, den viele auch ein Meer nennen, ist das größte Süßwasserreservoir des blauen Planeten. Sein Alter wird auf 25 Millionen Jahre geschätzt, und jedes Jahr verbreitet er sich um ein Bruchstück von etwa zwei Zentimetern, was die Wissenschaft zu der Vermutung veranlasst, dass hier ein neuer Ozean im Entstehen begriffen ist. Die Länge des Baikalsees beträgt 636 Kilometer, seine Breite zwischen 27 und 80 Kilometern. Die Oberfläche des Sees entspricht mit 31 500 Quadratkilometern in etwa der Fläche Belgiens. Damit ist er zwar nur auf dem siebten Platz unter den Binnengewässern dieser Welt. Seine Rekordtiefe wurde 2010 nach neuen Tauchexpeditionen von 1637 auf 1642 Meter korrigiert. Der Baikal enthält mehr Wasser als alle fünf großen nordamerikanischen Seen zusammen.

Hier liegen etwa 20 Prozent der Süßwasserreserven der Erde.

Über die Herkunft das Namens ›Baikal‹ streiten sich nach wie vor die Gemüter. Vom Klang des Wortes her überzeugt die Turkfassung, die (›bai‹ – reich und ›kul‹ – See) für ›reicher See‹ steht. Die burjatischen Ureinwohner nannten ihn ›Baigaal dalai‹, was sich mit ›großes Gewässer‹ übersetzen lässt. In alten chinesischen Dokumenten findet sich auch die Bezeichnung ›Baichay‹, was ›nördliches Meer‹ bedeutet.

Wasser und Eis

Das Wasser des Sees ist außergewöhnlich rein und klar, die Sichttiefe beträgt bis zu 43 Metern. Die Mineralanteile machen etwa nur ein Viertel der sonst in vergleichbaren Binnengewässern gemessenen Werte aus. Heute ist der Baikalsee das einzige offene Trinkwassergebiet der Welt. Seit 1992 erfolgt auch eine wirtschaftliche Vermarktung. Das in Plasteflaschen zum Verkauf abgefüllte Wasser wird an mehreren Orten aus einer Tiefe von etwa 400 Metern gepumpt und nur durch einen rein mecha-

Karte S. 280

▲ *Ausflugsschiff auf dem Baikalsee*

Teilnehmerinnen eines burjatischen Folklorefestivals am Baikalsee

Rund um den Baikalsee

nischen Filter gereinigt. Der Baikalsee fasziniert zu jeder Jahreszeit: majestätische Meeresstille vor den schneebedeckten Gipfeln am Horizont im Sommer, buntes Blätterspiel und manchmal unberechenbare Winde und stürmischer Wellengang im Herbst. Unter den knapp 30 spezifischen Winden ist der nach dem gleichnamigen Zufluss ›Sarma‹ genannte Nord-West-Wind besonders gefürchtet. Dabei sind in der Seemitte Wellen von fünf bis sechs Metern Höhe keine Seltenheit. Berühmt wurde auch der – allerdings besseres Wetter verheißende – Barguzin-Wind, der aus dem gleichnamigen Tal in den Baikalsee bläst und Eingang in den Text des bekannten Volksliedes ›Glorreicher See – heiliger Baikal‹ fand.

Im Spätherbst friert der See zu und beeindruckt im Winter durch das manchmal auf der Oberfläche bizarre Eisgebilde schaffende Packeis. An bestimmten Stellen existieren warme Quellen, die vor allem bei winterlichen Überquerungen Vorsicht anmahnen. Der Frühling kommt mit Tauwetter und urwüchsigem Eisbruch. Die flachen Buchten gefrieren Ende Oktober, die

Seemitte Anfang Januar. Die Dicke des Eises schwankt zwischen 70 und 110 Zentimetern, so dass man den See im Winter nicht nur auf Skiern, sondern auch im Auto überqueren kann. Auch Eisangeln ist in Russland allgemein und insbesondere hier sehr beliebt.

Häufig hört man auch, dass in der Anfangsphase die Transsibirische Eisenbahn über das Eis fuhr. Dies stimmt aber nur teilweise. Im sehr strengen Winter 1903/1904 waren die beiden Eisbrecher ›Angara‹ und ›Bajkal‹ überfordert, so dass man begann, provisorisch auf dem Eis Schienen zu verlegen. Da die Loks aber zu schwer waren, wurden in diesem Winter die Waggons von Pferden über das Eis gezogen.

Flora und Fauna

Fauna und Flora des Sees sind einzigartig. Von den im See und in seiner Umgebung lebenden 1500 Tierarten und über 2000 Pflanzenarten kommt mehr als die Hälfte nur hier vor.

Am bekanntesten ist die hier ›Nerpa‹ genannte **Baikalrobbe**. Die Artverwandtschaft zu den nördlich des Polarkreises lebenden Eismeerrobben ist unverkennbar. Der vermutete Umzug vom Eismeer über die sibirischen Ströme Enisej und Angara zum Baikalsee und insbesondere die Umstellung von Salzwasser auf Süßwasser sind aber bis heute für die Wissenschaft ein Rätsel. Es gibt heute im Nord- und Mittelteil des Baikalsees schätzungsweise 60 000 Baikalrobben. Die besten Aussichten für eine Beobachtung der Tiere bieten sich in der ersten Junihälfte auf den Uškan'i-Inseln.

Unter den für den Baikal typischen Fischen dominiert der zur Gattung der Lachse gehörende und in vier Arten auftretende **Omul'**. Er wird ungefähr 25 bis 35 Zentimeter lang und erreicht ein Gewicht von bis zu 400 Gramm. Nachdem man Anfang der 1970er Jahre eine dramatische Bestandsreduzierung beobachtet hatte, gab es ein mehrjähriges Fangverbot. Heute werden jährlich wieder etwa 1000 bis 1200 Tonnen Omul' gefangen. Neben der Grundlage der Kaviargewinnung ist er generell der typische Speisefisch der Region und wird in allen Restaurants und im Straßenverkauf feilgeboten. Auf der Speisekarte findet man daneben noch häufig den **Charius**, einen forellenartigen Fisch, den es ebenfalls nur im Baikalsee gibt. Von Interesse – wenn auch nicht für den Fischkoch – ist daneben noch die **Golomjanka**, auch Fettfisch genannt. Die rosafarbenen, halbdurchsichtigen Fische werden bis zu 25 Zentimeter lang und bevorzugen Wassertemperaturen unter 6 °C. Sie bestehen zur Hälfte aus Fett und bringen ihren Nachwuchs an der Wasseroberfläche im Frühling oder im Herbst als kleine Larven zur Welt.

Der Baikalsee wurde noch in der Sowjetunion zu einem ersten Streitapfel zwischen Ökonomie und Ökologie. Die stark anwachsende Industrialisierung der Region machte dem See schwer zu schaffen und löste in den 1970er Jahren die ersten Umweltschutzdebatten aus. Die biologische Selbstreinigungskraft ist zwar außergewöhnlich groß, aber die Anzeichen für ernsthafte Veränderungen im Ökosystem des Baikalsees mehrten sich damals dramatisch. Vor allem das Zellulose-Kombinat in Bajkal'sk am Südufer des Sees sowie der aus China und der Mongolei kommende, stark belastete Fluss Selenga machten dem Baikal zu schaffen. In der Folgezeit wurden vermehrt Kläranlagen und Filter installiert. Insbesondere in den 1990er Jahren wurden auch mehrere Betriebe stillgelegt. Ursache war allerdings nicht die ökologische Einsicht, sondern die ökonomische Misere. Die heutige Situation wird allerdings noch keineswegs als befriedigend charakterisiert. Im Vergleich zu anderen Regionen und auch zur Situation des Baikalsees von vor zehn Jahren ist seine heutige Verfassung nicht zuletzt aufgrund der Einzigartigkeit des Sees jedoch als deutlich besser einzuschätzen.

ℹ Baikalsee
www.baikalplan.de (D)
www.baikalinfo.com /D/E)
www.nature.baikal.ru (R)
www.mylakebaikal.com (R)

Listvjanka

Listvjanka ist wohl der von Baikal-Touristen am stärksten frequentierte Ort. Der Ortsname läßt sich mit Lärchenareal übersetzen. Als Poststelle und Fährplatz 1773 erstmalig erwähnt, erstreckt sich die Siedlung mit etwa 2000 Einwohnern heute auf etwa fünf Kilometern entlang der Buchten des Sees und dem ersten Stück des Flusses Angara. Der Ursprung des 1779 Kilometer langen Flusses Angara ist der Baikalsee. Bei einer Breite von 863 Metern, einer

Karte S. 280 ▲

Im Baikalmuseum in Listvjanka

wurde damals die Werft ausgebaut, um den größten Auftrag ihrer Geschichte, den Zusammenbau der beiden aus England in Einzelteilen angelieferten eisbrechenden Fährschiffe stemmen zu können. Danach gewann Listvjanka erst wieder an Bedeutung, als die Transsib-Trasse südlich von Irkutsk wegen des Staudamms einen neuen Streckenverlauf bekam. Port Bajkal wurde damit der Endpunkt einer Sackbahn und Listvjanka bekam aus Irkutsk eine asphaltierte Straße. 1993 trafen sich Boris Jelzin und Helmut Kohl in Listvjanka, 2005 kam der Kanzler der Einheit nochmal auf Einladung Jelzins zu einem einwöchigen Urlaub an den Baikalsee.

Auf der Höhe des Baikalabflusses steht ein **Denkmal für Aleksandr Vampilov**, einen der erfolgreichsten sibirischen Dramatiker, dessen, auch in Deutsche übersetzte Stücke aus den 1960er Jahren (›Entenjagd‹, ›Der ältere Sohn‹, ›Letzten Sommer in Čulymsk‹ und ›Provinzanekdoten‹) nach wie vor auf vielen

maximalen Tiefe von vier bis sechs Metern und einer Fließgeschwindigkeit von 0,5 bis 0,8 Metern fließen durchschnittlich 2000 Kubikmeter pro Sekunde ab, was insbesondere im Winter ein recht beeindruckendes Naturschauspiel bietet, da das aus der Tiefe des Sees abfließende Wasser auch bei stärkstem Frost erst nach etwa 15 Kilometern gefriert.

In der Mitte des Flusses sieht man noch die Spitze des aus der Legende von Vater Baikal und seiner Tochter Angara bekannten **Schamansteines** (Mys Šamanskij), von dem aber durch die Entstehung des Irkutsker Stausees heute wirklich nur noch die Spitze aus dem Wasser ragt. Auf der anderen Flussseite sieht man die Siedlung Port Bajkal, in der am Hafen heute die Baikalbahn endet.

Als die Transsibirische Eisenbahn gebaut wurde, verlief ihr Schienenbett am anderen Ufer und Port Bajkal wurde in den ersten Jahren zum Umsteigepunkt zwischen Bahn und Fährschiff. In Listvjanka

Eisangler auf dem zugefrorenen See

Rund um den Baikalsee

Bühnen gespielt werden. Er lebte in Irkutsk und Port Bajkal und kam hier 1972 bei einem Bootsunfall im Alter von nur 35 Jahren tragisch ums Leben.

Hier erhebt sich auch der **Čerskij-Fels** (Kamen' Čerskogo, 757 Meter). Man kann ihn über einen asphaltierten Wanderweg von 2,5 Kilometern Länge, den man dank eines ganzjährig betriebenen Skiliftes auch etwas verkürzen kann, vom Sanatorium ›Bajkal‹ zu einem kleinen Pavillon auf der Spitze erreichen. Die herrliche Aussicht auf das Angara-Tal und den Baikalsee ist sehr beeindruckend. Der Berg ist wie noch zwei wei-

tere Gipfel in der Baikalumgebung nach dem Geographen Jan Čerskij (1845–1891) benannt. Als Teilnehmer am Polenaufstand 1863 nach Sibirien verbannt, erwarb er sich zwischen 1871 und seiner Amnestierung 1885 mit umfangreichen Forschungen über den Baikalsee und das Sajangebirge großes Ansehen.

Das **Baikalsee-Museum** befindet sich im Erdgeschoss des Limnologischen Institutes der Russischen Akademie der Wissenschaften. Limnologie (Limne – griech.: See) ist die Wissenschaft von den Gewässern. Eine Forschungsstation zur Unter-

Listvjanka (Листвянка)

1 Hafen (Порт)
2 Busbahnhof (Автовокзал)
3 Nerparium (Нерпинарий)
4 Baikalmuseum (Музей Байкала)
5 Vampilov-Denkmal (Памятник Вампилову)
6 Čerskij-Fels (Камень Черского)
7 Nikolajkirche (Никольская церковь)
8 Liedertheater (Театр авторской песни на Байкале)
9 Sessellift (Канатная дорога)
10 Galerie (Картинная Галерея)

Eisformation am Baikalufer

suchung des einzigartigen Sees war bereits 1928 entstanden. 1961 erfolgte die Umwandlung in ein Institut. Von Anfang an existierte eine kleine Ausstellung, seit 1993 hat sie den Status eines Museums. Es vermittelt einen Überblick über die unikale Fauna und Flora der Region sowie einen Eindruck über die Dimensionen des Baikalsees und die Geschichte seiner Erforschung. Sehr empfehlenswert und ohne Ruhetag, ul. Akademičeskaja 1, Tel. 453146, www.bm.isc.irk.ru (R).

Vor dem Museum befindet sich am Ufer der Haltepunkt für die Fähre nach Port Bajkal. In Listvjanka folgt man der nach dem Dichter Maxim Gorkij benannten, unverkennbaren Hauptstraße am Ufer entlang gen Osten zum Hafen. In den einzelnen Tälern zweigen unterschiedlich lange und steile Nebenstraßen ab, wo sich wegen des Panoramablicks und verschiedener Sehenswürdigkeiten manchmal ein Schlenker lohnt.

Die **ul. Gor'kogo** selbst wird immer weiter zugebaut. Das Spektrum reicht von sibirischen Holzhäusern über aufgemotzte Plattenbauten bis zu rosaroten Barbie-Villen und klassizistisch angehauchten Protzbauten, was der belebten Reihe von Hotels, Pensionen, Restaurants, Souvenirkiosken und Omul-Räuchereien den Charme eines Ballermanns in Sibirien verleiht.

Im Krestovka-Tal befindet sich heute die **Nikolajkirche**, die Mitte des vergangenen Jahrhunderts gebaut wurde. Sie wurde 1957 im Zusammenhang mit dem steigenden Wasserpegel des Baikalsees hierher umgesetzt. Den Bau der Kirche am Ufer des Baikalsees hatte der angesehene Irkutsker Kaufmann Ksenofont Serebrjakov als Zeichen des Dankes veranlasst, nachdem er – auf dem Baikalsee in Seenot geraten – in seinem Gebet zum Schutzpatron, dem Seefahrer Nikolaj, erhört und gerettet worden war, ul. Kulikova 96a.

An den Wochenenden ist auch ein Besuch der Vorstellungen im örtlichen **Liedertheater** zu empfehlen, das sich ebenfalls im Krestovka-Tal, aber auf der

Verkauf von Omul' in Listvjanka

Rund um den Baikalsee

anderen Seite des Flüßchens befindet. Der Inhaber, Liedermacher und Buchautor Evgnij Krankl' (*1959) stammt aus Kasachstan und kam 2001 an den Baikalsee, ul. Ostrovskogo 45 ganz am Ende, Tel. 924/6273090.

Einen Besuch lohnt auch die kleine private **Art-Galerie** im nächsten Tal. Vladimir Plamenevskij (1946–2003) hat sie nach 1990 als Alternative zum staatlichen Kunstbetrieb aufgebaut, heute wird sie von seiner Schwester geleitet, ul. Čapaeva 76, Tel. 496752.

Wer einen Blick auf die Baikalrobben werfen möchte, hat im **Nerpinarium** ge-

nannten Bassinzelt dazu eine zweifelhafte Gelenheit. Im 45-Minuten-Trakt kann man zwei Robben bei allerlei Kunststückchen betrachten, ul. Gor'kogo 101a, Tel. 391397.

Hinter dem Hafen und dem Hotel Majak kann man das alte Werftgelände umwandern und gelangt am Observatorium vorbei zum bewaldeten und unbebauten **Lärchenkap** (Mys' Listvjaničnyj). Das 1960 eröffnete **Observatorium** ist für sein Sonnenteleskop berühmt. Besichtigungen sind manchmal nach vorheriger Anmeldung möglich, ul. Partizanskaja 29, Tel. 428265.

 Listvjanka

Lage: 51°51.11''N/104°52'55‹ E; 70 km von Irkutsk entfernt. Zeitunterschied zu MEZ im Sommer 7, im Winter 8 Std.
Postleitzahl: 664000–664055.
Vorwahl: wie Irkutsk +7/3952
Postamt: ul. Gor'kogo 49, Tel. 496852.
Banken: Sberbank, ul. Gor'kogo 49, Geldautomat ebenda.

Es gibt viele Hotels und Gasthäuser in Listvjanka. Direkt am Hafen steht das protzige **Hotel Majak** (Leuchtturm, Маяк), EZ/DZ 2500–5000 Rbl., ul. Gor'kogo 85, Tel. 496910, www.mayakhotel.ru (R/E/D). Eine Alternative abseits der Hafenhektik ist das neue **Gold Hotel**, EZ/DZ 4800–5700 Rbl., ul. Partizanskaja 1, Tel. 497000, www.gold-hotel.ru (R).

Ebenfalls an der Hauptstraße, allerding aus Holz gebaut, steht **U ozera** (Am See, У озера), ul. Suvorova 2, Tel. 496777, www.listvjanka-baikal.ru (R).

Etwas höher im Tal liegt die Anlage **Bajkal'skie Terema** (Байкальские Терема), DZ 2200–4000 Rbl., ul. Gornaja 16, Tel. 250140, www.baikal-terema.ru (R/E). Sehr schön gebaut, mit allerdings kleinen

Zimmern im russischen Holzhausstil. Gleich daneben ist der größere Komplex des **Krestovaja Pad'** (Крестовая падь) eine Alternative, DZ 4000–8000 Rbl., ul. Gornaja 12a, Tel. 496863, www.kresto vayapad.ru (R).

Das alte Inturist-Hotel gilt als der Klassiker Es heißt jetzt **Zagorodnyj Hotel Bajkal** (Загородный отель Байкал), aber alle kennen es nur als Inturist, EZ/DZ 1400–2000 Rbl., exzellente Lage, aber etwas runtergekommen und deshalb günstig, ul. Akademičeskaja 13, Tel. 250100.

Günstige Optionen sind das **Gavan'** (Hafen, Гавань), EZ/DZ 1500–3500 Rbl., ul. Gudina 84, Tel. 978668, www.gavanbaykal.com (R/E). Jack Sheremetoffs **Hostel Belka** ist am günstigsten, DZ 1500 Rbl. Schlafplatz 600 Rbl., ul. Čapaeva 77a, Tel. 952/6261251.

Neben den Hotelrestaurants sind das Fischrestaurant **Prošlyj Vek** (Vergangenes Jahrhundert, Прошлый Век), ul. Lazo 1, Tel. 496884, oder das Restaurant-Café **Podlemor'e** (Подлеморье) zu empfehlen, ul. Gor'kogo 31, Tel. 496971.

Karte S. 286

Weiße Städte

Nie sind die Burschen in Städten gewesen, die beiden haben keine weiten Reisen und keine großen Enttäuschungen hinter sich. Aber ihre Jugend, von Staunen und Unruhe erfüllt, verdient eine Skizze, eine Erzählung oder sogar einen Roman, wie die Jugend all jener, die Städte und Bahnstrecken bauen.

Sie haben das Wichtigste gesehen und das Wichtigste begriffen, ohne dafür Zeit und Kilometer aufzuwenden. Ljonja Dorofejew und Goscha Sadownikow werden ihr Heimatdorf nie wieder besuchen. Werden nicht hinter dem Garten vorbeigehen, wo sie als Jungen Gurken geklaut haben, werden nicht – angebellt von Hunden, die sie längst vergessen haben – vertraute Pforten aufreißen, werden sich nicht auf die ausgetretene alte Vortreppe setzen. Ihre Kindheit ruht auf dem Grund eines Sees …

Vierzig Kilometer von Bratsk entfernt, flussaufwärts an der Angara, lag einmal das Dorf Naratai. Eine halb mit Kiefern bewachsene Insel und darauf vielleicht drei Dutzend Höfe, eine Grundschule und ein Lädchen. All das ist längst nach Kaltuk geschafft worden, die Oka aufwärts. Über der Insel sind die grünen Wellen des Bratsker Stausees zusammengeschlagen. Aber Ljonja erinnert sich an jede Stange in den verfaulten Zäunen von Naratai. Das Dorf lebte vom Fischfang, von der Jagd, man trieb ein wenig Ackerbau, hielt Kühe. Die Ufer, links und rechts, waren undurchdringliche Taiga; die eiskalten Nebel der Angara umhüllten diese entlegene, hilflose Insel; bei Gewitter und Schneesturm war es schrecklich, hier zu leben; ein Flugzeug über dem Dorf ängstigte die alten Frauen, war eine geheimnisvolle Erscheinung aus einer anderen Welt. Alle im Dorf wollten fort, irgendwo anders hin, im Winter kamen auf Marichas Hof zusammen, plärrten Lieder, die Männer saßen abends auf den Stufen vor dem Laden, räsonierten, tanzten manchmal eine Podgornaja die einzige Straße rauf und runter. Der erste Rundfunkempfänger erschien im Jahre achtundvierzig, zusammen mit dem ersten Lehrer. Bratsk war damals noch nicht Bratsk, und aus Sajarsk kamen per Boot höchstens mal die Angestellten des Dorfladens und ein, zwei Wilderer. Aber wie die Märchen, die man uns in der Kindheit erzählt, wird Naratai nie vergessen werden. Im Gedächtnis bleiben wird der Geruch nach Staub und Milch, wenn eine Herde die Straße entlangzog, bleiben werden die entrückte Stille der Sommerabende, die schwarzen Köpfe der Sonnenblumen vor dem vergoldeten Abendhimmel, die Schneewehen, auf denen Sterne glitzerten (…). Die Zeit fand auch diesen gottverlassenen Winkel. So nahe, dass dem Dorf die Ohren zufielen, dröhnten die Sprengungen beim Bau der Bahnstrecke Taischet–Lena. Am rechten Ufer der Angara waren Männer mit Spitzhacken erschienen, und dann klirrten die Fensterscheiben in Naratai von den ersten Detonationen.

Die alten Frauen fingen an zu jammern, die alten Männer tauschten argwöhnische Blicke, die ehemaligen Frontkämpfer stiegen ins Boot und ruderten ans rechte Ufer. Die Strecke wurde direkt an der Angara entlang gebaut, sechshundert Meter von Naratai. Die Freunde liefen jetzt manchmal aus dem Unterricht weg, organisierten sich ein Boot, streunten über die frisch verlegten Geleise, atmeten den Geruch der Schwellen – den Lieblingsgeruch der Vagabunden und Habenichtse.

Alexander Wampilow, Weiße Städte. Sibirische Erzählungen der Gegenwart, München/Zürich 1991.

Die Sandbucht (Buchta Pesčanaja)

Die Bucht gehört zu den sonnigsten Plätzen in Ostsibirien und ist der einzige Ort mit einer Jahresdurchschnittstemperatur von über 0 °C. Die Bezeichnung ›sibirische Riviera‹ trifft aber wohl nur auf den 750 Meter langen Sandstrand der Bucht zu, die von zwei beeindruckenden felsigen Landzungen, **Großer Glockenturm** (Bol'šaja Kolokol'nja)‹ im Norden und **Kleiner Glockenturm** (Malaja Kolokol'nja) im Süden, eingeschlossen ist. Die Wassertemperaturen erreichen im Sommer ab Mitte Juli meist 16 bis 18°C, so dass Baden möglich ist. Die malerische Umgebung ist für ihre **Windwurzelbäume**, die nur hier anzutreffen sind, bekannt. Da der Sandboden durch die ständige Wind- und Wassererosion weggetrieben wurde und wird, entstanden Baumreihen, deren Wurzeln mannshoch freiliegen.

In den Sommermonaten gibt es dorthin dreimal pro Woche (Mittwoch, Freitag, Sonntag) eine Schiffsverbindung von Irkutsk über Listvjanka. Man benötigt für die etwa 80 Kilometer von Listvjanka bis zur Sandbucht knapp vier Stunden. Kurz vor der Landung in der Bucht erhebt sich am Ufer der majestätische **Kormoran-Felsen** (Baklanyj kamen'). Wer länger bleiben möchte, findet hier auch Unterkunftsmöglichkeiten, die man aber im Vorfeld in Irkutsk buchen sollte (ul. A. Nevskogo 105, Tel. 230718). Zur Auswahl stehen die **Herberge Bajkal'skie Djuny** (Baikaldünen) mit 70 Plätzen in neueren Bungalows und sanitärem Komfort sowie die **Herberge Buchta Pesčanaja**, mit 250 Plätzen in sehr schlichten Hütten und einem Campingplatz. Es gibt Routen für ein- und mehrtägige Wanderungen, wie etwa die Zwei-Tages-Wanderung zur hölzernen,

Windwurzel-Kiefer in der Sandbucht

heiligen Burchan-Statue auf dem angrenzenden Bergkamm. Ausländer trifft man in der Sand-bucht jedoch sehr selten

Die Insel Ol'chon

Während der Baikal oft als die Perle Sibiriens bezeichnet wird, nennt man Ol'chon die Perle des Baikalsees. Es gibt 27 Inseln auf dem Baikalsee. Die größte unter ihnen ist mit über 700 Quadratkilometern die knapp 72 Kilometer lange und durchschnittlich 10 Kilometer breite Insel Ol'chon. Die Bezeichnung stammt aus dem burjatischen und bedeutet ›Wäldchen‹. Die hügelige bis bergige Landschaft des Eilandes trägt in der Westhälfte Steppencharakter, während das für die Namensgebung ausschlaggebende ›Wäldchen‹ die Osthälfte ausmacht. Die Insel Ol'chon ist Bestandteil des im Südwesten an den Baikalsee grenzenden Primorsker Berggürtels. Im Nordosten endet sie in einer bizarren Steilküste, deren höchster Punkt immerhin 1274 Meter erreicht.

Karte S. 280

Die extrem steil abfallende Schlucht setzt sich auch unter Wasser fort. Nur wenige Kilometer vom Ufer entfernt befindet sich mit über 1600 Metern die tiefste Stelle des Baikalsees. Das Klima der Insel ist wärmer als auf dem Festland und durch geringere Niederschläge gekennzeichnet. Auffällig ist auch, dass die sonst überall in Sibirien übliche Mückenplage am Baikalsee aufgrund der spezifischen Windverhältnisse kein Problem ist. Der Werbeslogan ›Urlaub ohne Mücken‹ hat also auf die Sibirier eine nachvollziehbare Anziehungskraft.

Die Insel ist nur im Sommer und im Winter zu erreichen. Im Sommer besteht zwischen der Insel und der Siedlung Sachjurta auf dem Festland eine Fährverbindung. Im Winter friert die Meerenge zu, und man erreicht die Insel auf einer offiziellen Eisstraße über den Baikal. Während des Zufrierens und des

Tauens im Herbst und Frühjahr ist die Insel von der Außenwelt abgeschnitten. Die Insel hat zwar in der Nähe des Ortes Charancy einen kleinen Flughafen, es gibt aber keine regulären Flüge. Man kann für etwa 4000 Dollar einen Hubschrauber ab Irkutsk mieten. Es gibt auf der Insel auch keine regulären Busverbindungen.

Am Ostufer befindet sich mit 1274 Meter der **Žima** oder auch Ižimej genannte höchste Berg der Insel. Der Aufstieg ist jedoch recht anstrengend, so dass man für einen Ausflug zum Gipfel einen ganzen Tag einplanen muss.

Als Aussichtspunkt nicht viel weniger reizvoll und leichter zu erreichen ist der nördlicher gelegene Ort **Uzur**, in dem man von der örtlichen Wetterstation aus in etwa eineinhalb Stunden den Kamm erreicht und den phantastischen Blick auf die nördliche Hälfte der Insel

Rund um den Baikalsee

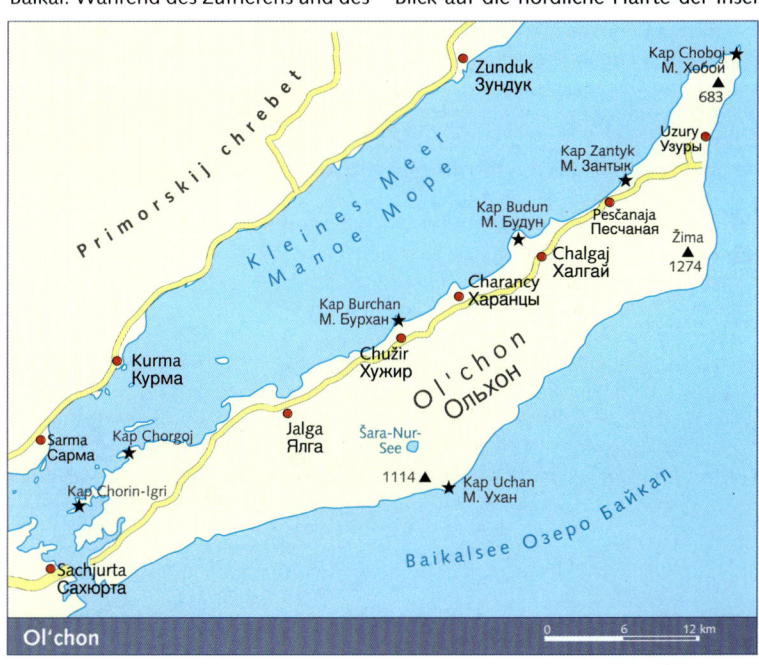

Ol'chon

sowie den Baikalsee und das Kleine Meer genießen kann.

Am Nordende der Insel lohnt das **Stoßzahn-Kap** (Mys Choboj) einen Ausflug. Ein eindrucksvoller, stoßzahnartig aus dem Wasser ragender Fels bildet den nördlichen Abschluss der Insel. Das Kap ist für seine Echoeffekte bekannt. Hier wachsen viele Kräuter, unter denen vor allem der Feldthymian weit verbreitet ist.

■ Chužir

Die ›Hauptstadt‹ der Insel ist die 1939 gegründete Siedlung Chužir, in der auch etwa 1300 der insgesamt 1600 auf der Insel lebenden Menschen zu Hause sind.

Der Name Chužir stammt aus dem Burjatischen und bedeutet ›Salzerde‹. Das Straßennetz wurde zunächst sehr geradlinig angelegt, mit den Jahren ging der Schachbrettansatz allerdings verloren. Es gibt eine Schule, ein Krankenhaus, eine neue Kirche, ein Kulturhaus, ein Kriegsdenkmal, ein Heimatmuseum und eine für eine Gemeinde dieser Größe eindrucksvolle Anzahl an Herbergen und Gaststätten, da vor allem im Sommer die Anzahl der Touristen schon mal die Einwohnerzahl übersteigen kann.

Am Ufer der Siedlung befindet sich am **Gottes-Kap** (Burchan mys, ›burchan‹ bedeutet auf burjatisch Gott bzw. Bud-

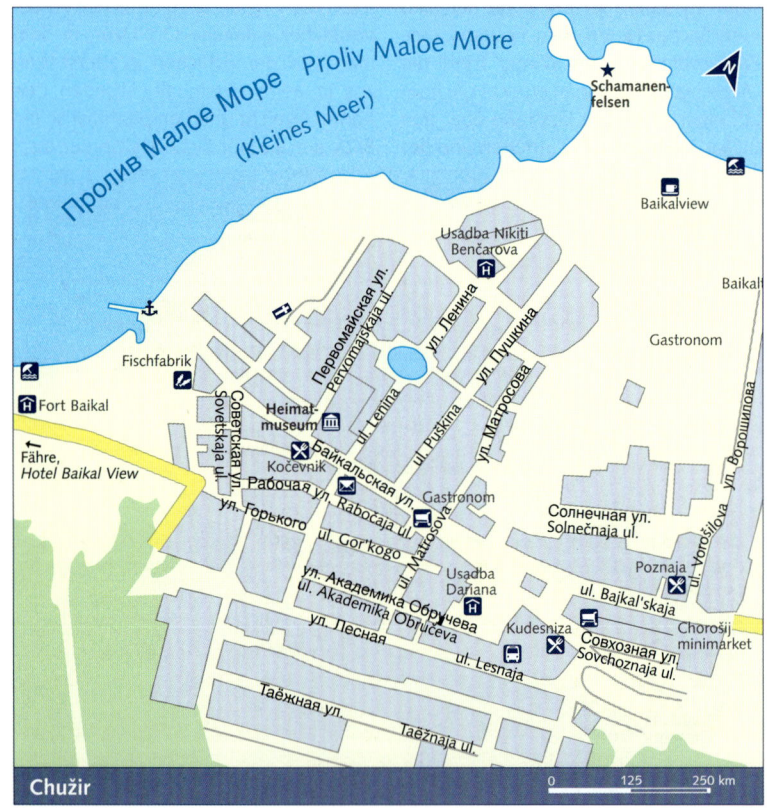

Chužir

Der Schamanenfelsen – das berühmteste Fotomotiv der Insel Ol'chon

dha) der berühmte **Schamanen-Felsen** (Šaman-Kamen') aus Kalkmarmor. Hier befand sich die wichtigste Pilgerstätte der rund um den Baikal lebenden Burjaten, zu der nur die Schamanen genannten Medizinmänner Zugang hatten. Eine Höhle mit zwei Ausgängen bot gute Voraussetzungen für das plötzliche Erscheinen und Verschwinden. Zugleich war der Felsen auch Opferstätte, an der in den entsprechenden Ritualen Wohlwollen erbeten wurde. Der Blick zum Kap ist wohl auch das beliebteste Fotomotiv des Baikalsees.

Die schönsten Dünenstrände ziehen sich nördlich der Inselhauptstadt Chužir auf etwa 20 Kilometern hin. Hier am Strand des kleinen Meeres ist im Sommer ein Bad im Baikalsee auch kein Privileg der hartgesottenen, ›Walrösser‹ genannten Winterschwimmer. Hier kann die Wassertemperatur durchaus 16 bis 18 Grad erreichen, während sie im eigentlichen See auch im Sommer selten über 8 Grad ansteigt. In der Umgebung des Dorfes Pesčanaja (der Ortsname lässt sich etwa mit ›sandig‹ übersetzen) gibt es Wanderdünen, die eine Straße, die Ende der 1940er Jahre gebaut wurde, mitsamt etwa 20 Häusern innerhalb von 30 Jahren unter sich begraben haben.

Das ZDF mag Chužir, das 2004 aufgrund der Serie ›Sternflüstern‹ einen besonderen Bekanntheitsgrad erlangte. Zwei deutsche Familien probten hier in der zweiten Jahreshälfte 2003 mehrere Monate lang das Überleben unter den ortsüblichen Bedingungen. Es folgte noch ein Dokumentarfilm und 2014 ›Ein Café am Baikalsee‹. Diesmal nahmen vier junge Deutsche eine Gaststätte in Chužir in Betrieb. Sie hat als Gaststätte nicht überlebt, das Gebäude steht aber noch (ul. Kirpičnaja 12). Wer sich für Details interessiert, sollte bei Nikita Benčarov absteigen, der seinen ersten deutschen Fernsehauftritt schon in Klaus Bednarz' ARD-Dreiteiler ›Ballade vom Baikalsee‹ hatte. In den ZDF-Produktionen, die er vor Ort begleitete, taucht er immer als der örtliche Bau- oder Tourismus-Unternehmer auf.

ℹ️ Chužir

Lage: 53°11'36"N/107°20.38"E; Chužir ist 128 km von Irkutsk entfernt, bis zur Fähre sind es 35 km.

Zeitunterschied zu MEZ: 7, im Winter 8 Std. Postleitzahl: 666137.

Vorwahl: +7/39558 fünfstellige Nummer oder +7/3012 sechsstellige Nummer.

Hauptpostamt: ul. Lenina 15, Tel. 469929, mit Western Union Service.

Banken: Keine Bankfiliale oder Geldautomat in Khužir, Rosselchozbank, Elanzy, ul. Kirova 18

Durchschnittstemperatur: Januar –15 Grad, Juli 17 Grad.

Es gibt mehrere Abfahrtsstellen für Busse unterschiedlicher Firmen, ul. Lesnaja 28, ul. Lenina 17, ul. Baikalskaja 43.

Mo, Di, Fr ist eine Anreise per Linienschiff aus Irkutsk möglich. Rücktouren jeweils am folgenden Tag.

Hotel Baikal View, die beste und teuerste Unterkunft, etwas westlich von Chužir. Aufgrund seiner Hanglage bietet es aus allen Zimmern einen Blick auf das Kleine Meer, EZ/DZ 5600–8200 Rbl., ul. Rossijskaja 17, Tel. 768484, www.baikalview.com (R/E). Unweit davon steht **Fort Baikal** (Baikalov Ostrog, Байкалов остpог), nicht ganz so komfortabel und etwas wuchtig, aber am Strand, EZ/DZ 4400–5000 Rbl., ul. Pribrežnaja 3, Tel. 404202, www.baikalov ostrog.ru (R).

Am Beginn der Tourismus-Entwicklung auf Ol'chon stand Nikita Benčarov (*1960). Der Tischtennis-Champion zog 1989 auf die Insel und begann mit B&B. Sein mittlerweile ausgedehntes **Camp Usadba** (Gutshof, Усадба) mit Zimmern, Hütten

und Jurte ist nach wie vor eine sehr gute Wahl, EZ/DZ 1400–4800 Rbl., ul. Kirpičnaja 8, Tel. 914/8957865, www. olkhon.info (R/E/D/F).

Daneben gibt es noch weitere einfacherPensionen mit kleinen Holzhäusern, wobei aber die Sanitäranlagen bei den preisgünstigen Varianten in der Regel auf dem Hof sind. **Baikalterra** mit Herberge Baikal (EZ/DZ/Hütte 3200–4800 Rbl.) und Hüttenpark „Solnečnaja (Schlafplätze 950–1250 Rbl.), ul. Vorošilova 36, Tel. 610377, www. baikalterra.com (R/E); **Darianas Gutshof** (Usadba Dariana), EZ/DZ 1200–3800 Rbl., ul. Obručeva 12, Tel. 914/9210798.

Die Herbergen bieten Vollpension. Die **Fischfabrik** am Hafen unterhält einen **Kiosk** (Magazin Rybzavoda) mit frischem Räucherfisch, ul. Bajkal'skaja 2. In der Hauptstraße gibt es mehrere Cafés, unter denen das **Kudesniza** (Zauberin, Кудесница) den besten Eindruck hinterließ, ul. Baikal'skaja 48b. Alternativen sind das **Kočevnik** (Nomade), ul. Bajkal'skaja 60, oder die auf das burjatische Nationalgericht spezialisierte **Poznaja**, ul. Bajkal'skaja. Den besten Kaffee gibt es im auch ansonsten passablen **Café Baikal View** (nicht mit dem gleichnamigen Hotel verwechseln) unweit des Schamanenfelsens. Phantastischer Blick auf den Felsen und das kleine Meer. **Internet-Café Nerpenok** (Röbbchen), ul. Bajkal'skaja 37.

Der beste Laden für Selbstversorger (mit kleinem Café) ist der in schönstem baikalblau gehaltene **Gute Laden** (chorošij minimarket) am Ende der Hauptstraße, ul. Bajkal'skaja 54. Die beste **Souvenirauswahl** findet man in der ul. Pervomajskaja 24.

www.adm-olkhon.ru (R/E).

Karte S. 292

■ Das Kleine Meer (Maloe More)

Das zwischen dem Festland und der Insel Ol'chon gelegene Wasser wird auch ›Kleines Meer‹ (Maloe More) genannt und erwärmt sich im Sommer aufgrund der geringen Tiefe von nur bis zu maximal 200 Metern als einziger Teil des Baikalsees auf Wassertemperaturen, die man auch von Nord- und Ostsee her kennt. Eine weitere Besonderheit besteht darin, dass die angrenzenden Berge hier weniger steil emporragen und der Uferstreifen breiter ist.

Insbesondere in der südlichen Hälfte des ›Kleinen Meeres‹ sind in den letzten Jahren eine Vielzahl von **Herbergen** und Pensionen von schlicht bis nobel entstanden. In den meisten Fällen gruppieren sich Holzhütten oder Jurten um ein Hauptgebäude mit Restaurant und Sanitärtrakt. Es gibt aber auch Holzhäuser mit eigenen Sanitäranlagen. Die angebotene Vollpension ist sinnvoll, da es außerhalb der Anlagen keine Gaststätten gibt. Neben dem Baikalbad werden Exkursionen nach Ol'chon, Wanderungen zu Wasserfällen und Höhlen, Bootsausflüge und Angeltouren angeboten.

Die Liste der empfehlenswerten Herbergen reicht dabei von sehr einfach (›Bajkal'skij Veter‹) über einfach (›Veter stranstvij‹) bis Standard (›Čara‹ oder ›Veter Bajkala‹). Buchung und Transfer ist in fast allen Irkutsker Reisebüros möglich. Saison ist von Mitte Mai bis Mitte September, Hochsaison von Anfang Juli bis Mitte August, wo man für ein Doppelzimmer bzw. eine 2-Bett-Datsche zwischen 2000 und 7500 Rubel zahlt.

Einige Unterkünfte wie zum Beispiel die Ranch ›Laguna‹ zwischen Sarma und Kurma (Buchung in Irkutsk: Tel. 333803, www.baikallaguna.ru (R) sind das ganze Jahr geöffnet.

Ust'-Barguzin

Das alte Fischerdorf mit heute ca. 8000 Einwohnern liegt an der Mündung des Flusses Barguzin ist der bekannteste Ort an der burjatischen Ostküste des Baikalsees. Die Entfernung zur Hauptstadt Ulan-Udė beträgt 240 Kilometer. Als mit dem Bau des Irkutsker Staudamms der Wasserpegel des Baikals stieg, siedelte das Dorf vom Nordufer an das Südufer

Rund um den Baikalsee

Baikalrobben im Uškan'i-Archipel

Eisspalte am Stoßzahn-Kap (Insel Ol'chon)

der Flussmündung um. Ust'-Barguzin ist Ausgangspunkt für Touren zur Halbinsel Svjatoj Nos, zu den Uškan'i-Inseln und ins Barguzin-Tal. Hier befindet sich ein **Informationszentrum des Zabajkal'skij-Nationalparkes**, das bei der Organisation von Ausflügen behilflich ist (per. Bol'ničnyj 11, Tel. 91221/91578). Im Dorf gibt es eine kleine Heimatstube, ein Kulturhaus und eine Holzkirche sowie zwei einfache Gaststätten.

■ Halbinsel Heilige Nase (Svjatoj Nos)

Die bergige Halbinsel ist mit 53 Kilometern Länge und etwa 20 Kilometern Breite heute nur noch durch eine Landbrücke mit dem Ostufer des Baikalsees verbunden. Als sich in den 1950er Jahren mit dem Rückstau infolge des Angara-Kraftwerkes bei Irkutsk der Wasserstand des Baikalsees um durchschnittlich einen Meter erhöhte, wurde die Landverbindung zur Heiligen Nase deutlich schmaler. In einem neu entstandenen Sumpfgelände blieb nur ein schmaler Landstrich übrig. Es gibt verschieden Routen auf der Halbinsel. Die bekannteste führt als anspruchsvolle zweitägige Wanderung von Glinka zum Markovo-Hochplateau auf etwa 1600 Höhenmetern und dann als dreistündige Kammwanderung zum 1876 Meter hohen Gipfel der Heiligen Nase. Man hat einen phantastischen Blick auf den Baikal, die Barguzin-Bucht und das gleichnamige Gebirge. Viele seltene Vogelarten, wie Wanderfalke, Weißschwanzseeadler, Königsadler Schwarzkranich sind hier anzutreffen. Eine Alternative für Extremsportler ist auch der direkte Gipfelauf- und -abstieg. Die Herausforderung besteht vor allem darin, dass man morgens und abends auf die erste bzw. letzte Fähre über den Barguzin angewiesen ist.

■ Uškan'i-Inseln

Der etwa zwölf Kilometer von der Halbinsel entfernte und aus einer etwa zehn Quadratkilometer großen Insel sowie drei kleinen Inseln bestehende Uškan'i-Archipel ist das bevorzugte Domizil der Baikalrobben. Bis zu 2000 Exemplare dieser weltweit einzigen Süßwasserrobbe wurden hier schon gesichtet. Die Lebenserwartung der Robben übersteigt 50 Jahre. Mit einer Länge von bis zu 1,80 Metern erreichen die Tiere eine Geschwindigkeit von bis zu 25 Stundenkilometern. Das Gewicht beläuft sich im Durchschnitt auf über 50 Kilogramm. Einzelne Exemplare erreichen bis zu 150 Kilogramm. Sie können bis zu 200 Meter tief tauchen und über 20 Minuten unter Wasser bleiben. Die Tiere überwintern vorrangig im Packeis und bevorzugen die Nähe heißer Quellen, die ihnen die Luftlöcher zum Atmen bieten. Sie verfügen aber auch über den Instinkt, solche Eisschächte selbst zu graben. Die Möglichkeiten für einen Besuch des Robben-Archipels sind streng limitiert und teuer. Die Besuchsgenehmigung kostet 2000 Rubel, man bekommt sie bei den Nationalparkverwaltungen in Davša und Ust'-Barguzin (s.o. und → S. 298).

■ Barguzin-Tal

Das in der Spitze etwa 30 Kilometer breite Tal des gleichnamigen Flusses mit unzähligen Nebenflüssen und Seen ist eine eindrucksvolle Steppenoase im Gebirge zwischen den Kämmen des Barguziner und des Ikitsker Gebirges. Die Berge erreichen hier eine maximale Höhe von über 2800 bzw. 2500 Metern. Der Berg Baragchan (2676 m) gilt als heilig und taucht sowohl in den burjatischen und tibetischen Chroniken auf. Er ist der nördlichste der fünf im Buddhis-

Rund um den Baikalsee

mus ›Sadbak‹ genannten Orte, wo die Himmelsgötter auf die Erde kommen. Der etwa 30 Kilometer von Ust'-Barguzin entfernte Ort Barguzin war eine der ältesten russischen Siedlungen im Baikalgebiet und boomte dank eines Goldrausches im 19. Jahrhundert.

■ Barguziner Naturschutzpark

Mit seinem Gründungsjahr 1916 ist der Barguziner Naturschutzpark der älteste Park dieser Art in Russland. Auf knapp 375 000 Hektar umfasst er die nördliche Osthälfte des Baikalufers sowie die angrenzende Bergtaiga und den westlichen Teil des Barguzingebirges. Der geschützte Wildbestand übersteigt 10 000 Tiere. Stolz ist man besonders auf etwa 250 hier lebende Bären. In den nahezu unberührten Landschaften gibt es heute zwei für Touristen zugängliche Routen. Ausgangspunkt für beide ist **Davša**, wo sich auch die Administration des Parks befindet. Der Ort ist nur mit dem Boot zu erreichen und liegt etwa 120 Kilometer nördlich von Ust'-Barguzin, wo man

bereits eine Tour buchen sowie die Lizenz zum Parkbesuch erwerben kann, www.barguzinskiy.ru (R).

Severobajkal'sk

Die heute 24 000 Einwohner zählende Stadt Severobajkal'sk gehört bereits zu Burjatien und ist noch keine 50 Jahre alt. Ihre Entstehung ist eng mit dem Bau der Baikal-Amur-Magistrale (BAM) verbunden. Sie war vor allem in den ersten Jahren ein wichtiger Umschlagplatz für die benötigten Ausrüstungen und Materialien. Mit der Bahn wurden diese auf der alten Transsib-Strecke nach Port-Bajkal im Süden des Baikalsees transportiert und dann nach Severobajkal'sk verschifft. Heute gibt es im Sommer eine tägliche Schiffsverbindung nach Irkutsk. Die Reise mit dem Tragflächenboot dauert zehn Stunden. Durch ihre Lage an der BAM ist die Stadt dementsprechend mit der Eisenbahn zu erreichen. Im 20 Kilometer entfernten Nižneangarsk gibt es einen kleinen Flughafen, der von Irkutsk und Ulan Udė aus angeflogen wird. Da die

Karte S. 280

▲ *Einmaliges Erlebnis: eine Schiffstour auf dem Baikalsee*

Der futuristische Bahnhof von Severobajkal'sk

Bauarbeiter vorrangig aus dem früheren Leningrad, dem heutigen St. Petersburg kamen, heißt die zentrale, am Bahnhof beginnende Straße Leningrader Prospekt (Leningradskij pr). Das Stadtbild wird durch Neubaublocks geprägt, die durch Waldstücke aufgelockert werden. Es gibt ein kleines Heimatmuseum in der ul. Mira, das vorrangig dem Bau der BAM sowie burjatischer Volkskunst gewidmet ist. In der Gemäldegalerie, die in unmittelbarer Nachbarschaft liegt, stellen lokale Maler ihre Bilder aus.

Great Baikal Trail (GBT)

Die Idee, einmal rund um den Baikal zu wandern, beflügelte schon viele Enthusiasten, und einige Extremsportler haben es auch geschafft. Aber 1800 Kilometer durch die wilde sibirische Natur bleibt auch in Zukunft eine besondere Herausforderung. Ivan wie Otto Normalwanderer vermissen in der russischen Wildnis vieler Regionen Russlands zumindest einigermaßen ausgeschilderte und bewirtschaftete Wanderwege. Am Baikalsee haben sich die Initiatoren

des Großen Baikal-Wanderweges (Большая Байкальская Тропа) vorgenommen, dies zu ändern und können auch schon seit Beginn im Jahr 2003 erste Erfolge vorweisen. Ziel ist naturverträglicher Tourismus durch die Anlage und Bewirtschaftung von Wegen für ein- und mehrtägige Wanderrouten in den schönsten Landstrichen der Region. Jahr für Jahr werden Freiwillige aus dem In- und Ausland geworben, die in zweiwöchigen Einsätzen das Wegenetz ausbauen. Heute gibt es solche Routen zwischen Listvjanka und der Insel Ol'chon, entlang der Baikalbahn, im Norden zwischen Severobaikalsk und Frolicha, im Osten bei Ust'-Barguzin und Tanchoj.

ℹ Great Baikal Trail

www.greatbaikaltrail.org (R/E/D). Im deutschsprachigen Raum können sich Interessenten an einem GBT-Einsatz an den Dresdner Verein **Baikalplan e.V.** wenden, der auch ein empfehlenswertes Informationsportal zur Baikalregion anbietet: www.baikalinfo.com (E/D).

Ausflüge auf dem Baikalsee

Es gibt verschiedene Varianten für Schiffsausflüge auf dem Baikalsee. Die Linienschifffahrt verkehrt mit einem Tragflächenboot des Typs ›Raketa‹ zweimal wöchentlich zwischen Irkutsk und Severobajkal'sk an der Nordspitze des Baikals mit Zwischenstop in Ol'chon. Die Fahrt dauert gut zwölf Stunden. Eine Überquerung des Baikals ab Irkutsk über Ol'chon nach Barguzin steht einmal pro Woche auf dem Fahrplan.Die Uferlandschaften lassen sich allerdings nur bei guter Sicht bewundern. Kleinere Touren werden von Dampfern der ›Moskva‹-Klasse auf der landschaftlich sehr schönen Angara zwischen Irkutsk und Listvjanka mehrmals täglich angeboten. Es gibt auch Touren entlang dem Westufer nach Bol'šie Koty, zur Sandbucht und zur Insel Ol'chon. Für mehrstündige Ausflüge auf einem Motorboot, einer Segeljacht oder einem kleinen Schlepper findet man vor allem im Hafen von Listvjanka entsprechende Offerten. Für mehrtägige Chartertouren gibt es zwei kleinere Kreuzfahrtdampfer sowie mehrere Hochseesegeljachten und etwa 100 umgebaute Schleppdampfer vom Typ ›Jaroslavec‹, die man für Gruppen von 6 bis 10 Personen mieten kann.Man sollte sich auf jeden Fall auf frischen Wind und entsprechende Kleidung einstellen.

Bratsk

Bratsk ist heute zugleich ein Beispiel für den Enthusiasmus des poststalinschen ›Tauwetters‹ unter Nikita Chruschtschow und die sowjetische Gigantomanie während des im Kalten Krieg ablaufenden Systemwettstreits. Im Wettbewerb mit den USA brauchte man von allem das Größte und hier in Sibirien fand Moskau den Platz und die Ressourcen für die Umsetzung dieser Ideologie, die Bratsk bis heute prägt.

Zu sowjetischen Zeiten war Bratsk als sozialistisches Vorzeigeobjekt einer der wenigen Orte Sibiriens, die ausländische Touristen besuchen konnten. Da die Stadt damit Bestandteil der meisten von Inturist angebotenen Sibirien-Touren war, profitiert sie bis heute trotz deutlich niedrigerer Besucherzahlen von einer vergleichsweise gut entwickelten touristischen Infrastruktur.

Geschichte

Die ursprünglichen Wurzeln des Ortes reichen zwar bis in das 17. Jahrhundert zurück, aber die Orte der damaligen Geschichte fielen 1965 den Fluten des riesigen Bratsker Meeres zum Opfer. Die neue Stadt am Wasserkraftwerk samt gigantischem Stausee war das Vorzeigeobjekt der Sowjetwirtschaft für die planmäßige industrielle Erschließung Sibiriens. An der Angara wurden dank ihrer starken Strömung mehrere Kraftwerke errichtet, um die herum dann entsprechende energieintensive Industrieunternehmen angesiedelt wurden. In der Nähe von Bratsk entstanden eine riesige Aluminiumschmelze und ein gigantisches Zellulosekombinat, die zwar ihre Pläne erfüllten und übererfüllten, aber gleichzeitig auch der Natur der Region außerordentlich großen Schaden zufügten.

Die Geschichte des alten Bratsk begann 1629 mit ostwärts ziehenden Kosaken unter ihrem Hauptmann Maxim Perfilev, die hier 1631 mit einer Ostrog genannten hölzernen Festung ihre Positionen befestigten. Sie kamen aus Enisejsk und

Karte S. 301

Ust'-Ilimsk

Bhf. Bratsk Padun
Падунские пороги

Turist

Eisenbahn-
museum

Heimatkunde-
museum

Stau-
damm

Bhf. Bratsk Gidrostroitel'
Братск Гидростритель

B r a t s k e r   S t a u s e e

Museum Angara-Dorf
Ангарская деревня

Stadtzentrum
Центральный

S. 303

Bhf. Bratsk Anžebi
Братск Анжеби

0   3   6 km

Bratsk (Братск), Übersicht

Rund um den Baikalsee

hatten den Auftrag, zu prüfen, ob und wie man die Evenken und Burjaten entlang der Angara mit der Pelzfron belegen konnte. Vor allem die Burjaten leisteten erbitterten Widerstand und belagerten die Kosaken mehrfach, so dass das Fort auch mehrmals umzog, bis es 1654 am linken Ufer des Angara-Nebenflusses Oka seinen endgültigen Standort fand. Zwei der Wachtürme dieses Forts sind noch heute in Bratsk und in Moskau zu besichtigen.

Der Ortsname ›Bratsk‹ steht für Bruder bzw. brüderlich, wobei in unterschiedlichen Erklärungen die Brüderlichkeit von beiden Seiten beansprucht wird. In der einen Erklärung lebten Russen und Ureinwohner sehr friedlich zusammen und wirkten auf Neuankömmlinge wie Brüder. Die andere Erklärung sieht den Ursprung in der Gegenwehr der Burjaten, die einen brüderlichen Zusammenhalt der russischen Kosaken erforderte, um im Kampf nicht zu unterliegen. Knapp 300 Jahre blieb Bratsk wie viele andere Dörfer an der Angara ohne Bedeutung, bis man die Felsen zwischen Bratsk und Padun als idealen Standort für das zweite Wasserkraftwerk der Angara-Kaskade auswählte.

Mitte der 1950er Jahre kamen die ersten 1500 Freiwilligen, um mit dem Auf-

Die Staumauer des Bratsker Kraftwerkes

größte Bauunternehmen Russlands. Als die entsprechenden Kapazitäten sich mit dem Bau des Kraftwerkes vor 50 Jahren hier niederließen, entwickelte sich das Unternehmen zum größten Produzenten für schlüsselfertige Kraftwerks- und Industriebauten in ganz Sibirien. Heute bringen allerdings die exportorientierten Devisenbringer wie Alumniumproduktion und Holzverarbeitung das meiste Geld in die Stadt. Ökologisch ist die Situation aber nach wie vor angespannt. Auch wenn man es im Stadtzentrum aufgrund der vergleichsweise großen Entfernungen und der Waldgebiete zwischen den einzelnen Stadtteilen kaum spürt, gehört Bratsk zu den am stärksten verschmutzten Städten Russlands. Im Umkreis von über 100 Kilometern ist auch die Taiga durch das Waldsterben in ihrem natürlichen Gleichgewicht gefährdet.

bau des Staudamms und einer neuen Stadt mit dem alten Namen zu beginnen. Bratsk steht dabei für einen Paradigmenwechsel in der Sowjetunion. Es war das erste wirtschaftliche Großprojekt nach Stalins Tod, das ohne den Zugriff auf den Gulag errichtet wurde. Mit dem Enthusiasmus des Tauwetters und auch einigen Rubelanreizen zogen erstmalig Tausende freiwillig nach Sibirien, um den Kommunismus in der Taiga aufzubauen. Diese Aufbruchstimmung prägte die Stadt, viele Intellektuelle und Künstler verfolgten die Entwicklung aufmerksam und gaben sich bei Gastspielen in Bratsk die Klinke in die Hand. Ein markantes Beispiel ist die Bratsker Ode des bekannten Dichters Evgenij Evtušenko. Die Stadt wuchs innerhalb von jeweils zehn Jahren auf 100 000 bzw. 200 000 Einwohner im Jahr 1973 und zählt heute etwa 236 000 Einwohner.

Bratsk ist das bedeutendste Industriezentrum des Irkutsker Gebietes. Aluminium und Holz sowie Energie und Bauwirtschaft sind dabei die Stichworte. Mit Bratskgesstroj befindet sich hier das

Sehenswürdigkeiten

Die großflächig angelegte Stadt besteht aus mehreren relativ weit auseinander liegenden Stadtteilen, die sich halbkreisförmig auf 43 000 Hektar vor allem am linken Ufer des Bratsker Meeres entlangziehen. Das eigentliche Zentrum der Stadt bildet der Stadtteil ›Central'nyj‹, in dem sich neben der Stadtverwaltung auch die wichtigsten Geschäfte und Kultureinrichtungen sowie auch die meisten Hotels befinden. Das zentrale Areal am Ufer des Stausees lässt sich im Viereck zwischen ul. Obručeva, ul. Komsomol'skaja und ul. Podbels'kogo eingrenzen.

Im Mittelpunkt dieses Rechteckes befindet sich der **zentrale Platz** von Bratsk, der einschließlich Denkmal vor dem Rathaus Lenin gewidmet ist. Schräg gegenüber erhebt sich der **Kulturpalast** ›Bratsk-Art‹, ul. Lenina 28, Tel. 439870,

Karte S. 301
▲

www.bratsk-art.ru (R), wo auch das Bratsker **Puppentheater** seine Spielstätte hat. Das örtliche **Schauspielhaus** konnte Ende 2003 nach zehn Jahren in ein eigenes Gebäude umziehen. Der Standardbau des alten Kinos neben dem Hotel ›Tajga‹ wurde architektonisch mit einigen klassizistischen Elementen aufgepeppt , ul. Mira 37, Tel. 257616, www.бдтеатр.рф (R).

An dieser Kreuzung befindet sich auch auch das wichtigste Bratsker Gotteshaus. Die in den letzten Jahren neu gebaute **Christi-Geburts-Kirche** (Chram roždestva Christova) ist bereits geöffnet, obwohl sie noch nicht fertiggestellt ist. Die Kuppel soll in den kommenden zwei Jahren aufgestetzt werden, ul. Mira 32, Tel. 411820, www.bratsk-pravoslavny.ru (R).

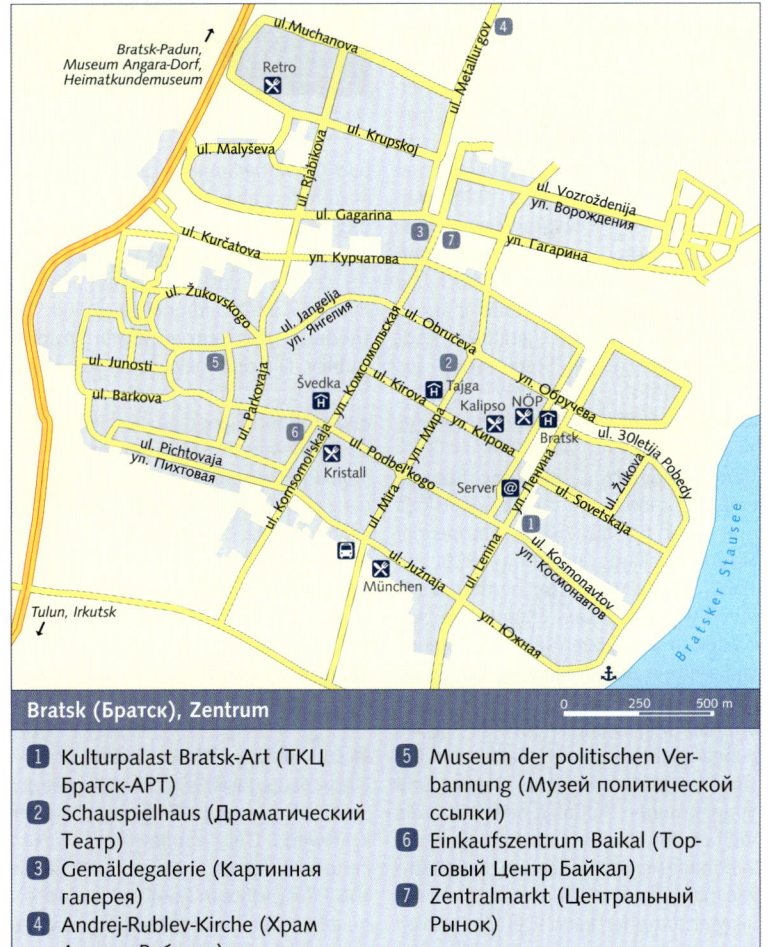

Rund um den Baikalsee

Bratsk (Братск), Zentrum

0   250   500 m

1 Kulturpalast Bratsk-Art (ТКЦ Братск-АРТ)
2 Schauspielhaus (Драматический Театр)
3 Gemäldegalerie (Картинная галерея)
4 Andrej-Rublev-Kirche (Храм Андрея Рублева)
5 Museum der politischen Verbannung (Музей политической ссылки)
6 Einkaufszentrum Baikal (Торговый Центр Байкал)
7 Zentralmarkt (Центральный Рынок)

Am Leninplatz befindet sich das Hotel ›Bratsk‹, von wo aus sich in Richtung Stausee der Blick auf ein **Denkmal** aus zwei gewundenen und blattförmig ovalen Stelen richtet. Das im Volksmund auch ›Hasenohren‹ genannte Denkmal erinnert an die Opfer des Zweiten Weltkrieges. Hier befinden sich auch die beliebtesten Badestrände am Bratsker Meer.

Die den Leninplatz in Ost-West-Richtung kreuzende Hauptstraße charakterisiert zugleich zwei Abschnitte in der Stadtgeschichte. Als **ul. Kirova** repräsentiert sie die erste Etappe und sozusagen

Das Kino Čarli (Chaplin) in Bratsk

das historische Zentrum des neuen sowjetischen Bratsk mit Bauten aus den Jahren zwischen 1960 und 1975. Während die ersten Wohnhäuser von Bratsk noch aus Holz waren und näher am Staudamm im Stadtteil Padun noch heute zu besichtigen sind, hatte man damals entschieden, das eigentliche Stadtzentrum der neuen Stadt schon aus Stein und Beton im künftigen Stadtteil ›Central'nyj‹ etwas abseits des Damms zu errichten.

Vom Leninplatz in Richtung Stausee heißt die zentrale Straße **ul. Sovetskaja** und steht für die zweite Etappe der Stadtentwicklung zwischen 1980 und 1990. Mittlerweile spricht man auch schon von der dritten Etappe. Die Neubauten in den letzten Jahren entstehen vor allem in der Umgebung der weiter nördlich gelegenen ul. Krupskoj. Alle Straßen sind breite Prospekte mit zu Fußgängerboulevards gestalteten Mittelstreifen mit Grünanlagen, Bänken und Springbrunnen. Auffällig ist in Bratsk die Vielfalt der in den Erdgeschossen der Wohnhäuser entstandenen Geschäfte, wie man sie in der ul. Sovetskaja und der ul. Mira antreffen kann. Der Umbau von Erdgeschosswohnungen in Geschäfts-

und Gewerberäume ist zwar vielerorts anzutreffen, aber eine solche Vielfalt mit originell bis exotisch gestalteten Eingängen ist in Bratsk auffällig.

An der ul. Krupskoj eröffnet sich der Blick zur am Waldrand gelegenen **Kathedrale des ehrwürdigen Andrej Rublëv**. Die dem bekannten Ikonenmaler gewidmete Kirche wurde vor kurzem neu eröffnet. Eigentlich war der Bau als Ensemble aus zwei Kirchen mitsamt einem Priesterseminar geplant. Nach finanziellen Problemen wurde das Projekt geändert. Das Mittelschiff der geplanten Priesterschule wurde zur Kirche geweiht und mutet nun mit seinen breiten, eher weltlichen Flügeln etwas ungewöhnlich an. Lesnoj Massiv 1, Tel. 422114. Es gibt auch eine katholische Kirche in der Stadt, ul. Jangelja 105a.

■ Das Bratsker Wasserkraftwerk

Die bedeutendste Sehenswürdigkeit der Stadt ist aber ohne Frage das Wasserkraftwerk. Der Staudamm war zum Zeitpunkt seines Baus von 1954 bis 1967 der größte in Russland und ist bis heute in der Stromerzeugung unangefochten die Nr. 1. Kein Kraftwerk auf

Karte S. 303

der Welt hat bislang soviel Strom produziert. 18 Turbinen mit je 250 Megawatt ermöglichen eine Gesamtleistung von 4500 Megawatt. Beim Bau des Dammes wurden 11,2 Millionen Kubikmeter Grund bewegt, 4,9 Millionen Kubikmeter Beton und 39 000 Tonnen Stahl verbaut. Dabei wurde erstmalig auch den Winter über durchgebaut. Das riesige Kraftwerk wurde zum Inbegriff der Gigantonomie in der Elektrifizierung Sibiriens, welche die Voraussetzung für weitere Industrieansiedlungen war.

Bratsk war nach Irkutsk der zweite Schritt der Angara-Kaskade. Auf Bratsk folgte flussabwärts das etwas kleinere Kraftwerk Ust'-Ilimsk und später Bogučanyj sowie die beiden von ihrer Leistung heute größten russischen Kraftwerke Divnogorsk und Sajano-Šušenskoe am Enisej. Der Bratsker Stausee zieht sich knapp 500 Kilometer lang hin und bietet an vielen Buchten mit Badestränden und Ferienheimen unterschiedliche Erholungsmöglichkeiten. Der 1430 Meter lange und 127 Meter hohe Damm führt eine Straße sowie die Gleise der Baikal-Amur-Magistrale über die Angara.

Das Bratsker Kraftwerk kann sowohl von außen als auch mit Voranmeldung von innen besichtigt werden. Hinter der Staumauer gibt es am Westufer eine Straße zum Plateau, das einen guten Blick auf den Damm bietet. Vom Aussichtsplateau gelangt man am Fuß der Staumauer zu einem Informationszentrum. In einem in Marmor gehaltenen Auditorium mit dem obligatorischen Leninrelief und einem Überblick der Angara-Kaskade gibt es einen Vortrag, bevor man auch einen Blick in die durch eine Glaswand getrennte Schaltzentrale und ohne Glaswand in den Turbinenkorridor werfen kann, wo zwei Modelle die Funktionsweise des Kraftwerks und den Energieverbund Ostsibiriens beleuchten.

Museen

Das **Heimatmuseum** von Bratsk ist sozusagen ein Ableger des Betriebsmuseums des größten Unternehmens der Stadt – Bratskgesstroj. Das Unternehmen baute 1979 zu seinem 25-jährigen Betriebsjubiläum dieses Gebäude, um die ruhmreichen Erfolge seiner Werktätigen für die Nachwelt verewigen zu

Rund um den Baikalsee

Querschnittsmodell der Staumauer im Kraftwerk

können. Heute hat die Stadt das Museum übernommen. Im Erdgeschoss befinden sich verschiedene Ausstellungen, wie zum Beispiel ›Historisches Spielzeug aus sibirischen Dörfern‹. Das Obergeschoss ist in vier Sälen dem Bau des Staudamms und der Entwicklung von Bratskgesstroj vom ersten Zeltlager in der Taiga bis zum Schreibtisch des legendären Direktors Ivan Najmušin (1905–1973) gewidmet, So Ruhetag, ul. Gidrostroitelej 54, im Stadtteil Padun, Tel. 359581.

Ein weiteres, kleines Museum erinnert an die **Verbannung und die Deportation** in der Region, So Ruhetag, ul. Parkovaja 3, Tel. 414960.

In der örtlichen **Kunstgalerie** finden in der Regel im Zwei- bis Dreimonatsrhythmus verschiedene Wechselausstellungen zu Malerei, Graphik, Volkskunst etc. statt, Mo Ruhetag, ul. Komsomol'skaja 77, Tel. 420322.

Alle diese Museen haben die gemeinsame Webseite www.bratskmuseum.ru (R). Daneben gibt es am Bahnhof Gidrostroitel noch ein kleines, dem Bauunternehmer Valentin Mukavitzkij

(1926–1999) gewidmetes **Museum zur Geschichte der Stadt und der Eisenbahnlinie BAM**, ul. Železnodorožnaja 9a, Tel. 302483.

Die historischen Spuren des alten Bratsk und der an der Angara typischen Lebensverhältnisse findet man im **Freiluftmuseum** ›Angarskaja derevnja‹ (Angara-Dorf). Bevor die alten Dörfer nach dem Staudammbau in Ust'-Ilimsk überflutet wurden, verlagerte man ab 1979 einige der interessantesten Gebäude in das Angara-Dorf genannte Freiluftmuseum. Die Anlage liegt auf einer Landzunge direkt am Bratsker Meer und gliedert sich auf 35 Hektar in zwei 1982 bzw. 1986 eröffnete Teile. Es gibt eine evenkische und eine russische Siedlung. Der alte Wachturm des Bratsker Ostrog ist einer von zwei Unikaten. Der zweite Turm wurde hier demontiert und im Moskauer Museum Kolomenskoe wieder aufgebaut. Alljährlich findet zu Pfingsten auch ein großes Volksfest statt, Mo, Di Ruhetage, Tel. 409581. Das Museum liegt etwa 15 Kilometer vom zentralen Stadtteil entfernt, unweit der nach Padun führenden Stadtautobahn.

ℹ Bratsk

Lage: 56°9'9.69"N/101°38'1.73"E. Bratsk ist 4838 km von Moskau und 490 km von Irkutsk entfernt. Zeitunterschied zu MEZ im 7, im Winter 8 Std.
Postleitzahl: 665700.
Vorwahl: +7/3953; Auskunft: 09.
Hauptpostamt: ul. Podbel'skogo 43.
Bank: Sberbank, ul. Kirova, Tel. 485253. Geldautomat: Hotel Bratsk, Foyer.
Reisebüro: Taiga Tours, im Hotel Taiga, Tel. 416513, www.taiga-tours.ru (R/E).
Taxi: Tel. 455000.
Durchschnittstemperatur: Januar –24 Grad, Juli 18 Grad.

Es gibt täglich Flugverbindungen von und nach Moskau (Flughafen Domodedovo) sowie mehrmal wöchentlich Flüge von und nach Irkutsk, Krasnojarsk und Novosibirsk. 1x pro Woche gelangt man nach Tjumen' und Komsomolsk am Amur, Tel. 322334, Stadtbüro: ul. Deputatskaja 17, Tel. 430775, www.aerobratsk.ru (R).

Es gibt keinen eigentlichen Bahnhof Bratsk. Im Stadtgebiet gibt es mit **Gidrostroitel'**, **Padunskie porogi** und **Anžebi** drei Haltepunkte entlang der Baikal-Amur-Magistrale, wo Fernzüge halten. Der Bahnhof

Anžebi liegt dem zentralen Stadtteil mit einer Entfernung von knapp 15 Kilometern am nächsten. Ins Zentrum verkehrt die Buslinie 27. Der Bahnhof Padunskie Porogi gehört zu den Stadtteilen Padun und Ėnergetik. Gidrostroitel' liegt in der Nähe des Staudamms. Es gibt täglich zwei Züge nach Moskau sowie mehrere Züge nach Tajšet (7,5 Std. Fahrzeit), wo die BAM von der Transsibirischen Eisenbahn abzweigt. Auf der BAM in Richtung Osten gibt es täglich mehrere Züge, mit denen man nach ca. 16 Std. Fahrzeit die Nordspitze des Baikals erreichen kann.

Der Busbahnhof befindet sich im östlichen Teil des Stadtzentrums. Neben Verbindungen in die Umgebung gibt es einen Nachtexpressbus nach Irkutsk, ul. Mira 1, Tel. 411384.

Der Passagierhafen liegt unweit des Stadtzentrums südlich des Busbahnhofes. Im Sommer fährt zweimal wöchentlich ein Tragflächenboot auf der Angara nach Irkutsk. Die Fahrt dauert etwa 10 Std., Tel. 451166.

Tajga (Тайга), EZ/DZ 2400–4400 Rbl., ul. Mira 35, Tel. 414710, www.hotel-taiga.ru (R/E). Ist das größte Hotel am Platze und bietet Inturist-Standard.

Bratsk (Братск), EZ/DZ 1500–3000 Rbl., ul. Deputatskaja 32, Tel. 438436, www. bratsk-hotel.ru (R). Zwar etwas neuer als das Hotel Tajga, ist es ihm aber nicht anzusehen.

Ein neues gutes Hotel ist **Švedka** (Шведка), EZ/DZ 1400–2800 Rbl., ul. Mira 25, Tel. 412520, www.hotel-shvedka.ru (R).

Im Stadtteil Gidrostroitel liegt das Hotel **Turist** (Турист), EZ/DZ 1800–3000 Rbl.,

ul. Najmušina 28, Tel. 378743, www. bratskturist.ru (R). Für alle, die es nur zum Staudamm des Wasserkraftwerkes zieht, bietet sich noch dieses einfache, in Staudammnähe gelegene Hotel an.

Padun (Падун), im Stadtteil Padun, ul. Naberežnaja 96, Tel. 363138. Gute russische, aber auch europäische und japanische Küche. Angenehmes Ambiente in einem schönen Holzhaus.

Kristall (Кристалл), ul. Podbel'skogo 2, Tel. 419043. Im Stadtzentrum gelegener Klassiker.

Retro (Ретро), ul. Krupskoj 9, Tel. 414215. Hier wird das Andenken an die Sowjetunion kultiviert.

Etwas stilvoller noch im **NÖP**, ul. Deputatskaja 17, Tel. 458315 (НЭП, Abkürzung für die Neue Ökonomische Politik in den 1920er Jahren). Im **München** (Мюнхен) wird dagegen das Andenken an bayrisches Bier hoch gehalten, ul. Južnaja 20, Tel. 282836. **Kalipso** (Калипсо), ul. Kirova 27 und ul. Najmušina 54, Tel. 376781. Maritimes Ambiente.

Server (Сервер), ul. Lenina 29, Tel. 453690. Internetcafé.

Das größte Einkaufszentrum trägt den Namen **Bajkal** (Байкал) und steht in der ul. Jangelja 102.

Der zentrale **Markt** (Rynok/Рынок) befindet sich an der Ecke ul. Komsomol'skaja/ ul. Kuržatova.

Ein guter **Souvenir-Laden** befindet sich im Foyer von Bratskgesstroj, ul. Gidrostroitelej 53, Tel. 368906.

Die meisten sonstigen Geschäfte findet man in der ul. Sovetskaja.

www.bratsk-city.ru (R)

Abschied von Matjora

Und wieder ist ein Frühjahr da, zugehörig der endlosen Folge aller Frühjahre, für Matjora aber, Insel und Dorf gleichen Namens, das letzte. Wieder treibt das aufgebrochene Eis dröhnend und drängend, uferlängs Schollen türmend, die Angara hinab, wieder öffnet sich der befreite Fluss und streckt sich zum gewaltigen glitzernden Geström. Wieder rauscht an der oberen Inselspitze das Wasser auf und rollt über den Landrücken beiderseits ab; wieder flammt Saftgrün über Erde und Bäume, die ersten Regenfälle haben sich ausgeschüttet, Mauersegler und Schwalben kehren zurück, allabendlich quaken lebensverliebt die Frösche im kleinen Sumpf. Alles dies ist schon viele Male dagewesen, viele Male schon hat Matjora mitten in den naturgegebenen Veränderungen gestanden, keinen Tag vorauseilend, keinen zurückbleibend. Auch dies Jahr bebauen die Dörfler ihre Gemüseschläge – nicht alle freilich: drei Familien haben sich bereits im Herbst abgesetzt und sind in verschiedene Städte gezogen, weitere drei haben das Dorf noch früher verlassen, gleich in den ersten Jahren, als sich zeigte, dass die Gerüchte stimmten. Wie eh und je bringen sie die Saat in die Äcker – nicht in alle freilich: das Land jenseits des Flusses bleibt unbestellt, nur auf der Insel selbst, wo man alles bei der Hand hat, wird das Korn eingesät. Auch Kartoffeln und Mohrrüben bringen sie nicht alle zugleich in die Erde, sondern wie es gerade kommt, wie jeder es schafft: manch einer besitzt jetzt zwei Heimstätten mit gut fünfzehn Kilometern stromlängs und bergauf dazwischen und zerreißt sich zwischen hier und dort. Dieselbe Matjora ist es und doch nicht dieselbe: die Gebäude stehen noch, gerade dass ein Hüttlein und eine alte Banja zu Brennholz zerhackt wurden, alles lebt noch und atmet, wie eh und je krakeelen die Hähne, brüllen die Kühe, randalieren die Hunde, doch schon beginnt das Dorf zu welken, man sieht es, gleich einem angeschlagenen Baum, seine Wurzeln hängen in der Luft, die Gangart seines Lebens ist verändert. Alle Dinge behielten ihren Platz und Standort, und doch: fetter und frecher wuchern die Brennnesseln, tot und starr blicken die Fenster aus den veröden Hütten, weit klaffen die Hoftore – der Ordnung halber sperrt man sie zu, aber ein Höllenspuk schlägt sie immer wieder auf, damit es noch schlimmer zieht, knarrt und knallt, überall verkrümmen sich Zäune und Heudarren; Ställe, Schuppen, Schutzdächer vermorschen, Stangen und Bretter liegen ungenützt umher, keine richtende, zu langem Gebrauch bessernde Bauernhand rührt mehr daran. Viele Stuben bleiben ungeweißt, unversorgt, sind halb ausgeweidet; manches Stück ist fortgeschafft in die neue Heimstatt, übrig bleiben trübsinnig verwohnte nackte Ecken und Winkel, dies und jenes ist belassen für den Fall der Not, man wird ja doch hin und wieder einschauen müssen und hier und da Hand anlegen. Unverrückbar sind auf Matjora nur noch die alten Leute geblieben, Männer und Frauen; sie sehen nach dem Rechten im Haus und auf dem Gemüseschlag, versorgen das Vieh, bemuttern und betütteln die kleinen Kinder und bewahren das Dorf vor völliger Verödung. Abends treffen sie sich zu halblautem Gespräch, dieses dreht sich immer nur um das eine: was soll werden; sie seufzen oft und schwer und spähen scheu zum rechten Angara-Ufer hinüber, wo eine große Neusiedlung entsteht. Von dort kommen Gerüchte, sehr unterschiedliche.

Der erste Bauer, dem vor mehr als dreihundert Jahren der Gedanke kam, sich auf der Insel anzusiedeln, war ein weitblickender und bedachtsamer Mann; er hatte ganz richtig herausgefunden, daß ein schöneres Fleckchen Erde nirgends sonst zu finden gewesen wäre. Die Insel streckte sich gut fünf Werst in die Länge, nicht als schmales Band, eher als Bügeleisen – da gab es ausreichend Platz für Acker und Wald und für den Sumpf mit seinen Fröschen, unterwärts aber, hinter einem flachen gebogenen Flußarm, schob sich eine zweite Insel heran. Die Leute nennen sie mal Podmoga mal Podnoga. Podmoga, ›Aushilfe‹, die Bezeichnung hat ihren Sinn; was die Mutterinsel nicht hergibt, findet sich dort [...]

Mancherlei sah und erlebte das Dorf während seines Daseins. In grauen Vorzeiten zogen bärtige Kosaken flußaufwärts, die Feste Irkutsk zu bauen; Handelsleute, die auf emsigen Booten den Fluß befuhren, drehten bei, um hier zu übernachten; Häftlingsscharen wurden flußaufwärts geschafft, und erspähten die Wachmannschaften vom Schiffsbug aus das besiedelte Ufer, so ließen auch sie hinrudern, zündeten Lagerfeuer an, kochten Suppe aus Fischen, die sie gleich hier fingen. (...) Eine Mühle stand auf der Inselspitze am Flußarm, und der Platz war günstig, als sei der Arm eigens als Mühlgraben gezogen worden, sie mahlte ohne Gewinn, immerhin, man brauchte nicht in die Fremde zum Mahlen, fürs eigene Getreide reichte sie gut aus. Seit ein paar Jahren landet auf der alten Viehkoppel zweimal in der Woche ein Flugzeug; die Dörfler haben sich längst daran gewöhnt, zur nächsten Stadt oder zum Kreis durch die Luft zu fliegen.

So lebte das Dorf schlecht und recht, sicher verankert am Hügel beim linken Flußufer, es sah die Jahre vorüberströmen gleich dem Wasser, das es mit anderen Ansiedlungen verband, das ihnen seit Urzeiten Nahrung und Auskommen gab. Und wie das dahineilende Wasser scheinbar ins Unendliche floß, so schien auch dem Lebensweg des Dorfes keine Frist gesetzt: Die einen wanderten auf den Friedhof, andere wurden nachgeboren, alte Gebäude zerfielen, neue wurden gezimmert. So lebte das Dorf, gute und schlimme Zeiten überstehend, mehr als dreihundert Jahre, und an der oberen Inselspitze mochte mittlerweile eine gute Halbwerst Erdreich angeschwemmt worden sein, als eines Tages die Kunde herandröhnte, daß Matjoras Lebenstage gezählt seien.

Am unteren Flusslauf würde ein Staudamm für ein Kraftwerk gebaut, das Wasser der Flüsse und Flüßchen würde steigen und manchen Landstrich überfluten, darunter natürlich und vor allem Matjora. Selbst wenn einer fünf solcher Eilande übereinander türmte, würden die Wassermassen darüber zusammenschlagen, und niemand würde mehr weisen können, wo hier einstmals Menschen gesiedelt hatten. So hieß es also umziehen. Schwer, sehr schwer war es, sich einzugestehen, dass es Wahrheit sei, dass es wirklich so kommen würde, dass der Weltuntergang einst dem verstandesdürftigem Volk als Schrecknis vor Augen beschworen, für das Dorf Wirklichkeit werden sollte, und das schon so bald. Ein Jahr nachdem die ersten Gerüchte aufkamen, brachte ein Motorboot eine Kommission nach Matjora, die taxierte den Verschleiß der Gebäude und setzte die Entschädigungssumme fest. Seither war am traurigen Los der Insel nicht mehr zu zweifeln. Das Dorf sollte nur noch ein paar Jahre leben. Irgendwo am rechten Flussufer entstand schon die neue Siedlung für einen Sowchos, dorthin sollten nämlich sämtliche nahe und ferner gelegenen Kolchose zusammengezogen werden, die alten Dörfer sollten, da man dem Umstand mit dem unbrauchbaren Plunder aus dem Wege gehen wollte, im Feuer vergehen.

Jetzt war endgültig der letzte Sommer da: im Herbst würde das Wasser steigen.

Valentin Rasputin, Abschied von Matjora, Volk & Welt, Berlin 1982.

Ulan-Udė

Die heutige Hauptstadt der Republik Burjatien wurde 1666 erstmals unter dem Namen Udinsk erwähnt. Es handelte sich um eine Winterbefestigung der ostwärts strebenden russischen Kosaken am Fluss Uda. 23 Jahre später entstand an der Mündung der Uda in die Selenga, die wiederum in den Baikalsee mündet, die Festung Verchneudinsk, was soviel wie Ober-Udinsk heißt. Ihren heutigen Namen Ulan-Udė, was auf burjatisch ›rote Uda‹ bedeutet, erhielt die Stadt erst zu sowjetischen Zeiten im Jahre 1934. Heute leben hier etwa 426 000 Einwohner. Etwa ein Viertel der Bevölkerung sind Burjaten.

Fast zur gleichen Zeit wie Irkutsk wurde auch Verchneudinsk von einem Großbrand heimgesucht, der am 10. Juli 1878 über die Hälfte der Stadt zerstörte. Danach hielt im Stadtzentrum die Steinbauweise Einzug. Das Interesse, den Tourismus zu entwickeln, ist unverkennbar. Man setzt auf das exotische Flair der buddhistischen Burjaten und die landschaftliche Schönheit am Südufer des Baikalsees. Auch wenn die Bemühungen um die touristische Entwicklung im Vergleich zu Irkutsk zwar nur Ansätze sind, so können sie sich im Vergleich zu anderen sibirischen Metropolen aber sehen lassen. In keiner anderen Großstadt Sibiriens spürt man die Gewissheit, dass man sich in Asien befindet, so ausgeprägt wie in Ulan-Udė. Erwähnenswert sind vor allem folgende Feste, die man nur in Burjatien feiert: das Reiterfest Sucharban am ersten Juli-Wochenende, das buddhistische Tsagaalgan-Fest am Vorabend des neuen Jahres nach dem Mondkalender sowie das dem künftigen Buddha gewidmete Maidari-Fest im Sommer.

Sehenswürdigkeiten

Das Zentrum Ulan-Udės bestimmt der sehr sowjetisch geprägte Platz gleichen Namens. Hier beginnt – leicht abfallend zur Altstadt – die ehemalige ul. Bol'šaja, die seit Sowjetzeiten ul. Lenina heißt.

Karte S. 312

▲ *Kunstvolle Holzschnitzerei in Ulan-Udė*

Bizarre Meisterleistung: Lenins Kopf vor dem Regierungsgebäude, hier mit Kinderfest

Parallel dazu verlaufen die ul. Kommunističeskaja und etwas höher am Hügel versetzt der pr. Pobedy. Zwischen diesen beiden Straßen und der Mündung der Uda in die Selenga, wo zwei Kreuze an den Ursprung der Stadt erinnern, liegt das Stadtzentrum.

Der Sovetskaja pl. wird durch einen bombastischen, fünf Meter hohen **Leninkopf** aus Granit geprägt. Die bizarre Meisterleistung stammt aus dem Jahre 1971 und ist den Bildhauern Georgij und Jurij Neroda (Vater und Sohn) zuzuschreiben. Seinerzeit war die Skulptur Bestandteil des sowjetischen Pavillons auf der Weltausstellung in Kanada. Da sich nach dem Ende der Ausstellung keine Interessenten für das Kunstwerk fanden, landete es in Transbaikalien. Heute stellt man ironisch fest, dass in Burjatien ja schon immer die abgeschlagenen Köpfe der besiegten Feinde öffentlich zur Schau gestellt wurden.

Hinter Lenin steht das **Regierungsgebäude der Republik Burjatien**, über dem die russische und die burjatische Flagge wehen. Die blau-weiß-gelbe Fahne symbolisiert Himmel, Reinheit und Sonne, auf dem blauen Untergrund sind noch Sonne, Mond und Sterne dargestellt. Linker Hand befindet sich der Sitz des Präsidenten, das ›Großer Churval‹ genannte Parlament, sowie das Gebäude des Geheimdienstes. Auf der rechten Seite bilden die Philharmonie und das Hotel ›Bajkal-Plaza‹ den Rahmen.

Ebenfalls am Rande des Sovetskaja pl. gelegen, beeindruckt das 1947 bis 1952 errichtete Gebäude der **Burjatischen Nationaloper**, das originell europäische, orientalische und fernöstliche Elemente verbindet. Während man in vielen Städten Sibiriens Gebäude findet, die in den Nachkriegsjahren von deutschen Kriegsgefangenen errichtet wurden, so existieren östlich des Baikalsees Gebäude, wie dieses Opertheater, die von japanischen Kriegsgefangenen errichtet wurden. Ein Besuch der Oper ist sowohl bei Aufführungen italienischer Opern als auch bei denen burjatischer Komponisten ein Erlebnis. Die Burjatische Nationaloper gilt hinter dem Ural nach Novosibirsk als Nummer zwei und beeindruckt durch gute Stimmen und sehr farben-prächtige exotische Inszenierungen, ul. Lenina 51, Tel. 213600, www.uuopera.ru (R). Daneben gibt es in der Stadt noch das **Burjatische Schauspielhaus**, pr. Pobedy 16, Tel. 222537, in dem manchmal auch der Burjatische Natio-nalzirkus auftritt, sowie das 2009 pom-pös rekonstruierte **Russische Schau-**

spielhaus, ul. Tereškovoj 1, Tel. 235010, und das **Puppentheater Ulger**, ul. Puškina 3a, Tel. 213764.

Zurück zum Sovetskaja pl. sei die **Phil-harmonie** erwähnt, ul. Erbenova 6, Tel. 215127. Hier hat auch das Nationale Tanz- und Gesangsensemble ›Bajkal‹ sein Domizil, dessen farbenprächtige Showprogramme ›Der Geist der Vorfah-

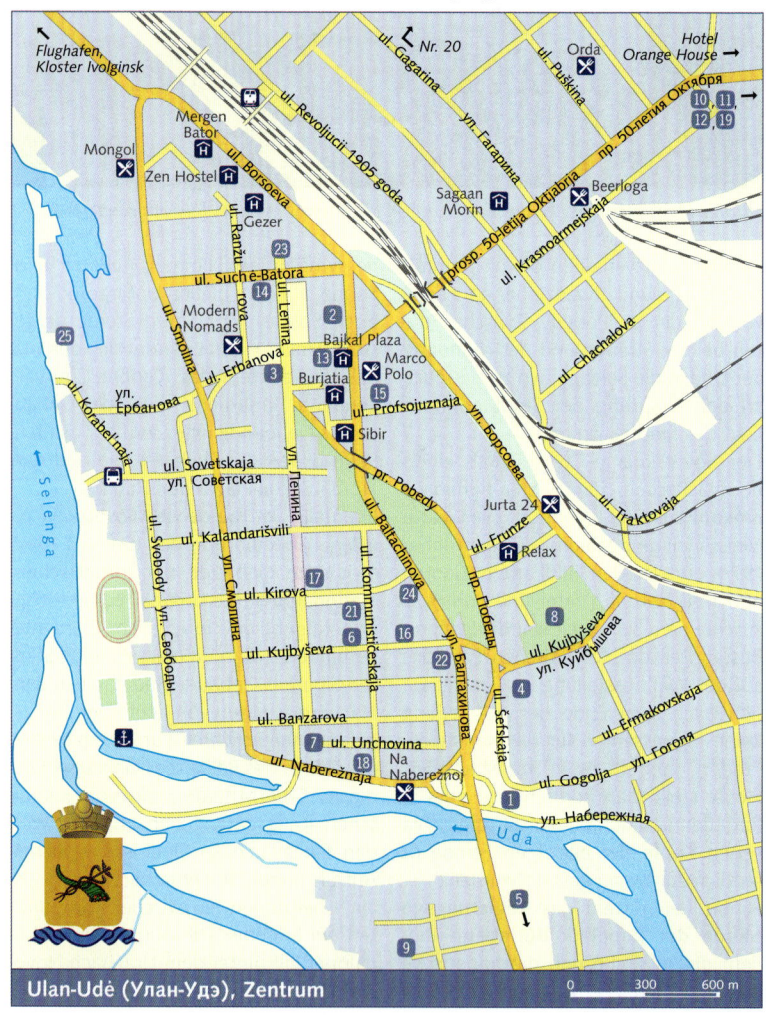

Ulan-Udė (Улан-Удэ), Zentrum

ren‹ und ›Der Glanz Asiens‹ sehr eindrucksvoll sind und häufig von Reisegruppen besucht werden, Tel. 217896, www.theatre-baikal.ru (R/E).

Leicht abfallend folgt man der ul. Lenina durch den **Zarentor** genannten Bogen. Diese Bogentore wurden aus Anlass der Sibirienreise des Thronfolgers 1891 in allen fast vom Zarewitsch Nikolaus besuchten Städten errichtet, zu Sowjetzeiten geschleift und in den letzten Jahren wiederaufgebaut. Rechter Hand sieht man das Denkmal ›Mutter Burjatien‹, linker Hand erhebt sich auf dem Hang das Geschäftszentrum ›Sibir'‹.

Die ul. Lenina wird durch alte, vor allem ein- bis zweistöckige **Kaufmannshäuser** aus dem vergangenen Jahrhundert geprägt und wurde in weiten Abschnitten zu einer netten Fußgängerzone umgestaltet. Die bekanntesten Häuser sind das Haus der Stadtverordnetenversammlung (heute Naturkundemuseum, Lenina 46), das Haus mit den Atlanten, das früher einen Teeladen und das erste Kino der Stadt beherbergte (Lenina 30) sowie das erste Steingebäude der Stadt (Lenina 13).

Am pl. Revoljucii (Revolutionsplatz) stehen linker Hand die alten **Handelsreihen**. Sie entstanden von 1803 bis 1838 und zeugen noch heute vom Reichtum der damaligen Kaufleute. Damals fanden zweimal jährlich große Handelsmessen statt. Hier verlief die Teestraße von China nach Russland. Vor allem Tee, aber auch Reis, Tabak und Gewürze kamen aus China. Russland lieferte Felle, Salz, Getreide und Zucker. Heute gibt es hier das zentrale Kaufhaus von Ulan-Udė sowie eine Vielzahl kleiner Geschäfte, die wiederum von unzähligen Kiosken und Zelten umgeben sind. Im

1 Kosaken-Kreuze (Кресты)

2 Regierungssitz (Правительство)

3 Burjatische Nationaloper (Бурятский театр оперы и балета)

4 Burjatisches Schauspielhaus (Бурятский театр драмы)

5 Russisches Schauspielhaus (Русский театр драмы)

6 Handelsreihen (Торговые ряды)

7 Odigitrievskij-Kathedrale (Одигитриевский собор)

8 Pfingstkirche (Церковь Троицы)

9 Auferstehungskirche (Воскресенская церковь)

10 Dazan (Дацан)

11 Pferderennbahn (Ипподром)

12 Ethnographisches Freilichtmuseum (Этнографический музей музей под открытым небом)

13 Naturkundemuseum (Музей природы)

14 Geologie-Museum (Геологический музей)

15 Museum zur Geschichte Burjatiens (Музей истории Бурятии им. М.Н. Хангалова)

16 Gemäldegalerie (Картинная галерея)

17 Stadtmuseum (Музей города Улан-Уде)

18 Zentrum für tibetische Medizin (Центр восточной медицины)

19 Klinik für tibetische Medizin (Клиника восточной медицины)

20 Dazan Rinpoče Bagša (Дацан Ринпоче Багша)

21 Kaufhaus (Универсальный магазин)

22 Zentralmarkt (Центральный рынок)

23 Hauptpostamt (Главпочтамт)

24 Mall Galaxy (ТКК Гэлэкси)

25 Mall Pionier (ТРЦ Пионир)

Das Zarentor, im Hintergrund die Burjatische Nationaloper

Zentrum des daneben befindlichen Revolutionsplatzes steht ein in den 1920er Jahren zu Ehren der Revolutionsopfer errichteter Obelisk. Ursprünglich stand der Obelisk auf dem Sowjetplatz. Er wurde dort aber durch den berühmt-berüchtigten Lenin-Kopf abgelöst und hierher verlagert.

Am Ende der Straße erhebt sich die **Odigitrievskij-Kathedrale**. Das Gotteshaus wurde im Jahre 1745 erbaut und galt damals als die schönste Barockkirche Ostsibiriens. Sie wurde 1929 geschlossen und beherbergte zunächst ein Atheismus-Museum, dann das Heimatmuseum und später den Fundus des Museums mit seiner bedeutenden Sammlung buddhistischer und russisch-orthodoxer Reliquien. 1998 bekam die Kirche das Gotteshaus zurück und seit 2002 steht sie den Gläubigen wieder offen. Sie erlangte ihre ursprüngliche Pracht zurück und lohnt auf jeden Fall einen Besuch, ul. Lenina 2. Hinter den Handelsreihen nach links abbiegend, führt die ul. Kujbyševa zum **Markt**.

Wenn man nun die Straßenbahngleise überquert, die durch die ul. Baltachinova führen, und am Burjatischen Schauspielhaus vorbei Richtung Fluss geht, gelangt man zu zwei **Kosaken-Kreuzen** und einem kleinen Stein, der den Bau eines Denkmals an die Begründer der Udinsker Siedlung ankündigt. Hier hat man einen schönen Ausblick auf die Altstadt und die am anderen Ufer gelegenen Stadtteile Ulan-Udės.

Das Stadtbild des einstigen Verchneudinsk wurde durch vier große Kirchen geprägt, von denen nur das kleinste Gotteshaus, die **Auferstehungskirche** (Cerkov' Voskresenija) am anderen Uda-Ufer im Süden der Stadt, ul. Proizvodstvennaja, das Sowjetregime in seiner ursprünglichen Bestimmung überdauerte. Sie hat eine sehr schöne Ikonenwand. Die Kirche liegt in einem ebenso reizvollen wie maroden alten Holzhäuserviertel. Unweit der Odigitrievskij-Kathedrale befand sich die zweitgrößte und in den 1930er Jahren zerstörte Erlöserkirche (Спасский храм) in der Nähe der

Karte S. 312

▲

heutigen Markthalle. Seit 2014 erinnert ein Kreuz am östlichen Ende der ul. Lanchovina Richtung Baltachinova-Straße an den Standort der zerstörten Kirche.

Die 1798 erbaute **Pfingstkirche** (Cerkov' Troicy) öffnete – wenn zunächst auch nur provisorisch – Anfang der 1990er Jahre den Gläubigen wieder ihre Tore. Obwohl die grünen Kuppeln von weitem zu erkennen sind, wird die weitestgehende Wiederherstellung des ursprünglichen Zustandes aber noch einige Jahre in Anspruch nehmen. Der angrenzende Kulturpark diente einst als Friedhof, was man auf alten Fotos noch erkennen kann, ul. Kujbyševa.

Die Religion der Burjaten ist der Buddhismus. Hier unterscheidet man zwischen Dazan und Dagun. Dazan ist ein Tempel, Dagun ist ein Gebetshaus. Früher gab es davon über 30 in Ulan-Udė, aber sie fielen dem atheistischen Terror der 1930er Jahre zum Opfer.

Das größte **Dazan** entstand um die Jahrtausendwende am Stadtrand in der ul. Verchnjaja Berëzovka, auf dem Weg zum Ethnographie-Museum linker Hand. Auf dem die Stadt überragenden Kahlen Berg entstand ein 2007 geweihter buddhistischer Tempel. Das **Dazan Rinpoče Bagša** vereint in sich sowohl die Funktion eines Dazans als auch eines lamaistischen Informationszentrums. Der Ausflug lohnt auch wegen des **phantastischen Blicks vom Kahlen Berg** (Lysaja Gora) auf die gesamte Stadt, ul. Streleckaja 1, Tel. 485272, www.yelo-rinpoche.ru (R), Endstation Routentaxi 97.

In Ulan-Udė existiert in Russland das einzige staatliche **Zentrum für tibetische bzw. östliche Medizin** (Zentr vostochnoj mediziny), www.cvmed.ru (R). Die wohl einzigartige Besonderheit der Schule von Ulan-Udė besteht darin, dass alle Mediziner, die hier in tibetischer Medizin praktizieren, zuvor auch eine klassisches Medizinstudium abgeschlossen haben müssen und somit beide Richtungen kennen und in ihren Behandlungsmethoden verbinden. Wer es mal testen möchte (allerdings nur in Russisch möglich), die Spezialpoliklinik für ambulante Untersuchungen befindet sich unweit des Zentralmarktes in der ul. Linchovoina 10, Tel. 212970, die Klinik für stationäre Behandlungen in einem ruhigen Kiefernwäldchen am Stadtrand, ul. Verchnjaja Berëzovka, hinter der Endstation Routentaxi Nr. 8 links ca. zwei Kilometer. Für entsprechende Kuren wird eine Aufenthaltsdauer von mindestens zwei Wochen empfohlen.

Die Burjaten sind ein Reitervolk, so dass sich die **Ippodrom** genannte Pferderennbahn großer Beliebtheit erfreut. Wo heute die Jockeys ihre Runden drehen, befand sich früher der erste Flughafen der Stadt. Jedes Jahr Anfang Juli wird das Hippodrom zum Mittelpunkt des Stadtgeschehens. Das Ereignis des Jahres – ›Sucharban‹, vergleichbar mit dem Nadaam-Fest in der Mongolei – findet immer am ersten Juli-Wochenende statt

Der Dazan Rinpoče Bagša

Rund um den Baikalsee

Burjatische Modenschau

und bietet ein phantastisches Spektakel verschiedenster Reiterkämpfe in Verbindung mit Ringkampf unf Bogenschießen; es befindet sich in der ul. Verchnjaja Berëzovka, zwischen Dazan und Ethnographiemuseum.

Museen

Das neue **Museum zur Geschichte Burjatiens** lohnt auf jeden Fall einen Besuch. Ursprünglich befand sich in dem lagerhausähnlichen Gebäude ein Gefängnis, das in den 1990er Jahren Etage für Etage (insgesamt drei) zu einem hochinteressanten Museum umgestaltet wurde. Es gibt Ausstellungen zu Ur- und Frühgeschichte, zur Ethnographie, zum Hunnen-Imperium, den Kirchen der Stadt und eine prunkvolle Exposition zur Geschichte des Buddhismus in Burjatien. Hier hat auch der große ›Atlas der tibetischen Medizin‹ seine Heimstatt, der aber in den letzten Jahren überwiegend als Leihgabe auf Tournee im Ausland war, ul. Profsojuznaja 29, Mo Ruhetag, Tel. 211001, www.muzeyrb.ru (R).

Karte S. 312

Zur **Geschichte der Stadt Ulan-Udė** gibt es ein eigenes, nettes Museum in einer alten Kaufmannsvilla in der Hauptstraße, ul. Lenina 26, Tel. 211990.

Das interessante **Naturkundemuseum** in der ul. Lenina befindet sich im Gebäude der alten Stadtverordnetenversammlung und vermittelt mit vielen ausgestopften Modellen und Panoramabildern einen sehr anschaulichen Eindruck von der Fauna der Region bis zum Baikalsee. Es zeigt die geologischen und wirtschaftlichen Rahmenbedingungen Burjatiens sowie eine Exposition zur Entstehung des Universums, ul. Lenina 46, Mo Ruhetag, Tel. 217723.

Das vom Geologiedienst Burjatiens unterhaltene **Geologie-Museum** bietet einen Überblick über die Bodenschätze Burjatiens. Verglichen mit den geologischen Museen in Irkutsk oder Novosibirsk ist es aber sehr verschult und daher nicht so sonderlich interessant, ul. Lenina 57, Ruhetage Samstag-Sonntag, Tel. 218264.

Wer sich noch mehr für Burjatien interessiert, kann noch dem **Museum der örtlichen Akademie der Wissenschaften** einen Besuch abstatten, wo sich Ausstellungen zu Ethnographie, Archäo-

Im Ethnographischen Freilichtmuseum

Stupas mit Blick auf die Stadt

logie, Geschichte, Mineralogie und zum Ökosystems des Bajkalsees befinden, ul. Sachjanovoj 8, Sa, So Ruhetage, Tel. 330080.

In der **Sampilov-Gemäldegalerie** in der ul. Kujbyševa befindet sich selbstverständlich eine umfangreiche Sammlung burjatischer Malerei. Einer der bekanntesten Maler Burjatiens – Cyrenžap Sampilov – verlieh der 1944 gegründeten Galerie auch seinen Namen. Zur ständigen Ausstellung gehört auch eine interessante Sammlung russischer Malerei, die mehrere kleine Arbeiten so bekannter Maler wie Kuindži, Bogoljubov, Šiškin und Ajvasovskij zeigt, daneben auch eine Fotomontage des berühmten Meeresmalers. Desweiteren gibt es wechselnde Ausstellungen unterschiedlichster Richtungen, so zum Beispiel über Volkskunst, alte Uhren u.a., ul. Kujbyševa 29, Mo, Di Ruhetage, Tel. 214488.

Das 1972 eröffnete **Ethnographische Freilichtmuseum** befindet sich am nördlichen Stadtrand. Obwohl es nicht so groß und umfassend wie Tal'cy bei Irkutsk ist, lohnt es in jedem Fall einen Besuch. Der Park gliedert sich in einen kleinen Tierpark und sieben Komplexe, die den verschiedenen, in Transbaikalien ansässigen ethnischen Gruppen gewidmet sind. Hunnengräber, burjatische Sommer- und Winterjurten, die ›Tschum‹ genannten Spitzjurten der Ewenken sowie ein buddhistisches ›Dugan‹ genanntes Gebetshaus, russische Holzhausarchitektur unter dem Einfluss der Kosaken und der verbannten Altgläubigen – all das kann man hier besichtigen. Einige Gebäude beherbergen zusätzlich kleine Ausstellungen über die Altgläubigen, das burjatische Pferdehaare verarbeitende Wandteppichhandwerk und die Verbannung nach Sibirien. Ruhetag Montag, letzter Dienstag jedes Monats, ul. Verchnjaja Berëzovka, Buslinie 35 (verkehrt nur im Sommer, im Winter Buslinie 8), ab der Haltestelle Museum sind es noch ca. 1,5 Kilometer Fußweg, ul. Muzejnaja 1, Tel. 332510, www.ethnomuseum03.ru (R)

Ulan-Udė

Lage: 51°50'5.34"N/107°35'6.81"E; Ulan-Udė ist 5647 km von Moskau entfernt. Zeitunterschied zu MEZ im 7, im Winter 8 Std.

Postleitzahl: 670000–670034.

Vorwahl: +7/3012; Auskunft: 09.

Hauptpostamt: ul. Lenina 61, Tel. 212211.

Bank: Sberbank, ul. Tereškovoj 36, Tel. 285100.

Geldautomaten: im Foyer der Hotels Bajkal-Plaza und Gėzer.

Reisebüros: Morin Tour , ul. Gagarina 25 (Hotel Saagan Morin), Tel. 444415, www. morintour.com/de (R/E), Inturist, in der ul. Ranžurova 12 (Hotel Gėzer), Tel. 216954.

Taxi: Tel. 551111.

Durchschnittstemperatur: Januar –24 Grad, Juli 17 Grad.

Die Stadt hat einen Flughafen, der sich etwa 20 km südwestlich befindet. Es gibt täglich zwei Flugverbindungen von und nach Moskau (Domodedovo), allerdings an verschiedenen Wochentagen zu unterschiedlichen Zeiten. Täglich starten auch Flieger zur Nordspitze des Baikalsees (Nižneangarsk). Daneben bestehen noch mehrmals pro Woche Flugverbindungen nach Irkutsk, Krasnojarsk, Novosibirsk und nach Ulaanbaatar in der Mongolei ei sowie 1x pro Woche nach Chabarovsk, Vladivostok, Jakutsk und Bejing, Tel. 227141, www.airportbaikal.ru (R/E).

Ulan-Udė liegt an der Transsibirischen Eisenbahn. Der wuchtige Bahnhof liegt auf der Nordseite, das Stadtzentrum auf der Südseite. Südlich des Bahnhofs gibt es eine Fußgängerbrücke. Im Osten der Stadt gabelt sich die Transsib in den Strang Richtung Čita/Vladivostok und die Transmongolische Eisenbahn in Richtung Ulaan

Baatar/Peking. Die durch das Tal des Flusses Selenga und am Südufer des Baikalsee verlaufende Strecke zwischen Ulan-Udė und Irkutsk ist einer der schönsten Abschnitte der Transsibirischen Eisenbahn, so dass es sich lohnt, diese Strecke (7 Std.) bei Tageslicht zu befahren, Pl. Revoljuzii 1905 goda 35, Tel. 282623.

[bed icon]

Das beste und teuerste Hotel der Stadt ist das 2014 eröffnete **Mergen Bator**, EZ/DZ 5500–9000 Rbl., ul. Borsoeva 19b, Tel. 200002, www.mergenbator.ru (R/E).

Sehr gut und günstig ist das Traditions-Hotel **Bajkal-Plaza** (Байкал Плаза) im Zentrum, das nach langjähriger Renovierung 2012 wieder eröffnet wurde, EZ/DZ 3500–5000 Rbl., ul. Erbenova 12, Tel. 210070, www.baikalplaza.com (R/E).

Alternativen sind **Sibir'** (Сибирь) in der gleichnamigen Mall, EZ/DZ 3000–6500 Rbl., ul. Počtamtskaja 1, Tel. 218604, www.hoteltrk.ru (R/E); der Klassiker für Reisegruppen, benannt nach dem Helden aus dem gleichnamigen burjatischen Nationalepos **Gėser** (Гэсэр), EZ/DZ 3300–4800 Rbl., ul. Ranžurova 11, Tel. 216151, www.geser-hotel.ru (R/E); sowie **Saagan Morin** (Саагаан Морин), EZ/DZ 3800–4800 Rbl., ul. Gagarina 25, Tel. 444019, www.sagaan-morin.ru (R/E). In den beiden letztgenannten Hotels gibt es auf Angebote für ausländische Touristen spezialisierte Reisebüros (siehe Reisebüro).

Burjatija (Бурятия), EZ/DZ 2300–4000 Rbl., ul. Kommunističeskaja 47a, Tel. 211505, www.buryatiahotel.com (R/E). Nicht zu übersehen ist das im Stadtzentrum gelegene zwölfstöckige Hochhaus. Mit 172 Zimmern ist es das größte Hotel in Ulan-Udė.

Karte S. 312

Relax (Релакс), EZ/DZ 1200–1800 Rbl., ul. Frunze 5 und pr. Pobedy 11a, Tel. 221250, Ein Hostel mit günstigeren Angeboten. Empfehlenswert!

Orange House, EZ/DZ 900–2000 Rbl. ul. Verchnjaja Berëzovka 37, kurz vor dem Ethnographie-Museum, Tel. 211439. Es bietet neben seinen eigenen Kapazitäten auch noch die tageweise Anmietung von Wohnungen an, Wohnung 1500–2000 Rbl., Schlafplatz 400–600 Rbl., ul. Smolina 54a, 3. Etage, Tel. 620088, www.hostelhouse.ru (R/E).

Eine Alternative ist das **Zen Hostel**, DZ 1500, Schlafplatz 500 Rbl., ul. Borsoeva 17 Whg. 39, Tel. 7778870.

Die Gastronomie Ulan-Udės hat in den letzten Jahre deutliche Fortschritte gemacht.

Für vorrangig burjatische Küche stehen folgende Gaststätten zur Auswahl: Nr. 1 teilen sich die Hotelrestaurants **Tengis im Bajkal Plaza-Hotel**, Tel. 218984 und **Mergen im gleichnamigen Hotel**, Tel. 2003000. Gute Alternativen sind die Restaurants **Orda** (Horde, Орда), ul. Puškina 4a, Tel. 2443838, www.orda03.ru (R), und **Mongol** (Монгол), ul. Smolina 79, Tel. 2408890.

Neben dem auch hier verbreiteten Baikalfisch Omul' sind die sogenannten **Pozy** das burjatische Nationalgericht, die es an verschiedenen Imbissständen gibt. Dabei handelt es sich um gekochte Frikadellen im Teig.

V Jurtach (В Юртах), ul. Verchnjaja Berëzovka, Endstation Routentaxi Nr. 8. Unweit des Ethnographiemuseums befindet sich dieses stimmungsvolles Jurtenrestaurant.

Ein einfaches, aber ebenfalls empfehlenswertes Jurten-Café im Zentrum ist **Jurta 24**, wobei 24 für ›rund um die Uhr‹ steht, ul. Borsoeva 2v, Tel. 964/4006090.

Modern Nomads, ul. Ranžurova 1, Tel. 214509, und **Na Naberežnoj** (An der Uferpromenade), Naberežnaja 14, Tel. 217690, sind zwei weitere empfehlenswerte Restaurants der Stadt.

Für einen europäischen schnellen Happen ist das **Marco Polo** eine gute Wahl, ul. Kommunističeskaja 46, Tel. 983/4201700. Für Biertrinker gibt es **Beerloga**, ul. 50-letija Oktjabrja 20, Tel. 562215. Außerhalb des Zentrums ist das **Bierhaus** (Бирхаус) mit angeschlossenem kleinen Hotel, beliebt, ul. Tuleeva 134 b, Tel. 424066, www.bierhausuu.ru (R).

Silk Road, ul. Lenina 52, Tel. 212210 und **Travellers Coffee**, ul. Kujbyševa 22, Tel. 210933, servieren guten Kaffee.

Burnet, ul. Borsoeva 16, Tel. 212886. Ein Internetcafé befindet sich im Gebäude der örtlichen Telekom.

Das **alte Kaufhaus** der Stadt und viele Geschäfte gruppieren sich um die alten Handelsreihen und in der Fußgängerzone. Die neue **Shopping Mall Galaxy** eröffnete 2015 in unmittelbarer Nachbarschaft auf der anderen Seite des historischen Handelshofs, ul. Baltachinova 15, www.ktkgalaxy.ru (R).

Der **Zentralmarkt** liegt in der ul. Baltachinova 9.

Pionir, ul. Korabel'naja 32, www.trc-pioner.ru (R). Die zweite große Mall in Zentrumsnähe befindet sich in der Nähe des Busbahnhofs am Ufer der Selenga: .

www.visitburyatia.ru (R/E)
www.uutravel.ru (R)
www.ulan-ude-eg.ru (R)

Kloster Ivolginsk

Im Lamakloster in Ivolginsk befindet sich das zentrale Heiligtum des Buddhismus in Burjatien und Russland. Es wurde 1945 errichtet. Hier leben derzeit ungefähr 60 Mönche und 150 Studenten der Buddhistischen Universität sowie der Pandido Hambo Lama, der oberste Lama für ganz Russland. In den letzten Jahren wurden dank der allgemeinen Öffnung auch die Beziehungen zu den Buddhisten in anderen Teilen der Welt und insbesondere zu Tibet enger. So besuchte der Dalai Lama Ivolginsk 1991 und 1993. Das malerisch an den Gebirgsausläufen gelegene Klostergelände ist eingezäunt. Der Besucher-Eingang befindet sich jedoch nicht am Haupttempel, sondern auf der linken Seite des Geländes, wo sich auch verschiedene Stände und ein recht provisorisches Café befinden.

Bei der Besichtigung des Klostergeländes sollte man sich, dem buddhistischen Glauben gemäß, im Uhrzeigersinn bewegen. Zwischen den Gebäuden stehen mehrere Gebetsmühlen unterschiedlicher Größen, die ebenfalls im Uhrzeigersinn zu drehen sind. Daneben gibt es noch weißgetünchte, pyramidenartige Kultstätten, die die Gläubigen durch Verbeugungen würdigen und mit Stirn, Lippen oder Händen berühren.

Der 1972 errichtete eindrucksvolle **Haupttempel** wird von Löwen- und Drachenfiguren bewacht. Er kann mit Rücksicht auf die Gläubigen besichtigt werden. Mindestens ein Mönch steht den Gläubigen ständig mit Rat und Tat zur Seite. In der Mitte stehen viele mit bunten Decken belegte Bänke für die Rituale zur Verfügung. An den Seiten findet man farbenprächtige Religionsbilder und Buddhafiguren in allen Varianten und Größen. Man kann hier auch ver-

schiedene buddhistisch geprägte Souvenirs erwerben.

Links vom Haupttempel befindet sich ein neuer Tempelpalast zu Ehren des **12. Pandido-Hambo-Lamas Dorzho Itigelov** (1852–1927) und ein kleines Museum. Itegelovs Existenz nach dem Tode bewegt heute nicht nur in in Burjatien die Gemüter. Bevor er sich in der Lotos-Position meditierend aus dem Leben verabschiedete, wies er seine Jünger an, seinen Körper 30 Jahre nach seiner Beerdigung erneut in Augenschein zu nehmen. Wenige Eingeweihte fanden 1955 und 1972 zu Sowjetzeiten unter strengster Geheimhaltung einen vollständig erhaltenen Körper ohne Verwesungserscheinungen vor. Bei der nächsten Öffnung des Sarges nach weiteren 30 Jahren wurde 2002 entschieden, den Körper des Lamas nun im Ivolginsker Kloster aufzubahren. Ihm zu Ehren wurde ein Tempel erbaut und seit 2008 werden an acht Terminen im Jahr die Türen für die Gläubigen zur Besichtigung und Ehrerbietung geöffnet.

Die Hauptkostbarkeit des Museums bildet eine Ausgabe des ›Ganjur‹ genann-

Das Lamakloster Ivolginsk

Karte S. 312

Gebetsmühlen sollen im Uhrzeigersinn gedreht werden

ten **buddhistischen Testamentes** in 108 Bänden sowie der dazugehörigen – ›Danjur‹ genannten – Kommentare. Daneben finden sich dort noch alle möglichen Geschenke an das Kloster. Die verschiedenen anderen Gebäude beherbergen den Sitz des Lamas, die Verwaltung, eine Bibliothek, eine Sauna sowie Wohnhäuser für die Mönche und Studenten.

Das Kloster befindet sich knapp 40 Kilometer westlich von Ulan-Udė in der Nähe des Dorfes Ivolginsk. Vom Busbahnhof Ulan-Udė fahren täglich mehrere Busse der Linie 104 direkt am Kloster vorbei nach Koljanovo. Die Buslinie 130 fährt stündlich bis Ivolginsk, von wo aus das Kloster an den Ausläufen des Chamar-Daban-Gebirges bereits zu sehen ist. Bis zum Kloster verbleiben gut vier Kilometer, wobei es sich empfiehlt, der Hauptstraße bis zum Abzweig zu folgen, da die zur Abkürzung einladenden Wiesen von vielen Meliorationskanälen durchzogen sind. Das Kloster hat ein Informationszentrum für Touristen eingerichtet, das auch einfache Über-

nachtungsmöglichkeiten (Fremdenzimmer) im Dorf Verchnaja Ivolga vermittelt, Tel. 30140/23377, www.sangha russia.ru (R/E).

Kjachta

Das heutige Kjachta entstand 1934 aus der Zusammenlegung der Stadt Troitzkosavsk und der Siedlung Kjachta. Der Ortsname stammt aus dem Burjatischen und steht für die hier weit verbreitete Grasart Quecke. Mit der bis ins Jahr 1728 zurückreichenden Gründung der Stadt Troitzkosavsk bildet das etwa 200 Kilometer südlich von Ulan-Udė gelegene Kjachta den russisch-mongolischen Straßen-Grenzübergang. Als Grenzort an der berühmten Teestraße wurde der Ort nach seiner Gründung ein bedeutender Umschlagplatz im russisch-chinesischen Handel. Vor allem das Geschäft mit Tee ließ ab Ende des 18. Jahrhunderts viele seiner Bewohner reich und die Stadt zu einem der geistig-kulturellen Zentren Sibiriens werden. Allerdings gilt Kjachta heute als Grenzgebiet. Wer die Stadt nicht auf der Durchreise in die Mongolei besucht, benötigt vorher eine besondere Genehmigung, die entweder beim Visumsantrag angegeben werden muß oder beim Partner vor Ort eines gewissen zeitlichen Vorlaufs bedarf.

Kjachta hat einige geschichtsträchtige Gebäude zu bieten. Die noch heute am Ende der ul. Lenina unweit des Rathauses zu besichtigenden **Überreste der Pfingstkathedrale** (Troickij Sobor) – erbaut 1812 bis 1817 – lassen kaum vermuten, dass es sich hier vor 200 Jahren um den an Verzierungen reichsten Kirchenbau in ganz Sibirien handelte.

Daneben gibt es weiter südlich im Ortszentrum die **Mariä-Entschlafenskirche** (Uspenskaja zerkov), ul. Krupskoj 4. Außerhalb des Zentrums in unmittelbarer Nähe zur mongolischen Grenze befindet sich die 1830 bis 1838 errichtete **Auferstehungskathedrale** (Voskresenskij Sobor), ul. Sukhe Batora 36. Die glanzvolle Ikonenwand mit ihren Kristallelementen ist einzigartig.

Heute gibt es neben der Kathedrale an der Hauptstraße des 20 000 Einwohner zählenden Ortes noch einige Gebäude, die vom Glanz vergangener Zeiten Zeugnis ablegen. Insbesondere der alte, um 1840 errichtete, klassizistische **Handelshof** atmet Geschichte. Eine der alten Villen beherbergt das seit 1890 bestehende **Heimatmuseum**. Neben Stadtgeschichte gibt es Expositionen zum Hunnenreich, burjatische und mongolische Ethnographie sowie eine kleine Geologie-Sektion, ul. Lenina 49, Ruhetage Montag und Dienstag, Tel. 92333.

Ein weiteres **Museum** erinnert an den mongolischen Revolutionär **Sukha Bator**, der sich nach dem Putsch von Baron von Ungern in Troickosavsk versteckte und hier seine volksrevolutionäre Partei samt Regierung und Armee gründete. Das Museum befindet sich in seiner damals genutzten konspirativen Wohnung, ul. Gornozorentujskaja 2, Tel. 91452.

ℹ️ Kjachta

Lage: 50°21'12.94"N/106°26'55.69"E; Kjachta ist 235 km von Ulan-Udė entfernt. Zeitunterschied zu MEZ im 7, im Winter 8 Std.

Postleitzahl: 671840.

Vorwahl: +7/30142.

Hauptpostamt: ul. Lenina 51, Tel. 91470.

Bank: Sberbank, ul. Stepana Razina 52, Tel. 91271.

Reisebüro: Kjachta-Turist, ul. Lenina 33, Tel. 91509.

🚉

Der nächstgelegene Bahnhof ist der an der russisch-mongolischen Grenze gelegene Grenzbahnhof Nauški. Die Entfernung zwischen Kjachta und Nauški beträgt 29 Kilometer. Es gibt tgl. einen Zug Ulan-Udė–Nauški, Fahrtzeit 6 Std.

🛏️

Das 2013 eröffnete Hotel **Južnaja** ist die erste Wahl in Kjachta, ul. Južnaja 3, Mobiltel. 908/5928709, www.hotel.sdep.ru (R). Es gibt zwei weitere, einfache Hotels: **Družba** (Дружба), ul. Krupskoj 6, Tel. 91355, und in Grenznähe **Kjachtinskij Trakt** (Кяхтинский Тракт), ul. Suchė Batora 1, Tel. 45781.

Das **Restaurant Kontinent** (Континент), ul. Rukavišnikova 3, und das **Café Trojka** (Тройка), ul. Lenina 46, sind die einzigen gastronomischen Angebote im Zentrum. Kurz vor der Grenze gibt es noch das **Café Sloboda** (Слобода).

www.kyahta.ru (R)

Petrovskij Zavod

Der Name bedeutet etwa ›Peters Werk‹ und nimmt seinen Ursprung in der Würdigung Peters, des Großen. Mit der Wahl des Ortsnamens im Jahre 1788, als hier nach einem Ukaz von Zarin Katharina der Großen eine der ersten Eisenschmelzen Sibiriens errichtet wurde, wollte man natürlich besonders seiner Verdienste um die künftige russische Schwerindustrie gedenken.

›Peters Werk‹ blieb knapp 200 Jahre lang eine große Eisenschmelze, die in all den Jahren das Werkzeug für den sibirischen Bergbau herstellte. Das Eisenerz wurde in der Umgebung von Sträflingen und Verbannten gefördert. Von 1830 bis 1839 kamen viele der zunächst nach Čita deportierten Teilnehmer am Aufstand gegen den Zaren zur Zwangsarbeit in diesen Schächten hierher. ›Tief in Sibiriens Schächten sollt Ihr stolz das schwere Schicksal tragen‹ – diese in Alexander Puschkins berühmtem Gedicht ›Sendschreiben nach Sibirien‹ gemeinten Schächte befanden sich in Petrovskij Zavod. Bedeutungsvoll für die Entwicklung des Ortes waren die Jahre der sowjetischen Industrialisierung unter Stalin, als

der Ort 1926 das Stadtrecht und seinen neuen Namen erhielt: Petrovsk-Zabajkal'skij. Der Anhang ›Zabaijkal'skij‹ wurde notwendig, da es in der Nähe von Saratov an der Wolga bereits ein Petrovsk gab. In den nächsten 15 Jahren entstand ein neues Metallurgiekombinat mitsamt Kleinstadt für die Belegschaft. Heute leben etwa 28 000 Einwohner in Petrovsk-Zabajkal'skij und man gedenkt vor allem der Dekabristen und besserer Zeiten, denn das einstige Metallurgiekombinat ist wohl heute eine der größten Investruinen Sibiriens.

Die Stadt zieht sich weitflächig durch zwei Täler und umfasst drei Ortsteile: Das Bahnhofsviertel liegt ebenso wie Sozgorod westlich der Bahnstrecke, das Zentrum östlich der Bahn.

Im alten Zentrum des Ortes befindet sich seit 1980 im ehemaligen Wohnhaus von Ekaterina Trubeckaja das örtliche **Dekabristenmuseum** (ul. Dekabristov 19, Ecke ul. Damskaja, Tel. 22200). Während die zur Zwangsarbeit verurteilten Männer im Gefängnis lebten, ließen sich die ihren Männern gefolgten Ehefrauen im Ort nieder – zumeist in der Damenstraße, die die-

Trachtengruppe vor dem Heimatmuseum von Kjachta

Rund um den Baikalsee

Der Bahnhof von Petrovskij Zavod

sen Namen bis heute trägt (Damskaja ul.). An der Bahnunterführung gelangt man zum Friedhof, wo die Dekabristen Ivan Gorbačevskij und Alexander Murav'ev ihre letzte Ruhestätte fanden. Vom Friedhofshügel sieht man die Ruinen des Metallurgiekombinates.

Etwa drei Kilometer entfernt befindet sich auf der anderen Bahnseite der Stadtteil Sozgorod – Sozialistische Stadt. Hier kann man vergleichsweise kompakt sowjetische Architekturgeschichte mit Bauten aus den 1930er, 1950er und 1970er Jahren besichtigen. Das eindrucksvollste Gebäude ist der monumentale **Palast der Metallurgen**. Im Bahnhofsviertel ist das architektonisch originelle, in den 1980ern mit kleinem Turm erbaute **Bahnhofsgebäude** die größte Sehenswürdigkeit: ein großes den Dekabristen gewidmetes Mosaik und ein über eine Reihe Porträtreliefs der acht hierher verbannten Dekabristen wachender Lenin.

ℹ Petrovskij Zavod

Lage: 51°17'20.26"N/108°51'31.86"E; Petrovskij Zavod ist 145 km von Ulan-Udė entfernt. Zeitunterschied zu MEZ im Sommer 8, im Winter 9 Std..
Postleitzahl: 673000.
Vorwahl: +7/30236.
Hauptpostamt: ul. Gorbačovskovo 12, Tel. 21109.
Bank: Sberbank, ul. Sportivnaja 25, Tel. 21625.

Neben dem Bahnhof Petrovskij Zavod befindet sich auch der Bahnhof Dekabristy innerhalb des Stadtgebietes.

Hotel Sibir', EZ/DZ 700–1300 Rbl., ul. Teatralnaja 3, 4. Etage, Tel. 31169.

Ani (Ани), ul. Moskovskaja 154, Tel. 31335, und **Nevskoe** (Невское) – zwei sehr einfache Cafés zur Auswahl.

Der zentrale **Markt** befindet sich in der ul. Damskoj.

www.petrovsk.com (R)
www.petrovsk.net (R)

Botschaft nach Sibirien

Harrt aus! Sibiriens Bergwerksnacht
darf euren Stolz nicht niederzwingen!
Was ihr erstrebt, so kühn gedacht,
wofür ihr büßt, wird einst gelingen!

Hoffnung, des Unglücks Schwester, spricht
euch Mut zu, jeden Tag aufs neue,
hält euch im Kerkerschacht die Treue,
bis die ersehnte Zeit anbricht.

Die Liebe und die Freundschaft weicht
nicht feig zurück von eurer Seite,
trotzt Schloss und Riegeln, so wie heute
auch auch mein freies Wort erreicht.

Harrt aus! Solang die Nacht auch währt!
Die Freiheit sprengt die Ketten wieder,
am Tor empfangen euch die Brüder
und geben euch zurück das Schwert.

Alexander Puschkin

Dieses Gedicht widmete Russlands wohl bedeutendster Dichter Alexander Puschkin
den Dekabristen.

Čita

Als Zentrum des Transbaikalischen Militärkommandos war die Stadt wegen der Grenznähe zu China bis Ende der 1980er Jahre für Ausländer gesperrt. Heute beherbergt der Ort das Oberkommando des Militärbezirkes Sibirien, so dass Militär hier auch sichtbar überall präsent ist. Der allgemeine Verwaltungsstatus der Stadt wurde 2009 geändert. Durch die Auflösung des burjatischen Autonomen Bezirkes wurde aus dem Čitinsker Gebiet (Oblast') die Transbaikalische Region (Kraj) mit der Hauptstadt Čita. Unverkennbar ist in der Stadt die starke Bedeutung des kleinen Grenzverkehrs und des russisch-chinesischen Handels. In der Stadt und in der Umgebung wächst sehr viel Rhododendron (Bagul'nik), der für Čita zur Blütezeit wie ein rosa Rahmen wirkt, weshalb die Rhododendronblüte durchaus als eine Art fünfte Jahreszeit angesehen wird.

Geschichte

Auf dem Weg vom Baikalsee zum Amur errichteten Kosaken unter Führung von Pëtr Beketov im Jahre 1653 auf dem Gebiet der heutigen Stadt Čita ein Winterlager am Fluss Ingoda. Die ersten vier Siedler ließen sich hier um 1690 mit 65 Stück Vieh nieder und bauten den Ort in den nächsten zehn Jahren zu einem Ostrog aus. Wenn es auch so in den Chroniken steht, so ist Reiseberichten zu entnehmen, dass der Ort nie durch den für ein fortähnliches Ostrog typischen Palisadenzaun umgeben war und die militärische Komponente in der Stadtentwicklung damals im Unterschied zu heute nur eine untergeordnete Rolle spielte. Hundert Jahre später lebten hier knapp 100 Einwohner, und die einzige bedeutende Veränderung

war die Einrichtung eines Zollamtes. 1821 wurde aus dem Fort dann auch offiziell eine Siedlung.

Größere und traurigere Berühmtheit erlangte Čita dann erst im 19. Jahrhundert als Verbannungsort vieler Dekabristen. Zunächst zur Zwangsarbeit in das Nerčinsker Bergwerk geschickt, wurden viele Dekabristen 1827 nach Čita verlegt, das damals aus etwa 50 Häusern und Hütten bestand. Der Einfluss der Dekabristen auf die Stadtentwicklung war enorm. Der netzartige Stadtentwicklungsplan wurde nach Petersburger Muster umgesetzt. Insbesondere Bildung und Kultur profitierten vom Einfluss der aus der Hauptstadt verbannten Intellektuellen.

Im Rahmen der Verwaltungsreform von 1851 wurde der östlich des Baikalsees gelegene Landstrich aus dem Gouvernement von Irkutsk herausgelöst und Čita als zentral gelegener Ort zur Hauptstadt gemacht. In den nächsten zehn Jahren verfünffachte sich durch den Zuzug von Kosaken und Beamten die Einwohnerzahl auf allerdings immer noch bescheidene 4000. Entscheidenden Einfluss auf die weitere Entwicklung hatte im Jahre 1899 der Anschluss an die durch die Stadt verlaufende Transsibirische Eisenbahn. Um die Jahrhundertwende lebten etwa 11 000 Menschen hier. Čita bekam eine der ersten Telefonstationen in Sibirien. Die Stadt boomte vor allem dank des Goldbergbaus und der mit der Bahnanbindung schnell anwachsenden Industrie.

Die Wirren der Oktoberrevolution und des Bürgerkrieges brachten der Stadt einen ungewöhnlichen Sonderstatus. Bereits 1905 hatten revolutionäre Arbeiter für zwei Monate die Macht in der Stadt

Karte S. 328 ▲

Obelisken auf dem Leninplatz von Čita

übernommen, bevor am 27. Juni 1905 die Republik Čita fiel. 15 Jahre später wurde sie dann Hauptstadt einer Republik: Nachdem die Rote Armee sie im Oktober 1918 endgültig erobert hatte, wurde Čita 1920 zur Hauptstadt eines eigenständigen, wenn auch künstlich gebildeten Staates. Die ›Demokratische Fernöstliche Republik‹ war als Pufferstaat ein Kompromiss zwischen Sowjetrussland und Japan im Zusammenhang mit dem bilateralen Abkommen über den Abzug der japanischen Truppen aus dem Fernen Osten. Nach dem Abzug des letzten japanischen Soldaten schloss sich die Republik 1922 auch unverzüglich Sowjetrussland an. Heute leben in Čita etwa 340 000 Einwohner.

Sehenswürdigkeiten

Da die Straßen der Stadt gitternetzartig geplant wurden, kann man sich nicht verlaufen. Der **Leninplatz** bildet das Zentrum der Stadt und durch das Denkmal für seinen Namensgeber und das dahinter befindliche Gebäude der Administration geprägt. Auf den anderen Seiten befinden sich die Militärverwaltung, die Eisenbahnverwaltung, ein Hotel und das in einem interessanten historischen Gebäude gelegene Postamt. Vier Obelisken, die auf insgesamt 16 Reliefs die entscheidenden Ereignisse der Stadtgeschichte darstellen, schmücken den Platz.

Hier befand sich früher die um 1900 im russisch-orientalischen Stil errichtete **Aleksandr-Nevskij-Kathedrale**. Nach der Revolution wurde sie 1924 zunächst in ein Kino mit dem bezeichnenden Namen ›Ateist‹ (Atheist) umfunktioniert, um dann 1935 gänzlich abgerissen zu werden. Wie ein Stadtführer aus sowjetischen Zeiten berichtet, wurden »aus den Steinen der Kathedrale der geistigen Verdunklung der sowjetischen Menschen Bausteine für eine Kathedrale der Erleuchtung – der Schule Nr. 4«. Diese existiert noch heute am Leninplatz und als Spezialschule mit Chinesisch-Unterricht kann sie sich mit ihrem guten Ruf einer regen Nachfrage erfreuen.

Ein anderes, in den 1950er Jahren erbautes Kino am Rand des Platzes – Rodina (Heimat) – wurde zur Heimstatt für das 2002 gegründete Folklore-Theater ›Zabajkalie‹, das mit seinen Auftritten bereits weit über Čitas Grenzen hinaus bekannt wurde, ul. Čajkovskogo 14, Tel. 322666, www.zabfolk.ru (R).

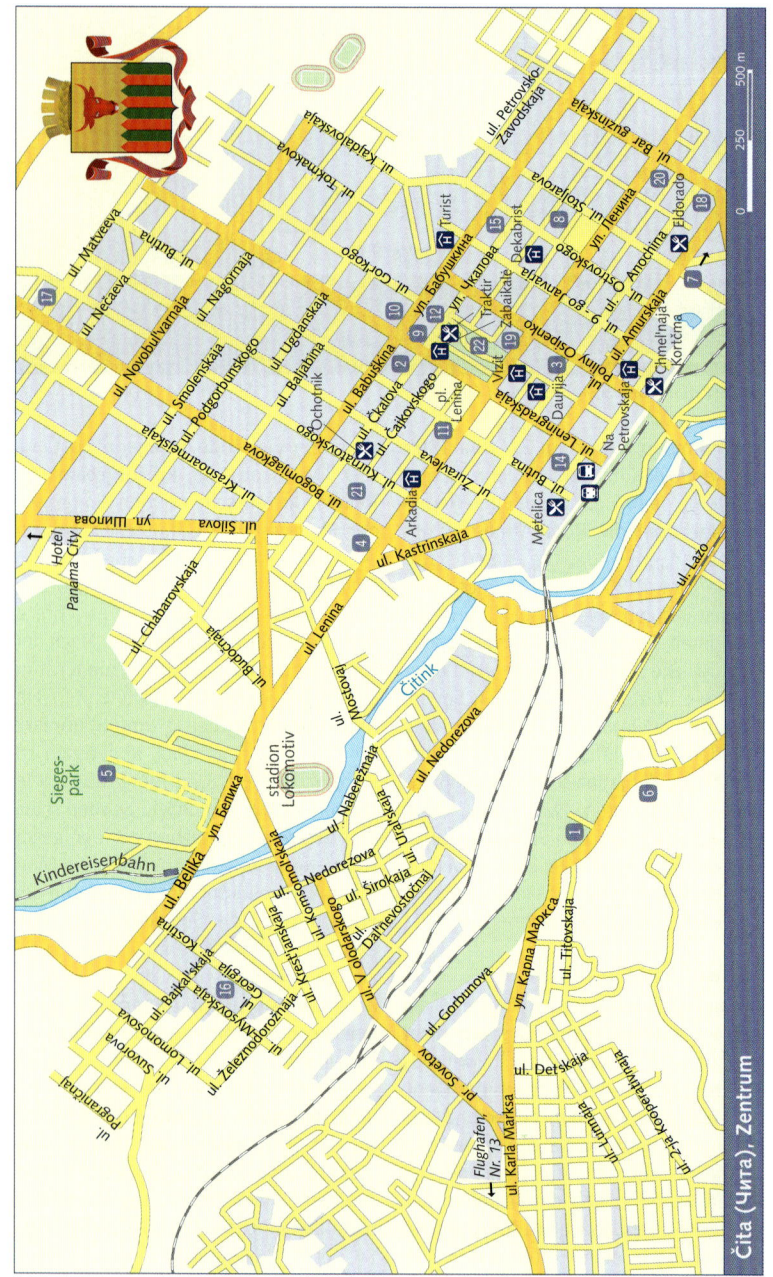

Die heute bedeutendste Kirche der Stadt ist die 2004 neu errichtete **Kathedrale der Kazaner Gottesmutter** (Sobor Kazanskoj Božej Materi) auf dem Bahnhofsvorplatz , ul. Butina 6, Tel. 358819, www.eparhiachita.ru (R).

Den zentralen Platz kreuzt west-östlich die sowjetische Paradestraße, die – wie sollte es anders sein – ebenfalls nach Lenin benannt ist.

Unweit des Platzes steht das **Šumov-Haus**, das als das schönste historische Gebäude der Stadt gilt. Die Šumov-Brüder hatten zu Beginn des 20. Jahrhunderts in der Goldförderung ihr Vermögen verdient und wollten mit dem auf der Pariser Weltausstellung erworbenen Projekt dieses Palastes der Stadt ein Gebäude für die Stadtverordnetenversammlung stiften. Es wurde 1915 fertiggestellt und schrieb dann Geschichte. Hier wurde die Sowjetmacht in der Stadt verkündet, es war dann der Regierungssitz der Fernöstlichen Republik sowie japanisches Konsulat und Bibliothek. 1937 requirierte es der Geheimdienst NKWD, und auch heute hat hier der FSB seinen Sitz.

Südlich verläuft parallel zur Leninstraße die nach dem örtlichen Parteiführer benannte ul. Anochina, deren Gebäude zum Großteil um die Jahrhundertwende errichtet wurden. Heute wird sie wieder zur eigentlichen Hauptgeschäftsstraße. Die nächste Straße ist die ul. Amurskaja, die bis vor kurzem noch ul. Kalinina hieß. Beide sind mit ihren **alten Kaufmannshäusern** einen Spaziergang wert. An der Kreuzung mit der ul. Stoljarova gelangt man in Richtung Süden über die

Rund um den Baikalsee

1. Titov-Hügel (Титовская сопка)
2. Gebietsadministration (Администрация области)
3. Schauspielhaus (Драматический театр)
4. Philharmonie (Филармония)
5. Park des Sieges (Парк Победы)
6. Denkmal für die erschossenen Anführer der Republik Čita 1905–1906 (Памятник на месте казни активных участников вооруженного восстания в Чите в 1905–1906 гг.)
7. Dekabristenmuseum (Музей декабристов)
8. Puschkin-Bibliothek (Библиотека им. А.С. Пушкина)
9. Heimatkundemuseum (Краеведческий музей)
10. Geologie-Museum (Музей Геологии)
11. Militärmuseum (Музей истории Забайкальского Военного округа)
12. Gemäldegalerie (Художественный Музей)
13. Eisenbahnmuseum (Музей Забайкальской железной дороги)
14. Kathedrale der Kazaner Gottesmutter (Кафедральный Собор Казанской Божей Матери)
15. Kirche der Auferstehung Christi (Храм Воскресения Христова)
16. Gebetshaus der Altgläubigen (Молебный дом русской православной старообрядческой церкви)
17. Buddhistischer Tempel Damba Braibunling (Дацан Дамба Брайбунлинг)
18. Moschee (Мечеть)
19. Kaufhaus CUM (ЦУМ)
20. Militärkaufhaus VUM (ВУМ)
21. Zentralmarkt (Центральный рынок)
22. Hauptpostamt (Главпочтамт)

ul. Dekabristov zum **Dekabristenmuseum** in der ehemaligen Erzengel-Michael-Kirche. Ein weiteres interessantes Gotteshaus ist die **Kirche der Auferstehung Christi** (Chram Voskresenija Christova). Sie war 1851 ursprünglich als römisch-katholische Kirche errichtet worden. Knapp hundert Jahre später wurde sie allerdings dem russisch-orthodoxen Glauben geweiht und dementsprechend umgebaut. Sie steht heute als Beispiel kirchlicher Holzhausarchitektur unter Denkmalschutz, ul. 9. Janvarja 54a.

Hinter dem Park des Sieges befindet sich ein **Gebetshaus der Altgläubigenkirche**, ul. Kostina 25. In der ul. Anochina befindet sich die Moschee von Čita. Im Sommer 2010 eröffnete ein buddhistischer Tempel seine Pforten, ul. Bogomjagkova 72.

Ein beliebtes Ausflugsziel der Einwohner von Čita ist der in den 1970er Jahren entstandene **Park des Sieges** (Park Pobedy), der eine ansonsten eigentlich ungewöhnliche Mischung aus Vergnügungspark und Gedenkstätte darstellt. Einerseits Riesenrad und Karussel. Andererseits führt eine durch einen Metallbogen eingeleitete Allee zu einer Gedenkstätte für die Heldentaten der Transbaikalier im hier Großer Vaterländischer Krieg genannten Zweiten Weltkrieg. Fünf große Stelen erinnern – umrahmt von Militärtechnik – an jedes einzelne Kriegsjahr von 1941 bis 1945. Westlich des Parks fährt auf etwa fünf Kilometern Schmalspur eine vom örtlichen Eisenbahnernachwuchs betriebene **kleine Transbaikalische Eisenbahn** mit zwei Zügen und vier Haltepunkten. ul. Belika – westliche Weiterführung der ul. Lenina. Daneben gibt es noch ein Panzer-Denkmal in der ul. Gor'kogo, in der ein Panzer T34 an eine Panzereinheit aus Transbaikalien erinnert.

Čita hat ein modernes **Schauspielhaus,** ul. Profsojuznaja 26, Tel. 351866, www. teatr.chita.ru (R), eine **Philharmonie,** ul. Bogomjagkova 23, Tel. 324694, und ein **Puppentheater,** ul. Vercholenskaja 2, Tel. 301314.

Im Süden Čitas grenzen die Ausläufer des Mittelgebirges Chrebet Čerskogo bis an die Stadt. Der nächstgelegene, 944 Meter hohe Berg heißt Titovskaja. Ein Hügel an dessen Anstieg ist als **Titov-Hügel** (Titovskaja sopka) bekannt und bietet 780 Meter über dem Meeresspiegel von einer Aussichtsplattform einen sehr schönen Ausblick auf die gesamte Stadt. Die kleine **Kapelle** auf dem Hügel wurde 2002 neu errichtet und erinnert mit ihrer Widmung für Alexander Nevskij auch an den Namensgeber der zerstörten Kathedrale im Stadtzentrum. Hier stand früher auch das in vielen Motiven bekannte Symbol der Stadt – der bronzene Hirsch. Er hatte aber unter den Einwirkungen des ›Massentourismus‹ ziemlich gelitten und steht heute nach Rekonstruktion an der Ausfallstraße in Richtung Darasun. Unweit davon befindet sich noch ein weiteres Denkmal, das an die Erschießung der Anführer der Republik Čita von 1905/06 erinnert.

Museen

Das **Dekabristenmuseum** befindet sich in der früheren Michailo-Archangel'skaja-Kirche. Die 1771 errichtete Holzkirche wurde den nach Čita verbannten Dekabristen zur zweiten Heimstatt, da sie hier beim Gebet ihre Fesseln abnehmen durften. Hier heirateten der Dekabrist Ivan Annenkov und die ihm gefolgte Französin Pauline Gebel, deren Lebensgeschichte Alexandre Dumas in seinem Roman ›Der Fechtlehrer‹ schilderte. Die kleine Ausstellung berichtet über den

◄ Karte S. 328

Dekabristenaufstand, die Verbannung der Verantwortlichen und deren Lebensverhältnisse in Čita, ul. Dekabristov 3b, Mo Ruhetag, Tel. 310408. In der **Puschkin-Bibliothek** befindet sich ebenfalls eine den Dekabristen gewidmete Ausstellung, ul. Angarskaja 34, am pl. Dekabristov.

Das neu rekonstruierte **Heimatkundemuseum** ist sehenswert und bietet neben Naturkunde und Ethnographie auch Stadt- und Transsibgeschichte. Das nach seinem Begründer Alexej Kuznezov benannte Museum entstand 1895 und bezog sein speziell als Museum errichtetes Domizil 1914, Mo Ruhetag, ul. Babuškina 113, Tel. 260315, www.museums75.ru (R). Mehr Eisenbahngeschichte findet man im abseits des Zentrums gelegenen **Museum zur Bahngeschichte**, Sa, So Ruhetage, ul. Magistralnaja 15a, Tel. 243788.

Gegenüber dem Heimatkundemuseum gibt es noch ein interessantes **Geologie-Museum**, Sa, So Ruhetage, ul. Gor'kogo 28, Tel. 355856.

Die Armee spielte in den letzten 200 Jahren in Čita immer eine wichtige Rolle. Das im örtlichen Offiziers-Casino untergebrachte **Militärmuseum** mit dem offiziösen Namen ›Museum des kämpferischen Ruhmes des Transbaikalischen Militärbezirkes‹ legt davon Zeugnis ab. Von den ersten Kosaken bis zum Zweiten Weltkrieg mit einer neuen Ausstellung über die Opfer des stalinistischen Terrors und allerlei Militärtechnik findet man eine interessante Exposition. In der zweiten Etage ist ein kleiner Souvenirladen untergebracht, ul. Lenina 86, Mo, Di Ruhetage, Tel. 343492, www. domoficerov.com/Muzej.html (R).

Auch die örtliche **Miliz** hat ihr eigenes Museum, ul. Čkalova 116, Tel. 320620. Das 1981 erbaute örtliche **Museums- und Ausstellungszentrum** (vormals Gemäldegalerie) zeigt neben Malerei lokaler Künstler russische und burjatische Volkskunst und vor allem Wechselausstellungen, ul. Čkalova 120, Ruhetag: Mo Ruhetag,Tel. 350922, www.zabmuseum.ru (R).

Rund um den Baikalsee

Die Alexander-Nevskij-Kapelle auf dem Titov-Hügel

Čita

Lage: 52°1'59.30"N/113°30'2.21"E; Čita ist 6074 km von Moskau entfernt. Zeitunterschied zu MEZ im Sommer 8, im Winter 9 Std.

Postleitzahl: 672000–672088.

Vorwahl: +7/3022; Auskunft: 09. Hauptpostamt: ul. Butina 37, Tel. 234143.

Bank: Sberbank, ul. Osipenko 4a, Tel. 239386. **Geldautomat**: ul. Ostrovskogo 61.

Reisebüro: Čitinskoe gorodskoe bjuro ekskursii, ul. Lenina 52, Tel. 353033.

Taxi: Tel. 350350.

Durchschnittstemperatur: Januar –27 Grad, Juli 18 Grad.

Der rekonstruierte Flughafen Kadapa befindet sich ca. 18 Kilometer vom Stadtzentrum Čitas entfernt im gleichnamigen Dorf südwestlich des Kenon-Sees. Es bestehen 2–4 x tgl. Flugverbindungen nach Moskau (Domodedovo), teilweise mit Zwischenlandung in Krasnojarsk, Novosibirsk oder Ekaterinburg. Daneben bestehen mehrere Flüge pro Woche nach Irkutsk, Chabarovsk, Vladivostok sowie Hailar und Harbin in China, Stadtbüro ul. Zvjosdnaja 13, Tel. 400168, www.aerochita.ru (R).

Čita liegt direkt an der Transsibirischen Eisenbahn, so dass es Zugverbindungen nach Moskau und Vladivostok gibt. Östlich von Čita zweigt die Bahnstrecke in die Mandschurei ab. Der Zug Moskau–Čita fährt jeden zweiten Tag und ist 106 Std. unterwegs. Es gibt zwei Bahnhöfe in der Stadt, von denen der Hauptbahnhof Čita II unweit des Stadtzentrums liegt, Tel. 975111.

Es gibt keinen Busbahnhof im eigentlichen Sinne. Die Überlandbusse fahren am Bahnhofsvorplatz ab, Tel. 236897.

Hotel Vizit (Визит), EZ/DZ 3400–6400 Rbl., ul. Lenina 93, Tel. 356958, www.chitahotelvizit.ru (R/E). Das beste und teuerste Hotel in der Stadt wurde 2007 eröffnet und belegt die vier oberen Etagen eines neuen Geschäftszentrums.

Eine günstige, akzeptable Alternative ist das ebenfalls neue **Hotel Dekabrist**, EZ/DZ 1500–2100 Rbl., ul. Zabajkalskogo rabočego 45, Tel. 230947, www.hotel75.ru (R). **Zabajkal'e** (Забайкалье), ul. Leningradskaja 36, Tel. 359819. Das zentrale, rekonstruierte Hotel aus der Sowjetzeit gehört zur selben Gruppe wie das 1907 erbaute, geschichtsträchtige Taditionshotel **Davrija** (Даврия), ul. Profsojuznaja 17, Tel. 262350, beide EZ/DZ 2800–4000 Rbl., www.zabhotel.ru (R).

Arkadija (Аркадия), EZ–DZ 1800–2800 Rbl., ul. Lenina 120, Tel. 352636, www.arkadiyachita.ru (R). Günstigere Alternative im Zentrum.

Turist (Турист), im Norden der Stadt gelegen ,EZ/DZ 1800–2200 Rbl., Schlafplatz 850 Rbl., ul. Babuškina 42, Tel. 265270, www.chitaturist.ru (R). Eine nette und günstige Variante ist die allerdings abseits des Zentrums gelegene **Familienpension Komfort**, EZ/DZ 1200–2000 Rbl., ul. Zootechničeskaja 67, Tel. 924/4799408. **Na Petrovskoj** (На Петровской), ul. Petrovskaja 15, Tel. 350748, Schlafplatz 550 Rbl. Die günstigste Unterkunft.

Amazar (Амазар), ul. Komsomolskaja 42, Tel. 214703. Mit russischer Küche gehört es zu den besseren Restaurants der Stadt. **Metelica** (Schneesturm, Метелица), ul. Butina 2, Tel. 974004, und **Eldorado** (Елдорадо), ul. Amurskaja 91, Tel. 324114. Beide gehören ebenfalls zu den besseren Restaurants.

Chmel'naja Kortčma (Hopfentrog, Хмель-

Karte S. 328

ная Корчма), ul. Poliny Osipenko 10, Tel. 238477. Serviert ukrainische Küche.

Ochotnik (Jäger, Охотник), ul. Čaikovskogo 34, Tel. 356670, und **Volna** (Welle), ul. Butina 33, Tel. 231728. Zwei Alternativen in der Nähe des Leninplatzes.

Traktir (Трактир), ul. Čkalova 93, Tel. 352229. Nette Kneipe mit Biergarten.

Cypljata Tabaka (Цыплята Табака), ul. Lenina 53, Tel. 239739. Brathähnchen- bzw. Broilerfreunde kommen in diesem Café auf ihre Kosten.

Magelan (Магелан), ul. Čajkovskogo 24, Tel. 328111. Internetcafé.

Im Zentrum ist das alte **Kaufhaus CUM** der Mittelpunkt, wobei das C für zentral (central'nyj) steht, ul. Lenina 62. Daneben gibt es noch ein auch für Zivilisten offenes – **VUM** genanntes – Militärkaufhaus wobei das V für Militär (voennyj) steht, ul. Lenina 111, Tel. 235379.

Südlich der Bahnstrecke wurde 2012 das neue **Einkaufszentrum Fortuna** eröffnet, ul. Nedorezova 1m.

Für **Kunstgewerbe** ist der dortige Künstlersalon zu empfehlen, ul. Lenina 111.

Der **Zentralmarkt** liegt westlich vom Leninplatz, ul. Čkalova, Tel. 221888

www.chita.ru (R)
www.admin.chita.ru (R)

Nerčinsk

Der heute vergessene und unbedeutende Ort mit etwa 15 000 Einwohnern atmet große Geschichte. 1653 von Kosaken am rechten Ufer der Nerča als kleines Fort gegründet, erlangte er bald große Bekanntheit. Im Jahr 1689 wurde hier der erste Grenzvertrag zwischen Russland und China abgeschlossen. Bereits 1696 erhielt Nerčinsk das Stadtrecht. Im 17. Jahrhundert war es der wichtigste Umschlagplatz im Handel zwischen Russland und China. Später wurden in der Umgebung Salz, Silber, Gold und Edelsteine gefördert. Diese Gruben (Priiski) gaben dann später dem Nachbarort Priiskovaja an der Transsib seinen Namen. Die Stadt blühte: Man zählte 800 Häuser, 3 Kirchen, 1 Synagoge, 1 Hotel und über 70 Geschäfte. Die meisten Minen und Gruben gehörten dem Zaren und ließen den Ort im 19. Jahrhundert zugleich zum bedeutenden und verrufenen Zentrum der zaristischen Arbeitslager (Katorga) werden. Nerčinsk erlangte auch als Verbannungsort vieler Dekabristen eine traurige Berühmtheit.

Daneben brachten es aber auch ortsansässige Kaufleute zu immensem Reichtum, wovon bis heute einige Architekturdenkmäler im Stadtbild, wie zum Beispiel die alten **Handelsreihen** zeigen. Der mit Abstand bekannteste Unternehmer der Stadt war Michail Butin (1836–1907), der sein Vermögen mit Stahl, Gold, Salz und Spirituosen verdiente. Er errichtete sich in einer Bauzeit von knapp 20 Jahren einen für die örtlichen Gegebenheiten ebenso gewaltigen wie exotischen **Palast im mauretanischen Stil**. Als Mäzen förderte er die Stadt, sammelte Kunst und Bücher, gründete das Heimatmuseum und holte aus Paris den damals mit 20 Quadratmetern größten Spiegel der Welt und aus München ein riesiges Glasmosaik in sein Anwesen. Der amerikanische Sibirien-Reisende George Kennan vermerkte nach seinem Besuch, dass er »selten auf solch eine gelungene Mischung aus Prunk und Geschmack« traf. Butin vermachte das Gros seines Vermögens der Stadt Nerčinsk. Leider verfiel das Schloss nach der Revolution mit Ausnahme eines Eckflügels. In den letzten beiden Jahren wurde Butins Anwesen vollkommen restauriert. Im November 2015 feierte man die Wiedereröffnung des bereits vorher hier ansässigen Heimatmuseums. Dessen des Museums erweiterten sich dadurch um das Dreifache. Ein neues Konzept für das gesamte Museum soll jetzt erarbeitet werden, ul. Sovetskaja 83, Tel. 44515.

Das gleiche gilt für den weiten **Marktplatz**, an dessen nordöstlicher Ecke das Anwesen liegt. Die 1825 erbaute **Auferstehungskathedrale** (Voskressenskij Sobor) wird rekonstruiert und der Kirchturm neu errichtet. Die aus den 1840er Jahren stammenden **Handelsreihen** wurden 2007 von einem Brand stark in Mitleidenschaft gezogen.

Dahinter gelangt man über den Eisenbahndamm zum Ufer des hier einen eindrucksvollen Bogen ziehenden Flusses Nerča.

ℹ Nerčinsk

Lage: 51°58'42.42"N/116°35'4.77"E; Nerčinsk ist 305 km von Čita entfernt. Zeitunterschied zu MEZ im Sommer 9 Std., im Winter 10 Std.
Postleitzahl: 673472.
Vorwahl: +7/30242.
Postamt: ul. Sovetskaja 57.
Bank: Sberbank, ul. Sovetskaja 26.
Durchschnittstemperatur: Januar –29Grad, Juli 18 Grad.

🚇
Vom etwa 2 km nördlich des Zentrums gelegenen Bahnhof Nerčinsk gibt es eine 9 km lange Bahnverbindung nach Priiskovaja an der Transsib-Hauptstrecke. Es gibt tgl. eine Zugverbindung von und nach Čita. Fahrtzeit 11 Std. Routentaxis ab Bhf. Priiskovaja müssen einen großen Umweg bis zur nächsten Brücke über die Nerča fahren.

🛏
Es gibt nur eine einzige, schlichte Herberge an der Nordseite des Marktplatzes, DZ 400 Rbl, ul. Dostovalova 5.

🍴
Es gibt zwei sehr einfache Cafes in Nerčinsk: Ujutnoe (Bequem), ul. Pervomaiskaja 171 und Amaretto, ul. Jaroslavskogo 36.

🖥
www.nerchinsk.ucoz.ru (R).

Sretensk

Sretensk kann auf eine lange Geschichte zurückschauen. Bereits 1689 wurde der Ort erstmalig als Winterlager erwähnt. Der Ortsname entstand mit der ersten Kapelle, die zu Mariä Lichtmess (sretenie) geweiht wurde. Genau 100 Jahre später erhielt der Ort das Stadtrecht. Seine Blüte erlebte es in den ersten Jahren der Transsibirischen Eisenbahn. In den Jahren von 1897 bis 1903 war eine Transsibreise sozusagen eine kombinierte Bahn- und Schiffsreise und Sretensk der wichtigste Umsteigebahnhof. Bis hier kam von Westen die Bahn, von hier nach Osten ging es per Schiff oder per Schlitten auf den Flüssen Šilka und Amur weiter bis nach Chabarovsk, von wo aus man dann wieder mit dem Zug bis Vladivostok weiterfuhr. Über 100 Handelsfirmen, Banken, ein Zollamt, eine Brauerei und vieles mehr bestimmten den Lebensrhytmus der Stadt. Nach der Inbetriebnahme der Ostchinesi-

Karte S. 260 ▲

Landschaft zwischen Čita und Nerčinsk

schen Eisenbahn verlor Sretensk schnell seine Bedeutung, und auch die später eröffnete Amurbahn zweigte im 50 Kilometer entfernten Kuenga gen Osten ab und besiegelte die Bedeutungslosigkeit. Zu Sowjetzeiten noch prägende Arbeitgeber wie die örtliche Schiffswerft sind heute Investruinen.

Der geschichtsträchtige Ort mit etwa 10 000 Einwohnern dient heute eher als Anschauungsmaterial für Russlands gewaltige Probleme in der sibirischen Provinz.

Das **Ortszentrum** befindet sich auf der dem Bahnhof gegenüberliegenden Seite des Flusses Šilka. Hinter dem Flusshafen befindet sich der zentrale Platz mit einigen historischen Gebäuden, wo heute das Standesamt und das örtliche Kaufhaus ihren Sitz haben. Etwa ein Dutzend historische Gebäude sind vor allem in der ul. Naberežnaja und der parallelen ul. Lunačarskovo noch zu erkennen. Die große Kirche auf dem Marktplatz hat die Sowjetära nicht überlebt. Dort findet man heute Lenin und ein Kriegsdenkmal. Am Berg befindet sich am Friedhof eine kleine Kirche. Es gibt ein **Heimatkundemuseum**, dessen Ausstellung sich aber in die allgemeine Trostlosigkeit des Ortes einordnet (ul. Lunačarskovo 233, Tel. 21368). Nur ein Bruchteil des Ortes verfügt heute über einen Anschluss an die Kanalisation, so dass man ständig Tankagen sieht, die das Flusswasser ausfahren.

ℹ️ **Sretensk**

Lage: 52°15'16.62"N/117°43'9.38"E; Sretensk befindet sich 385 km von Čita entfernt. Zeitunterschied zu MEZ im Sommer 9 Std., im Winter 10 Std.
Postleitzahl: 673500.
Vorwahl: +7/30246.
Postamt: ul. Lunačarskovo 202, Tel. 21261.
Bank: Sberbank, ul. Lunačarskovo 190, Tel. 21673.

Der alte Bahnhof Sretensk bildet die Endstation am nördlichen Šilka-Ufer. Einige Meter weiter enden die Gleise an einer

Felswand. Wer zur Stadt will, kommt von der vorherigen Bahnstation Matakan, von wo Busse über die 1986 gebaute Brücke über die Šilka ins Zentrum von Sretensk fahren. Es gibt tgl. eine Zugverbindung von und nach Čita. Fahrtzeit 12 Std. mit längerem Aufenthalt in Kuenga, ab Kuenga 2,5 Std.

Es gibt nur eine einzige Herberge mit 30 Plätzen in 12 Zimmern, wo der Schlafplatz 500 Rbl kostet, ul. Naberežnaja 49, Tel. 21773, DZ 550 Rbl.
Das Café **Nadežda** (Надежда) befindet sich im selben Gebäude wie die Herberge.

Hundert Rubel sind kein Geld,
hundert Jahre sind kein Alter,
hundert Kilometer sind keine Entfernung.

Russisches Sprichwort

Der Vulkan Avačinskij auf der Halbinsel Kamčatka

Jakutsk

Jakutsk ist die Hauptstadt der in Ostsibirien gelegenen Republik Jakutien. Der Ortsname auf jakutisch lautet D'jukuuskaj. Die offizielle Bezeichnung für Jakutien heißt Republik Sacha bzw. Sakha. Wenn man sich an alle Vorstellungen und Klischees über Sibirien erinnert, so ist Jakutien wohl am besten mit der Formel ›Sibirien im Quadrat‹ umschrieben. Tundra und Taiga, Entfernungen und Abgeschiedenheit, Kälte und Permafrost – wohl nirgendwo in den bislang beschriebenen Regionen östlich des Urals erscheint einem Außenstehenden das Leben so unwirtlich wie in Jakutien. Nirgends auf der Welt sind die Temperaturunterschiede zwischen Sommerhitze und Winterkälte so extrem wie hier in der Umgebung des Kältepols der Erde. Die Legende besagt, dass Gott, als er die Reichtümer über die Erde verteilte, von der Schönheit des hohen Nordens so fasziniert war, dass er begeistert innehielt und in seiner Unachtsamkeit die Reichtümer in Mengen auf die Erde fallen ließ. Das ärgerte ihn so maßlos, dass er beschloss, die Reichtümer zwar hier zu belassen, sie aber in ewigem Eis einzufrieren.

Auf einer von der Ausdehnung mit Indien vergleichbaren Fläche, die sich zu über 40 Prozent nördlich des Polarkreises befindet, leben trotzdem gut eine Million Menschen. Der Anteil der jakutischen Ureinwohner beträgt dabei 32 Prozent. Die größte Bevölkerungsgruppe sind heute aber Russen mit einem Anteil von 48 Prozent. Etwa zehn Prozent der Einwohner sind Ukrainer.

Wirtschaftlich sind in Jakutien vor allem zwei Faktoren von Bedeutung: Jakutiens Rohstoffreichtum (Diamanten, Gold, Buntmetalle, Kohle, Pelze, Elfenbein) und mit Ausnahme des Südens das Fehlen eigener Energieträger und Landwirtschaft, so dass die und Bevorratung für den langen Winter in jedem kurzen Sommer ein Wettlauf mit der Zeit ist. Jakutien liefert das Gros der russischen Diamanten, die vor allem in der Umgebung von Mirnyj gefördert werden. Mirnyj ist mit 35 000 Einwohnern nach der Hauptstadt Jakutsk und der Kohlestadt Nerjungi mit 58 000 Menschen die drittgrößte Stadt Jakutiens.

Geschichte

Die Ureinwohner besiedelten nach archäologischen Funden diese Gebiete im 6. und 7. Jahrhundert. Die Mongolen drangen in ihren Raubzügen im 12. Jahrhundert nur in Teile des heutigen Jakutien vor und verlegten den Schwerpunkt weiterer Eroberungen gen Westen. Um 1630 begannen Russlands Kosaken, den Flusslauf der Lena zu erkunden und die Gebiete für die Zarenkrone zu sichern. So gilt 1632 als Gründungsjahr der

Mammut-Skulptur vor dem Dauerfrostmuseum

Karte S. 342

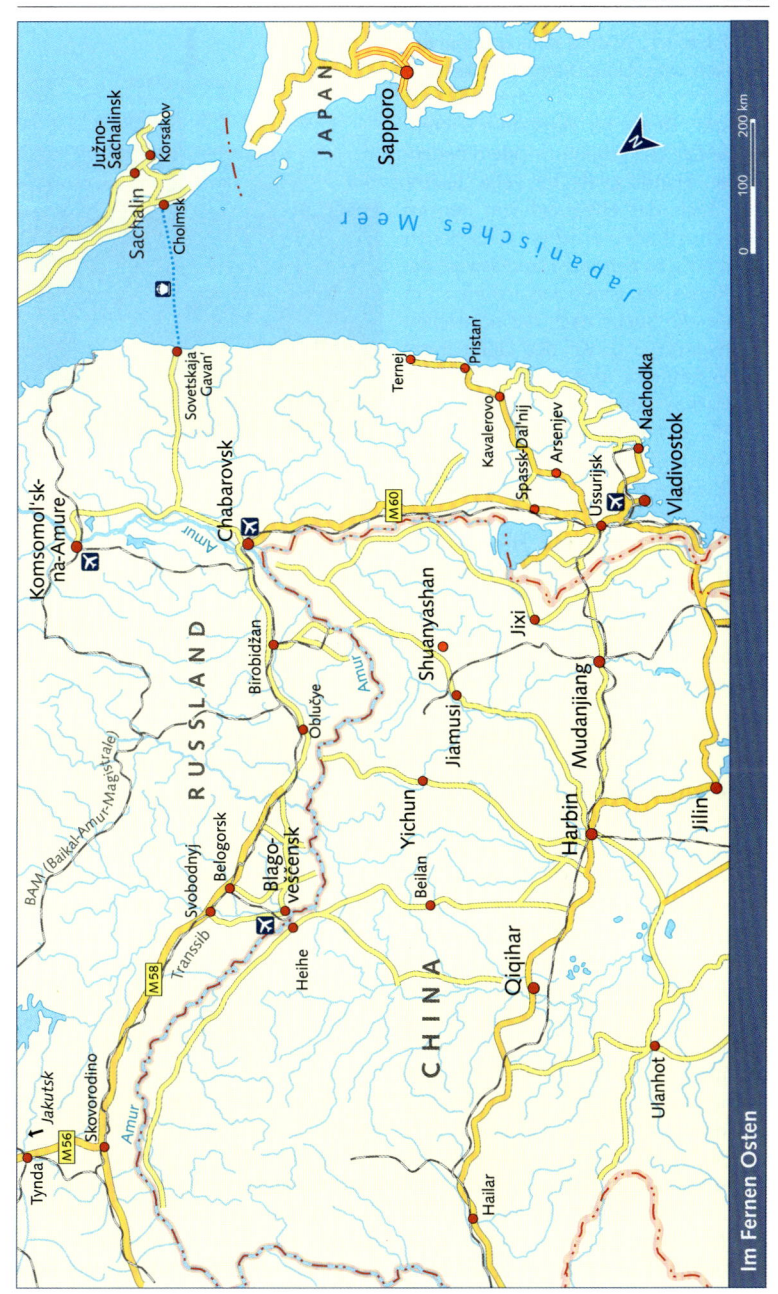

Im Fernen Osten

Stadt Jakutsk, in dem eine Gruppe von Kosaken unter Hauptmann Petr Beketov am linken Ufer des Stromes ein Fort erbaute. Reich an jagdbaren Tieren, wurde der Ort schnell zu einem bedeutenden Handelsplatz für Felle. Später kam auch das Elfenbein von den im Dauerfrostboden erhalten gebliebenen Mammuts als gefragte Handelsware dazu. Russlands große Exkursionen am Pazifik, die Suche nach der nördlichen Schiffspassage sowie des Überganges nach Amerika und die Erkundung Kamčatkas liefen alle über das Zwischenlager Jakutsk, das sich dadurch als Verwaltungszentrum etablierte. Um 1900 war es aber nach wie vor nur eine vergleichsweise kleine Siedlung mit etwa 7000 Einwohnern. Heute leben knapp 300 000 Menschen in Jakutsk. In der Sowjetunion war Jakutien 1922 zur Autonomen Republik geworden. Im September 1990 erklärte sich Jakutien für souverän und ist heute ähnlich wie Burjatien oder Tuva eine Republik im Rahmen der Russischen Föderation.

Wohnsiedlung in Jakutsk

Sehenswürdigkeiten

Jakutsk steht und wächst unter den Bedingungen des Dauerfrostbodens, der unter der Sommersonne nur bis in eine Tiefe von etwa ein bis zwei Metern auftaut. Die Stadt steht auf Pfählen, die in der Regel bis zu zehn Meter tief in den Boden gerammt werden. Zwischen Erdboden und Erdgeschoss befindet sich immer noch ein Luftraum, der eine Erwärmung des Untergrundes über den Gefrierpunkt verhindert. Ein Verzicht auf dieses besondere Lüftungssystem würde durch die Wärme des Gebäudes ein Auftauen und Aufweichen des Dauerfrostbodens und somit ein Absinken des Gebäudes bewirken. Genauso wie die Gebäude müssen auch alle Leitun-

gen für Wasser und Fernwärme in entsprechendem Abstand zum Boden verlegt werden. Dadurch wirkt das gesamte Stadtbild in den Neubaubezirken an vielen Stellen wie eine riesige Baustelle, deren ästhetischer Anspruch sich hinsichtlich des Sowjeterbes in Grenzen hält. Dank der Neubauten aus den letzten Jahre gewinnt das Stadtbils an Vielfalt und vor allem an Farbe.

Die Hauptstraße von Jakutsk ist der **Leninprospekt**, pr. Lenina. Das Zentrum lässt sich etwa zwischen dem Ordžonikidze-Platz und dem Platz der Freundschaft, dem pl. Družby, ansiedeln. Am in der Mitte zwischen beiden gelegenen, breit ausgelegten Leninplatz, pl. Lenina, mit dem dazu gehörenden Denkmal haben die Regierung und die Verwaltung der Republik sowie das neue Nationalmuseum ihren Sitz.

Vom Leninplatz in Richtung Fluss findet man auch noch Spuren des alten Jakutsk, das in den letzten Jahren auch städtebaulich wiederentdeckt wurde. Insgesamt knapp 40 Gebäude wurden in diesem Viertel mit der neuen Bezeichnung **Altstadt** (Staryj gorod) mehr oder

Karte S. 342
▲

weniger originalgetreu rekonstruiert bzw. aus anderen Stadtteilen hierher umgesetzt. Im Mittelpunkt steht die wiedererrichtete und 2001 neu geweihte **G**otteserscheinungskathedrale (Preobraženskij Sobor'). Ursprünglich 1846 erbaut, wurde sie 1920 geschlossen und verfiel, ul. Kirova 3, Tel. 336571. Der zweite Blickfang ist der **Holzturm des alten Forts**. Dieser war schon einmal vor dem Heimatmuseum rekonstruiert worden. Nachdem er 2002 abbrannte, fand er in der neuen ›Altstadt‹ seine zweite Heimstatt. Neben der Kirche erinnert ein in Form einer Welle gestaltetes **Denkmal** an die (russischen) Eroberer Jakutiens, die Sibirien bekanntlich auf ›Kotsch‹ genannten Schiffen entlang der großen Ströme eroberten.

Am pl. Družby befindet sich das größte **Theatergebäude** in Jakutien. Das kantige Haus beherbergt das **Jakutische Musiktheater** mit Oper und Ballett, pr. Lenina 46/1, Tel. 360690, www.opera-balet.socul.ru (R).

Das nach Alexander Puškin benannte **Russische Schauspielhaus** befindet sich ebenfalls an der Hauptstraße von Jakutsk, pr. Lenina 21, Tel. 424691, wo

Alle Gebäude stehen auf Stelzen

sich Richtung Nordosten hin auch die meisten Geschäfte der Stadt befinden. Der **Ordžonikidze-Platz** am nordöstlichen Ende des Leninprospektes wurde 2002 umfassend rekonstruiert. Neben dem neuen Springbrunnen fällt besonders der supermoderne Neubau des **Jakutischen Schauspielhauses** ins Auge, ul. Ordžonikidze, Tel. 442284.

Unweit vom Platz der Freundschaft kreuzt der pr. Lenina ein längliches Gewässer, den sogenannten **Warmen See**. Die Nähe zum Lena-Strom und der gefrorene feuchte Untergrund ließen im Stadtgebiet eine ganze Reihe solcher Gewässer entstehen. Warm ist dabei relativ, im Winter friert er genau so wie alle anderen Gewässer und die Lena zu. Hier gelangt man linker Hand an der Ecke der ul. Jaroslavskogo zum **Šerginer Brunnenschacht** (Šerginskaja šachta). Dieser 116,6 Meter tiefe Brunnenschacht wurde im 19. Jahrhundert gegraben. Die Arbeiten unter Leitung von Fedor Šergin, dem damaligen Niederlassungsleiter der den Alaska-Handel kontrollierenden Russisch-Amerikanischen Gesellschaft dauerten von 1828 bis 1837. Es ging um Süßwassergewinnung und die Dichte des Permafrostbodens, der in dieser Tiefe dank der Erdwärme wieder auftaut. Heute blockiert aufgrund mangelnder Wartung ein 15 Meter dicker Eisblock den Schacht. Er soll aber als Denkmal mit überregionaler Bedeutung für Russland in den nächsten Jahren rekonstruiert werden. Rechter Hand kommt man zur **Universität** und kann sich auf der anderen Seite des Warmen Sees die **alten Holzhäuser** anschauen.

Parallel zum pr. Lenina verläuft zwei Querstraßen weiter südöstlich die nordwärts in die ul. Chabarova übergehende **ul. Černyševskogo**. Hier endet die Stadt allerdings abrupt. Auf der einen Straßen-

Im Fernen Osten

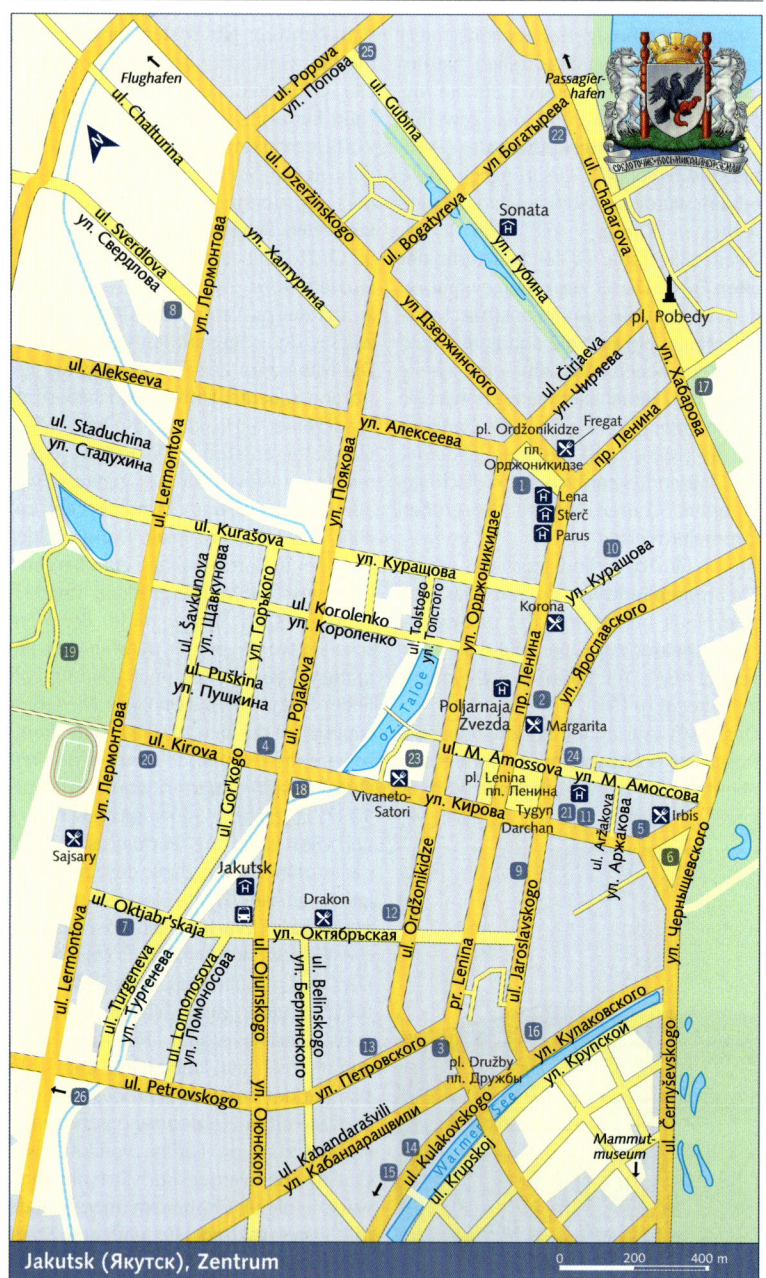

Jakutsk (Якутск), Zentrum

seite erheben sich noch Wohnhäuser, auf der anderen Seite breitet sich ein Streifen Steppe bis zur vielleicht einen Kilometer entfernten Lena aus.

Nach Norden hin gelangt man zum hier mit vielen Inseln durchsetzten Strom, und auf dem Weg zum Flusshafen kommt man zum **Platz des Sieges**, dem pl. Pobedy. Hier erinnert ein Denkmal auf recht ungewöhnliche Weise an den Sieg der Sowjetunion im Zweiten Weltkrieg. Ein **Panzer** steht vor mehreren Stelen, die an alle im Zweiten Weltkrieg gefallenen Jakuten erinnern sollen. Die größte Stele wird außerdem von einer Plastik des jakutischen Nationalhelden Manchari (1805–1870) geziert. Man sah die Soldaten Stalins im Kampf gegen Hitler wohl in der Tradition dieses jakutischen Robin Hood.

Von den ursprünglich sieben Kirchen der Stadt überlebten nur zwei die Sowjetunion. Die **Nikolajkirche** wurde 1852 errichtet. Zu sowjetischen Zeiten wurde das Gebäude als Archiv genutzt und erst in den 1990er Jahren der Kirche zurückgegeben, ul. Oktjabr'skaja 31, Tel. 351058. Während die weiße Nikolajkirche aus Stein erbaut wurde, ist die zweite Kirche der Stadt mit ihren sechs Türmchen ein Beispiel für die Holzarchitektur im Kirchenbau, ul. Ušakova 5. Die **Gotteserscheinungskathedrale** als heute bedeutendstes Gotteshaus von Jakutsk in der Altstadt ist ein Wiederaufbau auf dem alten Fundament (s.o.).

1. Jakutisches Schauspielhaus (Якутский драматический театр)
2. Russisches Schauspielhaus (Русский драматический театр)
3. Jakutisches Musiktheater (Якутский музыкальный театр)
4. Zirkus (Цирк)
5. Altstadt (Старый город)
6. Christi-Verklärungsgskirche (Преображенская церковь)
7. Nikolajkirche (Никольская церковь)
8. Neuapostolische Kirche (Новоапостольская церковь)
9. Jakutisches Nationalmuseum (Якутский Национальный Музей)
10. Heimatkundemuseum (Краеведческий музей)
11. Museum für jakutische Volkskunde
12. Literaturmuseum (Литературный Музей)
13. Alrosa-Gemäldegalerie (Картинная Галерея Алроса)
14. Mammutmuseum – Universität Jakutsk (Якутский Государственный Университет)
15. Institut für Dauerfrost (Институт мерзлотоведения)
16. Šerginer Brunnenschacht (Шергинская шахта)
17. Einkaufszentrum Sajdyy (Торговый Центр Сай
18. Denkmal der jakutisch-russischen Freundschaft (Памятник якутско-русской дружбы)
19. Stadtpark (Городской Парк)
20. Maultrommelmuseum (Музей Хомус)
21. Schätze der Republik Sacha (Выставка сокровищ Республики Саха)
22. Afanasij-Osipov-Galerie (Галерея Афанасия Осипова)
23. Tujmaada Mall (ТРК Туймаада)
24. Kaufhaus (Универмаг)
25. Markt (Рынок)
26. Reich des ewigen Frostes (Царство вечной мерзлоты)

Im Fernen Osten

Museen

Das örtliche **Heimatkundemuseum** geht
bis ins Jahr 1891 zurück und bietet unter
dem Namen ›Museum für Geschichte
und Kultur der Völker des hohen Nordens‹ eine umfangreiche Sammlung über
Flora und Fauna sowie Ethnographie und
Geschichte Jakutiens bis in die 1990er
Jahre. In der Freilichtausstellung ist ein
Wal-Skelett zu besichtigen. Mo, Di Ruhetage, pr. Lenina 5/2, hinter den Neubauten im Innenhof, Tel. 425174, www.
yakutmuseum.ru (R). Das Museum ist
nach Emiljan Jaroslavskij (Minej Gubel-
man, 1878–1943) benannt, der in Jakutsk in der zaristischen Verbannung von
1915 bis 1917 Museumsdirektor war.
Als sowjetischer Politiker, dessen Urne in
der Kremlmauer ruht, profilierte er sich
vor allem im Kampf gegen die Kirche. Im
Innenhof erinnert ein kleines Museum an
ihn, pr. Lenina 5/2, Tel. 422309).
Eine gute Ausstellung zum Leben und
zur Geschichte der Ureinwohner bietet
auch das **Archäologie- und Ethnographie-Museum der Jakutsker Universität**,
So, Mo Ruhetage, ul. Kulakovskogo 48,
Tel. 496849. In der vierten Etage desselben Gebäudes gibt es als Sonderaus-
stellung ein einzigartiges **Mammut-Mu-**

Eishöhle im Dauerfrostmuseum

seum, dessen bedeutendster Blickfang
– ein gigantischer Mammutkopf – aber
häufig auf Reisen und deshalb nicht
immer in Jakutsk zu bewundern ist,
4. Etage, Tel. 361647.

Noch mehr Eiszeit bieten in- und außerhalb der Stadt das örtliche **Dauerfrost-
Museum** und das Reich des ewigen Frostes. Das 1960 gegründete Forschungsinstitut mit dem kleinen Mammut davor
bietet seinen Besuchern in seinem Museum des Studiums des Dauerfrostes (Muzej isučtnia večnoj merzloty) in vorher zu
buchenden Führungen einen Zugang in
eine kleine Ausstellung über den Insti-
tutsgründer Pavel Melnikov (1908–
1994) einschließlich eines in vier Metern
Tiefe gelegenen Höhlenmuseums. Das
Institut baute sich dieses ›Kellerlabor‹ für
seine Langzeitversuche zur Permafostfor-
schung und im Interesse der Urbanisierung der Region zur Untersuchung der
Wechselwirkung zwischen künstlichen
Baustoffen und dem Dauerfrostboden.
Im ›Dauerfrost-Keller‹ herrscht eine permanente Temperatur von 7 bis 8 Grad
Minus. Neben dem ›Frost‹ sieht man

Karte S. 342

Im Boden versunkenes Holzhaus

mehrere tiefgefrorene Exponate, wie z.B. ein Mammutbaby mit dem Spitznamen Dima, gefrorene Flussablagerungen der Lena und viele kunstvolle Eisskulpturen und -kristalle, ul. Merzlotnaja 36, Tel. 334912.

Westlich außerhalb der Stadt gibt es neuerdings im **Reich des ewigen Frostes** (Carstvo večnoj merzloty) die Möglichkeit, in einem künstlich angelegten Tunnelsystem Eisfiguren und Eiskristalle zu bestaunen, Vilyuyskiy trakt, Tel. 914/2706565, www.planetyakutia.com. In beiden Einrichtungen werden zwar Jacken ausgegeben, man sollte aber im Sommer schon etwas wärmer angezogen sein.

Die sprichwörtlichen Schätze aus dem Naturreichtums Jakutiens kann man in der neuen **Austellung der Schätze der Republik Sacha** besichtigen. Es gibt täglich sechs Führungen durch eine phantastische Sammlung von Gold, Silber und Edelsteinen aus lokalem Abbau. Vorbestellung empfohlen, das Fotografieren ist allerdings verboten, Sa, So Ruhetage, ul. Kirova 12, Tel. 425292, www.expo-gx.ru (R).

Das neue **Nationalmuseum für bildende Künste** zeigt auf seinen drei Etagen alle Facetten in Malerei, Graphik, Skulptur und Volkskunst, Mo, Di Ruhetage, ul. Kirova 9, Tel. 335279, www.sakhamuseum.ru (R). Der örtliche Künstlerverband stellt schräg gegenüber seine Arbeiten in einem **Ausstellungszentrum** zum Verkauf aus aus, Sa, So Ruhetage, ul. Kirova 12, Tel. 482109.

Dem bekannten örtlichen **Maler Afanasij Osipov** (*1928) wurde eine eigene Ausstellung gewidmet, ul. Chabarova 27, Tel. 217536.

Der **Sammlung europäischer Kunst** spendierte Alrosa 2007 eine alte rekonstruierte Villa, Montag, Dienstag Ruhetage, ul. Petrovskogo 4, Tel. 446271.

Im ansprechenden **Museum für jakutische Volkskunde** findet man typische Interieurs, Trachten, Musikinstrumente und ein Wachsfigurenkabinett. Mo Ruhetag, ul. Kirova 10, Tel. 428239.

Das nach dem Schriftsteller und Politiker Platon Oyunskij (1893–1939, unter Stalin umgekommen) benannte **Literaturmuseum** mit einer Jurte vor dem Eingang bietet einen Überblick über die jakutische Literatur sowie in- und ausländische Publikationen über Jakutien. Mo, Di Ruhetage, ul. Oktjabr'skaja 10, Tel. 428912.

Sehr originell und interessant ist auch das **Maultrommelmuseum**. Das uralte, in seiner jakutischen Variante ›Khomus‹ genannte Instrument spielt in der Folklore eine große Rolle und hat auch schon in Deutschland Fans gefunden. Die vom bekannten ›Maultrommler‹ Ivan Alekseev initiierte Ausstellung umfasst neben anderen Exponaten knapp 300 Maultrommeln aus 36 Ländern, Sa, So Ruhetage, ul. Kirova 33, 3. Etage, Tel. 428675, www.ilkhomus.com (R).

Im Fernen Osten

➕ **Jakutsk**

Lage: 62°1'37.50"N/129°43'56.30"E; Jakutsk ist 8468 km von Moskau entfernt. Zeitunterschied zu MEZ im Sommer 8, im Winter 9 Std.
Vorwahl: +7/4112, Auskunft: 09.
Postleitzahl: 677000.
Taxi: Tel. 420732.

Hauptpostamt: ul. Dzeržinskogo 4, Tel. 423843.
Bank: Sberbank, ul. Kirova 29, Tel. 240046, Geldautomat: ul. Ordžonokidze 8.
Reisebüro: Vizit Ykutija, Gora Čočur Mury 7 km 1, Tel. 259930, www.visityakutia.com (R/E).
Durchschnittstemperatur: Januar –40

Grad, Juli 22 Grad. Damit ist Jakutsk von allen in diesem Buch vorgestellten Orten derjenige mit dem kältesten Winter und dem (allerdings sehr kurzen) heißesten Sommer.

Jakutsk hat einen kleinen modernen Flughafen namens Tuimaada, der sich nördlich der Stadt in der Nähe des Dorfes Žataj befindet. Es gibt täglich zwei Flüge nach Moskau (1x Domodedovo, 1x Vnukovo) und einen Flug nach Novosibirsk. Die meisten Destinationen in Jakutien (Mirnyj, Nerjungi, Lensk, Olekminsk) werden ebenfalls täglich angeflogen. Wöchentliche Flüge bestehen nach St, Petersburg, Magadan, Krasnojarsk und Ekaterinburg. Bei Temperaturen unter –50 Grad wird der Flugbetrieb eingestellt, Tel. 14006. Das Stadtbüro des Flughafens befindet sich in der ul. Ordžonikidze 8, Tel. 425782, www.airport-yakutsk.ru (R/E).

Jakutsk hat bislang noch keine Eisenbahnanbindung, aber man arbeitet daran. In Anlehnung an die BAM (Baikal-Amur-Magistrale) wird die Strecke AJAM (АЯМ – Amur-Jakutsk-Magistrale) heißen und Jakutsk mit Nerjungi und somit mit der BAM und der Transsib verbinden. Die Länge der Strecke beträgt ca. 820 km. Auf den ersten 370 km bis Tommot fahren die Züge bereits. Weitere 100 km bis Amga laufen derzeit im Probetrieb. 40 km südlich von Jakutsk bei Tabaga wird eine über 3 km lange kombinierte Straßen- und Eisenbahnbrücke über die Lena gebaut.

Es fahren Busse in die Umgebung sowie – aber nur im Sommer – nach Magadan, Lensk über Mirnyj sowie Bol'šoj Never an der Transsib über Tynda an der BAM. Die Straßen sind fast durchweg Schotterpisten, die in den 1930er und 1940er Jahren durch Gulag-Häftlinge erbaut wurden. Der Busbahnhof befindet sich in der ul. Oktjabr'skaja 24/1, Tel. 263517.

Der Flusshafen befindet sich an einem Nebenarm der Lena nordöstlich vom pl. Pobedy in der ul. Novoportovskaja 1, Endstation der Buslinie 8. Neben Fähren in die Vororte gibt es Schiffsverbindungen nach Olëkminsk und Tiksi entlang der Lena. Auch Ausflugsfahrten zum Nationalpark Lenskie Stol'by und längere Flusskreuzfahrten auf der Lena sind im Angebot. Die Schiffahrtsgesellschaft LenRechflot unterhält ein Stadtbüro in der ul. Dzeržinskogo 2, Tel. 424324, www.lena turflot.ru (R/E).

Das beste und teuerste Hotel der Stadt ist das vom Diamantenkonzern Alrosa gebaute **Poljarnaja Zvezda** (Polarstern, Палярная Звезда), EZ 6000–13000 Rbl., pr. Lenina 24, Tel. 341215, www.redstar-hotels.ru (R/E).
Eine sehr empfehlenswerte Alternative ist das **Tygyn Darchan** (Тыгын Дархан), EZ/ DZ 4900–7500 Rbl., ul. Ammosova 9, Tel. 435109, www.tygyn.ru (R/E).
Sonata (Соната), ul. Gubina 39, Tel. 441441, DZ 4500 Rbl. Günstiger und erst kürzlich eröffnet.
Zwei Traditionshotels liegen am Zentralplatz unmittelbar nebeneinander: **Lena** (Лена), EZ/DZ 3200–6600 Rbl., Tel. 424892, www.lena-hotel.ru (R/E), und **Sterč** (Стерч), 2900–5700 Rbl., pr. Lenina 8a, 342701, www.sterkh.biz (R/E).
Gegenüber befindet sich als Alternative noch das **Parus** (Парус), EZ/DZ 2600–4600 Rbl., pr. Lenina 7, Tel. 423727.
Etwas außerhalb der Stadt liegt das kom-

Karte S. 342

fortable, als kanadisch-russisches Joint venture begonnene, aber mittlerweile rein russische **Hotel Ontario** (Онтарио), Sergeljachskoe šos., km 13, EZ/DZ 1800–3500 Rbl., Tel. 369405, www.hotelontario.ru (R).

Das beste Hostel ist das **Poljus Choloda** (Kältepol, Полюс холода), Schlafplatz 600 Rbl., Zimmer 1000–2500 Rbl., ul. Džeržinskogo 26, Korpus 4A, 6. Etage, Tel. 2711858, www.coldpolehostel.ru (R/E).

Korona (Корона), pr. Lenina 11, Tel. 424343. Gilt als bestes Restaurant der Stadt.

Italienische und japanische Küche gibt es im **Vivaneto-Satori**, ul. Kirova 18 n, Tel. 924/6607755

Irbis (Ирбис), ul. Kirova 4, Tel. 335226. Lohnt einen Besuch für die europäische Küche.

Margarita (Маргарита), pr. Lenina 23, Tel. 435514. Der Spitzenreiter für Pizza und Pasta.

Machtal bietet im Erdgeschoss eine SB-Gaststätte für den schnellen Hunger und im Obergeschoss ein nettes Restaurant, hauptsächlich jakutische und russische Küche, ul. Kirova 2, Tel. 450333.

Drakon (Дракон), ul. Oktjabrskaja 20, Tel. 429944. Besteht aus einem guten Restaurant im Erdgeschoss, und Disko und Nachtklub eine Etage höher.

Medved' (Медведь), ul. Lomonosova 45,

Tel. 428938, **Sajsary** (Сайсары), ul. Lermontova 62/2, Tel. 434806, und **Fregat** (Фрегат), ul. Dzeržinskogo 2, Tel. 425869, sind weitere beliebte Restaurants!

Empfehlenswert für Kaffee und Kuchen sind **Dream Coffee**, ul. Ordžonikidze 20, Tel. 342050, sowie **Traveller's Coffee,** pr. Lenina 6/1, Tel. 914/2705600.
Internet-Café, Leninskij pr. 27, Tel. 435061.

Die neue **Mall Tojmaada** im Stadtzentrum befindet sich unweit der Hauptstraße am Warmen See, ul. Ordžonikidze 38.

Das alte **Kaufhaus** der Stadt liegt am Lenin-Platz, ul. Ammosova 6.

Den **Zentralmarkt** findet man in Hafennähe, ul. Popova 13/2.

Ein **Werkverkauf der örtlichen Pelz- und Lederfabrik** namens Sardaana mit einem ausgedehnten Souvenirangebot ist ebenfalls einen Besuch wert, ul. 50 let Sovetskoj Armii 8/1, Tel. 24372. Ein zweiter **Laden für jakutisches Kunsthandwerk**, Jakutskie Promysly, befindet sich in der ul. Dzeržinskogo 31/1.

www.yakutia.org (E)
www.yakutsk-city.ru (R/E)
www.ykt.ru (R)
www.ysia.ru (R)

Schiffstouren auf der Lena

Für Flusskreuzfahrten in Sibirien gewinnt neben dem Enisej die Lena zunehmend an Popularität. Der Amur ist bislang noch ein Geheimtip. Die Lena ist der größte Strom Ostsibiriens. Mit einer Länge von 4400 Kilometern verfehlt der gewaltige Strom nur knapp die Top Ten der längsten Flüsse der Erde. Das Wassereinzugsgebiet beläuft sich auf über 2,5 Millionen Quadratkilometer. Die Lena entspringt in einer Seenplatte in unmittelbarer Nähe des Baikalsees. Da sie nur durch einen schmalen Gebirgskamm von der blauen Perle Sibirien getrennt ist, suchen die Wissenschaftler nach Belegen für die Vermutung, dass es hier in der Vergangenheit eine Ver-

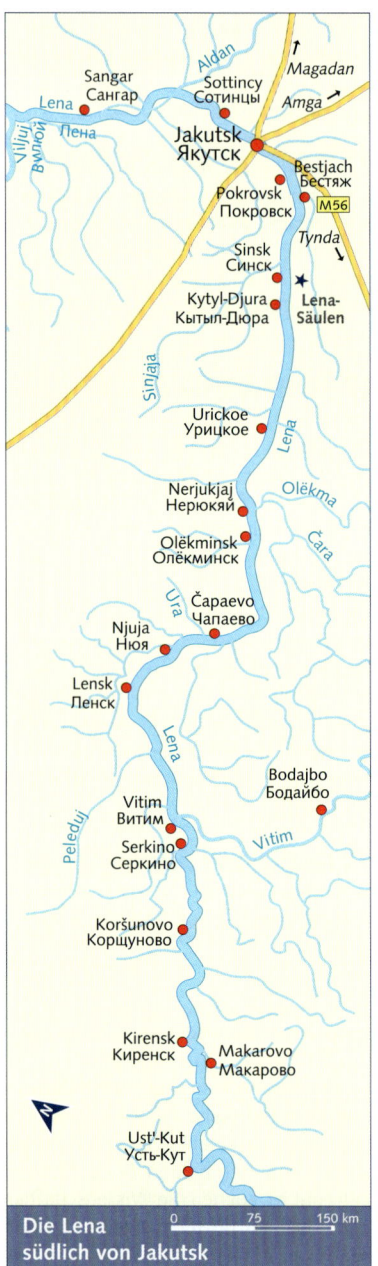

Die Lena südlich von Jakutsk

bindung gab. Die Lena ist wohl heute auch der ursprünglichste Fluss unter den Strömen Sibiriens, da die industrielle Zivilisation hier im Vergleich zu Ob', Enisej und Amur deutlich weniger Akzente in Form von Städten, Staudämmen, Häfen und Industrieansiedlungen gesetzt hat. Der von ausländischen Touristen bevorzugte Kreuzfahrtdampfer heißt ›Michail Svetlov‹ und wurde 1986 in Österreich gebaut. Der Schiffseigner ist heute Jakutiens Diamantenkonzern ›ALROSA‹. Die Reise umfasst die Mittlere und Untere Lena und führt von Jakutsk flussaufwärts zu den Lena-Pfählen und dann flussabwärts bis nach Tiksi mit einem Ausflug ins Lenadelta und dann zurück nach Jakutsk. Daneben verkehrt noch die ebenfalls in Österreich gebaute ›Demjan Bednyj‹ vor allem zwischen Jakutsk und dem Nationalpark Lena-Säulen.

Die Quelle der Lena befindet sich im Baikal-Lena-Naturschutzgebiet und fließt zunächst durch ein enges Tal bis zur Siedlung **Kačug**. Das 320 Kilometer von Irkutsk entfernte Kačug war im 18. Jahrhundert ein wichtiger Umschlagplatz für die Frachtgüter der Großen Nordischen Expedition, die von hier auf der Lena bis Jakutsk transportiert wurden. Diese Expedition entdeckte auch in der Nähe des Dorfes **Šiškino** auch die bis heute **berühmten Felszeichnungen** aus der Altsteinzeit. Eines der hier dargestellten Motive – der Krieger mit dem Banner – fand Eingang in das Wappen der Republik Sacha (Jakutien). Der Fluss wird breiter und ist aber aufgrund breiter Sandbank nur für kleinere Schiffe ohne Tiefgang zu erreichen.

Der erste größere Hafen an der Lena ist in der 1628 gegründeten Stadt **Ust'-Kut** anzutreffen. Der Ort hat mehrere Namen. Während der Hafen Osetrovo

*Großartiges Naturschauspiel:
die Lena-Säulen*

standteil des UNESCO Weltnaturerbes. Die in der Welt in dieser Größe und Menge einmaligen **Lena-Pfähle** (Lenskie stolby) sind zahllose steile Felsen in unterschiedlichen Formen, die sich auf knapp 60 Kilometern am östlichen Ufer entlang hinziehen. Tektonische Spalten verwitterten nach ihrem Aufbruch. Durch die Erosion wurde der Kalkstein zu unzähligen Säulen unterschiedlichster

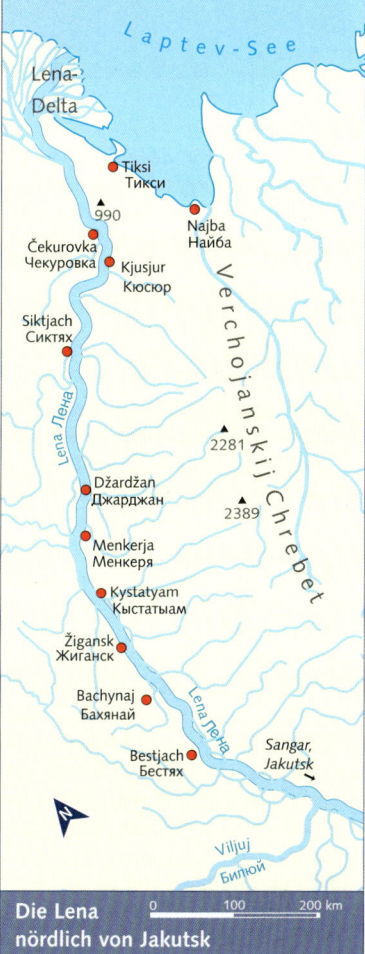

heißt, trägt die Stadt den Namen Ust'-Kut, und am Bahnhofsgebäude der hier den Strom überquerenden Baikal-Amur-Magistrale steht Lena. Bis Kirensk ist der Wasserpegel zumeist zu niedrig für größere Schiffe, so dass dort oft nochmals umgeladen werden muss. Ab Ust'-Kut verkehren aber sporadisch Tragflächenboote im Passagierverkehr. Die nächsten größeren Orte am Strom sind Kirensk, Vitim, Lensk und Olëkminsk. Der durch unzählige Nebenflüsse anschwellende Strom zieht in einem breiten Bogen in Richtung Nordosten. Es gibt viele Untiefen und Sandbänke. Bekannt sind die auch ›Lena-Backen‹ (Lenskie Ščëki) genannten **Bänke vor Kurejskaja**.

Die bekannteste und eindrucksvollste Sehenswürdigkeit erwartet den Reisenden ca. 200 Kilometer vor Jakutsk. Der Landstrich wird wohl in Kürze auch Be-

Im Fernen Osten

Die Siedlung Ust'-Kut

Statur geformt, von denen manche bis zu 100 Meter hoch sind. Hier befindet sich ein Naturpark, und die Kreuzfahrtschiffe legen für eine mehrstündige Wanderung durch die Felslandschaft an. Der phantastische Ausblick auf die Felsen vor dem Hintergrund der Lena und der Taiga lohnt die Anstrengungen. In der Nähe des Dorfes Sinsk mündet hier auch der Nebenfluss Sinjaja in die Lena. Hier gibt es westlich der Lena einen weiteren Nationalpark, da sich die Felsen dort zu beiden Ufern des Flusses Sinjaja fortsetzen. Bis Jakutsk sind es von den letzten Pfählen noch etwa 150 Kilometer.

Auf der Höhe von Jakutsk flacht die Umgebung des Flusses ab, das Hochplateau wird durch die Tiefebene, die Taiga durch die Tundra abgelöst. Etwa 60 Kilometer hinter Jakursk machen die Schiffe in **Sottincy** Stop, wo das **Freilichtmuseum Družba** u.a. die Siedlungsarchitektur der jakutischen und evenkischen Ureinwohner und der russischen Eroberer zeigt.

Südlich und nördlich von **Sangar** erreichen mit dem Aldan und dem Viljui die beiden größten Zuflüsse die Lena. Beide

bringen ihr Wasser in riesigen Deltalandschaften durch unzählige Ströme in den die neue Richtung. Land der 40 Inseln ist die Bezeichnung für das unbeschreiblich weite Land, die aber stark untertreibt. Kurz vor Žigansk überquert man den **Nördlichen Polarkreis**.

Žigansk selbst ist bereits 760 Kilometer von Jakutsk entfernt. Hier leben heute etwa 5000 Menschen, die für die Kreuzfahrttouristen Folklore-Programme aufführen. Es gibt ein kleines Heimatmuseum. Hinter Žigansk erreicht die Breite des Flusses mit etwa 10 Kilometern ihre größte Ausdehnung. Ostwärts erhebt sich der bis zum Eismeer reichende **Verchojansker Gebirgszug**.

In der Siedlung **Bulun** lebten im 19. Jahrhundert die Kaufleute Sannikov, deren Vorfahr einst auf seinen Reisen über das Eis am Horizont ein rätselhaftes Land entdeckt hatte. Auf einer Karte der neusibirischen Inseln aus dem Jahr 1811 tauchten erstmals zwei große Inseln mit der Bezeichnung ›Das von Sannikov gesichtete Land‹ auf. Genauso wie vorher ›Belovod'e‹ im Altajgebirge wurde ›Sannikov-Land‹ in der jakutischen Tundra

Die Michail Svetlov befährt die Lena regelmäßig

zur Legende und zum Traum, der die Gemüter lange Jahre bewegte. Als 1881 eine der beiden Inseln durch die Expedition des Amerikaners de Long entdeckt wurde, flammte das Interesse auch für die zweite Insel wieder auf. Zugvögel gen Norden und große Horden von Polarfüchsen beobachtete hier auch Fridtjof Nansen auf seiner Polarfahrt mit der ›Fram‹, doch die unbekannte Insel konnte nicht gefunden werden. Auf der Suche nach der sagenumwobenen Insel brach 1901 mit dem Schiff ›Zarja‹ unter Leitung des Baltendeutschen Eduard von Toll (1858–1902) eine Expedition in die Laptev-See auf. Sie gilt als verschollen. Die Suchexpedition fand 1903 auf der Bennet-Insel Tagebuchaufzeichnungen von Tolls. Der Mythos des Sannikov-Landes lebte noch lange weiter. Als der bekannte Geologe Vladimir Obručev 1926 seinen, später auch verfilmten und ins Deutsche übersetzten, phantastischen Roman ›Sannikov-Land‹ veröffentlichte, ist er im Nachwort von der Existenz der Insel überzeugt und vermutet, dass man sie mit den neuen Flugzeugen sicherlich finden wird.

Vor dem gewaltigen **Delta** mit über 150 Nebenarmen, das die Lena auf einer in die Laptev-See vorgeschobenen Halbinsel bildet, gibt es noch zwei markante Sehenswürdigkeiten. Die sogenannte **Lena-Röhre** (Lenskaja Truba) ist eine bekannte Stromschnelle. Weiter nördlich ragt ein **gewaltiger Sandsteinfelsen** in der Flussmitte aus dem Wasser. Die 104 Meter hohe Insel heißt ebenfalls Lena-Pfahl, obwohl sie eher einem stumpfen Kegel als einem Pfahl ähnelt. Das Lena-Delta gehört zum **größten Naturschutzgebiet Jakutiens** ›Ust'-Lenskij‹. Im Sommer wecken mehr als 90 verschiedene Vogelarten aus Asien, Australien und Amerika das Interesse der Ornithologen. In der

Unterwegs nach Norden

Tundra leben Lemminge und Polarfüchse, aber auch Rentiere und Eisbären.

Der Wendepunkt der Kreuzfahrtschiffe ist das am Ufer des Eismeeres gelegene **Tiksi**. Seit 1932 befindet sich hier Jakutiens Tor zum Meer. Damals errichteten Polarforscher zunächst eine meteorologische Station, und der nördliche Seeweg durch das Eismeer gewann an Bedeutung. Das Tor ist aber nur zwei bis drei Monate im Jahr geöffnet, denn bis zu zehn Monate im Jahr ist das Wasser mit einer bis zu zwei Meter dicken Eisschicht bedeckt, und im Winter herrscht die eisige Polarnacht. Tiksi ist jakutisch und bedeutet ›Anlegestelle‹. Der Ort zählt heute 5.600 Einwohner und macht einen trostlosen Eindruck. Er liegt nicht direkt an der Lena, aber nur eine gebogene Landzunge trennt den Ort vom östlichen Außenarm des Lenadeltas. Die Flusskreuzfahrtschiffe fahren nicht auf die offene See, sondern halten am Flussufer, wo man von dieser Haltestelle mit Bussen in das ca. 45 Kilometer entfernte Tiksi gelangt. Von Jakutsk bis Tiksi ist das Schiff vier Tage unterwegs, in die Gegenrichtung beträgt die Fahrzeit zumeist sechs Tage.

Entenjagd

Wir mußten uns mit aller Kraft in die Riemen legen, um in der Strömung an die Insel heranzurudern. Sie ragte über drei Meter aus dem Wasser empor. Die dichten Weidenbüsche, ziemlich gerupft und mitgenommen, hatten schon dicke Knospen. Auch hier lagen Eisschollen am Ufer, jedoch viel weniger als vor Bogutschansk. Dafür aber war am oberen Ende der Insel eine Barrikade aus Baumstämmen, Strauchwerk, Schilf und allerlei Unrat, der hier während des Eisganges hängengeblieben war, aufgetürmt. Im Schutze dieses natürlichen Walles bauten wir ein Lager aus Reisig und Schilf und dem mitgebrachten trockenen Stroh. Dann legte sich einer von uns an der Spitze der Insel in Deckung, während die anderen das Boot klarmachten, um die erlegten Vögel herauszufischen. Dort oben hatte sich eine kleine Bucht mit stillem Wasser gebildet, in welche die Enten und Gänse mit Vorliebe einfielen. Sie führte kein Eis, hatte keine Strömung und schien sehr fischreich. Wir brauchten nicht lange zu warten. Es kamen wunderschöne Mandarinenten mit schimmerndem Gefieder, wie Goldfasane mit flammendroten Schöpfen, grau-grüne Märzenten, Krickenten und verschiedene Gänsearten. Nach jedem Schuß flogen sie auf, blieben nur kurze Zeit in der Luft und fielen an der gleichen Stelle wieder ein. Beide Burschen hatten alle Hände voll zu tun, die geschossenen Vögel, die ihnen die Strömung zutrieb, aufzunehmen. Immer mehr füllte sich das Boot. Von Zeit zu Zeit lösten wir uns ab. Als die Sonne in der Dämmerung ihre warmen Strahlen schräg von Westen über das Wasser gleiten ließ, leuchteten die bunten Gefieder noch farbiger, es schien, als drängten sich die Vögel geradezu, an diesem Ort erlegt zu werden. (...)

Abends saßen wir um ein Feuer, brieten uns Enten am Spieß, die wir mit wildem Knoblauch und Salz würzten, und tranken Ziegeltee dazu. Nachts wachten wir nacheinander und lagen unter freiem Himmel, in unsere Pelze gehüllt, auf dem warmen Strohlager. Bis zum Abend hatten wir etwa einhundertvierzig Enten und Gänse geschossen. Am nächsten Tage setzten wir die Jagd fort; sie war so ergiebig wie am Abend zuvor. Nur gegen Mittag fielen weniger Vögel ein. Da holten wir den versäumten Schlaf nach. An diesem und dem nächsten Tage schossen wir so lange, bis uns die Patronen ausgingen. Schließlich hatten wir etwa vierhundertfünfzig Stück Flugwild in unserem Boot. Weit unterhalb des Dorfes legten wir an. Man hatte uns schon längst beobachtet und war uns mit Tauen und Strickleitern entgegengekommen. In Körben, die an langen Tauen an der Eismauer herabgelassen wurden, zogen wir die Beute an Land, und in den nächsten Tagen gab es im ganzen Dorf nur Enten- und Gänsebraten. Das meiste aber wurde in Fässern eingepökelt, später geräuchert oder einfach an der Luft getrocknet. Sehr fett waren die Gänse und Enten natürlich nicht, aber das Fleisch war ausgezeichnet und bereicherte lange Zeit den Speisezettel. Es war ein reizvoller Anblick, vor allen Häusern die Frauen und Mädchen zu beobachten, wie sie die Federn rupften. Die Flaumfedern waren besonders beliebt, denn mit ihnen wurden nicht nur Decken und Betten, sondern auch Jacken und Hosen gefüttert. Wir hatten unsere Beute überall verteilt und nichts für uns behalten. Das war so üblich.

aus: Traugott von Stackelberg, Geliebtes Sibirien, 1951

Blagoveščensk

Die Stadt liegt auf einer Landzunge vor der Mündung des Flusses Zeja in den gewaltigen Amur, so dass sie im Osten wie im Süden durch die beiden Flüsse begrenzt wird. Der Amur bildet gleichzeitig die Grenze zu China.

Geschichte

Im Jahr 1854 erforschte eine erste Expedition das linke Amurufer auf der Suche nach geeigneten Siedlungsplätzen. Zwei Jahre später wurden insgesamt sechs Vorposten begründet. Nachdem im Mai 1858 der Amur als Grenze zwischen Russland und China vertraglich vereinbart worden war, sollte im Außenposten Ust'-Zejskij per Zarenukas eine Kathedrale und eine im selben Jahr noch mit dem Stadtrecht ausgestattete Siedlung entstehen, die auch sofort zur Residenz der russisch-orthodoxen Kirche für Russlands Fernen Osten wurde. Im Stadtnamen findet sich die Bezeichnung für die Kathedrale wieder (russisch ›blagoveščenie‹ – Verkündigung), und so sollte die Siedlung von den neuen politischen Realitäten am Amur künden. Russland war an einer schnellen Besiedlung des Gebietes interessiert und Blagoveščensk

entwickelte sich sowohl als Handels- als auch als Verwaltungszentrum

Im Jahr 1871 nahm die Amur-Schifffahrtsgesellschaft ihren Betrieb auf. Innerhalb von 25 Jahren wuchs die Bevölkerung auf über 20 000 Einwohner. Die Stadt Blagoveščensk profitierte von der Dampfschifffahrt auf dem Amur und entwickelte sich zum wichtigsten Handelsplatz zwischen Russland und der Mandschurei. Knapp die Hälfte der Bewohner waren aber Chinesen.

Ein schwarzer Tag in der Geschichte der Stadt war der 4. Juli 1900. Aus Angst vor einem Übergreifen des chinesischen Boxer-Aufstandes sollten alle Chinesen aus der Stadt zurück nach China deportiert werden. Sie sollten etwa zehn Kilometer nördlich der Stadt in einer Furt den Amur durchschwimmen. Da die meisten Chinesen nicht schwimmen konnten und sich weigerten, kostete dieses Pogrom russischer Kosaken etwa 5000 Chinesen durch Ertrinken oder Gewehrkugeln das Leben. Die Erinnerung an diese Strafaktion ist in China sehr präsent und belastet bis heute die Beziehungen beider Länder. Im Jahr 1913, als die Stadt schon 70 000 Einwohner zähl-

Im Fernen Osten

Die Skyline von Heihe am gegenüberliegenden Amur-Ufer

te, erfolgte über eine Stichbahn der Anschluss an die Transsibirische Eisenbahn. Doch mit dem Bau der Transsib verschob sich auch der Handel mit China auf die Eisenbahn, und die Stadt verlor in ihrer Randlage an Bedeutung.

Heute leben 224 000 Menschen in Blagoveščensk. Die Stadt Blagoveščensk hat ohne Zweifel ihre eigene Ausstrahlung, aber die eindrucksvollste Sehenswürdigkeit ist der gewaltige Amur und insbesondere der Blick auf die sich entwickelnde Skyline des am gegenüberliegenden Ufer befindlichen chinesischen Ortes Heihe. Während in Blagoveščensk die Kennzeichen eines deutlichen Wirtschaftsaufschwungs bestenfalls punktuell wahrzunehmen sind, hat Heihe in den letzten 15 Jahren seine Einwohnerzahl verfünffacht und aus einem Nest mit Lehmhütten hat sich eine Stadt mit vielen mehrstöckigen Geschäfts- und Wohnhäusern entwickelt. Das Bild beider Orte im Vergleich ist somit auch recht typisch für die wirtschaftliche Entwicklung der beiden Länder. China boomt, woran insbesondere in der Mandschurei auch der aktive Grenzhandel mit Russland seinen Anteil hat. Russland hat sich ohne Zweifel stabilisiert, aber

von den wirtschaftlichen Zuwächsen ist in der sibirischen Provinz noch nicht viel angekommen.

Der chinesische Einfluss ist auch in Blagoveščensk ist nicht zu übersehen. Sowohl im Handel als beispielsweise auch insbesondere in der boomenden Glücksspielszene dominieren die Chinesen. Mit über 30 Casinos nimmt die Stadt einen Spitzenplatz in Russland ein, denn in diesem Bereich ist in Russland erlaubt, was in China verboten ist. Die Öffnung zum großen Nachbarn löst hier, wie überall im Fernen Osten, nicht nur Begeisterung aus. Während zu sowjetischen Zeiten die Angst vor einer militärischen Konfrontation den Menschen Angst einflößte, fürchtet man heute die wirtschaftliche Dominanz und die daraus resultierenden politischen Konsequenzen vor dem Hintergrund der geringen russischen Bevölkerungsdichte. Die Klischees von der ›gelben Gefahr‹ ähneln heute wieder denen von vor 100 Jahren, als sich Sibirien im Zusammenhang mit dem Mandschurei-Abenteuer beim Bau der Transsibirischen Eisenbahn auch für Chinesen öffnete. Hier liegen nicht zuletzt auch die Gründe dafür, dass sich die Infrastruktur für den kleinen Grenzver-

---

1. Heimatkundemuseum (Краеведческий музей)
2. Dinosaurier-Museum (Музей Динозавров)
3. Schauspielhaus (Драматический Театр)
4. Philharmonie (Филармониа)
5. Kino (Кинотеатр)
6. Mariä-Verkündigungs-Kathedrale (Собор Благовещения Пресвятой Богородицы)
7. Backsteinkirche mit Kloster (Гаврило-Архангельский Монастырь)

8. Kulturpalast ›Bastille‹ (Общественно-Культурный Центр «Бастилия»)
9. Kaufhaus ›Amur-Passage‹ (Амурский Пассаж)
10. Einkaufszentrum ›MEGA‹ (Торговый Центр МЕГА)
11. Passagierhafen (Речной вокзал) und Grenzübergang (Переход границы)
12. China-Kaufhaus

▲ Karte S. 355

kehr nur sehr langsam entwickelt. Im Stadtbild fallen mehrere Wachtürme auf, von wo aus die Armee permanent die Grenze beobachtet. Der kleine Grenzverkehr ist nach wie vor mit entsprechenden Visaformalitäten verbunden, spontane Ausflüge sind nicht möglich. Am Grenzübergang gibt es klimatisch bedingte Einschränkungen. Im Sommer überquert eine Fähre den Amur in 20 Minuten sechsmal täglich in beide Richtungen. Im tiefen Winter fährt eine Buslinie analog über den gefrorenen Amur. In der Übergangsphase ruht das Grenzgängertum. Das Projekt einer Brücke über den Amur kommt seit vielen Jahren

Blagoveščensk (Благовещенск), Zentrum

Im Fernen Osten

Die beliebte Uferpromenade am Amur

nicht über das Planungsstadium hinaus. 2010 wurde zwischen Blagoveščensk und Heihe eine Absichtserklärung über die Schaffung einer gemeinsamen Freihandelszone unterzeichnet.

Sehenswürdigkeiten

Blagoveščensk ist wohl auch dank der Grenzlage zu China wieder eine erstaunlich lebendige Stadt geworden. Viele historische Gebäude zeugen von den Kaufmannstraditionen im Grenzhandel. Die als Straße der Roten Flotte benannte **Uferpromenade** ist ein beliebter Treffpunkt in der Stadt und wurde 2009 bis 2010 als Boulevard weiter ausgebaut. Im Gegensatz zur ›Mutter Wolga‹ spricht man hier vom ›Vater Amur‹ – eine Koseform, die für die anderen Ströme Sibiriens nicht gebräuchlich ist.

Der weite **Leninplatz** verbindet die Uferpromenade mit dem parallel zum Amurufer verlaufenden **Leninprospekt**. Dieser hieß früher ul. Bol'šaja und war ohne Zweifel um 1900 eine repräsentative Geschäftsstraße. Heute knüpft man wieder an diese Traditionen an.

Als zweite Hauptgeschäftsstraße beginnt hier die **ul. 50 letija Oktjabrja**, die

über die nächsten vier Querstraßen mit neuen Geschäften am Busbahnhof vorbei zum etwa drei Kilometer entfernten Bahnhof führt.

Der Leninplatz als zentraler Platz der Stadt wird vor allem durch den sowjetischen **Klotzbau der Gebietsadministration** als Sitz des Gouverneurs bestimmt. Blagoveščensk ist die Hauptstadt des Amurgebietes, eines der 85 Föderationssubjekte. Bevor die Parteiführung 1984 in den Neubau umzog, hatte sie ihr Domizil in einem der schönsten klassizistischen Gebäude der Stadt, das seit dieser Zeit das Heimatkundemuseum beherbergt. Gebaut wurde es vor mehr als 100 Jahren als Filiale des deutschen Handelshauses ›Kunst & Albers‹ aus Vladivostok. Die Filiale des zweiten großen Handelshauses jener Zeit ›Curin & Co.‹ ist heute das Domizil des örtlichen **Kinderkaufhauses**. Daneben entstand ein **neues Standesamt** sowie mit der **Amur-Passage** ein modernes Kaufhaus. In der ul. Lenina befinden sich außerdem im Gebäude der ehemaligen Adelsversammlung das **Schauspielhaus**, ul. Lenina 146, Tel. 337420, www.amurteatr.ru (R), die **Philharmonie**, ul. Pionerskaja 1,

 Karte S. 355

Tel. 424205, und das größte Kino der Stadt namens **Oktjabr'**, ul. Lenina 159. Daneben existiert noch ein Puppentheater, ul. Ševčenko 60/4, Tel. 442666. Zwischen ul. Lenina und Uferpromenade befindet sich der markante neue **Kulturpalast** (OKC) der Stadt, der im Volksmund auch die ›Bastille‹ genannt wird, ul. Lenina 100, Tel. 372226, www.okcblag.ru (R). Hier finden regelmäßig Konzerte und alljährlich im Herbst ein Filmfestival statt.

Das **Heimatkundemuseum** ist als Gebäude eine Sehenswürdigkeit und auch seine Ausstellungen sind sehr zu empfehlen. Seine Geschichte beginnt mit einer Ausstellung zu Ehren des Zarewitsch-Besuches im Jahr 1891. Heute trägt das Museum den Namen des Lokalhistorikers Grigorij Novikov-Daurskij (1881–1961) und zeigt in 16 Sälen umfassende Ausstellungen über Fauna und Flora, Geschichte, Geographie und Ethnographie der Amurregion, Mo Ruhetag, ul. Lenina 165, Tel. 522414, www.museumamur.ru (R).

Nachdem in den letzten Jahren Dinosaurier-Knochen in der Umgebung gefunden wurden, gibt es seit kurzem auch ein kleines **Dinosauriermuseum** in der Stadt, per. Reločnyj 4, Tel. 442810.

Am Amurufer blickt man vom Leninplatz in Richtung Osten zum **städtischen Badestrand** und zum Kulturpalast. Auf der anderen Seite des Platzes erinnert ein gepanzertes **Schnellboot als Denkmal** an die Heldentaten der Roten Armee an den Fronten des Zweiten Weltkrieges und ein Triumpfbogen an den Besuch des Zarewitsch während seiner Sibirien-Reise im Jahre 1891.

Im Schatten der die Promenade säumenden Bäume steht noch ein **Denkmal für Nikolaj Murav'ëv** (1811–1881), den damaligen Generalgouverneur Ostsibiriens.

Insbesondere seinem diplomatischen Geschick ist es zu verdanken, dass im Jahre 1858 im Vertrag von Argun der Amur als Grenze zwischen China und Russland festgeschrieben wurde. Hier ist man ihm zudem für das im selben Jahr verliehene Stadtrecht und den neuen Namen Blagoveščensk verpflichtet. Für diese Verdienste erhielt er vom Zaren den Adelstitel und den Zunamen Amurskij.

In den roten Backsteinbauten befinden sich heute verschiedene Forschungsinstitute. Früher trug die **alte Handelsreihe** den exotischen Namen ›Mauretanien‹. Am Ufer gelangt man zum Platz des Sieges und zum etwas heruntergekommenen Stadtpark, durch den man auf der Höhe der ul. Lenina das Schauspielhaus erreicht.

Die einstmals prächtige **Kirchenlandschaft** der Stadt ist Vergangenheit. Um 1900 hatte Blagoveščensk ca. 40 000 Einwohner und 8 Kirchen. Die Verkündigungs-Kathedrale, die der Stadt seinerzeit ihren Namen verlieh, wurde dem Erdboden gleichgemacht. An ihrer Stelle befinden sich heute die Grünanlagen des Lenin-Platzes. Einhundert Jahre später gab es für über 200 000 Menschen nur eine Kirche. Im Jahr 2003 öffnete dann an anderer Stelle – allerdings nicht originalgetreu – wiedererrichtete historische **Mariä-Verkündigungs-Kathedrale** den Gläubigen ihre Pforten, ul. Komsomol'skaja 7.

Die alte rote Backsteinkirche gehörte ursprünglich der polnischstämmigen katholischen Gemeinde und wurde nach der Revolution geschlossen. Nach dem Zweiten Weltkrieg wurde sie dann als einzige Kirche der Stadt geöffnet und russisch-orthodox geweiht. Heute beherbergt sie das **Gavrilo-Archangelsker Männerkloster** und befindet sich in der ul. Gor'kogo 133.

Im Fernen Osten

ℹ Blagoveščensk

Lage: 50°15'24.06"N/127°32'0.80"E; Blagoveščensk ist 7985 km von Moskau entfernt. Zeitunterschied zu MEZ im Sommer 8, im Winter 9 Std.

Postleitzahl: 675000.

Vorwahl: +7/4162; Auskunft: 09.

Hauptpostamt: ul. Pionerskaja 27, Tel. 525585.

Bank: Filiale Vneštorgbank, ul. Ševčenko 36, Tel. 441775.

Reisebüro: Sputnik, ul. Krasnoarmejskaja 124, Tel. 591111.

Taxi: Tel. 428526.

Durchschnittstemperatur: Januar –24 Grad, Juli 21 Grad.

Achtung: Wenn man einen Ausflug ans andere Amurufer nach China plant, benötigt man ein chinesisches Visum, in dem Blagoveščensk als Grenzübergang angegeben ist. Um dieses Visum muss man sich vorher kümmern, da es nur in Moskau oder Chabarovsk bzw. in Blagoveščensk über ein Reisebüro (Bearbeitungszeit 2 Wochen) erhältlich ist. Man muss auch daran denken, dass einem mit einem normalen Einfachvisum die Rückkehr nach Russland versperrt ist und man ein russisches Mehrfachvisum benötigt. Der Grenzübergang befindet sich an der Uferpromenade in Höhe der ul. Čajkovskogo.

Der Flughafen Ignat'evo liegt etwa 12 km nordwestlich vom Stadtrand. Es gibt täglich 1–2 Flüge nach Moskau sowie mehrere Flüge pro Woche nach Novosibirsk, Krasnojarsk, Irkutsk, Chabarovsk, Vladivostok, Južno-Sachalinsk und Jakutsk; Stadtbüro: ul. Lenina 193, Tel. 392351, www.amurair.ru (R).

Es gibt eine tägliche Zugverbindung nach Chabarovsk sowie jeden zweiten Tag einen Zug nach Moskau und Tynda. Bis Chabarovsk ist man 16 Std. unterwegs. Zweimal tgl. fährt ein Vorortzug nach Belogorsk (Fahrtzeit 3 Std.), dem nächsten Bahnhof an der Hauptstrecke der Transsibirischen Eisenbahn, ul. Stancionnaja 1, Tel. 395205.

Es gibt Busverbindungen in die Umgebung und nach Belogorsk zum nächsten Transsib-Bahnhof, ul. 50letija Oktjabrja 42/2, Tel. 422313.

Das Hafenschiff befindet sich auf dem Amur, ul. Čajkovskogo 1, Tel. 440703. Es gibt unregelmäßige Verbindungen nach Komsomol'sk am Amur.

Das beste Hotel ist das neue, markante und zudem größte Hotel der Stadt mit über 200 Zimmern in verschiedenen Preisklassen: **Azia**, ul. Gorkogo 158, EZ/DZ 2500–4800 Rbl. Tel. 222517, www.amurasia.ru (R).

Ebenfalls empfehlenswert ist das **Hotel am Ufer** (Otel'na naberežnoj), per. Svjatogo Inokentija 3, EZ/DZ 2000–3800 Rbl., Tel. 200305, www.hotelnn-blag.ru (R) mit sehr guter Küche.

Weitere Alternativen sind das **Gloria**, ul. Ševčenko 46/1, EZ/DZ 3200–5800 Rbl., Tel. 224600, und das **Ankor**, EZ/DZ 3100–5100 Rbl., ul. Trudovaja 15, Tel. 371790. Preiswertere Alternativen sind die rekonstruierten Hotels aus Sowjetzeiten: **Jubilejnaja**, EZ/DZ 2100–3700 Rbl., ul. Lenina 108, Tel. 493781, www.blghotel.ru (R), und **Zeja**, EZ/DZ 2000–3000 Rbl., Kalinina 8, Tel. 539996, www.hotelzeya.ru (R). Außerhalb des Stadtzentrums gibt es ein **Hostel** gegenüber der Universität, Schlafplatz 450 Rbl., Ignat'evskoe šos. 12/6, tel. 389658.

Karte S. 355

Das beste Restaurant der Stadt ist das **Beletaž** (Белэтаж) im Hotel am Ufer, Tel. 200395.

Russische Küche gibt es im **Joškin Kot**, der Begriff gehört in den Bereich der nicht übersetzbaren ›Folklore‹ und ist eine Art milder Fluch für unerwartete Gegebenheiten, ul. Krasnoarmejskaja 91, Tel. 530294. Die Nähe zu Asien ist auch in der Gastronomie spürbar: **Kit-chen** ist gut für chinesische und japanische Küche, ul. Lenina 281/1, Tel. 522115, www.кит-чен.рф (R). **Korejskij Dom**, ul. Amurskaja 210, Tel. 449887, ist bekannt für seine koreanische Küche.

Kaukasische Küche gibt es im armenischen **Ani**, ul. Oktjabrskaja 190, Tel. 353999, und im aserbaidschanischen **Staryj Baku**, ul. Kantemirova 23/4, Tel. 336009.

Die Brücke nach Europa schlagen auch Bierstuben, wie das **Pilsner**, ul. Ševčenko 7, Tel. 522680, www.pilsner.ru (R/E), oder das **Evropa** im Einkaufszentrum Mega, Tel. 220303.

Russkoe Bistro, ul. Krasnoarmejskaja 143, Tel. 440687. Die russische Fastfood-Alternative.

Cit-Café, ul. Zejskaja 225, Tel. 526566. Internetcafé.

Erlebnis-Shopping auf 5 Etagen bietet das größte Einkaufszentrum der Stadt unter dem Namen **MEGA**, ul. 50letija Oktjabrja 61.

Das alte **Kaufhaus** steht in derselben Straße – ul. 50letija Oktjabrja 20.

Auf der Hauptstraße sind die meisten Geschäfte in der **Amur-Passage** zu finden, pr. Lenina 159.

www.blagoveshensk.ru (R)
www.amurobl.ru (R)
www.amursu.ru (R/E)
www.amur.info (R)

Birobidžan

Birobidžan ist vor allem als Hauptstadt des ›Jüdischen Autonomen Gebietes der Russischen Föderation‹ bekannt. Doch man sollte die Erwartungen an Klein-Israel im Fernen Osten nicht zu hoch schrauben.

Heute leben knapp 200 000 Menschen in dem Autonomen Gebiet. Die Hauptstadt zählt 75 000 Einwohner. Die Anzahl der Juden darunter ist mit acht Prozent kaum höher als im gesamtrussischen Durchschnitt. Doch nichtsdestotrotz prägt diese Autonomie das Stadtbild mit jüdischen Elementen und vielerorts kombinierten russisch-hebräischen Beschriftungen.

Geschichte

Dieses Kuriosum der Geschichte hat die Welt letztendlich Josef Stalin zu verdanken. Mit der Schaffung dieses Autonomiegebietes ging es den russischen Kommunisten aber keineswegs, wie manchmal vermutet, um ein Gebiet für Massendeportationen. Die Ansiedlung möglichst vieler Juden aus dem In- und Ausland am Amur sollte auf freiwilliger Basis erfolgen. Die Idee dazu wurde 1921 im Komitee für Nationalitätenfragen entwickelt.

Antisemitismus und Pogrome waren schon zur Zarenzeit in Russland keine Ausnahme. Viele Juden hatten sich von

Im Fernen Osten

Anfang an in der bolschewistischen Bewegung engagiert, denn in der Hoffnung auf soziale wie nationale Emanzipation übte der Sowjetstern mit seiner Ideologie eine starke Anziehungskraft aus. Stalin griff die Idee des Neubeginns auf und wollte mit seiner damals weltweit einzigartigen Initiative eine Alternative zum von vielen erträumten, aber damals noch unrealistischen Neubeginn in Palästina schaffen.

Erste Versuche, die Voraussetzungen für eine kompakte massenweise Ansiedlung auf der Halbinsel Krim und in der Nähe von Smolensk zu schaffen, scheiterten vor allem daran, dass es nicht ausreichend freie Ländereien gab und das Projekt von der örtlichen Bevölkerung nicht angenommen wurde. Die Alternative konnte also nur eine kaum besiedelte Gegend mit günstiger Verkehrsanbindung sein, die man dann an der Transsibirischen Eisenbahn fand.

Im Jahr 1928 erkundete eine Expedition das Gebiet und entschied sich für den alten Halbetappenort Tichon'ka an der Amurbahn als Zentrum für das sibirische gelobte Land. Im selben Jahr kamen die ersten Umsiedler. Zwei Jahre später wurde Tichon'ka in Birobidžan umbenannt.

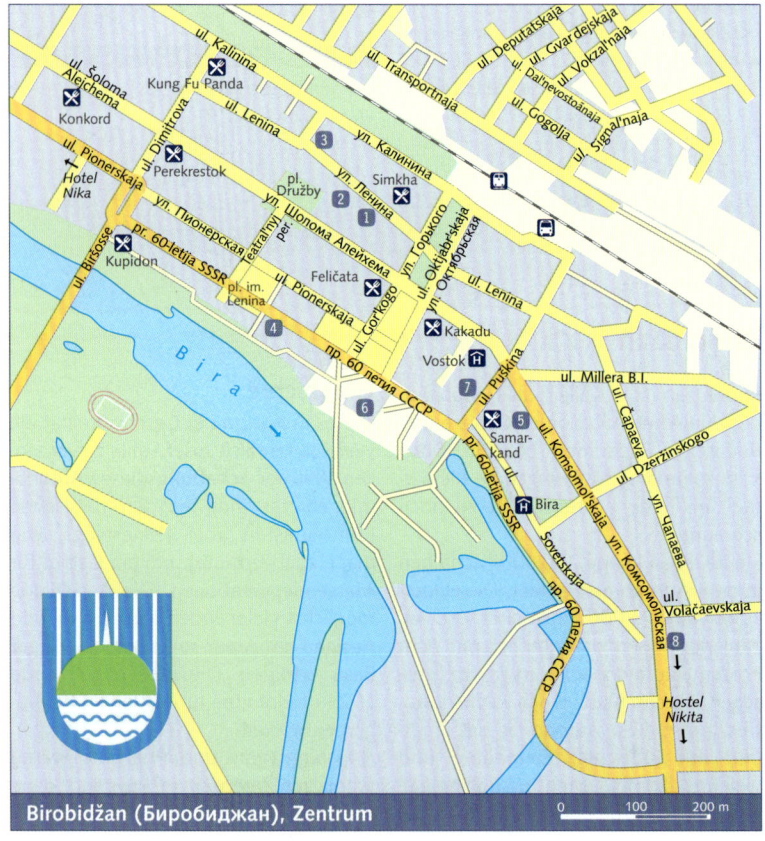

Birobidžan (Биробиджан), Zentrum

0   100   200 m

*Skulptur vor dem jüdischen Gemeinde-
zentrum in Birobidžan*

Den Namen erhielt der Ort von den beiden Flüssen Bira und Bidžan, die in der Nähe zusammenfließen. Im Jahr 1934 war man der Überzeugung, dass die Ansiedlung der Jugend ein Erfolg war und proklamierte die Region nun auch offiziell zum ›Jüdischen Autonomen Gebiet der UdSSR‹. Das war damals auch ein propagandistischer Erfolg und lockte auch etwa 1400 Enthusiasten aus dem Ausland an den Amur. Erstmalig hatten Juden ein eigenes

staatsähnliches Gebilde, denn bis zur Gründung Israels sollten noch 14 Jahre verstreichen.

Über 40 000 freiwillige Siedler brachen in den ersten zehn Jahren auf, um den Landstrich unter der Fahne einheitlicher jüdischer Nationalität mit Leben zu füllen. Aber die Umsiedler fanden beklagenswerte Lebensbedingungen vor. Für Landwirtschaft waren Boden und Klima deutlich ungeeignet. Vielen fehlte es an Erfahrung. Dem Handel fehlte es in der Umgebung an Kunden. Die Industrieansiedlung verlief schleppend. Bis 1940 hatten über zwei Drittel der Neusiedler bereits wieder aufgegeben.

Von den für die letzten Lebensjahre Stalins charakteristischen antisemitischen Repressalien blieb das Gebiet ebenfalls nicht verschont. Die gesamte Führungsriege verschwand im GULAG. Mit der beginnenden Liberalisierung und den Ausreiseerleichterungen nach 1980 wagten viele Juden nochmals den besagten Neuanfang – nun im richtigen Israel. Heute erhält die verbliebene jüdische Gemeinde umfangreiche Unterstützung aus aller Welt. Es besteht eine Städtepartnerschaft mit Maalot-Taršiha in Nordisrael.

Sehenswürdigkeiten

Das 172 Kilometer westlich von Chabarovsk liegende Birobidžan ist ein sehr beschauliches und ruhiges Städtchen. Die im Stadtzentrum parallel auf halber Höhe zwischen der Bahnlinie und dem

Im Fernen Osten

1 Neue Synagoge (Синагога)
2 Heimatkundemuseum
(Краеведческий музей)
3 Verkündungskathedrale
(Благовещенский собор)
4 Gebietsverwaltung
(Администрация области)
5 Kunstgalerie
(Художественный музей)
6 Philharmonie (Филармония)
7 Markt
(Рынок)
8 Alte Synagoge
(Старая синагога)

Amur-Nebenfluss Bira verlaufende Hauptstraße von Birobidžan ist nach dem russisch-jüdischen Schriftsteller Šolom Alejchem (1859–1916) benannt. Vor dem in rötlichen Tönen gehaltenen **Bahnhofsgebäude** steht ein **Springbrunnen mit Menora-Stele**. Ein **Pferdewagen-Denkmal** erinnert an die ersten Siedler. Hier beginnt die ul. Oktjabr'skaja, die parallel mit der Gorkij-Straße einen Siegespark bildend, zum Zentrum führt.

An der ersten Ecke gelangt man rechter Hand zum **Heimatmuseum**, Mo, Di Ruhetage, ul. Lenina 25 Tel. 68321. Davor befindet sich das **jüdische Gemeindezentrum** ›Freid‹ mit der **neuen Synagoge** und dem **Holocaust-Denkmal**, ul. Lenina 15. Weiter auf dieser Straße gelangt man zur neu erbauten **orthodoxen Verkündigungskirche**, ul. Lenina 34, die sich gegenüber dem Rathausplatz befindet. Am Rathaus abbiegend, kommt man

über die Theatergasse zum Leninplatz, wo sich auch das **Verwaltungszentrum des Autonomen Gebietes** befindet. Ein Schauspiel-Theater gibt es nicht mehr, nur noch ein **Puppentheater** (Svejnyj per. 5). Vom Leninplatz sieht man schon den Fluss, wo in den letzten Jahre eine zum Spaziergang einladende **Uferpromenade** samt Pavillon und Wasserspielen angelegt wurde.

Links gelangt an die für das kleine Birobidžan doch etwas zu groß geratenen **Philharmonie**. Auf dem Theaterplatz davor sticht der sprichwörtliche goldfarbene **Fiedler aus dem Städtle** oder auf dem Dach unter den Skulpturen hervor, die durch mehrere Springbrunnen eingerahmt werden, pr. 60–letija SSSR 14, Tel. 65908. Hinter der Philharmonie kommt man zum am Ufer gelegenen **Kulturpark** mit dem üblichen Rummel.

▲ *Am Ortseingang von Birobidžan*

Zurück zum Zentrum gelangt man rechts zur **Fußgängerzone** mit Geschäften und Markt und am Hotel Voschod vorbei zur **Gemäldegalerie**, So, Mo Ruhetage, ul. Komsomolskaja 6, Tel. 23485.

Zur etwas abseits des Stadtzentrums gelegenen **alten Synagoge** gelangt man auf der Hauptstraße in Richtung Osten, die hinter dem Markt dann ul. Komsomol'skaja und zwei Kreuzungen später ul. Sovetskaja heißt. Das kleine Holzhaus am Stadtrand wurde 1947 zur Synagoge und steht heute zwischen Neubaublöcken aus der Zeit um 1970, ul. Majakovskogo, Tel. 63100.

 Birobidžan

Lage: 48°47'25.35"N/132°55'55.02"E; Zeitunterschied zu MEZ im Sommer 9, im Winter 10 Std.

Postleitzahl: 682200.

Vorwahl: +7/42622.

Hauptpostamt: pr. 60–letija SSSR, Tel. 33633.

Bank: Sberbank, ul. Šoloma-Alejchema 16, Tel. 69946.

Geldautomat: ul. Lenina 11.

Reisebüro: Birobidžan-Intur, ul. Šoloma-Alejchema 79a, Tel. 63686.

Taxi: 22222, 29992.

Durchschnittstemperatur: Januar –22 Grad, Juli 20 Grad.

Der kyrillisch und hebräisch beschriftete Bahnhof liegt am nördlichen Rand des Stadtzentrums, ul. Kalinina, Tel. 91214. Dank der vor einigen Jahren neu eröffneten Amur-Brücke bei Chabarovsk hat sich die Verkehrsanbindung der Stadt deutlich verbessert. Vom nebenan gelegenen Busbahnhof gibt es täglich mehrere Verbindungen ins 170 km entfernte Chabarovsk, wo sich auch der nächstgelegene Flughafen befindet, ul. Kalinina, Tel. 60771.

Das beste Hotel der Stadt ist das mit neun Zimmern sehr familiäre **Hotel Nika**, EZ/DZ 2500–3500 Rbl., ul. Pionerskaja 75b, Tel. 33838.

Der renovierte Hotelklassiker aus den 1980ern ist das annehmbare **Vostok** mit 120 Zimmern, EZ/DZ 1250–2500 Rbl., ul. Šoloma-Alejchema 1, Tel. 65330.

Eine Alternative ist das Hotel **Bira**, EZ/DZ 1500–2800 Rbl., ul. Sovetskaja 21, Tel. 77778, www.bira-hotel.ru (R/E).

Die günstigste Alternative ist das **Hostel Nikita**, Schlafplatz 400 Rbl., ul. Nevskaja 4, Tel. 964/4753435.

Eine koschere Speisekarte gibt es nur im **Simkha**, ul. Lenina 19, Tel. 22390.

Das beste Restaurant ist das **Konkord**, ul. Šoloma-Alejchema 67, Tel. 66290.

Ebenfalls empfehlenswert ist das **Café Perekrestok** (Kreuzung, Перекресток), ul. Šoloma-Alejchema 33, Tel. 61495.

Kung-Fu Panda ist die beste Wahl für chinesische Küche, ul. Dmitrova 3a, Tel. 924/1558388.

Usbekische Küche bietet das **Samarkand**, ul. Puškina 13.

Das **Café Feličita** bietet Pasta, Pizza und auch guten Kaffee, ul. Gorkogo 15, Tel. 924/6457070.

Akzeptables Fast Food gibt es im **Kakadu**, ul. Šoloma-Alejchema 9, Tel. 46180.

Neben guter Küche gibt es den besten Kaffee und Kuchen im **Restaurant Kupidon** an der Brücke über die Bira, pr. 60–letija SSSR 26, Tel. 20545

www.eao.ru (R/E).

www.gorodnabire.ru (R)

Im Fernen Osten

Chabarovsk

Die Stadt, in der heute 607 000 Einwohner leben, zieht sich auf einer Länge von knapp 40 Kilometern am Amur entlang. Chabarovsk ist die Hauptstadt des Föderalbezirkes Ferner Osten, was ihre Bedeutung als eines von sieben regionalen Verwaltungszentren Russlands erhöht hat. Gleichzeitig ist sie eine bedeutende Industriestadt mit Maschinenbau, Bauindustrie, Öl- und Holzverarbeitung. Doch da die Gewerbegebiete am Stadtrand liegen, spürt man davon im Stadtzentrum kaum etwas. Es gibt eine Technische Universität und mehrere Institute. Der derzeit, seit 2006, größte in Russland im Umlauf befindliche Geldschein – 5000 Rubel – zeigt Chabarovsker Motive: das Murav'ëv-Amurskij–Denkmal und die große Amurbrücke.

Zu sowjetischen Zeiten war Chabarovsk die einzige ausländischen Touristen zugängliche Großstadt im Fernen Osten. Insbesondere bei Touristen aus Japan und Korea und Händlern aus China erfreut sie sich auch heute wachsender Beliebtheit, was in der Stadt und in den Hotels nicht zu übersehen ist. Das Verhältnis zu China ist nicht unproblematisch. Aktueller Streitpunkt sind zwei nicht weit von der Stadt entfernte Inseln, die bislang zu Russland gehören. Durch die zunehmende Versandung des trennenden Flussarms könnten sie nun in absehbarer Zeit zu Festland werden und würden damit an China fallen

Geschichte

Der Ort wurde 1858 als Festung Chabarovka gegründet und sollte die Region am Amur für Russland sichern. Die vormals zur Mandschurei gehörenden Landstriche waren nach dem russisch-chinesischen Friedensschluss von Aigun an Russland gegangen. Die Besiedlung der Stadt am Amur begann auf drei Hügeln am rechten Steilufer, wo man jeweils mit dem Bau einer Straße begann. Der Bebauungsplan aus dem Jahre 1872, der damals sieben rechtwinklig zum Amur und acht parallel zum Fluss verlaufende Straßen vorsah, ist noch jetzt vor allem durch die drei Hauptstraßen ul. Murav'ëva-Amurskogo, ul. Seryševa und ul. Lenina sowie die sie verbindenden Querstraßen wiederzuerkennen. Die Täler zwischen den Hügeln bestimmen bis heute als langgezogene Alleen in zwei nach den Flüssen Amur und Ussuri benannten Boulevards mit üppigen Grünanlagen das Bild der Stadt. 1880 erhielt der Ort das Stadtrecht und heißt seit 1893 Chabarovsk. Damit wird einem der russischen Eroberer Sibiriens gedacht, der im 17. Jahrhundert erstmalig das Amurgebiet für den Zaren erkundete. Erofej Chabarov wurde dabei vor allem durch seine Grausamkeit gegenüber den Ureinwohnern berühmt und berüchtigt. 1897 wurde nach sechsjähriger Bauzeit mit der Ussuri-Bahn zwischen Chaba-

Das imposante Gebäude der Gebietsadministration von Chabarovsk

Karte S. 366 ▲

Sehenswürdigkeiten

Der Reiz von Chabarovsk besteht in der Steiluferpromenade am Amur und einer Altstadt, die durch eine gefällige Mischung aus alten Holzhäusern und Gründerzeitgebäuden geprägt ist. Die **Hauptstraße** der Stadt hat in ihrer Geschichte schon viele Namen getragen: zunächst Chabarovskaja, dann Bol'šaja; zur Jahrhundertwende wurde sie nach dem Gouverneur Ostsibiriens Murav'ëv-Amurskij und nach der Oktoberrevolution nach Karl Marx benannt. In den 1990er Jahren fand man hier im vielerorts geführten Disput über die Rückkehr zu den alten Straßenbezeichnungen einen salomonischen Kompromiss. Eine Hälfte der langen Straße heißt jetzt wieder nach Murav'ëv-Amurskij, für die andere Hälfte – am Leninplatz beginnend – blieb Karl Marx erhalten.

Die Gottesmutter-Entschlafens-Kathedrale

rovsk und Vladivostok das erste Teilstück der Transsibirischen Eisenbahn übergeben. Knapp 20 Jahre später wurde in der Umgebung von Chabarovsk mit der Übergabe der gewaltigen Amurbrücke die durchgehende Zugverbindung zwischen Moskau und Vladivostok auf russischem Hoheitsgebiet hergestellt und das Jahrhundertwerk Transsib ohne die Mandschurei-Route vollendet. Der Hafen war bereits 1872 fertiggestellt worden. Um die Jahrhundertwende hatte die sich stürmisch entwickelnde Stadt 15 000 Einwohner. Schon 1884 war sie zur Hauptstadt des nach dem Fluss Amur benannten Generalgouvernements geworden. Nach Oktoberrevolution und Bürgerkrieg gehörte sie zur Fernöstlichen Republik. 1924 wurde sie wiederum die administrative Hauptstadt des Fernen Ostens, der dann 1938 in die Gebiete Chabarovsk und Primor'e mit der Hauptstadt Vladivostok aufgeteilt wurde.

Den Beginn der Straße bildet am Steilufer heute der nach der sowjetischen kommunistischen Jugendorganisation benannte **Komsomolplatz**. Von diesem Platz ging einst auch die Besiedlung der Stadt aus. Ursprünglich stand in der Mitte des Platzes die größte Kirche der Stadt, die Maria-Entschlafens-Kathedrale. Sie war 1886 erbaut worden und fiel nach 1930 wie viele andere Kirchenbauten dem Sowjetatheismus zum Opfer. An ihrer Stelle wurde 1956 in der Sichtachse der Hauptstraße dann das **Denkmal für die Opfer des Bürgerkriegs im Fernen Osten** errichtet. Als nach 1990 die Frage eines Kirchenneubaus auf die Tagesordnung kam, suchte man auch hier den Kompromiss. Das Denkmal blieb erhalten, und das neue Gotteshaus entstand 2001 einige Meter zum alten Standort versetzt am nördlichen Rand des Platzes. Die schmale turmartige Architektur der **Gottesmutter-Entschlafens-Kathedrale** (Sobor Uspenija Božej

Im Fernen Osten

Flughfen, Rest. Royal

Zeppelin
ул. Ленинградская

Zarja

Šara-Bara

ul. Leningradskaja

ul. Vladivostokskaja

ул. Lermontova

ul. Nekrasova

ul. Moskovskaja

Žolotaja Ptička

ul. Dikopol'ceva

ул. Карла Маркса

Ujut

ul. Stazionnaja

ul. Nekrasova

ul. Volkova

ул. Krasina

ул. Pan'kova

ул. Kimjučena

per. Studenčeskij

пер. Muchina

ул. Lenina

Bus-
bahnhof

Amurskij бул.

ul. Gajdara

ul. Seryševa

Detskij park im. Gajdara

park Dinamo

ul. Postyševa

ul. Vostrecova

ul. L'va Tolstogo

Jasnaja Poljana

pl. im. V. I. Lenina

ul. Džambula

ul. Ser*ševa

Ussurijskij bul'var

ul. Puškina

ul. Gogolja

Teatral'nyj

ul. Gogolja

ul. Šeronova

ul. Gogolja

ул. Шеронова

Amurskij бул.

ul. Šeronova

ул. Муравьёва-Амурского

Mjunchen

Amur

ul. Voločaevskaja

ul. Dzeržinskogo

ул. Дзержинского

Beerfest

ul. Zaparina

ул. Запарина

Imperator

Daurija

ul. Frunze

ул. Фрунзе

ul. Kalinina

ул. Калинина

Chabarovsk Citi

Sapporo

Teplan Jaki

ul. Komsomol'skaja

Russki

ul. Istomina

ul. Seryševa

ul. Turgeneva

Russki

ул. Тургенева

ploščad' Slavy

ул. Кавказкая

Inturist

Komsomol'skaja pl.

ul. Ševčenko

ул. Шевченко

Amur →

1858

Materi) mit ihrem blau glänzenden Dach wirkt allerdings insgesamt etwas untypisch bis kitschig.

Chabarovsk legte dann ab 2000 nach und errichtete eine weitere Kathedrale. Dieser größte und schönste Kirchenneubau der Region befindet sich südlicher am Platz des Ruhmes (pl. Slavy). Die 2004 geweihte **Verklärungskathedrale** (Svjato-preobraženskij kafedralnyj Sobor) ist für 3000 Kirchenbesucher ausgelegt. Mit der höchsten Kuppel von 95 Metern ist sie die drittgrößte Kirche Russlands, per. Turgeneva 24, Tel. 2215759.

Aber auch die kleinen alten, noch zur Sowjetzeit wieder geöffneten Kirchen erfreuen sich großer Popularität. Die unweit des Stadions am Amur gelegene **Innokentij-Kirche ist nach Jahren** ihres Planetarium-Daseins wieder eine beliebte Burg des Glaubens, ul. Turgeneva 73b, Tel. 2560576.

Die früher einzige geöffnete Kirche der Stadt, die hölzerne **Christi-Geburts-Kirche** (Christoroždestvenskaja cerkov') befindet sich in der Nähe des Bahnhofes, ul. Leningradskaja 65, Tel. 300671. Den Komsomolplatz kreuzt die **ul. Šev-**

1 Gebietsadministration (Администрация области)

2 Klippenturm (Башня на скале)

3 Nikolaj-Murav'ëv-Amurskij-Denkmal (Памятник Николаю МуравьёвуАмурскому)

4 Heimatkundemuseum (Краеведческий музей)

5 Armeemuseum (Военный музей)

6 Geologiemuseum (Геологический музей)

7 Gemäldegalerie (Художественный Музей)

8 Amur-Museum (Музей Рыбы Амура)

9 Eisenbahnmuseum an der Brücke (Музей одного моста)

10 Bürgerkriegs-Denkmal (Памятник жертвам Гражданской войны)

11 Memorialkomplex (Мемориальный комплекс)

12 Philharmonie (Филармония)

13 Schauspielhaus (Краевой театр драмы им. М. Горького)

14 Jugendtheater (Театр юного зрителя)

15 Operettentheater (Театр музыкальной комедии)

16 Pantomime-Theater Triada (Театр пантомимы Триада)

17 Zirkus (Цирк)

18 Gottesmutter-Entschlafens-Kathedrale (Собор Успения Божей Матери)

19 Verklärungskathedrale (Свято-Преображенский Собор)

20 Christi-Geburts-Kirche (Христорождественская церковь)

21 Innokentij-Kirche (Церковь св. Иннокентия)

22 Arboretum (Арборетум)

23 Lenin-Stadion (Стадион им. Ленина)

24 Arena Platinum (Арена Платинум)

25 Business-Zentrum Parus (Бизнес–Центр Парус)

26 Kaufhaus (Универсальный магазин)

27 Gastronom Merkur (Гастроном Меркурий)

28 Zentralmarkt (Центральный рынок)

29 Souvenirgeschäft Geheimnisse des Handwerks (Магазин сувениров Тайны ремесла)

30 Hauptpostamt (Главпочтамт)

čenko, die nach Norden zum Hotel ›Inturist‹ und zum Beginn des Amurskij bul'var führt. Hier befinden sich konzentriert die wichtigsten Museen der Stadt. Auch die Theaterlandschaft der Stadt kann sich sehen lassen. Das **Schauspielhaus** trägt den Namen Maksim Gor'kijs, ul. Dzeržinskogo 44, Tel. 226979. Sehr populär ist das **Kinder- und Jugendtheater**, ul. Murav'ëva-Amurskogo 10/12, Tel. 226169. Daneben gibt es noch am Park ›Dinamo‹ das **Musiktheater**, ul. Karla Marksa 64, Tel. 211409, www. muzteatr.khv.ru (R) . Für Theaterfans ohne Russisch-Kenntnisse sei das einzige **Pantomime-Theater** Sibiriens ›Triada‹ empfohlen, ul. Lenina 27, Tel. 233904, www.triada72.ru (R/E).

Ohne Sprachkenntnisse kommt man auch im **Zirkus** aus, der mit seinem neuen Gebäude aus dem Jahr 2001 zu den modernsten Zirkusgebäuden Russlands gehört, ul. Krasnorečenskaja 102, Tel. 327055.

Auf der nach Nikolaj Murav'ëv-Amurskij benannten Hauptstraße finden sich viele interessante Gebäude aus der Gründerzeit, viele Cafés, zwei Theater, zwei Kinos und die wichtigsten Geschäfte der Stadt. Interessant ist beispielsweise der schönste Lebensmittelladen der Stadt samt seinem kleinen Café im **Gastronom Merkur** mit Jugendstil-Spielereien und Glasmosaiken. Das eindrucksvolle Gebäude wurde zu Beginn des Jahrhunderts vom in Vladivostok ansässigen deutschen Handelshaus ›Kunst & Albers‹ als örtliche Filiale errichtet, ul. Murav'ëva-Amurskogo 9. Ein Stück weiter befindet sich die 1886 errichtete **ehemalige Stadtduma**, die später als örtlicher Pionierpalast diente und seit einigen Jahren neben einem Jugendzentrum im Erdgeschoss sehr nette Läden beherbergt, ul. Murav'ëva-Amurskogo 17.

Die Straße mündet auf einen großen Platz, den sie leicht versetzt tangiert und von dem aus sie dann als ul. Karla Marksa weiterläuft. Den heute noch nach Lenin benannten zentralen Platz zieren vor dem gewaltigen weißen Gebäude der **Gebietsadministration**, ul. Marksa 66, ein Lenindenkmal und ein Springbrunnen. Auf der ul. Marksa werden es langsam weniger Geschäfte. Auf der linken Seite kommt ein kleiner nach dem Kinderschriftsteller Arkadij Gajdar benannter Park mit Spielplätzen. Auf der rechten Seite bietet der sich bis zum Ussurijskij bul'var hinziehende **Park Dinamo** vielfältige Erholungsmöglichkeiten. Hinter dem Musiktheater findet man Sportanlagen vom Hallenbad bis zur Kunsteisbahn.

Gegenüber der nordöstlichen Ecke des Parkes befindet sich die 2003 eröffnete **Platinum Arena. Es ist** die modernste Multifunktionshalle Sibiriens für Konzerte und vor allem Sportveranstaltungen. Sie ist die Heimstatt des in der KHL mitspielenden Eishockeyclubs ›Amur

Die Verklärungskathedrale ist die drittgrößte Kirche Russlands

Karte S. 366

Der Bahnhof von Chabarovsk

Chabarovsk‹, ul. Dikopolzeva 12, 313502, www.platinumarena.ru (R/E). Wenn man der Hauptstraße weiter bis zur Kreuzung mit der ul. Leningradskaja folgt, gelangt man linker Hand zum Bahnhof. Kurz vor dem Bahnhof befindet sich die bereits erwähnte **Christi-Geburtskirche**. Auf dem Bahnhofsvorplatz erhebt sich ein **Denkmal für Erofej Chabarov**, dem die Stadt ihren Namen zu verdanken hat. Hier am Bahnhof endet der parallel zur Hauptstraße verlaufende Amurskij bul'var. Wenn man Richtung Amur zurückwandert, kommt man am Zentralmarkt und am Amur-Museum zum Hotel Inturist.

Südlich zur Hauptstraße liegen im nächsten Tal der Ussurijskij bul'var und auf der nächsten Anhöhe die ul. Lenina. Der **Ussurijskij bul'var** beginnt am Passagierhafen, wo sich auch das **Kongresszentrum Parus** befindet, das vor allem durch seine gigantische Satellitenantenne auffällt. Es wurde in den 1970er Jahren extra für einen in Chabarovsk stattfindenden Pazifik-Kongreß errichtet, heißt heute natürlich Business-

Zentrum und hat auch ein kleines Hotel, ul. Ševčenko 5, Tel. 334414, 38888. Von hier gelangt man zum Platz des Ruhmes (pl. Slavy) mit der eindrucksvollen **Verklärungskathedrale**, wo sich außerdem das örtliche Fernsehzentrum und ein typisch sowjetischer Memorialkomplex, der mit ewiger Flamme und Namensstelen an den Ruhm der Fernöstler in Kampf und Arbeit erinnert, befinden.

In der ul. Lenina liegt das Geologie-Museum (s.u.). Von hier gelangt man auch am besten zum **Arboretum** genannten botanischen Garten, den es hier seit 1935 gibt. Auf zwölf Hektar Parkanlage findet man südlich vom Stadtzentrum die über 1000 Arten zählende Pflanzenwelt des Fernen Ostens und der Mandschurei, ul. Voločaevskaja 71, Tel. 216798.

In der Stadt gibt es auch noch viele **Holzhäuser**, die trotz vielfacher An- und Umbauten und manchmal auch gerade aufgrund dieser Neuerungen ihren Reiz haben. Ein Spaziergang durch die parallel zum Fluss verlaufenden Straßen hat seinen Reiz. Vor allem durch die ul. Turgeneva, ul. Dzeržinskogo und ul. Šeronova, in denen die meisten unter Denkmalschutz stehenden und nicht umgebauten Häuser stehen.

Museen

Chabarovsk hat ein sehr sehenswertes **Heimatkundemuseum**. Die Grundlage der Sammlung bildete eine Schenkung des ersten Gouverneurs Baron Alexander Korf. 1903 bezog es sein heutiges Domizil. Im Erdgeschoss kann man die örtliche Pflanzen- und Tierwelt besichtigen, die beiden Obergeschosse sind der Stadtgeschichte und der Ethnographie der Ureinwohner gewidmet. Der bekannte Heimatforscher und Schriftstel-

Im Fernen Osten

Blick vom Steilufer auf den Amur

ler Vladimir Arsen'ev arbeitete viele Jahre in diesem Museum, Mo Ruhetag, ul. Ševčenko 11, Tel. 389354.

In unmittelbarer Nachbarschaft befindet sich das **Kunstmuseum** (Chudožestvennyj muzej). Es zeigt eine Sammlung russischer Malerei, vor allem aus dem 19. Jahrhundert, und Volkskunst der Völker des Fernen Ostens, zum Beispiel Bekleidung aus Fischhaut. Es gibt auch zwei kleine Kunstgewerbeläden, Mo Ruhetag, ul. Ševčenko 7, Tel. 327258, www.двхм.рф (R).

Gegenüber befindet sich das **Armeemuseum**, in dem man im Garten viel Waffentechnik und im Museum selbst die russische Militärgeschichte des Fernen Ostens kennenlernen kann. Außerdem kann man hier noch ein kleines ›Bernsteinzimmer‹ besichtigen – eine Ausstellung von Bernsteinschmuck und einen Kunstgewerbeladen. Montag, Dienstag Ruhetag, ul. Ševčenko 20, Tel. 326350.

Das **Geologiemuseum** befindet sich im Haus der Kaufmannsfamilie Pljušin und bietet auf zwei Etagen Allgemeinwissen über die Welt der Steine – einschließlich Mondgestein und Mineralfunde aus dem Fernen Osten. Sa, So Ruhetage, ul. Lenina 15, Tel. 215370.

Den Fischbeständen von ›Väterchen Amur‹ ist seit 2005 ein eigenes **Amur-Museum** gewidmet. In den Aquarien des Museums kann man etwa 90 der 125 im Amur anzutreffenden Fischarten beobachten, bul. Amurskij 13a, Tel. 303578.

Unmittelbar an der Amurbrücke öffnete 2010 ein neues Eisenbahnmuseum seine Pforten. Neben einem historischen Brückenbogen zeigt es Bahntechnik und in einer Kopie des historischen Holzbahnhofs Vjazemskaja eine Ausstellung zur Bahngeschichte des Fernen Ostens. Man erreicht Brücke und Museum mit der Bahn oder dem Bus 826M bis zum Vorortbahnhof Amur, von wo es noch ca. 10 Minuten Fußweg bis zum Flußufer sind, So, Mo, Di – Ruhetage, VOChR 1a, Tel. 2796165. Das alte Eisenbahn-Museum mit seinem reichen Archiv in der Stadt wurde für den Publikumsverkehr geschlossen, öffnet aber manchmal seine Pforten nach vorheriger telefonischer Terminabsprache, ul. Vladivostokskaja 40, Tel. 389513.

Karte S. 366

Chabarovsk

Lage: 48°28'20.40"N/135° 3'24.11"E; Chabarovsk ist 8533 km von Moskau entfernt. Zeitunterschied zu MEZ im Sommer 9, im Winter 10 Std.
Postleitzahl: 680000–680051.
Vorwahl: +7/4212,
Auskunft: 09.
Hauptpostamt: ul. Murav'ëv-Amurskogo 28, Tel. 304661.
Banken: Sberbank, ul. Murav'ëva-Amurskogo 44, Tel. 422186
Reisebüro: Intur Chabarovsk, Amurskij bul. 2, Tel. 312119, www.intour-khabarovsk.com (R/E/D).
Taxi: 371773.
Konsulate: Japan: ul. Turgeneva 46, Tel. 413044, China: Nord-West-Ecke des Lenin-Stadions, Tel. 338390.
Durchschnittstemperatur: Januar –22 Grad, Juli 18 Grad, im Sommer hohe Luftfeuchtigkeit.

Der Flughafen von Chabarovsk ist der größte seiner Art im Fernen Osten und etwa 10 km von der Stadt entfernt. Er besteht aus zwei nebeneinander fußläufig verbundenen Terminals für nationale und internationale Verbindungen. Es gibt 3 tägliche Flugverbindungen nach Moskau (Domodedovo, Vnukovo, Šeremet'evo) und tägliche Verbindungen nach Irkutsk, Vladivostok, Magadan, Petropavlovsk-Kamčatka und Južno-Sachalinsk. In den letzten Jahren entwickelt sich Chabarovsk auch zu einem Knotenpunkt internationaler Flugverbindungen, die die Stadt heute mit Niigata (Japan), Harbin und Beijing (China), Seoul (Südkorea), Anchorage und Seattle (USA) verbinden, Matveevskoe Ch. 286, Tel. 263530, www.airkhv.ru (R).

Die Stadt liegt an der Transsibirischen Eisenbahn. Es gibt in Chabarovsk zwei Bahnhöfe. Von und bis Moskau und Irkutsk dauert die Reise etwa 130 bzw. 36 Std. Neben den durchgehenden Zügen gibt es von Chabarovsk aus bequeme Nachtzugverbindungen nach Vladivostok (Expresszug Okean mit dem Delfin-Logo, 12 Std.), Nachodka (15 Std.) und Komsomol'sk am Amur (14 Std.). Der Bahnhof befindet sich in der ul. Leningradskaja 11, Tel. 342192.

Es gibt verschiedene Busverbindungen in die nähere Umgebung bis Birobidžan und Komsomol'sk am Amur, aber auch Fernbusse nach Vladivostok, Voronežskoe šosse, Tel. 343909.

Der Passagierhafen liegt zentral, südlich vom Stadtstrand. Er befindet sich in einem fest verankerten alten Raddampfer. Es gibt seit 2013 keine regelmäßigen Schiffsverbindungen mehr den Amur hinunter. Nur zwischen Komsomol'sk am Amur und Nikolaevsk verkehren noch Tragflächenboote. In den letzten Jahren gab es keine Angebote für mehrtägige Amur-Kreuzfahrten mehr. Die Dampfer fahren nur noch in die Vororte, Schiffsausflüge nach Fuyuan in China sind jedoch möglich. Großer Popularität bei Touristen erfreuen sich ca. einstündige Panorama-Dampferfahrten bis zur großen Eisenbahnbrücke und zurück. Die Schiffe legen direkt am Strand südlich des Hafenschiffes ab, ul. Ševčenko 1, Tel. 398832.

Das beste Hotel der Stadt ist das **Chabarovsk-Siti** (Хабаровск Сити), EZ/DZ 4600–6000 Rbl., ul. Istomina 64, Tel. 767676, www.boutique-hotel.ru (R/E).

Im Fernen Osten

Eine ebenfalls sehr gute Alternative ist das von Japanern betriebene 20-Zimmer-Hotel **Sapporo** (Саппоро), EZ/DZ 3900–5500 Rbl., ul. Komsomol'skaja 79/3, Tel. 304290, www.spr27.ru (R/E/D/F/S).

Das vielzitierte **Inturist** (Интурист) ist ohne Zweifel das traditionsreichste Hotel mit herrlicher Aussicht auf die Stadt und den Amur und trotz einer Portion sowjetischen Nostalgie-Charmes keine schlechte Wahl, EZ/DZ 3750 Rbl., Amurskij bul. 2, Tel. 326507, www.intour-khabarovsk.ru (R/E).

Weitere gute Varianten sind das Hotel **Ali** (Али), EZ/DZ 3800–6000 Rbl., ul. Muchina 17, Tel. 217888, und etwas außerhalb das **Royal Lime Hotel**, EZ/DZ 3200–4800 Rbl., Vyborgskaja ul. 97–99, Tel. 767767.

Die Firma **Poduška** (Kopfkissen) bietet zwischen 2000 und 4000 Rbl. tageweise Wohnungen im Stadtzentrum an, Amurskij Bul'var 3, Tel. 285280, www.sutkidv.ru (R).

Die günstigsten Übernachtungsmöglichkeiten bieten Hostels wie **Ujut** (Gemütlichkeit, Уют), ul. Dikopol'ceva 10, Tel. 203084, oder **Dom Rybaka** (Fischerhaus, Дом Рыбака), ul. Gamarnika 9, Tel. 213312, Schlafplatz für je 600 Rbl.

Exzellente russische Küche nach historischen Rezepten gibt es im rustikalen **Russkij Restaurant**, Ussuriskij bulvar 9, Tel. 306587, www.russian-ml.ru (R/E).

Alternativen für russische Küche sind **Daurija** (Даурия), ul. Murav'ëva-Amurskogo 28, Tel. 323972, **Jasnaja Poljana** (Ясная Поляна), ul. Lva Tolstogo 5a, Tel. 227600, und **Zeppelin**, ul. Leningradskaja 28, Tel. 381897.

Chinesische Küche gibt es im **Imperator** (Император), ul. Šeryševa 22, Tel. 348802.

Ein gutes japanisches Restaurant ist das **Teplan Jaki** (Теплан Яки), ul. Murav'ëva-Amurskogo 5. Ebenfalls empfehlenswert ist das **Unichab** (Унихаб) in der obersten Etage des Hotels Inturist, das neben Sushi noch einen schönen Ausblick auf den Amur bietet.

Zwei gute Bierkneipen mit deutschem Touch sind **Mjunchen** (München), ul. Murav'ëva-Amurskogo 44, Tel. 411855, www.munchen-khv.ru, sowie **Beerfest**, ul. Zaparina 92, Tel. 749826.

Auf die Schnelle schmeckt es beim **Zolotaja Ptička** (Goldenes Vögelchen, Золотая Птичка), ul. Murav'ëva-Amurskogo 7 oder ul. Dikopalzeva 56, Tel. 327801.

Guten Kaffee gibt es an folgenden Plätzen: **La Vita**, Amurskij Bulevar' 66, Tel. 301427, **Coffee Republic,** ul. Murav'ëva-Amurskogo 50, Tel. 300003, **Šara-Bara** (Шара-Бара), ul. Marksa 46 oder ul. Lenina 40, Tel. 216323 und im **Internetcafé**, ul. Karla Marksa 55, Tel. 308350.

Das größte Kaufhaus der Stadt, **CUM**, befindet sich in der ul. Murav'ëva-Amurskogo 23, Tel. 226017.

Der **Zentralmarkt** befindet sich in Bahnhofsnähe, ul. Tolstogo 11, Tel. 338658.

In der Hauptstraße gibt es nebeneinander noch zwei empfehlenswerte Kunstgewerbe- und Souvenirgeschäfte: **Geheimnisse des Handwerks** (Tajny Remesla), ul. Murav'ëva-Amurskogo 17, Tel. 334983, und den **Kunstsalon** (Chudožestvennyj Salon), ul. Murav'ëva-Amurskogo 15, Tel. 332131. Ein **Internet-Zentrum** befindet sich bei Ėlektrosvjaz in der ul. Murav'ëva-Amurskogo 44, Tel. 322314.

www.khb.ru (R)

Karte S. 366

Komsomol'sk am Amur

Ursprünglich um 1860 als Dorf mit dem Namen Permskij von Neusiedlern aus dem Ural gegründet, begann die eigentliche Geschichte des Ortes im Jahr 1931, als entschieden wurde, hier zwei Rüstungsbetriebe zur Produktion von U-Booten und Jagdflugzeugen samt einer dazugehörenden Stadt zu errichten. Am 10. Mai 1932 brachten zwei Dampfer mit den symbolträchtigen Namen ›Kolumbus‹ und ›Komintern‹ die ersten tausend Freiwilligen, allesamt Mitglieder des Kommunistischen Jugendverbandes Komsomol in die künftige Stadt, die auch gleich den entsprechenden Namen mit dem Zusatz ›Stadt der Jugend‹ bekam. Im Winter kamen die Städtebauer auf Skiern auf dem zugefrorenen Amur aus Chabarovsk.

Neben den freiwilligen Komsomolzen kamen aber auf den Baustellen vor allem die unfreiwilligen ›Komsolzen‹ aus den Bauabteilungen der Armee und der fernöstlichen Gulag-Abteilung Dallag und später auch japanische Kriegsgefangenen zum Einsatz. Heute erinnern viele Denkmäler in diesen Aspekt der Geschichte. Komsomol'sk war zunächst eine Stadt der Männer, bis am 5. Februar 1937 die ›Komsomol'skaja Pravda‹ eine entsprechenden Notruf abdruckte, dem dann immerhin 8000 junge Frauen in die neue Stadt im Fernen Osten folgten und sie ins demographische Gleichgewicht brachten.

Mit der Eisenbahnbrücke über den Amur entstand der östlichste Abschnitt der künftigen Baikal-Amur-Magistrale bis zum Pazifikhafen Sovetskaja Gavan. Weitere Industrieansiedlungen folgten. Als Industriestadt belegt Komsomol'sk am Amur auch heute mit seinen ca. 255 000 Einwohnern mit über 40 Großunternehmen östlich des Baikalsees Platz eins. Zwar hat die Stadt in den Jahren nach 1990 über 50 000 Einwohner verloren, aber in den letzten Jahren stabilisiert sich die Situation wieder. Die Wirtschaft fasst wieder Fuß, wobei die Rüstungsproduktion dabei nach wie vor eine bedeutende Rolle spielt. Hier produziert Russland Atom-U-Boote und seinen neuen Tarnkappenbomber. Aber auch Russlands neues Zivilflugzeug, der Suchoj Superjet 100, soll in der Serienfertigung größtenteils hier produziert werden.

Sehenswürdigkeiten

Die Stadt zieht sich über 20 Kilometer am linken Amurufer entlang. Am Hafen erinnert ein Findling an die Stelle, wo die künftigen Erbauer von Komsomolsk am Amur erstmalig an Land kamen. An der Uferpromenade steht noch ein **Komsomolzen-Quintett** zum Gedenken an die ersten Städtebauer. Der städtische Strand ist ein beliebter Erholungsort, aber eher zum Sonnen, denn zum Baden, dem sowohl Strömung als auch Wasser-

Denkmal für die Erbauer der Stadt Komsomol'sk am Amur

Im Fernen Osten

temperatur entgegenstehen. Es gibt einen Ausflugsdampfer und auch private Motorboote laden zu Spritztouren ein.

In der angrenzenden Parkanlage steht ein ungewöhnliches **Denkmal für die Opfer des Zweiten Weltkrieges.** Sieben riesige trauernde Granitköpfe schauen seit 1972 auf das ewige Feuer zum Gedenken an die Kriegsopfer.

Durch die nördlich der Dzeržinskij-Straße anschließende Parkanlage gelangt man zum überdimensionalen **Skiläufer** und weiter zum kantigen **Schauspielhaus.** Der Skiläufer mit Fackel und Budjonnij-Mütze erinnert an eine Episode der Stadtgründung. Die erste Gruppe von zum Aufbau der neuen Stadt aus ganz Russland abkommandierten 15000 Bausoldaten absolvierte vom 26.12.1933 bis zum 9.1.1934 in einem Gewaltmarsch auf dem Eis des Amur die knapp 400 Kilometer lange Strecke von Chabarovsk hierher. Der Entwurf für das Denkmal stammt bereits aus dem Jahr 1975, wurde aber erst 2002 umgesetzt. Das am Ende des Parks stehende **Theater** hat auch überregional einen guten Ruf, pr. Pervostroitelej 11, Tel. 340248, www.dramtheatre.kms.ru (R).

Eine Szene-Tip ist das etwas weiter nördlich gelegene **Avantgarde-Theater KNAM** (Kurzfassung von Komsomol'sk na Amure, was auch gleichzeitig ›zu uns‹ bedeu-

Das ›Haus mit der Spitze‹ am Lenin-Prospekt

tet), pr. Pervostroitelej 15, Tel. 537088, www.knam.theatre.ru (R).

Am Schauspielhaus beginnt der **Prospekt der Ersterbauer** (pr. Pervostroitelej), eine der wichtigen Geschäftsstraßen der Stadt, die zum Bahnhof führt. An der Kreuzung mit dem pr. Lenina befindet sich die im Jahr 2000 neu errichtete **Kirche der Kazaner Gottesmutter** (Zerkov Kazanskoj Bogomateri). 2009 entstand gegenüber, vor dem Hotel ›Voschod‹ das knallrote **Denkmal der russisch-chinesischen Freundschaft**.

Auf dem **Lenin-Prospekt** findet man die Architektur der 1930er Jahre und ihr markantestes Beispiel, das häufig als

1 Denkmal für die Opfer des Zweiten Weltkrieges weiter nördlich		**5** Heimatkundemuseum (Краеведческий Музей)	
2 Schauspielhaus (Драматический театр)		**6** Kunstmuseum (Художественный Музей)	
3 Haus mit der Spitze (Дом со шпильем)		**7** Gemäldegalerie (Картинная Галерея)	
4 Kirche der Kazaner Gottesmutter (Kirche der Kazaner Gottesmutter (Церковь Казанской Божией Матери)		**8** Theater KNAM (Театр КНАМ)	
		9 Denkmal Erbauer	
		10 Denkmal Skiläufer	
		11 Rathaus	
		12 Kaufhaus CUM	

Wahrzeichen der Stadt angesehene **Haus mit der Spitze** (Dom so špilem, pr. Lenina 21). Am Platz der Metallurgen kreuzt man den pr. Mira, der Richtung Amur den Weg zu weiteren Sehenswürdigkeiten, wie dem **Park der Schiffbauer** und den wichtigsten Museen der Stadt weist. Wenn man am Platz der Metallurgen geradeaus weiter fährt, gelangt man über den Amur-Nebenfluss Silinka zum **Silinsker Park** – einem Stückchen urwüchsiger Taiga im Stadtgebiet.

Danach wird der Lenin-Prospekt zum **Komsomol-Prospekt** und vorbei am **Gagarin-Park** kommt man zum Gagarin-Platz samt **Kosmonautendenkmal** und **Kirche** zum **Flugzeugwerk**.

Zurück im Zentrum wird der Park der Schiffbauer vom Jugend-Platz und vom Kirov-Platz eingerahmt. Hier befinden sich das **Rathaus** und das **Heimatmuseum**. In letzterem wird die Entwicklung des Ortes vom Zeltcamp zur Industriestadt dargestellt, ergänzt durch eine Ethnographie-Exposition zu den Nanaiern, den lokalen Ureinwohnern Sibiriens, Mo Ruhetag, ul. Kirova 27, Tel. 592640, www.kmsgkm.ru (R).

Im **Kunstmuseum** gibt es vor allem sowjetische Malerei mit dem Schwerpunkt auf Künstlern aus der Region sowie asiatische Kunst und Volkskunst der sibirischen Ureinwohner, Mo Ruhetag, pr. Mira 16, Tel. 590822, www.kmsmu

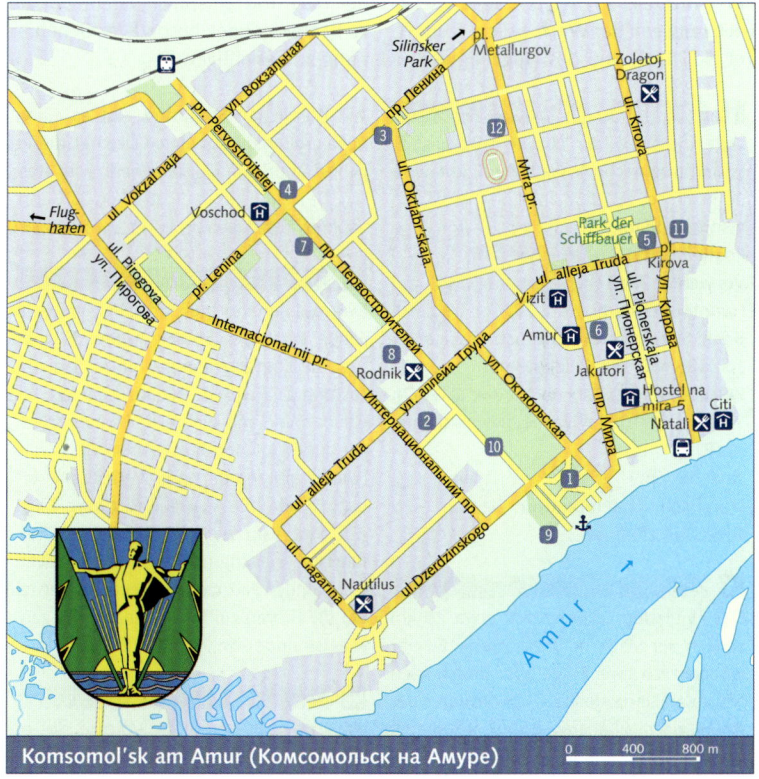

Komsomol'sk am Amur (Комсомольск на Амуре)

0   400   800 m

Im Fernen Osten

Das Gebäude des Passagierhafens am Amur

seum.ru (R). Die **Galerie** des örtlichen Künstlerverbandes befindet sich am pr. Pervostroitelej 21, Tel. 539388. Die **Betriebsmuseen der Werft** (Alleja Truda 1, Tel. 573190) und des **Flugzeugwerkes** (ul. Kopylova 48a, Tel. 229509) sind nur nach Voranmeldung und für Ausländer nach mit entsprechendem Vorlauf zu beantragender, besonderer Genehmigung zu besichtigen.

 Komsomol'sk am Amur

Lage: 50°32'42.47"N/136°59'58.10"E; Entfernung nach Moskau: 8937 km. Zeitunterschied zu MEZ im Sommer 9, im Winter 10 Std.
Postleitzahl: 681000 – 681030.
Vorwahl: +7/4217.
Hauptpostamt: pr. Mira 27, Tel. 590240.
Bank: Sberbank, ul. Krasnoarmejskaja 18, Tel. 523100, mit Geldautomat.
Reisebüro: Nata Tour, ul. Vasanina 12, Of. 110, Tel. 201067, www.komsomolsknata.ru (R/E).
Taxi: 592999.
Durchschnittstemperatur: Januar –25 Grad, Juli 20 Grad.

Der Flughafen befindet sich etwa 20 km südlich der Stadt im Dorf Churba. Es gibt wöchentlich zwei Flüge über Bratsk nach Moskau (Domodedovo) sowie mit einer AN24 nach Chabarovsk und Nikolaevsk am Amur, Tel. 568500, www.airksl.ru (R)

Am nördlichen Stadtrand gibt es einen noch größeren Flughafen – Dzemgi, dieser gehört aber zum Flugzeugwerk. Hier starten die Neuheiten der russischen Luftfahrt zu ihren Testflügen.

Das rosa Bahnhofsgebäude liegt am westlichen Rand des Stadtzentrums. Es gibt tägliche Zugverbindungen nach Vladivostok und Chabarovsk (Nachtzug, 9 Std. bis Chabarovsk, mit einem Kurswagen nach Moskau) Auf der Baikal-Amur-Magistrale (BAM) gibt es tgl. eine Verbindung bis nach Tynda mit Anschluß Richtung Taiga (37 Std. Fahrtzeit). In Richtung Osten fährt tgl. ein Zug noch Sovetskaja Gavan (13 Stunden Fahrtzeit) an der Pazifikküste, wo die Fähren zur Insel Sachalin ablegen, Magistralnoe šos. 2/2, Tel. 282297.

Neben den Bussen in die Vororte gibt es am Tage fast stündlich eine Busverbindung nach Chabarovsk. Außerdem gibt es auch einen Nachtbus (Fahrtzeit 7,5 Std.), ul. Pionerskaja 2, Tel. 591154.

Es gibt im Sommer tägliche Schiffsverbindungen nach Nikolaevsk am Amur (Fahrtzeit 12–13 Std.). Zwischen Chabarovsk und Komsomol'sk am Amur verkehrten die Tragflächenboote früher an 5 Tagen pro Woche (Fahrtzeit 6–7 Std.). Diese Strecke wurde aber 2013 eingestellt, ul. Naberežnaja 7, Tel. 592935.

Das Hotel **Citi** ist mit seinen beiden Häusern derzeit die erste Wahl in Komsomolsk, EZ/DZ 2000–2600 Rbl., ul. Kirova 2 (am Amurufer) und 51 (im Zentrum), Tel. 333337, www.hotelkms.ru (R).
Eine gute, aber teurere Alternative ist das **Hotel Voschod** (Восход), , EZ/DZ 2600–5600 Rbl, pr. Pervostroitelej 31, Tel. 535131, www.hotel-voskhod.ru (R/E).
Weitere Optionen sind Hotel **Vizit** (Визит), EZ/DZ 1750–3400 Rbl., ul. Kirova 25, Tel. 541252, www.vizitkms.ru (R), oder das Hotel **Amur** (Амур) als historischer Hotelklassiker der Stadt, EZ/DZ 2800–3500 Rbl. pr. Mira 15, Tel. 590984.
Das Reisebüro Nata Tour (s.o.) vermittelt **B&B** für 1200–1500 Rbl.
Die günstigste Übernachtungsmöglichkeit bietet ein neues Hostel, **Hostel na mira 5**, Schlafplatz ab 350 Rbl., pr. Mira 5, Tel. 591111, www.hostel-mira5.ru (R).

In den meisten Restaurants gibt es russische und chinesische Küche sowie Karaoke, einige Empfehlungen: **Rodnik** (Родник), pr. Pervostroitelej 15, Tel 537020, **Natali**, ul. Kirova 2, Tel. 547694, und **Nautilus** (Наутилус), ul. Gagarina 2/2, Tel. 578496 bieten vor allem russische Küche.
Šans (Шанс), ul. Sovetskaja 22, Tel. 229165 bietet die Chance auf europäische Küche, außerhalb östlich des Silinsker Parks gelegen.
Jakutori (Якутори), ul. Pionerskaja 17, Tel. 590983 ist die beste Sushi-Empfehlung und **Zolotoj Dragon** (Goldener Drache), ul. Kirova 46/1, Tel. 515050, ist das beste chinesische Restaurant der Stadt.
Escape, Alleja Truda 19, Tel. 519898, ist ein Internetcafé.

Guten Kaffee und Kuchen gibt es in der **Černaja Žemčužina** (Schwarze Perle – Черная жемчужина), ul. Sovetskaja 31, Tel. 349943.

Das Kaufhaus **CUM** (Цум) befindet sich auf dem pr. Mira 37, Tel. 546473. Der **Zentralmarkt** (Рынок) befindet sich am Platz der Metallurgen.

www.kmscity.ru (R)
www.kmslife.ru (R)

Schiffstouren auf dem Amur

Väterchen Amur durchzieht als achtlängster Strom der Welt die Weiten Sibiriens in östliche Richtung. Aus der Mongolei kommend bildet er auf knapp 3000 Kilometern die Grenze zwischen Russland und China und fließt dann zwischen Chabarovsk und Nikolaevsk seine letzten 1000 Kilometer durch russisches Hoheitsgebiet. Auf dem Abschnitt zwischen Chabarovsk und Nikolaevsk am Amur gibt es eine unregelmäßige Navigation mit Tragflächenbooten im Linienverkehr und sporadisch auch Kreuzfahrtschiffen. Ungeachtet der wachsenden Nachfrage nach Flusskreuzfahrten in den

Im Fernen Osten

letzten Jahren befindet sich aber die Amurflotte in einem recht bedauernswerten Zustand. Der einzige hier fahrende Dampfer ist die ›Vasilij Pojarkov‹. Exklusive Charterreisen für europäische Touristen gibt es auf dem Amur nicht. In einzelnen Jahren gab es Gruppen deutscher Reisender, aber generell ist das Reiseziel ungeachtet der landschaftlichen Schönheit und eines hohen Exotik-Faktors für viele wohl noch ein zu großes Wagnis. Tragflächenboote verkehren seit 2013 nur noch zwischen Komsomol'sk und Nikolaevsk. Die Navigation nach Chabarovsk soll wohl aufgenommen werden, aber nichts genaues weiß man nicht.

Ab Chabarovsk würde man stromabwärts zunächst unter der gewaltigen, drei Kilometer langen Transsib-Brücke hindurch in Richtung Komsomol'sk fahren. Nach 70 Kilometern gelangt man zum für seine historischen Felsmalereien bekannten Fischerdorf **Sikatchi Aljan**, wo nur dem Volksstamm der Nanainer zuzuordnenden Ureinwohner leben. Es folgen aber auch Dörfer, wie **Malyševo** oder **Elabuga**, die von russischen und tatarischen Übersiedlern gegründet wurden.

Auf der gesamten Strecke zieht der Amur viele Bögen. Ständig erheben sich Sandbänke, die sich an einigen Stellen fast deltaartig verzweigen. Im Dorf **Naichin** lebte Gejker Kambuka, dem der russische Forscher Vladimir Arsenjev und der japanische Filmregisseur Akiro Kurasava in dem Buch bzw. der Verfilmung ›Dersu Uzala‹ ein Denkmal gesetzt haben. Meist machen die Schiffe einen Stopp im etwa 200 Kilometer von Chabarovsk entfernten Dorf **Troickoe**, wo die Touristen neben dem nanaischen Heimatmuseum im neuen Kulturhaus ein Folklorekonzert erwartet. Der nächste Halt ist die Großstadt **Komsomol'sk am Amur** (→ S. 373), die sich dank der großen Eisenbahn- und Straßenbrücke vor der Stadt lange vorher ankündigt. Weiter führt die Reise dann in Richtung Nikolaevsk am Amur. Auf den nächsten 100 Kilometern befindet man sich noch im Siedlungsgebiet der Nanainer.

Hinter dem Dorf **Chalby** siedelten Ultchen und Nivchen. Ein Exot ist das Dorf **Zimmermanovka** am rechten Ufer, benannt nach seinem Gründer, einem demobilisierten Soldaten namens Abram Zimmerman. Der nächste Stop folgt im Dorf **Bulava**, wo es am Hochufer ein kleines Ethnographie-Museum der Ultchen gibt, das u.a. Fischhautverarbeitung in allen Variationen vom Schuh bis

Eisenbahnbrücke über den Amur

zum Segel zeigt. 30 Kilometer weiter folgt in **Bogorodskoe** der nächste Halt. Neben Kulturhaus, Kirche und Museum beeindruckt das Angebot an rotem Lachskaviar. Bei Kilometer 830 säumen die als **Tyrsker Klippe** bekannten Felsen den Flusslauf.

Bei Kilometer 930 liegt **Nikolaevsk am Amur**. 1846 hatte Genadij Nevel'skoj dem Militärposten das Stadtrecht verlie-hen und hatte große Pläne für diesen Pazifikhafen. Diese wurden dann jedoch in Vladivostok umgesetzt und Nikolaevsk blieb, da nicht eisfrei, eine vergleichswei-se unbedeutende Hafenstadt mit heute 27000 Einwohnern. Es gibt ein Heimat-museum, ul. Gorkogo 27A, Tel. 42135/ 23247 und das einfache Hotel ›Sever‹ samt Restaurant, ul. Sibirskaja 117, Tel. 42135/22174, DZ 1600 Rbl.

Vladivostok

Vladivostok – die Übersetzung des Na-mens lautet ›Beherrsche den Osten‹, und dem ist kaum etwas hinzuzufügen. Es ist die Hauptstadt der Region Primor'e, was etwa Küstengebiet bedeutet, und somit Russlands Tor zum Pazifik und der Stütz-punkt der russischen Pazifik-Flotte. Ohne Zweifel ist Vladivostok einer der interes-santesten Orte Russlands. Die Stadt liegt an der Südspitze der nach dem Gouver-neur Nikolaj Murav'ëv benannten Halb-insel und ist im Westen von der Amur-Bucht und im Osten von der Ussurij-Bucht umgeben, wobei die Bezeichnungen der Buchten aber nichts mit den Mündungen der Flüsse zu tun haben. Zu sowjetischen Zeiten war die Stadt nicht nur für Auslän-der geschlossen, selbst auswärtige Bürger der Sowjetunion benötigten eine Geneh-migung, um Vladivostok zu besuchen.

Die Landstriche am Pazifik gehörten frü-her zur Mandschurei. Im russisch-chine-sischen Vertrag von Aigun war das Us-suri-Gebiet ausgeklammert worden. Man sprach von einem gemeinsamen Besitz Russlands und des Reichs der Mit-te. Die Zahl der russischen Stützpunkte in dem fast menschenleeren Gebiet wuchs jedoch beständig, und 1860 folg-te der Vertrag von Peking, in dem Russ-land China den Fluss Ussurij als neue Grenze abrang. Im selben Jahr setzte auch der Flottentransporter ›Man'čžur‹ die ersten 40 Soldaten in der ›Goldenes

Vladivostok um das Jahr 1900

Im Fernen Osten

Vladivostok – das geschäftige Zentrum des russischen Fernen Ostens

Horn‹ genannten Bucht ab, um hier die russische Flagge zu hissen und einen Vorposten zu errichten. Die von drei Seiten abgeschirmte Bucht bildete ideale Bedingungen für einen Hafen, so dass die russische Pazifik-Flotte ihr bisheriges Domizil Nikolaevsk an der Amurmündung zu Gunsten von Vladivostok aufgab. Mit dem Militär kam auch der wirtschaftliche Aufschwung. Der von 1861 bis 1909 existierende und gerade 2015 wiedererweckte Status des Freihandelshafens lockte auch viele ausländische Kaufleute nach Vladivostok. Als die Pläne zum Bau der Transsibirischen Eisenbahn Realität wurden und der Zarevič Nikolaj 1891 in Vladivostok das Jahrhundertprojekt symbolisch mit einer vollgeschaufelten Schubkarre eröffnete, war das ein weiterer Konjunkturschub für die Wirtschaft der jungen Stadt. Sechs Jahre später änderte sich die Situation allerdings. Nachdem die Entscheidung zugunsten der Ostchinesischen Eisenbahn fiel und Russland sich mit einem zunächst auf 25 Jahre befristeten Pachtvertrag im chinesischen Port Arthur einmietete, verlagerten sich die militärischen Interessen Russlands auf die ganzjährig

eisfreie Spitze der Halbinsel Liaotung, und Vladivostok drohte die Bedeutungslosigkeit nach dem Beispiel von Nikolaevsk. Durch die Niederlage Russlands im Krieg gegen Japan und den Verlust von Port Arthur erlangte Vladivostok wenige Jahre später jedoch seine exponierte Stellung für Russland zurück.

Im nach der Oktoberrevolution 1917 beginnenden Bürgerkrieg schickten Japan und andere Staaten Truppen nach Vladivostok, um hier im Fernen Osten eine zweite Front gegen die neue Macht zu eröffnen. Nach dem Sieg der Bolschewiki und langwierigen Verhandlungen, die zur Etablierung der Fernöstlichen Republik mit der Hauptstadt Čita als Pufferstaat führten, verließen die letzten japanischen Soldaten die Stadt im Oktober 1922.

In den Folgejahren war Vladivostok ein wichtiger Umschlagplatz, woran man sich heute aber mit gemischten Gefühlen erinnert. Im Zweiten Weltkrieg kamen viele amerikanische Land-Lease-Lieferungen für Russland auf dem Seeweg über die Pazifik-Route nach Vladivostok. Aber auch alle GULAG-Häftlinge, denen das Schicksal ein Arbeitsla-

Karte S. 382

ger in den schlimmsten Lagern des nördlichen Landstriches Kolyma rund um die Stadt Magadan vorbestimmt hatte, stiegen in Vladivostok von der Bahn auf das Schiff um.

Ab 1960 wuchs die Stadt mit enormem Tempo, Fläche und Einwohnerzahl verdreifachten sich und die Bevölkerung wuchs auf 650 000 Einwohner. Nach 1990 fühlte sich die Stadt wie die gesamte Region auf ziemlich verlorenem Posten. Vor allem die hohen Bahnpreise lockerten die wirtschaftlichen Bindungen innerhalb Russlands. Die Lieferungen vom Pazifik zum Ural verteuerten sich in beide Richtungen ins Unermessliche. Man hörte angesichts der Öffnung des Fernen Ostens gegenüber China und dem Pazifikraum schon Stimmen, die Russland vor dem Verlust dieser strategischen Region durch wirtschaftliche Aushöhlung warnten. Der russisch-chinesische Grenzhandel blühte. Die Stadt wurde von japanischen Gebrauchtwagen überflutet, so dass ein russisches Fabrikat so selten wie in Deutschland anzutreffen ist. Man darf sich also über die aus dem Linksverkehr in Japan resultierende Rechtssteuerung nicht wundern. Da viele ein Verbot fürchten, sind derzeit koreanische Gebrauchtwagen mit Linkssteuerung im Kommen.

Seit 2009 wächst die Einwohnerzahl wieder. Heute leben 605 000 Menschen in der Stadt, die an der Einwohnerzahl gemessen die größte Autodichte in ganz Rußland beansprucht.

Im Herbst 2012 war Vladivostok Gastgeber des Asiatisch-Pazifischen Wirtschaftsforums, das heute als Symbol für den neuen Aufschwung des Fernen Ostens gilt. Im Vorfeld und auch in der Folgezeit flossen große Investitionen in die Stadt, die sich in den letzten Jahren stark herausgeputzt hat. Besonders markant sind zwei gewaltige neue Brücken über die innerstädtische Bucht und zur vorgelagerten Insel Russkij.

Neben zwei Universitäten und mehreren Instituten im Stadtzentrum entstand auf der Insel Russkij der Campus der neuen Fernöstlichen Universität. Wirtschaftlich lebt die Stadt vor allem vom Hafen. Schiffbau, Fischverarbeitung und Lebensmittelindustrie sind die bedeutendsten Betriebe der Stadt. Vladivostok gehört

Im Fernen Osten

Die Brücke über das Goldene Horn

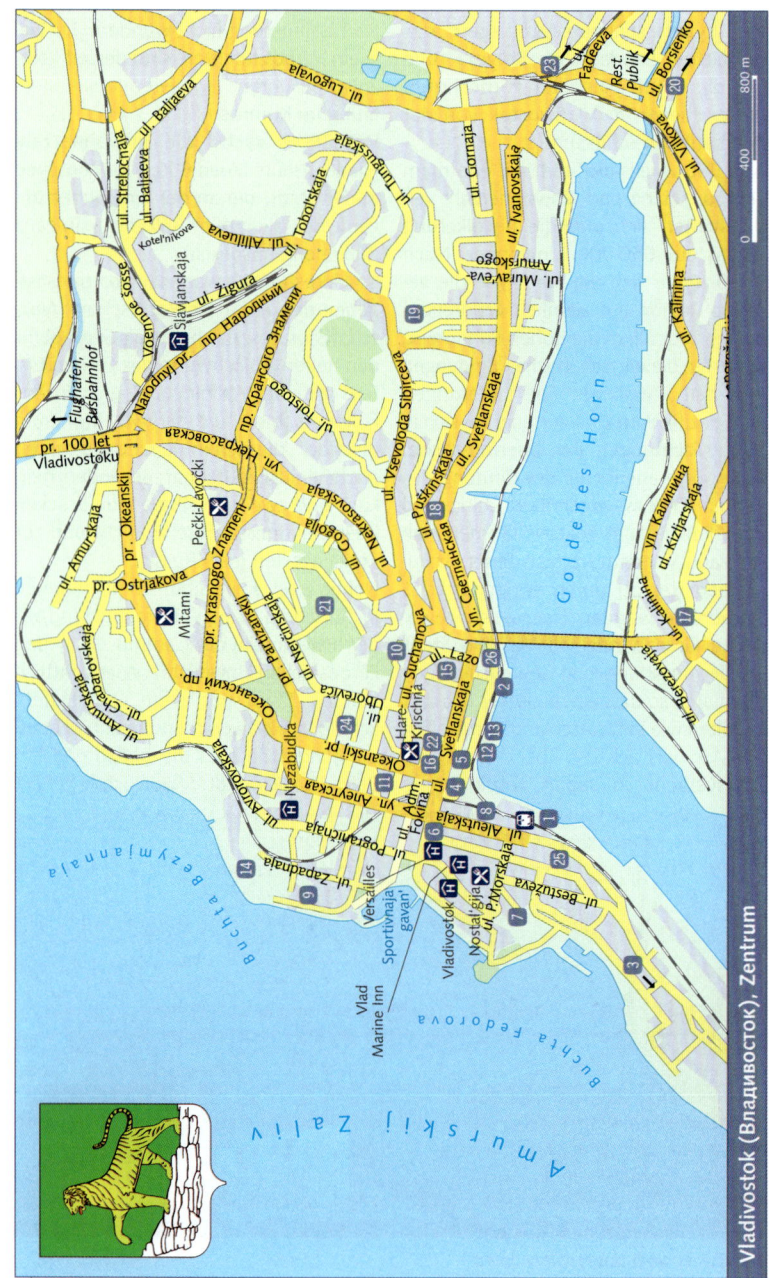

Vladivostok (Владивосток), Zentrum

auch zu den wenigen Städten, in denen in den letzten Jahren in größerem Umfang die Straßen und Plätze umbenannt wurden und ihre ursprünglichen Namen zurückerhielten. Vor der zum 1. Januar 1998 durchgeführten Währungsreform zierten Vladivostoker Ansichten den 1000–Rubel-Schein, der nun aber durch Hartgeld ersetzt worden ist.

Sehenswürdigkeiten

Die Hauptstraße von Vladivostok ist die **ulica Svetlanskaja**. Sie war auch die erste Straße der Stadt und trug zu Sowjetzeiten von 1924 bis 1992 – wie sollte es anders sein – den Namen Lenins. Ihr ursprünglicher und jetziger Name erinnert an die Fregatte ›Svetlana‹, mit der Großfürst Aleksej 1873 im Zarenauftrag die neuen Eroberungen inspi-

zierte. Die Straße durchzieht in Ost-West-Richtung am Nordufer des Goldenen Horns die Stadt vom Jachthafen an der Amurbucht bis zu den Gewerbegebieten. Entlang der Hauptstraße und in den umliegenden Straßen befinden sich noch viele Gebäude aus der Gründerzeit um die Jahrhundertwende. Am Hauptplatz kreuzt sie die ul. Aleutskaja, die früher ul. 25-go Oktjabrja hieß und an das Abzugsdatum der Japaner nach der Intervention erinnerte.

Am **Zentralplatz** erhebt sich das wiederum mit dem Attribut ›weiß‹ zu versehene **Hochhaus der Gebietsadministration**, das hier noch den Spitznamen ›Weisheitszahn‹ (zub mudrosti) hat, ul. Svetlanskaja 22. Daneben fällt ein **Denkmal** ins Auge, das den Kämpfen für die Sowjetmacht im Fernen Osten (1917

1 Passagierhafen (Морской вокзал)

2 Fährhafen (Вокзал прибрежных морских сообщений)

3 Gründungsstein

4 Gebietsadministration (Администрация области)

5 Denkmal für die Kämpfer für die Sowjetmacht im Fernen Osten (Памятник Борцам за власть Советов)

6 Heimatkundemuseum (Краеведческий музей)

7 Vladimir-Arsen'ev-Museum

8 Gemäldegalerie (Картинная галерея)

9 Ozeanarium (Океанариум)

10 Beamten-Museum (Дом-музей чиновника)

11 Grenztruppenmuseum (Музей пограничных войск)

12 U-Boot (Подводная лодка)

13 Museumsschiff Roter Wimpel (Пароход Красный Вымпел)

14 Festung Vladivostok (Крепость Владивосток)

15 Maksim-Gor'kij-Theater (Театр им. Максима Горького)

16 Philharmonie (Филармония)

17 Opernhaus (Оперный театр)

18 Zirkus (Цирк)

19 St.-Nikolaj-Kirche (Церковь Святого Николая)

20 Marine-Friedhof (Кладбище Тихоокеанского Флота)

21 Adlernest (Орлиное гнездо)

22 Kaufhaus GUM ehem. Kunst & Albers (ГУМ, быв. Торговый дом Кунста и Альберса)

23 Oldtimer-Museum (Музей автостарины)

24 Zentralmarkt (Центральный рынок)

25 Hauptpostamt (Главпочтамт)

26 Stadtmuseum (Музей истории города)

Im Fernen Osten

bis 1922) gewidmet ist. Es gibt dem Platz auch nach wie vor seinen Namen. Auf der Höhe des Denkmals zweigt der Okeanskij prospekt – eine weitere bedeutende Geschäftsstraße – von der Hauptstraße ab. Dieses Denkmal – der Kämpfer mit Budjonny-Mütze, Flagge und Trompete – symbolisiert in vielen Publikationen bis in die letzten Jahre die Stadt, bis er 2012 in dieser Funktion durch die neue gigantische ›Goldene Brücke‹ (Золотой мост) über die Bucht abgelöst wurde. Diese 1388 Meter lange **Schrägseilbrücke**, die in 60 Metern Höhe mit einer Länge von 2,1 Kilometern auf zwei Doppelpylonen vierspurig das Goldene Horn überspannt, wurde im August 2011 nach vierjähriger Bauzeit für den Verkehr freigegeben. Doch damit nicht genug: Vladivostok genehmigte sich bzw. bekam in Moskau noch eine zweite, nicht weniger spektakuläre Brücke genehmigt. Diese knapp 1900 Meter lange ›Russische Brücke‹ (Русский мост) genannte Schrägseilbrücke verbindet seit August 2012 Vladivostok mit der ihr vorgelagerten Russischen Insel. Beide Brücken kosteten zusammen knapp zwei Milliarden US-Doller.

Die Baustelle am Rand des Platzes soll eine neue Kathedrale werden. Der Zentralplatz selbst liegt am nordwestlichen Rand des Goldenen Horns und eröffnet den Blick auf die Bucht sowie zum Hafen und zum Bahnhof, da der erste bzw. letzte Kilometer der Transsibirischen Eisenbahn durch einen Tunnel unterhalb des Platzes verläuft. Der Blick zur Bucht zeigt die neueste Sehenswürdigkeit der Stadt. Wenn man an der Kreuzung, an deren Ecke sich das Heimatkundemuseum befindet, der ul. Aleutskaja in südliche Richtung folgt, gelangt man auf eine kleine Anhöhe und zur Gemäldegalerie. Gegenüber befindet sich das gelbe **Bryn-**

ner-Haus. Der Familie gehörte zu Beginn des Jahrhunderts eines der größten Handelshäuser im Fernen Osten. Berühmt wurde der Name dann aber vor allem durch den Sohn, Yul Brynner (1920–1985), der später in Hollywood Karriere machte. Ein Stand im Heimatkundemuseum und seit 2012 auch ein Denkmal vor dem Geburtshaus erinnern daran. Hinter der Anhöhe sieht man bereits den Bahnhof und das dahinterliegende Gebäude des Passagierhafens.

Nach rechts abbiegend, kommt man wieder zum Steilufer der Amurbucht. Hier befindet sich unter dem Namen **Nostal'gija** auch ein Traditions-Café mit angeschlossener Verkaufsgalerie. In Richtung Süden am Bahnhof vorbei, gelangt man auf der Landzunge der Škota- und Egeršel'd-Halbinseln zum **Handelshafen**. Hier erinnert auf einem Hügel ein **Gedenkstein** an den Ort, an dem 1860 die Besiedlung der Stadt ihren Anfang nahm. Sowohl die Halbinsel als auch der Leuchtturm (ul. Verchne-

Endpunkt der Transsibirischen Eisenbahn: der Bahnhof von Vladivostok

Karte S. 382

Das Kaufhaus GUM, ehemals Kunst & Albers

portovaja 40) sind nach Gustav Egeršel'd benannt. Der in der russischen Marine dienende Baltendeutsche hatte hier in der ersten Kaserne 1860 das Kommando. Von hier hat man – vor allem abends – einen sehr schönen Blick auf die Stadt und auf die weiß-blau-rot angestrahlte Brücke zur Russischen Insel.

Wieder zurückgekehrt zum Zentralplatz, gelangt man am Ufer zum **Hauptquartier der russischen Pazifikflotte** und zum als Museum ausgebauten U-Boot. Daneben ist der Kreuzer ›Roter Wimpel‹ zu besichtigen. Eine ›ewige Flamme‹ erinnert an die Opfer der Seekriege. Das ganze nennt sich zusammen ›Museumskomplex Kampfesruhm der pazifischen Rotbannerorden-Flotte‹. Auf dem Vorplatz am Kai finden auch immer Feierlichkeiten bei ausländischen Flottenbesuchen statt. Weiter unten am Ufer gibt es noch mehrere Denkmäler: ein Denkmal für im Zweiten Weltkrieg gefallenen Seeleute der Handelsflotte, ein dem Flottenadmiral Gennadij Nevel'skij (1813–1876) gewidmetes Denkmal sowie einen an das 125-jährige Stadtjubiläum erinnernden Obelisken.

Ein **prachtvolles Tor** in der ul. Petra Velikogo erinnert an den Besuch des damals künftigen Zaren Nikolai im Jahre 1891. Während dieses Aufenthaltes oblagen dem Thronfolger drei wichtige Grundsteinlegungen: das oben erwähnte Nevel'skij-Denkmal, das erste Trockendock des Hafens und die Transsibirische Eisenbahn.

Zurück auf der ul. Svetlanskaja, erhebt sich das heute größte **Kaufhaus** von Vladivostok. Das GUM gehörte ursprünglich dem deutschen Handelshaus **Kunst & Albers**, das sich dank des Engagements der beiden Hamburger Kaufleute Gustav Kunst und Gustav Albers in den Wirren der Zeiten um die Jahrhundertwende außerordentlich erfolgreich entwickelte. In einer Mischung aus Jugendstil und russischer Türmchenarchitektur war zwischen 1902 und 1906 ein dreistöckiges Kaufhaus entstanden, das den Vergleich mit europäischen Metropolen nicht zu scheuen brauchte. Leider bescherte die Oktoberrevolution der Erfolgsgeschichte kein Happy End, doch das Kaufhaus ist noch heute ein Glanzstück der Stadt, und in den letzten

Die wiederaufgebaute Mariä-Schutz-Kirche

Jahren wuchs mit der Öffnung auch wieder das Interesse an der Geschichte von ›Kunst & Albers Vladivostok‹ (ul. Svetlanskaja 35). Das gegenüberliegende, ursprünglich von Kunst & Alberts 1903 zu Wohn- und Repräsentationszwecken errichtete **Jugendstil-Haus** beherbergt derzeit noch eine Poliklinik. Es soll in den nächsten Jahren zu einem Museum – einer Filiale der Petersburger Ermitage – umgebaut werden (ul. Svetlanskaja 38/40).

Die, weiter auf der nördlichen Straßenseite, etwas versetzten und für Vladivostok exotisch anmutenden **Holzhäuser** waren Ende des vergangenen Jahrhunderts ebenfalls von Kunst & Albers für ihre über 150 Mitarbeiter errichtet worden und trugen Namen wie Haus ›Fernsicht‹, ›Sibir‹ und ›Karlsruhe‹. Letzteres stand aber nicht für die gleichnamige Stadt, sondern für Karls Ruhe(stätte), ul. Svetlanskaja 39.

In der kleinen Parkanlage steht hinter dem Denkmal für den Revolutionär Sergej Lazo auf der Anhöhe das **Maksim-Gor'kij-Theater** in der ul. Svetlanskaja 49, Tel. 220136. Außerdem gibt es – ebenfalls in der Svetlanskaja – noch die **Philharmonie,** ul. Svetlanskaja 15, Tel. 269940, ein **Jugendtheater**, ul. Svetlanskaja 15a, Tel. 220136, und den **Zirkus,** ul. Svetlanskaja 103, Tel. 265650.

Der größte Stolz der Vladivostoker Kulturszene befindet sich allerdings auf der anderen Seite der Bucht. Unmittelbar neben der Goldenen Brücke erhebt sich der minimalistische Bauklotz des neuen, 2012 eröffneten **Opernhauses** von Vladivostok. Ein sehr schönes High-Tec-Theater mit hervorragender Akustik und eigenem Ensemble, ul. Fastovskaja 20, Tel. 2001515, www.primopera.ru (R/E). Parallel zur ul. Svetlanskaja verläuft die **ul. Puškina**, in der sich eine ganze Reihe eindrucksvoller **Gründerzeitvillen** befinden. Am Abzweig der ul. Puškina, wo heute die örtliche Kunstschule in einem zweistöckigen Gebäude ihr Domizil hat, stand früher die im Jahre 1935 gesprengte Kathedrale der Stadt. Hier gelangt man durch die ul. Puškina auch zum schönsten Aussichtspunkt der Stadt. Diese phantastische Aussicht über die Stadt und die Bucht bietet das **Adlernest** (Orlinoe gnezdo) auf dem gleichnamigen 214 Meter hohen Hügel, den man mit einer **Drahtseilbahn** (Funicular) erreichen kann. Die Talstation des 1962 eröffneten Funikulars befindet sich in der ul. Puškina und fährt hinauf zur ul. Suchanova, in der sich linker Hand in etwa 500 Metern Entfernung auch das gleichnamige Museum befindet.

Weiter westlich trifft man auf die lange Jahre einzige russisch-orthodoxe Kirche der Stadt. Die **St.-Nikolaj-Kirche** wurde seinerzeit aus der für die Opfer des

Karte S. 382

russisch-japanischen Krieges errichteten Kirche der trauernden Gottesmutter (Cerkov' Skorbjaščej Bogomateri) umgebaut, ul. Machalina 30, Tel. 264653.

Das wichtigste alte neue Gotteshaus der Stadt ist die wiedererrichtete **Mariä-Schutz-Kirche** (Pokrovskij Sobor) am Rand des gleichnamigen Parks. Ursprünglich 1902 geweiht, wurde sie 1935 zerstört. Sechzig Jahre später begann auf dem alten Fundament der Wiederaufbau, der 2006 abgeschlossen wurde, Okeanskij pr. 44, Tel.2435925, www.pokrovadv.ru (R).

Einen Besuch lohnt die **evangelische Pauluskirche**. Der 1907 durch die damals in Vladivostok lebende deutsche Gemeinde errichtete Backsteinbau erlebte eine wechselvolle Geschichte als Seemannsklub und Flottenmuseum, bevor er ab 1997 wieder seiner ursprünglichen Bestimmung dienen konnte und heute offiziell als deutsches Kulturdenkmal im Ausland gilt. Der pensionierte Hamburger Pfarrer Manfred Brockmann (*1937) wirkt hier seit 1992 als Propst, ul. Puškinskaja 14, Tel. 2221806, www.luthvostok.com (D/E/R).

Die ul. Svetlanskaja endet am Ende des Goldenen Horns. Die südlich der Bucht verlaufende Straße heißt ul. Kalinina. Direkt in südlicher Richtung, etwas außerhalb der Stadt auf dem Čurkin-Berg, befindet sich der sehenswerte **Marinefriedhof** von Vladivostok. Hier sind auf einem von vielen Bäumen überschatteten Gelände viele interessante und geschichtsträchtige Grabstätten zu besichtigen. Gemeinschaftsgräber untergegangener Schiffe, wie beispielsweise des im russisch-japanischen Kriegs versenkten Kreuzers ›Varjag‹ oder das Grab des vor allem durch den Roman ›Dersu Uzala‹ bekannt gewordenen Erforschers des Fernen Ostens Vladimir Arsen'ev.

Das 1991 in russisch-japanischer Kooperation errichtete **Ozeanarium** am Jachthafen zeigt in Aquarien, Dioramen und Einzelexponaten sowie einem riesigen, kreisförmigen Becken die Meereswelt des Pazifiks. Besonders sehenswert sind die Schwertfische und die Kamtschatkakrabben. Mo Ruhetag, ul. Batarejnaja 4, Tel. 255965. Im Jachthafen gibt es auch ein enges Delphinbecken, wo mehrmals täglich eine kleine Vorstellung geboten wird.

Im Fernen Osten

Blick auf den Jachthafen westlich des Stadtzentrums

■ Vladivostoker Säule und Botanischer Garten

Auf halber Höhe zwischen Vladivostok und dem Flughafen Artёm wurde 1960 zum 100–jährigen Stadtjubiläum an der damaligen Stadtgrenze eine Säule errichtet. Sie trägt ein Segelschiff auf der Spitze und das einzige Lenin-Zitat zu Vladivostok als Inschrift: »Vladivostok ist weit weg, aber es gehört uns!« Sie wurde zum Symbol für die Stadt und zierte auch früher den dann der Währungsreform zum Opfer gefallenen 1000–Rubel-Schein. Heute gibt es Pläne, hier noch eine kleine Kapelle zu Ehren der russischen Eroberer des Fernen Ostens und eine Allee zu Ehren der bedeutendsten Bürger Vladivostoks zu errichten.

Kurz vor der Säule befindet sich rechter Hand der 1948 begründete Botanische Garten. Hier kann man auf einem ausgeschilderten Spazierweg von ca. einer halben Stunde ein Stück Ussuri-Taiga besichtigen sowie eine Orangerie, ein Rosarium, ein kleines Museum und viele Gewächshäuser und Plantagen, geöffnet Mai bis Oktober, ul. Mokovskogo 142, Tel. 330715.

■ Vlad Vegas

Russland hat 2009 sein Spielbankenmonopol neu geordnet und vier Sonderwirtschaftszonen bestimmt, wo sich in Zukunft das Glücksspiel des Landes konzentrieren soll. Neben Kaliningrad, Azov und Gorno-Altajsk wurde auch die Gegend um das Schildkrötenkap auf halber Höhe zwischen Vladivostok und Artёm als einer der künftigen vier Rus-Vegas-Standorte bestimmt. Derzeit sucht man noch Investoren.

■ Pazifik-Inseln

Die mit knapp 100 Quadratkilometern größte Insel liegt direkt vor der Bucht von Vladivostok und heißt ganz schlicht ›Russische Insel‹ (Russkij ostrov). Sie gehört derzeit zu Russlands wichtigsten Baustellen und wird 2012 zum Tagungsort des Wirtschaftsforums der Asien-Pazifik-Region APEC. Ab 1895 wurde weite Teile der Insel zur Festung ausgebaut. Bis 1997 war die Insel militärisches Sperrgebiet. Die nun für das APEC-Forum entstehende Gartenstadt soll im Anschluss zum neuen Campus der neu gegründeten Nationalen Fernost-Universität werden, so dass sich die

▲ *Vorortbahnhof am Pazifik*

Das neue Opernhaus der Stadt

gegenwärtige Einwohnerzahl von etwa 5000 in Zukunft deutlich erhöhen wird. Weitere größere Inseln sind ostrov Popova und Rejneke. Daneben gibt es aber auch eine Vielzahl kleiner, unbewohnter Inseln. Ein populäres Urlaubsvergnügen der Vladivostoker ist ein in keiner Weise geregelter Abenteuerurlaub auf einer dieser Inseln. Ein gemietetes Schiff bringt die freiwilligen Robinsons samt entsprechendem Inventar zur Insel und holt sie eine Woche später wieder ab.

Museen

Das genauso wie in Chabarovsk nach Vladimir Arsen'ev benannte **Heimatkundemuseum** bietet sehr umfangreiche Ausstellungen zur örtlichen Tier- und Pflanzenwelt, zur Geschichte der Region und zu den Ureinwohnern des Fernen Ostens, ul. Svetlanskaja 20, Tel. 2414113. Die **Exposition zur Stadtgeschichte** befindet sich seit 2014 in einem eigenen Gebäude am alten Triumpfbogen, ul. Petra Velikogo 6, Tel. 2225077, in beiden Mo Ruhetag, www.arseniev. org (R).

In dem Haus, in dem **Arsen'ev** 1929/30 sein letztes Lebensjahr verbrachte, wurde 1997 ein Museum eröffnet, das an den großen Heimatforscher des russischen Fernen Ostens erinnert, ul. Arsen'eva 7b, Tel. 2515853.

In der Nähe des Bahnhofs befindet sich die 1966 in einem alten Bankgebäude eröffnete **Gemäldegalerie**, die neben einer reichen Sammlung russischer Malerei (Ajvasovskij, Repin, Kandinskij) auch Werke westeuropäischer Maler zeigt. An der Seite befindet sich auch eine kleine Verkaufsgalerie lokaler Künstler, Mo Ruhetag, ul. Aleutskaja 12, Tel. 2411162.

Das **Suchanov-Museum**, neuerdings **Beamten-Museum** genannt, ist eine Art Alltagsmuseum der Zarenzeit und erinnert an Aleksandr Suchanov (1863–1921), der um die Jahrhundertwende Bürgermeister der Stadt war. Es befindet sich in seinem ehemaligen Wohnhaus, in dem er mit seiner neunköpfigen Familie lebte. Die Geschichte der Suchanovs vermittelt einen exemplarischen Eindruck davon, wie die Revolution in Familien einbrach. Sein ältester Sohn Konstantin (1894–1918) war ein aktiver Revolutionär und wurde 1918 im Primor'e Innenminister. Im November desselben Jahres wurde er von Angehörigen der tschechischen Legion erschossen. Sein Vater verstarb drei Jahre später. Im Museum befindet sich auch ein kleiner Kunstgewerbeladen, Mo Ruhetag, ul. Suchanova 9, Tel. 2423854.

Die militärische Bedeutung der Stadt spiegelt sich auch in der Museumslandschaft wieder. Das zu einem Museum umgebaute **U-Boot** mit der Typenbezeichnung C-56 ist schon allein aufgrund seiner Dimensionen zu empfehlen. Während des Zweiten Weltkrieges soll es zehn feindliche Schiffe versenkt

Im Fernen Osten

Schiffe der Pazifik-Flotte im zugefrorenen Hafen

haben. Heute bietet es neben einer Ausstellung zur Geschichte des russischen U-Boot-Baus einen Eindruck von den Lebensbedingungen unter Wasser. So, Mo Ruhetage, Korabel'naja Naberežnaja, Tel. 2216757.

Unweit davon ist auch der **Kreuzer Roter Wimpel** (Krasnyj Vympel) zu besichtigen. In Anlehnung an den bekannten Petersburger Kreuzer, dessen berühmter Schuss den Sturm auf das Winterpalais und somit die Oktoberrevolution einleitete, wird der Kreuzer auch die Aurora von Vladivostok genannt.

Daneben gibt es noch zwei der **russischen Pazifikflotte** gewidmete Museen, die sich in der ul. Svetlanskaja 66, Tel. 2216492, und in der ul. Verchneportovaja 7, Tel. 2496201, befinden.

Das **Museum der Grenztruppen** zeigt auf drei Etagen die militärischen Erfolge beim Schutz der russischen Grenzen von den Ussuri-Kosaken bis zum russisch-chinesischen Grenzkrieg 1969. Sonntag, Mo Ruhetage, ul. Semënovskaja 17/19, Tel. 2218079.

Außerdem vermittelt auch das in der **alten Festung** Vladivostok befindliche Museum einen Eindruck von vergangenen Seeschlachten. Das 2002 eröffnete Museum vermittelt in den rekonstruierten Befestigungsanlagen an der frischen Luft und in einer dazugehörigen Ausstellung in den Kasematten einen Eindruck über die Entwicklung der städtischen Seeverteidigung am Steilufer der Amurbucht, ohne Ruhetage, ul. Batarejnaja 4a, Tel. 2400896, www.vlad-fort.ru (R/E).

Sehr populär ist auch das neue, private **Oldtimer-Museum** mit ca. 30 alten Autos und 40 Motorrädern am östlichen Stadtrand, Muzej Avtostariny, Mo Ruhetag, ul. Sachalinskaja 2a, Tel. 2212477, www.automotomuseum.vl.ru (R/E).

ℹ️ **Vladivostok**
Lage: 43°6'44.81"N/131°52'53.38"E; Vladivostok ist 9302 km von Moskau entfernt. Zeitunterschied zu MEZ im Sommer 9, im Winter 10 Std.
Postleitzahl: 690000–690600.

Vorwahl: +7/423; Auskunft: 09.
Hauptpostamt: ul. Aleutskaja, Tel. 2260029.
Banken: Sberbank, ul. Semënovskaja 22, Tel. 2224415, Geldautomat: ul. Semënovskaja 22.

Taxi: 2462874, 2210014
Reisebüro: Dalinturist, ul. Fokina 1, Tel. 2410903.
Konsulate: *USA*: ul. Puškina 32, Tel. 2300091; *Südkorea*: ul. Pologaja 19, Tel. 2402222, Tel. 2436469; *Japan*: ul. Verchneportovaja 46, Tel. 2267558; *China*: ul. Krygina 3 (Hotel Gavan'), Tel. 2497459. Daneben unterhalten noch Kanada, Australien, Neuseeland, Indien, Thailand, Vietnam und die Phillipinen Konsulate in Vladivostok.
Durchschnittstemperatur: Januar –14 Grad, Juli 24 Grad. Die Winter sind schneearm, trocken und häufig sehr windig. Im Sommer ist es sehr feucht und schwül. Häufig liegt Nebel über der Stadt.

Der Flughafen befindet sich etwa 50 km nördlich von Vladivostok in der Stadt Artëm. Es gibt vier tägliche Flugverbindungen von und nach Moskau (2x Šeremet'evo, 1x Domodedovo, 1x Vnukovo). Daneben gibt es tägliche Flugverbindungen nach Novosibirsk, Irkutsk, Chabarovsk, Magadan, Petropavlovsk-Kamčatskij, Južno-Sachalinsk und mehrmal wöchentlich Flüge nach St. Petersburg, Ekaterinburg, Krasnojarsk und Čita. Es gibt mehrere Verbindungen pro Woche nach Japan (Tokio 3x), China (Peking 4x, Hongkong 3x, Harbin 3x), Südkorea (Seoul tgl., Pusan 2x) und Nordkorea (2x Pjöngjang). Vor einigen Jahren gab es Flüge in den Nordwesten der USA über Anchorage nach Seattle und San Francisco, die jedoch wieder eingestellt wurden.
Aeroport Artëm, ul. Portovaja 41, Tel. 42337/67909, www.vvo.aero (R/E).

Der Hauptbahnhof liegt im Stadtzentrum. Am Vorortbahnhof Vtoraja Rečka wurde der Grundstein für die Transsibirische Eisenbahn gelegt. Das jetzige, in den 1990er Jahren rekonstruierte Bahnhofsgebäude stammt aus den Jahren 1908 bis 1912 und besticht durch seinen verspielten Jugendstil. Es ist genauso wie der dem Anfang der Transsib gewidmete Obelisk ein Muss für jeden Besucher. Daneben steht eine alte amerikanische Dampflokomotive, die die Sowjetunion in den 1940er Jahren im Landlease von den USA bekam, ul. Aleutskaja 2, Tel. 210440.

Der Busbahnhof befindet sich am Bahnhof Vtoraja Rečka (drei Stationen vom Hauptbahnhof). Es gibt Busverbindungen in die Umgebung und nach Nachodka, ul. Russkaja 2a, Tel. 323378.

Der Meeresbahnhof genannte Passagierhafen liegt direkt hinter dem Bahnhof. Von Mai bis Oktober gibt es mit dem Schiff Antonina Neždanova eine wöchentliche Fährverbindung nach Niigata. Die Reise dauert 42 Std., Tel. 228156.

Versal' (Versailles, Версаль), Ein sehr gutes und traditionsreiches Hotel in bester, zentraler Lage, EZ/DZ 4800–6800 Rbl., ul. Svetlanskaja 10, Tel. 464201, www.versailles.vl.ru (R/E). **Hotel Hyundai**, ul. Semënovskaja 28, Tel. 407204, www.hotelhyundai.ru, DZ 7000 Rbl. Konkurrenz macht das sehr gute und teuerste Hotel der Stadt im Hyundai-Business Zentrum.
Akvilon (Аквилон), ul. Žarikovskaja 37, Tel. 229621, www.aquilonis.ru, DZ 4500 Rbl. Ein neues kleines, feines Hotel mit schönem Buchtblick.
Vladivostok (Владивосток) und **Amurskij Zaliv** (Amurbucht, Амурский Залив), Naberežnaja 9 bzw. 10, Tel. 410546 bzw. 462090. Etwas schlichter geht es in den beiden 1975 errichteten Hotels zu, die

beide einen sehr schönen Meerblick zu bieten haben. Beim Vladivostok geht's nach dem Einchecken nach oben, beim Amurskij Zaliv dagegen nach unten, da es direkt in die Steilküste gebaut wurde.

Vizit Hotel (Визит), Tel. 411941. Einzelne, etwas aufwendiger rekonstruierte Etagen des Hotels Vladivostok.

Slavjanskaja (Славянская), pr. Narodnyj 28b, Tel. 437777, DZ 2600 Rbl. Abseits des Zentrums, aber dafür vergleichsweise günstig.

Das beste Hostel ist das **Vlad Marine Inn,** ul. Pos'etskaja 55, Tel. 2080280, www. vlad-marine.ru (R/E), Schlafplatz 600 Rbl./ EZ 2200 Rbl.

Andere Hostels sind das **Teplo** (Wärme, Тепло), ul. Pos'etskaja, Tel. 2909555, und das **Nezabudka** (Vergißmeinicht, Незабудка), ul. Avrorovskaja 4, Tel. 2400296, Schlafplatz je 550 Rbl.

Das beste Restaurant der Stadt ist das **Michelle.** Neben exzellenter europäischer Küche bieten die Fensterplätze dank 8. Etage einen schönen Panoramablick auf die Bucht, ul. Uboreviča 5a, Tel. 2308116, www.vladmichelle.ru (R).

Kulinarisch ist das **Porto Franco** mit stadtgeschichtlichem Interieure eine gute Alternative, ul. Svetlanskaja 13, Tel. 2414268. Für russische Küche ist das **Staryj Gorod** (Старый Город) eine gute Wahl, ul. Semenovskaja 1/10, Tel. 2205294. Ebenfalls für russische Küche empfehlenswert sind das **Atlantida** (Атлантида), ul. Kirova 38, Tel. 348516, und **Repablik** (Репаблик), ul. Borisenko 52, Tel. 640101, sowie **Pečki-Lavočki** (Öfchen-Bänkchen, Печки-лавочки), pr. Krasnogo Znameni 51a. Erinnert an einen Film von Vassilij Šukšin und bietet russische Küche im entsprechenden Ambiente. Weitere Tipps sind **Nostal'gija** (Ностальгия), ul. Pervaja Morskaja 6/25,

Tel. 228343). Lohnt sowohl als Gaststätte als auch als Kunstgewerbeladen den Besuch und ist in jeder Hinsicht sehr zu empfehlen. **Moranbon** (Моранбон), ul. Pervaja Morskaja 6/25, Tel. 227725. Unmittelbar daneben befindet sich dieses koreanisch-russische Restaurant.

Korejskij Dom (Корейский Дом), ul. Semenova 76, Tel. 269464. Hier findet man koreanische Küche.

Mitami (Митами), pr. Okeasnskyj 76, Tel. 437918. Ein gutes japanisches Restaurant.

Hare-Krischna-Café (Харе Кришна Кафе), Okeanskij pr. 10/12, Tel. 268943. Das einzige konsequent vegetarische Restaurant wird von der örtlichen Hare Krischna-Gemeinde betrieben. **Magic Burger**, ul. Svetlanskaja 42. Ein Fastfood-Restaurant.

Studio Coffee, Svetlanskaja 18, Tel. 412822. Guter Kaffee!

Primor'e Online, ul. Svetlanskaja 57, Tel. 406088, internetcenter@mail.primorye.ru. Das Vladivostoker Internet-Café gehört zum gleichnamigen Provider.

Der Kaufhaus-Klassiker der Stadt ist das von Kunst & Albers errichtete Gebäude des heutigen **GUM** (ГУМ), ul. Svetlanskaja 35, Tel. 225550. Die blau-weiß gestreiften Seemanns-Shirts und mehr Maritimes gibt es im **Flottenkaufhaus** (Flotskij Univermag), ul. Svetlanskaja 18, Tel. 2225550. Neu entstand das Einkaufszentrum **Clover House**, ul. Semenovskaja 15. Einen guten **Kunstgewerbeladen** findet man am Okeanskij pr. 140, Tel. 252791, unweit des Zentralmarktes.

www.vl.ru (R)
www.newsvl.ru (R)

Karte S. 382

Kunst & Albers, Vladivostok

Das zentrale Kaufhaus und mehrere weitere Gebäude in Vladivostok, das schönste Lebensmittelgeschäft von Chabarovsk und das heutige Heimatmuseum von Blagoveščensk sind steinerne Zeitzeugen eines der wohl interessantesten Kapitel weltoffener Hamburger Kaufmannstraditionen. Nachdem Russland ab 1860 seine Gebiete im Amurbecken auf die Region zwischen den Strömen Amur und Ussuri erweiterte und Vladivostok gründete, trafen sich in Shanghai zufällig die beiden Hamburger Kaufleute Gustav Kunst (1836–1905) und Gustav Albers (1838–1911), die in dieser politischen Entwicklung gute Geschäftsaussichten sahen. Noch im selben Jahr gründete Albers in Vladivostok eine Handelsfirma, ein Jahr später kam sein neuer Partner, und es entstand der neue Firmenname ›Kunst & Albers‹, unter dem sich das Unternehmen in der Folgezeit zum bedeutendsten Handelshaus im russischen Fernen Osten entwickeln sollte. Im Jahr 1874 kam der Thüringer Pastorensohn Adolph Dattan (1854–1924) zunächst als Buchhalter in die Firma. Später wurde er Geschäftsführer und Teilhaber.

Ab 1887 begann der Aufbau eines Filialnetzes, das bis 1913 auf fast 40 Standorte zwischen Vladivostok, Nikolaevsk an der Amurmündung, der Insel Sachalin, Sretensk und Harbin in der Mandschurei anwuchs. Hinzu kamen für den Einkauf Überseevertretungen in Hamburg, Moskau, Warschau, Odessa und Nagasaki. Die Firma profitierte zunächst in starkem Maße von Aufträgen für den Ausbau des Pazifikhafens, dann vom Bau der Ussuri-Teilstrecke der künftigen Transsibirischen Eisenbahn und später von der russischen Expansion in die Mandschurei und dem Bau der Amurbahn. Die Palette des Geschäftes reichte von Import und Export, Groß- und Einzelhandel, Lagerwirtschaft bis zu eigenen Schiffen und einer Banklizenz.

Gustav Kunst schied 1898 aus dem Unternehmen aus. 1907 wurde in Vladivostok die neue Unternehmenszentrale (heute: GUM) eröffnet. Mehr als 100 Mitarbeiter kamen aus Europa. 1910 übergab Gustav Albers alle Geschäftsangelegenheiten an den mittleren seiner drei Söhne Alfred Albers (1877–1960). Kunst & Albers war mit einem Jahresumsatz von 15 Millionen Rubel nach Čurin & Co. das zweitgrößte Handelshaus im Osten Russlands.

Doch den Konsequenzen des Ersten Weltkrieges und der Oktoberrevolution ist geschuldet, dass ihren Nachfolgern in dieser exotischen Erfolgsgeschichte kein Happy End vergönnt war. Während die Familie Dattan 1914 noch in den russischen Adelsstand erhoben wurde, überschatteten die unterschiedlichen Seiten Russlands und Deutschlands an den Fronten des Krieges die weitere Entwicklung. Spionagevorwürfe und Hetzkampagnen bewirkten, dass die zaristische Regierung die Firma im Januar 1917 schloss. Alfred Albers brach nach Deutschland auf, Adolph Dattan ging nach Tomsk. 1920 kehrten beide nach Vladivostok zurück, doch der Bürgerkrieg und 1922 der Einzug der Sowjetmacht nach dem Abzug der Japaner verhießen keine gute Geschäfte mehr. Dattan kehrte nach Deutschland zurück, wo er zwei Jahre später starb. Albers verließ Russland in Richtung Shanghai und konzentrierte sich nun mit der Generalvertretung für mehrere namhafte deutsche Firmen auf das Geschäft in China. 1925 wurde der Grundbesitz von Kunst & Albers mit insgesamt 19 Gebäuden in Russland enteignet, in den Folgejahren wurden alle Unternehmen geschlossen.

Nachodka

Nachodka ist eine vergleichsweise junge Stadt im Fernen Osten und entstand aus der Notwendigkeit für Russland bzw. die Sowjetunion, über einen großen internationalen Handelshafen am Pazifik zu verfügen. Da Vladivostok aufgrund seiner militärischen Bedeutung und der entsprechenden Geheimhaltung diese Funktion nicht erfüllen konnte, begann man Mitte der 1930er Jahre mit dem Bau eines Hafens in einer nicht zufrierenden Bucht des Pazifik, der dann wiederum den Bau einer dazugehörenden Stadt nach sich zog.

Offensichtlich war man mit der Standortwahl nicht unglücklich, denn Nachodka bedeutet etwa ›Fundstück‹. Die Bucht war bereits 1859 vom russischen Segelschiff ›Amerika‹ entdeckt worden. An Bord befand sich damals auch Nikolaj Murav'ëv-Amurskij, dem die Namensgebung für die Bucht zugeschrieben wird. Im Jahr 1936 war der Eisenbahnanschluss an die Transsib fertiggestellt worden. Hafen und Stadt wurden dann aber vor allem von Gulag-Häftlingen errichtet. Nach dem Zweiten Weltkrieg kamen japanische Kriegsgefangene dazu.

Nachodka wurde zum wichtigsten Güterbahnhof am östlichen Ende der Transsibirischen Eisenbahn. Die für ausländische Touristen zugänglichen Transsib-Züge durchfuhren die Strecke von Chabarovsk nach Nachodka am Pazifik fahrplanmäßig immer nachts, damit man von den Grenzanlagen an der russisch-chinesischen Grenze nichts sehen konnte. Knapp 30 Kilometer vor Vladivostok bog der Zug dann Richtung Nachodka ab.

Seit der Öffnung von Vladivostok hält sich das touristische Interesse für Nachodka in Grenzen. Seine wirtschaftliche Bedeutung ist aber ungebrochen und wird heute durch den Hafen bzw. die Häfen im Meerbusen von Nachodka (Handelshafen, Fischereihafen, Ölhafen) und durch den in den 1970er Jahren an der Wrangel-Bucht gebauten Hafen ›Vostočnyj‹ bestimmt. Projekte, in Nachodka eine Sonderwirtschaftszone zu errichten, werden in den letzten Jahren viel diskutiert, waren aber bis jetzt noch nicht von Erfolg gekrönt. Die Stadt erhielt das Stadtrecht 1950. Sie hat heute ungefähr 156 000 Einwohner und kann mit dem Superlativ, die südlichste Großstadt Russlands zu sein, aufwarten.

Sehenswürdigkeiten

Die Hauptmagistrale der Stadt ist der **Nachodkinskij prospekt** der an der Nordseite der Bucht von Nachodka fast parallel zur Eisenbahnlinie am Ufer die Windungen der Bucht nachvollzieht. An den höchsten Punkten gibt es Ausbuchtungen, die einen schönen Blick auf Bucht und Hafen bieten.

1. Bahnhof Tichookeanskaja (Станция Тихоокеанская)
2. Passagierhafen (Пассажирский порт)
3. Rathaus (Администрация города)
4. Heimatkundemuseum (Краеведческий Музей)
5. Kulturpalast der Seeleute (Дворец Культуры Моряков)
6. Japanischer Steingarten (Японский сад камней)
7. Kathedrale (Соборь)
8. Bruder- und Schwesterfelsen (Гора Сестра, Гора Брата)
9. Wrangelbucht (бухта Врангеля)

◀ Karte S. 395

ul. Postyševa

Belaja Gora

pr. Mira

пр. Мира

ul. Krasnoarmejskaja

8 9

Barchatnaja

Schefner-
Kap

ul. Sovetskaja

3

buchta Nachodka

Dialog
Invite

ul. Pograničnaja

Torgovyi
port

6

Antrakt

Pyramid

Tichookean-
skaja

5   4

ul. Leninskaja

1   7

ul. Lunačarskogo

2

Viktorija

Zavodskaja

Mys
Astaf'eva

Na Mys Astaf'eva

Rybport

Tedongon

Krabovaja

Nochodkinskij pros.

Rybniki

buchta Novickogo

Arsen'eva

ul. Astaf'eva

Zaliv
Ameriki

ul. Pirogova

ul. Sportivnaja

ul. Orechovaja

Nachodka (Находка), Zentrum

0   500   1000 m

Der Fischereihafen von Nachodka

Die bekannteste Sehenswürdigkeit von Nachodka sind die beiden am nordöstlichen Ufer des Meerbusens befindlichen, pyramidenähnlichen **Kalksteinfelsen** Bruder (242 Meter) und Schwester (312 Meter). Früher waren beide etwa gleich groß, der Bruder wurde aber von Menschenhand einen Kopf kürzer gemacht. Bis 1970 wurde von seiner Spitze Kalkstein für die Hafenbaustellen abgetragen.

Das **Stadtzentrum** im eigentlichen Sinne befindet sich etwa zwischen den drei Bahnhöfen Torgovyj Port, Tichookeanskaja und Zavodskaja oder zwischen der Südspitze der Bucht des Passagierhafens und dem Šefner-Kap. Aleksej Šefner (1832–1891) war der Kapitän der Fregatte ›Man'čžur‹, welche die ersten russischen Soldaten zur Befestigung der russischen Positionen nach Vladivostok brachte und über 20 Jahre die Wasser der hiesigen Küste befuhr. Auf der Höhe des Šefner-Kaps befindet sich der zentrale Platz der Stadt mit dem **Rathaus** und dem obligatorischen und in Nachod-

ka aber erst sehr spät – 1985 – errichteten Lenindenkmal. Aus dem angrenzenden Park hat man auch einen schönen Blick auf die Bucht.

Südlich des Parkes befindet sich rechter Hand das **Denkmal für die Opfer des Zweiten Weltkrieges** mit der ewigen Flamme. Weiter gelangt man zum **Garten der Steine**, einem Geschenk der japanischen Partnerstadt Maidzuru. Ähnlich dem Garten der Steine in Kyoto befinden sich in der Parkanlage 15 schwarze Steine auf hellem Sand. Egal von welchem Standort man die Anlage betrachtet, man sieht immer nur 14 Steine, während der letzte, 15. Stein verdeckt ist.

Hinter dem Zentralmarkt findet man das architektonisch auffällige **ehemalige Spartak-Theater**, das vor wenigen Jahren zum größten Spielcasino der Stadt umgebaut wurde.

Auf dem Hügel nördlich der Bucht des Passagierhafens entsteht Nachodkas neues Wahrzeichen – die im Rohbau bereits fertige **neue Kathedrale**, die der

Karte S. 395 ▲

Ikone der Kazaner Gottesmutter gewidmet wird.

Am Anker-Platz (Jakornaja pl) am Ende der Bucht beginnt die ul. Leninskaja, deren Mittelstreifen zur Fußgängerzone wurde und ihr nach Moskauer Vorbild den Spitznamen ›Nachodkinskij Arbat‹ eingebracht hat. Sie führt zum klassizistisch in Blau gehaltenen **Kulturpalast der Seeleute** (Dvorez kultury morjakov), ul. Leninskaja 22, Tel. 652122. Die Leninskaja wird parallel von den nach A. Lunačarskij und Vladivostok benannten Straßen flankiert. Hier befindet sich auch das 1980 gegründete **Nachodka-Museum**, in dem man eine Archäologie-Abteilung, eine umfangreiche Fotoausstellung zur Geschichte der Stadt sowie eine Gemäldegalerie mit angeschlossener Verkaufsausstellung besichtigen kann, Mo Ruhetag, ul. Vladivostokskaja 6, Tel. 655390, www.museum-nakhodka.ru (R).

In der Stadt gibt es eine **Philharmonie**, ul. Nachimovskaja 19, Tel. 659940 und ein **Puppentheater**, Nachodkinskij pr. 32, Tel. 656811.

Beliebt ist bei schönem Wetter ein **Aufstieg auf den Schwester-Berg**, der einen herrlichen Ausblick auf die Buchten des Japanischen Meeres bietet. Es gibt mehrere schöne Badestrände in der Umgebung, der beste liegt an der Wrangelbucht. In der Nähe befindet sich die Endstation der Buslinie 26, die auf dem Weg dorthin auch bei Bruder und Schwester einen Halt macht.

 Nachodka

Lage: 42°48'36.34"N/132°52'18.99"E; Nachodka ist 9400 km von Moskau und 170 km von Vladivostok entfernt. Zeitunterschied zu MEZ im Sommer 9, im Winter 10 Std.

Postleitzahl: 692200.

Vorwahl: +7/4236; Auskunft: 09.

Taxiruf: 645454.

Hauptpostamt: Nachodkinskij pr. 43, Tel. 655268.

Banken: Sberbank, ul. Portovaja 3, Tel. 679044, mit Geldautomat.

Reisebüro: Inturist, Nachodkinskij pr. 51, Tel. 631963.

Konsulate: Nordkorea: ul. Sedova 8, Tel. 630657.

Durchschnittstemperatur: Januar –10 Grad, Juli 18 Grad.

Der Flughafen von Vladivostok in dem Ort Artém ist etwa 120 km von Nachodka entfernt. Man kann auch in Nachodka Flugtickets kaufen, Nachodkinskij pr. 18, Tel. 657225.

Es gibt keinen eigentlichen Hauptbahnhof. Der Bahnhof Nachodka liegt am nördlichen Stadtrand. Es folgen am Nordufer der Bucht die Bahnhöfe Uglebaza, Avtobaza, Barchatnaja, Torgovyj Port, Tichookeanskaja, Zavodskaja Rybport und Rybniki, bevor es am anderen Ufer der Bucht mit Arsenevo, Krabovaja und Mys Astafeva weiter geht. Der zentrale Haltepunkt in Zentrumsnähe heißt Tichookeanskaja und liegt am Passagierhafen. Nach Vladivostok gibt es mehrere Vorortzüge (Fahrtzeit 5 Std.) sowie eine bequeme Nachtzugverbindung nach Chabarovsk (15 Std.), Tel. 656825.

Es gibt stündliche Busverbindungen nach Vladivostok und in die nähere Umgebung, Nachodkinskij pr. 7, Tel. 643495.

Der in den 1990er Jahren von einem italienischen Unternehmen errichtete Passagierhafen konnte sich sehen lassen und

Im Fernen Osten

Blick auf die Bucht von Nachodka

befindet sich am Bahnhof Tichookeanskaja. Es gab auch Schiffsverbindungen nach Japan und China, Tragflächenboote verkehrten nach Vladivostok, aber seit zehn Jahren ruht der Verkehr, was man dem Hafengebäude auch ansieht.

Pyramid, ul. Vladivostokskaja 2a, Tel. 659750, www.hotelpyramid.narod.ru (R/E), EZ/DZ USD 70–105. Zentral gelegen, von außen unscheinbar, aber dennoch das beste und teuerste Hotel der Stadt.
Dialog Invite, ul. Sovetskaja 1a, Tel. 640761. Mit 10 Zimmern zwar sehr klein, aber sehr komfortabel.

Die Restaurants in beiden Hotels sind empfehlenswert.
Tedongon (Тедонгон), Mys Astaf'eva 34, Tel. 641433, und **Belaja Gora** (Weißer Berg, Белая Гора), ul. Postyševa 27, Tel. 640239. Ein koreanisches und ein russisches Restaurant, die einen Besuch lohnen.
Viktorija (Виктория), ul. Lunačarskogo 2a, Tel. 657190, und **Antrakt** (Антракт), ul. Leninskaja 16, Tel. 657690. Im Zentrum gelegen.
Internationaler Seemannsclub (Дом Културы), ul. Leninskaja 22, Tel. 656250. Restaurant-Bar-Komplex **Zaliv Ameriki** (Залив Америки) am Fischmarkt, Tel. 620768. Für die, die den Hauch des Hafens mit einer Prise St. Pauli suchen.

Das größte Kaufhaus der Stadt befindet sich am Nachodkinskij pr. 62, Tel. 621449.

www.nakhodka.info (R)
www.nakhodka-city.ru (R)

Karte S. 395

Eisball (Bandy)

Ein auch für Touristen interessantes sportliches Highlight in den Stadien Sibiriens ist Eisball. Diese in Deutschland nahezu unbekannte Sportart ist vor allem in Skandinavien und in Russland sehr populär und heißt in Russland ›Hockey mit dem Ball‹ (Chokkej s mjačom). Was wir in der deutschen Sprache als Hockey kennen, heißt in Russisch ›Rasenhockey‹ (Chokkej na trave) und Eishockey heißt in Russland einfach Hockey (Chokkej).

Eisball entstand ursprünglich in England, die erste Landesmeisterschaft wurde 1895 in Schweden ausgespielt, und seit 1898 spielt man Eisball auch in Russland. Es gibt seit 1955 auch eine Internationale Bandy-Föderation (IBF), die im Jahresrhythmus eine A- und B-Weltmeisterschaft organisiert, die 2010 in Moskau stattfand. Im Finale setzte sich dabei Schweden gegen Russland durch. In der Relegation zwischen dem Letzten der A-Gruppe und dem Ersten der B-Gruppe setzte sich die USA gegen Kanada durch.

Das Spiel wird unter freiem Himmel gespielt und vereint in seinem Reglement Elemente des Eishockey und des Fußballs. Das Eisfläche hat die Größe eines Fußballfeldes. Jede Mannschaft besteht aus zehn Feldspielern und einem Torwart. Den Puck ersetzt ein tennisballgroßes (Durchmesser: 6 cm) rotes oder oranges Bällchen aus Kunststoff oder Kork. Die Spieler tragen die vom Eishockey bekannte Montur. Die Schläger sind auf der Eisfläche nicht wie beim Eishockey gerade, sondern wie beim Rasenhockey leicht gekrümmt. Der Torwart muss ohne Schläger auskommen. Die Spiele dauern wie beim Fußball jeweils zweimal 45 Minuten. Es gibt Eckbälle, Freistöße und Elfmeter.

In Russland und insbesondere in Sibirien ist Eisball ein Volkssport. Genau so wie beim Eishockey dominierte Russland auch beim Eisball viele Jahre die Weltmeisterschaften. Von 23 WM-Titeln holte man 16. Die Spiele der Eisballliga werde genauso emotional verfolgt wie hierzulande die Bundesliga und locken auch ungeachtet der frostigen Temperaturen die Fans in die Stadien. Man spielt in zwei durch den Ural getrennten Ligen, und die besten acht Teams aus beiden Ligen spielen dann im Play Off um den Meistertitel. In Sibirien kann man sich die Spiele der obersten Ost-Liga unter anderem in den Stadien von Novosibirsk, Kemerowo, Krasnojarsk, Abakan, Irkutsk, Bratsk und Chabarovsk anschauen.

Ein Besuch lohnt, denn das Spiel ist sehr dynamisch, im Durchschnitt deutlich torreicher als Fußball, so dass auch schnell die notwendige Stimmung aufkommt, die die Zuschauer der Kälte trotzen lässt. La Ola bei 10 Grad Frost feuert die Spieler an und hält auch die Fans in wärmender Bewegung. Unter den sibirischen Mannschaften waren im letzten Jahr waren Enisej Krasnojarsk, Baikal-Energia Irkutsk und SKA Neftjanik Chabarovsk am erfolgreichsten. Im Play Off gewann Krasnojarsk 2015 den Pokal gegen Dynamo Moskau. Im Kampf um Bronze gewann Irkutsk gegen Chabarovsk.

Mischung aus Eishockey und Fußball: Bandy

Kamčatka

Die längliche Halbinsel im äußersten Osten Russlands ist mit einer Fläche von 472 000 Quadratkilometern etwas größer als Schweden. Es gibt wenig Flecken auf der Erde von so außergewöhnlicher landschaftlicher Schönheit und mit so spektakulärer Natur. Von den 160 Vulkanen gelten 29 als aktiv. Sie konzentrieren sich auf dem Gebirgsrücken, der am südöstlichen Ufer der Halbinsel verläuft. Der letzte Ausbruch datiert von 1994. Der vulkanische Bogen am Westrand des Pazifiks reicht von Kamčatka bis nach Neuseeland. Russlands Zipfel aus Feuer und Eis gehört dabei zu den aktivsten Regionen. An diesem Bogen reiben sich die eurasische Platte und die den Pazifikgrund bildende Ozeanplatte, die sich vor etwa 40 Millionen Jahren unter den Festlandsockel schob und die Entstehung Kamčatkas begründete. Die Bergkette am Ostufer der Halbinsel wächst jährlich im Durchschnitt um sieben bis acht Zentimeter.

Ungeachtet der Meeresnähe herrscht im zentralen Teil der Halbinsel Kontinentalklima. Selbst während des kurzen, heißen Sommers sind sehr kühle Nächte charakteristisch. Der größte Teil des Gebietes ist mit Mischwald bedeckt, in dem die Steinbirke dominiert. Auf den Wiesen und Lichtungen erreichen Farne im Wechsel mit Knieholz vielerorts eine Höhe von über einem Meter, was Wanderungen und Trekkingtouren zu einer echten Herausforderung werden lässt. In Höhenlagen ab 500 Metern dominiert dann alpine Tundravegetation. Auf den Vulkanascheflächen sind nur ganz vereinzelt Pflanzen anzutreffen.

Die nördliche Festlandverbindung Kamčatkas befindet sich im Dauerfrostterritorium. Durch diesen sogenannten ›arktischen Riegel‹ wurden Tier- und Pflanzenwelt seit der letzten Warmperiode vor über 7000 Jahren in die Endemie gelenkt. So gibt es beispielsweise keine Schlangen auf Kamčatka. Das be-

Vulkane prägen die Gestalt der Halbinsel

Die Halbinsel Kamčatka

kannteste Unikat der lokalen Fauna ist der Kamčatka-Braunbär (Ursus arctos beringianus). Mit einer geschätzten Population von etwa 10 000 Braunbären belegt das Gebiet weltweit Platz eins in der Kategorie Bär pro Quadratkilometer. Auf einer russischen Landkarte tauchte die Halbinsel erstmalig 1667 auf. Dreißig Jahre später wurde sie durch den Feldzug des Kosakenhauptmanns Vladimir Atlasov zum Bestandteil des Zarenreiches proklamiert. Er gilt als der Eroberer Kamčatkas. Es gab drei Stämme von Ureinwohnern auf der Halbinsel, die Korjaken, die Evenen und die Itenmanen (auch Itelmanen). Letztere wurden von den Korjaken ›Končaly‹ genannt, woraus die Russen die Bezeichnung ›Kamčadalen‹ und Kamčatka ableiteten. Heute leben noch etwa 2000 Itenmanen in der Südhälfte der Halbinsel. Die etwa 7000 Korjaken leben vorrangig in einem Autonomen Kreis in der Nordhälfte Kamčatkas, die etwa 1500 Evenen im zentralen Gebiet der Halbinsel.

Um 1700 entstanden zwei russische Festungen: Verchne-Kamčatskij und Nižne-Kamčatskij. Heute heißen die Orte Mil'kovo und Ključi. Bekannt wurde Kamčatka dann durch die Großen Nordischen Expeditionen unter der Leitung von Vitus Bering, die der Beantwortung der Frage dienten, ob Asien und Amerika im äußersten Norden durch eine Landzunge verbunden oder durch eine Meerenge getrennt sind. Während er während der Ersten Expedition 1728 nur an der Küste Kamčatkas entlangsegelte, führte die Zweite Expedition 1740 letztendlich zur Gründung der heutigen Stadt Petropavlovsk. Vitus Bering verstarb währende der Expedition. Die Expeditionsteilnehmer Georg Steller (1709–1746) und Stepan Krašeninnikov (1711–1755) verblieben auf der Rückreise jedoch 1744 vor Ort, um die Halbinsel und ihre Bewohner intensiv zu erforschen.

Petropavlovsk-Kamčatskij

Das Verwaltungszentrum der entlegenen Halbinsel liegt an einer Bucht und wird von den beiden aktiven Vulkanen Avačinskaja und Korjakskaja überragt. Petropavlovsk entstand an der Stelle einer Siedlung der Ureinwohner, in der Vitus Bering 1740 das Winterquartier für seine Expedition einrichten ließ. Da die beiden Schiffe der Expedition die Namen ›St. Petr‹ und ›St. Pavel‹ trugen, wurde daraus der Stadtname Petropavlovsk. Viele Weltumsegler fuhren den bekannten Ort an: der Franzose Jean-Francois de Galaup La Perouse, der Brite Charles Clerke, der bei James Cook Weltumseglung 1771 nach dessen Tod das Kommando übernommen hatte und

1 Gebietsadministration (Администрайия Края)

2 Heimatkundemuseum (Краеведческий Музей)

3 Gemäldegalerie (Художественный Музей)

4 Militärmuseum (Музей военной славы)

5 Institut für Geologie und Vulkanologie (Институт геологии и вульканологии)

6 Theater (Театр)

7 Kirche (Церковь)

8 Kaufhaus (Универмаг)

9 Zentralmarkt (Центральный Рынок)

10 Aussichtsplateau auf dem Nikolsker Hügel (Смотревая площадка на Никольской сопке)

11 Aussichtsplateau auf dem Berg Mišennaja (Смотревая площадка на горе Мишенная)

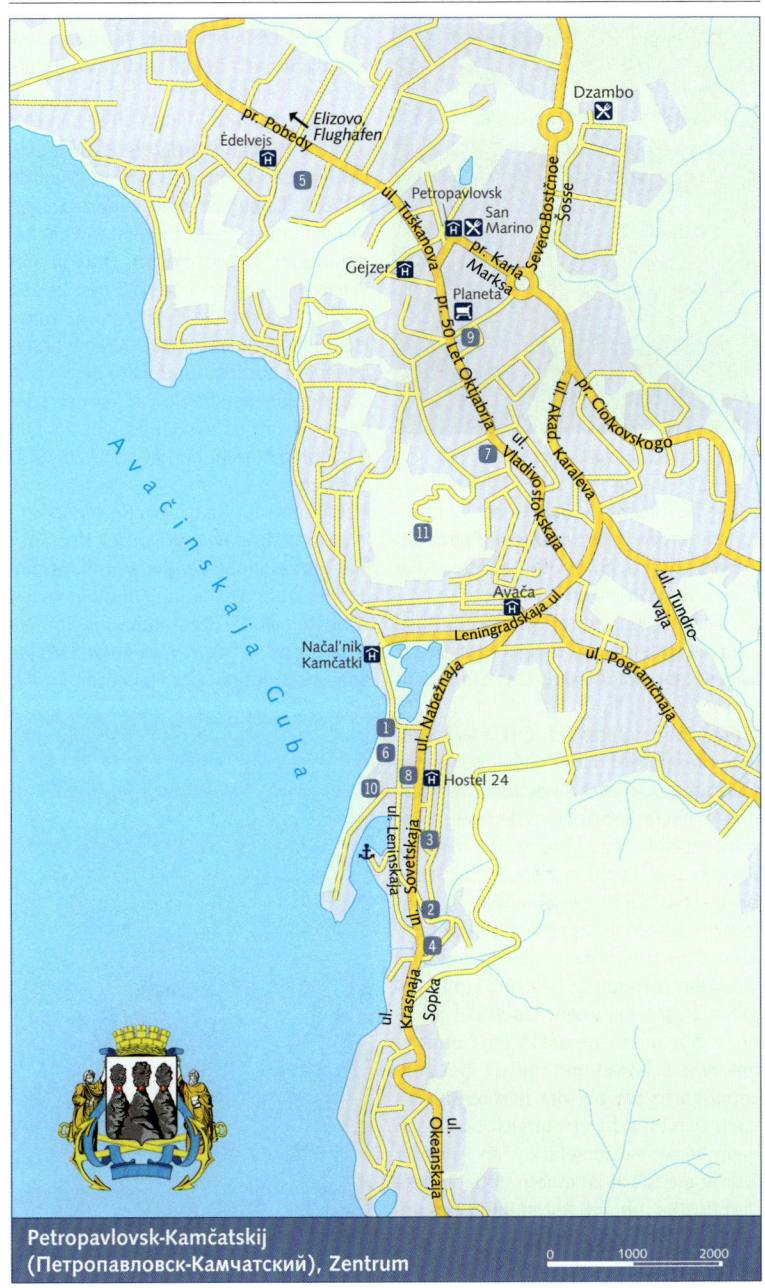

Petropavlovsk-Kamčatskij
(Петропавловск-Камчатский), Zentrum

Im Fernen Osten

0   1000   2000

Bunte Blüten auf Vulkanasche

Zu Sowjetzeiten wurde Petropavlovsk vor allem nach dem Zweiten Weltkrieg aufgewertet. Nach den territorialen Ausdehnungen auf die Südhälfte Sachalins und die Kurilen wurde die Pazifikküste strategisch wichtiger. Kamčatka wurde 1956 als Gebiet zu einer eigenständigen Verwaltungseinheit. Es entstand ein bedeutender U-Boot-Hafen, und in der Wirtschaft kamen Investitionen in den Fischfang und die Fischverarbeitung. Heute leben knapp 182 000 Einwohner in der am nordöstlichen Ufer der Avača-Bucht gelegenen Stadt. Die Tendenz der letzten Jahre ist rückläufig, vor 25 Jahren lebten hier immerhin noch 250 000 Menschen.

leider hier verstarb, der Russe Ivan Krusenstern, der Baltendeutsche Fedor Litke und andere, an die heute Denkmäler in der Stadt erinnern.

Gleichzeitig war Petropavlovsk für Russland als Hafen ein wichtiger Stützpunkt im Verkehr mit Alaska. Das Stadtrecht wurde der Siedlung 1822 verliehen. Zu dieser Zeit zählte der Ort etwa 600 Einwohner. Nach der Schließung des Ostrogs in Ochotsk siedelten 1000 Soldaten nach Petropavlovsk über. Vier Jahre später kam ihre große Bewährungsprobe. Während des Krimkrieges belagerten 1854 sechs englische und französische Kriegsschiffe mit insgesamt über 200 Geschützen den Hafen und versuchten Russlands Pazifik-Eroberungen zu vereinnahmen. Doch die Rechnung ging nicht auf, die kleine Garnison mit zwei Schiffen und nur 67 Geschützen wehrte sowohl die Belagerung als auch den Angriff erfolgreich ab. Doch nach dem Verkauf Alaskas an Amerika wurde die Stadt zu einem unbedeutenden Posten am äußersten Rand des Imperiums. Die Einwohnerzahl ging wieder unter 500 zurück.

Heute führt für Kamčatka-Reisende kein Weg an Petropavlovsk vorbei, denn nur hier gibt es einen Flughafen mit Verbindungen zum ›Festland‹. Für die meisten Touristen ist die Stadt aber nur ein Zwischenstopp auf dem Weg zu den Vulkanen und Geysiren der Halbinsel.

Blick über Petropavlovsk-Kamčatskij

Karte S. 403 ▲

Sehenswürdigkeiten

Die Hauptstraße von Petropavlovsk-Kamčatskij zieht sich direkt vom Flughafen entlang der Berge mit vielen Kurven und verschiedenen Namen bis ins Stadtzentrum, wo sie am Lenin-Platz von der ul. Naberežnaja zur ul. Sovetskaja wird. Parallel beginnt am **Leninplatz** die Lenin-Straße, die hier ul. Leninskaja und nicht, wie ansonsten ul. Lenina heißt. Am Platz hat man einen guten Ausblick auf die Berge, die Bucht und den Hafen. Ein Denkmal erinnert an die beiden Namenspatronen der Stadt. Hier befinden sich neben der **Gebietsadministration** auch das örtliche **Theater**, das sowohl Schauspielhaus als auch Philharmonie beherbergt, ul. Leninskaja 75, Tel. 420294 bzw. 270083, www.kamteatr.com (R).

Die kleine von zwei Kreuzen flankierte **Kapelle** erinnert an die Verteidigung der Stadt im Krimkrieg. Unter den beiden Kreuzen sind rechts die Opfer der russischen Verteidiger und links die der ausländischen Angreifer begraben. Es folgen Denkmäler für den englischen Seefahrer Charles Clerke und für die sowjetischen Befreier der Kurilen-Inseln während des Zweiten Weltkrieges. Die Inselkette liegt zwischen Kamčatka und Sachalin, gehört heute aber zum Sachaliner Gebiet und ist nach wie vor ein Streitpunkt zwischen Russland und Japan.

Gegenüber dem **Kaufhaus GUM** beginnt die ul. Krasinceva, wo der Weg durch ein großes grünes Tor zum **Nikolaj-Hügel** führt. Der Park und das Denkmal wurden zum einhundertjährigen Jubiläum der Abwehr der französisch-englischen Attacke im Jahre 1954 eröffnet und bilden auch eine gute Aussichtsplattform.

Weiter nördlich auf der Hauptstraße befindet sich das im ehemaligen Gouverneurssitz untergebrachte **Landeskun-demuseum**; es zeigt Ausstellungen zur Naturkunde, Ethnographie der Ureinwohner, Ur- und Frühgeschichte und zur russischen Geschichte, Mo, Di – Ruhetage, ul. Leninskaja 20, Tel. 425411, www.kamchatka-museum.ru (R).

Die örtliche **Gemäldegalerie hat zwei Ausstellungssäle**, ul. Leninskaja 62, So Ruhetag und Leninskaja 36, Di Ruhetag, Tel. 424288, www.kamartmuseum.ru (R).

Das im Norden der Stadt gelegene **Institut für Geologie und Vulkanologie** hat einen Ausstellungsraum zu Kamčatkas Vulkanen, wo man auch Vorträge von Fachleuten ordern kann, Sa, So Ruhetage, pr. Piypa 9, Tel. 259346.

Außerdem gibt es noch ein kleines **Militärmuseum** (›Museum des Kampfesruhms‹ genannt), dessen Exponate vor allem über die Belagerung 1854 und den Zweiten Weltkrieg erzählen, ul. Radiosvjazi 69, Tel. 425094.

Wer sich für Lachs und Kaviar interessiert, sollte dem örtlichen **Lachs-Museum** einen Besuch abstatten, ul. Akademika Karaleva 58, Tel. 235835, nach Voranmeldung. Der Blick vom Meer macht eine Bootsfahrt auf der Avača-Bucht lohnenswert. Neben der kleinen Hafenrunde gibt es auch eine Sechs-Stunden-Tour zu einer vorgelagerten Insel.

Ausflüge auf Kamčatka

■ **Die Vulkane Avačinskij und Korjakskij**

Beide Berge prägen die Silhouette von Petropavlovsk-Kamčatskij und bieten bereits beim Landeanflug ein phantastisches Panorama. Die Berge haben eine Höhe von 3456 Metern (Korjakskaja Sopka) und 2741 Metern (Avačinskaja Sopka). Auf letzteren führt zugleich auch die beliebteste Klettertour unter den Kamčatkabesuchern. Man fährt aus

Im Fernen Osten

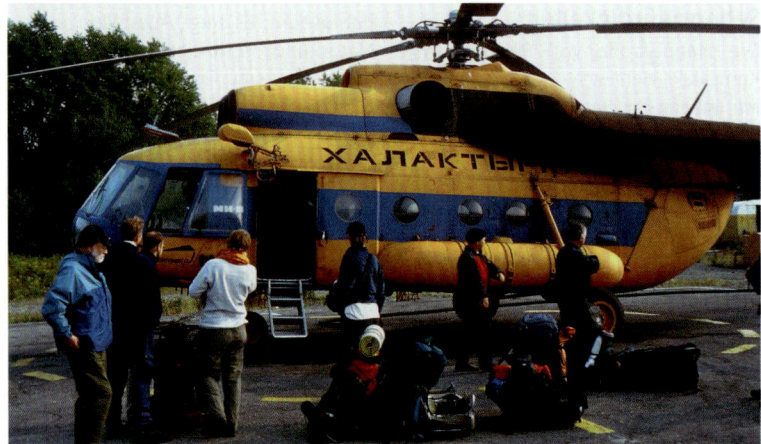

Ein Hubschrauber transportiert Wandertouristen

der Stadt etwa 40 Kilometer zu einem etwa 900 Meter über dem Meeresspiegel gelegenen Hochplateau zwischen beiden Vulkanen, wo dann der Aufstieg beginnen kann. Für den Aufstieg zum Avačinskij braucht man eine gute Kondition und etwa sechs Stunden. Der Korjakskij ist mit seinem größeren Höhenunterschied und Steigungen von teilweise über 45 Grad noch anspruchsvoller, bergsteigerische Grundlagen sind vorausgesetzt, um nach neun bis zehn Stunden zum Ziel zu gelangen.

■ Paratunka

Von Petropavlovsk in Richtung Flughafen führt die Straße weiter nach Paratunka. Das 40 Kilometer südlich vom Flughafen befindliche Dorf ist am gleichnamigen Fluss gelegen und bietet im Sommer wie im Winter vielfältige Freizeit- und Sportmöglichkeiten. Besonders beliebt sind die gut ausgebauten Thermalquellen, die hier zu einem erholsamen Bad einladen. Hotel und Aquapark bietet ›Golubaja Laguna‹, ul. Nevelskogo 4, Tel. 144125.

■ Mutnovskaja Sopka

Paratunka ist auch der Ausgangspunkt für Trekkingtouren zum Vulkan Mutnovskij (2322 Meter), dessen markante Besonderheit ein seitwärts geöffneter Krater ist, der allerdings so häufig im Nebel liegt, das sogar bereits im Namen darauf hingewiesen wird: ›mutnyj‹ lässt sich mit ›trübe‹ übersetzen. Dafür ist der etwa vierstündige Aufstieg zum Kraterrand als Tagestour im Vergleich zu den anderen Kratern Kamčatkas relativ leicht.

■ Kurilensee

Der Kurilensee (Kuril'skoe ozero) hat auch den Spitznamen Bärensee. Er ist etwa 220 Kilometer von Petropavlovsk entfernt. Der See hat eine Oberfläche von 8 mal 14 Kilometern und ist ein mit Wasser aufgefüllter Vulkankrater. Solche Kessel werden Caldera genannt und entstehen, wenn ein Vulkankrater verstopft und durch ein Wegsprengen der Flanken implodiert. Im Falle des Kurilensees liegt das über 8000 Jahre zurück. Der See wird durch mehrere Flüsse gespeist,

Karte S. 401 ▲

vom Westufer fließt der Fluss Ozernaja ins Ochotsker Meer. In der Mitte des Sees erhebt sich eine Insel, die eine Möwenkolonie beherbergt. Der See ist für seinen Fischreichtum berühmt. Die reiche Lachspopulation lockt auch die Braunbären. Es gibt eine besondere Aussichtsplattform, von wo aus man in Sicherheit Meister Petz beim Fischfang beobachten kann. Von Petropavlovsk werden Hubschrauberexkursionen mit mehrstündigem Aufenthalt am See und anschließendem Weiterflug zu den heißen Quellen von Chodutkinsk angeboten. Kostenpunkt 22000 Rbl.

■ **Das Tal der Geysire**

Das berühmte Tal der Geysire (Dolina gejzerov) befindet sich am Berg Uzon und ist 125 Kilometer von der Hauptstadt der Halbinsel entfernt. Das schwer zu erreichende Tal ist wahrscheinlich als einer von fünf Geysir-Orten auf unserem Planeten die spektakulärste Attraktion der Halbinsel. Auf den achtzehn Quadratkilometern gibt es knapp 500 Geysire

und heiße Quellen in Schlammkesseln. An manchen Stellen schießt heißes Wasser aus dem Erdinnern bis zu 30 Meter in die Höhe. Manche der Geysire werden alle zehn Minuten aktiv, andere nur einige Male am Tag. Der jeweilige Rhythmus wird bei den meisten mit großer Präzision eingehalten. Alle Geysire haben ihren Namen: ›Perle‹, ›Wunderkind‹, ›Unkonsequenter‹ sind einige. Der heiße Wasserdampf des größten Geysirs ›Velikan‹ (›Der Riese‹) steigt 300 Meter hoch in den Himmel auf. Durch das etwa sieben Kilometer lange Tal schlängelt sich der zu jeder Jahreszeit warme Fluss Gejzernaja.

Entdeckt wurde das Naturwunder erst 1941 durch die Geologin Tatjana Ustinova. Um das labile ökologische Gleichgewicht des Tales nicht zu zerstören, bemühten sich die Behörden darum, keinen Massentourismus zuzulassen. Von 1977 bis 1993 war es für Besucher vollkommen geschlossen. Heute ist das Tal Teil des Kronockij-Nationalparks (www. kronoki.ru) und kann von geführten

Im Fernen Osten

Im Tal der Geysire

Gruppen besucht werden, die im Hubschrauber über den Ort Mil'kovo anrei-
sen müssen. Eigentlich ist die Touristen-
zahl seit Jahren offiziell auf 1800 pro
Jahr begrenzt, die Naturpark-Statistik
weist aber zwischen 3000 und 3400
Besucher aus. Im Juni ist das Tal aus
Gründen des Schutzes der Tierwelt geschlossen. Es gibt am Plateau einen Hub-
schrauberlandeplatz und drei Holzhäuser. Ein aus Holzstegen und -treppen
gebauter Pfad mit sieben Aussichtsplät-
zen führt durch das Tal. Die geführte
Wanderung dauert kannpp 2,5 Stunden.
Im Jahr 2007 wurde das Tal durch eine
von einem Erdrutsch ausgelöste
Schlammlawine schwer in Mitleidenschaft gezogen. Weite Teile wurden
vom Schlamm begraben, darunter auch
sieben Geysire. Der Lauf des Flusses
änderte sich und flutete in einem neu
entstandenen See neun weitere Geysire.

Tundrawiese am Tolbačik

2014 gab es am anderen Ende eine
weitere Schlammlawine, die aber keine
Änderung des Pfades erforderte. www.
valleyofgeysers.com (R/E).

■ Uzon-Caldera

In der Umgebung befindet sich ein etwa
zehn Quadratkilometer großer Vulkan-
kessel namens Uzon. Diese Caldera be-
hielt ihre vulkanische Oberfläche, so
dass vor etwa 40 000 Jahren ein Plateau
mit unzähligen Schlammquellen entstand. Die Besichtigung kann in einem
zusätzlichen Hubschrauberstop erfolgen. Es gibt auch eine geführte Wanderung vom Tal der Geysire, für die etwa
sechs Stunden zu veranschlagen sind
und wo der Hubschrauber, der für diese
Strecke ca. acht Minuten braucht dann
am Zielort wartet. Die Preise für die
Hubschrauberausflüge ins Tal der Geysire und in die Caldera betragen bis zu
700 Euro (Stand 2015).

■ Der Vulkan Ključevskij

Mit 4988 Metern Höhe ist der
Ključevskij der höchste Vulkan Eurasi-
ens. Seit Herbst 2009 ist er wieder aktiv, so dass er vielleicht mittlerweile
bereits die 5000–Meter-Grenze über-

Karte S. 401

▲ *Brücken sucht man vergeblich*

schritten hat. Er gehört zu einer Gruppe von vierzehn beieinander liegenden Vulkanen und ist eine alpinistische Herausforderung, für die auch mindestens sieben bis acht Tage einzuplanen sind. Ausgangspunkt ist das Dorf Ključi. Selbst für Trekking-Touristen ist er somit nur als Ziel für einen Hubschrauberausflug interessant. In Petropavlovsk werden Hubschrauberausflüge über das gesamte Ključevskaja-Massiv samt Stop auf den Aschefeldern des Berges Tolbačik angeboten, die bei einer Dauer von insgesamt acht Stunden mit 35000 Rubeln auch ihren Preis haben.

■ **Das Vulkandoppel Tolbačik**
Die beiden ›spitzer Tolbačik‹ und ›platter Tolbačik‹ genannten Vulkangipfel bilden mit ihren Höhen von 3762 und 3062 Metern ein weiteres beeindruckendes Bergmassiv, das den südlichen Abschluss der Vulkangruppe um den Ključevskij bildet. Der spitze Tolbačik ist erloschen, der platte Tolbačik hatte 1975 und 1976 seine letzten Ausbrüche. Wenn man heute Fotos vom Vulkanausbruch auf Kamčatka sieht, handelt es fast ausnahmslos um Bilder dieses Ausbruch in den 1970ern. Hier kann man auch am besten das Erbe eines solchen Ausbruchs in Augenschein nehmen. Die riesigen Aschefelder zeigen bis heute, wie langsam sich nach über 30 Jahren die ursprüngliche Fauna ihren Lebensraum zurückerobert. Der platte Tolbačik ist in einer Drei-Tagestour zu erreichen. Ausgangspunkt ist dabei das Dorf Kozyrevsk, das wiederum 550 Kilometer von Petropavlovsk entfernt ist. Der eigentliche Aufstieg vom Basislager dauert etwa fünf Stunden.

ℹ️ **Kamčatka**

Lage: 53°9'58.76"N/158°26'42.35"E; Entfernung von Moskau: 11 900 km. Zeitunterschied zu MEZ im Sommer 11 Std., im Winter 12 Std.n. Kamčatka ist Grenzregion, Teile der Halbinsel sind militärischer Sperrbezirk. Für die meisten Ausflüge außerhalb der Hauptstadt müssen kostenpflichtige Genehmigungen der Naturparkverwaltungen in Elizovo eingeholt werden, ul. Rjabikova 48, Tel. 41531/62847, was auch örtliche Reisebüros gegen Gebühr übernehmen.
Postleitzahl: 683000.
Vorwahl: +7/4152.
Auskunft: 09.
Hauptpostamt: ul. Leninskaja 56, Tel. 420548.
Bank: Sberbank, ul. Sovetskaja 36, Tel. 124994 mit Geldautomat.
Reisebüro: Grand, ul. Tuškanova 6/16, Tel., 332299, www.kamchatkatravel.net (R/E/D),

Kamčatintur, ul. Leningradskaja, Hotel Avača, Tel. 427741, www.kamchatintour.ru (R/E).
Krechet, pl. Šedrina 2, of. 412, Tel. 322132, www.krechet-tour.ru (R)
Taxi: Tel. 131331.
Durchschnittstemperatur: Januar –8 Grad, Juli 13 Grad.

✈️

Der Flughafen Elizovo befindet sich etwa 25 km nordwestlich von Petropavlovsk im gleichnamigen Vorort, der ca. 45000 Einwohner zählt. Es gibt täglich 2 Flüge von und nach Moskau (1x Šeremet'evo, 1x Domodedovo) sowie tägliche Flüge nach Vladivostok und Chabarovsk. Mehrere Flüge pro Woche gehen nach Novosibirsk, Jakutsk und Magadan. In den letzten Jahren gab es im Sommer auch einen wöchentlichen Flug nach Anchorage/Alaska, Tel. 41531/99561, Stadtbüro Petropavlovsk, Oktjabrskaja 17, Tel. 410997, www.airport-

Im Fernen Osten

pkc.ru (R). Zwei Unternehmen – Krečet und Kamčatka-Tour – haben eigene Hubschrauber für touristische Ausflüge (s. Reisebüros).

Der Busbahnhof befindet sich nördlich des Stadtzentrums an der Straße in Richtung Flughafen. Es gibt Buslinien in die Umgebung (Paratunka), und in Richtung Norden gibt es eine Buslinie nach Mil'kovo und Ust'-Kamčatsk, pr. Pobedy 28, Tel. 226628.

Hotel Petropavlovsk (Петропавловск), Der Klassiker verfügt über 70 Zimmer und ist bei Reisegruppen recht populär, bietet daneben auch in einem Hostel Schlafplätze für 1200 Rbl. an, EZ/DZ 2900–7300 Rbl., pr. Karla Marksa 31, Tel. 252525, www.petropavlovsk-hotel.ru (R/E).

Das Hotel Gejzer (Гейзер) bietet auch eine gute Aussicht auf die Bucht, EZ/DZ 3500–5500 Rbl., ul. Toporkova 10, Tel. 228229, www.geyser-hotel.ru (R/E).

Avača (Авача), EZ/DZ 4400–6500 Rbl., ul. Leningradskaja 61, Tel. 427331, www.avacha-hotel.ru (R/E), Eine Alternative mit 65 Zimmern.

Ėdelvejs (Эдельвейс), ul. Pobedy 27, Tel. 253324, www.idelveis.com (R/E), EZ/DZ 3000–5500 Rbl. Etwas kleiner und günstiger.

Wer lokales Flair sucht, sollte das kleine Familienhotel **Načal'nik Kamčatki** (Der Chef von Kamčatka) in Betracht ziehen, EZ/DZ 3500–6000 Rbl,ul. Leningradskaja 14a, Tel. 346500, www.nk-hotel.ru (R). Sehr empfehlenswert!

Das **Hostel24** bietet DZ für 2900 und Schlafplätze für 900 Rbl. an, ul. Sovetskaja 28, Tel. 420001.

In Elizovo gibt es das gute **Art Hotel** mit dem hervorragenden **Fischrestaurant Fišeri**, EZ/DZ 4500–6200 Rbl. ul. Vitali

Kručiny 3, Tel. 41531/73604, www.art-hotel-kamchatka.ru (R/E).

Im Hotel **Petropavlovsk** ist das Restaurant interessant im Stil der blau-weißen Keramik aus Gzhel angelegt.

San Marino (Сан Марино) ist das beste Restaurant der Stadt, sowohl für Fisch- als auch exotische Fleischgerichte, ul. K. Marksa 29/1, Tel. 252481.

Svanskij Dvor (Сванский Двор), ul. Vitalija Kručiny 1, Tel. 498728, **Kolizej** (Colloseum, колизей), ul. Leningradskaja 71, Tel. 427446, **Vulkan** (Вулкан), ul. Ključevskaja 32, Tel. 225009, **Fregat** (Фрегат), ul. Okeanskaja 69, Tel. 180698 sind weitere empfehlenswerte Gaststätten.

Sehr gut ist auch das **Korejskij Dom** (Корейский Дом), ul. Leninskaja 26, Tel. 421193.

Im Einkaufszentrum Planeta hat man die Wahl zwischen russisch (Press-Klub), italienisch und japanisch (Yamato): **Press-Klub** (Пресс- Клуб), Tel. 260938, **Pizzeria**, Tel. 230368 und **Jamato** (Ямато), Tel. 267700. **Tete-a-Tete** (Тет-а-Тет) ist ein Internetcafe, ul. Lukaševskogo 4, Tel. 110540.

Das traditionelle Kaufhaus der Stadt heißt **GUM** (ГУМ) und befindet sich in der ul. Leninskaja 54. Das neue Einkaufszentrum heißt **Planeta** (Планета) und liegt in der ul. Lukaševskogo 4.

Ein guter Souvenirladen ist das **Severnoe Sijanie** (Северное Сияние), ul. Sovetskaja 48, Tel. 123558.

www.kamchatka.gov.ru (R/E)
www.pkgo.ru (R)
www.kamchatsky-krai.ru (R)
www.topkam.ru (R)
www.ilovekamchatka.ru (R)

Magadan

Magadan ist nicht nur klimatisch, sondern auch mental ein recht unwirtlicher Ort. Eine 100000–Einwohner-Großstadt fast am Ende der Welt über 7000 Kilometer von Deutschland entfernt im Dauerfrost. Ein Ort, den jeder sofort mit Gefängnis und Lager assoziiert. ›Nach Magadan kommt man nicht, nach Magadan wird man gebracht‹ – lautet in Russland der passende Spruch dazu.

Die Ortsbezeichnung leitet sich vom Namen des Flusses Magadanke ab. Die Stadt liegt auf einer Landzunge zwischen zwei Buchten des Ochotsker Meeres, die das Festland mit der Starickij-Halbinsel verbindet. Die beiden Buchten sind nach Alexej Nagaev und K. Gertner benannt. Nagaev (1704–1781) war ein russischer Admiral, der die erste Kartierung der Küste des Ochotsker Meeres vorgenommen hatte. Gertner war der Kapitän des Schiffes der hydrographischen Expedition, die im Jahr 1911 die Küste kartographierte.

Die nach dem Fluss Kolyma benannte Region war für ihre Goldvorkommen bekannt. Mit Stalins Industrialisierung benötigte das Land dringend Devisen für den Technikimport und begann ohne Rücksicht auf Verluste, gnadenlos alle nur irgendwie denkbaren Reserven zu mobilisieren. Der Verkauf berühmter Kunstwerke reihte sich in diese Strategie genauso ein wie die Hungersnöte aufgrund massiver Getreideexporte und die forcierte Erschließung des Goldbergbaus im Dauerfrost der Kolyma. Magadan sollte dafür das Zentrum werden und 1929 kamen die ersten Siedler. Moskau gründete mit dem Unternehmen ›Dalstroj‹ eine außerhalb aller Hierarchien direkt dem Kreml unterstellte Organisation, deren Aufgabe darin bestand, so schnell wie möglich so viel Gold wie möglich im äußersten Nordosten Sibiriens zu fördern.

Dieser Initialschub für den GULAG setzte die Maßstäbe für das Stalinsche Lagernetz, wo man billige Arbeitskräfte brauchte und ein Leben wenig zählte. Während 1929 ›nur‹ 190 000 Sträflinge in den Lagern schufteten, stieg diese Zahl bis 1937 auf über 1,3 Millionen. Die Goldförderung konnte innerhalb von nur 3 Jahren von 2 auf 15 Tonnen jährlich gesteigert werden. Der erste Dalst-

Im Fernen Osten

Blick über Magadan

Magadan

0   300   600 m

1. Trauermaske (Маска Скорби)
2. Pfingstkathedrale
3. Apostelkirche
4. Maxim-Gorkij-Theater
5. Städtisches Kulturzentrum
6. Siedler-Denkmal
7. Vysozkij-Denkmal
8. Mammut-Statue
9. Heimatmuseum
10. Naturgeschichte-Museum
11. Geologie-Museum
12. Vadim-Kozin-Museum

roj-Direktor Eduard Bersin fiel allerdings 1938 selbst dem Terror zum Opfer und wurde wegen angeblichen Landesverrates zu Gunsten Japans erschossen.

Magadan boomte und bekam bereits 1939 das Stadtrecht. Während des Zweiten Weltkrieges war die Region ein wichtiger Transitkorridor für die US-amerikanischen Land-lease-Lieferungen auf der sogenannte AL(aska)-SIB(irien)-Route. Nach Stalins Tod wurde der GULAG aufgelöst. Magadan blieb aber das Zentrum der Goldförderung und auch ein bedeutender Standort im System des Strafvollzugs der Sowjetunion und Russlands. Die große Reklametafel am Flughafen – ›Willlkomen an der Kolyma, dem goldenen Herzen Russlands‹ – löst deshalb bei vielen nach wie vor gemischte Gefühle aus.

Sehenswürdigkeiten

Das Zentrum Magadans, insbesondere der leicht ansteigende ansteigende Leninprospekt mit seinen Nebenstraßen bietet eine geschlossene städtebauliche Landschaft sowjetischer Architektur aus den 1940er und 50er Jahren. Das Haus mit Turm, das Theater der Stadt, der Komsomol-Platz auf dem höchsten Punkt in der Ortsmitte, wo die nach Lenin, Gagarin, Nagaev und Bilibin benannten Straßen aufeinander treffen.

Es gibt aber auch neue Akzente im Stadtbild. Unbedingt sollte man sich am nördlichen Stadtrand die heute wohl bekannteste Sehenswürdigkeit der Stadt, die **Trauermaske** (Маска Скорби), anschauen‹. Von der Anhöhe bietet sich auch ein schöner Panoramablick auf die gesamte Stadt. Im Jahr 1996 eingeweiht, war die

15 Meter hohe Betonskulptur ›Trauermaske‹ eines der ersten und bis heute nicht zahlreichen Denkmäler in Russland, die den Opfern des Stalinschen Lagersystems gewidmet sind. Der Künster ist der international bekannte und 1978 aus der Sowjetunion emigirerte Bildhauer Ernst Neizvestnyj (*1925). Die Skulptur steht auf einem steilen Hügel, wo sich in der Vergangenheit ein Umschlaglager befand, von wo aus die ankommenden Häftlinge auf die verschiedenen Standorte im Kolyma-Gebiet verteilt wurden.

Eine Art **Freiluft-Militärmuseum** gibt es am Ufer der Magadanka: Zwei SU 17, eine MIG 21, ein Hubschrauber MI 2 und verschiedene andere Militärtechnik erinnern an die Opfer der Luftbrücke Alaska–Sibirien. Die USA lieferten während des Zweiten Weltkrieges im Rahmen des sogenannten ›Land lease‹ Militärtechnik an die Sowjetunion. Darunter befanden sich über 10 000 Militärflugzeuge, die von Fairbanks in Alaska nach Krasnojarsk in Sibirien überführt wurden. In Magadan gab es allerdings keine Zwischenlandungen. Der nächstgelegene Flughafen war das etwa 200 Kilome-

Skurrile Militärausstellung am Ufer der Magadanka

ter entfernte Seymchan. Der etwas bizarre Gedenkkomplex entstand in den 1990er Jahren und hat seit 1999 auch offiziell den Status eines Denkmals, er liegt unweit der Brücke des Leninprospektes über den Fluss. Im Sommer 2015 wurde die Anlage durch ein Hochwasser schwer beschädigt, der Wiederaufbau ist in Planung.

Die eindrucksvolle **Pfingstkathedrale** (Svjato-Troizkij Sobor) wurde 2011 nach zehnjähriger Bauzeit eingeweiht. Mit den bis zu 70 Metern Höhe erreichenden die fünf Zwiebeltürmchen ist sie Blickfang der Stadtsilhouette weit über den Kathedral-Platz hinaus.

Die schlichte weiß-blaue **Apostelkirche** entstand Anfang der 1990er Jahre und befindet sich in der ul. Potapova.

Das **Maxim-Gorkij-Theater** entstand 1941 zunächst als Kulturhaus und wurde 1946 zum Theater. Die vier Drei-Meter-Skulpturen auf dem gewaltigen Säulen-Portal widerspiegeln gendergerecht die Helden dieser Jahre – den Bergmann und den Rotarmisten sowie die Kolchosbäuerin und die Partisanin, pr. Karla Marxa 10, Tel. 528484.

Die ›Trauermaske‹ ist den Opfern der stalinistischen Lager gewidmet

Im Fernen Osten

In derselben Straße gibt es noch ein angesehenes **Städtisches Kulturzentrum**, das u.a. auch die örtliche Philharmonie beherbergt, pr. Karla Marxa 35, Tel. 629064.

Davor steht ein ungewöhnliches **Bronzedenkmal zur Erinnerung an die Opfer des Zweiten Weltkrieges**. 1991 eingeweiht zeigt dieser ›Erinnerungsknoten‹ Mutter Heimat, in einem Knoten verbunden mit einem Soldaten, einem Geologen und einem Häftling.

Es gibt noch weitere Denkmäler in der Stadt: Am Ufer der Nagaev-Bucht erinnert ein **Denkmal an die ersten Siedler**, die hier ankamen. Unweit davon wurde 2014 eine **Bronzeskulptur des Sängers Vladimir Vysozkij** (1938–1980) aufgestellt. Er hatte Magadan einmal 1968 besucht und die Mythen zwischen Abenteuerlust und Knastromantik in mehreren seiner Lieder aufgegriffen.

Ein weiteres neues Denkmal für größere historische Dimensionen findet man weiter südlich. Der offizielle Namen für das aus Schrottteilen zusammengeschusterte fünf Meter hohe und sechs Zonnen schwere **Mammut** heißt ›Zeit‹ und erfreut sich großer Popularität bei den Magadanern.

Museen

Magadan hat mehrere Museen, die einen Besuch lohnen. Das sehr sehenswerte **Heimatkundemuseum** entstand bereits 1934 und bekam sein heutiges Gebäude 1983. Neben Natur, Geologie und Malerei sind vor allem die Ausstellungen zur Geschichte von Dalstroy und des Lagersystems sehr interessant, Mo, Di Ruhetage, pr. Karla Marxa 55, Tel. 651148, www.mag-museum.org (R).

Eine Empfehlung ist das **Naturgeschichte-Museum** der Akademie der Wissenschaften. Es wurde 1977 eröffnet und bietet eine interessante Expositon zu Ethnographie, Meeresbiologie und Halbedelsteinen, ul. Portovaja 16, Tel. 630934.

Ein weiterer Tipp ist das **Geologie-Museum**, wo es mit hohen Sicherheitsanforderungen neben Mineralien und Dauerfrostexponaten wie dem Baby-Mammut ›Dima‹ eine ganze Menge Goldklumpen aus der Region zu bestaunen gibt, Besuch mit Exkursionen nur nach telefonischer Vereinbarung, ul. Proletarskaja 11, Tel. 624769.

Einem ganz anderen Thema und Schicksal ist das kleine **Vadim-Kozin-Museum**

Ausstellung zum Lagersystem im Heimatkundemuseum

gewidmet. Das ›Wohnungs-Museum‹ sowie eine Bronzeskulptur vor seinem Wohnhaus erinnern an den in den 1930/40er Jahren populären Sänger Vadim Kozin (1905–1994). Er fiel während des Zweiten Weltkrieges in Ungnade und kam auf die Kolyma. Nach seiner Freilassung lebte er weiter in Magadan, Mo, Di Ruhetage, Školnyj per. 1, Tel. 629205.

 Magadan

Lage: 59.56'04.60"N/150.79'87.14"E; Magadan ist 7110 km von Moskau entfernt. Zeitunterschied zu MEZ im Sommer 8, im Winter 9 Std.
Postleitzahl: 685000.
Vorwahl: +7/4132.
Auskunft: 09.
Hauptpostamt: ul. Lenina 2a, Tel. 625908.
Banken: Sberbank, nab. Reki Magadanki 5, Tel. 42902.
Geldautomat: nab. Reki Magadanki 5
Reisebüro: DVS Tour, Tel. 623296, www.dvs-tour.ru (R/E)6.
Taxi: 600500.
Durchschnittstemperatur: Januar –19 Grad, Juli 10 Grad.

Der Flughafen von Magadan liegt etwa 50 km östlich der Stadt an der sogenannten Knochentrasse in Richtung Jakutsk. Es gibt täglich Flüge nach Moskau sowie über Chabarovsk nach Vladivostok. 2-3 x pro Woche wird nach Novosibirsk, Irkutsk und Petropavlovsk-Kamčatskyj geflogen, Tel. 93336. www.airport-magadan.ru (R/E).

Magadan hat keine Eisenbahn-Anbindung. Es gibt verschiedene Busverbindungen in die nähere Umgebung, Voronežskoe šosse, Tel. 343909.

Magadan hat einen Hafen, an dem auch Passagierschiffe anlegen können, es gibt aber keine regelmäßigen Verbindungen. Naberezhnaja ul. 9, Tel. 23673.

Das beste Hotel Magadans ist das neue **Golden House Hotel**, ul. Transportnaja 1, Tel. 201111, EZ/DZ 4200–7200 Rbl., www.hotel-goldenhouse.ru.
Der Klassiker mit sowjetischem Interieur ist das Hotel **VM-Central'naja** pr. Lenina 13, Tel. 621200, EZ/DZ 2200–4900 Rbl. Eine weitere zentrale Alternative ist das **Hotel Magadan**, Proletarskaja ul. 8, Tel. 658944, EZ/DZ 2900–5000 Rbl.
Die günstigste Unterkunft bietet das **Hostel Nr. 1**, Proletarskaja ul. 21a, Tel. 660067, Schlafplatz 800 Rbl.

Für russische Küche mit viel Fisch ist das **Chutorok** zu empfehlen, ul. Proletarskaja 13, Tel. 620850.
Ebenfalls empfehlenswert sind **Staryj Tallinn**, ul. Portovaja 10/10, Tel. 623004, und **Ariran**, ul. Portovaja 2, Tel. 628228. Wenns schnell gehen soll: **Russkij Dvor**, pr. Lenina 22, Tel. 629454.

Guten Kaffee gibt es im **Gurman**, ul. Parkovaja 13, Tel. 622273.

Das Einkaufszentrum befindet sich am pr. Karla Marxa 60.

www.magadangorod.ru (R)
www.askmagadan.ru (E)
www.kolyma.ru

Im Fernen Osten

Vladimir Vysockij: Magadan (1965)

Mein Freund reist ab nach Magadan -
zieht eure Kappen, zieht eure Kappen!
Er reist dorthin als freier Mann,
nicht in Etappen, nicht in Etappen.

Nicht weil ihm hier das Glück nicht hold,
nicht weil er jemandem hier grollt,
nicht für die Meinung, daß er floh -
nein, einfach so, nein, einfach so.

Mag sein, manch einer sagt: ›Verrückt,
in diese Gegend sich zu begeben,
dorthin, wo es nur Lager gibt
und Mörder leben, und Mörder leben!‹

Dann sagt er nur, daß jene Stadt
davon nicht mehr als Moskau hat.
Er packt den Koffer und fährt dann -
nach Magadan, nach Magadan.

Nicht, daß ich mich nicht irgendwann
aus einem Nachtzug hier stürzen könnte.
Doch ich fahr nicht nach Magadan,
alles vergessend, mit euch am Ende.

Ich singe beim Gitarrenklang
davon, was er dort sehen kann,
davon, was viele noch nie sahn,
von Magadan, von Magadan.

Mein Freund reist ganz von selber fort,
ihm reicht's hier völlig, ihm reicht's hier völlig.
Kein Wärter schlägt ihn beim Transport,
er reist freiwillig, er reist freiwillig.

Auch mir hat Gott viel angetan.
Ich könnte auch nach Magadan
zusammen mit dem Freund entfliehn
und untergehn, und untergehn.

Die Insel Sachalin

Die langgezogene Insel Sachalin im westlichen Pazifik umfasst mit einer Länge von knapp 950 Kilometern und einer maximalen Breite von knapp 100 Kilometern ein Gebiet von etwa 76 400 Quadratkilometern und wird vom Japanischen und dem Ochotsker Meer umspült. Aus der Sicht der Verwaltung ist es ein Gebiet (Oblast) mit der Hauptstadt Južno-Sachalinsk, das neben der eigentlichen Insel selbst noch die Inselgruppe der Kurilen umfasst. Erstmalig wurde die Insel im 17. Jahrhundert von Seefahrern erkundet. Im 19. Jahrhundert wurde sie der russischen Zarenkrone unterworfen. Im Rahmen der Amur-Expedition unter Genadij Nevelskij in den Jahren 1849 bis 1855 entstanden hier die ersten Militärposten. Russland und Japan schlossen 1875 den Sankt Petersburger Vertrag. Dieser definierte die Souveränität Russlands auf Sachalin und die Souveränität Japans auf der Kette der Kurilen-Inseln. Bereits ab 1870 wurde die Insel zum Verbannungsort auserkoren. Sie erlangte vor allem dank Anton Tschechows Bericht von seiner Reise nach Sachalin traurige Berühmtheit.

Im Ergebnis des russisch-japanischen Krieges fiel die Hälfte der Insel Sachalin südlich des 50. Breitengrades an Japan. Tokyo investierte viel in seine neue Kolonie und spätere Präfektur Karafuto mit der Hauptstadt Toyohara (heute Južno-Sachalinsk), baute eine Eisenbahn und betrieb eine aktive Siedlungspolitik. Vor allem viele Koreaner wurden nach Sachalin umgesiedelt. Nach dem Zweiten Weltkrieg ging die Südhälfte Sachalins genau so wie die Kurilen wieder an Moskau. Bis 1991 war die gesamte Insel militärisches Sperrgebiet. Heute ist die Hauptstadt der Insel für Ausländer frei zugänglich. Reisen in die Inselprovinz bedürfen einer Sondergenehmigung.

Umfangreiche Ölvorkommen im Schelfgebiet der Insel ließen Sachalin in den letzten Jahren verstärkt in den Blickwinkel der russischen Wirtschaftspolitik geraten. Während im Norden der Insel bereits seit vielen Jahren Öl gefördert wird, sollen die im Schelf erkundeten Vorkommen an Öl und Gas der Prototyp für neue Varianten internationaler Kooperation werden. Die Größenordnung der Lagerstätten wird mit 700 Millio-

Im Fernen Osten

Am Ochotsker Meer

nen Tonnen Öl und 2500 Milliarden Kubikmeter Erdgas beziffert. Russland vergab Konzessionen, und die erste schwimmende Ölplattform wird von Shell und Matsui betrieben. Weitere sollen folgen. Daneben entsteht eine riesige Anlage zur Gasverflüssigung, um das Gas nicht per Pipeline, sondern per Schiff an die Abnehmer in Südostasien liefern zu können. Umweltschützer warnen allerdings vor den tektonischen Risiken der Region und kritisieren die Nichteinhaltung internationaler Umweltstandards sowohl durch die russischen als auch die ausländischen Ölkonzerne.

Južno-Sachalinsk

Die Stadt hat ihren Ursprung im Jahr 1882, als 25 Sträflinge begannen, die Siedlung Vladimirskoe oder auch Vladimirovka zu errichten. Der Name wurde vom Vornamen des sie bewachenden Offiziers abgeleitet. Anton Tschechow schilderte den Ort zehn Jahre später mit folgenden Worten: »Die Kolonisten nennen den Ort auch Schwarzer Fluss. Er zählt 91 Einwohner: 55 Männer und 36 Frauen. Es gibt 46 Hofbesitzer, von denen 19 als Junggesellen leben und selbst Kühe melken. Von 27 Ehen sind nur 6 gesetzlich geschlossen. Als landwirtschaftliche Kolonie ist diese Siedlung soviel wert wie die beiden nördlichen Kreise zusammen; dabei hat sich aus der Menge der Frauen, die ihren Männern nach Sachalin folgten, die frei und nicht vom Gefängnis verdorben, also für eine Kolonie am wertvollsten sind, hier nur eine niedergelassen, und auch die wurde kürzlich ins Gefängnis gesperrt, weil man sie des Mordes an ihrem Mann verdächtigt.« Wie so häufig in Sibirien bilden Bewacher und zu Bewachende den Ausgangspunkt für die Bevölkerungsentwicklung. Unter der japanischen Herrschaft hieß die Stadt Toyohara. Das Heimatmuseum im Sitz des damaligen japanischen Gouverneurs ist das eindrucksvollste architektonische Denkmal dieser Zeit. Nach der Rückkehr Russlands erhielt der Ort 1947 das Stadtrecht und den Namen Južno-Sachalinsk.

Ab 1950 begann Moskau mit dem Bau von Betrieben und Wohnungen in der Stadt. Die wichtigsten Wirtschaftszweige sind der Fischfang und –verarbeitung, die Forstwirtschaft und die Sicherheitsorgane. Mit 165 000 Einwohnern ist die Hauptstadt zugleich die mit Abstand größte Stadt des Gebietes.

Sehenswürdigkeiten

Die Hauptstraße von Južno-Sachalinsk, die die Stadt vom Bahnhof aus in östliche Richtung durchquert, ist der Kommunistische Prospekt (Kommunističeskij

1 Sachin-Zentrum (Сахин-Центр)
2 Heimatkundemuseum (Краеведческий Музей)
3 Galerie des Heimatkundemuseums (Художественный Музей)
4 Gemäldegalerie (Картинная Галерея)
5 Anton-Tschechow-Schauspielhaus (Драматический Театр им. А. Чехова)
6 Anton-Tschechow-Zentrum (Музей книги А. Чехова Остров Сахалин)
7 Platz des Sieges (Площадь Победы)
8 Allee der Helden (Аллея Героев)
9 Christus-Auferstehungs-Kathedrale (Собор Воскресения Христова)
10 Kaufhaus (Универмаг)
11 Markt (Рынок)

◀ Karte S. 419

pr.). Der Bahnhofsvorplatz trägt erwartungsgemäß den Namen Lenins. Das **ungewöhnliche Denkmal** im Schatten des Lenin-Denkmals erinnert an die über 2000 Opfer des Erdbebens in Neftegorsk im Jahr 1995.

Das Stadtzentrum erstreckt sich östlich der Bahnlinie zwischen dem Prospekt des Sieges (pr. Pobedy) im Süden und der Sachaliner Straße im Norden. Die **ul. Sachalinskaja** führt auf der anderen Seite der Bahnlinie auch zur Brücke über den Fluss Susuja, wo ein **Gedenkstein** daran erinnert, dass hier die Stadt ihren

Ursprung hat. Entlang der Straße erinnern auch drei **Büsten** an die bedeutendsten russischen Erforscher und Eroberer der Insel Sachalin: Vasilyj Golovnin (1776-1831), Ivan Kruzenštern (1770–1846) und Genadij Nevel'skoj (1813–1876).

Zurück im Zentrum, findet man entlang des mit seinen Grünanlagen zum Bummeln einladenden Kommunistischen Prospektes den **Sitz des Gouverneurs** und sowohl das politische als auch das wirtschaftliche Zentrum der Insel. Das **Sachin Center** ist eine Art Internationa-

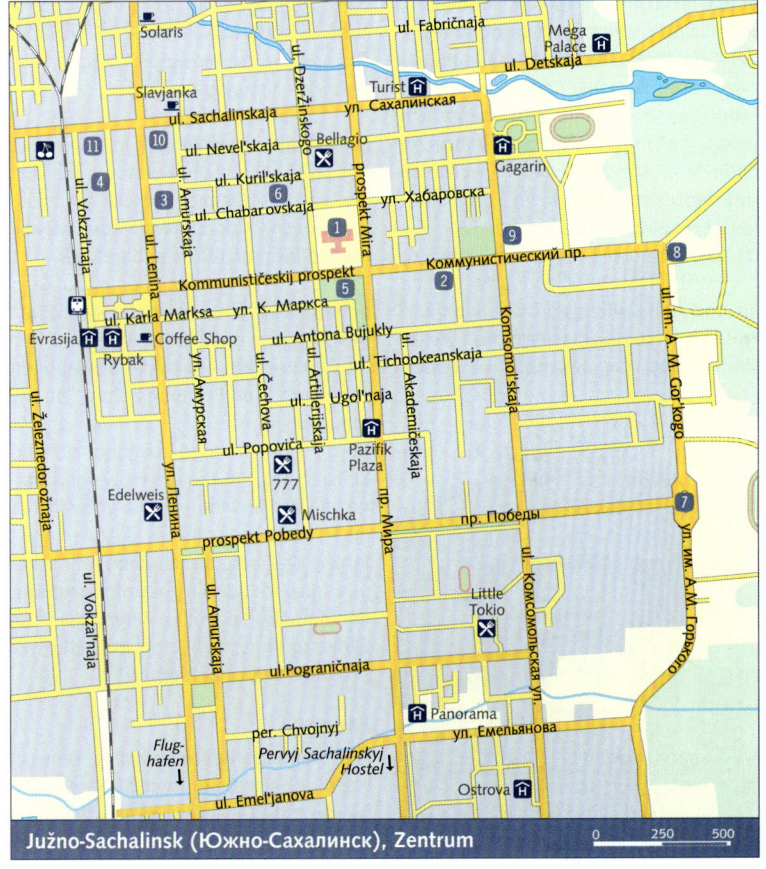

Južno-Sachalinsk (Южно-Сахалинск), Zentrum

0 250 500

les Handelszentrum, wo alles, was in der
Wirtschaft Sachalins Rang und Namen
hat, ein Büro unterhält. Insgesamt ist
das Stadtbild noch recht sowjetisch an-
gehaucht, die im Zusammenhang mit
den Öl- und Gasprojekten im Sachaliner
Schelf entstandenen Bürogebäude fallen
noch richtig auf. Aber auf dem Prospekt
befinden sich außerdem das **Heimatmuseum**, das natürlich nach Anton Tschechow benannte **Schauspielhaus** (Komm.
Pr. 35, Tel. 35208) und die größte, neu
errichtete **Kirche** von Južno-Sachalinsk.
Sie markiert linker Hand auch den Beginn des nach dem ersten Kosmonauten
Jurij Gagarin benannten **Stadtparkes**. In
der Grünanlage verkehrt auch auf einer
zwei Kilometer langen Strecke eine vom
künftigen Sachaliner Eisenbahnnach-
wuchs betriebene **Parkeisenbahn**. Am
Ende des Boulevards erinnert ein **Memorial**, bestehend aus einem T34 Panzer,
verschiedener Militärtechnik und Ge-
denktafeln an die Opfer der Roten Armee während der Befreiung von Sachalin und der Kurilen von den Japanern.
Mit den letzten Schlachten des Zweiten
Weltkrieges, die bekanntlich mit dem

*Das sehenswerte Heimatkundemuseum
von Južno-Sachalinsk*

Eintritt der Sowjetunion in den Krieg
mit Japan geschlagen wurden, wurden
die Voraussetzungen geschaffen, dass
Južno-Sachalinsk heute genauso wie die
Kurilen-Inseln zu Russland gehört.
Ein Stück weiter entlang der ul. Gorkogo
befindet sich am pl. Pobedy, dem **Platz
des Sieges**, ein weiteres, 1975 eröffnetes Denkmal aus Anlass des 30–jährigen
Jubiläums der Befreiung vom japanischen Militarismus.
Von der ul. Gorkogo aus lohnt sich ein
Spaziergang auf die angrenzenden **Berge**, die sich im Winter dank guter Pisten
und Liftanlage auch zum Skilaufen empfehlen, Der Berg bietet einen sehr schönen Ausblick auf die gesamte Stadt und
den dahinter liegenden Bergrücken. Die
Skitrasse weist den Weg für den etwa
30–minütigen Aufstieg.

Museen

Das **Heimatkundemuseum** ist sehr sehenswert. Die ursprüngliche Sammlung
wurde 1950 aus dem damals einzigen
russischen Heimatmuseum der Insel in

▲ *Kaufhaus in Južno-Sachalinsk*

Aleksandrovsk nach Južno-Sachalinsk verlegt. Die das Museum heute beherbergende Villa einschließlich Garten war der Sitz des Gouverneurs in den Jahren der japanischen Herrschaft. Man findet sowohl eine Naturkundeabteilung mit mehreren Dioramen und einer Ausstellung zum Vulkanismus auf den Kurilen sowie Exponate zu den Ureinwohnern und den ersten Expeditionen auf der Insel, Mo, Die Ruhetage, Kommunističeskij pr. 29, Tel. 727555, www.sakhalinmuseum.ru (R).

Die örtliche **Gemäldegalerie** befindet sich in einem 1930 von den Japanern erbauten Bankgebäude und präsentiert neben seiner Exposition zu russischer Malerei auch Ausstellunger zeitgenössischer lokaler und nordkoreanischer Malerei, Mo. Ruhetag, ul. Lenina 137, Tel. 722925.

Daneben gibt es noch eine **Galerie des Heimatmuseums**, ul. Chabarovskaja 78. Nördlich des Bahnhofs gibt es ein Eisenbahnmuseum, dessen Freiluftausstellung eine Reihe außergewöhlicher Exponate zeigt. Da wohl fast jeder, der die Insel Sachalin besucht, im Vorfeld Anton **Tschechows berühmte Reisebeschreibung** ›Die Insel Sachalin‹ gelesen hat, verwundert es nicht, dass es hier seit 1995 ein speziell diesem Buch gewidmetes Museum gibt. Das Museum ist mit seinem vielfältigen Veranstaltungskalender zugleich ein Kultur- und Begegnungszentrum, Mo Ruhetag, ul. Mira 104, Tel. 423383, www.chekhov-book-museum.ru (R).

 Južno-Sachalinsk

Lage: 46°57'28.70"N/142°43'33.14"E; Južno-Sachalinsk ist 10417 km von Moskau entfernt. Zeitunterschied zu Deutschland: 11 Std. im Sommer, 12 Std. im Winter.
Postleitzahl: 693000.
Vorwahl: +7/4242.
Auskunft: 09.
Hauptpostamt: ul. Lenina 220 (Ecke Bahnhofsvorplatz); Tel. 723063.
Bank: Sberbank, ul. Amurskaja 61, Tel. 724137, Geldautomat: pr. Mira 113.
Reisebüro: Inturist, ul. Dzeržinskogo 36, of. 112, Tel. 424386.
Taxi: 740744.
Durchschnittstemperatur: Januar –7 Grad, Juli 19 Grad.

Der Flughafen befindet sich südlich der Stadt bei Chomutovo. Es gibt tägliche Flüge von und nach Moskau, Vladivostok und Chabarovsk. Teilweise mehrmals pro Woche gelangt man nach Seoul, Sapporo, Tokyo und Beijing sowie nach St. Petersburg, Magadan, Novosibirsk und Irkutsk. Stadtbüro, ul. Lenina 198, Tel. 788307 www.airport-sakhalin.ru (R)

Die die Insel Sachalin von Nord nach Süd durchziehende Eisenbahnstrecke ist mit einer Länge von 957 km heute die längste Schmalspurbahn Russlands. Sie wurde nicht von Russland in der typischen Breitspur, sondern von den Japanern in den 1930er Jahren mit einer Spurbreite von 1075 erbaut. Im Jahr 2003 wurde begonnen, die Gleise zusätzlich auf die russische Breitspur umzurüsten. Ursprünglich sollte der Umbau 2014 abgeschlossen werden. Jetzt sieht die Planung die Fertgstellung für 2019 oder 2020 vor. Die beiden Strecken führen an der Ostküste von Korsakov und Južno-Sachalinsk in den Norden nach Nogliki und an die Westküste nach Nevelsk über Cholmsk nach Čechov. Der Bahnhof befindet sich im Stadtzentrum, Kommunističeskij pr. 78, Tel. 714643.

Im Fernen Osten

Der Busbahnhof befindet sich vor dem Bahnhof. Busse nach Korsakov fahren im alle 20 Minuten, nach Cholmsk jede Stunde, ul. Marksa 51b, Tel. 722553.

Sachalinskyj Hostel, ul. Prazdničnaja 11 Eingang 3, Tel. 441165, www.1st-hostel.ru (R/E), und das **Ostrova Hostel**, ul. Komsomolskaja 276 Whg. 13, Tel. 900/6611106.

Mega Palace Hotel (Мега Палас Отель), ul. Detskaja 4, Tel. 450450, www.megapalacehotel.ru, EZ/DZ 5300–7800 Rbl. Das beste Hotel der Stadt wurde 2006 eröffnet. **Sachalin Pacific Plaza** (Пасифик Плаза Сахалин), pr. Mira 172, Tel. 455000, www.sakhalinpacificplaza.ru, EZ/DZ 5300–6800 Rbl. Eine zentral gelegene Alternative.

Gagarin (Гагарин), ul. Komsomol'skaja 133, Tel. 463060, EZ/DZ 3900–6600 Rbl. Das wohl beste Preis-Leistung-Verhältnis im teuren Segment.

Evrazija Sachalin (Евраыия Сахалин), ul. Vokzal'naja 54, Tel. 274466, EZ/DZ 2500–3200 Rbl. Am Bahnhof gelegen.

Rybak (Fischer, Рыбак), ul. Marksa 51, Tel. 722712, DZ 2900 Rbl. Fällt im Vergleich mit den benachbarten Hotels deutlich ab.

Panorama (Панорама), pr. Mira 231, www.panorama-hotel.ru, EZ/DZ 3000–3800 Rbl. Unter den preiswerteren Offerten ist dieses 2007 eröffnete Hotel sehr empfehlenswert. Eine Alternative ist das **Turist** (Турист), ul. Sachalinskaja 2a, Tel. 467800, EZ/DZ 3000–4200 Rbl. Es gibt mittlerweile zwei Hostels, die Schlafplätze für 750 bzw. 800 Rbl. anbieten: das **Pervyj**

777, ul. Čechova 71, Tel. 35462. Das beste Restaurant mit europäischer, russischer und japanischer Küche.

Mischka (Мишка), ul. Čechova 85. Russische Küche in nächster Nähe.

Little Tokio, Pograničnaja 20, Tel. 720331. Bietet japanische Küche.

Bellagio, ul. Dzeržinskogo 21, Tel. 425012. Der beste Italiener vor Ort, jedoch mit Abstrichen.

Edelweis, ul. Lenina 266, Tel. 721945, **Solaris**, ul. Lenina 69, Tel. 744348 und **Slavjanka**, ul. Sachalinskaja 45, Tel. 735667. Nennenswerte Cafés. **Coffe Shop**, ul. Lenina 230, Tel. 725813. Auch hier gibt es ordentlichen Kaffee.

Das größte Kaufhaus liegt in der ul. Lenina, der Markt in der ul. Sachalinskaja westlich der Eisenbahnbrücke.

www.sakhalin.ru (R/E)
www.yuzhno.sakh.ru (R)
www.sakh.com (R/E)

Cholmsk

Der Ort wurde 1870 als Militärposten gegründet und hieß nach der bereits von Ainu-Fischern besiedelten, gleichnamigen Bucht Mauka. Aus der Sprache der Ainu läßt sich der Name etwa mit ›Hagebuttenhügel‹ übersetzen. Neben dem Fischfang wurde in der Bucht vor allem ›Laminaria‹ genannter Seetang angebaut, was selbst Anton Tschechow in seinem Reisebericht über Sachalin für erwähnenswert hielt. Diese im Russischen ›Meereskohl‹ genannten Braunalgen waren an der Pazifikküste schon immer ein populäres Gemüse.

Nach dem Abschluß des russisch-japanischen Friedensvertrages von Portsmith verließen die Russen den Ort. Die neue

Karte S. 339

Im Hafen von Cholmsk

japanische Verwaltung begann die eisfreie Bucht als Hafen und die Siedlung,
die nun Maoka hieß, als Verwaltungszentrum an der Westküste auszubauen.
1909 wurde die Straße zur Ostküste
fertiggestellt, 1918 begann der Bau der
Eisenbahn und 1920 wurde der Hafen
in Betrieb genommen. 1922 erhielt Maoka mit etwa 12 000 Einwohnern das
Stadtrecht.

Nach der Rückkehr unter russische Fitti-
che wurde der Ort 1946 in Cholmsk
(abgeleitet von Cholm-Hügel) umbenannt und erhielt erneut das Stadtrecht.
Heute hat die Stadt etwa 29 000 Einwohner. In Cholmsk befindet sich der
Hafen für die Fährverbindung mit dem
russischen Festland in Vanino, von wo
man weiter nach Komsomol'sk am Amur
gelangt.

■ Sehenswürdigkeiten

Cholmsk verteilt sich auf über mehrere
Hügel und Täler entlang der Küste. Das
Zentrum bildet der Hafen. Weitgehend
parallel zur durch die Hafenbecken zer-
klüfteten Küstenlinien bildet die **Sovets-**
kaja ul. die zentrale Nord-Süd-Trasse der
Stadt, wo sich sowohl die wichtigen
Verwaltungsgebäude als auch die meisten Geschäfte befinden.

Gegenüber führt die **Morskaja ul.** über
die Eisenbahnlinie und die **ul. Pobedy**
zu einer **Parkanlage**. In deren Zentrum
liegt das wuchtige Heimatmuseum mit
der vorgelagerten Gedenktafel ›Die Heimat erinnert sich‹. Auf zwei Etagen findet man Ethnographie, Geschichte und
maritime Naturkunde, Morskaja ul. 14,
Tel. 50290.

Über die ul. Pobedy gelangt man zum
Lenin-Platz mit dem Rathaus und dem
obligatorischen, 1970 eingeweihten,
Vladimir Uljanov gewidmeten Denkmal.
Weiter nördlich ist ein Teil des Küsten-
streifens mit dem Namen **Primorskij**
Boulevard zum Spazierplatz ausgebaut.
Neben einem schönen Blick auf den
Hafen gibt es **vier Denkmäler und**
Skulpturen, die den Fischern, den ers-
ten russischen Eroberern und den
sowjetischen Befreiern im Zweiten
Weltkrieg gewidmet sind. Auf gleicher
Höhe sieht man auf der Hauptstraße

Im Fernen Osten

auch die zentrale **Kirche** des Ortes. Sie ist dem Wundertäter Nikita gewidmet. Während vielerorts in Sibirien zu sowjetischer Zeit Kirchen zweckentfremdet wurden, so wurde hier ein ehemaliges Kino 1995 zur Kirche umgewidmet, ul. Sovetskaja 110. Eine andere Kirche war bereits 1989 aus dem Umbau einer Bibliothek entstanden, ul. Školnaja 22. Eine weitere Kirche befindet sich in der ul. Pionerskaja. An der Passstraße in Richtung Južno-Sachalinsk befindet sich ein **Kriegsdenkmal** mit einer Kanone, das den bei der Rückeroberung der Insel 1945 gefallenen und hier begrabenen 45 Soldaten gedenkt. Der Ort bietet auch einen schönen Ausblick auf die Serpetinenstraße zurück nach Cholmsk und den gesamten Küstenabschnitt.

ℹ️ Cholmsk

Lage: 47°04'05.67"N/142°04'0.75"E; Cholmsk ist 80 km von Južno-Sachalinsk entfernt. Zeitunterschied zu Deutschland: 10 Std. im Sommer, 11 Std. im Winter.
Postleitzahl: 694620.
Vorwahl: +7/42433.
Auskunft: 09.
Hauptpostamt: ul. Lenina 2
Bank: Sberbank, ul. Lenina 76, Tel. 51176
Taxi: 63333.
Durchschnittstemperatur: Januar –7 Grad, Juli 16 Grad.

Cholmsk hat zwar einen eigenen, kleinen Flughafen, aber der nächstgelegene Flughafen mit überregionaler Anbindung befindet sich im 80 km entfernten Južno-Sachalinsk.

Entlang der Westküste führt die Eisenbahn nach Norden bis nach in den Ort Čechov. Es gab früher auch eine Verbindung nach Južno-Sachalinsk, die allerdings außer Betrieb ist. In jedem Fall wäre man mit dem Bus auch deutlich schneller. Der Hauptbahnhof befindet sich im Stadtzentrum gegenüber dem Hafen am Leninplatz.

Der Busbahnhof befindet sich vor dem Bahnhof, Tel. 712134.

Der Hafen ist im Stadtzentrum nicht zu übersehen. Hier verkehrt 2–3 wöchtlich ein Fähre nach Vanino auf dem russischen Festland. Die Kasse befindet sich in der ul. Lenina 5, Tel. 50880. Sporadisch laufen ausländische Kreuzfahrtschiffe ein, sie favorisieren aber auf Sachalin zumeist den Hafen von Korsakov.

Hotel Cholmsk, ul. Sovetskaja 60, Tel. 52854. **Hotel Čaika** (Чайка), ul. Pobedy 4, Tel. 66482.
Hotel Gostevoj Dom (Gästehaus), ul. Pobedy 16a, Tel. 66004.

Als bestes Restaurant gilt der **7. Himmel** (Sed'moe nebo), ul. Lenina 9, Tel. 21425. Alternativen sind die Cafés **Nixe** (Rusaločka), ul. Sovetskaja 60, Tel. 66470, oder **Delfin**, ul. Morskaja 5, Tel. 50913

Zwei größere Kaufhäuser liegen unweit des Primorskij Boulevards: **Torgovaja Galeria**, Sovetskaja ul. 86, und **Orbita**, Sovetskaja ul. 79. Einen Souvenirladen findet man am Leninplatz 1, Tel. 50777.

www.kholmsk.admsakhalin.ru (R)

Korsakov

Korsakov ist der südlichste Hafen auf der Insel Sachalin. Ursprünglich 1869 als Marineposten Korsakovskij gegründet und nach dem damaligen Gouverneur Michail Korsakov benannt, wurde der Ort zunächst zum Verwaltungszentrum der Insel, bevor die Japaner, die den Ort Otomari nannten, die Hauptstadt der Insel 1908 nach Toyohara, das heutige Južno-Sachalinsk, verlegten.

Heute leben hier etwa 33 000 Einwohner. Im örtlichen Hafen legen die meisten Kreuzfahrtschiffe für den Besuch des 40 Kilometer entfernten Južno-Sachalinsk an. Im Linienschiffsverkehr gibt es im Sommerhalbjahr pro Woche je eine Fähre nach Kurilsk und Južnokurilsk sowie zwei Fähren nach Wakkanai in Japan, ul. Portovaja 10, Tel. 22352.

Korsakovs Bahnhof bedient nur den Frachtverkehr des Hafens, auf dem Streckenabschnitt nach Južno-Sachalinsk fahren keine Personenzüge. Busse verkehren tagsüber im 20–Minuten-Takt.

Man kann vom **Hafen** einen Spaziergang über den kleinen **Wakkanai-Park** mit seinen beiden Korsakov und Nevelskoj gewidmeten Denkmälern zum knapp drei Kilometer entfernten **Leninplatz** mit Rathaus, Kulturhaus, Kaufhaus ›Orbita‹ sowie Lenindenkmal und Kriegsobelisk machen.

Auf dieser Strecke kommt man am kleinen **Heimatmuseum** vorbei, ul. Krasnoflotskaja 22, Tel. +7/42435/21200. Am Leninplatz befindet sich auch das annehmbare Hotel Alfa, EZ/DZ 2000–2800 Rbl., ul. Krasnoflotskaja 31, Tel.+7/42435/41010. Nördlich des Platzes gelangt man zum **Stadtpark.**

Am Fluss Korsakovka befindet sich die **Gotterhöhungskirche**, ul. Gvardejskaja 26a, Tel. +7/42435/45111. Im Norden der Stadt gibt es auch ein **Männerkloster,** ul. Okružnaja 128.

Es gibt **zwei Restaurants**: Das Lotos befindet sich unmittelbar am Hafen, ul. Portovaja 10, Tel. +7/42435/44604, das ›Sumo‹ findet man unweit des Zentralplatzes, ul. Krutaja 25, Tel. +7/42435/21229.

Kamtschatka-Krabbe auf Sachalin

Moskau–Vladivostok: 9288 Kilometer;
acht Tage und sieben Nächte ununterbrochen unterwegs.

E-Loks im Bahnhof von Tajšet

DIE TRANSSIBIRISCHE
EISENBAHN

Die Geschichte der Transsib

Die erste Bahnlinie in Russland verband 1837 St. Petersburg und das Zarenschloss in Pavlovsk. Die die beiden russischen Hauptstädte Moskau und St. Petersburg verbindende Eisenbahnstrecke wurde 1851 nach achtjähriger Bauzeit eingeweiht. In der zweiten Hälfte des 19. Jahrhunderts ging der Eisenbahnbau westlich des Urals stürmisch voran. Die ersten Pläne zur Errichtung einer Eisenbahn quer durch Eurasien, die jedoch zunächst keinen Erfolg hatten, trugen wagemutige Ausländer am russischen Hof vor. Die sibirischen Generalgouverneure von Omsk und Irkutsk unterstützten solche Projekte allerdings nachhaltig und lieferten auch bald eigene Pläne und Berechnungen. Der Durchbruch kam aber erst, als 1881 Alexander III. den Zarenthron bestieg. Die 1869 quer durch Amerika und 1885 quer durch Kanada vollendeten Eisenbahnen zeigten Wirkung. Fünf Jahre später segnete der Zar mit den Worten ›Es ist Zeit, es ist allerhöchste Zeit‹ den Bau der Transsib ab. Mehrere Kommissionen wurden einberufen, und offiziell wurde 1891 durch die russische Regierung der Bau einer Eisenbahnverbindung zwischen dem bereits an das russische Eisenbahnnetz angeschlossenen Ural und der Pazifikküste bekanntgegeben. Čeljabinsk und Vladivostok waren die Eckpunkte der geplanten Streckenführung. Man erhoffte sich eine raschere wirtschaftliche Erschließung und bessere politische und militärische Einbindung Sibiriens und des Fernen Ostens in das Zarenreich. Die Eisenbahnstrecke wurde in mehreren Abschnitten gebaut, wobei die Arbeiten im Ural und am Stillen Ozean nahezu zeitgleich beginnen sollten. Dadurch entstanden unterschiedliche Eisenbahnverwaltungen, die den einzelnen Abschnitten auch zu entsprechenden unterschiedlichen Namen verhalfen: Westsibirische, Mittelsibirische, Baikal-, Transbaikalische, Amur- und Ussuri-Bahn.

Im Mai 1891 wurde in Vladivostok vom damaligen Zarenthronfolger Nikolaj II. der erste Spatenstich für die Ussuri-Bahn zwischen Vladivostok und Chabarovsk getan. Der Zarewitsch kehrte von einer Weltreise durch Ägypten, Indien und Japan nach Russland zurück und erhielt von seinem Vater den Auftrag zur Grundsteinlegung für das Jahrhundertbauwerk. Danach reiste er von Vladivostok durch ganz Sibirien nach Moskau. Erstmals lernte ein Repräsentant der Zarenfamilie Russland in seiner ganzen Ausdehnung kennen. Die Reise dauerte drei Monate.

Die Ussuri-Bahn wurde als erster Teilabschnitt am 31. August 1897 dem Verkehr übergeben. Die Baukosten waren mehr als doppelt so hoch wie geplant und wurden offiziell mit 43 Millionen Rubeln beziffert. Insgesamt, so später

Der Bahnhof von Jurga bei Kilometer 3498

ein hoher Staatsbeamter, sollte der Eisenbahnbau das ›bis dahin teuerste Friedensunternehmen der modernen Geschichte‹ werden.

Von Juli 1892 bis Oktober 1895 erfolgte der Bau der Westsibirischen Eisenbahn zwischen Čeljabinsk und dem linken Ufer des Ob', wo aus der kleinen Bahnsiedlung Novonikolaevsk die spätere Millionenstadt Novosibirsk entstehen sollte. Der Bau beanspruchte über ein Drittel der russischen Jahresproduktion an Eisen und Stahl und war ein bedeutender Impuls für die industrielle Entwicklung im Zarenreich.

Im Juli 1893 begann man mit dem Bau der Mittelsibirischen Eisenbahn vom rechten Ufer des Ob' über Krasnojarsk nach Irkutsk und zum Baikalsee. Die Errichtung dieses Abschnittes nahm fünf Jahre in Anspruch, die Einweihung fand 1898 statt. Drei Jahre früher, im Jahre 1895, hatte man am anderen Ufer des Baikalsees mit dem Bau der Transbaikalbahn vom Hafen Mysovaja (heute Babuškin) über Verchneudinsk (heute Ulan-Udė) und Čita nach Sretensk am Fluss Šilka, der wiederum in den Amur floss, begonnen. Nach ebenfalls fünfjähriger Bauzeit konnte dieser Abschnitt 1900 übergeben werden.

Auf dem Baikalsee wurde zunächst ein Fährdienst eingerichtet. Nach der Eisenbahnreise auf dem transbaikalischen Teil der Strecke bis nach Sretinsk ging es mit dem Flussdampfer bis Chabarovsk, wo man wieder in den Zug nach Vladivostok umstieg. Damit war – wenn auch noch nicht ununterbrochen mit der Eisenbahn – die durchgehende Verbindung für Reisen zwischen Europa und dem Fernen Osten mit einem für die damalige Zeit angemessenen Komfort geschaffen.

Russland unternahm sodann umfangreiche Anstrengungen, die Transsib auch

Bahnbrücke über die Selenga südlich des Baikalsees

propagandistisch zur eigenen Profilierung als Industriemacht und zur Popularisierung der neuen Reiseroute nach Asien auszuschlachten. Mit großem Aufgebot wurden die Bahn und Sibirien auf der Pariser Weltausstellung vorgestellt. Das Eisenbahnministerium veröffentlichte 1902 in Russisch und in Englisch einen 400 Seiten dicken ›Reiseführer über die große sibirische Eisenbahn‹ mit Karten, Fahrplänen, 190 Fotos und weiteren 250 Seiten Reklame, der in seiner Detailliertheit später nie übertroffen wurde und heute eine bibliophile Kostbarkeit darstellt.

Von 1902 bis 1905 wurde dann die Umgehungsstrecke am Ufer des Baikalsees errichtet, die zunächst aufgrund der technischen Probleme und der immensen Kosten hintenangestellt worden war. Deshalb war bereits 1893 die Entscheidung über die Anschaffung von zwei Fährschiffen getroffen worden. Sie sollten neun Monate im Jahr verkehren. Für die drei Monate mit der größten Eisdichte sollte ein spezieller Schlittendienst eingerichtet werden. Die Schiffe – Fähre und Eisbrecher in einem – wurden in Glasgow bei der Werft ›Amstrong & Co‹ geordert. Die Werft lieferte die Einzelteile per Schiff bis Petersburg, von dort ging es mit der Bahn bis Krasnojarsk und von dort den Enisej flussabwärts und die Angara aufwärts bis zum Baikalsee. Hier erfolgte auf der stolzen, kleinen Werft in Listvjanka, deren klägliche Überreste noch heute zu sehen sind, der Zusammenbau. Die beiden Schiffe waren im Sommer des Jahres 1900 fertig und wurden auf die Namen ›Bajkal‹ und ›Angara‹ getauft. Die ›Bajkal‹ war mit 88,5 Metern Länge, 18 Metern Breite und 8,7 Metern Höhe das größere Schiff von beiden. Sie konnte 25 Eisenbahnwaggons, 200 Passagiere und 750 Tonnen Nutzlast befördern. Deutlich kleiner war die heute in Irkutsk wieder als Museum zu besichtigende ›Angara‹ mit 60 Metern Länge, 11 Metern Breite und 4,5 Metern Höhe. Sie war ebenfalls für 200 Passagiere, aber nur für 250 Tonnen Nutzlast ausgelegt. Die Fährverbindung funktionierte zwar, sie erwies sich aber als Nadelöhr, was besonders tragisch wurde, als die Transsib ihre erste militärische Bewährungsprobe bestehen sollte und der russische Nachschub für die fernöstliche Front des Russisch-Japanischen Krieges hier ins Stocken kam.

Das Bautempo der Baikalbahn wurde zwar daraufhin deutlich forciert, aber bei der Fertigstellung war der Krieg für Russland bereits verloren. Dafür war es aber der teuerste Abschnitt der gesamten Bahnlinie, was ihr auch den Spitznamen der ›goldenen Schnalle‹ im Russland umschnürenden Gürtel der Transsibirischen Eisenbahn einbrachte. Die Baikalbahn (manchmal auch Circumbaikalbahn genannt) wird heute nur noch auf ihrem Südteil von der Transsib befahren. Anfang der 1950er wurde mit

Auf der alten Baikalbahn fahren nur noch Lokal- und Touristenzüge

der Errichtung des Irkutsker Wasserkraftwerkes der Wasserspiegel der Angara angehoben und die alten Gleise geflutet. Für die Transsib wurde zwischen Irkutsk und Sljudjanka eine neue, kürzere Strecke errichtet, während der landschaftlich phantastische Nordabschnitt der Baikalbahn nur noch durch Lokalzüge befahren wird und sich vielleicht – es gibt erste Ansätze und Ausflugszüge – noch zur Touristenattraktion mausert.

Am schwierigsten gestalteten sich allerdings die Erschließungsarbeiten für die Amurbahn, die Transbaikalien und Chabarovsk miteinander verbinden sollte. Dauerfrostboden über weite Strecken, die kältesten Winter in Südsibirien und häufige Überschwemmungen verhießen gigantische Probleme und Kosten, so dass man anderen Ideen zur Streckenführung gegenüber sehr offen war. So kam eine direkte und etwa 700 Kilometer kürzere Strecke von Čita über die zu China gehörende Mandschurei ins Gespräch. Das Reich der Mitte hatte gerade den Krieg um Korea gegen Japan verloren und war daher stark geschwächt. Diese Chance wollte man sich in Russland nicht entgehen lassen und man begann, mit China über einen Eisenbahnkorridor nach Vladivostok und den Zugang zu einem ganzjährig eisfreien Hafen zu verhandeln. Im Mai 1895 einigte man sich über einen Konzessionsvertrag, in dem die ein Jahr zuvor gegründete Russisch-Chinesische Bank auf der russischen Seite die gesamte Staatsräson des Zaren für das Eisenbahngebiet durchsetzen konnte. Drei Jahre später folgte dann ein 25-jähriger Pachtvertrag über das sogenannte Kwantung-Gebiet mit den beiden Häfen Port Arthur und Talienwan, das dann in Dal'nij umbenannt wurde. Eine Eisenbahn zwischen Harbin und Port Arthur war ebenfalls Bestandteil des Vertrages.

Nach dem Bau dieser dann Ostchinesische Bahn genannten Strecke wollte Russland das ursprüngliche Projekt des Schienenstranges entlang der Flüsse Šilka und Amur aufgeben. Die Niederlage im Russisch-Japanischen Krieg ließ aber die Ängste wachsen, dass im Falle einer nicht auszuschließenden Annexion der Mandschurei samt der Ostchinesischen Eisenbahn durch Japan die einzige Eisenbahnverbindung zwischen Russland und seinem Fernen Osten unterbrochen wäre.

Die gleichen Argumente wurden auch knapp 70 Jahre später wieder aktuell. Als sich die Beziehungen zwischen der Sowjetunion und China dramatisch verschlechterten, grub man das Projekt eines nördlichen Eisenbahnstranges wieder aus. Im Jahre 1907 wurden die Arbeiten an der Amur-Strecke wieder aufgenommen und neun Jahre später war mit der Übergabe der Amurbrücke vor Chabarovsk das Jahrhundertprojekt Transsibirische Eisenbahn abgeschlossen.

Nach dem Jubiläum 2003 gibt es nun 2016 zum zweiten Mal einen Grund, 100 Jahre Transsib zu feiern. Während beim ersten Mal die Aufnahme des durchgängigen (mit Ausnahme der Baikalfähre) Regelzugverkehrs den Anlass bot, geht es nun um die Fertigstellung der Strecke ausschließlich auf russischem Territorium.

Mehr als 90 000 Arbeiter waren zeitweise gleichzeitig beim Bau der Transsib beschäftigt. Kosaken, Bauern, Sträflinge, chinesische Kulis und qualifizierte ›Gastarbeiter‹ aus Italien und der Türkei kamen zum Einsatz. Da aufgrund der dünnen Besiedlung kaum lokale Arbeitskräfte vorhanden waren, mussten sie über Tausende von Kilometern nach Sibirien gebracht werden. Bis 1909 wurde die Strecke Čeljabinsk-Irkutsk zweispurig ausgebaut. Die zweite Spur bis zum Pazifik folgte erst in den 1930er Jahren.

Mitte der 1920er Jahre kamen die ersten, aus Deutschland importierten Dieselloks zum Einsatz. Bereits zehn Jahr später kamen die ersten Elektroloks dazu, als probeweise ein erster Teilabschnitt im Ural elektrifiziert worden war. 1961 war die Strecke zwischen Moskau und Irkutsk mit Elektroloks befahrbar. Heute ist die Strecke durchgehend elektrifiziert. Man findet Elektroloks unterschiedlicher Bauart: selten Gleichstromlokomotiven (3 kV), zumeist Wechselstromlokomotiven (25 kV, 50 Hz) und auch Mehrsystemloks. Die Loks kommen aus russischer Produktion oder in alter COMECON-Freundschaft aus der Tschechischen Republik. Nach dem gleichen ›Freundschaftsprinzip‹ hatte auch der ostdeutsche Waggonbau Ammendorf bei Halle ein Monopol für die Reisezugwagen in Russland. Nachdem das Werk 1998 an die kanadische Bombardier-Gruppe ging, wurde das Know how weitestgehend ins russische Tver verlagert. Man fährt zwar noch häufig mit Ammendorfer Waggons durch Russland, trifft aber zunehmend auf die neuen Waggons ›Made in Russia‹.

Heute weicht die Strecke der transsibirischen Route etwas von der ursprünglichen Konzeption ab. Die meisten Züge überqueren den Ural durch Ekaterinburg und nicht durch Čeljabinsk. An einem unscheinbaren Omsker Vorortbahnhof – 770 Kilometer von Čeljabinsk entfernt – kehrt die aktuelle Route in die eigentliche Streckenführung ein.

Die Transsibirische Eisenbahn wurde die Hauptschlagader Sibiriens. Alle drei sibirischen Millionenstädte und auch die meisten anderen Metropolen liegen an der Bahnlinie.

Die Russische Staatsbahn (RŽD) – neben Gasprom und dem Energieversorger UÉS eines der drei sogenannten ›natürlichen Monopole‹ in Russland – ist bemüht, die Bahn den Erfordernissen der neuen Zeit anzupassen. Im Personenverkehr sind in den letzten Jahren deutliche Fortschritte zu erkennen. Neue Waggons aus Tver', die Strategie, die Bahn und ihre besten Züge mit neuem Logo und neuem grau-roten Anstrich als Marke zu etablieren, ein stärkerer Wettbewerb bei der Personalauswahl und neue Service-Angebote machen das Reisen nach einer Durststrecke in den 1990er Jahren wieder deutlich komfortabler.

Das verbesserte Angebot führte in den letzten Jahren auch zu gestiegenen Zahlen ausländischer Transsib-Touristen. Nicht nur ausgewiesene Globetrotter und Eisenbahnfreaks träumen von einer solchen Reise. Selbst Angela Merkel schreibt auf ihrer Facebook-Seite vom Traum ›Einmal mit der Transsibirischen Eisenbahn von Moskau nach Wladiwostok (zu) reisen‹. Man fährt ununterbrochen eine Woche lang oder aber mit entsprechen Unterbrechungen in einem Zug durch zwei Kontinente und lernt entweder in Richtung Vladivostok Russland in seiner ganzen Breite oder aber in Richtung Beijing außerdem noch die China und eventuell die Mongolei kennen. Aktuell gibt es Überlegungen für eine neue Hochgeschwindigkeitsstrecke zwischen Moskau und Beijing. Diese ist aber noch mit sehr viele Fragezeichen behaftet und die angedachten Streckenführung soll auch nicht trans Sibirien verlaufen, sondern südlicher durch Kasachstan und würde Sibirien östlich des Urals nur streifen.

Alt und Neu in Port Bajkal

Durch Sibirien

Anton Tschechow erlebte Sibirien auf seiner Reise zur Insel Sachalin noch vor dem Bau der Großen Sibirischen Eisenbahn:

Ein kalter, schneidender Wind weht, und es haben Regenfälle eingesetzt, die Tag und Nacht unaufhörlich herniedergehen. Achtzehn Werst vor dem Irtysch sagt mir der Bauer Fjoclor Pawlowitsch, zu dem mich ein freier Kutscher gebracht hat, dass man nicht weiterfahren könne, weil die Wiesen am Ufer des Irtysch durch den Regen überschwemmt seien. Gestern sei Kusma aus Pustynskoje gekommen, wobei ihm beinahe die Pferde ertrunken seien; so müsse man warten.

»Und bis wann soll ich warten?« frage ich.

»Wer kann das wissen? Frage Gott!«

Ich gehe in die Hütte. In der Stube sitzt ein alter Mann in rotem Hemd; er atmet schwer und hustet. Ich gebe ihm ein Hustenpulver – es bringt ihm Erleichterung, aberer hält nichts von der Medizin und meint, ihm sei deshalb leichter geworden, weil er »es abgewartet« habe.

Ich sitze da und überlege, ob ich zur Nacht bleiben soll. Aber dieser Großvater wird die ganze Nacht über husten, möglicherweise gibt es hier auch Wanzen, und wer bürgt dafür, dass der Fluss morgen nicht noch mehr über die Ufer getreten ist? Nein, es ist doch besser, zu fahren!

»Fahren wir los, Fjodor Pawlowitsch!« sage ich zu dem Wirt. »Ich werde nicht warten.«

»Ganz wie Sie wünschen«, stimmt er milde zu. »Wenn wir nur nicht im Wasser übernachten müssen.«

Wir fahren. Es regnet nicht, es gießt in Strömen, und mein Reisewagen hat kein Verdeck. Die ersten acht Werst fahren wir durch Schlamm, aber trotzdem im Trab.

»Na, das ist ein Wetter!« sagt Fjodor Pawlowitsch. »Ich gebe zu, ich war selbst lange nicht dort und habe das Hochwasser nicht gesehen, aber Kusma hat einen Schreck bekommen. Gebe Gott, dass wir es schaffen.« Aber da erstreckt sich vor unseren Augen ein breiter See. Das sind die überschwemmten Wiesen. Der Wind spaziert darüber hin, heult und peitscht die Wellen auf. Hier und da sieht man kleine Inseln und Erdstreifen, die noch nicht überschwemmt sind. Die Richtung des Weges geben Brücken und Knüppeldämme an, die aufgequollen sind, sich gehoben haben und fast alle nicht mehr an Ort und Stelle liegen. Weit hinter dem See zieht sich das Steilufer des Irtysch hin, schwarzbraun und düster, und über ihm hängen schwere, graue Wolken; hier und da schimmert es am Ufer weiß von Schnee.

Wir fahren durch den See. Er ist nicht tief, die Räder stecken nur ein Viertel Arschin im Wasser. Die Fahrt wäre vielleicht erträglich, wenn es nicht die Brücken gäbe. Vor jeder Brücke müssen wir aus dem Wagen klettern und im Schmutz oder im Wasser stehen; um auf die Brücke hinaufzufahren, muss man zuerst an dem erhöhten Ende Bretter und Balken anlegen, die hier an der Brücke verstreut herumliegen.

Die Pferde führen wir einzeln über die Brücke. Fjodor Pawlowitsch spannt die Beipferde aus und gibt sie mir zu halten; ich halte sie an den kalten, schmutzigen Zügeln, aber sie weichen störrisch zurück. Der Wind will mir die Kleidung vom Leibe reißen, der Regen peitscht schmerzhaft ins Gesicht. Ob wir nicht lieber umkehren sollen? Aber

Fjodor Pawlowitsch schweigt, wahrscheinlich wartet er darauf, dass ich selbst den Vorschlag mache umzukehren; aber ich schweige ebenfalls. Wir nehmen eine Brücke im Sturm, darauf eine zweite und dritte... An einer Stelle versinken wir im Schlamm und wären beinahe umgekippt; an einer anderen scheuen die Pferde, und Enten und Möwen schweben über uns und scheinen uns auszulachen. An Fjodor Pawlowitschs Gesicht, an seinen gemessenen Bewegungen und an seinem Schweigen merke ich, dass er sich nicht das erstemal so herumschlägt, dass es manchmal noch schlimmer ist und dass er schon längst an den unpassierbaren Schlamm, das Wasser und den kalten Regen gewöhnt ist. Das Leben wird ihm nicht leicht gemacht!

Wir fahren auf eine kleine Insel hinauf. Dort steht eine Hütte ohne Dach; im feuchten Mist laufen zwei nasse Pferde herum. Auf Fjodor Pawlowitschs Rufen kommt ein bärtiger Bauer mit einer langen Rute in der Hand aus der Hütte und schickt sich an, uns den Weg zu zeigen. Er geht schweigend voran, misst mit der Rute die Wassertiefe und probiert den Grund, wir fahren hinter ihm her. Er führt uns auf einen langen, schmalen Landstreifen, den er den »Bergrücken« nennt. Wir sollen auf diesem Rücken entlangfahren, und wenn er zu Ende ist, uns erst links, dann rechts halten und auf einen zweiten Bergrücken hinauffahren, der sich bis zur Fähre hinzieht.

Es dunkelt bereits; Enten und Möwen sind verschwunden. Der bärtige Bauer, der uns gezeigt hat, wie wir zu fahren haben, ist längst umgekehrt. Der erste Bergrücken ist zu Ende, wieder plätschern wir im Wasser, halten uns erst links, dann rechts. Und da ist endlich der zweite Rücken. Er zieht sich bis dicht ans Ufer hin

Der Irtysch ist breit. Hätte Jermak ihn während des Hochwassers durchschwommen, wäre er auch ohne Kettenhemd ertrunken. Das jenseitige Ufer ist hoch, steil und öde. Man erkennt einen Einschnitt; durch diesen Einschnitt, so sagt Fjodor Pawlowitsch, führt der Weg bergan, in das Dorf Pustynnoje, wohin ich zu fahren habe. Das diesseitige Ufer ist abschüssig und erhebt sich nur etwa einen Arschin über dem Wasserspiegel; es ist kahl, wie abgenagt und sieht schlüpfrig aus; trübe Wellen mit weißen Kämmen klatschen zornig dagegen und prallen sogleich wieder zurück, als sei es ihnen zuwider, dieses häßliche, glitschige Ufer zu berühren, an welchem, dem Aussehen nach zu urteilen, lediglich Kröten und die Seelen großer Sünder leben können. Der Irtysch lärmt und heult nicht, sondern es hört sich an, als klopfe er auf seinem Grund an Särge. Ein verwünschter Eindruck!

Wir fahren zur Hütte hinunter, in der die Fährleute wohnen. Einer von ihnen kommt heraus und sagt, man könne nicht an das andere Ufer hinüber, das Unwetter verhindere das und man müsse bis zum Morgen warten.

Ich bleibe zur Nacht. Die ganze Nacht höre ich die Fährleute und meinen Kutscher schnarchen, den Regen an die Fenster trommeln, den Wind heulen und den erzürnten Irtysch an die Särge klopfen ... Am frühen Morgen gehe ich an den Fluß; es regnet immer noch, der Wind dagegen hat nachgelassen, aber trotzdem kann an noch nicht die Fähre benutzen. Man bringt mich mit einem Boot hinüber.

Der Fährbetrieb wird hier von einer Genossenschaft selbständiger Bauern unterhalten; unter den Fährleuten gibt es keinen einzigen Verbannten, alle sind Einheimische. Es ist ein gutmütiges und freundliches Volk.

Anton Tschechow, Die Insel Sachalin, Berlin 1982

Routenplan der Transsibirischen Eisenbahn

Die klassische Route der Transsibirischen Eisenbahn zwischen Moskau und Vladivostok sowie auch über Irkutsk in Richtung Ulaanbaatar und Beijing beginnt am Jaroslavler Bahnhof in Moskau. Einige Züge starten auch vom Kazaner Bahnhof. Beide Bahnhöfe befinden sich zusammen mit dem Nikolaev-Bahnhof (früher Leningrader Bahnhof) am berühmten Platz der drei Bahnhöfe im Nordosten Moskaus.

Die nachfolgende Streckenbeschreibung beinhaltet die Route von Moskau nach Vladivostok. Sie beschränkt sich auf die wichtigen Stationen entlang der Strecke. Kleinere Bahnhöfe und Haltepunkte wurden nicht aufgenommen. Die Kilometer-angaben stehen in Übereinstimmung mit den in Fahrtrichtung ab Moskau rechter Hand am Streckenrand stehenden Kilometerstelen. Neben der alten Hauptstrecke ab Moskau über Jaroslavl und Buj weiter nach Ekaterinburg fahren heute die meisten Regelzüge ab Moskau über Nižnij Novgorod bis Buj und stoßen dort wieder auf die alte Hauptroute. Einige Regelzüge sowie die touristischen Sonderzüge fahren ab Moskau aber auch über Kazan nach Ekaterinburg. Diese beiden abweichenden Streckenbeschreibungen sind entsprechend bei Buj bzw. Ekaterinburg eingeschoben.

Die fettgedruckten Orte bedeuten, dass Fernzüge an diesen Bahnhöfen halten.

Moskau–Vladivostok	
Km	**Bahnhof (Вокзал)**
0	**Moskva (Москва), Jaroslavler Bahnhof** *GPS: 55°45'36''N/37°39'26''O*
26	Kljazma (Клязма)
33	Zavety Il'iča (Заветы Ильича)
45	Sofrino (Софрино)
57	Abramcevo (Абрамцево)
73	Sergiev Posad (Сергиев Посад, ehem. Zagorsk/Загорск) *GPS: 56°18'09''N/38°08'20''O*
103	Strunino (Струнино)
112	**Aleksandrov (Александров)** *GPS: 56°23'53''N/38°42'17''O*
151	Šuškovo (Шушково)
164	Rjazancevo (Рязанцево)
182	Itlar' (Итларь)
200	Petrovsk (Петровск)
282	**Jaroslavl' (Ярославль)** *GPS: 57°37'33''N/39°50'7''O*
366	Lunka (Лунка)

Km	Bahnhof (Вокзал)
	Moskau–Vladivostok
373	Sotʹ (Соть)
383	Žarok-Jaroslavskij (Жарок-Ярославский)
403	Ruša (Руша)
432	Brodni (Бродни)
450	**Buj (Буй)** *GPS: 58°27′34″N/41°32′39″O*
480	Rossolovo (Россолово)
500	Galič (Галич)
536	Monakovo (Монаково)
562	Tčanikovo (Тчаниково)
591	Elenskij (Еленский)
604	Nelʹša (Нельша)
615	Abrosimovo (Абросимово)
651	Manturovo (Мантурово)
664	Vočerovo (Вочерово)
701	**Šarʹja (Шарья)** *GPS: 58°21′55″N/45°31′44″O*
712	**Zebljaki (Зебляки)**
734	Burundučicha (Бурундучиха)
746	Ponazyrevo (Поназырево)
768	Gostovskaja (Гостовская)
780	Krutenskij (Крутенский)
786	Bliny (Блины)
805	Semenovskij (Семеновский)
818	**Sveča (Свеча)**
870	**Kotelʹnič (Котельнич)** *GPS: 58°18′20″N/48°20′31″O*
903	Šalegovo (Шалегово)
921	Socialističeskaja (Социалистическая)
940	Ljangasovo (Лянгасово)
957	**Kirov (Киров)**
976	Poloj (Полой)

Moskau–Vladivostok	
Km	**Bahnhof (Вокзал)**
1003	Prosnica (Просница)
1041	Rechino (Рехино)
1062	**Zuevka (Зуевка)** *GPS: 58°24′17″N/51°7′49″O*
1084	Černous (Черноус)
1096	Knjazi (Князи)
1128	Jar (Яр)
1134	Balyšur (Балышур)
1162	**Glazov (Глазов)** *GPS: 58°7′58″N/52°40′16″O*
1190	Balezino (Балезино)
1208	Šur (Шур)
1216	Piban'šur (Пибаньшур)
1226	**Čepca (Чепса)** *GPS: 57°53′13″N/53°24′38″O*
1266	Kuz'ma (Кузьма)
1283	Volegovo (Волегово)
1298	Putino (Путино)
1308	Subbotniki (Субботники)
1315	Vereščagino (Верещагино)
1325	Anikino (Аникино)
1342	Mendeleevo (Менделеево)
1369	Grigor'evskaja (Григорьевская)
1387	Čajkovskaja/Majskij (Чайковская/Майский)
1410	Overjata (Оверята)
1434	**Perm' II (Пермь II)**
1456	Kočkino (Кочкино)
1465	Muljanka (Мулянка)
1499	Kurašimskij (Курашимский)
1535	**Kungur (Кунгур)**
1562	Pjatkovo (Пятково)
1585	Tulumbasy (Тулумбасы)

Moskau–Vladivostok

Km	Bahnhof (Вокзал)
1613	Gluchar' (Глухарь)
1651	Vogulka (Вогулка)
1669	Šalja (Шаля)
1687	Sarga (Capra)
1701	Berloga (Берлога)
1727	Kuzino (Кузино)
1756	Bilimbaj (Билимбай)
1771	Pervoural'sk (Первоуральск)
1777	Veršina (Вершина)
1786	Chrustal'naja (Хрустальная)
1794	Severka (Северка)
1813	**Ekaterinburg/ehem. Sverdlovsk (Екатеринбург/Свердловск-Пасс.)** *GPS: 56°51'30''N/60°36'24''O*
1857	Gagarskij (Гагарский)
1871	Baženovo/Belojarskij (Баженово/Белоярский)
1893	Grjaznovskaja (Грязновская)
1913	Bogdanovič (Богданович)
1941	Elanskij (Еланский)
1957	Kamyšlov (Камышлов)
1985	Jurmač (Юрмач)
2017	Pul'nikovo (Пульниково)
2061	Jušala (Юшала)
2079	Tugulym (Тугулым)
2102	Guževoe (Гужевое)
2138	**Tjumen' (Тюмень)** *GPS: 57°8'45''N/65°31'22''O*
2176	Bogandinskaja (Богандинская)
2212	Jalutorovsk (Ялуторовск)
2246	Ukovo (Уково)
2283	Vagaj (Вагай)
2306	Omutinskaja (Омутинская)
2361	Gladilovo (Гладилово)

Moskau–Vladivostok	
Km	**Bahnhof (Вокзал)**
2387	Karasul'skaja (Карасульская)
2428	**Išim (Ишим)** *GPS: 56°6'42''N/69°30'43''O*
2475	Masljanskaja (Маслянская)
2518	Mangut (Мангут)
2562	**Nazyvaevskaja (Называевская)** *GPS: 55°34'04''N/71°21'22''O*
2613	Dragunskaja (Драгунская)
2658	Ljubinskaja (Любинская)
2695	Plamja (Пламя)
2711	**Omsk (Омск)** *GPS: 54°56'22''/73°23'10''O*
2757	Kormilovka (Кормиловка)
2804	Valerino (Валерино)
2830	Kolonija (Колония)
2880	Tatarsk (Татарск) *GPS: 55°12'46''N/75°57'36''O*
2912	Čertokulič (Чертокулич)
2932	Čany (Чаны)
2949	Ozero Karači (Озеро Карачи)
2997	Moškar' (Мошкарь)
3035	**Barabinsk (Барабинск)** *GPS: 55°21'22''N/78°20'45''O*
3063	Novogutovo (Новогутово)
3118	Ubinskaja (Убинская)
3165	Kargat (Каргат)
3205	Čulymskaja (Чулымская)
3247	Duplenskaja (Дупленская)
3268	Lesnaja Poljana (Лесная Поляна)
3319	Ob' (Обь)
3336	**Novosibirsk-Glavnyj (Новосибирск-Главный)** *GPS: 55°2'7''N/82°53'46''O*
3384	Koševo (Кошево)

Moskau–Vladivostok	
Km	**Bahnhof (Вокзал)**
3394	Moškovo (Мошково)
3425	Kubovo (Кубово)
3450	Čachlovo (Чахлово)
3462	Bolotnoe (Болотное)
3498	Jurga I (Юрга-1)
3519	Tal'menka (Тальменка)
3532	Litvinovo (Литвиново)
3546	Chopkino (Хопкино)
3565	**Tajga (Тайга)** *GPS: 56°3'50''N/85°37'32''O*
3596	Anžerskaja (Анжерская)
3604	Sudženka (Судженка)
3632	Počitanka (Почитанка)
3657	Iverka (Иверка)
3698	Antibesskij (Антибесский)
3715	**Mariinsk (Мариинск)** *GPS: 56°12'36''N/87°43'35''O*
3729	Aleksandrovka (Александровка)
3736	Suslovo (Суслово)
3753	Aver'janovka (Аверьяновка)
3767	Lysyj Bor (Лысый Бор)
3778	Kedrač (Кедрач)
3799	Burdasskij (Бурдасский)
3834	Kosul' (Косуль)
3846	Bogotol (Боготол) *GPS: 55°45'36''N/37°39'26''O*
3863	Vagino (Вагино)
3892	Klubničnaja (Клубничная)
3902	Belyj Jar (Белый Яр)
3917	**Ačinsk I (Ачинск-1)** *GPS: 56°18'15''N/90°31'6''O*
3925	Irinka (Иринка)
3937	Tarutino (Тарутино)

Moskau–Vladivostok	
Km	**Bahnhof (Вокзал)**
3954	Černorečenskaja (Чернореченская)
3988	Šarlovka (Шарловка)
3996	Kosači (Косачи)
4027	Zeledeevo (Зеледеево)
4047	Kača (Кача)
4073	Minino (Минино)
4098	**Krasnojarsk (Красноярск)** *GPS: 56°0'21''N/92°49'47''O*
4103	Enisej (Енисей)
4130	Zykovo (Зыково)
4153	Sorokino (Сорокино)
4164	Taežnyj (Таежный)
4185	Esaulovka (Есауловка)
4193	Mramornaja (Мраморная)
4229	Ujar (Уяр)
4249	Sibirjak (Сибиряк)
4263	Zaozernaja (Заозерная)
4299	Soljanka (Солянка)
4311	Kurup (Куруп)
4351	**Kansk-Enisejskij (Канск-Енисейский)** *GPS: 56°11'56''N/95°42'16''O*
4367	Teplye Ključi (Теплые Ключи)
4377	**Ilanskaja (Иланская)**
4384	Busjuk (Бузюк)
4405	Ingašskaja (Ингашская)
4432	**Tinskaja (Тинская)**
4452	Rešoty (Решоты)
4477	Uralo-Ključi (Урало-Ключи)
4482	Širokovo (Широково)
4503	Birjusinsk (Бирюсинск)
4515	**Tajšet (Тайшет)** *GPS: 55°56'21''N/98°0'3''O*

Moskau–Vladivostok	
Km	**Bahnhof (Вокзал)**
4556	Razgon (Разгон)
4593	Alzamaj (Алзамай)
4615	Bolotnyj (Болотный)
4661	Mara (Мара)
4678	**Nižneudinsk (Нижнеудинск)** *GPS: 54°53'41''N/99°01'34''O*
4703	Chunguj (Хингуй)
4726	Chudoelanskaja (Худоеланская)
4746	Varjag (Варяг)
4763	Budagovo (Будагово)
4795	Tulun (Тулун)
4825	Šuba (Шуба)
4856	Mingatuj (Минтагуй)
4874	Kujtun (Куйтун)
4919	Perevoz (Перевоз)
4934	**Zima (Зима)** *GPS: 53°55'31''N/102°3'6''O*
4947	Charagun (Харагун)
4999	Zalari (Залари)
5017	Chortovskaja (Хортовская)
5046	Ossinzewo (Осинцево)
5055	Čeremchovo (Черемхово)
5081	Polovina (Половина)
5088	Zaimka (Заимка)
5104	Mal'ta (Мальта)
5118	**Usol'e-Sibirskoe (Усолье-Сибирское)**
5127	Tel'ma (Тельма)
5145	**Angarsk (Ангарск)**
5163	Meget (Мегет)
5185	**Irkutsk (Иркутск)** *GPS: 52°17'0''N/104°15'34''O*
5205	Gončarovo/Šelechov (Гончарово/Шелехов)

Moskau–Vladivostok	
Km	**Bahnhof (Вокзал)**
5209	Olcha (Олха)
5217	Bol'šoj Lug (Большой Луг)
5235	Ogon'ki (Огоньки)
5273	Andrianovskaja (Андриановская)
5285	Angasolka (Ангасолка)
5311	**Sljudjanka I (Слюдянка-1)** *GPS: 51°39'44''N/103°43'9''O*
5319	Buravščina (Буравщина)
5340	Utulik (Утулик)
5351	Bajkal'sk (Байкальск)
5366	Murino (Мурино)
5383	Vydrino (Выдрино)
5399	Mamaj (Мамай)
5420	Tanchoj (Танхой)
5443	Priboj (Прибой)
5467	Kljuevka (Клюевка)
5477	Mysovaja (ehem. Babuškin) (Мысовая (Бабушкин)
5486	Gremjačij (Гремячий)
5502	Povorot (Поворот)
5506	Kultušnaja (Култушная)
5521	Bol'šaja Rečka (Большая Речка)
5524	Posol'skaja (Посольская)
5550	Njuki (Нюки)
5561	Selenga (Селенга)
5571	Tarakanovka (Таракановка)
5583	Troick (Троицк)
5603	Tataurovo (Татаурово)
5619	Mostovoj (Мостовой)
5631	Sotnikovo (Сотниково)
5640	**Ulan-Udė (Улан-Удэ)** *GPS: 51°50'21''N/107°35'13''O*
5657	Tal'cy (Тальцы)

Moskau–Vladivostok	
Km	**Bahnhof (Вокзал)**
5682	Brojlernaja (Бройлерная)
5698	Zaigraevo (Заиграево)
5712	Čelutaj (Челутай)
5750	Gorchon (Горхон)
5784	**Petrovskij Zavod (Петровский Завод)**
5805	Baljaga (Баляга)
5818	Tarbagataj (Тарбагатай)
5836	Chochotuj (Хохотуй)
5883	Bada (Бада)
5934	**Chilok (Хилок)** *GPS: 51°21'48''N/110°27'21''O*
5971	Chušenga (Хушенга)
5993	Charagun (Харагун)
6033	Zagarino (Загарино)
6053	**Mogzon (Могзон)**
6075	Gongota (Гонгота)
6119	Jablonovaja (Яблоновая)
6156	Ingoda (Ингода)
6173	Černovskaja (Черновская)
6198	**Čita II (Чита-2)**
6214	Atamanovka (Атамановка)
6231	Kručina (Кручина)
6264	**Darasun (Дарасун)**
6274	Turinskaja (Туринская)
6295	**Karymskaja (Карымская)** *GPS: 51°37'31''N/114°20'39''O*
6307	Tarskaja (Тарская)
6319	Kajdalovo (Кайдалово)
6337	Urul'ga (Урульга)
6376	Zubarevo (Зубарево)
6394	Razmachnino (Размахнино)
6429	Kazanovo (Казаново)

Moskau–Vladivostok	
Km	**Bahnhof (Вокзал)**
6445	**Šilka (Шилка)** *GPS: 51°51'35''N/116°2'46''O*
6459	Cholbon (Холбон)
6475	Bišigino (Бишигино)
6490	Priiskovaja (Приисковая)
6526	Kuėnga (Куэнга)
6564	Ukurej (Укурей)
6593	**Černyševsk-Zabajkal'skij (Чернышевск-Забайкальский)** *GPS: 52°30'51''N/117°0'58''O*
6623	Bušulej (Бушулей)
6670	**Zilovo (Зилово)**
6703	Ul'jakan (Ульякан)
6719	Urjum (Урюм)
6770	Temnaja (Темная)
6789	Ksen'evskaja (Ксеньевская)
6872	Pen'kovaja (Пеньковая)
6906	**Mogoča (Могоча)** *GPS: 53°44'20''N/119°45'55''O*
6930	Taptugary (Таптугары)
6955	Semiozernyj (Семиозерный)
7004	**Amazar (Амазар)**
7026	Kolokol'nyj (Колокольный)
7044	Čičatka (Чичатка)
7067	Malye Kovali (Малые Ковали)
7111	**Erofej Pavlovič (Ерофей Павлович)**
7135	Segačama (Сегачама)
7174	Uljatka (Уплятка)
7191	Sgibeevo (Сгибеево)
7209	**Uruša (Уруша)**
7230	Čitkan (Читкан)
7250	Madalan (Мадалан)
7266	Tachtamygda (Тахтамыгда)

Moskau–Vladivostok

Km	Bahnhof (Вокзал)
7273	Bamovskaja (Бамовская)
7306	**Skovorodino (Сковородино)** *GPS: 53°59'19''N/123°56'15''O*
7339	Kovali (Ковали)
7355	Kerak (Керак)
7368	Urkan (Уркан)
7400	Taldan (Тальдан)
7419	Burinda (Буринда)
7494	**Magdagači (Магдагачи)**
7521	Tymersol' (Тымерсоль)
7538	Sulus (Сулус)
7559	Tygda (Тыгда)
7579	Čalgany (Чалганы)
7677	Muchinskaja (Мухинская)
7700	Bereja (Берея)
7723	**Šimanovsk (Шимановск)**
7754	Djatva (Джатва)
7765	Ledjanaja (Ледяная)
7790	Juchta (Юхта)
7807	**Svobodnyj (Свободный)** *GPS: 51°23'32''N/128°8'13''O*
7822	Arga (Арга)
7827	Zejskij (Зейский)
7866	**Belogorsk (Белогорск)** *GPS: 50°55'16''N/128°27'45''O*
7893	Vozžaevka (Возжаевка)
7915	Pozdeevka (Поздеевка)
7963	Troebratka (Троебратка)
7996	Deja (Дея)
8007	Tjukan (Тюкан)
8030	**Bureja (Бурея)**
8060	Uletuj (Улетуй)
8080	**Archara (Архара)**

Moskau–Vladivostok	
Km	**Bahnhof (Вокзал)**
8101	Bogučan (Богучан)
8128	Otrogi (Отроги)
8146	Kasatkin (Касаткин)
8164	Kazačij (Казачий)
8184	Jadrin (Ядрин)
8198	Obluč'e (Облучье)
8207	Udarnyj (Ударный)
8220	Vorob'evo (Воробьево)
8242	Izvestkovaja (Известковая)
8276	Londoko (Лондоко)
8289	Budukan (Будукан)
8306	Bira (Бира)
8316	Semistočnyj (Семисточный)
8351	**Birobidžan (Биробиджан)** *GPS: 48°47'35''N/132°56'3''O*
8366	Ikura (Икура)
8393	Aur (Аур)
8435	Urmi (Урми)
8449	Ol'gochta (Ольгохта)
8485	Dežnevka (Дежневка)
8496	Nikolaevka (Николаевка)
8532	**Chabarovsk II (Хабаровск-2)** *GPS: 48°29'48''N/135°4'22''O*
8575	Kruglikovo (Кругликово)
8583	Zoevka (Зоевка)
8593	Kija (Кия)
8605	Chor (Хор)
8615	Askan (Аскан)
8623	Dubok (Дубок)
8651	Vjazemskaja (Вяземская)
8673	Kotikovo (Котиково)
8703	Snarskij (Снарский)

Moskau–Vladivostok	
Km	**Bahnhof (Вокзал)**
8714	Rozengartovka (Розенгартовка)
8736	Bojcovo (Бойцово)
8756	Bikin (Бикин)
8782	Alčan (Алчан)
8803	Lučegorsk (Лучегорск)
8825	Ljunino (Люнино)
8839	Guberovo (Губерово)
8874	Dal'nerečensk (Дельнереченск)
8884	Murav'evo-Amurskaja/ehem. Lazo (Муравьево-Амурская/Лазо)
8921	Filaretovka (Филаретовка)
8938	Lesozavodsk (Лесозаводск)
8975	Šmakovka (Шмаковка)
8985	Belaja Rečka (Белая Речка)
9014	Svijagino (Свиягино)
9048	**Spassk-Dal'nij (Спасск-Дальний)**
9078	Tichovodnoe (Тиховодное)
9101	Chalkidon (Халкидон)
9109	Sibircevo (Сибирцево)
9148	Novošachtinskaja (Новошахтинская)
9158	Dubininskij (Дубинский)
9177	**Ussurijsk (Уссурийск)** *GPS: 43°48'16''N/131°58'39''O*
9215	Razdol'noe (Раздольное)
9226	Kiparisovo (Кипарисово)
9235	Sirenevka (Сиреневка)
9251	**Amurskij Zaliv (Амурский Залив)**
9259	Vesennjaja (Весенняя)
9266	Okeanskaja (Океанская)
9275	Čajka (Чайка)
9279	Vtoraja Rečka (Вторая Речка)
9284	Pervaja Rečka (Первая Речка)
9288	**Vladivostok (Владивосток)**

Ferne Jahre der Kindheit

Zu Mittag waren in der Stube die Tische fertig gedeckt. Großmutter und die Tanten verschwanden eine Weile und kamen dann unvorstellbar geputzt und würdevoll wieder zum Vorschein. Auf die Dauer behielten allerdings nur Großmutter und Tante Maria die Würde. Apronja und Awgusta dagegen waren lach- und necklustige Frauen, ihre Ernsthaftigkeit hielt nicht lange vor.

Großvater riß einen Türflügel auf, Großmutter den anderen, und dann forderte sie in singendem Tonfall und kaum verhehlter Erregung ihre Kinder auf: »Tut uns die Ehre, liebwerte Gäste! Tut uns die Ehre und kostet die Speisen unseres ärmlichen Hauses. Verschmäht nicht, was Gott uns gesandt.«

»Kommt näher, seid so freundlich, kommt näher«, brummte Großvater in den Bart.

Das Zeremoniell bedrückte ihn, war ihm zuwider, aber da Großmutter ihn schon wiederholt ausgezankt hatte, weil er es angeblich nicht verstünde, seine Gäste zu begrüßen, und dabei mit jedem Wort geize, erfüllte er getreulich seine Pflicht. Als die Söhne an ihm vorbeikamen, zwinkerten sie ihm aufmunternd zu und drängten ihn, seinen Posten zu verlassen und sich an den Tisch zu setzen. Aber Großmutter hielt Wache, deshalb wagte Großvater das nicht.

Nach scherzhaften Wortgefechten und kurzem, lärmendem Durcheinander, bemüht, nichts umzuwerfen, sich und den Nachbarn die Sonntagskleidung nicht zu beflecken, ließ sich unsere große Familie nieder – die Erwachsenen an zwei Tischen, die Kinder am dritten. (...) Am oberen Ende des Tisches, das an die Wand mit den Ikonen angrenzte, blieben zwei Plätze frei für Großvater und Großmutter.

Die Tische waren nach sibirischem Brauch gedeckt: Es stand alles darauf, was sich in Ofen, Keller, Speisekammer befunden hatte, was seit Monaten zusammengespart worden war. Je mehr, um so besser. Alles war üppig und prächtig, knusprig und lecker, mit großem Eifer und Können gebacken und gebraten.

Die mit einer dünnen Fettschicht bedeckte Sülze, Großmutters Stolz, wackelte und zitterte beim Eintritt der Gäste. Sie war durchsichtig, sah locker aus, musste aber mit dem Messer geschnitten werden. Geschichteter Kohl, kleingehackter Kohl, Salzgurken in Stücken. Gekochtes Hähnchen, das die Beine aus der Schüssel reckte. Reizker mit Zwiebeln, auf kleinen Tellern über die Tische verteilt; ihre Lippen lächelten in allen Regenbogenfarben. Reizker werden bei uns vor dem Einsalzen nicht gewaschen, nur einzeln mit einem Tuch abgewischt, infolgedessen welken sie nicht, dunkeln nicht nach und knirschen beim Hineinbeißen wie frische.

Auf zwei großen Eisenpfannen die Weißfische, im Ofen gebacken, deshalb nicht ausgetrocknet, aber so gebräunt, dass man sogar den knusprigen Kopf essen konnte. Sie waren mit Pfeffer und Lorbeerblättern gewürzt und ohne Fett gebacken – Weißfische geben schließlich genügend eigenen Saft; und wenn nicht, dann sind sie nicht mehr frisch oder schlecht zubereitet. Fischpastete aus dem von Syrjanow mitgebrachten Lachs. Bei uns richtet man sich dabei nach der Größe des Fisches – wie der Fisch, so die Pastete, Hauptsache, sie passt in den Ofen hinein.Diese Pastete war nicht sehr groß, duftete aber köstlich. Lachspasteten schmecken am besten. Man würzt sie wie Weißfische, nur mit Pfeffer und Lorbeerblättern. Lachse haben selber genügend Aroma, Fett und Saft.

ESSAY

Geräucherter und gesalzener Omul – eine Spezialität aus dem Baikalsee

Übrigens gibt es heutzutage in unserer Gegend keine guten Fische mehr, sie wurden ausgerottet. Als ich vor kurzem mein Heimatdorf besuchte, bereitete meine Tante aus einem angelieferten – harten und geschmacklosen – Fisch eine Pastete.

»Schau, was für Fische wir heutzutage im Jenissej fangen!« spottete sie bitter. »Mit erstaunten Glotzaugen. Früher machten sie nicht so große Augen.«

Aber ich bin abgeschweift und möchte zur Festtafel zurückkehren.

Fladen, Backwerk, Fleisch, auf verschiedene Art zubereitet. Schwach gesalzener Sterlet, Eierkuchen, süße Pasteten, hochbeinige Schalen mit vorjährigen Preiselbeeren und vorvorjährigen Heidelbeeren, dazu Plätzchen, Kuchen, Zwiebäcke, Nußkügelchen. Alles bergeweise, überreichlich, so dass der Tisch fast brach.

Nun hätte das Mahl eigentlich beginnen können, aber es war noch ein Hindernis zu überwinden. Großmutter verschwand im allerletzten Augenblick. Alle saßen da und warteten ungeduldig. Großvater trat von einem Fuß auf den anderen, brummte etwas in den Bart und begab sich an seinen Platz unter den Ikonen.

»Dauernd ziert sie sich!«

Der Große Koltscha und Onkel Wanja standen auf und führten Großmutter herein, wobei sie sie behutsam an den Ellenbogen stützten. Drinnen plinkerten sie Awgusta und Apronja zu, nicht zu lachen und die Zeremonie nicht zu stören. Auf Umwegen, vorbei am Kindertisch, führten die ältesten Söhne ihre Mutter an die Spitze der Tafel, schoben den Stuhl für sie zurück und sprachen: »Mama, dir gebührt der Ehrenplatz!«

Viktor Astafjew, Ferne Jahre der Kindheit, Berlin/Weimar 1980

Sprachführer

Die aus der russischen Sprache übernommenen Namen und Begriffe sind in den vom ›Duden‹ empfohlenen Transliterationsregeln für das kyrillische Alphabet gehalten. Ungewohnt mag die Umschrift der in der russischen Sprache häufigen Zischlaute wirken (Ж – Ž, Ч – Č, Х – CH, Ц – C, Ш – Š, Щ – ŠČ). Sie aber eindeutiger als die eindeutschende Übertragung und, wenn man sich einmal daran gewöhnt hat, auch gut zu lesen. Lediglich bei Namen, die im Deutschen sehr geläufig sind, haben wir auf die wissenschaftliche Umschrift verzichtet.

Das kyrillische Alphabet

Kyrillisch	Aussprache	Transkription	Transliteration	engl. Transkription
А а	›a‹ wie in ›Vater‹	a	a	a
Б б	›b‹ wie in ›Ball‹	b	b	b
В в	›w‹ wie in ›Wasser‹	w	v	v
Г г	›g‹ wie in ›gut‹, in den Endungen -ero und -oro wie ›w‹	g	g	g
Д д	›d‹ wie in ›dort‹	d	d	d
Е е	am Wortanfang, nach Vokalen und in der Endsilbe ›ite‹ wie ›je‹, sonst wie ›e‹	e	e	e
Ё ё	am Wortanfang und nach Vokalen ›jo‹, sonst betontes ›o‹	jo	ë	yo
Ж ж	›sch‹ wie in ›Journal‹	sch	ž	zh
З з	›s‹ wie in ›Rose‹	s	z	z
И и	›i‹ wie in ›Ritus‹	i	i	i
Й й	kurzes ›j‹	j	j	y
К к	›k‹ wie in ›Kamm‹	k	k	k
Л л	›l‹ wie in ›Schall‹	l	l	l
М м	›m‹ wie in ›Milch‹	m	m	m

Kyrillisch	Aussprache	Tran-skripti-on	Trans-litera-tion	engl. Tran-skripti-on
Н н	›n‹ wie in ›Natur‹	n	n	n
О о	›o‹ in betonten, ›a‹ in unbetonten Silben	o	o	o
П п	›p‹ wie in ›Post‹	p	p	p
Р р	rollendes ›r‹	r	r	r
С с	stimmloses ›s‹ (dass)	s	s	s
Т т	›t‹ wie in ›Tisch‹	t	t	t
У у	›u‹ wie in ›gut‹	u	u	u
Ф ф	›f‹ wie in ›falsch‹	f	f	f
Х х	›ch‹ wie in ›acht‹	ch	ch	kh
Ц ц	›z‹ wie in ›Zar‹	z	c	ts
Ч ч	›tsch‹ wie in ›Tschechien‹	tsch	č	ch
Ш ш	›sch‹ wie in ›Schule‹	sch	š	sh
Щ щ	länger gezogenes ›sch‹	schtsch	šč	shch
ы	ein im hinteren Mundbereich ausgesproche-nes ›jüi‹	y	y	y
ь	Weichheitszeichen, davorstehende Konso-nanten werden weich ausgesprochen	entfällt	‘	entfällt
Э э	›ä‹ wie in ›Ente‹	e	ė	e
Ю ю	›ju‹ wie in ›Jugend‹	ju	ju	yu
Я я	›ja‹ wie in ›Januar‹	ja	ja	ya

Wichtigste Auspracheregeln:
unbetontes o wird wie a ausgesprochen
š entspricht stimmlosen ›sch‹
ž entspricht stimmhaften ›sch‹
č entspricht ›tsch‹

deutsch	Transliteration, der Akzent zeigt die betonte Silbe an	russisch
Allgemeine Wendungen		
Guten Tag!	Dóbryj den'!	Добрый день!
Hallo!	Privét!	Привет!
Guten Morgen!	Dóbroe útro!	Доброе утро!
Guten Abend!	Dóbryj véčer!	Добрый вечер!
Gute Nacht!	Spokójnoj nóči!	Спокойной ночи!
Auf Wiedersehen!	Do svidánija!	До свидания!
Tschüß!	Poká!	Пока!
Wie geht's?	Kak delá?	Как дела?
gut	chorošó	хорошо
schlecht	plócho	плохо
Es geht.	Ták sebjé.	Так себе.
Danke!	Spasíbo!	Спасибо!
Bitte!	Požálujsta!	Пожалуйста!
ja	da	да
nein	net	нет
Hilfe!!	Pomogíte!	Помогите
Entschuldigung!	Izviníte!	Извините!
Macht nichts!	Ničevó!	Ничего!
Sprechen Sie deutsch/englisch?	Vy govoríte po-nemécki/po-anglíjski?	Вы говорите по-немецки/по-английски?
Ich verstehe nicht.	Ja ne ponimáju.	Я не понимаю.
Ich spreche kein Russisch.	Ja ne govorjú po-rússki.	Я не говорю по-русски.
Sprechen Sie langsam!	Govoríte médlenno!	Говорите медленно!
Ich weiß es (nicht).	Ja (ne) znáju.	Я (не) знаю.
Schreiben Sie es bitte auf!	Zapíšite, požálujsta!	Запишите, пожалуйста!
Ist es frei?	Svobódno?	Свободно?
Darf ich?	Móžno?	Можно?
Sie dürfen nicht/Man darf nicht!	Nel'zjá!	Нельзя!
Orientierung		
Wo?	gde?	Где
Sagen Sie bitte, wo ist ...?	Skažíte, požálujsta, gde ...?	Скажите, пожалуйста, где...?

deutsch	Transliteration, der Akzent zeigt die betonte Silbe an	russisch
Entschuldigen Sie, wie komme ich zu …?	Izviníte, kak mne popást' k …?	Извините, как мне попасть к …?
rechts, nach rechts	právo, naprávo	право, направо
links, nach links	lévo, nalévo	лево, налево
geradeaus	prjámo	прямо
um die Ecke	za uglóm	за углом
hinter der Brücke	za mostóm	за мостом
hier	zdes'	здесь
dort	tam	там
nah	blízko	близко
weit	dalekó	далеко
Norden	séver	север
Süden	jug	юг
Westen	západ	запад
Osten	vostók	восток

Hinweisschilder

Eingang	vchod	вход
Ausgang	vychod	выход
geschlossen	zakrýto	закрыто
außer Betrieb	ne rabótaet	не работает
Kasse	kássa	касса
Umbau, Renovierung	remónt	ремонт
geöffnet	otkrýto	открыто
Hygiene-Tag	sanitárnyj den'	санитарный день
Information	správka	справка
Toilette (Damen/Herren)	tualét (žénskij/mužskój)	туалет (женский/мужской)

Bezeichnungen auf Landkarten und Stadtplänen

Brücke	most	мост
Straße	úlica	улица
Gasse	pereúlok	переулок
Prospekt (große Straße)	prospékt	проспект
Platz	plóščad'	площадь
Uferstraße	náberežnaja	набережная

deutsch	Transliteration, der Akzent zeigt die betonte Silbe an	russisch
Boulevard	bul'vár	бульвар
Haus	dom	дом
Theater	teátr	театр
Kloster	monastýr'	монастырь
Kirche	cérkov'	церковь
Museum	muzéj	музей
Berg	gorá	гора
Gebirge	góry	горы
Tal	dolína	долина
Bach	potók	поток
Fluß	réka	река
See	ózero	озеро
Stausee	vodochranílišče	водохранилищ
Stadt	górod	город
Altstadt	staryj górod	старый город
(Stadt-) Zentrum	centr (góroda)	центр (города)
Denkmal	pámjatnik	памятник
Park	park	парк
Sehenswürdigkeit	dostoprimelčátel'nost'	достопримелчательность

Öffentliche Verkehrsmittel

Bahnhof	vokzál	вокзал
Busbahnhof	avtovokzál	автовокзал
Flughafebn	aeroport	аэропорт
Haltestelle	ostanóvka	остановка
Bahnsteig	perrón, put'	перрон, путь
Abfahrt	otpravlénie	отправление
Ankunft	pribýtie	прибытие
Bus	avtóbus	автобус
Fährt dieser Zug/Bus nach ...?	Étot póezd/avtóbus idët v ...?	Этот поезд/автобус идёт в ...?
Wann fährt der Bus nach ...?	Kogdá otpravljáetsja avtóbus v ...?	Когда отправляется автобус в ...?
Von welchem Bahnsteig?	S kakój platfórmy?	С какой платформы?
Gleis	put'	путь

deutsch	Transliteration, der Akzent zeigt die betonte Silbe an	russisch
Der Zug verspätet sich um …	Póezd opázdyvaet na …	Поезд опаздывает на ….
mit dem Boot, Tragflügelboot	na lódke, na rakéte	на лодке, на ракете
mit dem Bus	na avtóbuse	на автобусе
mit dem Taxi	na taksí	на такси
mit dem Zug	na póezde	на поезде
Einen Fahrschein nach Irkutsk, bitte!	Odín bilét v Irkútsk, požálujsta!	Один билет в Иркутск, пожалуйста!
hin und zurück	tydá i obrátno	туда и обратно
Gepäck	bagáž	багаж
Gepäckkarren	bagážnaja teléžka	багажная тележка
Gepäckaufbewahrung	kámera chranenija	камера хранения
Gepäckträger	nosílščik	носильщик
Gute Reise!	Sčastlívogo putí	Счастливого пути!

Im Zug

Transsibirische Eisenbahn	Transsibírskaja magistrál'	Транссибирская магистраль
Schaffner/in	provodník/-níca	проводник/-ница
Wagennummer	nómer vagóna	номер вагона
Schlafwagen	spál'nyj vagón	спальный вагон
Zugabteil	kupé	купе
Platz	mésto	место
Wann sind wir in…?	Čérez skól'ko my búdem v …?	Через сколько мы будем в …?
Wann muß ich aussteigen?	Kogdá mne výjti?	Когда мне выйти?
Bettwäsche	postél'noe bel'ë	постельное бельё
Kann ich bitte frische Bettwäsche bekommen?	Móžno li polučít' svéžee postél'noe bel'ë?	Мозно ли получить свежее постельное бельё?
Wo befindet sich der Speisewagen?	Gde nachóditsja vagón-restorán?	Где находится вагон-ресторан?
Haben Sie Tee?	Est' li u vas čaj?	Есть ли у вас чай?
Ich habe … schmerzen!	U menjá bolít …!	У меня болит …!

Öffentliche Einrichtungen

Post	póčta	почта
Geschäft, Laden	magazín	магазин

deutsch	Transliteration, der Akzent zeigt die betonte Silbe an	russisch
Bank, Sparkasse	bank, sberkássa	банк, сберкасса
Konsulat	kónsul'stvo	консульство
Botschaft	posól'stvo	посольво
Krankenhaus	bol'níca	больница
Apotheke	aptéka	аптека
Arzt	vrač	врач
Zahnarzt	zubnój vrač	зубной врач
Auf der Post		
Wo ist hier die Post?	Gde zdes' póčta?	Где здесь почта?
Wo ist ein Briefkasten?	Gde zdes' póčtóvij jáščik?	Где здесь почтовий ящик?
Brief	pis'mó	письмо
Briefmarke	márka	марка
Paket	posýlka	посылка
Päckchen	banderól'	бандероль
Briefumschlag	konvért	конверт
Postkarte	otkrýtka	открытка
Telefonieren		
Ich höre.	Slúšaju	Слушаю.
Wer spricht?	Kto govorít?	Кто говорит?
Wen möchten Sie sprechen?	Kto vam núžen?	Кто вам нужен?
Ich möchte bitte ... sprechen.	Pozovíte požálujsta .. k telefónu.	Позовите пожалуйста ... к телефону.
Ich möchte nach Deutschland telefonieren.	Ja choču pozvonít' v Germániju.	Я хочу позвонит в Германию.
Vorwahl	kod	код
Im Hotel		
Hotel	gostínica	гостиница
Pension	pansión	пансион
Zimmer	nómer	номер
für eine Nacht	na noč'	на ночь
heißes Wasser	gorjáčaja vodá	горячая вода
Dusche	duš	душ

deutsch	Transliteration, der Akzent zeigt die betonte Silbe an	russisch
Heizung	otoplénie	отопление
Preis	cená	цена
dies hier	vot éto	вот это
funktioniert nicht	ne rabótaet	не работает
Licht	svet	свет

Einkaufen

Haben Sie?	U vas est'?	У Вас есть?
Was kostet das?	Skól'ko éto stóit?	Сколько это стоит?
Geben Sie mir bitte ...!	Dájte mne, požálujsta ...!	Дайте мне, пожалуйста ...!
Zeigen Sie mir bitte ...!	Pokažíte mne požálujsta ...!	Покажите мне пожалуйста ...!
Tüte	pakét	пакет
Eine Packung ..., bitte	Odnú páčku ..., požálujsta	Одну пачку ..., пожалуйста
Eine Flasche ..., bitte	Odnú butýlku ..., požálujsta	Одну бутылку ..., пожалуйста
Zeitung	gazéta	газета
Zigaretten	sigaréty	сигареты
Schokolade	šokolád	шоколад
Kaugummi	ževétel'naja rezinka	жевательная резинка

Im Restaurant/Speisewagen

Die Speisekarte bitte!	Menjú, požálujsta!	Меню, пожалуйста!
Ich möchte zahlen.	Ja chočú zaplatít'.	Я хочу заплатить.
Bringen Sie bitte ...!	Prinesíte, požálujsta ...!	Принесите, пожалуйста ...!
Tasse	čáška	чашка
Glas	stakán	стакан
Messer	nož	нож
Gabel	vílka	вилка
Löffel	lóžka	ложка
Zucker	sáchar	сахар
Salz	sol'	соль
Frühstück	závtrak	завтрак
Mittagessen	obéd	обед

deutsch	Transliteration, der Akzent zeigt die betonte Silbe an	russisch
Abendessen	úžin	ужин
Vorspeisen	zakúski	закуски
Erster Gang (Suppe)	pérvoe (sup)	первое (суп)
Zweiter Gang	vtoróe	второе
Obst	frúkty	фрукты
Gemüse	óvošči	овощи
Nachspeise	desért	десерт
Frühstück		
Tee mit Zitrone	čaj s limónom	чай с лимоном
Kaffee mit Milch und Zucker	kófe s molokóm i sácharom	кофе с молоком и сахаром
Brot	chleb	хлеб
Butter	máslo	масло
Honig	mëd	мёд
Marmelade	varén'e	варенье
Milch	molokó	молоко
Eier	jájca	яйца
Käse	syr	сыр
Wurst	kolbasá	колбаса
Vorspeisen		
Pfannkuchen	blin\`y	блины
Fleischsalat mit Mayonnaise	salat oliv'é	салат оливье
Gurkensalat	salát iz ogurcóv	салат из огурцов
Tomatensalat	salát iz pomidóry	салат из помидоры
Pilze	grib\`y	грибы
Kaviar	ikrá	икра
Pirogge	piróg	пирог
Gemüsesalat	vinegrét	винегрет
Suppen		
Rote-Beete-Suppe	boršč	борщ
Kohlsuppe	šči	щи
Bouillon	bul'ón	бульон
Soljanka	soljánka	солянка

deutsch	Transliteration, der Akzent zeigt die betonte Silbe an	russisch
Fischsuppe	uchá	уха
Zubereitungsarten		
gekocht	varёnyj	варёный
gebraten	žárenyj	жареный
geräuchert	kopčёnyj	копчёный
mariniert	marinóvannyj	маринованный
in Öl gebraten	fri	фри
Mittag- und Abendessen		
Kartoffeln	kartóška	картошка
Reis	ris	рис
saure Sahne	smetána	сметана
russische Maultaschen	pel'méni	пельмени
Fisch	rýba	рыба
Fleisch	mjáso	мясо
Hammelfleisch	baranina	баранина
Boulette	kotléta	котлета
Ragout	ragú	рагу
Würstchen	sosíski	сосиски
Huhn	kúrica	курица
Plow (Reisgericht mit Fleisch)	plov	плов
Gemüse und Salat		
Erbsen	goróch	горох
Gurke	oguréc	огурец
Kartoffeln	kartófel	картофель
Kohl	kapústa	капуста
Möhren	morkóv'	морковь
Rote Beete	sveklá	свекла
Salat	salát	салат
Tomaten	pomidór	помидор
Zwiebel	luk	лук
Obst		
Apfel	jábloko	яблоко

deutsch	Transliteration, der Akzent zeigt die betonte Silbe an	russisch
Birne	grúša	груша
Erdbeere	klubníka	клубника
Honigmelone	dýnja	дыня
Süßkirsche	čeréšnja	черешня
Orange	apel'sín	апельсин
Pflaume	slíva	слива
Wassermelone	arbúz	арбуз
Weintrauben	vinográd	виноград
Zitrone	limón	лимон
Dessert		
Speiseeis	moróženoe	мороженое
Bonbons	konféty	конфеты
süßes Teiggebäck	pirožók	пирожок
Kuchen	piróžnoe	пирожное
Torte	tort	торт
Obst	frúkty	фрукты
Getränke		
Mineralwasser	minerál'naja vodá	минеральная вода
Saft	sok	сок
Rotwein	krásnoe vinó	красное вино
Weißwein	béloe vinó	белое вино
Bier	pívo	пиво
Vodka	vódka	водка
Cognac	kon'ják	коньяк
Zahlen		
eins, zwei, drei	odín, dva, tri	один, два, три
vier, fünf, sechs	četýre, pjat', šest'	четыре, пять, шесть
sieben, acht, neun	sem', vósem', dévjat'	семь, восемь, девять
zehn, elf	désjat', odínadcat'	десять, одинадцать
zwölf	dvenádcat'	двенадцать
dreizehn	trinádcat'	тринадцать
vierzehn	četýrnadcat'	четырнадцать
fünfzehn	pjatnádcat'	пятнадцать

deutsch	Transliteration, der Akzent zeigt die betonte Silbe an	russisch
sechzehn	šestnádcat'	шестнадцать
siebzehn	semnádcat'	семнадцать
achtzehn	vosemnádcat'	восемнадцать
neunzehn	devjatnádcat'	девятнадцать
zwanzig	dvádcat'	двадцать
hundert	sto	сто
tausend	týsjača	тысяча
Zeitangaben		
Wie spät ist es?	Kotóryj čas?	Который час?
heute	segódnja	сегодня
gestern	včerá	вчера
morgen	závtra	завтра
Stunde	čas	час
am Morgen	útrom	утром
tagsüber, am Tag	dněm	днём
am Abend	véčerom	вечером
Woche	nedélja	неделя
Monat	mésjac	месяц
Jahr	god	год
Montag	ponedél'nik	понедельник
Dienstag	vtórnik	вторник
Mittwoch	sredá	среда
Donnerstag	četvérg	четверг
Freitag	pjátnica	пятница
Sonnabend	subbóta	суббота
Sonntag	voskresén'e	воскресенье
Januar, Februar	janvár', fevrál'	январь, февраль
März, April, Mai	mart, aprél', maj	март, апрель, май
Juni, Juli, August	ijún', ijúl', ávgust	июнь, июль, август
September, Oktober	sentjábr', oktjábr'	сентябрь, октябрь
November, Dezember	nojábr', dekábr	ноябрь, декабрь

Reisetipps von A bis Z

Autofahren

Der übliche Fahrstil ist in Russland deutlich rücksichtsloser als hierzulande und etwas gewöhnungsbedürftig. Es gilt das Recht des PS-Stärkeren. Tempoüberschreitungen, abrupter Fahrspurwechsel, abgrundtiefe Verachtung gegenüber Fußgängern, Ignorieren von Straßenmarkierungen – Autofahren in Russland ist abenteuerlich.

Man benötigt einen **internationalen Führerschein**. Versicherungen müssen **weltweit** gültig sein, da Sibirien nicht mehr zu Europa gehört.

Die Verkehrszeichen entsprechen weitestgehend den bei uns gültigen. Innerhalb geschlossener Ortschaften sind 60 km/h, außerhalb 90 km/h zulässig. Die Benzinversorgung hat sich in den letzten Jahren deutlich verbessert und ist stabil. Bleifreies Benzin ist jedoch unbekannt. Die Sorten unterscheiden sich in der Oktanzahl. Dem üblichen Super verbleit entspricht Benzin A95 bzw. mit einigen Abstrichen A92 oder A93. Normalbenzin heißt dann A72 oder A76.

Das Heer an Verkehrspolizisten beeindruckt sowohl in den Städten als auch an den Fernverkehrsstraßen und insbesondere an den Ortseinfahrten größerer Städte, wo die Postengebäude häufig fast Festungscharakter besitzen. Die früher unter dem Name GAI (Staatliche Auto-Inspektion) bekannte Verkehrspolizei heißt jetzt DPS, was für Straßenpatroulliendienst steht. Der Bußgeldkatalog ist recht willkürlich und errechnet sich als prozentualer Anteil bzw. als ein Vielfaches des offiziellen Mindestgehaltes.

Seit 2003 ist die Haftpflichtversicherung obligatorisch. Selbst bei kleinen **Unfällen** muss die Polizei bzw. DPS verständigt werden. Bis zu deren Erscheinen darf auch die Unfallsituation nicht verändert werden. Man darf also nicht an den Straßenrand fahren, so dass häufig

Eingeschneites Polizeifahrzeug

Bagatellunfälle zu riesigen Staus führen.

Die neuen russischen Autokennzeichen bestehen aus drei Buchstaben und vier Ziffern, wobei man auf typisch kyrillische Buchstaben verzichtet und sich auf die auch im lateinischen Alphabet (allerdings mit anderem Lautwert) vorhandenen Buchstaben beschränkt. Am rechten Rand des Zeichens zeigt unter einer kleinen russischen Flagge eine zwei- bzw. dreistellige Zahl die Herkunft des Wagens an.

Autokennzeichen
03 Republik Burjatien (Ulan-Udė)
04 Republik Altaj (Gorno-Altajsk)
14 Republik Sacha (Jakutsk)
17 Republik Tuva (Kyzyl)
19 Republik Chakassien (Abakan)
22 Altajer Gebiet (Barnaul)
24, 84, 88, 124 Krasnojarsk
25, 125 Primorje Gebiet (Vladivostok)
27 Chabarovsk

28 Amur-Gebiet (Blagoveščensk)
38, 85, 138 Irkutsk
41, 82 Kamčatka-Gebiet
42 Kemerovo
54, 154 Novosibirsk
55 Omsk
65 Sachalin
70 Tomsk
72 Tjumen'
75, 80 Gebiet Zabajkal'e (Čita)
77, 97, 99 177, 197, 199 Moskau
86 Chanty-Mansijsker Autonomiegebiet
87 Čukotsker Autonomiegebiet
89 Jamalo-Nenecker Autonomiegebiet

Daneben fällt auch die farbliche Vielfalt der Autokennzeichen ins Auge. Weiße Kennzeichen sind Standard. Rote Kennzeichen sind Diplomatenautos. Gelbe Kennzeichen weisen auf Passagiertransporte (Bus oder Taxi) hin. Blaue Nummernschilder gehören der Polizei und schwarze Autonummern sind der Armee vorbehalten.

Banken und Geldwechsel

Das Bankensystem hat in den letzten Jahren deutliche Fortschritte gemacht, auch wenn der Service vor allem bei der **Sberbank** genannten landesweiten Sparkasse mit dem größten Filialnetz manchmal noch etwas umständlich ist. Der Rubel ist im Inland konvertierbar. Der Tausch von Bargeld in verschiedene gängige Währungen ist bei den großen Banken in den Großstädten kein Problem. Euro und US-Dollar sind nahezu überall problemlos zu tauschen, wobei sich kleinere Wechselstuben manchmal auf Dollar beschränken. Dieses Risiko steigt östlich des Baikalsees, wo dann der japanische Yen den Euro als zweite, gängige Tauschwährung ablöst. In dieser Region sind auch die Bankmargen beim

In Ulan-Udė

Sommer am Baikalsee

Eurotausch teilweise deutlich größer. Häufig werden **abgenutzte Scheine** oder Scheine mit Markierungen aber nicht akzeptiert. Zumeist muss beim Devisentausch der **Pass** bereitgehalten werden- Seit Ende 2015 muss ab einem Gegenwert von 15 000 Rubeln zusätzlich noch ein Formular mit weiteren persönlichen Daten ausgefüllt werden.

Gemäß dem weltweiten Trend ist die Akzeptanz von Reiseschecks rückläufig. Barabhebungen auf Kreditkarte sind in den meisten großen Banken möglich, wobei die Kosten stark variieren.

Alle größeren Banken verfügen bereits über gut ausgebaute **Geldautomatennetze**. An den meisten, aber nicht bei allen, kann man mit **ec-Karte** oder **Kreditkarte** und Geheimzahl Bargeld abheben. Man muss darauf achten, dass das Cirrus-Symbol bzw. das Logo der entsprechenden Kreditkarte auf dem Geldautomaten klebt. Kreditkartenabhebungen können je nach Kreditkartenanbieter recht teuer oder auch kostenlos sein. Achtung: Die in Deutschland weit verbreiteten **V-Pay-Karten** funktionieren in

Russland nicht! Man sollte sich vor der Reise bei seiner Bank erkundigen.

Bei der Menü-Führung kann zwischen Russisch und Englisch gewählt werden. Die **Betragsobergrenze** schwankt beispielsweise zwischen 5000 Rubeln bei der Sberbank, 7500 Rubeln bei der Alfa Bank und 15000 Rubeln bei der der Vneštorgbank. . Auf den Seiten der Kreditkartenanbieter Mastercard und VISA bzw. unter www.sberbank-credit.ru/sberbank_bankomat.php (R) findet man in den Rubriken ATM-Locator bzw. Bankomat Suchmaschinen, wo man die Standorte für Geldautomaten in den jeweiligen Städten ausfindig machen kann.

Symbole für Sbercard und Zolotaja Korona (Goldene Krone) symbolisieren **innerrussische Verrechnungssysteme** und akzeptieren keine ausländischen Karten.

Der **Umtauschkurs** belief sich Anfang 2016 auf 77 Rubel je Euro. Unter www.oanda.de findet man einen Währungsumrechner für tagesaktuelle Kurse von 164 Währungen und kann sich auch

Reisetipps von A bis Z

Pozy – burjatische Teigtaschen

praktische Umrechnungstabellen ausdrucken.

Ein Notnagel für eine eventuell erforderliche schnelle Geldversorgung ist das mittlerweile auch in Sibirien weit verbreitete **Western-Union-System** mit weltweiten Barüberweisungen. Partnerbanken für die Einzahlung in Europa und die Auszahlung in Sibirien findet man unter www.locations.westernunion.com/search/oh/russia. Unter den deutschen Banken ist nur die Commerzbank in Sibirien vertreten. Sie unterhält in Novosibirsk ein kleines Büro ohne Schalterbetrieb (Tel. 383/2119092).

Bus

Busverbindungen spielen vielerorts eine wichtige Rolle. In allen Großstädten gibt es Busbahnhöfe, die zumeist neben den Vorortverbindungen auch naheliegende Überlandverbindungen anbieten. Wie im städtischen Nahverkehr ist auch im Überlandverkehr das Spektrum der eingesetzten Busse sehr breit und reicht von uralten russischen Liaz-Busse oder ungarischen Ikarus-Bussen bis zu – meist ge-

brauchten – MAN oder Mercedes-Bussen bzw. neueren Fabrikaten aus Südkorea oder China. Es gibt einen Vorverkauf, der Fahrschein gilt für einen nummerierten Sitzplatz. Die Preise sind in der Regel günstiger als bei der Eisenbahn.

Diplomatische Vertretungen Russlands in Deutschland
Botschaft der Russischen Föderation
Unter den Linden 63–65, 10117 Berlin
Tel. 030/2291110
www.russische-botschaft.de.
Konsular- und Visaabteilung: Behrenstr. 66, 10117 Berlin, Tel. 030/22651184
Visazentrum: Friedrichstraße 58, 10117 Berlin, Tel. 030/30809296
www.vhs-germany.com (D)
Generalkonsulat Bonn
Waldstraße 42, 53177 Bonn
Tel. 0228/3867931
www.ruskonsulatbonn.de
Visazentrum: Godesberger Allee 171, 53175 Bonn, Tel. und Webseite: siehe Berlin
Generalkonsulat Frankfurt/Main
Oederweg 16–18, 60318 Frankfurt/Main, Tel. 069/430082611
www.ruskonsulatfrankfurt.de
Visazentrum: Mainzer Landstraße 69–71, 60329 Frankfurt/Main, Tel. und Webseite: siehe Berlin
Generalkonsulat Hamburg
Am Feenteich 20, 22095 Hamburg
Tel. 040/2295201
www.generalkonsulat-rus-hamburg.de
Visazentrum: Theresiensteig 11-13, 22085 Hamburg, Tel. und Webseite: siehe Berlin
Generalkonsulat Leipzig
Turmgutstraße 1, 04155 Leipzig
Tel. 0341/5851876
www.leipzig.mid.ru, Visazentrum: Löhrstraße 2, 04105 Leipzig, Tel. und Webseite: siehe Berlin

Generalkonsulat München
Maria-Theresia-Straße 17, 81675 München , Tel. 089/592503
www.ruskonsmchn.mid.ru
Visazentrum: Prinzregentenstraße 78, 81675 München, Tel. und Webseite: siehe Berlin

Diplomatische Vertretungen Russlands in Österreich und der Schweiz
In Österreich:
Botschaft der Russischen Föderation
Reisnerstr. 45–47,1030 Wien
Tel. 0222/7121229
www.austria.mid.ru
Generalkonsulat Salzburg
Bürglsteinstraße 2, 5020 Salzburg
Tel. 0662/624184,
www.austria.mid.ru
In der Schweiz:
Botschaft der Russischen Föderation
Brunnadernrain 37, 3006 Bern
Tel. 031/3520566
www.switzerland.mid.ru
Konsular- und Visaabteilung:
Brunnaderstr. 53, 3006 Bern

Tel. 031/3520567
www.consulrussia.ch
Generalkonsulat Genf
Rue Schaub 24, 1202 Geneve
Tel. 022/7347955
geneve.kdmid.ru

Diplomatische Vertretungen in Russland
Deutsche Botschaft
ul. Mosfil'movskaja 56, 119285 Moskva, Tel. 095/9561080
24-Stunden-Bereitschaft für Notfälle (keine Visa-Angelegenheiten): Tel. 495/9561080, www.moskau.diplo.de.
Konsular- und Visaabteilung: Leninskij prospekt 95a, 117393 Moskva
Tel. 495/9362410
Deutsches Generalkonsulat Novosibirsk
Hotel ›Centr Rossii‹, Krasnyj pr. 28, 690000 Novosibirsk, Tel. 383/2234869, 24-Stunden-Bereitschaft für Notfälle (keine Visa-Angelegenheiten): Tel. 913/9859976, www.germania.diplo.de

Volkskundemuseum in Jakutien

Reisetipps von A bis Z

Kinderfest in Ulan-Udė

Deutsches Generalkonsulat Ekaterinburg
ul. Kuybiševa 42
Tel. 343/3596399
24-Stunden-Bereitschaft für Notfälle
(keine Visa-Angelegenheiten):
Tel. 912/2325033.
www.germania.diplo.de
Novosibirsk ist für Teile der Regionen West- und ganz Ostsibirien sowie den Fernen Osten zuständig. In Omsk und Vladivostok gibt es deutsche Honorarkonsulate. Die Region Tjumen' wird durch das Konsulat in Ekaterinburg betreut.

Österreichische Botschaft
Starokonjušenyj per. 1, 119034 Moskva
Tel. 495/7806066
Konsular- und Visaabteilung
Bolschoj Levšinskij per. 7, 119034 Moskva, Tel. 495/9561660
www.bmeia.gv.at
Schweizer Botschaft
Serpov Pereulok 6, 119121 Moskva
Tel. 495/2583830
www.eda.admin.ch/moscow.

Luxemburgische Botschaft
Kruševskij per. 3, 119034 Moskva
Tel. 495/7866663
moscou.mae.lu

Einkaufen

Im Einzelhandel halten seit langem westliche Verkaufsformen Einzug. Die Ladenausstattung wurde vielerorts in den letzten Jahren erneuert. In größeren Geschäften kam der obligatorische, oft bewaffnete Security-Mitarbeiter hinzu. Selbstbedienungsläden werden die Regel, in den Großstädten entstehen Shopping-Malls.

Die sowjetischen Übungen, die in der Vergangenheit nicht selten kaufwillige, aber unerfahrene Ausländer zur Verzweiflung trieben, sind mittlerweile die absolute Ausnahme. Wenn man damals an einer Ware Gefallen gefunden hatte, merkte man sich den Preis und marschierte zur Kasse. Wenn z. B. bei Lebensmitteln auszuwählen und/oder abzuwiegen war, reservierte man die Ware bei der Verkäuferin und ließ sich den Preis sagen oder sicherheitshalber auf einen kleinen Zettel schreiben, mit dem man dann zur Kasse ging. Nach der Bezahlung erhielt man den Kassenbon, den man dann bei der Verkäuferin gegen die gewünschte Ware eintauschte.

Glücklicherweise gehören auch lange Schlangen in den Geschäften heute der Vergangenheit an. Internationale Kreditkarten werden auch in Sibirien mittlerweile in den Großstädten akzeptiert. Für Reisen in die dörfliche Provinz ist aber ein entsprechender Barvorrat zu empfehlen. Hinsichtlich verbraucherfreundlicher Öffnungszeiten macht heute selbst Sibirien Deutschland etwas vor – es gibt keine gesetzlichen Regelungen über Ladenöffnungszeiten. Wochentags haben die meisten Geschäfte von 10 bis 19 bzw. 20 oder 21 Uhr geöffnet. Samstags haben die meisten Geschäfte bis 18 Uhr geöffnet. Große Lebensmittelgeschäfte und einige andere Läden haben auch sonntags meist bis 18 oder 20 Uhr geöffnet.

Einreise

In Russland besteht **Visumpflicht**. Das russische Visum wird in den Pass geklebt, der bei der Beantragung mindestens

›Gemeinsam für ein einiges, starkes Russland‹

noch sechs Monate gültig sein muss. Visa für Privat- und auch Geschäftsreisen werden von den Konsulaten Russlands erteilt. Die Visa-Gebühren betragen in Abhängigkeit von der gewünschten Bearbeitungsdauer von 4–10 Werktagen 35 € oder bei 1–3 Werktagen 70 €. Dafür ist entweder eine offizielle Einladung eines registrierten Reisebüros, eine Reise- bzw. Hotelbuchung oder eine vom örtlichen Meldeamt in Russland (OVIR) beglaubigte Privateinladung erforderlich. Für die die Erteilung einer Privateinladung nimmt sich das russische Meldeamt in der Regel 4 Wochen Zeit. Bei Gruppenreisen kümmert sich der Reiseveranstalter um Visaangelegenheiten. Verschiedene Agenturen bieten solche Einladungen zum Erwerb an, z.B.:

Solo-Florentin GmbH, Oeder Weg 14, 60318 Frankfurt, Tel. 069/611068 www.einladung-russland.com

Zusammen mit dem **Pass** muss man ein **ausgefülltes Antragsformular** mit eingeklebtem biometrischen Foto, den Nachweis einer **Auslandskrankenversicherung** sowie seit 2010 einen **Nachweis der Rückkehrwilligkeit** (Arbeitsvertrag, Mietvertrag o. ä.) einreichen.

Umfangreiche Erläuterungen zur Visagesetzgebung mit entsprechenden Fallbeispielen findet man unter www.waytorussia.net/RussianVisa/Registration.html (E).

Seit 2013 haben die russischen Konsulate spezielle **Visa-Zentren** eröffnet, wo die Unterlagen einzureichen sind. Diese berechnen dafür eine Service-Gebühr von 27 €. Seit 2015 kann man sich bei persönlicher Beantragung auf der Webseite des russischen Aussenministeriums zwecks elektronischer Antragstellung und Terminvergabe registrieren lassen, https://visa.kdmid.ru (D/E).

Im Bahnhof von Nižneudinsk

Daneben gibt es auch spezialisierte **Visa-Service-Unternehmen**, deren Dienste man gegen eine Gebühr in Anspruch nehmen kann, was sich vor allem dann empfiehlt, wenn man das erste Mal ein Visum beantragt oder nicht in der Nähe eines Ortes wohnt, in dem es ein Konsulat gibt:

Visa-Express Service
Hedemannstraße 13, 10969 Berlin
Tel. 030/84409060 sowie Kennedyallee 93, 60596 Frankfurt/M, Tel. 069/6897480100, www.expressvisa.de

Vostok Visaservice
Weinbergsweg 2, 10119 Berlin, Tel. 030/30871020, www.russland-visum.de

Visa? Wie, Konsular und Visaservice
Fontanestraße 19, 14193 Berlin,
Tel. 030/78990305, www.visa-wie.de
Bei der Einreise ist eine **Migrationskarte** auszufüllen, die man bei der Ausreise wieder abgeben muss und die man keinesfalls verlieren sollte.

Zur **Registrierung** ist man innerhalb von sieben Arbeitstagen verpflichtet. Wenn man mehrere Orte besucht, ist theoretisch nach sieben Arbeitstagen eine erneute Registrierung erforderlich, praktisch wird in der Regel nur das Vorhandensein eines Stempels bzw. der Registrierungskopie kontrolliert. Gegebenenfalls sollte man seine Reiseroute so erläutern können, dass man sich nirgends länger als sieben Arbeitstage aufgehalten hat und deswegen die weitere Registrierung fehlt. **Hotels** belegen mit ihrem Stempel auf deren Rückseite die erforderliche Registrierung.

Wer **privat absteigt**, muss sich nicht mehr wie früher, beim örtlichen Meldeamt OVIR registrieren, sondern kann dies heute auf jedem Postamt mit einem entsprechenden Einschreiben an die örtliche Migrationsbehörde erledigen. Dazu müssen Gastgeber und Gast ein ausführliches Formular in zwei Exemplaren ausfüllen und Xerox-Kopien der Pässe, des Visums und der Migrationskarte sowie den Beleg über die Bezahlung der Aufenthaltstaxe (derzeit 2 Rbl. pro Tag entsprechend der auf der Migrationskarte eingetragenen Aufenthaltsdauer) beifügen. Diese Taxe ist in den örtlichen Filialen der Sberbank zu bezahlen. Stichwort ›Migrantenregistrierung‹ am Schalter Kommunalzahlungen, Bearbeitungsgebühr 216 Rbl. Die Post kontrolliert alles und schickt das ganze an die Migrationsbehörde. Den Beleg darüber gilt es zu kopieren. Das Original muss der Gastgeber nach Abreise des Gastes ebenfalls an die Migrationsbehörde senden. Die Kopie ist vom Gast bei der Ausreise vorzuweisen.

Eisenbahn

Die russische Staatsbahn verfügt über ein ausgedehntes Streckennetz und ist besonders im unwegbaren Sibirien angesichts eines dünnen Straßennetzes ein wichtiges Verkehrsmittel. Das Stichwort Transsibirische Eisenbahn bedarf keiner weiteren Erläuterung. In den letzten Jahren wurden auch Anstrengungen deutlich, das Leistungsangebot und den Service zu verbessern. So nimmt die Bahn mit ihrem Logo ›RZD‹ seit 2009 auch ein umfassendes Rebranding vor. Die altbekannten dunkelgrünen Schlafwagen werden immer seltener. Die neue Marke beinhaltet rote Schrift auf grauem Untergrund, die nun auch alle Waggons annehmen.

In den letzten Jahren verteuerten sich allerdings auch die **Fahrkarten** drastisch. Bahncard und ähnliche Rabattsysteme sind unbekannt. Man kann Fahrkarten über das Internet kaufen und das Ticket dann in jeder Eisenbahnkasse abholen. Auf ausgewählten Strecken werden auch bereits E-Tickets eingeführt.

Es gibt **Preiskoeffizienten** in Abhängigkeit von der Reisezeit. Dazu wurde das Kalenderjahr in 12 Zeiträume unterteilt, in denen nun je nach durchschnittlicher saisonaler Nachfrage das Angebot dank des Preisfaktors billiger oder teurer wird.

Die Auf- und Abschläge schwanken zwischen plus 30 Prozent bzw. minus 35 Prozent vom Grundpreis. Um dem Schwarzhandel mit Tickets zu begegnen, muss man sich beim Kauf ausweisen. Der Name wird auf dem Ticket vermerkt, was beim Einsteigen meistens kontrolliert wird. Jedes Ticket hat einen Durchschlag. Das Original behält der Schaffner, den Durchschlag der Reisende.

Jeder Zug hat in Russland eine **Nummer** mit tieferer Bedeutung:

1–99 Schnellzüge (Skorye)

100–149 zusätzliche Schnellzüge im Sommerfahrplan (Skorye Letnie)

151–169 D-Züge (Skorostnye)

171–299 Passagierzüge (Passažirskie)

301–399 Passagierzüge im Sommerfahrplan (Passažirskie Letnie)

401–599 Sonderzüge (Razovogo Naznačenija)

601–699 Regionalzüge (Mestnye)

801–899 Ausflugzüge (Turističeskie)

901–948 Post- und Frachtzüge (Počtogo-Bagažnye)

Alle **Inter-City-Züge** bestehen als Schnellzüge in der Regel nur aus Schlaf- und Liegewagen. Nur **Regional- oder Vorortzüge**, deren Einzugsbereich manchmal bis zu 1000 bzw. 300 Kilometer erreichen kann, haben Wagen mit Sitzreihen.

Bei den Schlaf- und Liegewagen gibt es **drei Klassen**: 1. Klasse oder Luxus-Klasse (2-Personen-Abteile), 2. Klasse (4-Personen-Abteile) und liegewagenähnliche Platzkarten-Waggons ohne abgetrennte Abteile. Die Abteile haben mit 1,95 Metern Länge und 1,70 Metern Breite eine einheitliche Größe (siehe Skizze) und unterscheiden sich nur dadurch, dass sie mit Einfach- bzw. Doppelstockbetten ausgestattet sind.

Die Maße der Betten betragen 1,75 Meter mal 0,62 Meter. Bettwäsche gibt es gegen einen Obolus bei der Zugbegleitung. Radiobeschallung ist obligatorisch, manche Züge haben auch schon Fernseher mit Videoprogrammen. Ein Waschraum/WC befindet sich an jedem Waggonende. Während der Durchfahrt durch Großstädte ist deren Benutzung nicht zulässig. Gepäckfächer gibt es unter den Betten und in einer über dem Waggonkorridor befindlichen Ablage über jeder Abteiltür. Alle Waggons haben Heizung und Klimaanlage, deren ›Feinabstimmung‹ aber häufig zu wünschen übrig lässt.

Alle **Fahrpläne** der Inter-City-Züge basieren auf **Moskauer Zeit**, so dass in Sibirien immer auf lokale Zeit umgerechnet werden muss (am besten nimmt man auf eine Zugreise zwei Uhren mit).

Puppentheater in Novosibirsk

Kompetente Beratung und Buchung aller Fahrkarten in Russland bieten **spezialisierte Bahnagenturen**, die zudem häufig Zugriff auf besondere Rabatte etc. haben, z.B.:

Bahnagentur Schöneberg
Crellestr. 7, 10827 Berlin
Tel. 030/76768398
www.bahnagentur-schoeneberg.de.

Etagen, Stockwerke

In Russland ist das Erdgeschoss die 1. Etage, die 2. Etage somit im deutschen Verständnis das 1. Stockwerk.

Feiertage

In Russland feiert man gern und viel. Ob religiöse oder atheistische Feste, ob man demokratischer oder revolutionärer Traditionen gedenkt – ein Anlass zum Feiern findet sich immer. Es gibt folgende offizielle Feiertage

1./2. /3./4./5. Januar (arbeitsfrei): Neujahrsferien. Nicht wenige Unternehmen verlängern die Neujahrsferien mit Betriebsferien, dann zumeist bis zum

nächsten Wochenende oder bis zum 13. Januar.

7. Januar (arbeitsfrei): russisch-orthodoxes Weihnachtsfest.

13. Januar: altes Neues Jahr – das Neujahrsfest nach altrussischem Kalender.

25. Januar: Tatjanas Tag. Gründungstag der Moskauer Universität, der heute als Fest aller Studenten wachsende Popularität erlangt.

23. Februar (arbeitsfrei): Tag der Vaterlandsverteidiger – so heißt er offiziell seit 1996. Früher war er entsprechend dem Gründungsdatum der Tag der Sowjetarmee und galt – als nicht arbeitsfreies Pendant zum 8. März – als Männertag, an dem kleine Aufmerksamkeiten üblich sind. Seit 1999 ist er im Rahmen der Gleichberechtigung ebenfalls arbeitsfrei.

8. März (arbeitsfrei): Internationaler Frauentag. Ein für die Frauen Russlands sehr wichtiger Feiertag, der aber weder kämpferisch noch feministisch geprägt ist. Fehlende Blumen oder Aufmerksamkeiten werden aber ignoranten Männern beruflich wie privat sehr übelgenommen.

1. Mai (arbeitsfrei): Tag der Arbeit.

9. Mai (arbeitsfrei): Tag des Sieges – Der Tag des Sieges im hier ›Großer Vaterländischer Krieg‹ genannten Zweiten Weltkrieg weicht aufgrund des Zeitunterschiedes vom Jahrestag der Kapitulation Deutschlands ab. Bei der Unterzeichnung am 8. Mai 1945 um 23.45 Uhr war es in Moskau bereits zwei Stunden später und somit der 9. Mai.

12. Juni (arbeitsfrei): Der offizielle Nationalfeiertag war ursprünglich der Tag der Unabhängigkeit. Der Tag der ersten freien Präsidentschaftswahlen, die Boris Jelzin zum Präsidenten werden ließen, war der 12. Juni 1993.

4. November (arbeitsfrei): Tag der Einheit des Volkes. Ursprünglich waren zu Sowjetzeiten dem Jahrestag der Oktoberrevolution am 7. November sogar zwei freie Tage (7. und 8. November) gewidmet worden. Zunächst wurde der 8. November gestrichen, dann wurde er als Tag der Aussöhnung 1996 inhaltlich neu ausgerichtet und dann 2005 durch den 4. November als Tag der Einheit, ersetzt. Aufhänger ist der 4.11.1612, als Moskau von den polnisch-litauischen Besatzern befreit wurde.

Die aus der Vergangenheit bekannten weiteren Feiertage 2. Mai (Tag des Frühlings), 7. November (Tag der Aussöhnung) und 12. Dezember (Tag der Verfassung) wurde 2005 im Zusammenhang mit der Einführung der Neujahrsferien abgeschafft.

Wenn offizielle **Feiertage auf ein Wochenende fallen**, ist generell der darauffolgende Montag ebenfalls ein arbeitsfreier Feiertag. Wenn zwischen Feiertag und Wochenende nur ein Arbeitstag liegt, gibt es manchmal offizielle Beschlüsse zur Verlegung dieses Arbeitstages auf einen anderen Samstag. Insbesondere die erste Januar- und die erste Maihälfte mit drei Feiertagen bieten sich hier an. Da zu dieser Zeit auch viele Urlaub nehmen oder Betriebsferien stattfinden, lästern böse Zungen, dass man in dieser Zeit Russland eigentlich generell für jeweils zwei Wochen schließen könnte.

Schwankende Feiertage:

Maslenica (Butterwoche): In der letzten Karnevalswoche wird nochmals richtig gefeiert. Es gibt Straßen- und Dorffeste, aber keine Umzüge oder Kostümbälle. Am Montag gibt es das Begrüßungsritual. Der Sonntag ist der Tag der Vergebung. In Russland fehlen auch die beiden letzten ›wilden Tage‹, so dass nicht erst am Aschermittwoch, sondern bereits am Sonntag alles vorbei ist. Ursprünglich heidnische Traditionen in der Anbetung des Sonnengottes Jarila als Fest der Fruchtbarkeit wurden seit dem 16. Jahrhundert von der russisch-orthodoxen Kirche übernommen. In erster Linie ist Maslenica aber – und daher auch der Name – ein kulinarischer Höhepunkt. Vor der großen Fastenzeit will man sich nochmals richtig – allerdings bereits ohne Fleisch – satt essen. Berühmt sind vor allem die Bliny, die mit Kaviar, Lachs oder saurer Sahne, Quark oder Honig gegessen werden. Ursprünglich gab es diese Hefepfannkuchen nur in dieser Woche.

Post (Fastenzeit): Die 48-tägige Fastenzeit vor dem Osterfest gewinnt im wieder religiöser werdenden Russland zunehmend an Bedeutung. Manche Restaurants bieten auch bereits für diesen Zeitraum eine spezielle Speisekarte für Fastende an.

Pascha (Ostern, s und ch wie in ›Kuchen‹ werden nacheinander ausgespro-

Abenteuer inklusive: eine AN 24

chen): Ostern nach dem russisch-orthodoxen Kalender findet zumeist ein bis
zwei Wochen nach dem Ostern in Europa statt. 2010 war ein Ausnahmejahr, als
das Osterfest in der Zeitrechnung beider
Glaubensrichtungen auf dasselbe Wochenende fiel. Die Ostermesse wird
durch den Würdenträger im weißen Ge-
wand und mit den Worten ›Christus
voskres! Christus voistinu voskres!‹
(›Christus ist auferstanden! Christus ist
wahrhaft auferstanden!‹) eröffnet. Zum
Ende der Fastenzeit kommen typische
Osterspeisen, wie das Kulitsch genannte
Osterbrot, spezieller Oster-Quarkkuchen
und bunt gefärbte Eier auf den Tisch.
Troica (Pfingsten): das Fest der Dreifal-
tigkeit ist das Pendant zum Pfingstfest
und wird 50 Tage nach Ostern gefeiert.

Fernsehen

Es gibt heute drei landesweite Programme, die in ganz Russland zu empfangen
und alle recht staatsnah sind – **Pervyj**
(Das Erste), vormals ORT und mehrheit-
lich in Staatsbesitz, www.1tv.ru (R), das
zu 100 Prozent öffentlich-rechtliche

Rossia, www.rutv.ru (R), und **NTV** (Ne-
zavisimoe Televidenie), was eigentlich
für ›Unabhängiges Fernsehen‹ steht.
Dieser beste Privatkanal der 1990er
Jahre wurde aber 2002 von Gazprom
übernommen, www.ntv.ru (R).
Daneben gibt es mehrere private Sender
wie REN TV oder TNT und auch eine
ganze Reihe von Spartensendern.
Interessant sind insbesondere die beiden
24-Stunden-Nachrichtenkanäle ›Russia
24‹, www.vesti.ru (R), und der neue
Auslandssender ›Russia today‹, www.
rt.com (E), der seit 2014 auch ein Infor-
mationsangebot auf Deutsch bietet,
www.rtdeutsch.com (D).
Ein anspruchsvolles Programm bietet
der vielleicht als russisches ARTE am
besten beschriebene Kulturkanal www.
tvkultura.ru (R).
Auch die beiden Musikkanäle RU TV
(100 Prozent russische Musik), www.
ru.tv (R), und Muz TV (ca. 2/3 russsiche
1/3 internationale Clips), www.muz-tv.
ru (R), sind erwähnenswert.
Vorsicht mit Moskauer Fernsehzeitun-
gen: Manche Programme laufen parallel

in verschiedenen Zeitzonen, andere werden entsprechend **zeitversetzt** gesendet. Die Produktion **russischer Serien und Soaps** boomt. ›Eine schrecklich nette Familie‹ oder ›Die Nanny‹ gibt es beispielsweise in russischen Neuverfilmungen. Ausländische Filme und Serien (z.B. aus Deutschland ›Cobra 11‹ oder ›Kommissar Rex‹) sind häufig nicht synchronisiert. Eine oder mehrere Stimmen sprechen den russischen Text ein.

Reklame wird neben Unterbrechungen für Werbespots auch durch penetrantes Nennen der Sponsoren der besagten Sendung betrieben. Die meisten Regionalsender nerven durch eine ständig laufende Schriftzeile im unteren Bildteil, in der Werbeanzeigen laufen. Auf vielen lokalen Internetseiten findet man auch die Programmübersichten der örtlichen Sender. Über den Satelliten Hotbird sind das ZDF und ARTE sowie die Deutsche Welle auch in weiten Teilen Sibiriens zu empfangen. Über denselben Satelliten oder verschiedene Kabelangebote sind auch einige russische Sender in Deutschland zu erreichen.

Flugreisen

Aufgrund der gigantischen Entfernungen ist das Flugzeug häufig die schnellste und manchmal auch die einzige Variante, um in Sibirien ans Ziel zu gelangen. Das Flughafennetz wurde zu Sowjetzeiten gut ausgebaut und insbesondere in den letzten fünf Jahren umfassend rekonstruiert. Die staatliche Fluggesellschaft Aeroflot war die größte ihrer Art auf der ganzen Welt. Heute fliegen neben Aeroflot einige weitere Fluggesellschaften auf den Routen Sibiriens, wobei es sich zumeist um seinerzeit privatisierte regionale Ableger des früheren Monopolisten oder auch neue Gesellschaften handelt. ›S7‹ (früher ›Sibir‹ Novosibirsk), UTAvia (Tjumen'), KrasAir (Krasnojarsk), ›Avrora‹ (früher ›Dalavia‹ Vladivostok) glänzen heute mit eigenen Logos an ihren Maschinen. ›Transaero‹ als die größte neue, private Fluggesellschaft mußte im Herbst 2015 Konkurs anmelden und verschwindet vom Markt. Die Flugzeuge sind zumeist auch nicht mehr ausschließlich russischer Bauart. Auf den viel beflogenen Strecken dominieren Airbus und Boeing. Die Klassiker der sowjetischen Flugzeugindustrie - nach den jeweiligen Konstrukteuren benannte Flugzeugtypen, wie Tupolev, Jakovlev, Il'jušin oder Antonov sind heute eher die Ausnahme. Der noch am weitesten verbreitete Klassiker ist die **Tupolev TU-154**, die an ihrem Hecktriebwerk mit drei Düsen zu erkennen ist. Die ersten Maschinen wurden 1972 in Dienst gestellt. Sie kann 169 Passagiere aufnehmen und hat eine Reisegeschwindigkeit von 900 km/h. Das

Hotel-Wegweiser in Listvjanka am Baikalsee

Vorläufermodell TU-134 erkennt man an den zwei Heckdüsen und der verglasten Flugzeugspitze. Der Sitzabstand ist bei der TU154 sehr eng und ab Körpergröße 1,75 m nicht sonderlich bequem. Vereinzelt kommt auch schon die komfortabeleren Nachfolgermodelle TU-204 und TU-214 zum Einsatz.

Auf Langstrecken – insbesondere von Moskau nach Fernost – trifft man sporadisch noch auf den Langstreckenjet **Il'jušin IL-62**, der eine maximale Reichweite von 9200 Kilometern hat. Seit 1968 im Einsatz, bietet das an zwei mal zwei Heckdüsen erkennbare Flugzeug Platz für 163 Passagiere.

Ebenfalls aus dem Il'jušin-Konstruktionsbüro stammt der russische **Jumbo-Jet IL-86**, das mit einer Reichweite von 4600 Kilometern vor allem zwischen Moskau und den großen Metropolen Novosibirsk und Krasnojarsk verkehrt. Das 1980 in Dienst gestellte Großraumflugzeug für 350 Passagiere hat mittlerweile mit der **IL 96** ein Nachfolgemodell, das in Kürze auch im Linienverkehr eingesetzt werden soll. Bei einer Reisegeschwindigkeit von 950 km/h ist es mit gutem Sitzabstand vergleichsweise komfortabel und beeindruckt auch durch seine speziellen Gepäckräume im Unterdeck, wo man beim Ein- und Aussteigen sein Gepäck deponiert bzw. mitnimmt.

Auf kürzeren Strecken begegnet man den **Jakovlev-Jets**. Die Jak 42 bietet Platz für 120 Passagiere (der Vorgänger Jak 40 hatte nur 32 Plätze) und ist neben den beiden vergleichsweise kleinen Hecktriebwerken auch am Heckeingang zu erkennen. Gebuchte Sitze sind bei nicht ausgebuchten Flügen allerdings Nebensache. Aus ›Gleichgewichtsgründen‹ verteilt dann die Stewardess die Passagiere.

Das gleiche gilt auch für Flüge mit der **AN 24**, einem sehr lauten Propellerflugzeug des Herstellers Antonov, das man auf entlegenen, örtlichen Kurzstrecken bis 1000 Kilometer (Abenteuerkomponente à la historische Flugshow inclusive) trifft.

In Deutschland gibt es derzeit von Frankfurt, Düsseldorf, München und Hannover im Linienverkehr **Direktflüge nach Sibirien**. Die Fluggesellschaft S7 verbindet diese Orte mit Novosibirsk. Daneben gibt es vor allem im Sommer regelmäßig direkte Charterflüge nach Omsk und Barnaul.

Ansonsten fliegt man mit russischen Fluggesellschaften meistens von Frankfurt, Hamburg, Hannover, Berlin, Düsseldorf München und Nürnberg **über Moskau** und steigt auf den dortigen Flughäfen Šeremet'evo nordwestlich von Moskau, www.svo.aero (R/E) oder Domodedovo, südöstlich von Moskau, www.domodedovo.ru (R/E), um.

Krasnojarsker Rubel-Motive

Šeremet'evo, der frühere einzige internationale Flughafen Moskaus ist bis heute der Aeroflot-Heimathafen, der in den letzten Jahren stark expandierte, aber dadurch nicht unbedingt besser oder bequemer wurde. Aus Šeremet'evo 1 und Šeremet'evo 2 wurden Terminal B und F. Neu hinzu kamen nördlich der Landebahn das Terminal C (neben B) und südlich der Landebahn die Terminals D und E (neben F). Flüge von und nach Deutschland nutzen derzeit Terminal D.

Die Lufthansa ist vor einigen Jahren nach **Domodedovo** umgezogen. Dieser Flughafen wurde in den letzten Jahren deutlich erweitert und ist heute der größte Airport Russlands. Er ist auch der Heimathafen für die Fluggesellschaft S7, wo ebenfalls ein Weiterflug ohne Terminalwechsel möglich ist.

Eine Alternative ist eine Reise mit der Fluggesellschaft Rossija (früher Pulkovo Airlines) über den **St. Petersburger Flughafen Pulkovo**, www.pulkovoairport.ru (R/E).

Fotografieren

In manchen Museen und Galerien ist Fotografieren gänzlich verboten, in anderen darf man nicht mit Blitzlicht knipsen oder muss für eine Fotoerlaubnis extra bezahlen. In Kirchen sollte man sich zurückhalten. Auf Bahnhöfen besteht mancherorts Fotografierverbot. Generell darf man ›strategische Objekte‹ nicht fotografieren. Hier bestehen natürlich viele Auslegungsmöglichkeiten. Militäranlagen und Uniformträger sollte man definitiv nicht ablichten. Ansonsten gehört es auch in Sibirien zum guten Ton, Leute auf der Straße um Erlaubnis zu fragen, bevor man sie fotografiert. Die Umstellung auf digitale Fotografie ist in Russland ebenfalls erfolgt und das notwendige Zubehör in den großen Städten erhältlich. Filme (vor allem Kodak, Fuji, Konica) gibt es sporadisch, problematisch ist es mit Dia-Filmen.

Gaststätten

In der Gastronomie Sibiriens hat sich in den letzten Jahren viel getan und viele Trends kommen langsam auch dort an. Es sind viele neue Restaurants in unterschiedlichen Kategorien von nobel bis Fast Food, von klassisch russisch bis international aller Couleur entstanden. Restaurants (Restoran – Ресторан) bieten in der Regel erlesene Küche sowie gehobene Service und Komfort. Cafés (Kafe – Кафе) sind dagegen einfachere Gaststätten mit durchaus solider Speisekarte. Wer dagegen nur auf der Suche nach Kaffee & Kuchen ist, wird in der derzeit voll im Trend liegenden Kaffeestube (Kofejnaja – Кофейная) oder der auch noch vereinzelt anzutreffenden Teestube (Čajnaja – Чайная) fündig. Sehr einfache Selbstbedienungsgaststätten heißen Stolovaja (Столовая) oder Zakusočnaja (Закусочная).

Ein **typisches Menu** besteht aus einem Salat als Vorspeise, einer Suppe, einem Hauptgericht und einem Kompot als Dessert. Vegetarier haben es schwerer. Es gibt so gut wie keine spezialisierten Lokale für ihren Geschmack.

Die meisten Lokale weisen für die Bedienung eine spezielle **Service-Gebühr** aus (Za obsluživanie, За обслуживание), die zumeist zehn Prozent des Umsatzes ausmacht, so dass sich damit Trinkgeld erübrigt. Wenn ohne Gebühr, werden bei Zufriedenheit ebenfalls ca. zehn Prozent erwartet. Ansonsten bringt der Kellner das genaue Wechselgeld, und es liegt dann am Gast, wie viel er zurücknimmt bzw. dem Kellner überlässt.

Das Hotel Tajga im gleichnamigen Ort

Geld

Die Währungseinheit Russlands heißt Rubel. Das Wort stammt vom Verb ›rubit'‹ ab, was soviel wie kerben oder zerteilen bedeutet. Edelmetallklumpen wurden früher in kleinere Einheiten zerteilt. Der Rubel hatte sich in den letzten Jahren zu einer stabilen Währung entwickelt. Nach seinem Absturz in der zweiten Jahreshälfte 2014 schwankte der USD-Kurs im Jahr 2015 zwischen 50 und 70 Rubeln, der EUR-Kurs zwischen 55 und 77 Rubeln. Der Kurs belief sich Anfang 2016 auf 1 EUR – 77 RUB und 1 USD – 70 RUB.

Die Rubelscheine in ihrer heutigen, Form zeigen bzw. zeigten russische Stadtmotive: Vladivostok (1 Rubel, wurde durch Münzen ersetzt), Novgorod (5 Rubel, wurde ebenfalls durch Münzen ersetzt), Krasnojarsk (10 Rubel, wird derzeit durch Münzen ersetzt), St. Petersburg (50 Rubel), Moskau (100 Rubel), Archangel'sk (500 Rubel), Jaroslavl (1000 Rubel) und Chabarovsk (5000 Rubel). Seit 2014 bzw 2015 gibt es zusätzlich 100–Rubel-Scheine mit Olympia- bzw. Krimmotiven.

Vorsicht mit **alten Scheinen** aus der Zeit der Hyperinflation in den 1990er Jahren, als die Motive Vladivostok und Novgorod noch mit dem Nennwert von 1000 bzw. 5000 Rubeln zirkulierten. Heute wird manchmal versucht, sie Ausländern als noch gültig anzudrehen.

Der Rubel ist frei konvertierbar. Die Bezahlung in Dollar oder Euro ist ungesetzlich und deshalb nur in den allerseltensten Fällen möglich. Da man sich aber in vielen Geschäften und Restaurants nach wie vor stark am Dollarkurs orientiert und dieser de facto die Kalkulationsgrundlage ist, kam man nach dem gesetzlichen Verbot der Dollarzirkulation im Inland auf folgenden Dreh. Man erfand in typisch russischer Erfindermanier als neue Währung die ›Verrechnungseinheit‹ (Kurzform UE/YE für uslovnaja edinica – bedingte Einheit) und schrieb die dann auf das Preisschild bzw. in die Speisekarte. Eine UE war dann zumeist ein US Dollar und mit einem weiteren Aushang ›Bei uns ist eine UE soundsoviel Rubel‹ entsprach man den gesetzlichen Auflagen und musste bei Kursschwankungen nicht ständig alle

Preisschilder, sondern nur den Umrechnungskurs der UE anpassen. Wenn man auch heute zumeist bereits in Rubel auspreist, ist das Phänomen UE noch anzutreffen. Seit der Euro in seinem Gegenwert den Dollar übertraf, wechselte mancherorts auch die Verrechnungseinheit vom Dollar zum Euro.

Bei der **Ein- und Ausreise** wird der Rubel an der russischen Grenze wie eine ganz normale Währung betrachtet und unterliegt als Landeswährung keinen speziellen, sondern nur den allgemeinen, für alle Devisen gültigen Beschränkungen (siehe Zoll).

Hotels

In den meisten Großstädten Sibiriens gibt es sowohl neue, also in den letzten 20 Jahren erbaute Hotels, als auch aus der Sowjetzeit stammende Hotels. Erstere sind meist mit westlichem Know how errichtet worden, haben aber im Management durchaus noch Defizite zwischen dem ›wissen, wie‹ und dem ›auch so machen‹. Letztere sind meistens Plattenbauten mit riesigen Eingangshallen und Restaurants, die in den vergangenen 20 Jahren etagenweise mit der sogenannten ›Evroremont‹ auf ein einigermaßen akzeptables Niveau gehoben wurden. Dieser Prozess ist aber noch nicht abgeschlossen, so dass man dann zwischen Zimmern mit unterschiedlichem Niveau bzgl. Gestaltung und Ausstattung wählen kann. In den alten Hotels trifft man zumeist auf sehr kleine Zimmer, die mit eigener Dusche/WC ausgestattet sind und über einen Kühlschrank, ein Fernsehgerät und ein Telefon verfügen. In den neueren Hotels gibt es häufig verschiedene Zimmerkategorien, die sich vor allem in der Zimmer- und Badgröße und dementsprechend auch im Preis unterscheiden.

Hier als Beispiel die vier offerierten Zimmerkategorien (incl. Frühstück) eines netten, neuen, vier Sterne beanspruchenden und nicht ganz billigen Hotels aus Westsibirien:

Economy: EZ 6000

Standard: DZ 6800 bei Einzelbelegung, 7300 bei Doppelbelegung.

Gehobener Standard (Halbluxus-Poluljuks): DZ 7800 bei Einzelbelegung, 8300 bei Doppelbelegung

Luxusstandard (Ljuks): 9800 bei Einzelbelegung, 10300 bei Doppelbelegung.

Die in den jeweiligen Kapiteln genannten Hotels stellen eine getestete Auswahl in den drei Kategorien beste, mittlere und günstigste Übernachtungsmöglichkeit einschließlich Hostels dar.

Im Interesse einer kompakteren Vergleichbarkeit bei den zu den jeweiligen Hotels genannten Preisen handelt es sich dort immer um die Preisspanne für Einzelzimmer und Doppelzimmer in der Standard- bzw. verbesserten Standardvariante, die in fast allen Fällen Frühstück miteinschließt. In vielen Fällen noch existierende Optionen, wie Lux, Studio oder Suite wurden nicht mit berücksichtigt, da die Anzahl dieser Zimmer meist sehr begrenzt ist und den Vergleich mit Hotels, die diese Optionen nicht anbieten, verzerren würde. Bei den Hostelpreisen handelt es sich zumeist um den Preis für einzelne Schlafplätze in Mehrbettzimmern, in der Regel ohne Frühstück. In vielen Unterkünften werden die Preise bereits auch saisonal und gemäß Angebot und Nachfrage und verschiedenen Buchungskanälen mit Rabatten und Aufschlägen gesteuert, so daß die genannten Preise nur eine grobe Orientierung bieten, in welchen Preislagen das Hotel seine Standardpreise sieht. Die meisten dieser Unterkünfte können auch direkt im Internet gebucht werden. Die bekannten Portale bieten neben diesen Hotels zumeist noch deutlich mehr Angebote, wobei die Auswahl häufig deutliche Unterschiede ausweist. Die Portale Agoda, Booking und Hotel24 bieten eine sehr gute Auswahl in der gesamten preislichen Bandbreite, wobei sich die Preise kaum voneinander unterscheiden. Bei HRS ist das Angebot bescheiden und zumeist auf hochpreisige Business-Hotels zum selben Preis wie auf den anderen Portalen beschränkt.

Klima

Russland und insbesondere Sibirien sind bekanntlich kalte Regionen. Die gigantische Landmasse bewirkt das typische Kontinentalklima, das sich zwischen dem Ural und Transbajkalien von seiner ausgeprägtesten Seite zeigt.

In den **Wintermonaten** kann es auch in Südsibirien entlang der Transsib sehr kalt werden. Im Durchschnitt liegen die Temperaturen zwischen – 5 und – 20 Grad, was aufgrund der Trockenheit bei normaler Empfindlichkeit und richtiger Kleidung von den meisten angenehmer als erwartet empfunden wird.

Unangenehm wird es erst, wenn die Temperatur unter –25 Grad absinkt, was sie aber normalerweise jeden Winter nur etwa zwei Wochen macht. Die Winter 2009/2010 und 2010/2011 waren allerdings sehr kalt, wobei die Temperaturen in weiten Gegenden Südsibiriens über mehrere Wochen auf unter – 30 Grad absanken.

Frühling und Herbst vollziehen sich nach mitteleuropäischen Maßstäben im Schnelldurchlauf.

Der etwa zweimonatige **Sommer** erreicht im Juli/August bei recht kühlen Nächten am Tage problemlos Temperaturen über 30 Grad.

Im Folgenden die Klimatabellen einiger der wichtigsten sibirischen Städte, weitere ausführliche Klimadiagramme zu über 50 Standorten in Sibirien kann man im Internet unter www.klimadiagramme.de/Asien/russland.html finden.

Novosibirsk					
Monat:	Jan	Mär	Jul	Sept	Nov
mittl.Temp. in °C:	–19	–10	18	9	–9
max. Temp. in °C:	6	10	38	33	11
min. Temp. in °C:	–50	–41	2	–9	–46
mittl. Niederschl. in mm:	16	13	74	45	30

Irkutsk					
Monat:	Jan	Mär	Jul	Sept	Nov
mittl.Temp. in °C:	–21	–10	17	8	–11
max. Temp. in °C:	2	16	36	29	14
min. Temp. in °C:	–50	–37	0	–12	–40
mittl. Niederschl. in mm:	12	9	102	49	17

Jakutsk					
Monat:	Jan	Mär	Jul	Sept	Nov
mittl.Temp. in °C:	–43	–22	19	6	–28
max. Temp. in °C:	–8	6	38	27	2
min. Temp. in °C:	–63	–55	–1	–12	–55
mittl. Niederschl. in mm:	7	5	43	22	13
Chabarovsk					
Monat:	Jan	Mär	Jul	Sept	Nov
mittl.Temp. in °C:	–22	–8	21	14	–8
max. Temp. in °C:	0	12	40	29	15
min. Temp. in °C:	–43	–30	5	–4	–29
mittl. Niederschl. in mm:	10	12	111	82	20

Medizinische Hilfe

Eine medizinische Grundversorgung ist in den größeren Orten gewährleistet. Der Notarzt ist immer unter der Telefonnummer 03 zu erreichen. Neben den staatlichen Kliniken entstehen in den letzten Jahren zunehmend Privatpraxen. Bei erforderlichen medizinischen Leistungen ist in der Regel **Vorkasse** zu leisten. Der Abschluss einer **Auslandskrankenversicherung** ist bereits Voraussetzung für die Visumserteilung. Für Erstattungsansprüche sollten ausführliche Rechnungen vorhanden sein, die der Arzt auf Anfrage am Computer oder in Ausnahmefällen von Hand (leserlich) schreibt. Es gibt wenig Erfahrungen, was die Versicherungen dabei akzeptieren und was nicht.

Man sollte ausreichenden **Impfschutz** gegen Tetanus, Diphterie und Polio sowie Hepatitis A und B haben. Abseits der großen Städte und bei allen Ausflügen in die Natur sollte man das FSME-Risiko ernst nehmen und auf jeden Fall eine Zeckenimmunisierung haben, auch über eine Tollwutimpfung sollte man ggf. nachdenken bzw. sich von seinem Arzt beraten lassen. Wer länger als drei Monate in Russland bleiben möchte, muss einen negativen HIV-Test vorlegen.

Mietwagen

Was mittlerweile in Moskau oder St. Petersburg problemlos möglich ist, fängt erst langsam an, sich in Sibirien herumzusprechen. Während die üblichen Verdächtigen bereits seit geraumer Zeit in beiden russischen Hauptstädten präsent sind, traut man sich bislang nur langsam in die sibirische Provinz. Avis ist am mutigsten mit fünf Büros in Novosibirsk, Krasnojarsk, Irkutsk, Chabarovsk und Vladivostok. Hertz ist in drei Orten – Novosibirsk, Irkutsk und Južno-Sachalinsk – präsent. Europcar hat zwei Niederlassungen in Tjumen' und Novosibirsk. Lokale Mietwagenagenturen sind in einigen Großstädten präsent, z.B. Glavnaja Doroga in Novosibirsk und Barnaul (www.bericar.ru (R/E)) oder

Rentcar in Vladivostok (www.rentcar. pro (R)). In manchen Hotels werden hoteleigene Wagen mit Fahrer auf Stunden- oder Tagesbasis angeboten. Wenn man sich privat einen Wagen von Freunden ›mietet‹, benötigt man eine notariell beglaubigte Vollmacht.

Notrufnummern

Feuerwehr (Požarnaja komanda): 01 aus dem Festnetz
Polizei (Milicja): 02 aus dem Festnetz
Medizinischer Notruf: 03 aus dem Festnetz
Bei Notrufen vom Handy ggf. noch als dritte Ziffer 0 oder * ergänzen.
Zentrale **Notrufnummer zum Sperren** von EC-, Kredit-, Kunden- und Handykarten: 8-10–49/116116, oder über Berlin 8-10–49/30/40504050.

Öffentliche Verkehrsmittel

In Bussen, Trolleybussen und Strassenbahnen der meisten Städte erwacht in der letzten Zeit ein bereits in Vergessenheit geratener Beruf zu neuem Leben: der Konduktor genannte **Schaffner**, der die Fahrscheine verkauft. Hohe Schwarzfahrquoten (Schwarzfahrer nennt man ›zajcy‹ – Hasen) zwangen viele Kommunen, sich vom Kartenvorverkauf und dem Entwertersystem zu verabschieden. Die **Fahrpreise** und selbst die Strafen für Schwarzfahren betragen einen Bruchteil bzw. den Tarif der deutschen Fahrpreise. Die Preise für eine einfache Fahrt schwankten 2010 zwischen 10 und 15 Rubeln.

Die Transparenz von **Fahrplänen** und erst recht deren Einhaltung sind zumeist Glückssache. Feste Fahrpläne sind sehr selten. Häufig erkennt man in Übersichten an den Haltestellen zumindest das Intervall im ›Spitzenzeit‹ (Čas pik) genannten Berufsverkehr. Manchmal fehlen Fahrpläne aber auch völlig. Wer es sich nur leisten kann, Bus zu fahren, hat halt Zeit zu haben.

Aber auf allen Hauptlinien gibt es als Konkurrenz zum städtischen Personennahverkehr private **Kleinbusse** (Mikroavtobusy) mit 10 bis 12 Plätzen, die

Buddhistische Mönche in Čita

als Routentaxen zu etwas höheren Preisen (z.Z. meistens 20 Rubel) mit weniger Gedränge ihre Passagiere auf denselben Routen befördern. Der Fahrpreis ist dem Fahrer zu zahlen. Man braucht aber in der Regel etwas Ortskenntnis, da die Wagen an den Haltestellen nur auf Zuruf anhalten bzw. bei freien Plätzen noch neue Passagiere mitnehmen.

Post

Die Post ist nach wie vor staatlich. Die Postämter bieten in der Regel auch Internet- und Fax-Service. Der Internet-Service läuft unter dem neuen Markennamen Cyber-Post (Кыбр-Почта). In den meisten sibirischen Metropolen unterhalten weltweit bekannte internationale Kurierdienste wie DHL und EMS Garantpost bereits Niederlassungen. Pakete werden nur in den zu erwerbenden Verpackungen der Post akzeptiert. Bücher werden nicht als Pakete, sondern als so genannte ›Banderollen‹ behandelt.

Registrierung

→ siehe ›Einreise‹

Religionsgemeinschaften

Nach langen Jahren des staatlich verordneten Atheismus erlebt die zu sowjetischer Zeit in ihrem Aktionsradius sehr stark eingeschränkte Kirche sowohl von offizieller Seite als auch durch die Bevölkerung in den letzten 25 Jahren ein außerordentlich starkes Interesse und einen entsprechenden Zulauf. Neben der eindeutig und fast staatstragend dominierenden russisch-orthodoxen Kirche gibt es auch katholische, lutheranische und baptistische Gemeinden, die aber von der russischen Kirche und manchmal auch vom Staat mit großem Argwohn betrachtet werden. Der Islam und der Buddhismus spielen vor allem in nationalen Republiken wie u.a. Dagestan, Tatarstan, Tschetschenien (Islam) und in Sibirien in Tuva und Burjatien (Buddhismus) eine ausgeprägte Rolle. Daneben haben aber auch eine Reihe umstrittener Sekten wie beispielsweise Scientology oder sibirische Eigengewächse wie die Jünger des selbsternannten Messias Vissarion (→ S. 248) einen bestimmten Zulauf.

Reiseveranstalter

Die nachfolgende Liste in wertungsfreier, alphabetischer Reihenfolge bietet einen Überblick über die meisten Anbieter von Reisen nach Sibirien. Neben den Angeboten weltweit ausgerichteter Touristikunternehmen haben wir ein besonderes Augenmerk darauf gerichtet, welche auf Russland spezialisierten Firmen oder freiberufliche Reiseleiter Sibirien-Angebote unterbreiten oder sich besonders auf Sibirien spezialisiert haben.

In den jeweiligen Kapiteln zu den einzelnen Regionen und Orten haben wir auch einzelne russische Reisbüros mit Incoming-Angeboten, also mit Erfahrung in der Betreuung ausländischer Touristen in Russland, aufgenommen, die ggf. bei vor Ort auftretenden Zusatzwünschen oder Problemen Unterstützung geben können. Einige dieser Firmen unterbreiten auch Angebote für direkte Buchungen ausländischer Reisender. Bei einer Entscheidung sollte man berücksichtigen, dass eine Buchung im Heimatland mehr Sicherheit und auch im Regelfall wegen der Abnahme größerer Kontingente nicht zwangsläufig höhere Preise beschert. Bei Buchungen in Russland sind Preisvorteile möglich, aber auch Risiken hinsichtlich Verfügbarkeit und Vertragssicherheit zu berücksichtigen. Reiseveranstalter sind Firmen, die mit entsprechender Lizenz als Leistungsträger nach den gesetzlichen Bedingungen (z.B. Insolvenzschutz) agieren. Reisedienstleister sind meist freiberufliche Reiseleiter oder Agenturen, die individuelle Angebote organisieren und begleiten, die dann in den meisten Fällen über einen Reiseveranstalter oder in einzelnen Fällen eigenverantwortlich abgewickelt werden.

Veranstalter mit Schwerpunkt Russland und Sibirien (alphabetisch)
Aquarelle Reisen OHG
Röntgenstraße 17
D – 53177 Bonn
Tel. 0228/90918844
www.aquarelle-reisen.de

Auf der Halbinsel Kamčatka

Baikal-Express
Unterholz 3
D – 79235 Vogtsburg
Tel. 07662/949294
www.baikal-express.de
Baikal Reisen
Wandsbeker Chaussee 41
D – 22089 Hamburg
Tel. 040/389 83 73
www.baikal-reisen.net
Baikal Tours
Ostkirchenstr. 65
D – 47574 Goch
Tel. 02823/419748
www.baikaltours.de
GoEast Reisen
Bahrenfelder Chaussee 53
D – 22761 Hamburg
Tel. 040/8969090
www.go-east.de.
GUS Reisen
Altenburgstr. 5
CH – 5430 Wettingen
Tel./Fax 0041/56/4265430
www.gusreisen.ch
Haase Touristik
Dickhardtstr. 56
D – 12159 Berlin

Tel. 030/84183226
www.haase-touristik.com
Kamtschatka – Land der Vulkane
Josef-Kollmann-Gasse 22
A – 2380 Perchtoldsdorf
Tel. +43/699/19703009
www.kamchatka.cc
Kira Reisen KG
Mellinger Straße 6
CH – 5400 Baden
Tel. 0041/56/2001900
www.kiratravel.ch
Knop Reisen
Hollerlander Weg 77
D – 28355 Bremen
Tel. 0421/9885030
www.knop-reisen.de.
Kompass Tours GmbH
Friedrichstraße 231
D – 10117 Berlin
Tel. 030/20391950
www.kompasstours.com
KNUT - Reisen für Fortgeschrittene
Schierker Str. 24
12051 Berlin
Tel. 030/54854368
www.knut-reisen.de

Lernidee Erlebnis-Reisen
Kurfürstenstraße 112
D – 10787 Berlin
Tel. 030/7860000
www.lernidee-reisen.de

Ost & Fern Reisedienst GmbH
An der Alster 40
D – 20099 Hamburg
Tel. 040/241391
www.ostundfern.de

Paradeast
Bei den Mühlwiesen 8
D - 93149 Nittenau
Tel. 09436/9031684
www.paradeast.com

Perelingua Sprachreisen
Rheinstraße 34
D – 12161 Berlin
Tel. 030/8518001
www.perelingua.de

Priority World GmbH
Allenmoosstraße 115
CH – 8057 Zürich
Tel. 0041/1/3006260
www.priority-world.ch

Pulexpress
Meinekestr. 5
D – 10719 Berlin
Tel. 030/8871470
www.pulexpress.de

Sayan Ring
Uritskogo Str 117, Office 201,
660049 Krasnojarsk, Russland
Tel. +7/391/2231231
www.sayanring.com

Sputnik Travel GmbH
Stresemannstr. 107
D – 10963 Berlin
Tel. 030/20454581
www.sputnik-travel-berlin.de

Troika-Tour
Oberlau 34
D – 48727 Billerbeck
Tel. 02543/270240
www.troika-tour.de

Vostok Reisen
Ackerstraße 3
D – 10119 Berlin
Tel. 030/30871020
www.vostok.de

Ziegler & Partner
Orzens 42
CH – 1095 Lutry Lausanne
Tel. 021/7913280
www.travel-russia.com

Internationale Veranstalter mit Sibirien-Angeboten (alphabetisch)

Biss-Reisen
Fichtestr. 30
D – 10967 Berlin
Tel. 030/69568767
www.biss-reisen.de

BUND-Reisen
Stresemannplatz 10
D – 90489 Nürnberg
Tel. 09115/8888-0
www.bund-reisen.de

DERTOUR GmbH & Co. KG
Emil-von-Behring-Str. 6
D – 60424 Frankfurt/M.
Tel. 069/958800
www.dertour.de

Keine Straßen, nur Richtungen

Reisetipps von A bis Z

Bilderbuchwinter am Baikalsee

Diamir Erlebnisreisen GmbH
Loschwitzer Str. 58
D – 01309 Dresden
Tel. 0351/312077
www.diamir.de

Ganeshareisen GmbH
Favoritenstraße 35
A – 1040 Wien
Tel: 00433/1/5056794
www.ganeshareisen.com

Hauser Exkursionen International
Spiegelstr. 9
81241 München
Tel. 089/2350060
www.hauser-exkursionen.de

Ikarus Tours GmbH
Am Kaltenborn 49–51
D – 61462 Königstein/Ts.
Tel. 06174/2902-0
www.ikarus.com

Schulz Aktivreisen
Bautzener Str. 39
D – 01099 Dresden
Tel. 0351/266255
www.schulz-aktiv-reisen.de

Studiosus Reisen München GmbH
Riessstraße 25

D – 80992 München
Telefon 089/50060–0
www.studiosus.de

TSA-Travel Service Asia
Riedäckerweg 4
D 90765 Fürth
Tel. 0911/9795990
www.Travel-Service-Asia.de

Ventus Reisen
Krefelder Str. 8
D – 10555 Berlin
Tel. 030/39100332
www.ventus.com

WIGWAM
Naturreisen & Expeditionen GmbH
Lerchenweg 2
D – 87448 Waltenhofen/Allgäu
Tel. 08379/92060
www.wigwam-tours.de

Sauna

Die Sauna heißt in Russland Banja und ist einfach Kult. Im russischen Dampfbad kommt es wirklich auf den Dampf an, und das russische Pendant für saunieren heißt ›parit'sja‹, wörtlich übersetzt: dampfen. Im Unterschied zur

Sauna befinden sich die zu erhitzenden Steine nicht offen in der Saunakabine, sondern hinter einer Abdeckung. So kann man die Steine viel stärker erhitzen. Beim Aufguss wird die Abdeckung nur kurz geöffnet und aufgrund der großen Hitze verdampft das Wasser augenblicklich und lässt leichten Dampf entstehen, der in winzigen Tröpfchen Feuchtigkeit schafft, ohne zu brennen. Es geht in der Banja also genau um diesen leichten Dampf und so erklärt sich der obligatorische Saunaspruch ›S lëgkim parom‹ (Mit leichtem Dampf). Im Vergleich zur Sauna unterscheidet sich die Banja somit durch eine höhere Feuchtigkeit und eine niedrigere Temperatur bis ca. 80 Grad.

Ein obligatorisches Sauna-Utensil ist ein zu einem Feger (vejnik) zusammengebundener Birkenreisig, mit dem man sich allein oder partnerschaftlich auf die Haut schlägt und den Banja-Effekt verstärkt. Der Feger sollte vorher bereits einige Minuten in Wasser eingeweicht gewesen sein.

Es gibt zwar auch große öffentliche Saunen, aber zumeist sind es kleine Einrichtungen für jeweils fünf bis zehn Personen, die man auch als Gemeinschaft besucht. Banja heißt vor allem auch Kommunikation, und meist findet sich schnell eine Truppe zusammen. Dementsprechend wird die Gebühr auch nicht pro Person, sondern pro Stunde für die gesamte Sauna erhoben. Man bleibt dann unter sich und teilt sich den Preis. Insbesondere in kleineren Herbergen sollte man also vorbuchen. Als Single hat man es schwerer, oder es wird teurer.

Wenn man sich nicht sehr gut kennt, saunieren männlich und weiblich getrennt, oder aber man behält Badesachen an. Meist gibt es Laken zum Umwickeln für den Ruheraum. In modernen Banjas gibt es Duschen und Tauchbecken, aber vor allem in den urigen Banjas auf dem Lande gibt es im Vorraum nur Schüsseln, die man sich dann gefüllt über den schweißgebadeten Körper kippt, oder aber man zieht es im Winter vor, sich draußen im Schnee abzukühlen.

Sicherheit

Kriminalität ist ohne Zweifel ein wichtiges Thema, wobei aber bei der Beachtung der überall gültigen, elementaren Vorsichtsregeln das Risiko nicht größer ist als in anderen Ländern. Die sensationsheischende Berichterstattung in vielen deutschen Medien ist stark übertrieben.

Russland ist ein deutlich sichereres Reiseland, als die öffentliche Meinung es hierzulande vermutet. Die fundamentalistischen Terroranschläge der letzten Jahre stehen im Zusammenhang mit dem Tschetschenien-Konflikt und konzentrierten sich auf Moskau und Südrussland. In Sibirien war bislang kein einziger Anschlagsversuch zu verzeichnen. Die Sicherheitsvorkehrungen an Flughäfen und

›Sibir' Telekom‹

Auf dem Platz vor der Novosibirsker Oper

Bahnhöfen wurden allerdings überall deutlich verschärft. Man sieht auch überall Plakate mit Terrorwarnungen und entsprechenden Verhaltenshinweisen.

Sommerzeit

In Russland werden die Uhren nicht mehr umgestellt. In der Vergangenheit praktizierte das Land ebenfalls den Wechsel zwischen Sommerzeit und Winterzeit. Im Jahr 2011 wurden im Frühjahr die Uhren auf Sommerzeit umgestellt und dabei sollte es bleiben. Im Herbst 2014 stellte man dann jedoch wieder auf Winterzeit um und dabei soll es nun bleiben. Aus mitteleuropäischer Sicht ergibt sich, dass sich der zumeist angegebene Zeitunterschied im Sommer um eine Stunde verkürzt.

Straßen

Bereits zur Zarenzeit gab es den Spruch, dass es in Russland keine Straßen, sondern nur Richtungen gibt. Er ist heute eigentlich nach wie vor aktuell. Die Straßen sind in der Regel in einem für europäische Maßstäbe katastrophalen Zustand. Autobahnen in unserem Verständnis gibt es im Grunde genommen nicht. Fernverkehrsstraßen sind zwar weitestgehend asphaltiert und auf Teilabschnitten durchaus vierspurig und mit Trennstreifen ausgebaut (z.B. Novokuzneck–Leninokuzneck). Häufig gleichen sie aber einem durchlöcherten Asphaltband ohne jegliche Extras. Auch die extremen klimatischen Bedingungen fordern ihren Tribut. Allerdings werden diese Unzulänglichkeiten auf dem Asphalt während eines nicht unerheblichen Teils des Jahres durch eine geschlossene Schneedecke überdeckt.

Im Gegensatz zur vor über 100 Jahren gebauten und seit 1916 durchgehend auf Schienen befahrbaren Transsibirischen Eisenbahn gab es bis 2010 keine durchgängige, asphaltierte Fernverkehrsstraße zwischen dem Ural und Pazifik. Östlich von Čita waren mehrere Abschnitte nur Schotterpisten. Es war ein Erbe der sowjetischen Planwirtschaft, als alle Ferntransporte für die Eisenbahn geplant wurden. Mit der Einführung der Marktwirtschaft und der Entstehung privater Speditionen, die den Güterverkehr von der Schiene auf der Straße bringen und preiswerter abwickeln wollten, wurde das Problem der fehlenden Durchgangsstraße in Ostsibirien immer akuter und dank massiver Investitionen aus Moskau in den letzten Jahren endlich zum Abschluss gebracht.

Strom

Die Stromspannung beträgt im allgemeinen 220V. Mit flachen Eurosteckern dürfte man keine Probleme haben, obwohl der Abstand der Stecklöcher einige Millimeter breiter ist. Ein Universaladapter ist allerdings in Ausnahmefällen hilfreich, da nach Renovierungen die Elektrik aus aller Herren Länder stammen kann.

Telefon

Ortsgespräche sind vielerorts durch die Grundgebühr abgedeckt und kostenlos. Mobilfunk-Roaming, Ferngespräche und Auslandsgespräche sind in den größeren Städten kein Problem mehr.

Wenn in Dörfern kein Anschluss zum Selbstwählverkehr besteht, muss das Gespräch über das Telefonamt bestellt werden. Manche Touristenherbergen in entlegenen Orten haben auch ein Satellitentelefon. In Telefonzellen sind nur Ortsgespräche möglich. Man muss dafür häufig von Stadt zu Stadt unterschiedliche Jetons erwerben, die an Zeitungskiosken verkauft werden. Hotels schlagen häufig nach wie vor eine saftige Servicegebühr zwischen 25 und 50 Prozent auf. Meist existiert auch eine Mindestzeit von 3 oder 5 Minuten, die einen Anrufbeantworter am anderen Ende zu einem teuren Vergnügen werden lässt.

Im **Selbstwählverfahren** wählt man zunächst die 8. Danach wartet man auf einen Dauerton. Innerhalb Russlands schließt sich dann die entsprechende Vorwahl (z.B. Moskau 495) und die gewünschte Nummer an. Bei Auslandsgesprächen ist nach 8 und Dauerton zunächst eine 10 als Zugang zum internationalen Selbstwählverkehr, dann die Landesvorwahl und die Städtevorwahl (unter Weglassung der 0) zu wählen. Einige wichtige Landesvorwahlen lauten: Deutschland 49, Schweiz 41, Österreich 43, USA 1. Wer beispielsweise aus Sibirien Berlin anwählt, hat 8–Dauerton–10–49–30–Teilnehmernummer zu wählen.

Um aus **Deutschland nach Sibirien** anzurufen, muss nach der Landesvorwahl 007 bzw. +7 für Russland die entsprechende Städtevorwahl (z. B. für Novosibirsk die 383) gewählt werden.

In mehreren sibirischen Großstädten hat sich in den letzten Jahren die Vorwahl um eine Ziffer verkürzt und die städtische Nummer um eine Ziffer verlängert. Zum Beispiel in Novosibirsk, wo die Vorwahl früher 3832, jetzt aber nur noch 383 lautet und sich die Nummer des

Winterliche Idylle auf dem Land

Raststation am Baikalsee

Teilnehmers von 6 auf 7 Ziffern verlängerte.
Mobilfunk ist natürlich auch in Sibirien auf dem Vormarsch. Die Netze sind auf der Höhe der Zeit und bieten als Standard 3G oder 4G. Es gibt zwar auch besondere Vorwahlen für Handyanschlüsse, die zumeist dreistellig mit 91 beginnen, es setzt sich aber zunehmend durch, dass die Mobilfunknummern über die Ortsnetze arbeiten und ohne bzw. mit der gleichen Festnetzvorwahl angewählt werden.
Zwischen Ural und Pazifik funktionieren europäische Handys in den großen Städten wie Novosibirsk, Irkutsk oder Vladivostok problemlos, auch in der Provinz wird die Netzabdeckung langsam besser. Es bestehen entsprechende Roaming-Vereinbarungen.
Wenn Sie in Russlands Mobilfunknetz telefonieren, gelten die Regeln für Ferngespräche, so dass zunächst die 8 und dann die Ortsvorwahl gewählt werden muss. Handygespräche (Gebühren fallen auch an, wenn Sie angerufen werden) sind auf jeden Fall ein teures Vergnügen,

wobei die Preise zwischen den Regionen und den russischen Roamingpartnern stark divergieren. Wer länger in Russland ist, sollte eine russische SIM-Karte nutzen. Hier sind lokale Gespräche (Festnetz und Mobilfunk) meist günstig, aber Gespräche in andere Regionen Russlands und erst recht in Ausland teuer, aber immer noch billiger als das Roaming eines deutschen Anbieters. Die besten Netzbetreiber in Sibirien sind MTS und Beeline, wobei die MTS-Tarife im überregionalen Vergleich im Durchschnitt günstiger sind.

Toiletten

In den letzten Jahren hielten in vielen öffentlichen Toiletten private Pächter Einzug. Dieses Geschäft mit gesicherter Nachfrage wurde damit kostenpflichtig, wodurch sich die Situation zwar verbesserte, man aber trotzdem keine allzu hohen Erwartungen haben sollte. Häufig sind es Steh- bzw. Hocktoiletten. Um Verstopfungen vorzubeugen, landet benutztes Toilettenpapier nicht im Abfluss, sondern im Papierkorb. Damentoilette:

ženskij tualet (женский туалет - Zeichen: **Ж**), Herrentoilette: mužskoj tualet (мужской туалет - Zeichen: **М**).

Trinkgeld

Trinkgeld heißt in Russland Teegeld (čaevye) und wird gern genommen. In den meisten Gaststätten ist die Bedienung im Rechnungspreis enthalten, worauf auch in der Speisekarte hingewiesen wird. In der Rechnung taucht sie als Position ›Bedienung‹ (obslu-živanie/облуживание) auf und macht zumeist zehn Prozent aus. Ansonsten wird zwischen fünf und zehn Prozent des Rechnungsbetrages erwartet. Manche Zeitgenossen kultivieren nach wie vor die Unsitte aus Sowjetzeiten, bereits bei der Bestellung durch ein Scheinchen in der Speisekarte die Bedienung ›gnädig‹ zu stimmen.

Trinkwasser

Leitungswasser ist als Trinkwasser nicht zu empfehlen. Es ist meist stark gechlort. Verschiedene Mineralwassersorten sind überall erhältlich.

Zeitungen

Deutsche Zeitungen und Zeitschriften sind in Sibirien schwer, um nicht zu sagen überhaupt nicht erhältlich. Es erscheinen in Omsk und Barnaul – wenn auch in einem manchmal etwas merkwürdigen Deutsch – lokale deutschsprachige oder zweisprachige deutsch-russische Zeitungen, die aber aufgrund ihrer geringen Auflagen schwer zu bekommen sind. Die führenden russischen überregionalen Tageszeitungen sind heute ›Moskovskij Komsomolez‹ (Der Moskauer Komsomolze), ›Izvestija‹ (Neuigkeiten). Wirtschaftszeitungen ›Vedomosti‹ und ›Kommersant Daily‹. Letztere bringt unter dem Titel ›Sibir'

Daily‹ auch einen wöchentlich erscheinenden speziell Sibirien gewidmeten Ableger heraus. Das Flagschiff der Opposition ist die ›Novaja gazeta‹ (Neue Zeitung). In deutscher Sprache gibt es in Moskau wöchentlich die lesenswerte ›Moskauer Deutsche Zeitung‹. Das täglich erscheinende englische Pendant heißt ›Moscow Times‹.

Zeitzonen

Durch seine immense Ost-West-Ausdehnung erstreckt sich Russland über zehn Zeitzonen (bis 2010 waren es sogar elf). Sieben davon gehören zu Sibirien. In den Infokästen zu den einzelnen Orten ist die Zeitzone immer mit angegeben.

Zoll/Einreise nach Russland

Bei der Einreise folgt nach der Passkontrolle die Zollabfertigung, bei der Ausreise dementsprechend vor der Passkontrolle. Sowohl bei der Ein- als auch bei der Ausreise musste bislang immer eine Zolldeklaration ausgefüllt werden. Man kann das Formular auf der Webseite des russischen Zolls herunterladen und vorher ausfüllen: http://eng.customs.ru. Theoretisch besteht mittlerweile die Wahl zwischen grünem (nichts zu deklarieren) und rotem (etwas zu deklarieren) Korridor, in der Provinz ist die Zollkontrolle aber häufig noch obligatorisch.

Für **Privatpersonen** belaufen sich die Obergrenzen für die zollfreie Einfuhr pro Person auf 50 Kilogramm und einen Warenwert von 65 000 Rubel. Man darf drei Liter Spirituosen ohne jegliche Differenzierung nach Alkoholgehalt einführen. **Devisen** sind zu deklarieren, bei der Ausreise darf Währung nur bis zum Gegenwert von US-Dollar 10 000 ausgeführt werden, es sei denn, man belegt durch die abgestempelte Einreisedeklaration, dass ein größerer Devisenbetrag offiziell ins Land gebracht wurde. Gold- und Silberschmuck ist zu deklarieren. Die zollfreie Einfuhr von Geschenken ist bis zum Gegenwert von 1000 US-Dollar gestattet. Die **Ein- und Ausfuhr der Landeswährung** Rubel ist ebenfalls bis zu einem Gegenwert von 3000 USD erlaubt.

Zoll/Rückreise in die EU
Mit Dank an Christian Dettenhammer

Bei Rückkehr in die EU/Schweiz gelten verschiedene Beschränkungen.

Die wichtigsten **Freigrenzen** für die Einreise im Flug- und Seeverkehr sind:

200 St. Zigaretten oder 100 St. Zigarillos oder 50 St. Zigarren oder 250 g Rauchtabak (ab 17 Jahren); 1 Liter Spirituosen über 22 % (ab 17 Jahren); 4 Liter nicht schäumende Weine, 16 Liter Bier; andere Waren zur persönlichen Verwendung oder als Geschenk im Wert von 430,- Euro pro Person. Reisende bis 15 Jahren: 175,- Euro. Für die Schweiz: 300,- SFr pro Person.

Bei Überschreitungen dieser Mengen- und Wertgrenzen müssen die Waren angemeldet und versteuert werden (roter Kanal). Hierbei fallen Abgaben von 15 % bzw. 17,5 % des Kaufpreises (bis 700,- Euro Warenwert) an. Bei Kaufpreisen über 700,- Euro liegen die Abgaben zwischen 19 % und 35 %. Hohe Abgaben bei Zigaretten und Spirituosen !

Als **verbotene Waffen** sind eingestuft: Springmesser, Butterflymesser, Faustmesser, Schlagringe, Wurfsterne, Stockdegen, Stahlruten, ausländ. Elektroschocker u. Reizstoffsprays u.a.

Als **artengeschützte Produkte** gelten z.B. Korallen (auch am Strand gefunden), versch. Schnecken- u. Muschelarten, Schlagen- u. Krokodilleder, Elfenbein, Schildkröten, Whisky mit eingelegter Kobra, versch. Tierfelle, Kakteen, Orchideen, bestimmte Kaviarsorten.

Arzneimittel: Erlaubt ist die Menge eines üblichen 3-Monatseigenbedarfs. Anabolika sind in jedem Fall verboten.

Markengefälschte Produkte aller Art: Für den eigenen Gebrauch und als Geschenk sind diese in geringer Stückzahl erlaubt.

Drogen: auch Kleinmengen sowie Hanfsamen, Kokatee und Kokablätter sind verboten. Ggf. auch im Ausland gekaufte starke Schmerz- u. Beruhigungsmittel.

Feuerwerkskörper: Einfuhr verboten.

Lebensmittel: Für Fleisch, Wurst, Käse, Milchprodukte u. Eier aus nicht EU/EWR Ländern gilt ein generelles Einfuhrverbot.

Pflanzensanitäre Vorschriften: Pflanzen mit Wurzeln oder Erde ohne Pflanzengesundheitszeugnis aus nichteuropäischen Ländern sind einfuhrverboten. (aus Mittelmeeranrainerstaaten jedoch frei). Auch für bestimmte frische Früchte in größeren Mengen gelten Verbote. Für die Mitnahme von **Haustieren** gelten besondere Veterinärvorschriften.

Barmittel über 10000 Euro (Schweiz: 10000 SFr) sind dem Zoll bei Aus- u. Einreise schriftlich und ohne Aufforderung anzumelden.

Für selbst aufgegebene **Postsendungen** gelten gesonderte Regelungen und eine Freigrenze von 45 Euro Warenwert. Internetbestellungen und Sendungen von Firmen über 22 Euro Warenwert sind abgabenpflichtig.

Die Zollbestimmungen und die Steuersätze für die Schweiz und Österreich können davon etwas abweichen.

Weitere Infos unter: www.zoll.de, www.bmf.gv.at, www.ezv.admin.ch.

Sibirien im Internet

(*alle Links finden Sie auch unter*
www.trescher-verlag.de)

Die neuen Medien halten bekanntlich auch in den entlegensten Winkeln der Erde Einzug. Sibirien ist dafür ein exemplarisches Beispiel, denn es geht außerordentlich dynamisch ›online‹. So gibt es heute in Russland und in Sibirien bereits eine Vielzahl interessanter und ansprechender Web-Seiten, dank derer man sich viele Informationen aus den fernen Weiten aktuell beschaffen kann.

Mehrere Universitäts-Standorte Sibiriens wie beispielsweise Novosibirsk, Tomsk oder Krasnojarsk gelten bereits als Zentren der weborientierten New economy mit herausragenden Möglichkeiten in der Softwareentwicklung. Der Ausdruck ›Silicon Taiga‹ wird langsam zum Markenzeichen.

Die hier vorgestellten gesamtrussischen und speziell sibirischen Seiten bilden dementsprechend nur eine kleine Auswahl der existierenden Möglichkeiten. Nicht wenige Seiten sind zweisprachig in Russisch und Englisch, vereinzelt sind auch deutsche Varianten anzutreffen. Während aber in der Anfangsphase vielerorts großer Ehrgeiz bestand, die Seiten sowohl in Russisch und Englisch zu gestalten, beschränken sich derzeit viele Web-Autoren auf die russische Fassung. Die russischen Texte sind zumeist mit dem Standard-Russisch unter Windows oder MacOS zu lesen.

Seit 2010 hält auch das kyrillische Alphabet Einzug ins Internet und kann bei der Seitenbezeichnung verwendet werden. Das Länderkürzel .ru kann durch .рф ersetzt werden nach www. bzw. www, das nicht zu ввв wird, geht es mit kyrillischen Buchstaben weiter. Zum Problem für ausländische Nutzer wird, dass man diese Seiten nur in Kyrillisch eingeben kann und sie auch nur so gefunden werden.

Der folgende Überblick besitzt keinen Anspruch auf Vollständigkeit, aber wer sich im Internet über Russland und insbesondere die aktuellen Geschehnisse östlich des Urals informieren will, findet in Sibirien bereits wie im wirklichen Leben endlose Horizonte und ungeahnte Weiten, wo sich das Surfen genau so wie das Reisen lohnt. :-)

Suchmaschinen

Unter den international bekannten Suchmaschinen gibt es von MSN und Google auch russische Versionen.

www.yandex.ru (R/E) Der Marktführer unter den russischen Suchmaschinen, mit funktionierender Bilder- und Kartensuche und guten eigenen Karten.

www.rambler.ru (R) Eine weitere bekannte russische Suchmaschine, die allerdings an Bedeutung verliert.

www.vkontakte.ru (R) Ein typisch russisches soziales Netzwerk (In Kontakt) mit ca. 100 Mio. Teilnehmern.

www.odnoklassniki.ru (R) – Die ›Odnoklassniki‹ (Klassenkameraden) sind ein Pendant zu ›Stay friends‹.

Russland allgemein

www.gov.ru (R/E) Es gibt eine ganze Reihe offizieller Seiten mit allgemeinen Informationen über Russland, so beispielsweise diese mit dem Titel ›Das offizielle Russland‹, wo neben Informationen über den Präsidenten und die Föderalverwaltung auch ein Link ›Regionen‹ besteht. Von dort gelangt man zu einer Liste der 83 Föderationssubjekte mit den entsprechenden weiterführenden Links.

Anhang

www.kremlin.ru (R/E) Die Seite des Präsidenten Putin mit Schwerpunkt auf dem Amt.

www.putin.kremlin.ru (R/E) Der Präsident mit Schwerpunkt auf der Person.

www.government.ru (R/E) Der Internetauftritt der Regierung.

www.premier.gov.ru (R/E) Hier informiert Premierminister Medvedev.

www.biograph.ru (R) Hier werden in der Rubrik ›Who is who‹ weitere Kurzbiographien von über 1200 Persönlichkeiten des öffentlichen Lebens in Russland bzw. der Sowjetunion publiziert.

www.duma.ru (R) Das russische Parlament, sowohl Duma als auch Senat, ist hier zu finden.

www.gks.ru (R/E) Offizielle Zahlen und Fakten zu Russland bietet die Seite des Amtes für Statistik.

www.spravka.net (R) Das Auskunftsportal bietet verschiedene Übersichten über Fahrpläne, Postleitzahlen, Vorwahlen etc.

www.russia-ic.com (E) Lesenswertes Informationsportal mit dem Anspruch, Russland-Kompetenz aus erster Hand zu liefern.

www.russische-botschaft.de (D/R) Die russische Botschaft in Berlin.

www.switzerland.mid.ru (D/F/R) Die russische Botschaft in Bern.

www.austria.mid.ru (D/R) Die russische Botschaft in Wien.

Sibirien allgemein

www.sibacc.nsk.su (R/E) Die Seite der unter dem Namen ›Sibirisches Abkommen‹ bekannten Vereinigung der sibirischen Regionen von Tjumen' bis Čita mit vielen Angaben zur Wirtschaft und Statistik Sibiriens.

cclib.nsu.ru/projects/siberia (R) Allgemeine Informationen und Forschungsergebnisse in Form wissenschaftlicher Publikationen zur Geschichte Sibiriens.

www.siberian-expedition.de (D/E) Informationen über deutsche Geologie- und Geographieexkursionen in die sibirische Weite.

Kultur

Unter den Museen Sibiriens stellen sich bereits viele mit eigenen Seiten im Internet vor, entsprechende Links befinden sich bei den Hinweisen zu den jeweiligen Museen.

www.culture.ru (R). Ein neues, phänomenales Portal zum Kulturerbe Russlands, das u.a. 1000 Spielfilme, 600 Theateraufführungen, 500 Vorträge, 100 virtuelle Museumsbesuche u.v.m. online bietet.

www.museum.ru/mus (R) Das Kulturministerium betreibt eine Seite zu Russlands Museen mit regionaler Suchfunktion.

www.geraldika.ru Hier gibt es russische Wappenkunde und auch die Wappen vieler sibirischer Städte.

Internetzeitungen

Es gibt bereits eine Reihe von Internetzeitungen bzw. Internetversionen klassischer Zeitungen aus bzw. über Russland.

www.mdz-moskau.eu (D) Die wöchentlich erscheinende Moskauer Deutsche Zeitung.

www.moscowtimes.ru (E) Die tägliche englischsprachige Alternative ist die Moscow Times.

www.aktuell.ru (D), **www.russland.ru** (D) Die beiden deutschsprachigen Internetzeitungen mit Portalcharakter werden von deutschen, in Russland lebenden Journalisten betrieben und bieten sehr aktuelle und kompetente Informationen aus Russland und ab zu auch Reportagen aus Sibirien.

www.de.rbth.com (D). Die Internetzeitung ›Russia beyond the headlines‹ ist

ein internationales, mehrsprachiges Projekt der Rossijskaja Gazeta. In der deutschen Ausgabe erscheinen Artikel russischer Journalisten.
www.tass.ru (R/E). Die Marke TASS (Telegrafen-Agentur der Sowjetunion) ist zurück. Von 1992–2014 firmierte sie als ITAR-TASS. Die größte, russische Nachrichtenagentur.
www.interfax.ru bzw. **.com** (R/E) Weitere große russische Nachrichtenagentur mit Schwerpunkt Wirtschaftsthemen.
www.omsknews.ru (R) Lokalzeitung aus Omsk.
www.newsib.net (R), **www.vn.ru** (R) Nachrichten aus Novosibirsk.
www.vsp.ru (R) Lokales aus Irkutsk.
www.novostivl.ru (R) Die Vladivostoker Nachrichten.
www.compromat.ru (R), www.flb.ru (R) Wer sich mehr für die Kehrseiten des neuen Russlands – Stichwort: Kompromat (›kompromitierendes Material‹) – interessiert, findet hier eine reiche Auswahl.

Internetradio

Zur akustischen Einstimmung auf bzw. Erinnerung an Sibirien kann man Radioprogramme aus der Region über das Internet zu hören. Im Länderüberblick Russland unter www.mycyberradio. com/de/laender/russland.html (D) gelangt man beispielsweise zu folgenden Sendern:
www.r-uniton.ru Radio Uniton aus Novosibirsk.
www.radiosibir.ru Radio aus Tomsk.
www.as.baikal.tv/e-radio Aus Irkutsk.
www.radiolemma.ru Radio Lemma aus Vladivostok.
www.101.ru Eine weitere Empfehlung ist dieses werbefreie Internetradio mit Spartenkanälen von Pop über Folklore bis Filmmusik und Klassik.

Partnerschaften und Projekte

www.deutsch-russisches-forum.de (D/R) Das Deutsch-Russische Forum engagiert sich für den (nicht nur Petersburger) Dialog zwischen beiden Ländern in Politik, Wirtschaft sowie Kultur und fördert Kooperationen, insbesondere im Bereich Städtepartnerschaften, die es aber mit Sibirien bislang kaum gibt.
www.vdw.ru (D/R) Der Verband der deutschen Wirtschaft in Russland stellt seine Aktivitäten vor.
www.stiftung-woeb.de Wer in Projekten zum Aufbau von Partnerschaften zwischen deutschen und sibirischen Städten, Schulen etc. engagiert ist, dem sei die Seite der Stiftung für west-östliche Begegnungen hinsichtlich einer möglichen Förderung für diese Projekte empfohlen.

Reise und Tourismus

www.russiatourism.ru (R/E) Die offizielle Seite des Ministeriums für Tourismus und Sport.
www.rgo.ru (R/E) Internet-Auftritt der legendären und in den letzten Jahren erfolgreich wiederbelebten Russischen Geographischen Gesellschaft.
www.poezda.net (R/E) Hier sind die Bahnfahrpläne Russlands abrufbar. In der russischen Version kann man auch Fahrkarten erwerben.
www.fly.ru (R/E) Flugtickets und Bahnfahrkarten.
www.win.all-hotels.ru (R/E) und **www.ostrovok.ru** (R/E) Hotel-Portale.
www.komandirovka.ru (R) Das Dienstreiseportal bietet Informationen zu vielen Städten, Hotels, Restaurants und Sehenswürdigkeiten.
www.strana.ru (R) Innerrussisches Reise-Portal mit vielen Fotos.
www.tourism.ru (R/E/D/F/S/J) Im Aufbau begriffene umfassende Datenbank

Anhang

mit Berichten über Trekking-Touren in ganz Russland. Während die Einführung in vielen Sprachen einlädt, sind die eigentlichen Texte in Russisch. Ende 2015 gab u.a. 80 Berichte aus dem Altai, 10 aus Tuva und 35 aus der Baikalregion. Nicht wenige Sibirien-Reisende stellen ihre Erfahrungen auch auf entsprechenden Reiseseiten ins Web. Auf den verschiedenen deutschsprachigen Touristik-, Reise- und Weltenbummlerportalen findet sich eine Vielzahl persönlicher Reiseberichte über Sibirien. Einige Seiten widmen sich auch ganz speziell Russland. Beispiele dafür sind:

www.russlandinfo.de (D)
www.ratgeber-russland.de (D)
www.nachrussland.de (D)
www.inrussland.net (D)

Religion

www.patriarchia.ru (R/E) Hauptseite der russisch-orthodoxen Kirche in Russland.

www.buddhism.ru (R/E) Buddhismus in Russland.

www.islam.ru (R) Hier findet man das entsprechende moslemische Portal.

www.jewish.ru (R) Neuigkeiten der jüdischen Gemeinde Russlands.

www.ateism.ru (R) Für Anhänger des Nichtglaubens.

Transsibirische Eisenbahn

www.transsib.ru (R/E/D) Die absolute Top-Seite zum Thema Transsib stammt von Sergej Sigačov. Er hat hier ein gigantisches Fakten- und Fotomaterial (über 5000 Fotos) zum Thema Transsib in all seinen Facetten zusammengetragen, das Guinessbuch-der-Rekordeverdächtig und sehr zu empfehlen ist.

www.trans-sib.de Eine deutsche Kompaktvariante des russischen Originals. Es gibt auch viele Links zu anderen Seiten über das Eisenbahnwesen in Russland bzw. der ehemaligen Sowjetunion.

Humor

www.anekdot.ru (R) Wer sich mit dem russischem Humor vertraut machen will, sollte bei vorhandenen Russischkenntnissen auf jeden Fall diese Seite einmal aufrufen.

www.caricatura.ru (R) Alternative für Leute mit und ohne Sprachkenntnisse.

www.artlebedev.ru/kovodstvo/idioteka (R) Fotogags aus dem realen Leben, sehr lustig.

Wetter

Nicht gerade unwichtig sind aktuelle Wetterinformationen. Auf vielen Ortsseiten gibt es eine Rubrik zum örtlichen Wetter.

www.wetteronline.de/Russische Foeder.htm (D) 3-Tages-Vorhersagen für über 350 Standorte in Sibirien.

siberia.rumeteo.ru (R) Der russische Wetterdienst bietet für die Standorte in Sibirien bzw. im Fernen Osten auch 14-Tage-Prognosen.

www.klimadiagramme.de/Asien/russland.html (D) Längerfristige durchschnittliche Wetterdaten (bis 2007) und Klimadiagramme für etwa 80 Standorte in Sibirien.

Wissenschaft

Hier die besten Universitäten Sibiriens, für die ein ansprechender Internet-Auftritt eine Selbstverständlichkeit ist. Englische Versionen sind ein Muss, chinesische im Aufwind, Informationen auch auf Deutsch gibt es in Tjumen', Omsk und Krasnojarsk.

www.nstu.ru (R/E) und **www.nsu.ru** (R/E) Die beiden Novosibirsker Universitäten in der Stadt selbst bzw. in Akademgorodok.

www.ict.nsc.ru (R/E) Für Silicon Taiga steht das Institut für Computer-Technologien in Akademgorodok.

www.tsu.ru (R/E) und www.tpu.ru (R/E) Die beiden Tomsker Universitäten.

www.utmn.ru (R/E) und www.tsogu.ru (R/E/D/F/S) In Tjumen' gibt es neben der Universität noch die Öl- und Gas-Hochschule.

www.omsu.ru (R/E) und www.om-gups.ru (R/E/D) Die Universität und die Verkehrshochschule in Omsk.

www.sfu-kras.ru (R/E/D) Die Krasnojarsker Universität.

www.isu.ru (R/E/F) und www.istu.edu (R/E) Die Universitäten von Irkutsk.

www.dvfu.ru (R/E) Die Fernöstliche Universität in Vladivostok

Geschichte

www.zaimka.ru (R) Eine wahre Fundgrube mit Artikeln zur Geschichte, Kultur und Ethnographie Sibiriens.

www.siberiahistory.narod.ru (R) Auch diese Geschichtsseite lohnt einen Besuch.

www.gulagmuseum.org (R) Virtueller Ausflug in ein schwarzes Kapital der russischen Geschichte mit großem Sibirien-Bezug.

https://sovtime.ru (R) Ein informativer Überblick über die Zeit zwischen 1917 und 1991.

Literatur

Geschichte und Reportagen

Bednarz, Klaus: Ballade vom Baikalsee. Begegnungen mit Menschen und Landschaften. 383 S. Das Buch zur gleichnamigen faszinierenden Fernsehreportage über das Meer Sibiriens und seine Anwohner. Seitdem sind aber fast 20 Jahre ins Land gegangen.

Bobrick, Benson: Land der Schmerzen – Land der Hoffnung. Die Geschichte Sibiriens. München 1993, 510 S. Wenn Bobrick auch in der Themenbreite und Prägnanz die Klasse von Lincoln nicht erreicht, so ist das Buch durchaus lesenswert, obwohl der permanente Amerika-Vergleich etwas nervt.

Tschechow, Anton: Die Reise nach Sachalin, Berlin (Ost) 1982, 509 S. Russlands berühmter Dramatiker lieferte von seiner Reise zur Verbannungsinsel Sachalin (»eine ausgemachte Hölle«) eine ausführliche, lesenswerte Beschreibung Sibiriens zum Ende des 19. Jahrhunderts (→ S. 399).

de Cars, Jean, Caracalla, Jean-Paul: Die Transsibirische Bahn, Zürich 1987, 160 S. Das beste, reich bebilderte Buch zur Geschichte der Transsibirischen Eisenbahn mit informativen Texten und sorgfältig ausgewählten Fotos und Illustrationen.

Dahlmann, Dittmar: Sibirien. Vom 16. Jahrhundert bis zur Gegenwart, Paderborn 2009, 435 S. Eine sehr fundierte und gut illustrierte Abhandlung zur Geschichte Sibiriens.

Deeg, Lothar: Kunst & Albers Vladivostok. Die Geschichte eines deutschen Handelshauses im russischen Fernen Osten 1864–1924, Essen 2012, 320 S.

Eichberger, Peter: Sibirien, München, 2003, 144 S. Ein eindrucksvoller Bildband mit Fotos und Essays über Burjatien, Jakutien, Ussurien, Čukotka, Kamčatka, den Altaj und die Transsib.

Gille, Hans-Werner: Sibirien, Wels 1978, 255 S. Ein sehr persönliches und schön bebildertes Buch, das Land und

Anhang

Leute mit viel Sachkenntnis und Sympathie beschreibt.

Hahnemann, Kathleen: Die Transsibirische Eisenbahn, Köln 2003, 192 S. Ein gelungener Bildband über die längste Eisenbahnstrecke der Welt.

Heklau, Heike u.a.: Terra incognita Sibirien. Die Anfänge der wissenschaftlichen Erforschung Sibiriens unter Mitwirkung deutscher Wissenschaftler im 18. Jahrhundert, Halle/S. 1999, 52 S. Der reich bebilderte Band entstand im Zusammenhang mit einer gleichnamigen Ausstellung anlässlich deutscher Kulturwochen in mehreren Städten Sibiriens.

Jadrinzew, Nikolaj: Sibirien, Jena 1886, 589 S. Der Autor gehörte zu den bedeutendsten russischen Sibirien-Forschern, der auch mit Ideen eines sibirischen Separatismus sympathisierte. Das Buch ist die wohl umfassendste deutschsprachige Sibirien-Abhandlung mit geographischen, ethnographischen und historischen Studien zu dieser Zeit.

Kaczynska, Elzbieta: Das größte Gefängnis der Welt, Frankfurt/M. 1994, 273 S. Die polnische Historikerin beschreibt umfassend und detailliert Sibirien als Strafkolonie vor allem zur Zarenzeit, als viele Teilnehmer an den polnischen Aufständen verbannt wurden.

Kharitidi, Olga: Das weiße Land der Seele, München-Leipzig 1997, 303 S. Esoterik auf sibirisch. Die Novosibirsker Psychologin beschreibt sehr eindrucksvoll ihre eigenen Erfahrungen bei der Annäherung an den im Altai von den Ureinwohnern praktizierten Schamanismus.

Lincoln, Bruce: Die Eroberung Sibiriens, München 1996, 571 Seiten. Ein absolutes Spitzenbuch, das ich ohne Abstriche sehr empfehle. Die Geschichte der Eroberungen Sibiriens wird als ein großes Abenteuer erzählt.

Peskow, Wassili: Die Vergessenen der Taiga, München 1996, 256 S. Ein Tatsachenbericht über das Schicksal der Altgläubigen-Familie Lykow, die ein halbes Jahrhundert lang als Einsiedler in der Taiga Chakassiens lebte.

Ruge, Gerd: Sibirisches Tagebuch, München 2000, 287 S. Spannende Momentaufnahmen vom langjährigen Russlandkorrespondenten der ARD.

Scheibner, Johann; Thöns, Bodo: Sibirien, Würzburg 2014, 156 S. Der derzeit aktuellste Bildband über Sibirien.

Scurla, Herbert: Jenseits des Steinernen Tores. Berlin (Ost) 1976, 623 S. Eine gut zusammengestellte Anthologie von Auszügen aus den Reiseberichten deutscher Forschungsreisender nach Sibirien aus dem 18. und 19. Jahrhundert von Johann Georg Gmelin bis zum Alfred Brehm begleitenden Otto Finsch.

Semjonov, Juri: Sibirien. Eroberung und Erschließung der wirtschaftlichen Schatzkammer des Ostens, Berlin (W) 1954, 467 S. Lange Jahre war das auch heute noch sehr lesenswerte Buch als Geschichtsbuch Sibiriens der Klassiker zu diesem Thema.

Von Stockelberg, Traugott: Geliebtes Sibirien, Stuttgart 1951, 408 S. Eine vielleicht nicht ganz typische, aber sehr beeindruckende Liebeserklärung an Sibirien von einem Arzt, der seine von 1914 bis 1917 dauernde Verbannung in einem Dorf an der Angara schildert (→ S. 325).

Wannhoff, Ullrich: Der weite Weg nach Fernost: Spurensuche auf Kamtschatka, Dresden 2008, 256 S. Sachkundiger Einblick in das Land ›hinter Sibirien‹.

Wein, Norbert: Sibirien, Stuttgart 1999, 248 S. Dieses Wirtschaftsgeographie-Lehrbuch angehenden Akademikern und Praktikern ausgesprochen umfangreiche und fundierte Informationen über die Ökonomie Sibiriens, leider gibt es nichts aktuelleres.

Ziegler, Gudrun: Der achte Kontinent. Die Eroberung Sibiriens, Berlin 2006, 304 S. Gut lesbare Geschichtslektüre.

Belletristik

Astafjev, Viktor: Ferne Jahre der Kindheit, Berlin (Ost) 1980, 354 S. Der Roman des bei Krasnojarsk lebenden Astafjev beschreibt Kindheitserinnerungen an sein Dorf am Strom Enisej in den dreißiger Jahren. Von ihm sind weitere Romane auf Deutsch erschienen (→ S. 449).

Gulya, Janos (Hrsg.): Sibirische Märchen, 2 Bände, München 1995. In diesen beiden Büchern sind über 150 Märchen der Volksgruppen aus dem Norden Sibiriens zu finden, die aus der Originalsprache über das Ungarische ins Deutsche übersetzt wurden.

Makin, Andrej: Die Liebe am Fluss Amur, Hamburg 1998, 252 S. Der aus Sibirien stammende Autor lebt heute in Frankreich und beschreibt hier sehr originell und sympathisch seine Jugenderfahrungen in den 70er Jahren in einem Dorf am Fluss Amur.

Markov, Georgi: Sibirien, Berlin (Ost) 1977, 593 S. Der zweiteilige Roman des bei Tomsk geborenen sowjetischen Schriftstellers und Literatur-Funktionärs Markov zeichnet ein breites Gesellschaftsbild Sibiriens am Vorabend der Revolution von 1917. Von ihm sind weitere Bücher in Deutsch erschienen.

Rasputin, Valentin: Siberia, Siberia, 1996. Diese phantastische Essay-Sammlung über Sibirien liegt bislang neben dem russischen Original nur in Englisch vor. Die literarischen Werke des derzeit wohl bedeutendsten Schriftstellers Sibiriens liegen aber auch in Deutsch vor: u.a. ›Abschied von Matjora‹ und ›Leb und vergiß nicht. Novellen und Erzäh-

lungen‹, beide Berlin (Ost) 1977 (→ S. 308).

Schukschin, Vasilij: Gespräche bei hellem Mondschein. Erzählungen, Berlin (Ost) 1979, 481/545 S. In dieser zweibändigen Ausgabe findet sich der umfassendste Einblick in das erzählerische Werk des populären Autoren aus dem Altaj (→ S. 196).

Senčin, Roman: Minus. Recht trostloses Generationsporträt einer ziellosen Jugend in der der sibirischen Kleinstadt Minusinsk in den 1990er Jahren, Köln 2003, 318 S (→ S. 249).

Sullivan, Stefan: Sibirischer Schwindel. Zwei unterhaltsame Abenteuerromane über einen Amerikaner in Sibirien in den wilden 1990er Jahren, Fraunkfurt/M., 2002, 330 S.

Vampilov, Alexander: Stücke, Berlin (Ost) 1977, 376 S. Der im Alter von 35 Jahren verunglückte Vampilov hatte sich mit Dramen wie ›Provinzanekdoten‹ und ›Entenjagd‹ bereits über Sibiriens und Russlands Grenzen hinaus einen Namen gemacht. Seine Prosa wurde bislang nur vereinzelt übersetzt.

Reiseführer

Reiseführer über Russland und vor allem über Russlands Provinz und insbesondere Sibirien waren lange Zeit in Russland genau so wenig wie im Ausland aufzutreiben. Diese Situation hat sich in Russland um das Jahr 2000 vor allem dank zweier Verlage verbessert.

Insbesondere im auch in Russland aktiven französischen Verlag Michel Strogoff & Ass. mag man offensichtlich Sibirien. In der Reihe **Le petit futé** (›Der kleine Schlaumeier‹) wurde 1998 begonnen, Reiseführer über einzelne Regionen Russlands zu veröffentlichen (www.petitfute.ru (R) Seitdem sind bereits folgende Sibiriens Regionen gewidmeten Reiseführer

Anhang

in russischer Sprache erschienen: ›Bajkal, Gebiet Irkutsk und Republik Burjatien‹ (1998, 286 S.), ›Altaj‹ (1999, 3. Auflage 2003, 190S.), ›Gebiet Novosibirsk‹ (2000, 191S.), ›Gebiet Tomsk‹ (2001, 221 S.), ›Gebiet Krasnojarsk‹ (2001, 2. Auflage 2004, 224 S.), ›Autonomes Gebiet Chantyj-Mansijsk‹ (2003, 176 S.), ›Chakassien‹ (2003, 176 S.), ›Jakutien‹ (2003, 160 S.) sowie ›Tuva‹ (2003, 160 S.). Es gab allerdings keine Nachauflagen, so dass die Reiseführer nicht mehr ganz up to date sind.

Seit 2001 widmet sich auch der Moskauer Reise-Verlag **Vokrug Sveta** (Rund um die Welt) Russlands Regionen. Den Schwerpunkt bildet dabei allerdings der europäische Teil Russlands westlich des Urals. Es gibt aber mittlerweile auch mehrere Bände zu Sibirien: ›Sibirien‹ (2006, Neuauflage 2015 als E-Book), ›Fernost‹ (2007, 240 S.), ›Baikal‹ (2008, 240 S.), ›Großer Altai‹ (2010, 205 S.), sowie ›Jakutien. Lena-Kreuzfahrt‹, von dem 2003 auf 107 S. auch eine – stellenweise etwas holprige – deutsche Übersetzung erschienen ist (www.vokrugsveta.ru (R).

Die letzten Neuerscheinungen sind die Bände ›Bajkal‹ (2010, 105 S.) in der Reihe **Poliglot** und ›Transsib‹ (2010, 237 S.) in der Reihe **Putešestvuem sami** (Wir reisen allein).

Landkarten und Stadtpläne

Die beste Übersichtskarten zu Sibirien sind heute die 2012 im World Mapping Projekt des Bertelsmann Verlag erschienenen drei Karten zu Russland, von denen zwei Sibirien gewidmet sind (Maßstab 1:2 Millionen).

In Russland erschienen in den letzten Jahren in einer neuen Reihe **Allgemeingeographische Karten der Russischen Föderation** (Общегеографические Карты Российской Федерации) in einheitlicher Aufmachung aktuelle Karten der einzelnen Föderationssubjekte und beendeten damit weitestgehend die sowjetische, höchste Geheimhaltung der eigenen Geographie. Der Maßstab der nur kyrillisch beschrifteten Karten schwankt zwischen 1:500 000 und 1:1,5 Millionen. Es gibt allerdings keine Ortsregister.

Wenn man mit der kyrillischen Schrift Probleme hat, kann man traditionell aber auch auf die bereits zu Sowjetzeiten in den USA erschienen ONC- und TPC-Flugkarten im Maßstab 1:1 Millionen bzw. 1:50000 zurückgreifen (www.geomart.com).

Die meisten **Stadtpläne** beruhen auf lokalen Initiativen und sind in sehr unterschiedlicher (manchmal russisch-englisch gehaltener) Aufmachung zumeist nur in den entsprechenden Städten erhältlich. Analog der Karten-Reihe zu den Regionen wurde aber auch eine Reihe **Städte Russlands** (Карты Городов Росии) aufgelegt. Die Beschriftung ist jedoch nur kyrillisch. Heute gibt es in dieser Reihe zu Städten entlang der Transsib in guter Qualität Pläne von Tjumen', Novosibirsk, Krasnojarsk, Kemerovo, Novokuzneck, Abakan, Irkutsk, Ulan-Udė, Čita, Jakutsk, Chabarovsk, Vladivostok, Petropavlovsk-Kamčatskyj und Južno-Sachalinsk. Bei folgenden Anbietern hat man gute Aussichten, fündig zu werden:

Buchhandlung Schropp
Hardenbergstraße 9a
10623 Berlin
Tel. 030/2355732-0, www.schropp.de.
Internationales Landkartenhaus GeoCenter
Schockenriedstraße 44
70565 Stuttgart
Tel. 0711/49072210
Der Internetladen **Mapfox** aus Kiel lohnt ebenfalls einen Blick: www.mapfox.de.

Digitale Stadtpläne

Auch die Online-Kartographie macht in Russland gute Fortschritte, allerdings größtenteils nur in russischer Sprache. Bei Google Maps finden sich zu allen hier vorgestellten Städten recht detaillierte Karten mit Fotos und teilweise auch bereits mit streetview, wobei aber die Straßennamen nur in Russisch angegeben sind. Eine Ausnahme sind die großen Metropolen, wie Novosibirsk, Irkutsk und Vladivostok, wo zumindestens die wichtigsten Straßen auch in Englisch beschriftet sind.

Beim Kartendienst der beliebtesten russischen Suchmaschine Yandex gibt es in der Rubrik Karten (www.maps.yandex.ru) sehr genaue Stadtpläne zu fast allen größeren Orten Sibiriens mit Auflösung bis zu Straße und Hausnummer.

Übertroffen wird es noch durch die digitalen Stadtpläne der Novosibirsker Firma 2GIS. Hier findet man derzeit für die Orte Bijsk, Blagoveščensk, Bratsk, Chabarovsk, Čita, Gorno-Altajsk, Irkutsk, Jakutsk, Južno-Sachalinsk, Kemerovo, Komsomol'sk am Amur, Krasnojarsk, Nachodka, Nižnevartovsk, Novokuzneck, Novosibirsk, Omsk, Petropavlovsk-Kamčatskyj, Surgut, Tobol'sk, Tomsk, Tjumen', Ulan-Udě und Vladivostok die detailliertesten Karten einschließlich kostenloser Downloadmöglichkeiten für den Offline-Betrieb: www.2gis.ru (R).

Über den Autor

Bodo Thöns (Jahrgang 1959) studierte und promovierte in Berlin und Moskau. Seit 1990 arbeitet er im Firmenkunden- und Auslandsgeschäft der Commerzbank. Mehrjährige Auslandsaufenthalte führten ihn nach Tschechien, Russland und Kasachstan. Derzeit lebt er in Taschkent/Usbekistan. Beruflich und privat oft in Russland unterwegs, kennt er sich vor allem östlich des Ural hervorragend aus. Im Trescher Verlag sind außerdem von Bodo Thöns u.a. erschienen: ›Transsib-Handbuch‹ (gem. mit Hans Engberding), 9. Aufl. 2015; ›Den Baikalsee entdecken‹, 2. Aufl. 2007. Sein Bildband ›Sibirien‹ (gemeinsam mit Johann Scheibner) erschien 2014 im Verlagshaus Würzburg.

Bodo Thöns

Danksagung

Allen, die zum Entstehen dieses Buches beigetragen haben, sei an dieser Stelle herzlich gedankt. Besonderer Dank gilt Gudrun Bucher (Offenbach), Christian Dettenhammer (München), Christian Harten (Moskau), Tom Hora (Moskau), Tatjana Jakovleva (Novosibirsk), Natalja Kolesnik (Novosibirsk), Natali Lochmann (Darmstadt), Tatjana und Sergej Semjagin (Irkutsk), Sergej Sigachov (St. Petersburg), Vjačeslav Uchov (Novosibirsk), Elena Vybornova (Novosibirsk)

Anhang

Personen- und Sachregister

Ortsregister

Bildnachweis

Kartenlegende

🚉	**Bahnhof**		**Autobahn**
🚌	**Busbahnhof**		**Autobahn im Bau**
⎯	**Denkmal**		**sonstige Straßen**
🏠	**Hotel**	243	**Straßennummern**
🏛	**Museum**		**Eisenbahn**
🍴	**Restaurant**	⊖	**Grenzübergang**
★	**Sehenswürdigkeit**		**Staatsgrenze**
		◼	**Hauptstadt**
		●	**Stadt/Ortschaft**

Kartenregister

Anhang

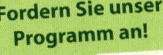
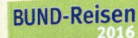

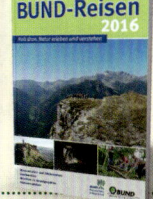

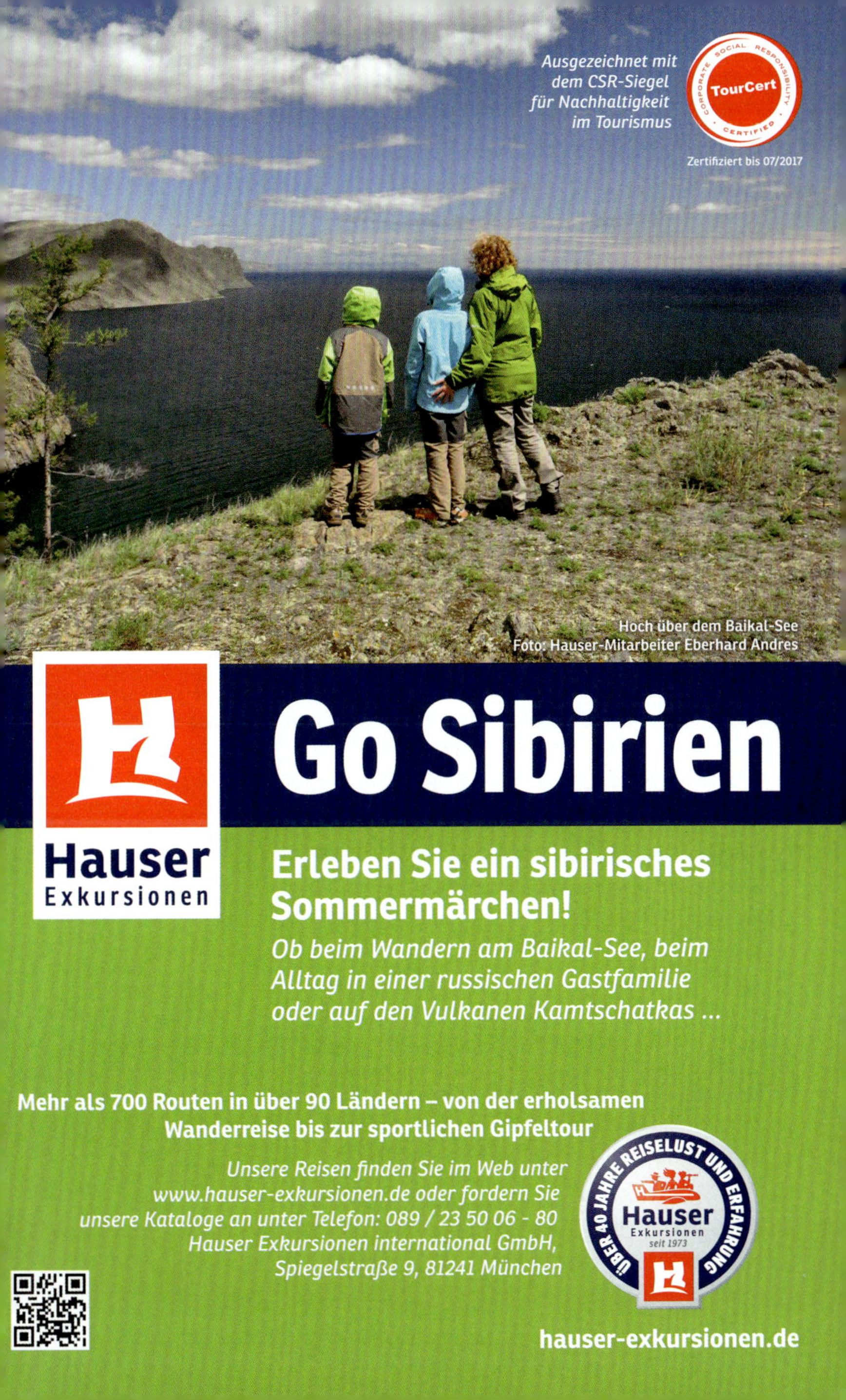

Ausgezeichnet mit dem CSR-Siegel für Nachhaltigkeit im Tourismus
CORPORATE SOCIAL RESPONSIBILITY TourCert CERTIFIED
Zertifiziert bis 07/2017
Hoch über dem Baikal-See
Foto: Hauser-Mitarbeiter Eberhard Andres
Hauser Exkursionen
Go Sibirien
Erleben Sie ein sibirisches Sommermärchen!
Ob beim Wandern am Baikal-See, beim Alltag in einer russischen Gastfamilie oder auf den Vulkanen Kamtschatkas ...
Mehr als 700 Routen in über 90 Ländern – von der erholsamen Wanderreise bis zur sportlichen Gipfeltour
Unsere Reisen finden Sie im Web unter www.hauser-exkursionen.de oder fordern Sie unsere Kataloge an unter Telefon: 089 / 23 50 06 - 80
Hauser Exkursionen international GmbH, Spiegelstraße 9, 81241 München
ÜBER 40 JAHRE REISELUST UND ERFAHRUNG
Hauser Exkursionen seit 1973
hauser-exkursionen.de

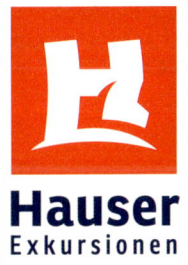

Bodo Thöns · Johann Scheibner

Repräsentativer Bildband
mit vielen Panoramabildern

SIBIRIEN

*Ganz Sibirien vom Ural bis Kamtschatka
in über 280 Bildern*

Erleben Sie den Mythos Sibirien mit
seinen Städten, Landschaften und
Menschen mit diesem besonderen
Bildband.

In drei Kapiteln gehen Bodo Thöns
und Johann Scheibner auf eine einzigartige Reise durch das riesige Land.
Unterwegs sind sie mit Auto, Flugzeug
und Schiff – und nicht zu vergessen,
die unvergleichliche Durchquerung
Sibiriens mit der Transsibirischen
Eisenbahn, der längsten durchgehen-
den Bahnstrecke der Welt. Etliche Male haben die Autoren Sibirien bereist
und eine Vielzahl von Bildern und Eindrücken gesammelt, die in dieser Form
kaum anderswo versammelt sind.

160 Seiten
Gebunden mit Schutzumschlag
Format 24 x 30 cm
€ 24,95 [D] · SFr* 35,90 · €* 25,70 [A]
ISBN 978-3-8003-4450-5

* unverbindliche Preisempfehlung

Ein ausführliches Kapitel über die Geschichte berichtet über die schwierige
„Eroberung" Sibiriens, die oft an den gewaltigen Dimensionen scheiterte.
Sechs Sonderthemen geben Einblick in die traditionelle Lebensweise der
Ureinwohner, die Tierwelt in den eisigen Weiten und das „Abenteuer Transsibirische Eisenbahn". Verfolgt werden die Spuren von deutschen Forschern
und Reisenden sowie Tschechows Reise nach Sachalin. Die Texte sind umfassend, auch mit historischen Bildern illustriert.

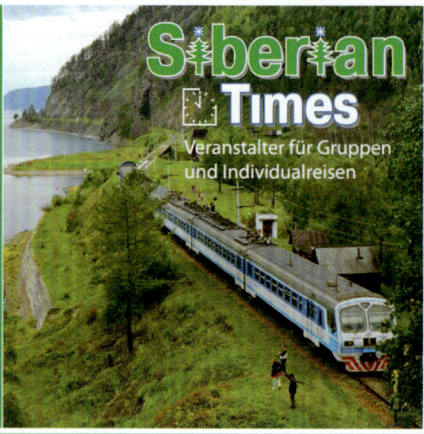

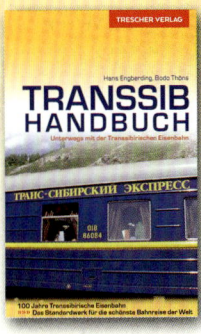
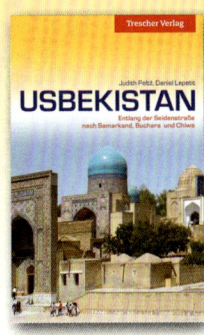
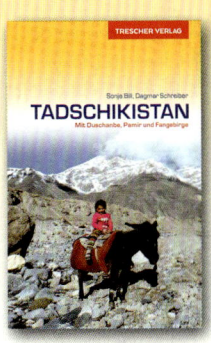
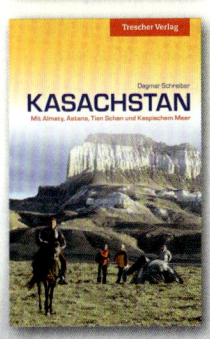
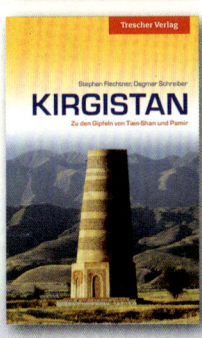
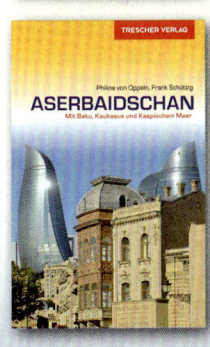

Legende Irkutsk

1. Zarendenkmal (Памятник Императору Александру III.)
2. Weißes Haus (Белый дом)
3. Schauspielhaus (Областной драматический театр им. Н.П. Охлопкова)
4. Musiktheater (Музыкальный театр)
5. Jugendtheater (Театр юого зрителя им. А. Вампилова)
6. Philharmonie (Филармония)
7. Zirkus (Цирк)
8. Russisch-Asiatische Bank (Русско-Азиатский банк)
9. Gebietsadministration (Graues Haus) (Администрация области, Серый дом)
10. Fußgängerzone (Пешеходная зона)
11. Erlöserkirche (Спасская церковь)
12. Gotteserscheinungkirche (Собор Богоявления)
13. Katholische Kirche (Польский костёл)
14. Erlösererscheinungkirche (Спасопреображенская церковь)
15. Pfingstkirche (Троицкая церковь)
16. Kreuzkirche (Церковь честного и животворящего креста Господня)
17. Wasserkraftwerk (Гидроэлектростанция)
18. Eisbrecher Angara (Ледокол Ангара)
19. Heimatkundemuseum (Краеведческий музей, отдел истории)
20. Naturkundemuseum (Краеведческий музей, Отдел природы)
21. Stadtmuseum (Музей истории Иркутска) neuer Standort
22. Alltagsmuseum (Музей Дом городского быта)
23. Museumshaus des Dekabristen S.P. Trubeckoj (Дом-музей декабриста С.П. Трубецкого)
24. Museumshaus des Dekabristen S.G. Volkonskij (Дом-музей декабриста С.Г. Волконского)
25. Gemäldegalerie (Художественный музей)
26. Mineralogiemuseum (Минералогический музей)
27. Eisenbahnmuseum (Музей Восточно-Сибирской железной дороги)
28. Experimentarium (Эспериментариум)
29. Kaufhaus (Универмаг)
30. Einkaufszentrum Prestiž (Торговый Центр Престиж)
31. Zentralmarkt (Центральный Рынок)
32. Hauptpostamt (Главпочтамт)
33. Mongolisches Konsulat (Монгольское консульство)
34. Vladimir-Sukačov-Museum (Музей усадьба В. П. Сукачева)
35. Moskauer Tor (Московский ворота)
36. Kosakendenkmal (Памятник основателям города)
37. Kolčak-Denkmal (Памятник А.В. Колчаку)
38. KomsoMoll (ТРК КомсоМолл)
39. Einkaufszentrum Modnyj Kvartal (ТРК Модный квартал)
40. Kazaner Kirche (Казанская церковь)